LAS CLAVES GENÉTICAS

La nueva interpretación del I Ching y la descodificación
del propósito de vida oculto en tu ADN

Richard Rudd

DESCARGO DE RESPONSABILIDAD. LA METÁFORA MÍSTICA

Las Claves Genéticas no son ni ciencia ni pseudociencia. Se presentan como una exploración poética, ya que utilizan los 64 codones del ADN como la metáfora mística para acceder al código holográfico que sostiene toda la vida.

Estas enseñanzas son un laberinto. Al penetrarlo con el corazón y la mente abiertos sufrirás una profunda transformación que te llevará a apreciarte a ti mismo y a los demás de manera mucho más compasiva. No aceptamos ninguna responsabilidad por tu inminente buena suerte.

Primera edición: noviembre de 2015
Primera reimpresión: abril de 2018

Título original: *Gene Keys*

Traducción: M.ª Victoria Malvar Ferreras

© 2013, Richard Rudd

Publicado originalmente en Reino Unido y EE.UU. en 2015, por Watkins, una editorial de Watkins Media Ltd., 19 Cecil Court, Londres, WC2N 4EZ

Publicado por acuerdo con Watkins Media Ltd., www.watkinspublishing.com

De la presente edición en castellano:
© Gaia Ediciones, 2015
    Alquimia, 6 - 28933 Móstoles (Madrid) - España
    Tels.: 91 614 53 46 - 91 614 58 49
    www.alfaomega.es - E-mail: alfaomega@alfaomega.es

Depósito legal: M. 35.254-2015
I.S.B.N.: 978-84-8445-575-2

Impreso en España por: Artes Gráficas COFÁS, S.A. - Móstoles (Madrid)

A todos los que lean o escuchen estas palabras:

Ojalá que tu corazón se abra al AMOR incondicional.
Ojalá que tu mente se ilumine con la PAZ infinita.
Ojalá que tu cuerpo se inunde de la luz de tu ESENCIA.

Ojalá que todos aquellos a los que toques en tu vida
con tus pensamientos, palabras y obras
se transformen gracias a tu Esplendor y a tu Presencia.

ÍNDICE

AGRADECIMIENTOS

E SCRIBIR ESTE LIBRO ha sido una gran aventura para mí. Desde que comencé, hace unos siete años, me ha llevado por las calles de la alegría. Sé que muchos escritores experimentan, como yo, la sensación de que su libro tiene un alma propia. *Las Claves Genéticas* han supervisado la creación de un nuevo y rico paisaje a mi alrededor, entretejiendo los muchos hilos multicolores de mi vida en una vasta alfombra mágica de potencialidad pura.

Muchas personas, visibles e invisibles, me han facilitado este viaje.

Sheila Buchanan y Neil Taylor han recorrido conmigo, desde el principio, el camino a través de *Las Claves Genéticas*, y siempre me sentiré en deuda con ellos hasta lo indecible por la infinita fe, amor y sabiduría que han demostrado tanto hacia mí como hacia este trabajo. La existencia de este libro se debe en buena parte al espíritu altruista con el que ellos me han apoyado a lo largo de los años.

Más recientemente, mi vida ha sido bendecida por la presencia de Teresa Collins y Marshall Lefferts, los cuales han asimilado *Las Claves Genéticas* intensamente en su ser y me han empujado a descubrir nuevos niveles de síntesis e integración en el organismo vivo que es este texto. Tanto Teresa como Marshall han aportado su amor, su tiempo y sus copiosos dones incondicionalmente a *Las Claves Genéticas*, y continúan ofreciendo un gran servicio a esta obra y a nuestra creciente comunidad. La combinación de sus habilidades ha supervisado todos los aspectos de la publicación de este libro. Una vez más, no hay palabras para expresar mi gratitud hacia ellos.

Por supuesto, ha habido muchos maestros que me han influido a lo largo de los años y muchos de sus corazones laten y discurren por las venas de estas enseñanzas. Sobre todo Omraam Mikhaël Aïvanhov ha sido una referencia interna y constante para mí, que me ha guiado desde un plano más allá del nuestro. Su comprensión profética de la noción de la Gran Hermandad Blanca y el advenimiento de la sinarquía planetaria impregnan gran parte de la sabiduría que sostienen *Las Claves Genéticas*. Me siento personalmente enriquecido por poder honrar e inclinarme ante la pureza y la luz interior de este gran *Rishi*, que ha guiado mi consciencia superior desde hace muchos años.

En un plano más práctico, *Las Claves Genéticas* tienen una gran deuda con Ra Uru Hu, el fundador del Sistema de Diseño Humano. Fue Ra quien me abrió los ojos a la verdadera naturaleza del I Ching, y fue también Ra quien me enseñó a leer los códigos ocultos en su interior. Siempre sentiré un profundo amor y gratitud hacia este hombre que me guió hasta mi naturaleza superior y cuya genialidad me allanó finalmente el camino hacia las propias Claves Genéticas.

También en el nivel práctico, le estoy infinitamente agradecido a Victoria Malvar por su maravillosa traducción del texto y por mantener con tanta paciencia la visión de las Claves Genéticas hasta su manifestación en lengua española. Ella misma es, sin duda, una encarnación viviente de las más altas cualidades de las Claves Genéticas. También me gustaría agradecer afectuosamente al equipo de Gaia Ediciones por creer en este libro y por trabajar tan bien y con tanta celeridad para su publicación.

El periplo que ha dado lugar al advenimiento de este libro ha estado plagado de idas y vueltas, y me gustaría dar las gracias a algunos de los héroes y heroínas que he conocido a lo largo del camino, cuyos destinos y corazones están entramados en esta historia de muy diversas maneras. Mi gratitud a Werner Pitzal por su increíble amor fraternal; a Linda Lowrey por su confianza y devoción; a Peter Maxwell Evans por su totalidad; a Marina Efraimoglou por su calidez y generosidad; a Chetan Parkyn por su interminable entusiasmo; a Sally Searle por su amistad empática, y a Shofen Lee por su corazón infinitamente puro. El intenso amor y reconocimiento que he sentido de todas estas personas ha precipitado en buena medida mi propia capacidad de sumergirme en las frecuencias más elevadas de la transmisión y traer a tierra sus más exquisitas joyas y visiones. Una vez más, siento una gratitud difícil de expresar con palabras.

Mi penúltimo agradecimiento se dirige a todos los estudiantes que he encontrado y que he llegado a conocer en estos años. Muchos de ellos se han convertido en amigos de confianza, aliados y, en algunos casos, codocentes. Nada de todo esto sería posible sin el amor, el apoyo y el aliento de la comunidad de base que se ha formado en torno a estas enseñanzas. Yo sé que hay grandes cosas esperándonos a todos y estoy entusiasmado con la posibilidad de explorar conjuntamente nuestra unión más profunda como un solo campo unificado de consciencia. ¡Brindo por todos vosotros!

Por último, debo honrar a mi familia, a mis padres y a mis hermosos hijos, que son una fuente de inspiración continua y de deleite para mí. Sobre todo, me inclino ante Marian, mi amada esposa. Su fuerza, su luminosidad y su espíritu puro me han permitido introducir una nueva enseñanza de nivel superior en esta tierra. Muy a menudo es a nosotros, los hombres, a quienes se nos atribuyen todos los elogios sobre nuestras creaciones. Aunque fui yo quien en realidad escribió las palabras, es Marian quien ha proporcionado el espacio para que esta magia se produjera y por ello siempre tendrá en mi corazón el más preciado lugar, ese que las palabras no pueden describir. Tanto como musa y como madre, como amiga y como esposa, ella ha engarzado mis sueños en la tierra y ha sido suelo constante para mi cielo estrellado.

PRÓLOGO A LA 1.ª EDICIÓN EN ESPAÑOL

> *«Cúmplase que he vuelto,*
> *porque escrito está...»*
>
> JUAN CARLOS MESTRE
> *De Antífona del Otoño en el Valle del Bierzo*

TRAS UN LARGO PEREGRINAJE desde Europa, llegué hace unos días al sitio de Hollyhock, en una isla remota de la costa oeste de Canadá, donde 130 de personas de la familia de las Claves Genéticas de todo el mundo nos reunimos bajo la inspiración y con la presencia de Richard Rudd para atravesar las seis heridas sagradas o temas míticos del sufrimiento de la humanidad invocando la Gracia. No se me ocurre otro lugar ni otro momento mejores que este para cumplir con el honor que me ofrece Richard al invitarme a prologar la edición española de su libro después de haber tenido la fabulosa experiencia de traducirlo y aprender tanto del sagrado arte de la rendición en el proceso.

Además de los asistentes presenciales, se unieron a nosotros otros muchos gracias a la magia de Internet. Cada persona ha sido esencial en el proceso, en el que hemos compartido momentos de epifanía realmente profundos, elevados y excepcionales. Todos llegamos aquí porque este libro que tienes ahora ante tus ojos había cambiado nuestra vida de una manera real, profunda y, muchas veces, radical. Las Claves Genéticas y el arte de la contemplación catalizan un proceso de transformación auténtico y profundo, excepcional en el mundo de la espiritualidad, donde con frecuencia es fácil perderse en las ramas. Lo cierto es que hay una versión superior de cada uno de nosotros mismos esperando encarnarse de nuevo en esta Tierra. Es nuestra Esencia, que anhela volver a manifestarse a corazón abierto, permanentemente. Y en estos días hemos tenido una experiencia más que tangible de todo eso y de mucho más.

De la misma manera, cada lector de este libro es una pieza clave en la construcción de un nuevo modelo de humanidad. Un modelo que ha superado la estructura jerárquica y se ha embarcado en una experiencia mucho más sostenible y expansible: la Sinarquía. Por eso, si llegaste hasta aquí no fue por casualidad. Te estamos esperando porque sin ti faltaba algo en esta familia fractal. Sin ti la Sinarquía no está completa. Falta que ocupes tu auténtico lugar con simplicidad.

Si bien la sabiduría que transmiten las Claves Genéticas no es nueva, sino ancestral, lo que es totalmente novedoso es la manera en que lo hacen. La poesía intrínseca, la pureza del mensaje, la limpieza de la transmisión, la exquisitez de la síntesis, la simplicidad del método contemplativo y la suavidad con la que se invita a la introspección son cualidades excepcionales. En torno a esta visión, además, se forman comunidades espontáneamente en todo el mundo. Comunidades en línea y presenciales para estimular y hacer germinar este proceso y convertir la Tierra en un huerto de polinización masiva,

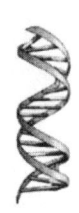

de corazones abiertos. Las Claves Genéticas son un espacio multidimensional de transformación único y sin precedentes.

Te ruego considers estas páginas como el comienzo y la excusa para un encuentro mítico contigo mismo, con tu familia genética, con la humanidad y con las estrellas. En nuestra tradición hispana, cultural y literaria, el sencillo verso de Machado «Se hace camino al andar» y la ruta histórica del Camino de Santiago nos enlazan con la idea del camino que está en los fundamentos de esta enseñanzas. No es posible hacer el Camino de Santiago solo en el plano mental. Uno se tiene que calzar las botas, echarse a la espalda la mochila, agarrar la brújula, pisar los charcos y caminarlo. Es un viaje vivencial, individual y compartido.

Así mismo, como viajera que conoce algunos de los peligros, los atajos y los puntos gloriosos con magníficas vistas del este inigualable viaje interior, te invito a unirte a la travesía; a que te calces las botas del ancestral y sencillo arte de la contemplación; a que te lances a la experiencia por las Claves Genéticas como un peregrino más. Todos los atajos que intentes tomar de este camino solo te conducirán a aprender lecciones de paciencia y a regresar al punto donde lo dejaste con humildad. El único peligro que tiene este libro estriba en que solo te permitas recibirlo en el plano mental e intelectual, y no consientas que la contemplación te pueda penetrar también a nivel celular, físico. Este inspirador texto tiene un solo objetivo: que recuerdes tu mítica esencia justo ahora, en este momento de la vida, de tu vida, en esta precisa encarnación, y que lo manifiestes mientras disfrutas del viaje paso a paso, momento a momento. Libre de expectativas, de pasado y de futuro.

De manera que, ya sea porque te trajo hasta aquí la causalidad o el amor al I Ching; tanto si llegaste aquí como astrólogo curioso, como estudiante de Diseño Humano, como buscador, como investigador de arquetipos, por la magia del ajedrez, por el número 8, por la geometría sagrada, por la Cábala, por el símbolo del infinito o por mil razones o sinrazones, estoy segura de que vas a encontrar mucho más de lo que esperabas en estas páginas. Como también estoy segura de que vas a ser capaz de dar mucho más de lo mejor de ti al mundo, en un movimiento de prosperidad sin precedentes, si atraviesas con totalidad la experiencia.

Constructores de la nueva humanidad, del cielo en la tierra, empresarios de la nueva visión, locos geniales, rebeldes creativos, místicos, artistas, lógicos, tántricos, poetas, cocineros, músicos, amantes del silencio, hortelanos amorosos, apasionados de la vida, amantes del I Ching, buscadores, magos y brujas blancos, maravillosa gente aparentemente anónima, sencillos ciudadanos del mundo, corazones en expansión, guerreros del silencio, corazones de león: ¡bienvenidos todos y cada uno de vosotros a la maravillosa comunidad en expansión de las Claves Genéticas! ¡Bienvenidos a este original programa educativo de autoiluminación, individuación y compasión!

Que la Gracia contenida en cada uno de los 64 Siddhis nos bendigan en cada respiro, en cada palabra y en cada silencio. Bienvenidos a la familia fractal de las Claves Genéticas. ¡Cúmplase que hemos vuelto!

VICTORIA MALVAR

En el sitio de Hollyhock, Cortés Island, BC, Canadá, a 26 de junio de 2015

PRÓLOGO A LA 2.ª EDICIÓN EN INGLÉS

B IENVENIDOS A *Las Claves Genéticas.*
Este libro es una invitación a que inaugures una nueva etapa en tu vida.

Sin importar las circunstancias externas que lo rodean, cada individuo humano porta algún tipo de belleza escondida dentro de sí. El único propósito de *Las Claves Genéticas* es el de poner de manifiesto esa belleza por encima de todo, desvelar tu *incandescencia:* la llama eterna de genialidad que marca la diferencia entre tú y todos los demás.

Recientes descubrimientos en biología apuntan hacia una verdad increíble: tu ADN, el código espiral que te ha diseñado tal y como eres en este momento, no controla tu destino. Por el contario, es tu actitud hacia la vida la que le indica a tu ADN qué clase de persona quieres llegar a ser. Esto significa que cada pensamiento, sentimiento, palabra o acción que realizas en tu vida queda impresa en cada una de las células de tu cuerpo. Los pensamientos y las emociones negativas provocan una contracción de tu ADN, mientras que los pensamientos y emociones positivas provocan expansión y relajación. Se trata de un proceso constante que se da desde el momento de tu nacimiento hasta tu último respiro.

Tú eres el único arquitecto de tu evolución.

Cuando aceptes completamente las implicaciones de esta frase, habrá comenzado la nueva era de tu vida. Incluso solo con leerla, la verdad que encierra puede transformar tu vida. Dentro de cada uno de nosotros residen una belleza y un potencial enormes que permanecen atrapados entre el modo que tenemos de vernos a nosotros mismos y la forma en que vemos o interpretamos el mundo que nos rodea. La vida de los grandes santos y de los maestros espirituales que han existido en la historia de la humanidad reflejan esta idea.

Nuestro planeta está en el clímax de una larga transición en la que la Humanidad desempeña un papel fundamental. Un gran salto cuántico está a punto de suceder a gran escala y las Claves Genéticas ofrecen la visión de un mundo muy diferente del que vemos hoy. Nos muestran un mundo donde los seres humanos están gobernados por principios más elevados, como pueden ser el Amor, el Perdón o la Libertad. Ese mundo posible no es un sueño, sino el próximo estadio de nuestra evolución, y depende de cada uno de nosotros desvelar el propósito superior que permanece oculto en nuestro ADN.

Espero que, al entrar en la exploración del maravilloso laberinto de las Claves Ge-

néticas, se prenda la mecha de tu potencial más elevado, de manera que puedas abrazar la belleza de tu sueño personal y le permitas crecer dentro de ti. Cuando tu propósito superior comience a tener efecto sobre aquellos a los que amas y sobre el mundo que te rodea, ojalá puedas aunar tu genialidad con la nuestra: la de aquellos que nos atrevemos a soñar con un mundo superior y mejor, y que juntos podamos transformar el sueño en una realidad.

RICHARD RUDD

CÓMO USAR ESTE LIBRO

L as *Claves Genéticas* están diseñadas como un sistema abierto que puedes explorar de muy diferentes modos. Al contrario que otras muchas enseñanzas, *Las Claves Genéticas* son una transmisión autoinstructiva que se despierta en ti, más que una estructura impuesta desde fuera a través de un maestro o de un diseño de formación disciplinario. En este sentido, *Las Claves Genéticas* son una aventura cuyo recorrido puedes diseñar con tu propio patrón vital, moviéndote a tu propio ritmo y confiando en tu intuición e imaginación. Se trata de un modelo de autoformación pionero. En estas enseñanzas no se forman analistas o maestros para que introduzcan a otros en la enseñanza. Todos son maestros de sí mismos. Cada persona tiene acceso directo a la fuente y el aprendizaje se enriquece y se despliega compartiendo y participando en comunidad con otros viajeros del Camino Dorado, que usan este libro como herramienta fundamental. Por ello te invito a participar en grupos locales y en línea que se crearán para ello en lengua española. Al tratarse de una transmisión viviente, la página web será la herramienta fundamental para estar actualizado en las creaciones y novedades de la Sinarquía.

CONTEMPLACIÓN

El gran potencial de *Las Claves Genéticas* como enseñanza consiste en despertar un impulso creativo, poderoso y nuevo dentro de ti, y, mientras sigas ese impulso, podrás comenzar a ser testigo de tu genialidad emergente. La técnica básica que lo hace posible es la Contemplación. La Contemplación es parte de un camino espiritual olvidado. Al contrario que la meditación, no deja completamente de lado la mente, sino que la usa de modo creativo para abrir nuevos caminos en el interior de tu cerebro y de tu cuerpo. Gracias a la contemplación del contenido de *Las Claves Genéticas* de forma suave y sostenida se pueden provocar cambios sutiles bioquímicos en el cuerpo.

Las Claves Genéticas están diseñadas para ser contempladas y digeridas con tiempo. Cada Clave contiene un mensaje único, y cada mensaje necesita de un tiempo para ser absorbido antes de que sientas que ha sucedido un cambio en tu vida. La Contemplación no es solo pensar en algo, también se trata de encarnar directamente una verdad universal a nivel físico, mental y emocional. Por lo tanto, es una buena idea comenzar el viaje por *Las Claves Genéticas* con relajación y paciencia, porque entrar en el camino de la con-

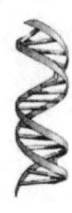

templación significa aflojar el paso internamente para comenzar a ver el mundo que nos rodea con más claridad.

UN LIBRO DE CÓDIGOS DE CONSCIENCIA

Las Claves Genéticas es un nuevo libro de códigos de consciencia. Para aplicarlos directamente en tu vida, necesitas saber qué códigos tienen que ver concretamente contigo y cómo funcionan. Todos los códigos biológicos se imprimieron en tiempos determinados, y esos momentos pueden decirte mucho sobre ti mismo.

Cuando leas la introducción al libro de *Las Claves Genéticas*, aprenderás qué es el Perfil Hologenético, que se calcula con los datos de fecha, hora y lugar de nacimiento. Puedes acceder gratuitamente a los datos de tu Perfil Hologenético, en línea, a través de la web *www.lasclavesgeneticas.com*. Una vez que tengas en tus manos el Perfil Hologenético, comenzará en serio tu viaje de contemplación, ya que en él se destacan aquellas Claves Genéticas específicas que soportan con fuerza el propósito de tu vida, de tus relaciones y de tu prosperidad.

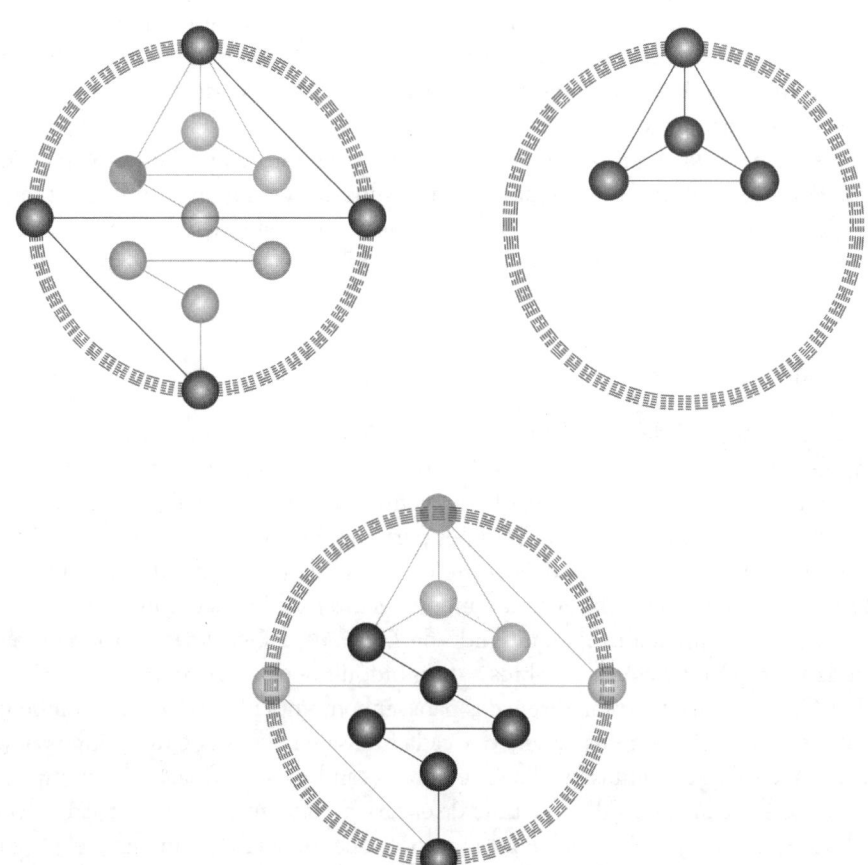

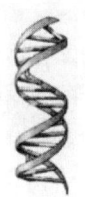

HACER EL CAMINO DORADO

Tu Perfil Hologenético te invita a un intenso viaje personal a través de las Claves Genéticas. Ciertas secuencias de las Claves Genéticas, impresas en el momento de tu nacimiento, abren puertas de acceso a tu consciencia individual y, cuanto más las contemples y más apliques sus enseñanzas en tu vida cotidiana más podrás sentir un nuevo espíritu vivo en ti.

Antes de empezar la travesía mítica por el Camino Dorado puedes descargar y leer dos documentos de distribución gratuita que encontrarás en la zona de Recursos de la web: «Cómo leer tu Perfil Hologenético» y «Hologénesis & La Herida Sagrada: La historia tras tu Perfil». El primero es una somera y práctica guía para un primer acceso y comprensión del mapa de tu Perfil, antes de embarcarte en el Camino Dorado. El segundo documento, por su parte, te sitúa en el marco teórico, conceptual y místico del I Ching como un lenguaje que dialoga con tus células.

Estas son las tres secuencias que conforman, en su conjunto, el llamado Camino Dorado:

La Secuencia de Activación. Descubrir tu genialidad de la mano de tus cuatro Dones Primarios.
La Secuencia de Venus. Abrir el corazón a través de tus relaciones.
La Secuencia de la Perla. Alcanzar la prosperidad a través del servicio.

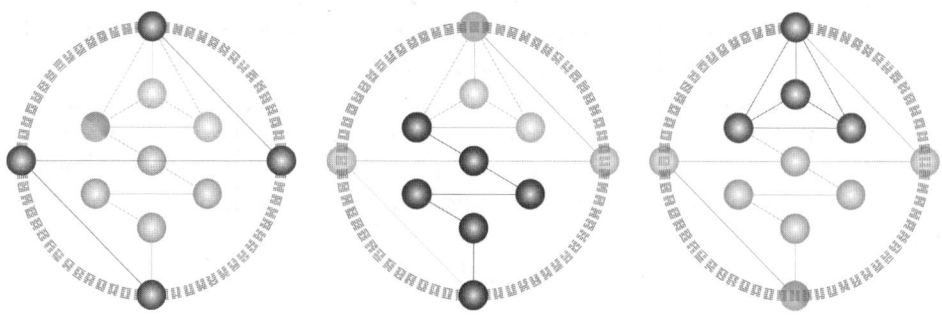

Mientras contemplas el mensaje de las Claves Genéticas puedes prestar especial atención a aquellas Claves que conforman las diferentes secuencias de tu propio Camino Dorado. La comprensión profunda de cada secuencia y el soporte que pueden aportar en tu vida se explican en la web *www.lasclavesgeneticas.com* a través del programa del Camino Dorado. Este programa es un viaje de profunda contemplación, paso a paso, de las fuerzas que te conforman tal y como tú eres. Conforme vayas trazando tu Camino Dorado de contemplación, secuencia a secuencia, siguiendo tus Claves Genéticas correspondientes, tomándolas en consideración y aplicándolas a la luz de tu día a día, irás descubriendo que estás transitando un camino de fabulosa transformación.

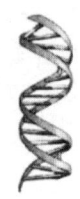

LAS CLAVES GENÉTICAS COMO COMPAÑERAS CREATIVAS

Hay muchos otros modos de usar las Claves Genéticas; por ejemplo, como oráculo, siguiendo el espíritu del I Ching, el original libro ancestral en que se inspiran estas Claves Genéticas. Puedes abrir el libro por una página cualquiera en busca de respuesta a una pregunta que quieras formular o como guía ante un reto que estés afrontando. En esos casos, la Clave Genética que se presenta ante tus ojos manifiesta la extraña habilidad de sacar a la luz lo esencial del tema en cuestión.

Casi al final del libro se incluye el «Glosario de fortalecimiento personal», pieza clave a la hora de comprender el Perfil Hologenético y también durante el seguimiento del programa de autoiluminación en línea conocido como Camino Dorado, complemento esencial de este libro que sirve de señalizador en el recorrido por el Perfil Hologenético. Te recomendamos vivamente su lectura y absorción en todo momento de tu viaje para poder aclarar e integrar profundamente la esencia de esta transmisión, ya que los significados de algunos términos varían respecto del significado habitual y se contextualizan dentro de esta Síntesis.

Como colofón del libro encontrarás una lista de voces bajo el título «Espectro de Consciencia». Se trata de un listado de términos para cada una de las 64 Claves Genéticas, en cada nivel de frecuencia. Si en un determinado momento experimentaras un estado de la Sombra o fueras el beneficiario de un cierto comportamiento negativo, podrías echar un vistazo a las diferentes palabras de las columnas de la Sombra hasta encontrar la Clave Genética que describa ese estado concreto. Leer la Clave Genética correspondiente puede ayudarte a ver el potencial de transformación escondido dentro de una Sombra y convertido en una frecuencia de consciencia superior, lo que sin duda podría ampliar tu capacidad de compasión no solo por ti mismo, sino por los demás.

Sea cual sea la manera en que elijas utilizar el libro de *Las Claves Genéticas*, está destinado a ser más un compañero de camino creativo que un libro para leer y colocar seguidamente en la estantería. Dado que *Las Claves Genéticas* son un sistema abierto, siéntete libre de inventar nuevos caminos usándolo o adaptándolo a tu vida. Lo más importante de todo es que uses tu imaginación y que disfrutes del camino.

INTRODUCCIÓN

PRIMERA PARTE
DESCUBRIR EL PROPÓSITO SUPERIOR OCULTO EN TU ADN

LOS OJOS DE SAN BENEDICTO

Era una mañana perfecta de otoño. Un sol dorado acababa de surgir tras los montes Simbruini, rozando ligeramente la escarcha de los ojos soñolientos de la tierra. Una de las monjas me dejó entrar por una puerta lateral y en mi italiano titubeante le pregunté el camino a la gruta sagrada. Amablemente y sin decir una palabra, me condujo por un laberinto de pasajes monásticos y por un sinnúmero de escaleras desgastadas por el pisar de las sandalias, hasta que finalmente me encontré en el más mágico de los lugares.

Durante las dos horas siguientes me acosté, posando la cabeza sobre la misma almohada de piedra donde un humilde ermitaño pasó parte de su vida en una vigilia diaria, esperando y rezando por una visión de Dios. Después de tres años, se le concedió la visión en un relámpago, salió de su santuario interior y con el tiempo fundó la mayor y más exitosa orden monástica de la historia. Su nombre era san Benedicto.

Cuento esta historia porque, mientras yacía sobre aquella losa de piedra fría, yo también experimenté una visión, o al menos el reflejo de una visión. De repente y sin previo aviso, vi que me observaban unos ojos. No retengo ningún recuerdo de la cara a la que pertenecían esos ojos, pero nunca los olvidaré. Eran los ojos de alguien que ha contemplado la Verdad, rebosantes de conocimiento y de un profundo amor. Una secuencia de palabras familiares acompañó la visión, resonando como un mantra en mi cabeza:

«Mis ojos han visto la gloria del advenimiento del Señor».

Entendí entonces que eran los ojos de san Benedicto.

Muchas cosas nuevas empiezan con una visión. Lo que he aprendido acerca de toda verdadera visión es que no se limita a un solo evento. Una vez que se ha producido la descarga inicial, la visión empieza su verdadero objetivo: transformarte en la frecuencia elevada de la experiencia original. Este libro surgió en torno a una visión y conlleva, en la medida que las palabras lo permiten, la sustancia de esa visión. La visión a la que yo asistí personalmente fue muy anterior a la experiencia de ver los ojos de san Benedicto. Surgió al principio de mi vida y desde entonces la he llevado dentro de mí, en secreto. Se podría decir que la visión salió *de* mí en lugar de *a* mí, ya que, como este libro atestigua, nuestro destino está inscrito en nuestro ADN.

Al igual que aquella visión de san Benedicto, la mía fue una experiencia directa de la perfección de la creación. Yo también vi el futuro en mi visión, pero lo vi como si ya

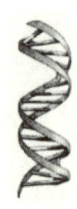

hubiese ocurrido, lo que me transmitió la misma convicción que vislumbré en los ojos del ermitaño. Este libro presenta la visión del ojo universal: el ojo que ha visto la belleza, la maravilla y la certeza del futuro de la humanidad. Estamos entrando en una nueva era solar y, como el sol, las Claves Genéticas ofrecen exclusivamente optimismo.

¿CUÁL ES TU PROPÓSITO SUPERIOR?

Eres un genio viviente. Todo ser humano nace genio. No digo simplemente que tengas la *capacidad* de volverte un genio, sino que *lo eres* en este momento. Tu propósito superior en la vida es compartir tu genialidad particular con el resto del mundo. Pero, ¿qué es el genio? La raíz original de la palabra hace referencia a una especie de espíritu vigilante o guardián que cuida de la persona. También existe una clara conexión con la palabra *gen*, que es una de las razones por las que ha pasado a estar asociado a ciertas personas «especiales» que tienen el don de la inteligencia o del intelecto, heredado genéticamente. Hoy día, cuando pensamos en la palabra *genio*, generalmente lo entendemos como capacidad intelectual o artística, como sucede, por ejemplo, en el caso de Einstein.

Quiero que entiendas el concepto de genio de una forma nueva. Para empezar, no tienes que ser un intelectual para ser un genio. *Genio* indica que vives en tu cénit. Vives tu vida sin reservas, dueño de tus miedos y, por lo tanto, capaz de trascenderlos. Ser un genio es tener el coraje de vivir la vida a corazón abierto, como se vive un intenso romance. A medida que te aventures por las Claves Genéticas, franquearás las grandes vidas humanas. Aunque sus nombres no se pueden mencionar directamente, sabrás lo que necesitas para disfrutar de una gran vida. Una gran vida no significa necesariamente una vida de fama. De todas las personas que conoces, piensa en una que realmente admires: no por sus obras, sino por su carácter, su paciencia, su incansable optimismo, su coraje. La genialidad puede prosperar en el más mundano de los ambientes.

Este es tu propósito superior: estar radiante por el simple hecho de vivir

La genialidad simplemente te transforma en un ser humano alegre. Este es tu propósito superior: estar radiante por el simple hecho de vivir. La genialidad solo puede surgir de ese esplendor interior. Si no te hace realmente feliz, entonces no es el genio. Tu genio es la tierra y su propósito superior surge de ella, independientemente de si se trata de una hierba humilde, una fruta deliciosa o de un gran roble. Las Claves Genéticas son las instrucciones de jardinería que te guiarán a través del proceso de crecimiento; pero la semilla ya se encuentra en tu interior, esperando en el corazón de tu ADN.

También habrás notado por el título de este libro que el proceso de vivir tu propósito superior está íntimamente relacionado con la noción de llaves y cerraduras. Esto se debe a que tu ADN es un código en el sentido estricto de la palabra, y ese código solamente se puede desbloquear con las claves adecuadas. Más adelante aprenderemos cómo funciona este proceso, pero por ahora lo importante es que te des cuenta de que tienes en tus manos un libro de códigos cuyo único objetivo es guiarte por los senderos de tu propio genio. Las claves universales están en tus manos, pero solo tú podrás descubrir las correctas y cómo ordenarlas para ajustarlas a tu código genético específico.

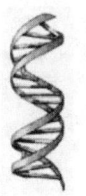

Es un rompecabezas maravilloso para cada uno de nosotros y solo el corazón puede mostrarnos el camino. El proceso de desvelar tu propósito más elevado consiste en transferir la autoridad de la mente al corazón. Esto por sí solo transformará tu vida.

UNA TRAVESÍA DE DESPRENDIMIENTO

Las Claves Genéticas se presentan como una travesía, un viaje que cambiará tu vida para siempre. Para mí, escribir este libro ha conllevado un acto de dedicación interna y de transformación. La transmisión contenida en cada una de las 64 Claves Genéticas dio lugar a una nueva interpretación de mi propio código genético a nivel celular, lo que me reveló mi verdadero propósito superior. Dentro de mí ha despertado un mundo de posibilidades en el que una frecuencia nueva y cada vez más elevada me está transportando más allá de los patrones negativos que conforman nuestra vida. Esto no siempre ha sido fácil. Gran parte del lenguaje y la comprensión de las Claves Genéticas tienen su origen en nuestros miedos inconscientes. Como tú mismo descubrirás, esos temores están estrechamente entrelazados con tu ADN, y hace falta mucho coraje para enfrentarse directamente a ellos. Sin embargo, el miedo es la materia prima de los estados superiores de consciencia y por ello hay que enfrentarlo.

Las Claves Genéticas consisten más en desmantelar conceptos que en añadir otros nuevos

Como primer beneficiario de las Claves Genéticas, he aprendido un par de cosas que me gustaría compartir contigo, intrépido compañero de viaje. La primera es que las Claves Genéticas representan un campo energético viviente que existe constantemente dentro de cada uno. Más que de un proceso sistemático y lógico, estamos hablando de una sabiduría natural. Esto ha representado un gran desafío para mí, ya que descubrí que no hay un único camino que lleve al interior. Tienes que comprender estas enseñanzas por tu cuenta, dentro de ti mismo. No hay ningún gurú o guía que te pueda enseñar el camino. No hay ninguna técnica más allá de la que tú mismo descubras. No hay más que leves indicios, y los seguiré compartiendo contigo a lo largo de esta introducción. Para mí, las Claves Genéticas consisten más en desmantelar conceptos que en añadir otros nuevos. Al final la transformación ocurre por sí misma, simplemente porque estás listo para ella.

Mi viaje personal a través de las Claves Genéticas sigue abriendo perspectivas nuevas y atrevidas en mi interior. Por encima de todo, las Claves Genéticas me han dado libertad interior. A veces he tenido que dejar atrás muchos sistemas, profesores e incluso amigos, porque sus opiniones eran incompatibles y se mostraban incómodos con una visión tan libre y tan amplia. Mi mayor avance con las Claves Genéticas sucedió cuando me tocó escribir la 55.ª Clave Genética al regresar de los EE. UU., donde había estado enseñando. Esa Clave Genética es el código de activación para la libertad misma, ¡por lo que quizás debería haber estado mejor preparado! Sin embargo, una vez que esta Clave Genética se abrió en mi interior, me sorprendió descubrir cuán profundo era mi terror hacia la verdadera libertad. Ahora me doy cuenta de que el miedo a la libertad es uno de los mayores miedos de la humanidad, sobre todo en el momento histórico actual.

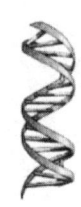

Cuando leas la 55.ª Clave Genética, te harás una idea de lo que está por venir para la humanidad. En efecto, en este libro nos referimos al período en que estamos viviendo como al «gran cambio». Es un cambio que se está produciendo a un nivel molecular dentro de la humanidad y que también está afectando a todos los sistemas naturales y a todas las criaturas. Dondequiera que mires hoy —el medio ambiente, las estructuras políticas y sociales, la economía mundial, la religión, la ciencia y la tecnología— verás un mundo que se prepara para dar un salto de consciencia. Estos tiempos son de por sí inestables y un intenso miedo colectivo al cambio que se avecina atenaza al mundo como un fantasma. La 55.ª Clave Genética desafía directamente ese temor.

Al sumergirme cada vez más en ese miedo, me encontré con el campo de transmisión viviente de la 55.ª Clave Genética dentro de mí, lo que despertó una vasta y desenfrenada sensación de libertad interna que se extendió por mi cuerpo como un tornado. Toqué la simplicidad de la liberación que sientes cuando tu mente se deshace y deja de tomar el control sobre tu vida. El miedo simplemente se evaporó. Otra presencia mucho más poderosa se despertó en mi plexo solar y se acomodó en el asiento del conductor. Una nueva consciencia se desplegó en mí, abriendo sus ojos como un bebé recién nacido en mi corazón. La prisa era inmensa. Desde el interior de mi ADN emanaba una luz que se derramaba fuera de mi cuerpo, conectándome con todos los aspectos imaginables del universo.

Aprendí entonces el gran secreto interno del propio ADN.

Tu ADN es un agujero espacio-temporal o de gusano. Contiene un código que, cuando se activa, se abre hasta el núcleo del universo holográfico. Como tal, la molécula de ADN es realmente un transductor de luz. Cuanto más abierto está el agujero de gusano, más luz se derrama a través de él. Al igual que un bocel, atrae tanta luz hacia sí mismo como la que emana hacia afuera. Eventualmente, irradiará de ti tanta luz que el propio agujero de gusano colapsará. La supernova resultante revelará tu verdadera esencia universal, la de «ser uno» con toda la creación.

Esta es la función más elevada de las 64 Claves Genéticas: iluminar tu camino hacia el glorioso florecimiento final, la unión con tu propia Divinidad. Entonces, quizá también tus ojos arderán con el fuego del conocimiento puro, con una honda compasión y con libertad intrépida, a medida que, como sucedió con san Benedicto, emerjas triunfante desde la cueva de tu viejo ser.

Segunda parte

LAS 64 CLAVES GENÉTICAS. UN LIBRO QUE DIALOGA CON TU ADN

Quienquiera que seas y dondequiera que te encuentres,
si no estás continuamente trascendiendo, estás muriendo.
(De la 3.ª Clave Genética)

LA ERA DE LA SÍNTESIS

A medida que el gran cambio vaya sucediendo dentro de la humanidad, buena parte del saber que ahora damos por sentado se transformará. Uno de los grandes cambios que se están produciendo en la esfera humana se refiere al papel de la ciencia. Durante siglos la ciencia se ha basado en el enfoque del hemisferio izquierdo del cerebro, que consiste en observar la naturaleza de manera objetiva y en hacer suposiciones lógicas basadas en la evidencia empírica. Sin embargo, dado que el nuevo ser humano, *homo sanctus*, ya no operará principalmente a través de la consciencia mental, una nueva forma de ver el mundo surgirá. De hecho, ya no será posible *observar* la vida sin *ser* la vida. Para una mente lógica, fija y moderna esto no es algo fácil de entender. Se aproxima un cambio fundamental en nuestra estructura cerebral, pero hoy día ya se pueden atisbar sus primeras manifestaciones.

Estamos entrando en la Era de la Síntesis. La síntesis verdadera solo se logra cuando el hemisferio izquierdo y derecho del cerebro humano están en equilibrio. Esto significa que está surgiendo un nuevo tipo de pensamiento en la humanidad. No se trata de pensar, sino de *saber*. Por ejemplo, a medida que vayas leyendo las palabras de este libro, podrás encontrar revelaciones que, en lo más profundo de tu ser, reconocerás como verdaderas. Este tipo de conocimiento intuitivo se hace más fuerte y más consistente conforme aumenta la armonía en tu vida. Lo que ocurre es que estás interactuando con un patrón holográfico fundamental que se encuentra en todo el universo. La misma geometría que se encuentra en los genes también se encuentra en las inmensas galaxias que nos rodean. A medida que el gran cambio se propague por tu ADN, comenzarán a reajustarse gradualmente todos los aspectos de tu vida, colocándote en armonía con esos patrones universales y omnipresentes.

Las 64 Claves Genéticas anuncian este nuevo acercamiento a la verdad, ya que constituyen los arquetipos básicos que componen todos los aspectos imaginables de

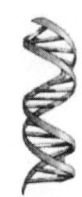

nuestro universo. La matriz de 64 bits es parte integral de la física, la biología, la música, la geometría, la arquitectura, la programación de computadoras y de la mayoría de los campos de la investigación humana. Forman la estructura tetraédrica fundacional subyacente al espacio-tiempo. Por lo tanto, no es de extrañar que la sigamos descubriendo en la raíz de todos los sistemas naturales. Como veremos, nuestro ADN se basa en la misma geometría de 64 bits, lo que nos convierte en un microcosmos holográfico de todo el cosmos. En muchas de las grandes civilizaciones antiguas, así como en las tradiciones de sabiduría védica, egipcia, maya o china, esta estructura matemática codifica el arte, la cosmología y la ciencia. Dondequiera que miremos, desde la estructura de nuestras células hasta el ritmo y movimiento de los cuerpos celestes, contemplamos los mismos patrones fractales repitiéndose eternamente en formas cada vez más exclusivas.

EL I CHING GENÉTICO

Uno de los sistemas más conocidos basado en esta plantilla de 64 arquetipos es el I Ching chino: el Libro de las Mutaciones. Este sistema extraordinario, cuyas misteriosas raíces se remontan a miles de años atrás, es una de las principales fuentes de inspiración para las Claves Genéticas. Generaciones de sabios y laicos han utilizado el I Ching como herramienta oracular para ayudarse en la toma de decisiones claras y en armonía con la naturaleza. Pero más allá de esto, el I Ching proporciona un mapa digital extenso de las dinámicas energéticas existentes en el interior de todos los sistemas vivos. Esto es especialmente fascinante gracias a su similitud matemática con el código genético. Muchos científicos, metafísicos y místicos han comenzado a investigar en la sorprendente relación entre el ADN y el I Ching.

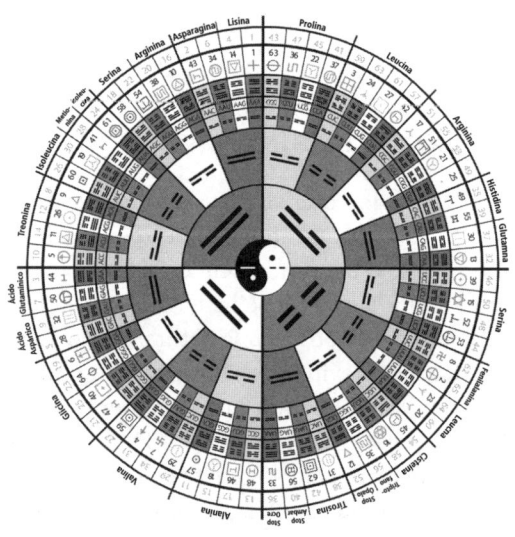

Nuestro ADN se basa en la misma geometría de 64 bits, lo que nos convierte en un microcosmos holográfico de todo el cosmos

Sin pretender elaborar un tratado profundo sobre el tema, voy a explicar la relación entre el I Ching y el código genético de manera simple.

Tu ADN está compuesto por dos cadenas de nucleótidos donde una hebra refleja perfectamente la otra. Este patrón binario es asimismo el fundamento del *yin* y el *yang* en el I Ching. Tu código genético también se compone de cuatro *bases* que se disponen en grupos de tres. Cada uno de estos grupos químicos interacciona con un aminoácido y forma lo que se conoce como un *codón*. Hay 64 de estos codones en tu código genético. Del mismo modo, en el I Ching hay solo cuatro permutaciones básicas del yin y el yang, que también se organizan en

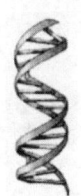

grupos de tres, conocidos como *trigramas*. De la misma manera que las dos hebras de tu ADN se reflejan entre sí, cada trigrama tiene un socio. En conjunto, estos dos símbolos crean el *hexagrama*, la base del I Ching. Así como hay 64 codones del ADN, también existen 64 hexagramas del I Ching.

Esta correlación matemática exacta entre el I Ching y el código genético nos permite crear un nuevo lenguaje global que resuena dentro de las células vivas del organismo. De hecho, las 64 Claves Genéticas son un I Ching genético: un libro que dialoga directamente con tu ADN.

UNA DESCARGA GENÉTICA DE LIBERTAD

Después de haber presentado alguna información básica y sencilla sobre las Claves Genéticas, podemos empezar a ver cómo funcionan realmente. Me gustaría invitarte a concebir las Claves Genéticas de una forma completamente original. Antes de todo, me gustaría que olvidases todas las reglas habituales que se suelen adoptar respecto de la lectura de un libro. Este no es un libro normal. Es una descarga de información genética diseñada específicamente para penetrar los fundamentos de tu realidad cotidiana —tu ADN—. En segundo lugar, al entrar en el proceso de asimilación de las Claves Genéticas, me gustaría que empezases por imaginar cómo sería tu vida según tus sueños más originales. No importan mucho los aspectos específicos del sueño. Lo importante es que recuperes un sentimiento de libertad absoluta en tu interior a la hora de imaginar.

El proceso de las Claves Genéticas pretende que te proporciones libertad a ti mismo, y esa libertad empieza en tu imaginación. Tienes que abrirte a las más elevadas posibilidades que te concede tu propia naturaleza. A medida que este proceso se expanda, lo más probable es que depares en los temores profundos. La buena noticia es que ya no tendrás miedo de esos temores. Ahora sabemos que son temores ancestrales y que se heredan a través del linaje de ADN que compartimos todos los seres humanos. Sabemos que tenían que estar ahí para garantizar nuestra supervivencia como especie. Las Claves Genéticas te ofrecen la oportunidad de enfrentar y erradicar cada uno de los temores específicos que se interponen en tu camino hacia la libertad.

Cada día algún científico, en algún lugar del mundo, descubre algo nuevo y sorprendente sobre el ADN. La genética es una de las fronteras más entusiasmantes y novedosas de toda la ciencia. A pesar de ello, podría pasar mucho tiempo antes de que lleguen los descubrimientos científicos mayores en este campo. Pero no tienes que esperar a que la ciencia le demuestre algo a tu mente. Tienes acceso directo al laboratorio de tu ADN por el simple hecho de estar vivo. Descubrirás que tu ADN está esperando solo a que introduzcas el código correcto. Una vez que haya recibido las instrucciones, ejecutará el nuevo programa y construirá un nuevo organismo, una nueva vida y una nueva realidad. La evidencia reposa en tu interior.

Demos un pequeño paseo por tu laboratorio y echemos un vistazo a algunos de los componentes que la naturaleza te ha dado. Mírate la palma de la mano y observa su piel. Está compuesta por millones de células de piel diminutas. Echemos ahora un vis-

El proceso de las Claves Genéticas pretende que te proporciones libertad a ti mismo, y esa libertad empieza en tu imaginación

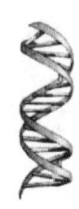
tazo a esas células. Los elementos básicos de una célula son tres: una membrana externa, una capa interior (o citoplasma) que contiene los mecanismos de funcionamiento de la célula, y un núcleo que contiene el ADN celular y las instrucciones instaladas en él. En tu organismo existen cerca de 60 billones de estas células, todas con responsabilidades y funciones diferentes. Pero lo más importante es que cada célula del cuerpo está realizando dos funciones esenciales en este momento: *escuchar y responder.*

Cada célula escucha a su entorno a través de sus innumerables antenas moleculares, incrustadas en la membrana celular. Esta *piel celular* interpreta las señales del ambiente y retransmite las instrucciones correspondientes al ADN, que se encuentra dentro del núcleo de la célula. A continuación, tu ADN responde activando los mecanismos necesarios en el interior de la célula. Es como

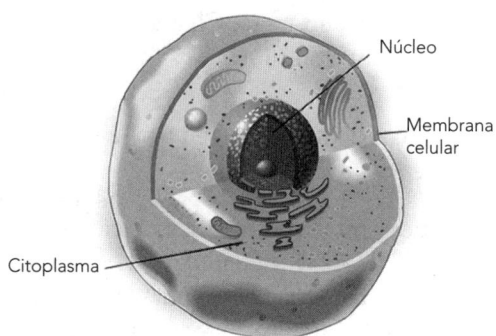

el capitán de un buque que retransmite la información de sus vigías a la sala de máquinas. Si los vigías avistan un obstáculo, informan al capitán, que a su vez ordena a los trabajadores de la sala de máquinas que abran o cierren los hornos que impulsan las turbinas, o que cambien el engranaje que controla la hélice. En tu cuerpo sucede lo mismo: los interruptores moleculares de las células comunican al ADN qué genes activar y qué genes desactivar. Este proceso ocurre constantemente, durante toda la vida, día y noche, en el interior de nuestros 60 billones de células. Y está diseñado para destrabar la impresionante cantidad de energía molecular que se halla almacenada en tu organismo.

Ahora echemos un vistazo a la sala de máquinas: el núcleo de la célula:

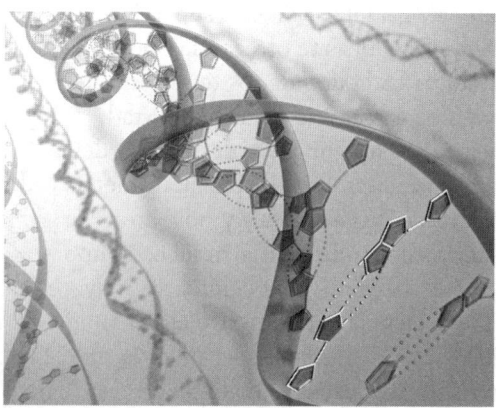

Aquí podemos ver la famosa doble hélice del ADN. Lo que muchos no saben es que, al igual que la sal, el ADN es un conductor natural de electricidad. Es extremadamente sensible a las ondas electromagnéticas. Incluso un ligero cambio en tu estado de ánimo crea una señal ambiental suficiente para desencadenar una respuesta de tu ADN.

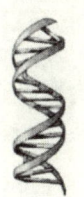

Del mismo modo, un pensamiento negativo o positivo generará una suave corriente electromagnética por todo el cuerpo que incitará al ADN a producir algún tipo de respuesta biológica. La mayoría de nosotros somos completamente inconscientes de cómo nuestros estados de ánimo, pensamientos, creencias y actitudes moldean literalmente nuestro organismo.

Debido a la elevada sensibilidad de tu ADN, todo en tu vida, desde los alimentos que consumes a la gente con la que convives, coparticipa en la creación de tu organismo a través de tu actitud. Tu actitud determina la esencia de las señales electromagnéticas que recibe tu ADN. Por ejemplo, si estás teniendo un mal día y atraviesas un estado de ánimo negativo, esa actitud va a generar un impulso de baja frecuencia en tu cuerpo. Tu ADN responderá cerrando determinadas vías hormonales en el cerebro y te sentirás triste, deprimido o frustrado. Por otro lado, si estás teniendo un mal día y eres capaz de librarte de los pensamientos negativos y reírte de ti mismo, tu ADN recibirá una señal eléctrica de alta frecuencia y enseguida te sentirás más aliviado y alegre. Tu ADN responderá mediante la activación de ciertas señales hormonales que harán que el día te resulte mucho más agradable.

Incluso un ligero cambio en tu estado de ánimo crea una señal ambiental suficiente para desencadenar una respuesta de tu ADN

El proceso de usar la actitud para programar tu ADN es también conocido como el efecto placebo, que actualmente es objeto de estudio de una nueva e importante rama de la genética conocida como *epigenética*. La epigenética estudia cómo el ambiente afecta los genes. Este nuevo y emocionante campo de la biología es mucho más holístico que los viejos modelos que aprendimos en la escuela. En epigenética, la idea del impacto ambiental se extiende al mundo electromagnético de la física cuántica para así incluir la actitud humana. A nivel cuántico, tu entorno es tu actitud.

Lo que todo esto significa es que nunca puedes ser víctima de tu ADN. Tampoco puedes ser víctima del destino. Solo puedes ser víctima de tu actitud. Cada uno de tus pensamientos, de tus sentimientos, cada palabra que pronuncias y cada acción que llevas a cabo tiene el efecto de programar directamente tus genes y, por ende, tu realidad. A nivel cuántico, creas el ambiente que programa tus genes. En la siguiente sección aprenderemos más sobre cómo funciona este proceso y cómo puedes crear un ambiente ideal que te ayude a liberar el potencial superior de tu ADN.

Este es el gran secreto oculto en las Claves Genéticas: el secreto de la libertad. A medida que lo descubras, tu vida se irá transformando ante tus propios ojos.

TERCERA PARTE

EL LENGUAJE DE LA LUZ

En la mente del principiante hay infinitas posibilidades.
En la del experto, solo unas cuantas.

SUZUKI

EL ANTIGUO ARTE DE LA CONTEMPLACIÓN

Si tuviera que decir en una sola línea qué son las Claves Genéticas, diría que son un lenguaje universal compuesto por 64 arquetipos genéticos. Si tuviera que decir qué hacen las Claves Genéticas, diría que te permiten reevaluarte por completo y recrear tu propia vida con el único límite de tu propia imaginación.

Las Claves Genéticas son también una transmisión. En el budismo existe una maravillosa palabra conocida como *dharma*. Es uno de esos términos que asume múltiples dimensiones de significación. Apunta hacia la existencia de una verdad superior o ley universal que impregna el universo. Una vez que la comprensión del dharma va más allá de las palabras, su transmisión solo puede proceder a través del silencio y de la profunda absorción meditativa. Las Claves Genéticas son justamente una transmisión de este tipo. Como arquetipos que son, cada una de ellas contiene un aspecto fractal de la mismísima Verdad universal. Como arquetipos genéticos, permiten que la Verdad retumbe en lo más profundo de cada célula de tu cuerpo.

Esto nos lleva a un punto muy importante que hay que interiorizar antes de penetrar el campo-dharma de las Claves Genéticas. Debido a que las Claves Genéticas son una transmisión que va más allá de las palabras, no revelarán sus secretos a una mente intelectual y perspicaz. Cuanto más las persigas con tu mente, más frustrado te sentirás. Como arquetipos, las Claves Genéticas están planteadas para la contemplación, la cual exige de relajación y paciencia. La contemplación es una de las más grandes y menos comprendidas artes y rutas místicas.

LOS TRES CAMINOS CLÁSICOS HACIA LA VERDAD

Hay tres rutas clásicas que conducen a una consciencia más elevada: la meditación, la concentración y la contemplación. A pesar de que cada ruta es muy diferente, todas

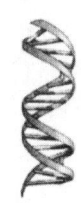

conducen a la misma meta final, la absorción, un tema al que regresaremos más adelante. La meditación es el gran arte pasivo, en el que simplemente todas las formas, pensamientos y sentimientos son observados exactamente tal y como son. Con el paso del tiempo, esta observación continua favorece que surja, de forma natural, una gran claridad interior, que culmina en una visión iluminada de los fundamento de la realidad. La meditación tiene sus raíces en el hemisferio derecho, holístico, del cerebro. Por otro lado, la concentración es la ruta del esfuerzo. A través de la concentración, te esfuerzas con el corazón, la mente y el alma para congregar al ser interior con tu verdadera y más elevada esencia. La mayoría de los sistemas místicos y todos los tipos de yoga se basan en la ruta de la concentración. La concentración tiene sus raíces en el hemisferio izquierdo del cerebro. A través de un proceso gradual de perfeccionamiento continuo, este camino también lleva a una visión iluminada de la naturaleza de la realidad.

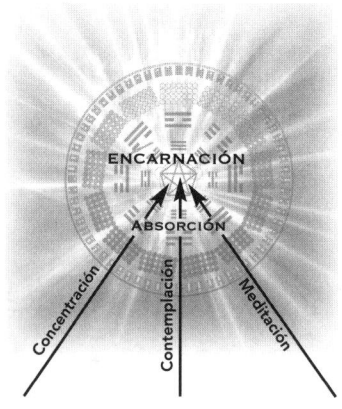

Entre esos dos caminos encontramos la contemplación. La contemplación utiliza aspectos tanto de la meditación como de la concentración. Tiene sus raíces en el cuerpo calloso, la parte del cerebro que une los hemisferios izquierdo y derecho. La contemplación implica una especie de digestión celular. Escoges el objeto de la contemplación y concentras todo tu ser en él, pero sin ningún esfuerzo o tensión. En cierto sentido, juegas con él usando tu mente, tus sentimientos y tu intuición. Es como si tuvieses el estuche de terciopelo de un anillo de diamantes en tus manos y lo frotases continua y suavemente con los dedos, disfrutando de la sensación y del misterio de no saber lo que hay dentro. Entonces, en algún momento indeterminado, tus dedos descubren inesperadamente un pequeño cierre oculto en los pliegues más internos del terciopelo. De repente se abre el estuche y el tesoro se revela.

La verdadera inteligencia se activa de la mano de la paciencia y del apaciguamiento del corazón, que solo más tarde confirmará la mente

Así es como mejor se abordan las Claves Genéticas: con un espíritu de honda relajación. La verdadera inteligencia se activa de la mano de la paciencia y del apaciguamiento del corazón, que solo más tarde confirmará la mente. En esta fase, tienes que ser un amante del misterio y tener la mente de un principiante: evita abordar las Claves Genéticas desde el punto de vista de un experto decidido a resolver un enigma.

EL ESPECTRO DE CONSCIENCIA: UN ALFABETO NEUROLINGÜÍSTICO

Al entrar en las Claves Genéticas estás entrando en un mundo de palabras. Las palabras en sí son simplemente indicadores y códigos que nos llevan a un estado que va más allá de las palabras mismas. Todas las palabras retumban en las simas del cuerpo. Transportan frecuencias hacia dentro y fuera de tu ser. Si, por ejemplo, tomas la palabra

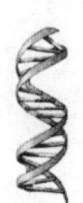

conflicto y la articulas silenciosamente dentro de tu mente, eso creará un impulso electromagnético que resonará por todo tu cuerpo. Si después imaginas la sensación que te genera esta palabra, envías una señal todavía más potente que retumbará en lo más recóndito de tu fisiología. Recuerda: tu ADN es tan increíblemente sensible que lo escucha todo y responde en consecuencia.

Al final de este libro encontrarás una tabla de palabras denominada «Espectro de Consciencia». Son palabras clave específicas que corresponden a cada una de las 64 Claves Genéticas. Como pronto aprenderás, cada Clave Genética abarca ese Espectro y está, a su vez, dividida en tres niveles o bandas de frecuencia conocidas como la Sombra, el Don y el Siddhi.

El Espectro de Consciencia es tu lenguaje de programación genética personalizado. En realidad, es un alfabeto neurolingüístico, es decir, cuando aplicas estas palabras y su significado a tu propia vida, estas desprograman y reprograman tus genes con señales electromagnéticas sanas y de alta frecuencia. El objetivo de las Claves Genéticas es, antes de todo, desprogramar el ADN de todos sus patrones de baja frecuencia (las Sombras), para seguidamente reprogramar las células con los patrones de frecuencia más alta de tu genio (los Dones y Siddhis).

Para mayor claridad, vamos a resumir todo lo que hemos aprendido hasta ahora antes de seguir aprendiendo el lenguaje del Espectro de consciencia y de ver cómo se activan las propias Claves Genéticas.

Hemos visto que nuestros genes contienen el plan detallado de nuestra esencia, mientras que el ambiente es el que determina cómo se activan los genes a través de la membrana celular. También sabemos que el concepto de ambiente ha de ampliarse hasta incluir en él tus pensamientos, sentimientos y palabras, los cuales generan sutiles señales electromagnéticas que ejercen un profundo efecto sobre el ADN. Nos hemos introducido en las Claves Genéticas, un lenguaje muy específico cuya finalidad es dialogar directamente con los genes para así adaptar su funcionamiento e impulsar una transformación en todo nuestro ser. Por último, aprendimos que la mejor forma de abordar las Claves Genéticas es a través del arte de la contemplación, un método lúdico pero sostenido para asimilar las verdades contenidas en las Claves.

CERRADURAS, CLAVES Y CÓDIGOS: LA TRAVESÍA DESDE LA SOMBRA AL SIDDHI

LAS 64 SOMBRAS: EL PASO POR EL INFRAMUNDO

A medida que empieces a asimilar el nuevo lenguaje de las Claves Genéticas, iniciarás un viaje por un mundo de vibraciones. La vida no es más que vibración, y como hemos visto, tu ADN moldea tu vida en base a la frecuencia de las vibraciones que recibe. El miedo genera un campo de energía de baja frecuencia, mientras que el amor genera un campo de energía de alta frecuencia. Diferentes bandas de frecuencia activan diferentes códigos en tu ADN. Por ejemplo, tu cuerpo contiene un código en particular que, una vez desbloqueado, producirá un sentimiento de paz tan profunda que llegará

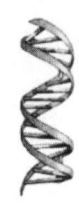

a silenciar los pensamientos que atraviesen tu mente. Sin embargo, los genes solo pueden producir ese estado cuando las células reciben energía de frecuencia muy alta. Esta es la razón por la que los estados superiores se describen como «ocultos» en tu ADN. Se ocultan detrás de las frecuencias más bajas, conocidas como frecuencias de la Sombra.

Las 64 frecuencias de la Sombra son estados de consciencia que muchos consideran «normales» en los seres humanos. En algunos casos se nos dice incluso que estos atributos son saludables, cosa que no es cierta. Las 64 frecuencias de la Sombra forman un campo de energía colectiva generado por recuerdos genéticos de la época en la que formábamos parte del reino animal. El enfoque principal de las 64 Sombras es la supervivencia individual basada en el miedo y, como tal, estimulan tanto las partes más antiguas del cerebro como la fisiología correspondiente. A pesar de la increíble evolución del cerebro humano durante miles de años, la consciencia de grupo de la humanidad todavía está fuertemente influenciada por estos códigos arcaicos basados en el miedo. Por muy positiva que sea tu actitud ante la vida, si no tienes plena consciencia de tus propios patrones de frecuencia de la Sombra (tu llamado «lado oscuro»), nunca serás capaz de desbloquear las frecuencias más altas.

> *Cuando trabajes con las Claves Genéticas, al nivel de la Sombra estarás trabajando con miedos fisiológicos reales, ocultos en las profundidades de tu inconsciente y también del inconsciente colectivo*

Esta es la verdadera labor de las Claves Genéticas: proporcionarte un lenguaje interior que te permita enfrentar los miedos inconscientes que circulan dentro de ti. Solo por el hecho de haber nacido, has heredado algunos recuerdos y temores ancestrales que, en realidad, no tienen relación alguna con tu vida actual. Se originaron en la reserva genética colectiva del ser humano. Cuando trabajes con las Claves Genéticas, al nivel de la Sombra estarás trabajando con miedos fisiológicos reales, ocultos en las profundidades de tu inconsciente y también del inconsciente colectivo. A medida que la contemplación de las frecuencias de la Sombra estimule estos códigos ancestrales en tu ADN, comenzarás a notar cómo buena parte de tu vida y del mundo que te rodea se rige por esas frecuencias basadas en el miedo. Conforme vayas ganando consciencia día a día sobre estos aspectos ocultos de tu inconsciente, conseguirás desmantelarlos de forma efectiva y gradual.

EL TÚ AUTÉNTICO

En lo que se refiere a las 64 Sombras, también te darás cuenta de que todas operan a través de la expresión represiva o de la expresión reactiva. En función de tu carácter, tu cultura y de los condicionantes de tu infancia, es probable que actúen más unos patrones genéticos que otros. La naturaleza represiva se manifiesta como un patrón psicológico más introvertido, basado en el temor, mientras que la naturaleza reactiva es más extrovertida y se manifiesta con ira, que no es otra cosa que la expresión exterior del miedo. También es común que muchos seres humanos nos movamos y oscilemos entre estos dos polos, por lo que es importante tener ambos en cuenta.

Al leer y contemplar las Claves Genéticas, y en particular sus Sombras, recuerda que el propósito de este recorrido es convertirte en tu auténtico ser. Al conocer y com-

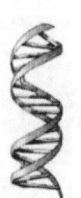

prender tus propias Sombras te transformarás en un ser humano auténtico, cuya frecuencia evoluciona automáticamente hacia niveles cada vez más elevados, gracias al poderoso efecto de la autoaceptación. El inicio de tu viaje por las Claves Genéticas representa un momento muy difícil, ya que las claves abren los mismos códigos que has intentado evitar durante tanto tiempo. Es toda una revelación darse cuenta de que tú mismo das la espalda a las frecuencias más altas cada vez que te encuentras atrapado en los patrones de la Sombra, represivos o reactivos. Pero para ello tiene que motivarte cada descubrimiento y avance que hagas. Cada vez que das un salto de consciencia, la frecuencia de tu ADN brinca contigo. Este proceso interno es lento y requiere de tanta paciencia como valor, pero si te mantienes firme, empezarás a sentir cómo palpitan las frecuencias superiores dentro en tus venas. Este es un don inefable, porque representa el renacimiento del verdadero tú, del Tú auténtico.

LOS 64 DONES: ABRIR TU CORAZÓN

Cada Sombra contiene un Don. Este es el núcleo de la transmisión de las Claves Genéticas. Es uno de esos argumentos sorprendentes que entretejen la historia de la humanidad. La base de todos nuestros mitos, fábulas, novelas, películas e historias se halla en que nuestro sufrimiento contiene la semilla de una eventual trascendencia. Al aceptar y abrazar tus Sombras, de repente ellas revelan su verdadera naturaleza y liberan un nuevo impulso creativo en ti. Dentro de tu ADN empieza una mutación sutil, pero poderosa. En genética, la mutación describe un cambio en la forma en que el código genético se copia dentro de cada célula, lo que conlleva una variación en cómo se producen las proteínas, que a su vez conduce a alteraciones en tu bioquímica. A medida que las Sombras te revelan tus Dones ocultos, el ritmo de tu vida cambia completamente. Cambia tu química sanguínea, cambian tus biorritmos, tu estado de ánimo se estabiliza, tu alimentación varía y tu actitud general hacia la vida se vuelve positiva y optimista. Todos estos cambios se producen de forma natural y en su propio tiempo, a medida que sigues contemplando las Claves Genéticas.

Cuanto más elevada sea la frecuencia de tu ADN, más sensible te volverás a los campos de energía que existen a tu alrededor

Una vez que has iniciado el proceso de transformación de tus Sombras, la perspectiva que tienes de ti mismo y de todo tu sistema de creencias sufre un cambio abrupto. Por ello, a medida que empieces a vivir cada vez más en las frecuencias del Don, empezará a abrirse también la posibilidad de alcanzar el estado superior, conocido como el de los 64 Siddhis. Cuanto más elevada sea la frecuencia de tu ADN, más sensible te volverás a los campos de energía que existen a tu alrededor. Esto podría representar un gran reto para ti, ya que gran parte del mundo opera bajo las frecuencias de la Sombra. Sin embargo, en esencia, la frecuencia del Don provoca que abras tu corazón sobre todo hacia las zonas sombrías. Una vez que conozcas las Sombras dentro de ti, la evolución empezará a utilizarte para elevar las frecuencias de todos los demás, lo que sin duda implica una especie de servicio por tu parte.

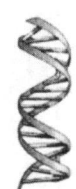
Despertar el poder de tu aura

El cuerpo humano emite una serie de señales sutiles de energía bioeléctrica que juntas forman un poderoso campo electromagnético conocido como aura. Más de un centenar de culturas diferentes han descrito este fenómeno, por lo que no representa ninguna novedad. La revelación está en comprender que la principal función de la molécula de ADN en el organismo (incluso anterior a la síntesis de proteínas) es, de hecho, la recepción y la transmisión electromagnética. Al transformar las frecuencias en química, tu ADN forja la vitalidad y calidad general de tu aura. A medida que la frecuencia del Don gane terreno en tu vida, tu aura también crecerá. El aura está directamente relacionada con la salud y con la capacidad de generar y transmitir ondas de luz hacia el entorno. Dentro de tu cuerpo, las frecuencias superiores abren el corazón y te inundan con sensaciones periódicas de amor e incluso de éxtasis. Estas ondas alcanzan el campo áurico de las demás personas, donde pueden desbloquear vías bloqueadas, un hecho que potencialmente te otorga energías curativas poderosas.

Cada uno de los 64 Dones desbloquea un tipo de genialidad particular, que se expresa a través del resplandor de tu aura

En los últimos años también se ha comparado el aura humana con un campo de atracción. A través de su frecuencia atrae otras similares hacia sí misma, en un proceso subyacente a cualquier relación de atracción. Además, a medida que tu aura se expanda, empezarás a colocarte en una armonía más anclada con los grandes ritmos del cosmos, y esto, a su vez, se traducirá en diversas y potentes manifestaciones que observarás en tu vida. Tu aura interacciona con el poder de la sincronicidad, la ley universal de la buena fortuna. Y ello atrae prosperidad, algo que repercute en todos los niveles en la vida. Te reúne con todos tus verdaderos aliados a través de su resonancia natural con tu campo de energía creciente. Cada uno de los 64 Dones desbloquea un tipo de genialidad particular, que se expresa a través del resplandor de tu aura.

Los 64 Siddhis: una enciclopedia de la iluminación

A medida que profundices en la contemplación de las Claves Genéticas y que actives los Dones de tu vida, tu frecuencia se refinará y elevará poco a poco. En un determinado momento de este proceso, la contemplación dará paso, espontáneamente, a la absorción. La absorción es un estado de la consciencia de muy alta frecuencia, en el que tu ADN empieza a activar tu sistema endocrino para que secrete continuamente ciertas hormonas enrarecidas. Estas hormonas, que incluyen la pinolina, la harmina y la melatonina, están asociadas a un mejor funcionamiento del cerebro y son elementos químicos naturales en los estados de iluminación espiritual y trascendencia. La absorción puede ocurrir solamente cuando el aura esté generando una frecuencia lo suficientemente alta como para alimentarse continuamente de su propio campo electromagnético. Durante esa etapa ya no se puede regresar a las frecuencias más bajas excepto por brevísimos lapsos de tiempo.

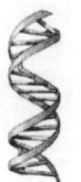

Tanto la frecuencia Don como la frecuencia Siddhi implican saltos cuánticos en la consciencia. La consciencia colectiva de la humanidad está a punto de llevar a cabo la gran transición desde la frecuencia de la Sombra a una consciencia estabilizada en la frecuencia del Don. Esto va a catalizar una mutación genética global. Al mismo tiempo, hay otro grupo mucho más pequeño entre los seres humanos que está a punto de completar la transición desde el Don a la frecuencia Siddhi. La palabra *siddhi* proviene del sánscrito y significa «don divino». Existe mucha sabiduría popular en torno a los Siddhis (¡incluso hay una tradición establecida que indica que existen exactamente 64!). En el contexto de las Claves Genéticas, los 64 Siddhis son la expresión biológica del estado final de iluminación. Representa, literalmente, una enciclopedia de las varias expresiones de la realización espiritual.

EL ADN ES UN SUPERCONDUCTOR

Antes de que un ser humano pueda dar el salto cuántico al mundo exclusivo y silencioso de los Siddhis, deben ocurrir ciertos fenómenos inusuales. Según diversos genetistas, una gran cantidad de tu ADN (más del 90 por ciento) no sirve a propósito alguno. Como consecuencia, se ha ganado el nombre poco atractivo de «ADN basura». Esta es una interpretación enormemente errónea del verdadero papel de este tipo de ADN. El ADN «basura» contiene todos los patrones de la memoria colectiva del pasado: no solo de tu pasado como ser humano, sino también de tu pasado lejano como animal, reptil y, yendo aún más atrás, como planta y bacteria. Antes de que puedas alcanzar el estado síddhico, debes purgar tu ADN de toda esta memoria genética. Esto también significa que, a medida que aumenta tu frecuencia, tendrás que procesar patrones de la Sombra cada vez más profundos que se originaron en nuestro pasado ancestral colectivo.

Es esta capacidad del ADN de tejer luz a su alrededor la que revela su función verdadera y secreta dentro de tu organismo: actuar como un superconductor, cuyo único propósito es aumentar exponencialmente la frecuencia que entra y sale de tu cuerpo

Conocidas en la tradición del yoga indio como *sanskaras*, esas antiguas frecuencias de la Sombra están literalmente enrolladas alrededor del ADN humano. Lo único que puede desenrollarlas es la propia luz. La investigación del ADN ha demostrado que una de sus propiedades electromagnéticas más inusuales es la capacidad de atraer fotones (partículas elementales de luz), un fenómeno que conduce a su agrupamiento en las espirales de doble hélice. Es esta capacidad del ADN de tejer luz a su alrededor la que revela su función verdadera y secreta dentro de tu organismo: actuar como un superconductor, cuyo único propósito es aumentar exponencialmente la frecuencia que entra y sale de tu cuerpo. Esto, a su vez, conduce a una completa transmutación del tejido de tu ser. Teóricamente, este fenómeno extremamente inusual que se denomina *explosión-transposición* consiste en un movimiento repentino y sincronizado de miles de elementos del ADN en tu organismo hacia ubicaciones genéticas nuevas y diferentes. Representa el nacimiento extraordinario de un nuevo tipo de ser humano: el *Homo sanctus*, el hombre sagrado.

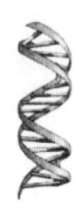

Si tienes en cuenta este pasaje de la Sombra al Siddhi, tal vez consigas entender la excepcionalidad del viaje evolutivo que representan las Claves Genéticas. Es el lenguaje interior, original de la luz, elaborado a través de palabras, aunque esas palabras, en realidad, no sean más que frecuencias de la propia luz.

Las Claves Genéticas son simplemente las mensajeras que tú mismo envías a la estructura viviente de tu ADN, y su papel es el de instruir al ADN para que te construya un organismo superior, totalmente equipado para una vida mucho más feliz. Incluso los miedos más profundos que alojas en tu cuerpo no son más que patrones de baja frecuencia que oscurecen la pura y radiante luz que emana del núcleo de tu ADN.

El viaje por las Claves Genéticas representa una gran aventura en la última frontera del espacio interior. Inspirará a tu espíritu guerrero interno a enfrentarse a los demonios personales y colectivos que se esconden en tu ADN celular. Sin embargo, armado del arte de la contemplación, que es lúdico y enfocado, y sumado a una dosis saludable de paciencia y de coraje, alcanzarás los niveles superiores del potencial humano. Recuerda siempre que nada de esto es complicado. Tu mente puede intentar complicarte el camino, pero, en realidad, el proceso es tan natural como respirar. La contemplación de las Claves Genéticas puede seguir a su ritmo sin que abandones tu vida diaria: trabajar, lavar los platos, cuidar de los niños, relajarte, dormir e incluso soñar. El patrón de tus Claves Genéticas se manifestará automáticamente, así que todo lo que tienes que hacer es escuchar y aprender. La vida que se desarrolla ante ti es un espejo de lo que ocurre dentro de tu ADN. Si la contemplas, ¡aparecerá como por arte de magia ante tus ojos!

HERRAMIENTAS DE NAVEGACIÓN

Antes de iniciar cualquier viaje en terreno desconocido, hace falta una buena preparación. El lenguaje que encuentras en las Claves Genéticas utiliza términos específicos procedentes de un amplio número de áreas. A medida que avances por este laberinto de nuevas ideas, conceptos y sentimientos, puede que tengas que ajustarte a esa nueva terminología. Cuando observes una Clave Genética te darás cuenta de que está relacionada con un aspecto de tu fisiología y con un aminoácido. También verás que pertenece a una familia genética llamada *anillo codónico* y que tiene un *par programado*. Cada uno de estos aspectos es un portal hacia una contemplación más amplia. Al final de este libro encontrarás un recurso llamado «Glosario de fortalecimiento personal». Se trata de una guía que profundiza en los principales términos y conceptos de las Claves Genéticas para describir tanto sus significados como las aplicaciones prácticas que pueden tener en tu vida. Es importante recordar que cada uno de los términos empleados en este libro tiene un significado específico en el marco de conceptualización y síntesis que son las Claves Genéticas. Esos significados pueden ser un poco diferentes a las interpretaciones más tradicionales que conozcas de esos mismos términos. Por ello te recomendamos utilizar el glosario como una fuente de contenidos y de inspiración. Como descubrirás, se trata de mucho más que un simple glosario, pues al contemplarlo por un tiempo notarás que cada término contiene un diseño para elevar la frecuencia de tu ADN.

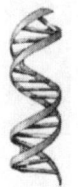

Pares programados

Una de las mayores revelaciones de las Claves Genéticas proviene de una comprensión adecuada de los pares de la Sombras, Dones y Siddhis. Mientras los antiguos sabios chinos desarrollaban el I Ching, el Libro de las Mutaciones, descubrieron muchas maneras de adaptar y de ampliar sus revelaciones. Un gran avance se produjo cuando los 64 arquetipos, llamados hexagramas, se dispusieron en forma de círculo en lugar de seguir siendo observados como una secuencia lineal del 1 al 64. Esa disposición circular de las Claves Genéticas permite observar la forma en que cada Clave Genética opera como la mitad de un campo de programación binaria. Al contemplar las Claves Genéticas juntamente con sus pares programados, se puede apreciar que esos emparejamientos genéticos originan circuitos de biorretroalimentación dentro de tu cuerpo, de tu mente y de tus emociones, ya sea bloqueando o bien liberando las frecuencias más elevadas.

Los 21 Anillos codónicos

En genética, los genes de tus células tienen la función de sintetizar y combinar varios aminoácidos para producir proteínas, que son el componente básico de la vida. Los principales aminoácidos también se agrupan en familias genéticas conocidas en este libro como los 21 *anillos codónicos*. Cada uno de estos anillos codónicos tiene un nombre específico y actúa como un órgano de programación colectiva del cuerpo superior de la humanidad. Gran parte de nuestra mitología humana surgió de esos conjuntos químicos, y cada anillo contiene grandes misterios. Poseen conexiones directas con mu-

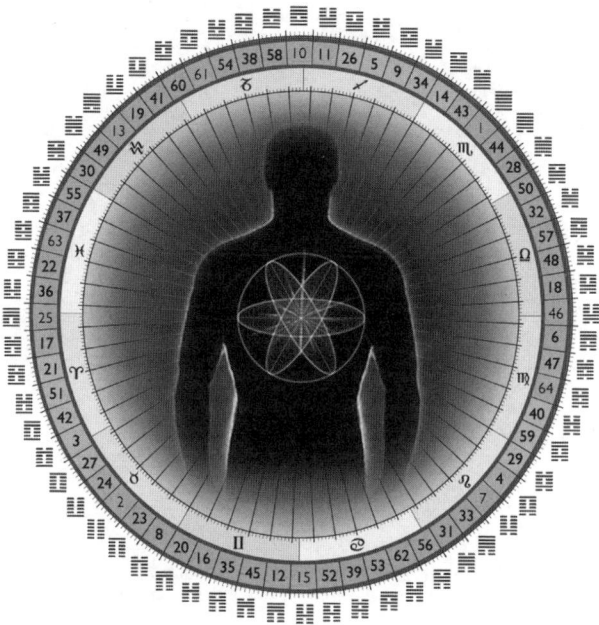

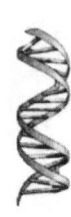

chos de los primeros alfabetos sagrados, como el alfabeto hebreo, y mantienen una relación con el complejo simbolismo del tarot. Profundizar sobre su importancia significaría salir del ámbito de este libro, pero a medida que examines las Claves Genéticas a través de los anillos codónicos, también podrás descubrir sus secretos desde el interior de tu propio ADN. Por encima de todo, este es tu viaje, ¡y tu osadía depende exclusivamente de ti!

CUARTA PARTE
ÁNGULOS PARA ABORDAR
LAS CLAVES GENÉTICAS

SEGUIR TU PROPIO CAMINO

Existe una maravillosa expresión de san Agustín, *solvitur ambulando*, que significa «se soluciona caminando». Este puede ser tu credo para las Claves Genéticas. Ante cualquier pregunta que tengas sobre un aspecto dado de tu vida, las Claves Genéticas te señalarán el camino hacia la respuesta, simplemente porque te señalan el camino hacia el interior, que es donde siempre encontrarás las respuestas. Solo tienes que seguir caminando, seguir en tu búsqueda. El I Ching original chino es un oráculo con la capacidad de guiar cualquier decisión que tomes en la vida. Las Claves Genéticas te llevan más allá al conducirte hacia el verdadero I Ching viviente de tus genes. Una vez que este libro haya terminado su labor, nunca más tendrás que buscar la verdad fuera de ti mismo.

A lo largo de esta introducción, se ha presentado este libro como un viaje, una aventura que te dirige hacia un gran misterio: el misterio de quién eres y por qué estás aquí. Como verás, puedes tomar muchos caminos diferentes para llegar a las Claves Genéticas. Además de este libro, existen una serie de herramientas y sistemas distintos que utilizan las Claves Genéticas de varias formas. En lugar de sentirte abrumado por todos los itinerarios a tu disposición, te animo a que mantengas un ritmo específico y encuentres el itinerario que te resulte más cómodo. Como ya te habrás percatado, las Claves Genéticas son más una transmisión viviente que un sistema cualquiera de información. Por lo tanto, solo te revelarán sus secretos si adoptas una actitud relajada y contemplativa ante él. La calidad de tus primeros pasos determinará la esencia del viaje que te espera. Así que ya sabes que aquí eres bienvenido. Tienes todo el tiempo para explorar las Claves Genéticas al nivel o niveles que prefieras.

ANALÓGICO Y DIGITAL

En un plano más general, hay dos modos de abordar las Claves Genéticas: el analógico, que adopta la visión holística, y el digital, que examina los detalles y los varios componentes. La vida está hecha de ambos, y es conveniente mantener un sano equilibrio entre los dos enfoques. Como vimos, nuestro propio ADN es un código digital,

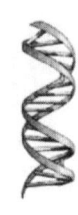

binario, organizado en patrones y secuencias que pueden ser interpretadas de manera lógica y binaria. El abordaje analógico es completamente diferente. Es misterioso, juguetón, espontáneo e intuitivo. Las frecuencias superiores solo se pueden desbloquear con el abordaje analógico, pero es a través del abordaje digital como nuestra mente asimila frecuencias y experiencias. **La combinación de los modos analógico y digital desemboca en la contemplación, el camino principal que conduce hasta las Claves Genéticas.**

LAS SECUENCIAS ANALÓGICAS: PERMITIR QUE OCURRA LA MAGIA

Teniendo en cuenta lo dicho anteriormente, te invito a crear tu propio camino analógico hacia las Claves Genéticas, dejando que el entendimiento intelectual se desplace bajo la superficie. Tu genio natural solo puede florecer por medio de tu corazón.

El intelecto puede ser el gran enemigo de tu genialidad natural. Sin embargo, si dejas que las Claves Genéticas le canten a tu corazón, tu intelecto encontrará que su lugar natural está al servicio de tu corazón y no intentando comandarlo. Por consiguiente, recomiendo que explores las Claves Genéticas de forma no secuencial, ya que así podrás distraer a tu intelecto y ser capaz de desbloquear tus propios pasajes y caminos a través de esta matriz. Este es el tipo de libro que debes hojear aleatoriamente, leyendo diferentes páginas en diferentes momentos, es decir, siguiendo el espíritu del mágico I Ching original.

Este es el tipo de libro que debes hojear aleatoriamente, leyendo diferentes páginas en diferentes momentos, es decir, siguiendo el espíritu del mágico I Ching original

Al jugar con el modo analógico en el campo de las Claves Genéticas, podrás aprender el verdadero misterio de las secuencias. Tenemos la tendencia a entender las secuencias de un modo digital (por ejemplo, del 1 al 10), pero dentro de tu ADN hay secuencias geométricas que no siguen ninguna pauta de forma clara y lógica. Es posible que en tu exploración de las Claves Genéticas regreses repetidamente a una clave en concreto, hasta que hayas aprendido la lección. Puede que algunas Claves Genéticas se mantengan en un segundo plano hasta que estés listo para activarlas en tu interior. Permítete sumergirte y emerger del texto, hasta que encuentres tu secuencia propia e irrepetible. Recuerda que tu exploración de las Claves Genéticas tiene lugar también a nivel de la bioquímica de tu cuerpo.

Cada Clave Genética está directamente conectada, a través del ADN, con tu sistema endocrino. Este influye en todo lo que existe en el interior de tu cuerpo físico, desde tu ritmo respiratorio a tu ritmo cardíaco. Tu actitud dialoga con tus genes, los genes dialogan con tus glándulas y tus glándulas reorganizan tu vida de acuerdo con una armonía superior.

No cabe duda de que, en ciertos momentos de tu proceso personal, la luz en el interior de tu ADN te resultará muy tenue y lejana. Tu actitud en esos momentos es de suma importancia. Es posible que hayas alcanzado un punto de inflexión en tu propia

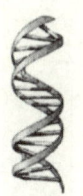

secuencia y debas respetar los sentimientos que surjan internamente. ¡Tu secuencia no puede equivocarse!

Comprende que el ADN está lanzando un patrón de la Sombra para que así puedas borrarlo para siempre de tu memoria genética. Cada persona tiene su propia secuencia, con giros y vueltas que conducen a revelaciones, visiones y descubrimientos. Cada revelación a la que te conduzca este libro te cambiará. Cada avance produce una mutación en tu ADN a una frecuencia superior que, a su vez, hace que te sientas y te comportes de manera diferente.

La magia verdadera cobrará vida cuando la secuencia interna empiece a reflejarse en tu vida pública. Tu campo de atracción se modificará y sucederá una nueva secuencia externa de eventos, mientras que el cosmos empezará a operar a tu favor en vez de en tu contra.

Pero, sobre todo, tienes que saber que tu ADN es una mina de milagros a la espera de ser explorada. Permítete dejar de lado todas las reglas que hayas aprendido sobre la lectura de libros. ¡Deja que las páginas vuelen y observa cómo el flujo de magia analógica te revela esos milagros!

Secuencias Digitales: entrar en el Holograma

Una vez que hayas asimilado el espíritu y la magia del modo analógico, empezarás a explorar plenamente las Claves Genéticas. ¡Sumérgete de lleno en la Disneylandia digital! Como se dijo anteriormente en la introducción, nuestro entendimiento científico del universo está cambiando rápida y radicalmente, y la imagen que surge es poco menos que dramática. La física cuántica nos enseña que todo lo que vemos en el universo parece estar reflejado en todo el resto del universo. La mente misma, entretejida como está con la materia cósmica, ha dejado de ser una fuente de razonamiento objetivo. Los estudios de la consciencia, un campo que la ciencia ha evitado durante generaciones, se están convirtiendo en una de las áreas más prometedoras de la investigación científica.

Por todo ello, en cuanto exploras las Claves Genéticas debes saber en qué campo te adentras: estás accediendo al corazón del universo holográfico y a la matriz de programación de la vida entera. Cada cambio de frecuencia experimentado por tu ADN afectará a cada átomo del universo. A medida que evolucionas, todos los seres evolucionan contigo.

En el universo digital, la estructura holística de la vida se subdivide en infinitos aspectos fractales. Todos estos elementos, relaciones y sistemas variados se pueden desmontar y observar desde una perspectiva microcósmica, lo que nos permite tener una mejor comprensión de nosotros mismos como individuos. En otras palabras, si realmente quieres llegar al fondo de una cuestión, ¡hay que desmontarla! Este es el fundamento del modo digital.

TU PERFIL HOLOGENÉTICO

Cada ser humano nace con su propia geometría sagrada incrustada en lo más profundo de su ser. Esta geometría se puede representar localizando con precisión espacial y temporal tu nacimiento en este universo en constante cambio. Esta misma estructura también se encuentra codificada holo-gráficamente en el ADN, formando un perfil personal, distintivo, de pautas genéticas y secuencias digitales, cada una de las cuales hace referencia a un aspecto diferente de tu vida. Este es tu Perfil Hologenético, el plan original que revela quién eres, cómo operas y, sobre todo, por qué estás aquí.

Tu Perfil Hologenético es un mapa personalizado de las distintas secuencias genéticas que desbloquearán o despertarán los diferentes aspectos de tu genialidad. Hay secuencias que regulan el propósito de tu vida, tus pautas de relación, tu prosperidad financiera, la dinámica de tu familia, tus ciclos de desarrollo infantil, tu salud y recuperación o tu despertar espiritual. Cada secuencia tiene su propia aplicación en el mundo y viene acompañada de un conjunto de herramientas y enseñanzas específicas. Un ejemplo es el de la secuencia de las relaciones, conocida como Secuencia de Venus. Este sistema determina con precisión los problemas mentales y los bloqueos emocionales específicos que alberga en el interior del ADN un individuo dado. Estos bloqueos pueden ser la causa de problemas comunes en el campo de las relaciones humanas y de la salud. Usando las Claves Genéticas, que proporcionan técnicas sencillas para el reconocimiento de patrones, cualquier individuo será capaz de observar sus tendencias autodestructivas para poder transformarlas en patrones mucho más benéficos. Los enormes efectos de la Secuencia de Venus sobre innumerables relaciones e individuos han sido demostrados en repetidas ocasiones.

Tu Perfil Hologenético es un mapa personalizado de las distintas secuencias genéticas que desbloquearán o despertarán los diferentes aspectos de tu genialidad

Puedes optar por abordar las Claves Genéticas a través de una de sus muchas aplicaciones, como la Secuencia de Venus, o simplemente contemplar este libro como un todo. De cualquier manera, es importante saber que cuando elevas la frecuencia en un área de tu vida, la estarás elevando también en todas las demás.

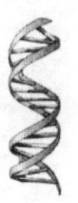

Contemplación, absorción y encarnación: el camino central

Tu viaje por las Claves Genéticas empieza por la contemplación. Solo con el hecho de haber leído esta introducción, te has iniciado ya en la contemplación. Las verdades inherentes a estas enseñanzas ya están entrando en tu aura, donde debes permitir que se infiltren. El arte de la contemplación se centra en la paciencia y la digestión. Si tienes una mente abierta, entonces la transmisión de las Claves Genéticas tendrá lugar en lo más profundo de tu cuerpo sensible, el cuerpo *astral*. Tu ADN responderá de un modo concreto, dependiendo de tu receptividad hacia las frecuencias superiores, cuando la transmisión alcance tu cuerpo físico. Para llegar a ello, debe atravesar primero tu mente y tus sentimientos. En cualquier momento de la transmisión puedes tropezarte con un bloqueo o patrón de la Sombra. En tu mente eso puede manifestarse en forma de juicio, opinión o creencia. Puede aparecer en tus emociones como un recuerdo inconsciente, reprimido o como un patrón emocional constrictivo del tipo culpa, vergüenza o miedo.

Esos patrones de la Sombra se esconden en el interior de todo ADN humano, y la contemplación de las Claves Genéticas los llevará, de forma natural, hacia la luz. Mientras exploras las Claves Genéticas, mantén tus oídos internos siempre alerta; escucha sus respuestas naturales, sus intuiciones y sus pensamientos. Todo lo que te cause molestia es de importancia primordial y te recomiendo que le dediques toda tu atención. Te has embarcado en un viaje muy personal al permitir que las frecuencias superiores resuenen en tu interior. Al pensar en ellas, tantearlas y practicarlas, encontrarán el camino que conduce a tu expectante ADN. Cuando se desbloquee un patrón de alta frecuencia en el ADN lo sabrás, porque tu cuerpo, mente y corazón lo percibirán como un torrente de iluminación. Tales momentos deben tenerse en cuenta, pues a medida que profundices en tu contemplación, ocurrirán más a menudo.

La absorción se produce cuando el cuerpo se abre a nivel celular para recibir los nutrientes de los niveles superiores de la realidad. Esto requiere de una profunda madurez emocional y de una gran claridad mental. En el estado de absorción tu aura se inflama a medida que el ADN empieza a absorber luz en todas las células de tu organismo. Durante esta etapa, incluso tu cuerpo físico contemplará su naturaleza más elevada mientras empiezas a familiarizarte con el sabor de los Siddhis, las expresiones supremas de tu genialidad. Al acostumbrarse las células de tu cuerpo físico cada vez más a estas frecuencias elevadas, empezarás a encarnar el núcleo de la transmisión hacia la que te guiaron las Claves Genéticas. Esta fase final de encarnación representa la cumbre de tu contemplación. Cuando alcances ese hermoso estado, advertirás que ya no hacen falta técnicas ni herramientas.

En el estado de absorción tu aura se inflama a medida que el ADN empieza a absorber luz en todas las células de tu organismo

Encarnación: dar el salto más allá de la velocidad de la luz

La encarnación pone fin a todas las palabras y explicaciones. A pesar de que todavía puedes utilizar las palabras, tienes acceso al lenguaje de la propia luz, representado por los 64 Siddhis. En esa fase te darás cuenta de que las Claves Genéticas son simplemente mensajeros que transmiten información hacia dentro y fuera de la célula, permitiendo que ocurra ese milagro indescriptible. Al reconocerte a ti mismo como parte de una evolución superior, toda la labor de tu vida y tu propósito interno se alinearán por fin. Eres parte del gran despertar. Eres una molécula de ADN en el cuerpo de la humanidad y estás completamente despierto. Tu única función es empezar a programar todas las células de tu alrededor con frecuencias nuevas y más elevadas. A medida que encarnes la transmisión del despertar, encontrarás tu propia voz y adaptarás tu lenguaje para aquellos que se sientan atraídos por tu resplandor. Te darás cuenta de que lo importante no es el lenguaje, sino la frecuencia del mensaje y su mensajero.

Cuando nos fijamos en los niños de hoy día, detectamos fácilmente el desencanto en sus ojos, resultado del encuentro entre su estado natural de inocencia y el mundo moderno que hemos creado. Más que cualquier otra cosa, lo que estos niños necesitan ahora es que nosotros reclamemos nuestra propia inocencia y retribuyamos al mundo con nuestra genialidad romántica. La encarnación de las verdades inherentes a las Claves Genéticas es una transmisión puramente romántica; demuestra que la magia está viva dentro de cada uno de nosotros, que todo es posible y que los milagros son inevitables. El mundo del futuro será un mundo creado por adultos que saben mirar con los ojos de un niño. Se acerca una mutación genética que nos llevará del *Homo sapiens* al *Homo sanctus*, lo que traerá oleadas consecutivas de niños iluminados al mundo; niños que buscarán solamente lo que se ha edificado sobre leyes cósmicas naturales, evitando los antiguos sistemas basados en el miedo y en la competición. Como afirma la 55.ª Clave Genética, este es un momento histórico verdaderamente extraordinario para estar vivo.

El mundo del futuro será un mundo creado por adultos que saben mirar con los ojos de un niño

Estos cambios solo ocurrirán cuando tú, querido lector, seas capaz de encarnar físicamente la transmisión viviente de luz. Para que ello ocurra, deberás alcanzar un estado de relajación profunda dentro de tu ser, ya que la encarnación se basa en la relajación. Como hemos dicho, la contemplación es la vía principal. Se requiere de una actitud relajada y reverente. En todo momento, debemos recordar que las Sombras no son más que eso, sombras, y que cada una de ellas contiene un Don. Cuando cambies tu actitud, verás que todas las Sombras son emitidas por la luz misma. Se trata de un viaje de autoabsolución en el que, antes de todo, debes ser compasivo contigo mismo. A medida que perdones a tus Sombras, estarás obteniendo Dones, los 64 Dones. Como ya sabes, dentro de cada una de las Claves Genéticas encontrarás algo aún más valioso: las llaves para revelar el propósito superior oculto en tu ADN.

Espero que disfrutes de tu viaje a través de las Claves Genéticas y de sus muchas aplicaciones. Se ofrecen como un banquete bien servido para tu deleite contemplativo. Debido a que también fueron diseñadas para atraer a otros que estén dispuestos a incorporar este nuevo lenguaje, espero que prosigas el viaje más allá de este libro y que explores las Claves Genéticas como cocreador, celebrando tu propio esplendor y genialidad en el siempre expansivo campo de sus misterios.

1.ª CLAVE GENÉTICA

Siddhi Belleza • Don Frescura • Sombra Entropía

De la entropía a la sintropía

Par programado: 2.ª Clave Genética   Fisiología: Hígado
Anillo codónico: El Anillo del Fuego   Aminoácido: lisina
                    (1.ª, 14.ª)

LA SOMBRA DE LA 1.ª CLAVE GENÉTICA: ENTROPÍA

La danza de Shiva

Había una vez, quizás hace más de un eón, en una tierra que hoy se ha convertido en mito, un joven sentado en profunda reverencia junto a un enorme río. Aunque este río no existe ya hoy, la leyenda nos dice que su descenso podría muy bien ser como el del gran río Yangtzé, que fluye a través del corazón de la tierra que conocemos hoy con el nombre de China. Nuestro joven muchacho observaba los meandros, las suaves olas mientras alcanzaban los bordes de sus pies, cuando de repente una pequeña tortuga emergió del verde lodo y, colocándose convenientemente fuera del agua, se sentó a su lado para compartir su gentil contemplación.

Durante un tiempo considerable ninguna de las partes habló, hasta que, al fin, el joven muchacho, evidentemente en la cúspide de algún gran momento de epifanía, dijo a la pequeña tortuga en una gran y maravillosa visión: «Ah, pequeña, entonces ¿de qué va todo esto?».

Para su sorpresa, la tortuga se dio la vuelta dibujando una semicircunferencia y con toda tranquilidad dio su espalda al joven y continuó tomando el sol silenciosa y perezosamente.

El joven miró fijamente el caparazón de la pequeña criatura y los intrincados e interconectados patrones y placas de su concha secándose al sol de la primavera. Y fue así como él se entregó al momento y observó con todo su corazón el caparazón de la tortuga. Lenta, casi imprediciblemente, todo comenzó a disolverse y desaparecer: primero la tortuga, luego el cosmos y, finalmente, el joven mismo. Se

dice que cuando el joven muchacho recuperó, horas después, la consciencia, la tortuga se había ido.

Desde aquel día la humanidad ha tenido el deseo de comprender cada uno de los aspectos del universo. Se descubrió en los patrones interconectados visibles del humilde caparazón de una tortuga, y con el tiempo se convirtieron en lo que podría llamarse el más profundo conocimiento jamás descubierto por un ser humano. Se convirtieron en el I Ching.

El I Ching chino es uno de los más grandes libros espirituales de todos los tiempos. Fue escrito hace miles de años por el legendario emperador chino Fu Hsi y compendia un código binario que dibuja todas las estaciones y los ciclos de la vida. En el libro, esos procesos vitales se midieron con un código simple de 6 líneas, femeninas o masculinas, mezcladas en un total de 64 combinaciones posibles. El primero de todos los arquetipos que se representó, conocido como 1.ᵉʳ Hexagrama, consistía en seis líneas masculinas todas ellas alineadas en una columna. Este arquetipo se consideró el código primario para toda la vida creativa del universo. Su opuesto, el 2.º Hexagrama, consiste en seis líneas femeninas, alineadas en una sola columna, y fue considerado como el código primario para guiar toda la vida creativa en el universo. Aquí, justo al comienzo de nuestro viaje por el ADN, se oculta el mayor secreto de todos: la dinámica oculta de la dualidad. La otra cuestión que vamos a descubrir aquí mismo, al comienzo, es que en el I Ching y, por lo tanto, en la vida, ¡son las mujeres las que tienen el control! Cuando vayamos profundizando más en los misterios de las Claves Genéticas, comenzarás a comprender gradualmente lo que significa de verdad esto.

El I Ching es un espejo matemático del código genético, y uno puede reducir los 64 arquetipos a cuatro principios esenciales que son el comienzo y el fin de la propia secuencia del I Ching: las Claves Genéticas 1.ª y 2.ª y las Claves Genéticas 63.ª y 64.ª. Estos dos pares son algo así como el prólogo y el epílogo del propio libro. Sobre esos cuatro pilares principales se construye la vida.

La más baja frecuencia de la 1.ª Clave Genética, esto es, la 1.ª Sombra, se refleja perfectamente en el término *entropía*. Una sencilla definición de entropía es: «La medida del desorden o de la falta de energía en un sistema cerrado. Más entropía significa menos energía disponible para hacer el trabajo».

La física moderna y las leyes de la termodinámica se basan en la percepción de la ley de la entropía. De acuerdo con lo que podemos ver a través de la mente, el universo parece tener un dirección única: se mueve desde el orden hacia el caos. Esta 1.ª Sombra mantiene a todo el planeta viviendo a un nivel de frecuencia bajo, como si se hubiera arrojado una capa de bajas frecuencias sobre nuestra civilización. De acuerdo con nuestra mente, no podemos hacer nada con la entropía. Esa es la madre de todos los problemas. Los seres humanos, por lo general, no se aceptan a sí mismos, y cuando tú haces de la entropía un sentimiento humano, lo conviertes en un tipo de adormecimiento profundo o en una sensación de melancolía. La entropía es, en efecto, lo opuesto al amor.

Si algo aprendemos de estas dos Claves Genéticas primales, es sobre la naturaleza de la dualidad en sí misma, lo que quiere decir que la vida no puede existir sin polari-

dades. La noción entera del Espectro de Consciencia, que es el corazón de la revelación de las Claves Genéticas, depende de la polaridad de la Sombra, en un extremo del espectro, y en el otro lado, del Siddhi. Cada uno da lugar al otro. Entropía es el agujero negro del agujero blanco que es la creatividad, y la primera Clave Genética tiene que ver con la creatividad. El secreto para aprovechar la creatividad se encuentra realmente en la 1.ª Sombra. De hecho, el secreto de cada Clave Genética de este libro estriba en el aprovechamiento y en la aceptación de la energía latente en cada una de las 64 sombras. Si integras este concepto ahora en estas dos Claves Genéticas primarias, te vas a preparar de verdad para el viaje de regreso.

Este adormecimiento en realidad es un estado de consciencia extremadamente fértil

¿Cuál es el significado de la entropía en tu vida? Como acabamos de mencionar, la entropía se manifiesta en los seres humanos como adormecimiento. Este adormecimiento, en realidad, es un estado de consciencia extremadamente fértil. En primer lugar, tienes que comprender que se trata de un estado químico, y, en segundo lugar, que viene de repente y que, una vez aceptado y totalmente abrazado, también se va con la misma rapidez. Entropía y creatividad son la danza eterna que representamos en el universo que habitamos. Muchas mitologías han capturado esta danza; la figura danzante de Shiva de los panteones hindúes es solo una de esas imágenes cuya danza es capaz de destruir y de crear todo lo que existe.

No sabemos exactamente por qué nosotros, los humanos, nos sentimos algunos días melancólicos y otros días felices, a pesar de la existencia de cientos de teorías. Del mismo modo que hay un tiempo externo, también hay un termómetro para el tiempo interior, que difiere en cada ser humano. Y este termómetro interior es de naturaleza tan impredecible en cuanto a patrones se refiere, que la mayoría de nosotros luchamos contra él. Cuando sientes el movimiento creativo en tu interior, estás feliz. Cuando sientes la entropía en tu interior, dejas de estarlo. Esta continua interacción de energías en tu vida hace que quieras mantenerte siempre en el lado feliz y escapar del lado melancólico. En este hecho estriba el mayor error de tu naturaleza y la distorsión de la verdadera energía de la entropía, que degenera en depresión.

La 1.ª Sombra aparece en tu vida cuando te sientes plano, triste o bajo. Es un proceso químico en que entra el cuerpo y que si tú tratas de comprender, razonar o, peor aún, arreglar, lo que sucede es que el proceso natural no puede llegar a completarse con limpieza. Si te resistes a este estado mentalmente, uno de los grandes peligros es que interfieras en su proceso y lo «arregles» dentro de ti como una depresión, porque esta 1.ª Sombra precipita un proceso químico que puede terminar en depresión. Los estados más depresivos son el resultado de resistirse a ciertas frecuencias de la Sombra en nuestro maquillaje genético. Dependiendo de tu predisposición genética individual puedes estar más o menos inclinado a sentirte más bajo que el resto. Hablando en general, cuanto más creativo eres, más profundamente afectado te ves por este tipo de química melancólica.

El estado de entropía es parecido a un estado de vacío. Tu sistema se está recargando, así que la energía que hay en ti se retira en una especie de éxtasis. Los sentimientos resultantes o la falta de sentimientos y/o el entusiasmo conforman un ambiente delicado para que algo bastante especial pueda suceder, si eres suficientemente paciente como para permitirlo. Ese «algo» es el proceso creativo. En otras palabras, tu baja energía significa que algo intangible se está gestando en tu interior, aunque no puedas aún verlo. Solo cuando este estado cambia hacia su manifestación expresiva podrás darte cuenta de qué va realmente el proceso. Esos tiempos bajos de tu vida son, por lo tanto, tiempos especiales, y, por lo general requieren soledad y retiro para que las semillas puedan brotar dentro de ti y germinar. El peor enemigo de ese tipo de momentos es la interferencia de tu propia mente (o incluso de la de algún otro), que se pregunta qué es lo que no funciona en ti. El par programado de esta 1.ᵃ Sombra es la 2.ᵃ Sombra, la Dislocación, que solo puede empeorar tu estado mental si intentas intelectualizar lo que te está ocurriendo. La 2.ᵃ Sombra tiende a echar fuego en tu ansiedad, ya que te da la sensación de que todo está fuera de sincronía con la totalidad, aunque no sea el caso.

A causa de esta Sombra, la humanidad, como especie, no se encuentra ni de lejos en el nivel de creatividad que podría ostentar. La razón de ello es el peso de la negación colectiva de las fases naturales de entropía que experimentamos todos los individuos. Esta Sombra puede solamente resolverse y aceptarse a nivel individual, lo que conlleva un gran salto en lo que respecta al coraje, la paciencia y la confianza. Cuando te encuentres ciego y perdido, lo mejor que puedes hacer es estar tranquilo y permitir que ese estado atraviese tu sistema, dándole el mínimo de atención mental posible. Esta profunda aceptación de la entropía como algo natural en tu vida podría, finalmente, permitirte desbloquear su verdadero potencial y, a su debido tiempo, trascenderlo por completo.

NATURALEZA REPRESIVA: DEPRESIVA

La naturaleza introvertida de esta Sombra conduce inevitablemente a la depresión. Los estados de depresión pueden estar causados por el «congelamiento» de una baja frecuencia de estado emocional debido a un colapso mental que tiene sus raíces en el miedo. Una vez que el miedo se hace uno con el sistema físico, la entropía continúa extrayendo de la propia vida más y más cantidades de energía. Este tipo de estados suceden a diferentes niveles; algunos pueden ser permanentes, otros esporádicos. Algunos pueden llevarte a estar en la cama, otros simplemente te van a dejar sin brillo en los ojos. Una vez que un estado depresivo ha sido solucionado, el individuo puede salir de él solito, sin ayuda. El individuo debe encarar el miedo que ha causado la depresión y cambiar la frecuencia de su actitud a todos los niveles.

NATURALEZA REACTIVA: FRENÉTICA

La cara reactiva de esta Sombra se manifiesta como una urgencia frenética por escapar del sentimiento que se está viviendo, a cualquier coste. En vez de encaminarse hacia la armonía con la entropía, cerrando las puertas y estando solos, estas personas incrementan inmediatamente su actividad y contacto con otros individuos. Se vuelven frenéticos en su tentativa de suprimir lo que está sucediendo dentro de ellos y pueden verse comprometidos en esquemas salvajes, o constreñidos en modelos repetitivos y

DE LA ENTROPÍA A LA SINTROPÍA | 51

destructivos que merman su salud rápidamente. Estas personas se ponen en gran peligro, porque se mueven en la dirección opuesta de la química de sus cuerpos. La urgencia por escapar a sus sentimientos los pone en riesgo de contraer todo tipo de enfermedades que, de otro modo, no tendrían que sufrir.

EL DON DE LA 1.ª CLAVE GENÉTICA: FRESCURA

LA BELLEZA DE LA MELANCOLÍA

En la mayoría de los antiguos mitos de la creación, una de las primeras manifestaciones de la vida es la visión de la luz. En la Biblia, en el Génesis, este hecho se ha quedado fijado en las mentes occidentales gracias a la exclamación que dice: «Y en el principio fue la Luz». Este 1.er Don se basa en la noción de luz como manifestación de la energía creativa del universo. Otro de los mitos comunes de la creación está basado en el sonido, que se recoge en las anteriores palabras, dichas por el Dios de la Biblia. Aquí, en este 1.er Don, se nos muestran juntos los dos principios esenciales: la luz y el sonido. El tercer gran símbolo de la creatividad que se une a estos dos principios es el símbolo del fuego. El fuego es, quizás, el más grande de los arquetipos creativos, ya que no solo consume, sino que, además, transforma. Mientras que la 2.ª Clave Genética indica tu verdadera dirección en la vida, su pareja programada, la 1.ª Clave Genética, aporta la energía real que te permite mantenerte en ella.

Cada vez que un individuo se mueve con limpieza a través de los procesos de sus bajas frecuencias químicas, lo que hace es regenerar esta creación mítica —de la oscuridad emerge súbitamente la luz—, y, como por arte de magia, el campo de energía de baja frecuencia se conecta y se puede experimentar como alegría. Esta alegría llega inesperadamente, como lo hace la tristeza; pero con la alegría llega la necesidad de expresarla y, especialmente, de expresarla a través de la voz o alguna capacidad artística. Este 1.er Don se llama Frescura porque, sea lo que sea lo que surja de este campo de la química durmiente, se trata de algo totalmente nuevo. Cada palabra para cada una de las Claves Genéticas es claramente específica, y la palabra *frescura* es diferente, por ejemplo, a la palabra *novedosa*. Frescura comporta vitalidad, y lo que quiere decir es que algo está animado por la llama de un fuego interior. Este es exactamente el modo en que se expresan las personas motivadas por el 1.er Don: parece que están rodeadas de un halo o por algo que parece pertenecer a otro mundo.

Este 1.er Don puede realizar maravillas en pequeños grupos y organizaciones. Cuando elevas tu frecuencia a través de este Don, te conviertes en el tipo de persona que se ha individualizado de la mayoría y que es visto como un líder natural. ¡Al mismo tiempo, evitarás asumir cualquier tipo de liderazgo, ya que no estás en absoluto interesado en tener seguidores! Todo lo que quiere el 1.er Don, la Frescura, es expresarse a través de ti de manera que tú puedas disfrutar del impacto que tiene en otras personas. Cuando este Don se despierta en tu ADN, te darás cuenta de que eres capaz de inyectar vida y luz en cualquier grupo del que formes parte.

Por todo esto, es dentro del dominio familiar o de grupos compactos o íntimos donde el 1.ᵉʳ Don está destinado a brillar. La Frescura es un Don que necesita del ambiente adecuado para florecer; necesita de gente con una mente abierta que te dé el centro del escenario justo cuando tú lo necesites. Después de que esa energía fresca se haya liberado y de que tu impacto creativo se haya sentido en el entorno, normalmente necesitarás retirarte tan pronto como te sea posible, para no estropear el poderoso impacto que has liberado. Tu secreto estriba en el conocimiento de que las flores frescas se marchitan con rapidez; igual que tu luz se puede infiltrar en un grupo trayendo inspiración y alegría, del mismo modo tu melancolía puede vaciar de energía al mismo grupo.

El Don de la Frescura se basa en una verdad inmortal: la creatividad no puede ser controlada. Sencillamente llega cuando llega, y cuando no está, no hay nada que tú puedas hacer, excepto esperar relajadamente. A través del Anillo codónico conocido con el nombre de Anillo del Fuego, esta 1.ᵃ Clave Genética está químicamente ligada a la 14.ᵃ Clave Genética, cuya sombra es la Transigencia. Cuando tu fuerza creativa está ardiendo, todo el mundo quiere colocarse a tu alrededor y compartir tu calidez e inspiración; pero cuando tu fuego se apaga como el de un encendedor, de repente te vuelves imperceptible. Si entonces te empeñas en reavivar tu creatividad por la fuerza o por la voluntad, terminarás transigiendo tanto contigo mismo como con otros. Para ti, la vida es estar completamente comprometida o totalmente relajada.

Si tu vida está marcada por un pulso creativo, es muy probable que tengas una activación genética de esta 1.ᵃ Clave Genética. Por lo tanto, tú estás aquí para disolver la Sombra de la 1.ᵃ Clave Genética convirtiéndote en un ejemplo viviente del impredecible poder del proceso creativo. Tu verdadero poder estriba en tu habilidad para estar solo contigo mismo y confiar en el potencial de tu genialidad única y de sus tiempos naturales. Dentro de cada agujero negro en el que buceas hay una puerta de salida de asombrosa y profunda creatividad. La genialidad de la frescura consiste en traer al mundo algo nunca visto y que ningún otro pueda copiar.

La genialidad de la frescura consiste en traer al mundo algo nunca visto

Que la primerísima Clave Genética del Libro de la Vida que hay en ti esté dedicada a la creatividad habla de montones de cosas de la especie humana vista como un todo. Estamos diseñados para atravesar los estados de la Sombra dentro de nosotros, de modo que el verdadero genio pueda emerger y que podamos así sumar nuestro espíritu a este mundo. A través de la creatividad individual, todas las enfermedades y patrones negativos un día podrán abandonar este planeta. Este es el verdadero significado de la Frescura: ser un recipiente para el proceso creativo, de manera que la evolución pueda ir un paso adelante y encontrar su camino a través de un estado permanente de amor, belleza y unidad.

EL SIDDHI DE LA 1.ª CLAVE GENÉTICA: BELLEZA

EL FUEGO DE PROMETEO

Como vimos anteriormente, el 1.er Don se basa en el poder de la luz y del fuego. En el nivel síddhico de frecuencia, esta luz es todo lo que existe, y cuando brilla a través de la consciencia humana se convierte en eso que llamamos belleza. La belleza es la razón de la vida, y la vida es la razón de la belleza. Al tratarse de uno de los cuatro pilares básicos del cosmos, cada vez que este Siddhi florece en un ser humano, la vida de esa persona se convierte en un símbolo de cambio de dirección para toda la humanidad. Por lo tanto, es de una gran relevancia dentro de la matriz genética, incluso al nivel de frecuencia del Don.

Los cuatro vértices de las Claves Genéticas que hemos mencionado antes (la 1.ª, 2.ª, 63.ª y 64.ª), en su máxima frecuencia de expresión, representan la base arquetípica divina que se ha manifestado en muchas culturas diferentes y que se ha encarnado en la literatura mística de muy diversos panteones. Estas cuatro principales energías básicas son conocidas por los Cabalistas como el Hayoth Ha Kadosh o las Cuatro Criaturas Divinas, que están también encarnadas en el *tetragrammaton*, una variante del nombre místico de Dios. Las antiguas tradiciones gnósticas las veneraban como los cuatro elementos; las tribus nativas americanas las conocían como las «cuatro direcciones», y los egipcios las esculpieron en la escultura de la esfinge. El I Ching chino, que es la piedra angular de las 64 Claves Genéticas, tiene como base los «cuatro bigramas»: los principios universales que sostienen el comienzo de la creación de la vida en el cosmos. En nuestra genética, el principio de estos cuatro arquetipos se refleja en las «cuatro bases», las cuatro letras clave a partir de las cuales se desarrolla todo el lenguaje genético.

A la luz de estas correlaciones, podemos observar la gran importancia de este 1.er Siddhi para nuestra especie en su totalidad. En los seres humanos, el 1.er Siddhi es la Belleza, y como sucede con todos los Siddhis, también depende de su par programado, el 2.º Siddhi, la Unidad. La belleza estriba en la unidad de todas las cosas. La verdadera belleza, cuando se manifiesta y se hace viva en un ser humano, presupone un estado de unión con la totalidad. Esta unión o *unicidad* no se parece a nada que podamos imaginar. Su belleza estriba en el hecho de que es tan natural que sencillamente no se puede expresar. Cada vez que se ha expresado, también se ha malinterpretado. El único modo de comprender un estado síddhico es morir en él, lo que quiere decir que tienes que morir en la belleza. En el momento en el que los humanos podemos mirar a algo o sentir algo y proclamar su belleza, nos hemos separado de ello y, por lo tanto, hemos abandonado el estado de unidad. No es belleza verdadera, aunque sin duda tenga sus reflejos en los planos inferiores.

La verdadera belleza es el vacío. No hay nadie que pueda apresarla ni nada que pueda ser sentido. Simplemen-

La belleza estriba en la unidad de todas las cosas. La verdadera belleza, cuando se manifiesta y se hace viva en un ser humano, presupone un estado de unión con la totalidad

te no existe; esta es la paradoja. No es belleza verdadera si se puede hablar de ella o si se puede copiar o compartir. Es única y es inexplicable. La Belleza es la expresión de la unidad en la forma humana. A bajos niveles de frecuencia solo podemos apresar la belleza a través de la luz o del sonido: a través de un rostro bello, de una sonrisa o de una pieza musical. Nuestra noción de belleza tiene una fuerte conexión con la ausencia de oscuridad o de silencio; pero incluso aquellas palabras no pueden describirla, ya que su raíz léxica está basada en el mundo de la dualidad, el lenguaje y los opuestos.

Cuando este 1.er Siddhi se despierta dentro de ti, cada aspecto del cosmos se experimenta como algo bello y fresco. Incluso el nivel de la Sombra es bello. En la belleza nada queda fuera de la unidad de todo y de todos. Cada elemento se experimenta como una expresión creativa, única, de la unidad. Cada elemento brilla y destella con la esencia de su singularidad, mientras que, al mismo tiempo, cada uno comparte el origen de la misma fuente. En este sentido, cuando la belleza alcanza tu fuego interior, no puedes ser un maestro para otros, porque ya no tienes nada que enseñar. ¿Cómo se podría enseñar la experiencia de la belleza? No se puede; se trata de un fuego que solamente se puede abrazar. Así que lo único que te queda es vivir tu vida como un ejemplo de lo que un día podrá ser la humanidad, y tu expresión de lo que es la belleza hecha carne se convertirá en un testamento para nuestro futuro común. Iluminarse por este camino significa convertirse en una gran inspiración para la humanidad. En el pasado, muchas personas de este tipo han sufrido notablemente en manos de las masas. Ser tan peligrosamente único y bello es prender un fuego, también, en las fuerzas de la negación y de la envidia.

Iluminarse por este camino significa convertirse en una gran inspiración para la humanidad

El Siddhi de la Belleza es incomprensible para la consciencia *normal*, ya que solo puede vivir su singularidad sin transigencias, sin importar lo que suceda. Entonces, perdura en nuestras mitologías y, a menudo, se atribuye solo, como una realidad posible, a nuestros dioses. Es el prometeico fuego creativo de los dioses, que fue robado por los pocos que tuvieron el coraje de ser consumidos por él. Es la fuerza original, creativa, de todo el universo, que se encarna en la gran *linga* o pene de Lord Shiva, así como en todos nuestros símbolos culturales de fertilidad masculina. Curiosamente, la belleza viene consagrada como un hecho ajeno a nosotros, algo a lo que no podríamos aspirar o que no podríamos nunca alcanzar mientras estamos vivos. En realidad, la belleza es tu propia naturaleza. Justo aquí, justo ahora, dentro de cada uno de nosotros ya está. Paradójicamente, se puede encontrar por igual en lo más ordinario y en lo más extraordinario.

Tendrás que recordar que la base de esta 1.ª Clave Genética al nivel de la frecuencia de la Sombra es el campo de la entropía, en la que la energía se mueve sin cesar desde el orden hacia el caos. Pues bien, a nivel síddhico, nivel en que la frecuencia misma es obliterada y transcendida, nos encontramos en el campo de acción de la Sintropía. Entendemos la Sintropía como el movimiento energético que se expande en infinitas direcciones, todas ellas imbuidas por la consciencia y unidas por el orden y el amor. Cuando el divino fuego interior se libera a través de nuestro ADN, nos volvemos ca-

paces de recibir un poder milagroso. El Anillo Codónico del Fuego une los Siddhis de la Belleza y de la Bondad (de las Claves Genéticas 1.ª y 14.ª). Como tal, este anillo representa el germen energético que habita en el corazón de la creación y el propósito mismo de la existencia: crear lo infinitamente bello e infundirlo de consciencia, que es la belleza sin fin.

2.ª CLAVE GENÉTICA

EL RETORNO A LA UNIDAD

PAR PROGRAMADO: 1.ª CLAVE GENÉTICA   FISIOLOGÍA: ESTERNÓN
ANILLO CODÓNICO: EL ANILLO DEL AGUA   AMINOÁCIDO: FENILALANINA
(2.ª, 8.ª)

LA SOMBRA DE LA 2.ª CLAVE GENÉTICA: DISLOCACIÓN

AL MIRARLO, CAMBIA

Al ser uno de los arquetipos más femeninos de las 64 Claves Genéticas, la 2.ª Clave Genética y el viaje que representa contienen una destilación simple, bellamente simplificada, de la sabiduría cósmica. Si quisieras referir la naturaleza de la humanidad y la razón de nuestra existencia a un ser extraterrestre, tendrías que explicárselo mirando justo a esta 2.ª Clave Genética. Así como la 1.ª Clave Genética cuenta la historia del gran principio masculino de energía y luz, la 2.ª Clave Genética fundamenta su historia en el mundo de la forma. Incluso en los niveles de Consciencia de la Sombra, esta Clave Genética nos enseña que hay un propósito para cada elemento de la existencia. En ningún momento de la evolución ha ocurrido algo que no fuera parte de un enorme e interconectado plan infinito. Esta es la verdad que reside en el principio femenino: es la fuerza de conexión para todas las células y hechos aparentemente disparatados de la existencia y, en este sentido, representa el gran abrazo maternal que nos empuja hacia una sencilla experiencia de unicidad. Tu resonancia personal con la gran verdad de la unidad determina la frecuencia general que heredas con tu ADN. Tanto si lo crees como si no, tanto si quieres encarnarlo como si no, la verdad no cambia. Hay una fuerza en el universo que coreografía todo y que se encuentra justo dentro de ti.

La 2.ª Sombra es la Dislocación, que es un término interesante. Implica tanto una desorientación espacial como un desmembramiento. Sin embargo, cuando te sientes solo, abandonado, asustado o desanimado, no has perdido en realidad tu camino; solo parece que lo has perdido. El estado de la Sombra es, en realidad, únicamente una perspectiva humana que tiene su origen en tu función biológica. No hay un solo momento en tu vida que no estés en perfecta armonía con la creación. Tampoco hay la más remota posibilidad de que hagas una elección equivocada o que tomes un camino equivocado en tu vida. Lo que haces son simplemente matices de tu biología.

Tu biología determina tu percepción, y tu percepción es la medida de tu frecuencia evolutiva. La frecuencia evolutiva se refiere al actual estado de avance de tu consciencia. La consciencia humana está siguiendo una curva evolutiva. Comenzó siendo una forma primitiva de instinto basada en nuestro origen animal, luego dio un gran salto en un determinado momento de la historia, cuando el cerebro comenzó a evolucionar, y entonces entramos en esta fase actual como pensadores. Como pensadores hemos llegado a nuestro cénit y nos estamos preparando para otro salto cuántico: el salto a una nueva consciencia biológica basada en los ganglios nerviosos del plexo solar. Tienes que comprender de dónde vienes si quieres saber hacia dónde vas, y ese lugar hacia el que te diriges es la consciencia de la unidad y la integración con todos los seres vivos. Es una paradoja, pues nunca has abandonado ese estado de unidad, pero el sistema operativo en tu biología humana no te permite, en la actualidad, sentir esta conexión.

Resulta tentador mirar a la llamada consciencia humana primitiva —la que las tribus aborígenes de nuestro planeta están aún viviendo— y soñar con el regreso a esa consciencia primal que existía mucho antes de que el cerebro humano se desarrollase con tanta rapidez. La mayoría de las culturas aborígenes no viven con la sensación de separación de la vida misma, así que los seres humanos modernos nos quedamos a menudo con la sensación de que, de algún modo, hemos ido a la deriva. Tendemos a pensar que hay algún error en la dirección que hemos elegido —por ejemplo, en relación con la masiva revolución tecnológica que nos está barriendo delante de nuestras narices. Pero el desarrollo rápido del cerebro humano es un puente vital para un salto todavía mayor de consciencia. Incluso entonces, la mente es nuestro punto ciego más evidente. En el camino evolutivo que sigue nos impide habitar esa consciencia instintiva antigua, por lo que se ha enraizado un gran miedo en todo el mundo: el miedo a que la humanidad sea de verdad capaz de destruirse a sí misma.

Sentimos este gran miedo colectivo porque nos vemos a nosotros mismos como separados de la naturaleza

El miedo a ir en la dirección incorrecta viene de la 2.ª Sombra. Sentimos este gran miedo colectivo porque nos vemos a nosotros mismos como separados de la naturaleza. Nuestra percepción nos disloca de la verdad. Este miedo colectivo invade también nuestras vidas en el plano individual. La 2.ª Sombra, juntamente con su par programado, la 1.ª Sombra, la Entropía, nos saca fuera de la posibilidad de vivir desde un estado de confianza y de conexión, a la vez que refuerza su sentido de aislamiento a través de nuestras acciones. Las acciones que son el resultado de la confianza en nosotros tienen un efecto bastante diferente de aquellas que provienen de nuestro miedo. Las primeras crean más energía para todos y cada uno, mientras que las segundas roban energía a todos. Si así lo permites en tu vida personal, la 2.ª Sombra afectará a cada decisión que tomes, empujándote a una frecuencia de interferencia. Esto quiere decir que aparentas no estar en sincronía con la vida, de modo que pierdes oportunidades que podrían servirte y terminas siempre enredado en patrones repetitivos, que pueden ser muy extenuantes para ti y para todos los implicados.

Sin embargo, la 2.ª Sombra, la Dislocación, es parte integral del código de la vida. En realidad te permite experimentar que estás fuera del flujo de la vida incluso cuando la experiencia que estás viviendo no es más que una ilusión. Finalmente, incluso el nivel de frecuencia que termina con el caos es parte del tejido global de la existencia. La 2.ª Sombra te permite observar tu propia inutilidad mientras buscas escapar de los sentimientos de dislocación y de soledad. En cuanto te adentras en este mundo de sombra con tu consciencia total y honesta, sucede que esta mágicamente cambia. Dicho cambio en tu honestidad interior precipita un salto fuera de la mente y dentro de un nivel de consciencia novedoso y mucho más expansivo. Hay que alcanzar esta comprensión: *tú no puedes cambiar tu realidad haciendo algo*. Hay un cambio de percepción previsto en el ADN de cada ser humano que, cuando se activa, ocurre a pesar de ti, simplemente como un aspecto de tu evolución biológica. En un cierto punto tu nuevo nivel de consciencia comienza a desplegarse, sin más. Al comienzo lo hace de modo gradual, pero con el tiempo converge con una destacada elevación de tu calidad de vida. Conforme lo vas viendo, va cambiando.

En las primeras versiones del I Ching que nos llegaron, parecía haber bastantes anomalías en relación con las traducciones y secuencias más modernas. Una de las más interesantes tiene que ver con el orden de los hexagramas 1.º y 2.º. Hay una fuerte evidencia de que las versiones más antiguas comenzaban con el 2.º hexagrama, que representa el yin total. ¡Los sistemas patriarcales que tradujeron los textos originales habían cambiado la primacía del yin por la primacía del yang! Esotéricamente, y también desde el punto de vista místico, tiene mucho más sentido comenzar con lo femenino que con lo masculino. Una vez más, este asunto depende de tu frecuencia. Al nivel de la Sombra lo masculino siempre viene antes, lo que se convierte en un camino de desconfianza, de separación, de fuerza. La aproximación femenina, sin embargo, está basada en la unidad, en la rendición y la confianza, que son los sellos distintivos de todas las frecuencias más elevadas. Pero hay todavía más: una de las traducciones para este hexagrama, conocido como Kun, es la palabra *Campo*. Es una palabra maravillosamente adecuada para describir esta 2.ª Clave Genética, porque representa el campo universal en el que vivimos. Movernos en armonía con este campo necesita de orientación, mientras que abandonar la armonía de este campo significa estar desorientado, dislocado.

NATURALEZA REPRESIVA: PERDIDA

Los dos perfiles de patrón de esta 2.ª Sombra —es decir, estar perdida o reglamentada— describen los estados de la mayoría de la especie humana. En el caso de la naturaleza represiva, estar perdido describe el estado en que nos encontramos fuera de alineamiento con nuestro verdadero destino universal. La naturaleza represiva describe muy bien el camino del materialismo y el egoísmo, que sigue su propia senda sin importarle el resto del panorama, aunque sea mucho más amplio. Nuestro verdadero destino es salir del egoísmo y entrar en la universalidad. Aquellos que carecen del sentido o dimensión espiritual de la vida viven en este estado de seres perdidos, y las consecuencias de estar perdido no son otras que la miseria y el sufrimiento. Sin la experiencia de una conexión directa con las fuerzas cósmicas superiores uno no tiene herramientas

con que abordar las pruebas que nos trae la vida. La vida en sí misma parecería que no tiene propósito. Sin una conexión cósmica con el propio ser, no hay otra posibilidad más que la de estar a la deriva en el mundo.

NATURALEZA REACTIVA: REGLAMENTADA

El polo opuesto de esta Sombra es la aplicación en la vida de un ritmo o estructura interna por encima de todo. Esto proviene de una gran ira que nunca se ha podido resolver. La reglamentación describe, en la actualidad, a la mayoría de las grandes religiones, que se colocan entre el individuo y la posibilidad de una experiencia directa de la Divinidad. La reglamentación puede verse también en la ciencia, que intenta organizar la vida en algún tipo de marco lógico y significativo. Cualquier cosa que intente controlar la vida y determinarla surge de la cara reactiva de la 2.ª Sombra. Esto no quiere decir que la religión o la ciencia estén equivocadas, excepto cuando se ponen al servicio del oscurecimiento de la armonía que ya radica en cada individuo. El verdadero significado y propósito de la vida se puede encontrar solo en el propio corazón: en la experiencia mística de moverse en perfecta sincronización con todo lo que es.

EL DON DE LA 2.ᴬ CLAVE GENÉTICA: ORIENTACIÓN

MAGNETISMO MINERAL

El proceso descrito en la 2.º Sombra incluye el concepto de orientación, que es el Don correspondiente. A nivel de la frecuencia de la Sombra experimentas desorientación, mientras que cuando comienzas a alcanzar el nivel de frecuencia del Don comienzas a reorientarte. De nuevo, tal y como comentamos en la 2.ª Sombra, no hay duda de que cualquier decisión que tomes al respecto es inútil, ya que este cambio en tu proceso se da sin más, incluso aunque pueda parecerte que tú estás *haciendo* mucho. Quizás comenzaste a ir a un terapeuta que te ayudó a ver los aspectos de tu Sombra, y como resultado empezaste a cambiar tus decisiones y, como consecuencia de ello, tu vida dio un giro. Quizás descubriste un gran sistema místico o maestro que catalizó este proceso. Quizás sucedió como resultado de una crisis personal o quizás simplemente ocurrió de manera sorprendente e inexplicable. El hecho es que todos los seres humanos siguen el mismo modelo arquetípico que duerme dentro de su ADN. La evolución en sí misma es quien nos diseña inexorablemente a lo largo del camino del despertar a la consciencia de unidad y unicidad.

El Don de la Orientación tiene dos caras. O bien llega como un cambio de consciencia que se traduce en tus acciones, o bien llega como un cambio en tus acciones que cataliza un cambio de consciencia. Sea cual sea el tono que toma tu experiencia personal, hay un cierto número de indicadores que suceden antes de que puedas quedarte de forma estable en el nivel de frecuencia del Don. Una de las experiencias clave que la gente suele tener es la de experimentar una creciente actividad de sucesos y sentimientos

sincrónicos. Las sincronicidades son la manifestación directa de este Don de la Orientación; te permiten asomarte a la totalidad de la existencia y colocarte en un contexto perceptivo más amplio. Las sincronicidades no pueden crearse por la fuerza, sino que surgen de la naturaleza femenina del 2.º Don; en otras palabras: suceden cuando no estás mirando. Cuando tu consciencia comienza a operar a su nivel biológico más elevado —a través del sistema del plexo solar—, te ves abocado a un ritmo de vida más sencillo. Ya no te sentirás disociado nunca más, sino experimentando la vida en una dimensión cada vez más mágica.

Otro de los indicadores de la elevación de tu consciencia se puede encontrar en el 8.º Don, el Estilo. A través de la familia química conocida como el Anillo codónico del Agua, este 2.º Don comparte una fuerte conexión genética con el 8.º Don, que presenta un modo de vida nuevo y original. A pesar de que te ves entorpecido por tu humor cambiante y por tus compromisos, los utilizas como un modo de desarrollar una nueva capacidad. Comienzas, también, a hacer caso omiso de las percepciones y proyecciones de los otros. Resumiendo: comienzas a disfrutar tanto de la vida que esta energía emergente se derrama sobre tu vida como una tendencia, un sentido único de estilo individual que es inimitable y siempre fresco, incluso cuando a veces pueda resultar un tanto peligroso. Tu tendencia o estilo es el signo de otra paradoja: que cuanto más consciente eres de tu unidad con todas las criaturas, más observas el florecimiento de tu propia genialidad, especialmente a través de tu proceso creativo.

El 2.º Don tiene un papel especial en tu ADN, ya que crea en él un tipo de campo de atracción alrededor de ti. No solo unifica el microcosmos con el macrocosmos, sino que también une la materia y el espíritu. En los químicos y aminoácidos que codifican esta Clave Genética reside un secreto. En cada ser humano hay ciertos minerales que tienen propiedades magnéticas, y este 2.º Don tiene que ver con la composición y el propósito de esos minerales. En nuestros cuerpos, y especialmente en lo que se refiere a nuestras glándulas endocrinas, estos minerales parecen querer decirnos cómo vivir nuestra vida en la armonía o fuera de ella. Por ejemplo, en los tejidos de la glándula pineal, los biólogos han descubierto una sustancia química ferrosa conocida con el nombre de magnetita. Este mineral se propone como la llave que conecta la actividad electromagnética con la función celular. El hecho de que se haya encontrado también en la mayoría de los animales sugiere que todas las criaturas tienen incorporado un sistema magnético de guía que los mantiene alineados con ritmos más amplios. La vida está conectada gracias al magnetismo, desde el giro del átomo hasta el engranaje de las grandes galaxias.

Conforme la frecuencia se eleve a través del 2.º Don, vivirás más armónicamente y el poder electromagnético de tu aura se incrementará. Cuanto más te dejes embargar por la cualidad femenina de la rendición contenida en este Don,

Cuanto más te dejes embargar por la cualidad femenina de la rendición contenida en este Don, más fluirá el poder universal a través de ti

más fluirá el poder universal a través de ti. Tu agenda se afinará más y más, hasta el punto de que si te das cuenta de que estas fuera de armonía, los transductores minerales magnéticos de tu cuerpo inmediatamente mandarán una señal al cerebro. Gracias al 2.º Don podrás ver la agenda secreta de la vida: conducir a todos los seres a la consciencia

de unidad. El campo magnético de atracción que hay en torno a una persona que está centrada en el 2.º Don surte un poderoso efecto en aquellos que están a su alrededor, lo que significa que la armonía es contagiosa. Esta es la razón por la que personas que se han entregado profundamente y que se han afinado con los procesos de la vida pueden ser tan motivadoras. Intuitivamente pueden sentir cómo están de rendidas o de resistentes otras personas a la gran verdad de su universalidad. Con el tiempo, ese tipo de gente guía a los demás en su camino hacia la armonía personal gracias al poder magnético de su aura.

EL SIDDHI DE LA 2.ª CLAVE GENÉTICA: UNIDAD

LA LÓGICA DIVINA

El 2.º Siddhi describe la experiencia de iluminación o despertar. Constituye la piedra angular de todos los estados síddhicos, siendo, como es, la esencia de lo Divino Femenino. El polo Divino Femenino porta un gran misterio en su interior, porque en cierto sentido no puede decirse que sea una polaridad en absoluto. El polo masculino es muy simple y directo, pero el femenino está más allá de cualquier sentido de razonamiento o comprensión. El principio masculino es, en realidad, una externalización de lo femenino, más que un complemento dual. A nivel síddhico, lo que llamamos dualidad no existe. La dualidad viene destruida a este nivel por un extraño tipo de lógica Divina. En los niveles de consciencia intensificados, la matemática trabaja de modo diferente que en el nivel mental. Uno más uno no son dos, sino que siempre son tres. Los únicos números que existen en realidad al nivel síddhico son el uno y el tres. Uno es uno: es la consciencia reposando en su propia naturaleza. Es el último estado del yin o femineidad, o como suele llamarse a menudo este hexagrama, *el receptivo*.

Las palabras como *receptivo, femenino, rendición* o *madre* pueden malinterpretarse cuando tendemos a comprenderlos como polaridades con sus respectivos opuestos. Sin embargo, matizan lo que se puede encontrar más allá de ellas, así que tenemos que considerarlas de un modo diferente si queremos atisbar lo que significa en realidad el 2.º Siddhi. Se trata de algo que solo puede alcanzarse intuitivamente. Entonces, cuando el Uno se externaliza como una manifestación de la forma, no crea una dualidad, sino una trinidad. Cada dualidad es realmente una relación, y cada relación es realmente un trío: hay un hombre, una mujer y también hay una pareja, la relación en sí misma. En las matemáticas Divinas, el número dos es siempre una ilusión; en su lógica no puede existir. Si pudiera decirse algo del número dos, podríamos compararlo con un puente, un proceso dinámico que transmuta instantáneamente, incluso antes de nacer.

La Unidad no se puede comprender, solo experimentar

Estos conceptos no pueden comprenderse con la lógica ordinaria. De la misma manera que las partículas cuánticas en física no pueden ser definidas, pues parecen estar conectadas con nuestro propio aparato perceptivo, la Unidad no se puede comprender,

solo experimentar. La iluminación no es una experiencia. Esta es una frase sobre la que meditar como si de un koan zen se tratara. Si ves la unidad como una experiencia a la que puedes acceder o que un día te sucederá, entonces te encuentras atrapado en la línea recta que une dos puntos. El tercer punto es la trascendencia. Ni te sucede ni te niega. Curiosamente, la trascendencia no te saca de la vida, como su nombre podría sugerir; muy al contrario, te sitúa justo en el corazón de la vida, donde siempre has estado. Unifica todos los opuestos, soluciona todas las adivinanzas, deja todos los misterios reducidos a lo que son y te llena de un sentido de confianza indescriptible. Uno no puede ni siquiera usar la palabra *confianza* para describir el Siddhi de la Unidad, porque la confianza sugiere, una vez más, dualidad: hay uno que confía y un objeto digno de confianza. Este es el maravilloso dilema del estado síddhico.

Como todos los Siddhis, el de la 2.ª Clave Genética porta consigo su mitología propia cuando se manifiesta en el mundo de la forma a través de una persona. Como uno de los pilares básicos de nuestro ADN, la vida de alguien que viva en este Siddhi es de gran relevancia para nuestra historia evolutiva. Estos seres ejercen un enorme magnetismo e influencia en todo el planeta. Aunque pueda sonar a ciencia ficción, la expresión del 2.º Siddhi en un ser humano realmente cambia la dirección de la tierra mientras se mueve a través del espacio. El 2.º Siddhi, por lo tanto, solamente puede nacer en la humanidad si todas nuestras especies realizan un salto de consciencia. Para que se dé este salto tenemos que esperar a que cierto conjunto de coordenadas geométricas se alineen en el cosmos. Se trata de las alineaciones que los astrólogos están siempre buscando encontrar y comprender en el cielo.

El 2.º Siddhi está representado míticamente por la estrella de Belén en el mito cristiano. Otras culturas también tienen historias de grandes seres conectados con la aparición o alineamiento de estrellas y cometas en los cielos. Este Siddhi, por lo tanto, nos indica algo sobre nuestro estado de consciencia último; está ligado no solo a cuándo somos, sino a dónde estamos. La Tierra misma está describiendo una trayectoria en la galaxia y, en ciertos puntos de nuestro marco temporal, se describen alineaciones con otro aspectos geométricos del cosmos.

Los antiguos mayas, por ejemplo, creían que en el año 2012 la Tierra podría alinearse directamente con el centro de nuestra galaxia, lo que para ellos significaría el nacimiento de una nueva era de la consciencia. En tales momentos de cruce del tiempo y del espacio, el 2.º Siddhi podría encarnarse de nuevo en nuestro planeta, y, en el caso de 2012, más en una generación completa que en un solo individuo.

De acuerdo con el reloj de tiempo genético planetario que se deduce desde el I Ching, experimentaremos otro gran giro de tuerca en el año 2027, mientras la sucesión de los equinoccios se traslade hasta la 55.ª Clave Genética, dando lugar a la apertura potencial para una mutación genética humana a nivel planetario. Ambas fechas: 2012 y 2027, son altamente significativas para el marco de tiempo de publicación de este libro; pero muchos otros giros de tuerca van a sucederse en el futuro próximo y también en el más lejano.

El 2.º Siddhi es la naturaleza original de la consciencia en sí misma, y se manifiesta como un plan de grandísima belleza que se va desarrollando en el tiempo y en el espacio, extendiéndose con las corrientes de la evolución. Todos los viajes míticos de este tipo evocan el viaje de la Tierra y de nuestro universo, y dado que todos ellos comienzan dejando la cálida zona de confort de la madre y del hogar, todos tienen que regresar un día, una vez más, a abrazar aquel mismo lugar. Por lo tanto, este es nuestro destino final como especie: darnos cuenta de nuestro estado de unidad y unicidad con todo lo que es.

3.ª CLAVE GENÉTICA

SIDDHI INOCENCIA • DON INNOVACIÓN • SOMBRA CAOS

CON OJOS DE NIÑO

PAR PROGRAMADO: 50.ª CLAVE GENÉTICA

ANILLO CODÓNICO: EL ANILLO DE LA VIDA Y
LA MUERTE (3.ª, 20.ª,
23.ª, 24.ª, 27.ª, 42.ª)

FISIOLOGÍA: OMBLIGO

AMINOÁCIDO: LEUCINA

LA SOMBRA DE LA 3.ª CLAVE GENÉTICA: CAOS

DEL CAOS AL COSMOS

La 3.ª Sombra se encuentra en el núcleo de todas nuestras creencias sobre el hecho de que el individuo humano sea prácticamente impotente en comparación con la naturaleza o el infinito. Este es el dominio de programación mental en que tanto la religión como la ciencia se mueven, las dos piedras angulares de las creencias humanas. Por un lado está la religión, que separa a la humanidad de la naturaleza colocando un dios o varios de por medio y, por lo tanto, crea una división en toda nuestra realidad inconsciente. Esta realidad debería estar basada, entonces, en la adoración de nuestra proyección, o la de otra persona, sobre lo que es «Dios». Esta situación, como consecuencia, crea las nociones de libre albedrío y juicio ejercido por la deidad. Por otro lado está la ciencia, que mira la naturaleza predeterminada de nuestros genes, la cual viene preprogramada solo para la supervivencia, lo que deja a los humanos en la posición de víctimas de los caprichos de la fortuna. En cada uno de estos escenarios, el individuo sale mal parado: o se nos muestra una divinidad que nos niega o se nos muestra la libertad para después llevarnos a un mundo de competitividad carente de gracia, en la que todo cambio está en manos o de la suerte o de la fuerza.

Quizás más que cualquier otra, la 3.ª Sombra captura la esencia del papel que tiene el ADN en la comprensión de la estructura de la propia célula, primera unidad de vida en nuestro planeta. A través de la comprensión de una célula veremos que los dos sistemas de creencias citados más arriba se han desarrollado gracias a una progresión orgánica muy natural, que nos ha llevado justo hasta el punto donde estamos ahora, en la gran encrucijada evolutiva. Como consciencia planetaria, estamos antes

del caos, y la respuesta de la humanidad ante este umbral de cambio puede ser, o bien girarse hacia el caos, o bien hacia el cosmos. Nunca antes en la historia el futuro equilibrio de nuestro planeta y de todos los organismos vivientes había estado en manos del comportamiento humano como ahora. Es interesante notar que las palabras *abismo* y *caos** proceden de la misma raíz, ya que la 3.ª Clave Genética gobierna lo que nosotros, los humanos, entendemos como caos. También es inquietante darse cuenta de que el significado original de la palabra caos está muy cercano al de «espacio primordial». La palabra acabó siendo un sinónimo de desorden debido a una falta de compresión originada por el miedo.

Para llegar al fondo del abismal misterio de la 3.ª Sombra, sería quizás útil tener una visión general sobre la dirección en la que el pensamiento científico está respondiendo a nuestra actual encrucijada evolutiva. Las corrientes de pensamiento científico contemporáneo están todavía basadas en dos gigantes: la física de Newton y la biología de Darwin. A pesar de lo que oigamos, el mundo científico está todavía tambaleándose del shock que supuso el descubrimiento de Einstein. Su hallazgo abrió dimensiones tan nuevas y tan vastas para la física y para todas las ciencias, que aún hoy se comprenden todavía con dificultad. Cualquier físico honesto seguramente podría decir lo mismo y, quizás más, pues las bases fundamentales del pensamiento científico han temblado tan severamente que ya no se puede dar por segura ninguna premisa. El mundo cuántico de Einstein todavía no ha calado en las corrientes de la biología, a excepción de unos valientes pioneros que se han jugado su reputación. El dogma de Darwin, el determinismo genético, prevalece y aún se mantiene como base de todas las prácticas de la medicina moderna. Sin embargo, está en proceso de gestación una nueva biología cuántica en las fronteras de la ciencia moderna, que encierra muchas y fascinantes posibilidades.

En la vieja visión, los humanos éramos víctimas de nuestros genes egoístas; en la nueva visión ya no somos víctimas, sino que mantenemos una formidable interconexión e interdependencia con el cosmos

En el corazón de la nueva biología se asienta una comprensión completamente nueva de la mismísima célula. De acuerdo con el punto de vista general, las células del cerebro residen en su núcleo, donde también se encuentran las instrucciones genéticas para la vida, el ADN. El pensamiento funciona de tal manera que si el cerebro es el núcleo, y el núcleo contiene las instrucciones, entonces las instrucciones controlan la célula y, por lo tanto, nos controlan a nosotros. Sin embargo, la biología cuántica ha descubierto algo muy fascinante que desafía directamente esta teoría. El cerebro de la célula no reside en su núcleo, sino en la membrana celular, lo que la convierte en una interfaz con el entorno. En pocas palabras, esto significa que la vida está diseñada para ser cooperativa más que para ser competitiva. Esta nueva perspectiva de la biología cobra un enorme sentido si se considera de forma paralela a la física cuántica, que sostiene que todo lo que vive está interrelacionado de un modo holístico, más que separadamente. En la vieja visión, los humanos éramos víctimas de nuestros genes egoístas;

---

* *Chasm* y *chaos*, respectivamente, en lengua inglesa. En la traducción al español, los términos *abismo* y *caos* proceden de dos raíces latinas diferentes. *(N. de la T.)*

en la nueva visión ya no somos víctimas, sino que mantenemos una formidable interconexión e interdependencia con el cosmos.

La lengua china original denomina a este 3.er hexagrama del I Ching con una expresión inusual que se ha traducido tradicionalmente como «La dificultad del comienzo». Esta visión es intuitiva, ya que el caos tiene que ver con los comienzos. La teoría científica moderna sobre el caos está fundada en variaciones imperceptibles de las «condiciones iniciales» del sistema. Sin embargo, en términos evolutivos de la vida, sin duda la primera directriz de una célula única es la supervivencia a toda costa, que es la forma de consciencia correspondiente a la 3.ª Sombra. El mayor reto de la evolución es siempre el comienzo, porque cada célula tiene que aprender a defenderse por sí misma. Solo sobreviven los que se vuelven más fuertes. De la misma manera, los seres humanos están encerrados en celdas individuales de la consciencia, en la frecuencia de la 3.ª Sombra. Es la misma consciencia que domina todo nuestro planeta, y su consecuencia es lo que solemos denominar caos. Sin embargo, el caos es solo una perspectiva que se relaciona con un patrón oculto que nos conduce inevitablemente al orden. Si la vida fuese realmente así de egoísta, no habría conseguido jamás despegar.

De acuerdo con la ley de los fractales, la misma ley que gobierna la célula única también gobierna a los seres humanos, lo que significa que en nuestra temprana evolución fuimos programados para sobrevivir. El instinto de supervivencia tiene sus raíces en los aspectos más primitivos de nuestros cerebros, lo que se convierte en dominante cuando aprendemos a evolucionar imitando a nuestros ancestros. La mayoría de nuestras creencias e ideologías modernas se basan en estos antiguos aspectos de nuestra consciencia que están relacionados con el miedo, y así, permanecemos empalados dentro de nuestras celdas individuales. Nuestro pensamiento científico convencional aún se basa en que no hay una fuerza organizativa en el universo distinta de la casualidad, y esta es la idea que divide a todo el mundo. Como sucede en nuestras religiones, el pensamiento está atrapado en una sola celda de consciencia, pues hemos dividido el mundo en dos espacios, el interior y el exterior, y de esa manera hemos separado el «nosotros» de Dios.

Entonces, ¿qué significa de verdad todo esto y cómo te afecta en la vida diaria? Una respuesta la encontramos en la polaridad de esta Sombra, que es la 50.ª Sombra, la Corrupción. Significa que estás atrapado solamente por tu propio pensamiento: *eres tú el que corrompe los datos de tu ADN al permitir entrar una frecuencia que activa sus componentes más primitivos.* Cuanto más te abras al caos que tienes por delante, más te darás cuenta de que no existe tal caos. No es más que la dificultad del comienzo. Esta 3.ª Sombra convierte a los humanos en seres aterrados por el cambio. Para evolucionar, un ser humano debería abrazar el caos, más que intentar protegerse de él. La 3.ª Sombra lleva a los seres humanos a desconfiar de la vida misma y, por lo tanto, a adoptar la vieja estrategia de supervivencia conocida como «competencia desleal». Aunque parezca increíble, cuando confías en el caos y permites que tu entorno te transforme, en vez de intentar controlarlo para que permanezca igual, se revela ante ti la magia más elevada, y sucede así porque en el caos hay, y siempre ha habido, un enorme orden transformacional subyacente.

Para evolucionar, un ser humano debería abrazar el caos, más que intentar protegerse de él

NATURALEZA REPRESIVA: ANAL

Nuestro miedo básico a que la vida esté siempre ligada a la casualidad nos lleva a uno de los primeros grandes mecanismos de control humano, el de la retención anal. A pesar de los descubrimientos realizados por Freud en referencia a este fenómeno, es algo que se ha sabido y observado durante milenios en diversos sistemas de yoga y meditación. El miedo activa una muy sutil restricción en los músculos alrededor del ano, que, como consecuencia, afecta a todo el patrón respiratorio. Conforme la respiración se hace más superficial, el miedo comienza a manifestarse a través de la necesidad de mantener el control sobre nuestras vidas. Casi todos los seres humanos sufrimos algún tipo de retención anal, que puede ir de un grado suave a uno agudo. Solo cuando comenzamos a tocar el corazón de nuestro miedo original, nuestro sistema comienza a liberar esa tensión tan asentada en nosotros. Cuanto más sentimos y permitimos el miedo, más nos dejamos ir en el abrazo del cosmos y más advertimos lo profundamente protegidos y sostenidos que estamos por él.

NATURALEZA REACTIVA: DESORDENADA

La reacción adversa que manifestamos por el miedo hacia la vida consiste en una exteriorización en forma de rabia. El resultado de esto es la creación de lo que justamente más nos aterroriza: el caos y el desorden. Estas naturalezas no tienen una dirección predecible, ni ritmo o propósito. Simplemente traen al mundo la vibración que más aterroriza a la naturaleza represiva: a veces en forma de agresión, otras en forma de anarquía y siempre como destrucción. De nuevo hay varios grados de enfermedad, desde la más suave hasta la más aguda. Cada vez que dejamos de confiar en la vida y creemos en nuestros miedos, comenzamos a crear la vibración del caos. Dondequiera que ese miedo se transforme en ira, incluso en las circunstancias más mundanas, aporta una fuerza destructiva que, inevitablemente, regresará de vuelta a nosotros. En este sentido, toda la rabia de la que no tomamos consciencia y responsabilidad fortalece la frecuencia de la 3.ᵃ Sombra en el mundo.

EL DON DE LA 3.ᴬ CLAVE GENÉTICA: INNOVACIÓN

EL FIN DE LA MENTALIDAD INSULAR

Lo maravilloso de la 3.ᵃ Sombra es que, a pesar de un punto de vista estrecho, miedoso y unicelular de la vida, también guarda el secreto de nuestro futuro. Todo lo que hay que hacer es volver los ojos hacia atrás en la evolución y ver que nos conduce inevitablemente al 3.ᵉʳ Don, la Innovación. Conforme los organismos unicelulares se multiplican por todo el planeta, la evolución se prepara a sí misma para un salto cuántico, el de gran transición a la vida multicelular. Si fuera cierto que en lo más profundo de cada célula hay un mecanismo de guía egoísta, supremo, entonces sería bastante im-

probable que cualquiera de esas dos células pudiera cooperar, ya que su propio diseño las llevaría a competir. La genialidad de la célula y su verdadero cerebro debería, por tanto, encontrarse allá donde los biólogos cuánticos dicen que está: en la membrana celular. Sabemos que la membrana permite a cada célula responder a su entorno, lo que nos lleva aún un paso más allá, ya que este hecho permite que el ADN se vea influido por el entorno. Este es el principio fundamental de la biología cuántica, considerado cuando menos como una herejía por las corrientes de pensamiento más dogmáticas de la biología actual.

Lo que podemos observar ahora es que la vida está trabajando en el sentido del enfoque al que nos hemos referido aquí arriba. Hace millones de años, la consciencia unicelular dio un salto cuántico y abrió la era de la consciencia multicelular, lo que significa que el programa basado en la supervivencia que hay dentro del ADN tiene que mutar o reajustarse a sí mismo para que la célula pueda ser asimilada por un organismo más grande. Cuando aplicamos la misma metáfora a la humanidad, lo que vemos es el reforzamiento de la individualidad humana gracias al 3.er Don, la Innovación. La innovación se construye en la vida. En otras palabras, la vida misma está diseñada para trascender su propio programa inicial (la dificultad inicial) y descubrir formas de consciencia superiores y novedosas. Más allá del egoísmo y del caos yacen la cooperación y la innovación. La innovación solo sucede cuando comienzas a pensar por ti mismo. Esto puede sonar como una afirmación completamente corriente, pero la realidad es que se trata de un hecho poco frecuente. Para ser verdaderamente innovador tienes que alcanzar una frecuencia de tal vibración superior que te permita mirar más allá de la visión colectiva convencional.

El Don de la Innovación consiste en ser creativo. ¡Casi nada! Implica que ya te has alejado de la perspectiva del miedo que había en la frecuencia de la Sombra. La innovación se desarrolla gracias al optimismo, aunque no se trata de un optimismo basado en la esperanza. El verdadero optimismo es la energía dinámica que está en el corazón de la creación. A través del 3.er Don, comienzas a acceder a los aspectos superiores de tu ADN. No se trata de que el ADN cambie por sí mismo, sino que la frecuencia que lo atraviesa activa programaciones ocultas en él. Así es como la vida unicelular da paso a la vida cooperativa, y así es como el egoísmo humano, sin dudarlo, desembocará en la consciencia colectiva. El todo es mucho más poderoso que sus componentes humanos individuados. Esa es la cuestión.

La innovación, por su propia naturaleza, implica cooperación. Para mutar hacia una vida de orden superior, tienes que integrar y sintetizar. El camino de la innovación significa, en términos generales, mejorar algo gracias a la introducción de uno o varios elementos nuevos. Los que trabajan con el 3.er Don son los grandes sintetizadores de la vida, porque comprenden la ley primigenia que rige la estructura subyacente de toda la vida: que unidad equivale a eficiencia. Este es el mensaje integral codificado por el grupo codónico conocido como Anillo de

Quienquiera que seas y dondequiera que estés, si no estás trascendiendo continuamente, estás muriendo

la Vida y la Muerte. Todo él se basa en el cambio, que es lo que significan las palabras *I Ching* en chino: «El Libro de las Mutaciones». La vida está en permanente mutación y, cuando cambia, trasciende e incorpora aquellos niveles y visiones que acaba de trascender. Quienquiera que seas y dondequiera que estés, si no estás trascendiendo continuamente, estás muriendo.

El 3.ᵉʳ Don también nos muestra algo más sobre la síntesis, lo que tiene que ver con otro don humano a menudo devaluado, el don del juego. Si quieres ver verdaderamente la genialidad de la innovación, solo tienes que observar a un niño pequeño cuando juega. Mientras que a los ojos de la 3.ª Sombra los niños parece que no hacen otra cosa que crear caos, vistos con los ojos del 3.ᵉʳ Don vibran a una frecuencia superior, es decir, que un crío está viviendo la expresión de su genialidad. Si podemos recordar la imagen utilizada más arriba de la membrana celular que permitía la entrada de ciertas frecuencias del entorno que consecutivamente impactaban en el ADN, eso es justo lo que un niño nos refleja con su juego. El niño no solo genera un cambio en su entorno (¡como cualquier padre sabe!), sino que también experimenta una mutación gracias este entorno. El Don de la Innovación requiere un profundo sentido de confianza interna. Mientras sigas trabajando con el Don, estarás continuamente actualizándote y cambiando tu posición. Incluso aunque todavía no puedas ver cómo encaja todo el puzle entero, si puedes sentir el espíritu de unificación subyacente, y por encima de todo, ¡te lo pasas fenomenal!

A través del Don de la Innovación, la humanidad tiene que improvisar para sobrevivir en los siglos venideros. Como aquellos organismos unicelulares, nosotros también tenemos que mutar para convertirnos en un organismo multicelular. Del mismo modo que aquellos organismos desarrollaron un sistema nervioso cuya cima es el cerebro, nosotros desarrollamos nuestros gobiernos y nuestra cultura para la comunicación global moderna. Sin embargo, nuestra mayor innovación está todavía por llegar y consiste en, literalmente, recolocar nuestro cerebro llevándolo desde el cráneo hasta el mucho más avanzado sistema del plexo solar. Lo mismo que el verdadero cerebro de la célula está en su membrana más que en su núcleo, así nuestro verdadero cerebro se extiende por todo nuestro sistema emocional. Igual que la membrana celular, el plexo solar determina qué frecuencias tienen el permiso para entrar y salir del cuerpo. Por eso, mientras que los humanos mutamos para abrirnos a recibir las frecuencias superiores, esas frecuencias van desvelando los principios de organización superior de la vida colectiva, que están ocultos en nuestro ADN. No es una decisión que tomemos nosotros, sino la vida. Esos códigos están ya escritos dentro de nosotros, trazados a lo largo de aquellos entramados senderos en los abismos de nuestro ADN. Este es el secreto sagrado de la vida: la vida está diseñada para perpetuarse innovando, y el viejo modelo humano con mentalidad de isla, unicelular, está caducado.

EL SIDDHI DE LA 3.ª CLAVE GENÉTICA: INOCENCIA

TODO ES JUEGO, NADA ES TRABAJO

Al poner a dialogar la 3.ª Sombra con su Don correspondiente, hemos viajado por algunos complejos territorios para comprender la profunda verdad y relevancia de esta 3.ª Clave Genética. En realidad, es una de las cosas más fáciles de entender, una vez que abandonas el territorio de la mente. En el cénit absoluto de su frecuencia encontramos el 3.er Siddhi, la Inocencia. Este Siddhi nos recuerda que todo en la vida, el ser humano incluido, es inocente. Nuestra mente parece decirnos que podemos controlar la vida, pero en verdad es una ilusión generada por el cerebro. Los seres humanos somos un instrumento *de* la vida, un experimento *dentro de* la vida, pero no podemos ser maestros para la vida debido a que somos solo una parte de la vida misma.

Los humanos de hoy día se destacan como una especie gobernada por el cerebro. Hemos visto con qué intensidad sentimos la necesidad de un centro o núcleo que tome el control de la vida. Esta necesidad se expresa dentro de cada nivel de nuestro pensamiento y en cada uno de los estratos de nuestra sociedad. La materialización se traduce en la necesidad de encontrar un Dios. ¡El pensamiento de que puede que no haya nadie que tome el control nos aterroriza! ¿Qué pasaría si el mundo no tuviera gobierno? ¿Qué podría suceder si no tuviéramos religión, educación, policía, fuerzas armadas o dinero? Como no confiamos en la vida, la única respuesta que podemos dar a la cuestión es el caos. La verdad es que no sabemos qué podría suceder, pero el niño que habita dentro de nosotros anhela descubrirlo. Justo sobre esta idea gira el contenido del 3.er Siddhi: se trata de que no haya barreras ni leyes ni trabajo, ¡solo juego!

Como especie, la humanidad se ha infravalorado enormemente a sí misma. Representamos la más puntera consciencia en la Tierra en este momento. Un día, cuando los humanos que ahora vemos sean una reliquia del pasado, miraremos hacia atrás, a esa era, a través del 3.er Siddhi, y nos preguntaremos por qué nos convertimos en personajes tan serios durante aquella época de nuestra evolución. Desde el punto de vista del 3.er Siddhi somos eminentemente irrisorios, por decirlo de la manera más suave posible. Esa toma de consciencia humana tuvo que atravesar una fase en la que se consideraba el centro del universo, lo que al 3.er Siddhi le parece una tremenda broma. Sin embargo, para un niño jugar es totalmente serio. El juguete en sus manos se convierte en el centro de su universo, lo mismo que nuestras vidas individuales se convierten en el centro de nuestro universo. Somos inocentemente inconscientes de la gran fortuna de estar vivos y de estar representando esta exploración épica de la consciencia con todos los juguetes que nos proporciona el mundo de la forma.

Pero una cosa es cierta: la consciencia no crecerá nunca. Se quedará explorando, jugando y experimentando para siempre

Un día, inevitablemente, el crío crecerá. La humanidad evolucionará hacia su asombroso destino final, la armonía global y celestial. Pero una cosa es cierta: la consciencia no crecerá nunca. Se quedará explorando, jugando y experimentando para siempre; todo esto gracias a que su natu-

raleza es la inocencia. La vida es inocente; nosotros somos vida y, por lo tanto, somos inocentes. Esta es la ecuación del próximo milenio. Cuando el 3.ᵉʳ Siddhi llegue al mundo, y lo hará en poco tiempo, brotará un gran recuerdo de nuestra inocencia en la humanidad, porque las primeras naves del destino humano (de las que se habla en la 55.ª Clave Genética) serán todas niños. Lo extraño de los niños es que su consciencia interna no *crece* nunca, ni se convierte en seriedad. Su consciencia funcionará de un modo enteramente diferente al de nuestro actual conocimiento, basado en el cerebro. Sus cerebros serán el propio entorno, que estará dentro de cada ser humano, criatura, planta, piedra y estrella. No nos podemos todavía imaginar el tipo de consciencia cósmica que será, pero pronto se comenzará a esparcir sobre la tierra una primera y gran oleada.

La humanidad cambiará desde dentro, como siempre hace la vida. Está hecha a medida de su propio entorno. Si se convierte en una amenaza para el entorno, entonces la vida transmite el mensaje de vuelta a su estructura celular, causando que mute a un programa más eficiente. Esta no es una decisión que la humanidad pueda tomar; se necesita el organismo al completo. No hay perdedores en este juego, porque cada célula, inocentemente, contribuye con su propia y genuina información al todo. En el proceso de mutación se activan nuevos códigos de vida y, por lo tanto, cualquier célula que no mute, simplemente morirá. Este es un proceso totalmente orgánico y natural que ya ha comenzado a suceder en la humanidad. Lo tememos porque no somos conscientes de nuestra inocencia. El gran miedo humano es perder nuestra genialidad. Si la perdiéramos terminaríamos siendo una masa informe, lo que sería un paso atrás en la evolución. Sin embargo, la evolución nunca viaja hacia atrás, pues solo conoce el progreso. Al abandonar nuestra propia identidad, en realidad creamos otra identidad individual superior, que es individual y colectiva al mismo tiempo.

El cuerpo humano mismo es el primer ejemplo de la dirección en que se está moviendo la humanidad. Nuestro cuerpo evolucionó desde un organismo unicelular o ameba para responder a su entorno. Ni una sola célula de nuestro cuerpo se puede permitir ser egoísta, o morirá. La vida, descubierta espontáneamente en su inocencia, sabe que el modo más sencillo de mantenerse evolucionando es integrar todas esas células competitivas, individuales, en un solo cuerpo. ¡Qué cosas tan increíbles descubre la vida cuando se la deja sola para que juegue! Este es el mensaje central contenido en el Anillo de la Vida y la Muerte: que hay que confiar y reverenciar el caos que supone el jugar. Jugar es la expresión de la genialidad, y el genio siempre halla una nueva solución a los retos que encuentra en el camino. Todos somos niños, niños del cosmos, y nuestro único y fundamental trabajo es dejar ir nuestra seriedad y encontrar la posibilidad de deleite en cada joya exquisita que la vida coloca ante nosotros.

Al leer este apartado sobre la 3.ª Clave Genética y sus varios niveles de frecuencia, quizás puedas comenzar a sentir la maravilla que es y la escala del experimento en la que estás involucrado.

Como dijo Einstein, «Dios no juega a los dados». El cerebro humano no se diseñó para bucear en esas simas tan profundas. La certeza de que existe un orden en el universo es una sensación que solo se puede captar con un sistema de frecuencia más avanzado, que nuestros mitos han nombrado de varias y diversas formas. Ese sistema se ha equi-

parado sobre todo al corazón humano y al sentimiento de amor y unidad que liga a todas las criaturas entre sí. Tu verdadera casa no es tu cuerpo, y en ningún otro lugar del universo existe un centro desde donde se orqueste todo. El centro que estás buscando es el sentimiento de amor en sí mismo, que es la manifestación *omnicéntrica* de tu eterno estado de inocencia.

4.ª CLAVE GENÉTICA

SIDDHI PERDÓN • DON ENTENDIMIENTO • SOMBRA INTOLERANCIA

LA PANACEA UNIVERSAL

PAR PROGRAMADO: 49.ª CLAVE GENÉTICA
ANILLO CODÓNICO: EL ANILLO DE LA
UNIÓN (4.ª, 7.ª,
29.ª, 59.ª)

FISIOLOGÍA: NEOCÓRTEX
AMINOÁCIDO: VALINA

LA SOMBRA DE LA 4.ª CLAVE GENÉTICA: INTOLERANCIA

LA NECEDAD JUVENIL

Los antiguos chinos dieron a este 4.º hexagrama del I Ching el maravilloso nombre de «La necedad juvenil» y, al hacerlo, nos mostraron un profundo conocimiento de su naturaleza inferior. La 4.ª Sombra, la Intolerancia, se basa en el hábito mental de quedarse enganchado con las emociones humanas. La intolerancia se entiende mejor en relación con su par programado, la 49.ª Sombra, la Reacción. Dado que los seres humanos estamos gobernados por nuestras emociones, el estado general de la humanidad es inestable y caótico. Tendemos a reaccionar a nuestros caprichos, en vez de sintonizarnos con la guía clara y serena que habita en cada uno de nosotros. Al reaccionar a nuestras emociones o a las de otros, decidimos que lo que sentimos tiene que ser verdad, y nuestra mente está siempre de acuerdo con nosotros.

La 4.ª Sombra es el uso incorrecto de uno de los grandes dones de la humanidad: la lógica. El potencial de esta 4.ª Clave Genética está en poder leer y resolver patrones lógicos, y, como veremos en el caso del 4.º Don, esa habilidad nos lleva a una comprensión universal de los patrones rítmicos y de todas las tendencias de la vida. Sin embargo, a una baja frecuencia basada en la reacción emocional o en la exageración, esta Sombra utiliza el poder de una lógica distorsionada para apoyar y defender su naturaleza volátil. Es decir, si la 4.ª Sombra tiene un mal día y decide que una cosa no le gusta, encontrará una lista de razones lógicas para justificar su aversión. La Intolerancia es realmente esto: una perspectiva sesgada de la lógica. En la frecuencia de la Sombra se le otorga a la mente la autoridad para tomar decisiones importantes en la vida, lo que a menudo tiene resultados desastrosos, porque su verdadero papel no es el de decidir. Su verdadera naturaleza consiste en comprender y comunicar.

La idoneidad del nombre *necedad juvenil* resulta evidente al observar lo que pasa cuando esta Sombra alcanza un estado emocional extremo. En la frecuencia de la Sombra, te identificas totalmente con el estado emocional, lo que define el modo en el que vives tu vida. Al ser un patrón emocional sin resolver, en manos de la mente se convierte en un intrincado marco lógico que se disfraza de verdad absoluta. Gracias a la 4.ª Sombra, las opiniones, los juicios y las animadversiones se convierten en convicciones y certezas. En este camino la gente se ciega con su propia lógica y puede volverse fanático y hasta peligroso a veces. La intolerancia está basada en una distorsión subjetiva de la lógica, que solo puede medir aquellos patrones que una persona quiere ver, en vez de observar todos los modelos desde ambos lados de la argumentación. El poder del 4.º Don, el Entendimiento, se basa en esa habilidad de evaluar objetivamente todos los aspectos desde un punto de vista, evitando la trampa de tomar partido.

La mente lógica humana no está realmente diseñada para tomar partido. La esencia de la lógica se funda en la objetividad; pero en manos del miedo, la objetividad muere y la lógica se convierte en subjetiva, cosa que sucede incluso a nivel colectivo. Te puedes preguntar cómo algo puede ser a la vez colectivo y subjetivo. Pues bien, el racismo y los prejuicios son ejemplos de miedos ancestrales o genéticos que se manifiestan a través de ciertos grupos de población, que luego refuerzan estos temores a través de la argumentación lógica subjetiva. Ni siquiera la ciencia es verdaderamente objetiva, salvo en raras ocasiones, a no ser que permanezca abierta a todas las argumentaciones en contra. En el caso de la ciencia, un contraargumento puede venir de la religión, que desafía a la lógica como el único modo de alcanzar la verdad. Solo cuando la ciencia es escéptica incluso sobre su propia naturaleza se podría decir que es verdaderamente objetiva. La 4.ª Sombra crea un trasfondo muy sutil para todas las estructuras mentales humanas, desde las científicas a las espirituales; tomar partido no ayuda.

La naturaleza subyacente de todos los estados de la Sombra es el miedo; en el caso de la 4.ª Sombra, se trata del miedo proyectado en los otros y, por lo tanto, reforzado por una postura mental defensiva (y en algunos casos, ofensiva). Así es como se crea la intolerancia, que a veces es extremadamente sutil. La intolerancia basa su posición en la opinión y no en el hecho. Si te tomas el tiempo de examinar la otra cara del argumento, comprenderás inmediatamente que tu opinión está basada en un miedo emocional a algo que está muy asentado dentro de ti. El gran problema de la lógica es que no se puede desaprobar a sí misma, lo cual no lleva a que los seres humanos se sientan totalmente seguros. Por lo tanto, la mayoría de la gente elige solo una cara del argumento, porque les hace sentir una cierta solidez mental. Curiosamente, sin embargo, la seguridad mental no hace que el cuerpo se sienta seguro. El cuerpo solo se puede sentir seguro cuando se rinde al momento y a los hechos, sin querer nada más.

La seguridad mental no hace que el cuerpo se sienta seguro

La 4.ª Sombra es infinita en su necesidad de examinar modelos y resolver cuestiones. Una pregunta sucede a la otra. El papel de esta Clave Genética es entender, pero el entendimiento no se puede alcanzar con la mente en sí misma. Esta es la esencia del

dilema de la 4.ª Sombra, la que mantiene a tantas personas lejos de alcanzar el nivel del Don. El entendimiento, como veremos, llega solo cuando nos damos cuenta de que ¡la mente nunca podrá comprender verdaderamente nada! Antes de que alcances esta gran verdad interior, vivirás tu vida bajo la influencia de la 4.ª Sombra y de su promesa persistente de que un día te ofrecerá la respuesta que te aportará la paz. Eso es la necedad juvenil, porque solo después de muchas angustias y experiencias te vas a dar cuenta de que no serán las respuestas intelectuales las que te vayan a aportar ese tipo de paz sostenible. Solo hay dos opciones para la 4.ª Sombra: o te decantas por una opinión lateral y descartas el otro lado, o acabas perdido en una búsqueda infructuosa para poner fin a la sensación de incertidumbre, tan anclada en ti. A no ser que des un salto hacia el verdadero entendimiento del 4.º Don, no tendrás elección y permanecerás en una eterna falta de comprensión e intolerancia.

NATURALEZA REPRESIVA: APÁTICA

Cuando el dinamismo mental de esta 4.ª Clave Genética se congela por el miedo inconsciente de la naturaleza represiva, el resultado es una mente apática. Una mente apática es una mente colapsada que no puede ser ni brillante ni inteligente, ya que ha dejado de comprender todo y se ha sumido en un tipo de letargo mental. Estas personas piensan de sí mismas que son menos inteligentes que los demás, cuando lo que sucede en realidad es que están paralizados por un miedo inconsciente. Su miedo es que tendrían que asumir responsabilidades por ellos mismos, por sus decisiones y acciones. Por el contrario han elegido no opinar sobre nada. Ese tipo de personas aparentan ser bastante lúcidas y muy abiertas, pero hay una falta de energía vital en su interior. Por lo tanto, suelen tener problemas tanto en su motivación como en su salud. Para escaparse de su apatía, simplemente comienzan a pensar de nuevo, pero sin permitir que su pensamiento dirija su vida.

NATURALEZA REACTIVA: PUNTILLOSA

En la naturaleza reactiva, el pensamiento *sí* dirige la vida de la persona. La naturaleza reactiva proyecta hacia el exterior su eterna necesidad de dar respuestas a sus preguntas, y lo hace en la creencia de que esas respuestas le darán algún sentido de seguridad. Cuando descubren que no es así, se enfadan y culpabilizan a uno; ¡a menudo la persona o sistema que ellos suponían que les daría todas las respuestas! Estas personas no pueden eliminar su necesidad de algún tipo de resolución, así que convierten su mente en su autoridad para crear esta sensación, aunque lo que consiguen es estar eternamente disgustados. Centran su objetivo en los detalles más irrelevantes, en la búsqueda inconsciente de una vía de escape para sus frustraciones. Cuando encuentran un detalle de ese tipo, les da pie a criticar o quejarse, y así liberar parte de la ira reprimida y de la tensión. Esas personas necesitan, sobre todo, encontrar una manera de abandonar la esperanza de que su mente pueda alguna vez traerles consuelo. Cuando hagan eso, podrán dejar por fin de proyectar su eterno disgusto sobre los otros y comenzar así a encontrar una nueva consciencia que se despierte en ellos, al margen de su mente.

EL DON DE LA 4.ᴬ CLAVE GENÉTICA: ENTENDIMIENTO

KOANS CUÁNTICOS

Si eres una persona con capacidades intelectuales poderosas, este 4.º Don representa un maravilloso soplo de aire fresco para ti. Al mismo tiempo, requiere que des un salto cuántico enorme con todo tu ser. El Don del Entendimiento no tiene nada que ver con el conocimiento. El conocimiento es lo que tu mente piensa que necesita para quitarse de encima su sensación permanente de incomodidad. Pero el conocimiento nunca puede aportar la sensación de calma. Como máximo te dará la esperanza de poder alcanzar esa paz, aunque, curiosamente, es esta misma esperanza la que te mantiene en la cruzada intelectual, atrapado en los confines de la frecuencia de la Sombra. Solo el verdadero entendimiento trae consigo la paz, porque el verdadero entendimiento habita fuera de los dominios de la mente. El entendimiento es algo que realizas con todo tu ser y no requiere el consentimiento o la aceptación de las capacidades cognitivas de tu cerebro.

El verdadero entendimiento habita fuera de los dominios de la mente

Si permites a la 4.ᵃ Clave Genética seguir su curso natural, sin darle la responsabilidad de tomar decisiones, sucederá algo verdaderamente mágico: propulsará tu consciencia fuera de tu mente. La propia desesperación mental para poder entender, valiéndose del conocimiento, se frustra constantemente al intentar ver la vida desde todos los puntos imaginables. En un cierto momento, toda esa energía contenida explotará y un salto cuántico te sacará de la mente. Ese es precisamente el modo en que opera el concepto de koan zen. Un koan es una paradoja que se le planeta a la mente para que la resuelva. En el preciso momento en el que la mente se da cuenta de que su propia lógica no podrá jamás resolver el koan, surge el entendimiento. Este salto cuántico es el verdadero entendimiento, una sensación de saber que inunda todo tu cuerpo y que irradia desde el área del plexo solar.

El Don del Entendimiento es la única respuesta que saciará la insatisfacción de una persona, y suele llegar como consecuencia del agotamiento mental. Cuando miras con la lógica a todos los ángulos de cada concepto, comienzas a darte cuenta de que no se puede probar nada con la lógica, porque esta siempre puede usarse también para probar lo contario. Cuando por fin ves eso, todo tu ser se ilumina, porque te das cuenta, de una vez por todas, de que la mente es inútil para resolver cualquier cosa que tenga una importancia real. Como consecuencia de ello la mente se relaja para hacer lo que más le gusta: investigar, comunicar y jugar.

Cuando el 4.º Don se libera de tener que resolverte la existencia, alcanza finalmente su verdadera genialidad: jugar con los patrones de la existencia y organizarlos de maneras nuevas y originales. Cuando tengas la sensación de haber alcanzado un entendimiento visceral en tu vientre, tu mente ya no estará obstaculizada por la necesidad de defender su propio punto de vista. De hecho, te das cuenta de que todas las fórmulas lógicas pueden ser manipuladas para probar o refutar cualquier cosa. La frecuencia superior de tal entendimiento también trae consigo la necesidad de estar al servicio del mundo, y puedes utilizar la agilidad mental de este 4.º Don para seguir los dictados de tu ser superior. Esta genialidad recién encontrada de ver los patrones subyacentes de la vida también te brinda acceso directo a otro aspecto del 4.º Don: la capacidad de entender a la gente.

Gracias a la capacidad de ver todas las caras de cada constructo mental, el Don del Entendimiento erradica la posibilidad de la intolerancia y usa sus dones para crear nuevas dinámicas o sistemas que traigan cambios positivos al mundo. El par programado del 4.º Don es el 49.º Don, la Revolución. Esta energía se acompaña siempre de un entendimiento veraz. La propia naturaleza del entendimiento sirve para traer mejoras sociales, en general, ya que la energía dinámica del 4.º Don todavía se experimenta como una cierta inquietud. Mientras que en el nivel de la Sombra se trataba de la inquietud por resolver tu propia inseguridad, en el nivel de frecuencia del Don se convierte en inquietud por resolver la inseguridad de la sociedad en general. Por lo tanto, el entendimiento porta siempre en sí la semilla de la intención para resolver los problemas de la intolerancia y de la división en el mundo.

En el cambio genético venidero provocado por las Claves Genéticas 55.ª y 49.ª, el papel de este 4.º Don permitirá algunos cambios genéticos muy importantes que, poco a poco, barrerán toda la humanidad. La involución de la poderosa energía síddhica, desde el aspecto superior de este arquetipo, traerá una menor pero extremadamente importante mutación genética en la 4.ª Clave Genética y en su aminoácido asociado, la valina. Esta mutación desfasará la 4.ª Sombra, la Intolerancia. Los niños que vengan al mundo con esta nueva secuencia de mutación no estarán emocionalmente polarizados; su sistema mental no se amotinará durante sus vidas. El 4.º Don, el Entendimiento regirá la manera en que funcionan sus mentes desde el nacimiento. Traerán una revolución social a nivel mundial, y esta revolución se basará en una comprensión lógica de la necedad de las estructuras y los sistemas existentes. A través de este 4.º Don entrarán en el mundo nuevas fórmulas que, indudablemente, conducirán a avances tecnológicos capaces de resolver problemas antiguos, en vez de crear otros nuevos.

EL SIDDHI DE LA 4.ª CLAVE GENÉTICA: PERDÓN

EL PERDÓN DESPIADADO

El cambio venidero no solo traerá una revolución social, sino que también acabará con una de las mayores búsquedas del hombre moderno: la búsqueda de conocimiento. Gracias a la ruptura con la 4.ª Sombra, el Entendimiento ocupará el lugar del conocimiento y gran parte del sentido de nuestro mundo moderno sucumbirá. Ya no necesitaremos buscar el sentido lógico a las paradojas de la existencia, porque nuestro nuevo centro de consciencia nos dará un entendimiento físico y energético de todo ello. Por lo tanto, el papel de la lógica en nuestro mundo se alterará. No se utilizará ya más para defender prejuicios y miedos, ni tampoco para el puro beneficio personal. La lógica, que es su frecuencia más elevada, sirve para orquestar la sociedad más eficiente posible. La verdadera eficiencia se basa en un entendimiento holístico, superior, de los sistemas

vivientes. Una vez que nuestro entendimiento nos muestre lo conectados que estamos unos con otros, sabremos por nosotros mismos que el egoísmo es la frecuencia más ineficaz de todas.

El 4.º Don crea la plataforma de lanzamiento para una frecuencia todavía más refinada: el Siddhi del Perdón. El perdón nace del entendimiento, pero sucede cuando un ser da un salto *más allá* del entendimiento. El perdón es un estadio que está más allá de la revolución social. Que una persona tenga entendimiento y buena intención no significa que pueda orquestar una sociedad perfecta. La historia nos ha mostrado que las revoluciones no cambian nunca el mundo; solo cambian, y muy someramente, las sociedades. La posibilidad más elevada de la 49.ª Clave Genética es alcanzar el Siddhi del Renacimiento, y este es el Siddhi que se despierta siempre simultáneamente con el Perdón. Como hemos visto, el entendimiento conduce a la pulsión de servir a la totalidad, gracias a la instigación de algunos tipos de reforma social. El perdón, sin embargo, es un estado puramente síddhico y, como tal, no tiene en absoluto sensación de inquietud. Todos los estados síddhicos son el final del camino: representan la trascendencia absoluta de tu genética y el final del ser humano.

El perdón es el rayo que se libera cuando un ser alcanza la consciencia crística. Es una especie de calor cósmico que derrite los límites y los perfiles de la forma. El perdón permite que la Verdad que hay detrás de la forma se revele. Y no solo eso: permite ver a través de él y, por lo tanto, hacerse uno con la Verdad. Existe un gran misterio sobre el poder del perdón en lo que se refiere al tiempo. El perdón representa una fuerza involutiva más que evolutiva, porque literalmente viene del futuro y va hacia el pasado. El perdón es una cualidad divina que desciende, como Cristo, al mundo de la forma. Al descender a la forma humana, el perdón posa su mano sobre toda la humanidad y trabaja hacia atrás en el tiempo, hurgando en nuestro pasado colectivo, relajando y liberando energía que se había quedado atrapada y estañada por eones. El perdón desciende hasta las raíces de los linajes ancestrales de toda la humanidad de la misma manera, disolviendo bloqueos genéticos y levantando maldiciones kármicas en su viaje. Esta es la razón por la que el Siddhi del Perdón a menudo se asimila con la capacidad de inducir milagros, porque puede liberar las deudas kármicas que habían quedado estancadas durante generaciones. Cuando esas deudas se liberan, aquellos que estaban presos en ellas pueden sufrir transmutaciones increíbles. Esos misterios se exploran en profundidad en la 22.ª Clave Genética, en la transmisión conocida como *Los Siete Sellos Sagrados*.

El Perdón es el rayo que se libera cuando un ser alcanza la consciencia crística

El 4.º Siddhi es el agente primario de la Gracia Divina, es decir, que no se adhiere a las leyes humanas. Se refiere a la resolución de viejas deudas a todos los niveles. A un nivel puramente individual, todo el proceso de encarnación humana está basado en la noción de deuda kármica. Hasta que no hayas pagado todas tus deudas, especialmente a través de tus relaciones, no podrás escapar del juego de la encarnación y la reencarnación. Dado que también es parte del Anillo de la Unión, el papel último de este 4.º Siddhi es llevar a la humanidad a la unión colectiva gracias a la resolución de la deuda kármica, a nivel individual, racial y mítico. En la esfera de lo material lo veremos manifestarse el día en que las naciones se perdonen las unas a las otras las deudas finan-

cieras. El perdón, como tal, es un fenómeno colectivo, que es la razón por la que los humanos no han sido capaces de controlarlo o copiarlo. Te viene encima por sorpresa, y algo dentro de ti que estaba previamente bloqueado se abre. Es realmente un milagro.

Cuantos más seres traigan al mundo este Siddhi, más se irá liberando el karma colectivo de la humanidad. Esos seres no cargan con nada en la vida, porque han ido más allá del entendimiento; han alcanzado la Verdad. El perdón que conocemos ahora es una minúscula mota en comparación con la *inconmensurabilidad* de este 4.º Siddhi. El puro perdón es una panacea universal que irradia en todas las direcciones, a través del tiempo y del espacio. Es la respuesta final que termina con todas las preguntas, y cuando los primeros átomos del perdón viajen por fin al inicio de los tiempos, cosa que ya ha sucedido, el mundo que conocemos comenzará a disolverse. Cuando todo sea perdonado, entonces el perdón mismo no existirá más, solo la Verdad. El destino final del 4.º Siddhi es romper la conexión entre el pasado y el futuro, entre el negro y el blanco, entre el yin y el yang, hasta poner fin de una vez por todas a la creación lógica del marco espaciotemporal en sí misma. El verdadero perdón es despiadado, porque devuelve cada cosa a su propia fuente, y es una fuerza puramente aniquiladora. El objetivo último del perdón es, de hecho, acabar con el mismísimo mundo de la forma.

5.ª CLAVE GENÉTICA

EL FINAL DEL TIEMPO

PAR PROGRAMADO: 35.ª CLAVE GENÉTICA

ANILLO CODÓNICO: EL ANILLO DE LA LUZ
(5.ª, 9.ª, 11.ª, 26.ª)

FISIOLOGÍA: PLEXO SACRO

AMINOÁCIDO: TREONINA

LA SOMBRA DE LA 5.ª CLAVE GENÉTICA: IMPACIENCIA

EL NUEVO CÓDIGO GENÉTICO

Esta 5.ª Clave Genética es la verdadera espina dorsal de las 64 Claves Genéticas. Al contener todos los códigos y los patrones de vida, la 5.ª Clave Genética representa la gran biblioteca digital de la consciencia en el mundo de la forma. Estos códigos permanecen enrollados y ocultos en cada célula viviente dentro de los famosos patrones helicoidales de tu ADN. La 5.ª Clave Genética es una de las que se encuentra en todas las formas de vida, ya que ella misma mantiene el propio patrón de tiempo que le permite a un organismo establecerse en un entorno concreto. Pero, además, la 5.ª Clave Genética es la gran pieza del ajedrez místico del genoma, ya que reúne a todos aquellos organismos separados en un gran ritmo universal: el pulso de la vida.

A baja frecuencia tiende a crear una profunda desconfianza en la vida, porque la 5.ª Clave Genética reúne a todas las formas vivientes en aras de estos patrones universales y se manifiesta en los humanos como la 5.ª Sombra, la Impaciencia. Sabemos que todos los seres humanos llevan imbuido, dentro de sí mismos, un profundo miedo a la muerte. Lo que quizás no notamos es que hay muchas capas alrededor de este miedo. En el nivel de la personalidad se muestra tu miedo más externo, el primer patrón de miedo que absorbes a través de las vivencias de la infancia. Este miedo individual da paso, a su vez, a los grandes temores colectivos; por ejemplo, el miedo al cambio. Sin embargo, en el nivel más profundo, en el filo de la consciencia, yacen los miedos humanos más ancestrales, y esta 5.ª Sombra es la que los representa. Los miedos ancestrales colectivos brotan de una fuente primigenia, que es el temor a que no exista un orden subyacente en el universo. Si la frecuencia de tu genética está afinada con el miedo, tu

propio cuerpo no va a sentirse seguro en ningún momento, hagas lo que hagas para intentar traer un sentido de estabilidad a tu vida. De hecho, este es el estado normal de la consciencia humana de las masas.

Dentro de la 5.ª Clave Genética se encuentra el gran secreto del ritmo del tiempo. Esta Clave Genética está relacionada con el confiar o no confiar en el ritmo universal y en el compás natural. Es la que establece la secuencia de las estaciones, la que dosifica el ritmo del crecimiento celular y la decadencia de cada célula viva, y también la que gobierna todos los patrones migratorios animales y humanos. Como hemos visto, toda la desconfianza relativa a los ritmos de la vida se manifiesta en la naturaleza humana mediante la 5.ª Sombra, la Impaciencia. Esta impaciencia es una de las mayores causas de enfermedad en el planeta, porque puede minar la salud y el bienestar, y separarte del latido de la vida. Desde cierto ángulo, los humanos pueden ver la impaciencia como un hecho positivo, ya que puede incitar a la acción en vez de tomar una postura complaciente. Esta es una impresión equivocada, ya que la impaciencia se basa en la agitación y todas las acciones que surgen de la agitación están en desarmonía con el todo. Hay una enorme diferencia entre actuar desde la impaciencia y actuar desde la determinación.

La impaciencia no es un distintivo natural del carácter humano; por el contrario, es el resultado de la pérdida del ritmo natural a nivel biológico. Cuando sientes la impaciencia, tu respiración se vuelve superficial y tu sistema nervioso se sobreactiva. Tu sentimiento básico es el de que nada es como debería ser. La impaciencia está siempre relacionada con la mente y, por lo tanto, solo es posible en los humanos, debido a la naturaleza inusual de nuestro neocórtex, que procesa la información en un modo tal que lo percibimos como si estuviera sucediendo todo al mismo tiempo: el pasado, el presente y el futuro. El único modo de escaparse de la impaciencia es huir de la mente y del reino del tiempo, que es justo lo que sucede en las frecuencias más elevadas de esta Clave Genética.

Hay mucho que aprender sobre los 64 arquetipos de la Sombra si los miramos juntamente con sus pares armónicos. Psicológicamente, puedes encontrar la raíz de todos los temas y dificultades humanas en los 32 pares programados de la Sombra. Cada pareja de Sombras está, literalmente, creando patrones obsesivos. El par programado de la 5.ª Sombra, la Impaciencia, es la 35.ª Sombra, el Ansia. Estos dos estados se retroalimentan uno a otro, literalmente. El ansia de escapar del sentimiento de inseguridad conduce a la impaciencia y viceversa, y todo este juego está conducido por el miedo al paso del tiempo. En el mundo moderno, puedes notar con claridad cómo ese miedo tan asentado se está esparciendo por toda la humanidad. Hemos olvidado que es la vida misma quien establece los patrones de la evolución y que nosotros no somos más que agentes de aquellos patrones. De vez en cuando, tanto en nuestras existencias personales como a nivel colectivo, ocurren cambios naturales en los que la estabilidad de la vida se ve superada por los hechos. Si pudieras entrar a fondo en el espíritu de esos momentos te darías cuenta de que no hay desequilibrio alguno y que todo se revela en el momento justo.

Dado que la 5.ª Clave Genética conecta todas las formas de vida dentro de un modelo más amplio, tienes que aprender a darte cuenta de que nada sucede por casualidad.

Cada cosa está conectada con otra, así que cuando te veas atravesando un período difícil, la vida estará atravesando también un período complicado. Los temas que irrumpen en tu vida diaria son cuestiones universales que todas las criaturas y humanos del planeta experimentan simultáneamente. Si te fijas en el estado de la conciencia de masa de nuestro planeta a día de hoy, verás que hay una mutación universal en marcha. Todas nuestras especies están atravesando un salto cuántico genético profundo. De la misma manera que tú tienes que vértelas con tus miedos individuales, la humanidad se las tiene que ver con los colectivos. El propio hecho de que estés leyendo ahora este libro quiere decir que la vida se está examinando a sí misma con enorme profundidad y, al hacerlo, está descubriendo todas las anomalías o disfunciones en su programa matriz. Cada vez que se contempla una disfunción, se elimina, y cada vez que un miedo se acepta, disminuye. Bajo el viejo código genético el nuevo ser se va revelando a sí mismo.

Cuando te veas atravesando un período difícil, la vida estará atravesando también un período complicado

En resumen, esta 5.ª Sombra, la Impaciencia, no es más que una respuesta humana de baja frecuencia a unas condiciones ambientales particulares. Como todas las Sombras, no es más que una cuestión de percepción y actitud. El tiempo siempre se mueve de acuerdo con tu percepción o humor. Si respiras calmada, rítmica y profundamente, entonces el tiempo parece que se disuelve. En los niveles más altos de la frecuencia de esta Clave Genética, ni siquiera notas el tiempo. Cuanto más consciente te haces de tu impaciencia y de tu falta de reposo, más profundamente comienzas a sumirte en tu verdadero centro y menos te preocupan el tiempo y los planes. Así es como nace la frecuencia superior, a la que llamamos paciencia. Esta 5.ª Clave Genética contiene la ecuación más bella: la aceptación equivale a la paciencia, porque cuanto más profundamente entras en tus miedos más oscuros, más paciente te vuelves.

NATURALEZA REPRESIVA: PESIMISTA

Resulta interesante considerar que el pesimismo está, en verdad, enraizado en la impaciencia. Uno de los rasgos característicos clave de todas las naturalezas represivas es el colapso. Si tienes una naturaleza represiva, entonces, en algún momento, vas a sufrir algún tipo de colapso energético. Cuando la impaciencia dirige a una persona hasta el desánimo vital, se manifiesta como pesimismo. El pesimismo no es otra cosa que el vestigio de una pérdida total del ritmo en la propia vida. Es la expresión de un miedo profundamente asentado, la idea de que nada puede ni podrá mejorar nunca. El pesimismo empuja a la persona en picado dentro de una espiral que se retroalimenta, una y otra vez, hasta terminar en crisis o en algún tipo de colapso psicológico o nervioso. Si una persona se ha dejado llevar por el pesimismo, no puedes realizar ningún acto proactivo para liberarla. Como amigo u observador de un individuo así solo puedes confiar en que la vida cree una crisis para sacudirla, porque es posible que así salga del sueño. Solo este tipo de caída o derrumbe podría tener la energía suficiente para levantarle el ánimo y empujarla a abandonar este patrón.

NATURALEZA REACTIVA: AVASALLADORA

La versión del pesimismo basada en la rabia la representa el avasallador. Estamos ante un tipo diferente de sistema nervioso que reacciona con impaciencia, de un modo extrovertido, en vez de colapsar hacia dentro. Los avasalladores constantemente quieren forzar el flujo de la vida. Avasallan a los que tiene alrededor, se vuelven tensos y exasperados y pueden atacar repentinamente, sin razón aparente. Estas personas tienden a producir situaciones muy poco armoniosas cuando la planificación está fuera de sincronización y todo parece difícil, pues se toman la situación como si la vida les estuviera bloqueando el paso deliberadamente. Incluso así, ese tipo de personas empujan con testarudez, empeorando las situaciones más y más hasta que algo o alguien se quiebra como única salida para relajar la presión. Resulta evidente que la resistencia hacia los patrones naturales de la vida puede conducir a cualquiera hasta un punto de inflexión, tanto en las naturalezas represivas como en las reactivas. En esos puntos de inflexión, la única decisión que puedes tomar es si quieres volver o no a la vida. La decisión tomada se respetará como elemento de un modelo de vida más extenso.

EL DON DE LA 5.ᴬ CLAVE GENÉTICA: PACIENCIA

LA BIBLIOTECA DE LA LUZ

El antídoto de la impaciencia es la paciencia. Puede sonar como una perogrullada, pero en realidad se trata de algo bastante más complejo. Lo paradójico, sin embargo, es que el aprendizaje de la paciencia exige tener mucha paciencia. Por lo tanto, la paciencia es algo que se puede aprender. Es un Don que se pone a prueba a sí mismo. Es decir, cuanto más paciente te vuelves, más aprendes que la paciencia siempre compensa y que, por lo tanto, la espera se vuelve más natural y sencilla. Sin embargo, la paciencia no es lo mismo que la espera. Se puede esperar paciente o impacientemente. La paciencia es el terreno natural de tu ser, mientras que la impaciencia brota del miedo y del condicionamiento.

La paciencia tiene que ver con la confianza. Ambas palabras tienen significados muy similares. Si confías en la vida, podrás confiar en la vida en todo momento, incluso en los más desafiantes, y al hacerlo te mantendrás siempre en la corriente de vida. Mientras vives tu vida puedes notar muchos ritmos diferentes a tu alrededor y es tu presencia esencial la que te hace sentir estable. El ritmo natural más obvio se puede observar en el paso de las cuatro estaciones. Si permaneces tranquilo en tu interior, el paso de las estaciones causará una fuerte impresión en el interior de tu psique. Por ejemplo, te mostrará hondas verdades como, por ejemplo, que la primavera sigue al invierno. En tu vida diaria experimentarás periodos invernales donde los recursos escaseen, en los que te puedas sentir perdido por un tiempo. O caer en la melancolía, sin razón aparente. Tales estados son parte del constructo de la vida y, si eres paciente, cambiarán de acuerdo a tu paciencia y siempre revelarán algo mágico.

Al tratarse de un elemento vital de la familia química conocida con el nombre de

Anillo de la Luz, esta 5.ª Clave Genética juega un papel determinante en nuestra genética. Codifica un aminoácido llamado treonina, que determina la huella genética que rige la forma en que tus células atrapan la luz y la convierten en energía. A través del magnetismo de tu aura viviente, puedes amplificar o limitar las frecuencias de luz que alcanzan las profundidades de la estructura celular de tu cuerpo. Si vives tu vida desde el miedo, desde el punto de vista magnético lo que haces es limitar la cantidad de luz que *toca* tu ADN. Cuanta más apertura de corazón tengas, más magnetismo activarás para atraer frecuencias superiores hacia tu mismo ADN. Algunos códigos solo se pueden activar a una determinada frecuencia. Por ejemplo, cuando estás enamorado siempre experimentas el despertar de códigos más elevados en tu ADN. El tiempo transcurre de manera diferente, casi como si estuvieras en una burbuja atemporal. Todo el que ha estado alguna vez enamorado puede reconocer o recordar este tipo de experiencia.

El 5.º Don, la Paciencia, es un don bastante más grande de lo que parece. La paciencia, cuando se experimenta profundamente en el cuerpo, conduce a la apertura del corazón y a la consecuente activación de un código más elevado en el ADN. El ADN es una biblioteca de consciencia que depende por completo de las frecuencias de luz. El cuerpo está diseñado para despertar a estas elevadas frecuencias, que es la razón por la que la humanidad busca solo una cosa: vivir en permanente estado de amor. Cuanto más capaz seas de asentarte en una confianza honda y paciente con el ritmo de tu propia vida, más se abrirá tu corazón y más suavemente y con una actitud de mayor rendición te comportarás con todo y con todos los que te cruces en el camino. Descubrirás el funcionamiento superior de tu ADN, un código dentro del código. El código no depende de nada ni de nadie externo. El estado de apertura del corazón o de vivir en el amor es un estado humano completamente natural. Hay gente en el mundo que vive permanentemente en ese estado.

Entre los dones que recibe la persona paciente está no solo la quietud interior, sino también la integración. Cuando esperas y permites que la vida te revele sus ritmos naturales, también te das cuenta de que la vida hace lo mejor. El tiempo te muestra siempre que la vida está construida a base de hermosos y perfectos patrones, tejidos en maravillosos tapices, y que cada vida individual sigue ese tipo de patrones cósmicos. Si sabes cómo esperar con calma, te darás cuenta de que siempre formas parte de esos patrones más amplios, que te sostienen en todo momento, incluso en los momentos más desafiantes. Sobre todo, el Don de la Paciencia te permite escuchar la música de la creación. Te afina con el sutil metrónomo que hay tras tu existencia. Te permite respirar profundamente desde tu abdomen y no quedar atrapado por ninguna situación exterior de tu vida. La paciencia suaviza los filos cortantes, mantiene abiertos tu mente y tu corazón, y consigue que la vida parezca simple y sencilla. Cuando te vuelves impaciente, aunque solo sea por un momento, has dejado de escuchar y de confiar en la vida superior. Por estas razones, la paciencia ha sido siempre el verdadero calibrador y medidor de la grandeza del alma de una persona.

La paciencia ha sido siempre el verdadero calibrador y medidor de la grandeza del alma de una persona

EL SIDDHI DE LA 5.ᴬ CLAVE GENÉTICA: ATEMPORALIDAD

ALCANZAR LA VELOCIDAD DEL SER

Desde el descubrimiento del ADN y el mapeo del genoma humano, se ha empleado una cantidad de energía enorme en identificar y localizar los genes que parecen tener vínculos con ciertas enfermedades y dolencias. Ahora que los humanos hemos abierto el código de la vida, nuestro objetivo es intentar usarlo para tener unas vidas más seguras, algo que es totalmente comprensible. Sin embargo, la frecuencia de la Sombra falla en que no advierte que el hecho de que puedas leer el código no significa que estés vinculado con él. Por ejemplo, conocer la predisposición genética de un niño a tener una enfermedad cardíaca puede acabar siendo un arma de doble filo, porque el mismo conocimiento incrementa las posibilidades de que eso ocurra. Si los padres responden con miedo, entonces la frecuencia se reforzará todavía más. En el nivel de frecuencia del Don, ya has aprendido que hay manifestaciones superiores de tu ADN que también existen. Vivir la vida con el corazón abierto es funcionar con salud plena y, por lo tanto, anular cualquier predisposición genética de ese tipo. Sin embargo, existe otro nivel de verdad superior, oculto dentro de esta clave, en la frecuencia del Siddhi, y es que todos los códigos pueden, finalmente, ser trascendidos, y, de hecho, se han *diseñado* para que así sea.

Esta es una verdad transcendental. Lo que la frecuencia de la Sombra ve como un problema es solo algo que espera ser decodificado a niveles superiores de mutación genética. Aquí, en los niveles síddhicos más elevados de la frecuencia, los códigos no se pueden decodificar digitalmente, lo que quiere decir que la mente no puede comprenderlos. Solamente el espíritu humano puede desvelar los secretos más profundos del ADN. Aquí, en el 5.° Siddhi, se asienta el gran secreto conocido como la iluminación latente. El código superior se puede despertar solo con el volcado de las altas frecuencias contenidas en el espectro de luz. Esta es la razón por la que los antiguos dieron el nombre de *iluminación* al fenómeno del despertar. Cuanto más te abras a las frecuencias superiores de luz, más elevada se volverá la vibración de tu ADN a nivel celular. El despertar es algo que a menudo sucede de un modo rítmico y logarítmico. Esto quiere decir que el cuerpo, periódicamente, se ve inundado por frecuencias síddhicas superiores antes de que suceda el despertar completo. Los períodos de tiempo entre esos eventos disminuyen a la mitad cada vez que ello sucede. El cuerpo está preparándose para una experiencia que alterará su propia funcionalidad para siempre.

Cada vez que experimentas una afluencia de altas frecuencias síddhicas, atraviesas un período intenso de mutación en el que se borra cualquier disfunción de tu código genético. Esto se traduce, en la práctica, en una profunda consciencia de miedo que se despierta como un oleaje en la superficie de tu consciencia y que sientes en tu cuerpo. Después de este tipo de períodos, todo tu sistema tiene que reiniciarse. Estos momentos de tu vida pueden ser muy desafiantes y es fácil que sientas algún tipo de desorientación. Conforme se acerque el umbral síddhico, la frecuencia de tu cuerpo comenzará a aproximarse a la velocidad de la luz. Solamente cuando tu frecuencia alcanza la velocidad

de la luz el tiempo se disuelve y se experimenta el puro ser. Este es el propósito superior que se esconde en el ADN de todos los humanos: alcanzar la velocidad del Ser.

Al nivel del 5.° Siddhi, la paciencia misma se trasciende por completo y sucede algo maravilloso: ¡dejas de existir como una entidad separada! La impaciencia y la paciencia son los dos cabos finales del mismo espectro y, como tales, están basados en la existencia del tiempo. Hay una lección fascinante que aprender del Espectro de Consciencia, y la paciencia es única la llave que te permite absorber esta lección. Todos los seres vivos están esperando. La vida misma se puede mirar como un paso hacia la muerte. Cada uno de nosotros esperamos que nos alcance el futuro y, cuando eso sucede, nos percatamos de lo que tenía preparado para nosotros. La consciencia danza a través de nuestros vehículos con modelos arquetípicos únicos. A veces nos encontramos luchando en un estado de frecuencia de la Sombra, mientras que en otras ocasiones sentimos un profundo estado de paz. Nuestras vidas son como la llama de una vela que vacila azotada por los vientos de la dualidad —de la impaciencia a la paciencia— y por el miedo a confiar una y otra vez, eternamente.

Solamente cuando tu frecuencia alcanza la velocidad de la luz, el tiempo se disuelve y se experimenta el puro ser

Un estado síddhico es otra cosa. En el estado síddhico has salido del juego. No te identificas ya con la llama de la vela, aunque siga parpadeando. Ya no puedes hablar en términos de paciencia o de impaciencia, ya que no hablas en términos de tiempo o de identidad. Este es el significado del Siddhi de la Atemporalidad. Atemporalidad es la naturaleza de la consciencia misma. Ni ha nacido, ni morirá. La Atemporalidad no se preocupa de si el cuerpo está dando muestras de paciencia o de impaciencia: simplemente es. Por lo tanto, la atemporalidad es el final de todas las luchas. Paciencia e impaciencia no son estados absolutos, sino polaridades de la vida que se experimentan gracias a la conciencia humana. Solo la Atemporalidad es un estado absoluto, un estado síddhico.

La naturaleza de los 64 Siddhis se puede vislumbrar con mucha claridad gracias al 5.° Siddhi. A pesar de que el término suene cautivador, no se trata de estados encantadores. La mayoría de los Siddhis en realidad son muy comunes. Suceden cuando el conjunto de patrones al que solemos denominar «yo mismo» ¡se experimenta por fin como un conjunto de patrones! En ese momento la consciencia se ve a sí misma, y la consciencia individual que opera a través de ti no vuelve a ser la misma nunca más, incluso aunque los patrones de tu naturaleza continúen funcionando hasta que mueras. Este gran cambio se produce cuando el ser inferior deja de intentar interferir con la fluctuante llama de la vela de la consciencia, de un estado a otro. En otras palabras, solo cuando dejes de intentar abandonar la frecuencia de Sombra podrá tener lugar la paradoja; cuando no quede en ti ni un ápice de lucha.

Este 5.° Siddhi también muestra los problemas del lenguaje. En este libro nos referimos a los varios estados como diferentes frecuencias del ancho de banda. El estado superior del Don se refiere a nosotros sosteniendo una frecuencia elevada, mientras que el estado de la Sombra significa que estamos sosteniendo una frecuencia inferior. Este lenguaje alimenta el deseo evolutivo humano de alcanzar estados superiores de consciencia. Desde este lenguaje podemos suponer, por lo tanto, que nuestro objetivo es al-

canzar una frecuencia superior. Paradójicamente, los estados síddhicos no se pueden considerar desde el punto de vista de la frecuencia, ya que la frecuencia depende de oscilaciones de modelos de onda a lo largo del tiempo. Así que ¿podemos discutir sobre la atemporalidad o sobre alguno de los 63 Siddhis restantes? La respuesta es no; pero lo que sí podemos hacer es jugar con las palabras. Esta es la lección oculta del Espectro de Consciencia: en realidad es una falacia, porque no puedes dividir ni medir los anchos de banda de la consciencia.

Llegados a este punto, te estarás preguntando si hay alguna razón para seguir en esta exploración de las 64 Claves Genéticas. Bien: la hay y no la hay. Lo que es cierto es que cuanto más profundamente comprenda tu mente que no puedes *hacer* absolutamente nada en la vida, más pronto comenzarás a rendirte a tu naturaleza inferior, es decir, a tu naturaleza genética. Y, también, a tu naturaleza superior, o galáctica. Al final, la atemporalidad te lo mostrará.

6.ª CLAVE GENÉTICA

SIDDHI PAZ • DON DIPLOMACIA • SOMBRA CONFLICTO

EL SENDERO HACIA LA PAZ

PAR PROGRAMADO: 36.ª CLAVE GENÉTICA

ANILLO CODÓNICO: EL ANILLO DE LA ALQUIMIA (6.ª, 40.ª, 47.ª, 64.ª)

FISIOLOGÍA: PLEXO MESENTÉRICO (GANGLIOS LUMBARES)

AMINOÁCIDO: GLICINA

LA SOMBRA DE LA 6.ª CLAVE GENÉTICA: CONFLICTO

LA BATALLA DE SEXOS

La 6.ª Sombra, el Conflicto, es la única Clave Genética que, por sí misma, influye de manera más definitiva en los aspectos comunicativos de las relaciones humanas. En su máximo potencial, la 6.ª Clave Genética es el arquetipo de la paz sobre la Tierra, mientras que en su potencial mínimo encontramos las raíces del conflicto humano. Este conflicto se origina en el sistema nervioso humano y en nuestra incapacidad para manejar el alto voltaje de los estados emocionales. El conflicto surge dondequiera que dos personas, o más, se *pongan de acuerdo* para identificarse con sus estados emocionales. Mientras te rindas al poder del sistema emocional, estarás atrapado por su naturaleza volátil.

El conflicto surge dondequiera que dos personas, o más, se «pongan de acuerdo» para identificarse con sus estados emocionales

En el cuerpo humano, la 6.ª Sombra está conectada con el nivel de acidez o pH de la sangre. Su función es mantener un equilibrio óptimo entre la acidez y la alcalinidad, de manera que las células puedan desarrollarse. Trasladándolo a una metáfora de mayor escala, podemos observar que la 6.ª Sombra tiene que ver, por extensión, con una pérdida de este equilibrio en el mundo. Y de una manera particular, con la falta de equilibrio entre hombres y mujeres a lo largo de la historia, lo que ha dado lugar a la expresión *batalla de sexos*. Esta batalla o conflicto no es solo entre hombres y mujeres; tiene que ver con el equilibrio de todas las polaridades: religión y ciencia, Oriente y Occidente, ricos y pobres. El mundo mismo tiene su propio tipo de nivel de pH o acidez, y allí donde está desequilibrado, surge el conflicto. De la misma manera

que una falta de equilibrio en la acidez de los tejidos del cuerpo se convierte en un ambiente propicio para el desarrollo de virus o de mutaciones cancerígenas, asimismo los desequilibrios sociales terminan en revueltas, corrupción o en la peor de sus expresiones: la guerra.

La 6.ª Sombra se puede interpretar, a nivel individual, desde el punto de vista de las relaciones o también, colectivamente, observando las comunidades. A nivel individual esta Sombra se manifiesta por estados emocionales. Si alguna vez te has sentido reprimido emocionalmente debido a la vergüenza, la culpa o el abuso, toda la estructura de tu ser se ha visto agredida. Del mismo modo, si estás totalmente gobernado por tus emociones, no encontrarás ningún resquicio de armonía en tu interior. Se sabe bien hasta qué punto nuestros estados emocionales condicionan nuestra salud a nivel biológico. El estrés emocional provoca sufrimiento en el cuerpo físico. Los problemas emocionales son la mayor causa de enfermedad en nuestro planeta, y la 36.ª Sombra, la Turbulencia, el par programado de la 6.ª Sombra, no hace más que reforzar esta realidad. La 36.ª Sombra nos condiciona para ponernos nerviosos cuando sentimos duda o inseguridad en relación con alguna situación de la vida. Se trata del nerviosismo que conforma el escenario de frecuencia de todo nuestro planeta. El anillo de biorretroalimentación que forman estas dos sombras se basa en el nerviosismo y en la actitud defensiva. La 36.ª Sombra te hace sentir nervioso, lo que alimenta la 6.ª Sombra, que responde llevándote hacia comportamientos defensivos. Como consecuencia, tu propia actitud defensiva conduce a la gente de tu entorno a comportarse con nerviosismo.

Los seres humanos son inconscientemente adictos al conflicto. Anhelamos la paz individual y global, pero nuestra baja frecuencia colectiva se asegura de que nos quedemos atrapados reforzando los patrones conflictivos. Y donde mejor se observa este tema es en las relaciones de pareja. El conflicto entre hombre y mujer es parte de la herida más antigua que existe, y se conecta con nuestra herencia genética. Estás subprogramado, desde el punto de vista genético, para defenderte del sexo opuesto y, hasta que tu frecuencia no se eleve por encima de la fuerza gravitacional que te empuja en contra el sexo contario, no podrás nunca conocer realmente la paz. Esta es la profunda ironía que encierra la 6.ª Sombra: para terminar con el conflicto tienes que terminar con el sentimiento de atracción por el sexo opuesto. El sexo y la guerra están interrelacionados profundamente. Puede que esta sea una verdad tan profunda como incómoda para la mayoría de las personas, sobre todo porque no hay nada que podamos hacer al respecto. La sexualidad humana solo se puede trascender a través de una mutación psicológica, lo cual depende ampliamente de tu conexión con los niveles superiores de la realidad.

Cuando la 6.ª Sombra se contempla a nivel social, vemos que es ella quien dicta las reglas en las relaciones entre los diversos grupos raciales. En este punto, el reflejo genético defensivo se vuelve algo muy peligroso, ya que estamos programados para desconfiar de otras culturas o linajes genéticos. Esta 6.ª Sombra da a luz a la idea de fronteras y límites nacionales, y también es la responsable de la guerra. La guerra ha sido durante milenios el resultado de nuestro maquillaje genético. Sin embargo, la 6.ª Sombra no es tan amenazante como parece cuando se contempla en términos evolutivos. Es una antigua parte de nuestra genética y ha sido una parte, también necesaria, de nuestra evo-

lución. En primer lugar, gracias a ella se asegura la diversidad racial, lo que permite a los diferentes acervos genéticos expandirse y desarrollarse sin demasiado mestizaje. Solo en el pasado más reciente todos los linajes genéticos han comenzado a fusionarse unos con otros, hecho que sugiere que la raza humana ha llegado a un punto de mutación genética muy importante.

La 6.ª Sombra tiene que ver con mantener límites y fronteras. También tiene que ver con quién está incluido y quién está excluido, lo que se basa totalmente en mecanismos de defensa. La 6.ª Sombra te hace creer que tienes que defenderte de un peligro, lo que sucede tanto a nivel individual como nacional. Las defensas estratégicas emocionales se establecieron durante el segundo ciclo vital, es decir, entre los 7 y los 14 años, mientras atravesabas la pubertad. Una enorme cantidad de nuestra energía vital queda comprometida en protegernos de las cambiantes situaciones emocionales que experimentamos siendo niños. A no ser que entremos en un determinado proceso de decondicionamiento, continuaremos acarreando estas defensas durante nuestra vida adulta. El presupuesto mundial, global, dedicado a la defensa equivale a más de un trillón de dólares. Uno se puede fácilmente imaginar cómo podría ser el mundo de diferente si tan solo una décima parte de esa suma se utilizara de manera creativa.

La 6.ª Sombra es la razón por la que no podemos crear paz en el mundo. Esta sombra no se podrá trascender hasta que llegue el tiempo en que los seres humanos lleven a cabo una revolución emocional, a nivel individual, que les permita encontrar paz en sus relaciones. Sin embargo, como veremos, también está escrito en nuestra historia humana que las revoluciones suceden y, de hecho, una de las más grandes no ha hecho más que empezar.

NATURALEZA REPRESIVA: COMPLACIENTE

La naturaleza represiva de la 6.ª Sombra guarda relación con mantener la paz entre la gente a cualquier precio. El modelo hunde su raíz por completo en el miedo y eso significa que ese tipo de personas realizan todo tipo de concesiones en aras de mantener el control de su entorno emocional. Este es el patrón defensivo de la complacencia y así es como funciona la gente complaciente. La naturaleza represiva barrerá siempre los conflictos bajo la alfombra por la vía de adoptar cualquier tipo de comportamiento que los pueda mantener a raya. El problema consiste en que, a no ser que el conflicto se gestione con transparencia, la tendencia natural es la explosión. La naturaleza complaciente es muy falsa en su planteamiento, lo que quiere decir que atraerá la desconfianza inconsciente de otras personas. Las naturalezas complacientes tienden, también, a atraer hacia ellas naturalezas carentes de tacto, cuyo resultado es una dinámica desastrosa de relaciones y dinámicas familiares disfuncionales. Cuando esas personas desarrollan por fin el coraje de encarar el conflicto, se dan cuenta de que no era tan malo como se temían.

NATURALEZA REACTIVA: INSENSIBLE

La otra cara de la 6.ª Sombra es absolutamente incapaz de contener sus emociones. La falta de tacto y de oportunidad emocional delata una naturaleza de baja frecuencia que, de manera inevitable, termina en reacción violenta. Estas personas asumen que el problema está siempre en la otra persona, lo que, desafortunadamente no les ayuda a ganar amigos y hace muy difícil que otras personas se acerquen a ellos. El único tipo de persona que permanecerá siempre cerca de ellos será el descrito anteriormente: el complaciente. El secreto para romper con este patrón de naturaleza reactiva consiste en tomar la responsabilidad total de sus emociones, en vez de permanecer anclado en una mentalidad *adolescente*.

EL DON DE LA 6.ᴬ CLAVE GENÉTICA: DIPLOMACIA

BAJAR LAS DEFENSAS

En una frecuencia intensificada, el 6.º Don escapa veloz del mundo del conflicto y de la argumentación. Se trata del Don de la Diplomacia: la habilidad para ajustar tu propio comportamiento y crear armonía e intercambio con otros. Este don es la consecuencia de abrir tu corazón al de otra persona. Una vez aclarado tu propio condicionamiento emocional, comenzarás a sentir más paz. Dado que este Don está tan intensamente conectado con el equilibrio del pH del cuerpo físico, también tiene un efecto estabilizante sobre el aura emocional de tu entorno. En otras palabras, cuando uno es capaz de ver y de tomar posesión de sus proyecciones inconscientes, en realidad rompe el patrón colectivo de la Sombra allá donde va. Si una persona no está representado un papel reactivo o represivo, el otro se ve forzado a vérselas con sus propios demonios.

Más adelante veremos con detalle cómo funciona el equilibrio del pH en el cuerpo a través de este Don. Para que una relación sea saludable tiene que haber equilibrio entre el yin y el yang, entre el dar y el tomar, entre el escuchar y el expresar. El conflicto se presenta cuando se pierde el equilibrio. El 6.º Don tiene el efecto instantáneo de mantener la paz al aplicar la cantidad adecuada en el dar y en el tomar. Por ejemplo, si una persona en una relación se vuelve agresiva, la acción diplomática de la contraparte consiste en absorber la agresión y, después, devolver la energía sin añadirle nada. Esto se puede hacer de muchos modos, pero la honestidad con diplomacia es la forma más corriente. La honestidad tiene un poder extraordinario y es una de las claves de la Diplomacia. La otra clave es el tiempo. Hay que ser honesto de la manera adecuada y en el justo momento.

La gente que hace gala del 6.º Don está siempre sintonizada con el tiempo justo, con el cómo actuar y con el qué decir, debido a un fuerte campo de resonancia con su aura. Estas personas pueden hacerse sentir físicamente en el aura de otra persona. Lo consiguen gracias a este don genético específico, y también por su madurez emocional. Madurez emocional significa que la consciencia individual funciona incluso durante los

estados emocionales más difíciles. Cuando te haces cada vez más consciente de tus patrones emocionales, la frecuencia que atraviesa tu sistema emocional se relaja y se esfuma. Esto te convierte en un ser mucho más sensitivo a nivel energético, que funciona como un detector temprano de conflictos. Cuando operas desde este 6.º Don puedes sentir el conflicto en los demás antes de que llegue a expresarse. Y eso te capacita para atemperar tus acciones y/o palabras hasta dispersar el conflicto.

Madurez emocional significa que la consciencia individual funciona incluso durante los estados emocionales más difíciles

El Don de la Diplomacia, sin embargo, es mucho más que la habilidad de pronunciar las palabras correctas. Eso es solo la superficie de un comportamiento que tiene que dominarse también en los más bajos niveles de frecuencia. La verdadera diplomacia es un don energético que opera a través del aura de una persona. Esta 6.ª Clave Genética está tan vinculada con la sexualidad humana que se relaciona con la penetración de límites y fronteras. Gracias a la 6.ª Sombra, hay una fricción tremenda entre los sexos opuestos. Ambas partes están tan ocupadas en defender su individualidad que hay muy poco de amor real o de conexión. Pero esta fricción se mantiene solo hasta que cada parte contemple sus propias defensas. Cuando el 6.º Don entra en las relaciones humanas, las barreras emocionales entre la gente empiezan a desvanecerse. El 6.º Don cataliza el proceso de disolución natural de la fricción entre los opuestos, y al hacerlo, permite que se dé un intercambio mayor de energía entre ellos. Esta es la descripción exacta de lo que sucede en la experiencia del enamoramiento.

Como parte de la familia química genética conocida como el Anillo de la Alquimia, el 6.º Don juega el papel crucial en la transformación de la especie humana. Este anillo codónico está formado por cuatro Claves Genéticas: la 6.ª, la 40.ª, la 47.ª y la 64.ª, cuyos temas respectivos son la Diplomacia, la Resolución, la Transmutación y la Imaginación. Se trata de un grupo genético potente; el 6.º Don tira por tierra las barreras de las relaciones humanas; el 40.º Don, la Resolución, está forjando un nuevo nivel de apertura en nuestras comunidades; el 47.º, la Transmutación, nos permite transformar los viejos patrones, y el 64.º, la Imaginación, nos abre a un conjunto refrescante de posibilidades, a la posibilidad de vivir de un modo nuevo. A nivel colectivo, por lo tanto, cada persona que manifieste el 6.º Don será un participante de este gradual proceso alquímico que consiste en traer paz a la Tierra. Estas personas se dan cuenta de lo asfixiante que puede llegar a ser la postura defensiva, tanto en los individuos como en las culturas y en toda la raza humana. Conforme el Don se vaya esparciendo por el mundo, como de hecho está ya sucediendo, comenzaremos a ver el desmantelamiento de todo tipo de fronteras y barreras que mantienen a unas personas lejos de otras.

EL SIDDHI DE LA 6.ᴬ CLAVE GENÉTICA: PAZ

CONSTRUIR EL CUERPO DE GLORIA

La última defensa es el vacío. Esta es la esencia de la sabiduría que enseñaron los grandes sabios. La actitud defensiva nos mantiene en la ilusión de la separación. Como tal ilusión, es muy fútil, ya que nos protege de algo que, para empezar, no existe en la realidad. Hay una famosa historia conocida como *La barca vacía*, que contaba el sabio chino Wuan Tzu. Un día, un anciano estaba cruzando el río en su barca cuando, por error, colisionó con otra embarcación. El hombre que iba en ese bote comenzó a gritar y a maldecir. Sin embargo, para su sorpresa, el anciano no reaccionó en ningún sentido, solo le miró de forma impasible. Se trataba de un ser iluminado que había trascendido totalmente su propia individualidad, así que para él no había ningún otro al que gritar en aquel bote y, por lo tanto, no existía ningún sentido de defensa por su parte, ni reacción posible en él.

La última defensa es el vacío. Esta es la esencia de la sabiduría que enseñaron los grandes sabios

El 6.° Siddhi, la Paz, es uno de los grandes Siddhis. Está en la naturaleza subyacente de todos los demás. De hecho, es la naturaleza subyacente de la propia forma una vez que su verdadera esencia se ha realizado como consciencia. El 6.° Siddhi es el resultado final del proceso que ocurre en el 6.° Don. Y el 6.° Don está marcado por un constante equilibrio entre opuestos. En este sentido, la diplomacia requiere de un sutil esfuerzo, ya que se las tiene que ver con los mundos de la dualidad. Sin embargo, llegado el momento, este proceso da espontáneamente lugar al 6.° Siddhi, en el cual la dualidad misma se transciende. Podríamos decir que mientras que el 6.° Don es la actividad que mantiene la pacificación, el 6.° Siddhi es la propia Paz. Paz es la realidad que se experimenta una vez que todas las fronteras se disuelven. Es la verdadera naturaleza humana.

Muchos grandes maestros han expresado la Paz del 6.° Siddhi. Cuando Jesús clamaba que el Reino de los Cielos ya había llegado, mientras que aquella gente sencillamente era incapaz de verlo, estaba hablando de este Siddhi. La paz es una emanación áurica que rodea a cualquiera en el estado síddhico. En este estado síddhico la consciencia de tu ser se separa de la naturaleza emocional. Se eleva y flota por encima de las vibraciones de tus anhelos emocionales. Se trata de un proceso espontáneo que no puede ser causado por ningún aspecto de tu individualidad, ya que es esa propia idea de individualidad la que tiene que morir en este Siddhi. La energía emocional subyacente que se experimentaba antes en forma de anhelo, ahora se experimenta como paz. La consciencia individual dejará de estar atrapada en las vicisitudes del drama emocional humano. Por fin sucede algo maravilloso y de profundo sentido en tu interior. La frontera fina —la frontera que es tu cuerpo— se disuelve. Cuando esto ocurre, la consciencia ya no se localiza en el cuerpo, sino que se experimenta como un viaje a través de todas las formas. Te das cuenta de que en la vida todo está vivo y que, incluso cuando la consciencia de la forma se disuelve en el momento de la muerte física, la consciencia que hay tras el juego de la vida y la muerte siempre permanece.

El sentido de paz que emana de estas revelaciones es indescifrable. Todas las defensas desaparecen y el barco queda vacío. Paradójicamente, en el mismo momento, esta misma vacuidad se llena de *totalidad*. Suceden cambios profundos en tu cuerpo físico antes, durante y después de esta comprensión. Una vez que las murallas se han disuelto, el proceso se refleja en la química de tu cuerpo y todo el conflicto interno llega a su fin. Todas las células de tu cuerpo hacen las paces, las unas con las otras, y experimentan su propio Jardín del Edén. En este sentido, el verdadero Jardín del Edén es el cuerpo mismo. Las olas de paz que acompañan a este evento viajan profundamente por la consciencia humana colectiva. Estar físicamente presente a este 6.º Siddhi es darse un baño en su verdad. Es experimentar un despertar mayor que el de viajar física y emocionalmente a través de tu cuerpo. Dado que la actual forma humana no está diseñada para sostener estos elevados niveles de consciencia, podrían suceder varios fenómenos extraños en los cuerpos de las personas que encarnen este Siddhi.

El 6.º Siddhi es el estado original y también el futuro de la humanidad. De él brotan nuestros mitos y las memorias del paraíso, o nuestras intuiciones y elevadas esperanzas sobre el futuro. Cuando este estado se despierta en ti, tu cuerpo comienza a mutar. De algún modo, está tratando de construir un vehículo mejor para albergar esta intensa y nueva frecuencia, pero la materia prima aún no está disponible para realizar este experimento. La humanidad está todavía desarrollando el nuevo circuito energético que pueda sostener esas frecuencias. Esta es la razón por la que tantos grandes sabios han caído de repente enfermos. En particular, con problemas relacionados con el desequilibrio del pH corporal. Estas cosas suceden porque el cuerpo está tratando de alcanzar su siguiente estado. Sin importar lo que se sienta a nivel físico, el sentimiento final de paz es inmutable. En algunos casos raros, los elementos del futuro cuerpo están disponibles gracias a nuestra genética, y el proceso de construir el cuerpo del futuro continúa. Esto tiene mucho que ver con el 47.º Siddhi, la Transfiguración, parte del Anillo de la Alquimia, que hemos mencionado antes. El 6.º Siddhi tiene una naturaleza muy especial, en este sentido, ya que contiene las instrucciones de cómo construir una nueva forma genética. Resulta interesante hacer notar que la glicina, el aminoácido que codifica la 6.ª Clave Genética, es uno de los únicos aminoácidos que se han encontrado en las nubes interestelares del espacio más lejano. La sugerencia es que este aminoácido puede jugar un papel fundamental en la formación de nueva vida en la galaxia.

La nueva forma que tomará la humanidad está relacionada con el tema del pH del cuerpo y, también, con las barreras del cuerpo mismo. La última frontera es nuestra piel, y uno de los efectos de este Siddhi es la mutación cutánea. Esas mutaciones afectan al modo en que las células epiteliales captan la luz, de modo que la piel de quien manifieste este Siddhi puede parecer translúcida. Si el 47.º Siddhi está también involucrado en el proceso, sucede un fenómeno todavía más extraordinario: la Transfiguración del cuerpo humano en lo que los antiguos llamaban el *cuerpo arcoíris* o el *cuerpo de gloria*. Esta Transfiguración, en un futuro, tomará la delantera a toda la especie, y el arquitecto de este proceso será el 6.º Siddhi. Mientras que nuestras células aprenden a capturar la luz, nuestro sistema digestivo irá muriendo gradualmente, ya que la luz contiene los nutrientes necesarios para alimentar el cuerpo sutil. En lo que respecta al pH del cuerpo, esta espiritualización de la forma física irá debilitando gradualmente los extremos de la escala de pH y, por lo tanto, reduciendo la acidez y la alcalinidad del cuerpo. Por fin, cuando todas las soluciones del cuerpo se vuelvan neutras, los iones de hidrógeno que forman las mismas bases de la escala del pH se evaporarán y el cuerpo físico desaparecerá simultáneamente.

A nivel colectivo, el 6.º Siddhi será el último en mutar totalmente en el cambio global de consciencia que se avecina. Solo cuando la paz se reconozca en la Tierra como el estado natural de nuestra consciencia colectiva, se comenzará a construir el futuro vehículo de la humanidad. Dicho de otro modo, el mito de la paz mundial es un pretexto para construir el mundo futuro que nos puede llevar más allá de la forma misma.

7.ª CLAVE GENÉTICA

SIDDHI VIRTUD • DON GUÍA • SOMBRA DIVISIÓN

LA VIRTUD ES SU PROPIA RECOMPENSA

PAR PROGRAMADO: 13.ª CLAVE GENÉTICA

ANILLO CODÓNICO: EL ANILLO DE LA
UNIÓN (4.ª, 7.ª,
29.ª, 59.ª)

FISIOLOGÍA: DIAFRAGMA

AMINOÁCIDO: VALINA

LA SOMBRA DE LA 7.ª CLAVE GENÉTICA: DIVISIÓN

UN MUNDO DIVIDIDO

La Sombra de la División es una de las razones más importantes para explicar por qué las sociedades humanas operan de forma jerárquica. Esta Sombra no es solo responsable de la manifestación de la jerarquía, sino que también nos hace pensar en términos jerárquicos. Nos hemos acostumbrado tanto a este modo de pensar que no podemos concebir ya un modelo diverso, ni siquiera a nivel teórico. La jerarquía se basa en la división: divide a la humanidad en clases sociales, económicas, en castas raciales y en partidos políticos. La razón para esta división se fundamenta en algo mucho más profundo que nuestra psicología; en realidad, la razón está impresa en nuestros genes. A través de la 7.ª Sombra estamos programados para seguir a líderes y también, a través de esta sombra, algunas personas están programadas para comportarse como si fueran líderes.

Toda la temática del liderazgo y el poder está contenida en esta Sombra. El nombre chino antiguo para este 7.º hexagrama del I Ching es «La Armada», un término extremadamente bélico. La armada representa el poder real de un país a nivel político, y si no controlas la armada, no tienes el poder real. El símbolo de la armada representa la visión del poder que se demuestra a través de la fuerza, más que del poder que llega con la inspiración, que es la verdadera naturaleza del liderazgo expresada por el don de la 7.ª Clave Genética. Esta Sombra siempre aparece regida por la fuerza, y es la que hoy dirige los sistemas políticos a lo largo y ancho de todo nuestro planeta. Ni siquiera se ha erradicado por completo el concepto de liderazgo por la fuerza en las democracias modernas, que tienen un nivel de ideales elevado. Sin embargo, ahora, en vez de con la

fuerza militar, los líderes democráticos tienen que dirigir con la fuerza de los números, es decir, tienen que asegurarse la mayoría de los votos.

A nivel sutil, hasta la democracia está de parte de la división. Los líderes políticos modernos son capaces de forzar su camino al máximo: hacer trampas, dar la vuelta o tergiversar la verdad, manipularla e incluso comprar su camino hacia el liderazgo. Hasta que el liderazgo no comience a demandar su más alta frecuencia, la de la Virtud del 7.º Siddhi, realmente no podremos ver el final de la división política ni de las jerarquías. La 7.ª Sombra no puede inspirar verdadero respeto o lealtad, porque en su centro lleva la marca del ansia de poder, más que la del bienestar de los otros. Aquellos elegidos como líderes de la sociedad lo son porque llevan la impronta genética que los marca como *alfas*. Sin embargo, esto no los convierte automáticamente en líderes adecuados. Solo por el hecho de ser líderes tiene que haber seguidores, y esos seguidores están también influidos por la 7.ª Sombra. Dado que la consciencia de la masa humana opera a baja frecuencia, no es capaz de reconocer a los líderes de alta frecuencia, así que no los elige para ocupar los puestos de poder.

En muy raras ocasiones, la consciencia de masa elige líderes que vibran en las más altas frecuencias para guiarlos hacia el futuro. Ha sucedido solo en épocas especiales. Un ejemplo fue la elección de Vaclav Havel, poeta y escritor, como presidente de Checoslovaquia en 1989, y primer presidente de la República Checa después. En aquel tiempo, la caída del comunismo creó un despertar en la consciencia planetaria que permitió a un hombre de verdadera virtud asumir la posición de liderazgo. Sin embargo, en la mayoría de los casos, nuestros líderes políticos han sido hombres y mujeres con ambiciones personales, más que con indudable virtud; y la 7.ª Sombra, la División, no ha quedado reducida al espacio de la política mundial, sino que actúa en todos los niveles de la sociedad. La otra razón para explicar este hecho se puede encontrar en la 13.ª Sombra, la Disonancia, el par programado de la 7.ª Sombra. La 13.ª Sombra tiene que ver con la incapacidad de afinarse o empatizar con el corazón de las personas, lo que, en consecuencia, menoscaba los principios de fraternidad y confianza entre diferentes grupos de seres humanos.

Siempre que reconoces a otro como autoridad o guía, la 7.ª Clave Genética está en juego. En el caso de la frecuencia de la Sombra, los semejantes se atraen; es decir, uno en el nivel victimista de consciencia puede verse atraído por otro capaz de reforzar su creencia en el mismo nivel de frecuencia. Si eres débil, te verás magnetizado por aquellos que refuercen tu debilidad o que la puedan utilizar en su propio beneficio. Puede ser un fuerte choque para alguien darse cuenta, por primera vez, de que ha estado representando el papel de víctima toda su vida. Una sorpresa aún más grande consiste en descubrir que la mayoría de las figuras de autoridad del mundo actual —médicos, terapeutas, asesores fiscales o maestros espirituales— están en el negocio de servir a la Sombra de la División. La mayoría de las personas que reconocemos como líderes no quieren que dejes de ser una víctima, porque inconscientemente temen perder su negocio. En este sentido, el líder es todavía más víctima de la 7.ª Sombra que el propio seguidor.

A un nivel individual, tienes que ser cuidadoso al observar tu propia tendencia a dar a otras personas la posibilidad de ejercer autoridad sobre ti. La 7.ª Sombra no ve,

por lo general, las intenciones ocultas de algunos líderes hasta que es demasiado tarde. Es demasiado fácil comprometer tu propia autoridad ante alguien que se halla en una posición de poder o ante quien posee un gran carisma y encanto personal. La marca del verdadero líder es la de aquel *El verdadero líder es aquel*
cuyo mayor interés estriba en motivarte para que tú lideres *capaz de escuchar mejor*
tu proceso, más que para ligarte a él. Curiosamente, los falsos
líderes siempre intentan conservarte a su lado, mientras que los verdaderos líderes ¡quieren librarse de ti! No hay nada de malo en mirar a otro con respeto y reverencia. Es algo completamente normal durante el viaje de un ser humano por la Tierra. El truco estriba en encontrar una persona que pueda realmente escucharte. El verdadero líder es aquel capaz de escuchar mejor; él o ella pueden empatizar tan hondamente con tu sufrimiento que tú, al final, te darás permiso a ti mismo para abrazar dicho sufrimiento sin miedo, por lo que te otorgarán la capacidad de trascenderlo.

En el núcleo del liderazgo, al nivel de la Sombra, yace el miedo a perder el poder, lo que mantiene intacta la idea de jerarquía. En el mundo de los negocios, la 7.ª Sombra, la División, es la norma. En lo que al dinero se refiere, la jerarquía que encontramos es de la máxima rigidez. Como en la armada, las órdenes vienen de arriba y deben ser obedecidas. No hay autonomía real o comunicación en dos sentidos en un modelo como este. Hay poco espacio para la confianza o la intimidad humana ordinaria en este tipo de negocios, porque la intención principal de todos ellos es servirse a sí mismo y hacer dinero. El resultado puede ser solo la división. La división crea una actitud de «cada uno a lo suyo», o dicho de forma algo más apropiada, «cada negocio, a lo suyo». Esta es la esencia de los negocios más modernos. Como ya señalamos al comienzo de esta Clave Genética, los humanos en realidad no nos damos cuenta de que habría otros modos de operar en el mundo. Nuestra incapacidad para pensar colectivamente es justo lo que crea un mundo dividido.

Solo los líderes que no pueden ser corrompidos por el poder tienen el verdadero poder a su disposición. Esos líderes serán reconocidos en el futuro, cuando contemplemos la gradual disolución de la fuerza que divide a los seres humanos, los unos de los otros. Finalmente la fuerza motora que conduce los negocios, la política y todos las áreas de liderazgo tendrá que dar un gran salto cuántico: tendrá que dar el salto del miedo al amor, o dicho en términos de negocios, tendrá que pasar de ser un autoservicio a dar servicio a la totalidad. Este es el camino que nos indica el 7.º Don, que finalmente florecerá en su totalidad en el 7.º Siddhi.

NATURALEZA REPRESIVA: OCULTA

Cuando se reprime la 7.ª Clave Genética, simplemente no se manifiesta en el mundo. Estas personas llevan la impronta genética del liderazgo, pero permanecen ocultos. Este hecho crea una inmensa presión en ellos, así como también frustración y resentimiento, lo que puede manifestarse como síntomas físicos en el cuerpo o como emociones. El mundo de hoy está realmente lleno de líderes ocultos que viven detrás de los velos de la sombra, lo que impide que otros les reconozcan y puedan beneficiarse de ellos. La fuerza que impide a una persona ser reconocida está en ella

misma y no tiene nada que ver con lo que hace en el mundo. Lo que se necesita, entonces, para que esas personas den un salto hacia el liderazgo es que, primero, reconozcan en ellos este poder. Al hacerlo, una gran oleada de optimismo e inteligencia se va a liberar de nuevo en la Tierra, lo que instantáneamente les proporcionará un extenso reconocimiento de la sociedad.

NATURALEZA REACTIVA: DICTATORIAL

La cara reactiva de la 7.ª Sombra conoce bien su naturaleza de líder y lo usa como ventaja exclusivamente para sí mismo, abusando de su posición. Estas personas usan a aquellos que los siguen en su propio beneficio, con lo que refuerzan el estatus de sus seguidores manteniéndolos como tales. El verdadero liderazgo anima a las personas a no confiar en otros, mientras que este estilo de liderazgo demanda una total dependencia, ya sea a través del puro poder de la presencia o a través de mensajes sutiles. Estas personas son maestros de las tipologías y pueden manipular a otros encerrándolos en ciertos patrones. Puede que sean tipologías intelectuales de pensamientos o sistemas de creencias, fuertes juegos de poder o bien los patrones materialistas relacionados con el dinero. El juego consiste en atrapar seguidores bajo la creencia de que ellos necesitan ser líderes. Naturalmente ese tipo de líderes solo atraen seguidores que quieren permanecer en el nivel de consciencia victimista.

EL DON DE LA 7.ª CLAVE GENÉTICA: GUÍA

EL PODER MÁS ALLÁ DEL TRUENO

El verdadero liderazgo, como la verdadera educación, no se impone per se a nadie. Este es el don de ser capaz de ayudar a otros a encontrar su propio camino en la vida, más que a quitarles su verdadero poder. Es justo por ello que el 7.º Don se denomina Don de la Guía. Como ya comentamos en la 7.ª Sombra, es la fuerza que está detrás de los líderes la que determina qué tipo de seguidores o de adeptos atraerán. En el nivel de la frecuencia del Don, vemos el movimiento que se da desde el miedo hacia el servicio. Los líderes que operan en esta frecuencia son capaces de pensar a un nivel colectivo organizativo; saben que, a no ser que se motive adecuadamente a los individuos, la organización no cambiará. Por eso, las personas con el 7.º Don son fuertes sostenedores e implementadores de esquemas que permiten a los individuos desarrollar más poder, creatividad y autonomía en todos los niveles de la sociedad.

El 7.º Don, en muchos aspectos, representa el ideal de la democracia. En el ideal democrático, cada individuo es libre, y los líderes son elegidos por los ciudadanos por tratarse de personas que los representan y los guían. Los modernos gobiernos democráticos están diseñados para escuchar la opinión de la conciencia de masa y para usar, después, el discernimiento y llevar a la nación un paso más adelante. En este sentido, el 7.º Don y su par programado, el Discernimiento, recomponen todo

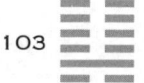

el tejido colectivo en un solo patrón, en el que todos los individuos que están dentro de la estructura colectiva trabajan juntos. Al menos este es el ideal de la democracia, aunque, como bien sabemos, no es el modo en que suele funcionar. Una vez que están en el poder, los líderes tienden a seguir sus propios intereses, que pueden o no reflejar lo que quiere realmente la mayoría. Los políticos tienden a seguir su propia trayectoria, la cual depende, en gran medida, de las cualidades y de los principios de aquellos a los que lidera. Dicho esto, la democracia moderna es un enorme giro en la dirección hacia una consciencia más elevada, si la comparamos con modelos de gobierno más primitivos que no apoyaban la libertad.

El 7.º Don, la Guía, se basa en el ideal de servicio. Para guiar verdaderamente a otra persona o grupo de personas, necesitas dejar de lado tus propias opiniones y juicios y escuchar atentamente sus necesidades. Los grandes guías son grandes oyentes. A veces, una persona encuentra la respuesta a sus problemas sin una indicación directa del guía, simplemente por ser escuchada de forma adecuada. La gente con el 7.º Don tiene una poderosa y magnética presencia, y solo por estar en su aura puedes ver con claridad por dónde va tu propia dirección. Estas

El 7.º Don, la Guía, se basa en el ideal de servicio

personas pueden, en particular, ayudar a que otras vean los modelos del futuro. No significa que ellos puedan *ver* el futuro, literalmente, sino que su guía está alineada con las tendencias futuras. Esta cualidad de ir a la cabeza de la muchedumbre marca a estas personas con el signo del líder. Sin embargo, su reconocimiento depende de la era en la que vivan. La historia nos muestra, una y otra vez, que muchos de los grandes líderes del mundo que conocemos, en el ámbito de la política, los negocios, la ciencia o el arte, a menudo han pasado sin reconocimiento por el tiempo que les tocó vivir.

En la actualidad hay pruebas evidentes del surgimiento del 7.º Don en diversos ámbitos de nuestra sociedad. Desde que el psicólogo humanista Abraham Maslow introdujo su famoso modelo de Jerarquía de Necesidades Humanas en 1940, este se convirtió en la base para la comprensión de la estructura organizacional. Se desarrolló muy especialmente en el mundo de los negocios y nos permite entender los grandes marcos de referencia humanos de un modo holístico. Los negocios se pueden ver como *culturas* en sí mismos, con su propia química y con su propia energía vital. Por primera vez, la gente comienza a hablar de diferentes niveles de conocimiento en los negocios, que son los primeros pasos de una consciencia más elevada abriéndose al mundo de las empresas. El mayor cambio de forma vendrá cuando el primer servicio empresarial, verdaderamente holístico pueda probar que es más exitoso que los antiguos sistemas empresariales basados en la codicia.

Algunos nuevos modelos organizativos están comenzando también a comprender otros niveles de consciencia ligados a diferentes estilos de liderazgo. En nuestra exploración de las Claves Genéticas, estamos atendiendo a tres niveles que abarcan los dos grandes saltos cuánticos: el salto de la Sombra al Don y el salto del Don al Siddhi. En realidad hay también otros anchos de banda más sutiles en el Espectro de Consciencia que darían lugar a otros muchos niveles distintos. Un nuevo modelo de negocios divide a los líderes en siete niveles de consciencia, de acuerdo con el sistema de «chakras» hindú. De este modo, tenemos siete estilos de liderazgo, desde el Autoritario (1.ᵉʳ chakra) hasta el Facilitador (4.° chakra) y el Visionario (7.° chakra). El tipo de liderazgo que corresponde al 7.° Don es el del Facilitador, que, tal y como su nombre indica, convierte los procesos de comunicación e implementación en realidades más factibles y suaves. Los facilitadores crean un espacio en el que un equipo orgánico y armónico pueda desarrollarse por sí mismo, con interferencias mínimas. A menudo están contentos de permitir a otros que se muevan en el nivel de frecuencia del Don y estén en el candelero, mientras ellos lideran tranquilamente desde la segunda línea del escenario; en este sentido, la 7.ᵃ Clave Genética es un arquetipo del poder que ha superado la imagen del trono. Este es el verdadero significado del término *guía:* confiar en el proceso de la vida más que forzar las cosas para tener el control. Esta capacidad de rendirse a la vida en sí misma es la base del verdadero liderazgo.

EL SIDDHI DE LA 7.ᴬ CLAVE GENÉTICA: VIRTUD

LA REPARACIÓN DEL MUNDO

El 7.° Siddhi es una huella genética escondida dentro de cada ser humano. A pesar de que hay muchas interpretaciones sobre el término *virtud*, la verdadera virtud no tiene nada que ver con nuestros conceptos morales o con nuestros comportamientos. Cada uno de nosotros puede comportarse de un modo pseudovirtuoso, siguiendo la moda del momento, que no tiene nada que ver con el poder de este Siddhi. Vimos en el 7.° Don de qué modo tan radical esta Clave Genética está conectada con el tema del liderazgo. En cada familia animal hay un *alfa*, un animal al que los otros siguen automáticamente. Entre los seres humanos ocurre lo mismo. El liderazgo viene determinado por la genética, pero la naturaleza del liderazgo viene determinada por la frecuencia que traspasa esa genética. Al nivel del Don, vimos que el estilo autoritario de liderazgo daba lugar a otro estilo más democrático, el *facilitador*. En el 7.° Siddhi lo que encontramos es el modelo de líder visionario, y lo que es todavía más importante, de líder virtuoso.

El verdadero liderazgo es análogo a la virtud. Sin embargo, el mundo ha visto pocos líderes verdaderos. Este 7.° Siddhi esperará a mostrase en determinados momentos de la historia, cuando la frecuencia de la conciencia de masa se haya elevado lo suficiente para que puedan ser reconocidos. Si las condiciones no son las adecuadas, entonces esas personas pasarán inadvertidas en la sociedad a nivel colectivo, incluso aunque hayan podido tener a nivel local una gran influencia. En el *Tao Te Ching*, el sabio Lao Tzu habla sobre la verdadera virtud y su impacto social gracias a un «hombre superior». Aunque el lenguaje sea arcaico, su mensaje es puro: el secreto de la virtud reside en la total rendición a la naturaleza. Por lo tanto, la palabra *Te*, en el título de este difícil texto, se ha traducido como «virtud». Fue gracias a ese libro como surgió un maravilloso y muy citado dicho: «La virtud es su propio premio». En él reside el

otro gran secreto de la virtud, que está más allá de la necesidad de reconocimiento y más allá, también, de la necesidad de ser útil. La virtud es simplemente la libre expresión de la naturaleza a través de mujeres y hombres que viven en su máximo nivel de frecuencia.

La Virtud, como Siddhi, se ha malinterpretado, y mucho, durante siglos. Los seres en los que se ha manifestado este Siddhi han llevado vidas ejemplares. El 7.º Siddhi contiene la semilla del hombre y la mujer del futuro: un arquetipo de comportamiento perfecto que solo unas pocas «personas normales» pueden alcanzar. La confusión viene del hecho de que, en los más bajos niveles de consciencia, la gente trata de emular el comportamiento de aquellos en los que ha florecido este estado síddhico, lo que crea una tensión enorme, puesto que la virtud es un resultado final, más que una parte del camino. El Siddhi de la Virtud es una guía de pureza que empuja a la humanidad hacia el futuro. Constantemente burbujea por detrás de la superficie de la humanidad. Cada hecho verdaderamente virtuoso realizado por un ser humano representa un aumento en el nivel de consciencia de la totalidad. Este Siddhi es, de hecho, nuestra garantía de seguridad, aquella que nunca nos destruirá. En todas partes, todos los días, las personas realizan pequeños y, con frecuencia, invisibles actos virtuosos, pero el poder de dichos actos es incalculable. En realidad, su función es compensar el poder del caos.

En el libro místico judío más importante que existe, el Zohar, figura una poderosa analogía con el viaje por esta 7.ª Clave Genética. Está condensada en el concepto cabalístico conocido como *Tikkun Olam*, una frase que se traduce normalmente como «la reparación del mundo». Los cabalistas explican que, cuando el Creador hizo el mundo, creó una serie de recipientes para contener la Luz Divina, pero que, al caer la Luz dentro de ellos, estallaron y fueron a parar al reino de la materia. De esta manera, el mundo en el que vivimos está compuesto de incontables pedazos de aquellos recipientes originales en los cuales está atrapada la Luz Divina. Los cabalistas dicen, asimismo, que cada acto virtuoso realizado por un ser humano ayuda a reparar uno de aquellos fragmentos rotos.

> *Cada hecho verdaderamente virtuoso, realizado por un ser humano representa un aumento en el nivel de consciencia de la totalidad*

A través de la belleza de esta metáfora, podemos ver que la Sombra de la División representa la fuerza que destroza los recipientes y los expulsa del mundo, mientras que el Don de la Guía comienza con el proceso de reunir todos los pedazos. El resultado final de reensamblar todas las piezas viene representado por el 7.º Siddhi, cuando ya ves el dibujo completo en el interior de tu ser. El ser en que se manifiesta este Siddhi se convierte en *Adam Kadmon*, el vehículo perfecto de la divina realización. En ese nivel de consciencia, la virtud se transforma en la intención del universo expresada a través de un ser humano. En las raíces de todos los actos realizados por tales seres está la mismísima fuerza de la virtud, que tiene un extraordinario efecto de «reparación del mundo». El 7.º Siddhi permite a los seres humanos ver con claridad el futuro perfeccionado por la humanidad y vivir realmente en esa perfección. En este sentido, esas personas van muy por delante de su tiempo, incluso aunque para

ellos el tiempo se haya parado, ya que han recordado el futuro en su más insondable ser interior.

Hay una fuga interesante que se interpreta entre este 7.º Siddhi y su par programado, el 13.ᵉʳ Siddhi, Empatía, y cuyo mejor exponente para ser comprendido es el antiguo símbolo del *uróboros*, la serpiente que se come su propia cola. Mientras que el 7.º Siddhi nos empuja hacia el futuro, el 13.ᵉʳ Siddhi nos lleva de vuelta al pasado. Estos dos grandes Siddhis florecen simultáneamente en el ser humano y tienen que ver con el destino colectivo de la humanidad. El 13.º Siddhi representa la semilla sembrada al inicio de los tiempos, y el 7.º representa, por su parte, el florecimiento final. Ambos Siddhis tienen un montón de mitología esotérica vinculada con ellos. Las personas en las que florecen estos estados actúan como guías enérgicos para la humanidad entera. Se los ha llamado de muchos modos en cada cultura —los mantenedores del mundo, los *illuminati*, los que brillan, los elegidos—, pero también han sido profundamente incomprendidos en muchas otras culturas.

Como enlace vital en la cadena genética que conocemos como Anillo de la Unión, este 7.º Siddhi encuentra una conexión química con las Claves Genéticas 4.ª, 29.ª y 59.ª. Toda esta familia genética contiene los códigos colectivos para la purificación de las relaciones humanas en nuestro planeta. La combinación dinámica de la virtud con el perdón, la devoción y la transparencia establece el escenario para que un fenómeno completamente nuevo se pueda sembrar en la humanidad: el del liderazgo colectivo. El liderazgo colectivo es el estadio que hay más allá del liderazgo individual y en el que el asunto del liderazgo se convierte en un campo de energía compartido entre individuos, lo que trae como consecuencia el final de las jerarquías.

El 7.º Siddhi espera un momento concreto del tiempo para despertar a nivel colectivo. En el Libro de las Revelaciones, este 7.º Siddhi se representa simbólicamente con la apertura del séptimo sello, que precede al retorno de la consciencia crística. Todavía hay secretos más insondables que conciernen a la mitología alrededor del número siete. Sin embargo, es ese nivel más profundo donde podemos comprender mejor por qué este hexagrama chino se llamó la Armada. La armada se refiere a un grupo, a una colectividad de seres humanos; en el Libro de las Revelaciones se les conoce como los 144.000, de los que puedes aprender más si lees el 44.º Siddhi. Básicamente, este grupo de seres representa el equipamiento genético necesario para que un nivel de consciencia más elevado toque nuestro planeta a nivel colectivo. El término *equipamiento* se usa de un modo deliberado, para eliminar todo tipo de glamour en lo concerniente a los llamados *elegidos*. Estos seres son un fractal colectivo de los líderes en los que este Siddhi florecerá de forma espontánea tras un ciclo de muchas generaciones. Podremos encontrarlos en todos los niveles de la sociedad, y la clave esencial de todos y cada uno de esos seres o líderes será la Virtud, el 7.º Siddhi, y el lenguaje que los conecte entre sí será la Empatía, el 13.ᵉʳ Siddhi.

Por último, el 7.º Siddhi tiene que ver con el futuro, y el futuro es el tiempo de los niños. Cuando el 7.º Siddhi florezca en la humanidad, uno de los primeros lugares donde se manifestará es en los padres y en los educadores. Los niños que crezcan entre personas

virtuosas no necesitarán ningún otro tipo de educación o guía. Incluso ahora, esta pequeña información es la mayor clave en manos de los padres. Los niños que crecen en el aura de la virtud verdadera podrán llevar esa misma energía a cualquier otra esfera de la vida hacia la cual se dirijan, y al hacerlo, de forma lenta pero segura, irán transformando el futuro de nuestro planeta.

8.ª CLAVE GENÉTICA

SIDDHI EXQUISITEZ • DON ESTILO • SOMBRA MEDIOCRIDAD

EL DIAMANTE DEL SER

PAR PROGRAMADO: 14.ª CLAVE GENÉTICA

ANILLO CODÓNICO: EL ANILLO DEL AGUA

(2.ª, 8.ª)

FISIOLOGÍA: TIROIDES

(LA NUEZ)

AMINOÁCIDO: FENILALANINA

LA SOMBRA DE LA 8.ª CLAVE GENÉTICA: MEDIOCRIDAD

MÁS ALLÁ DE LA ZONA DE CONFORT

Al observar el mundo en que vivimos hoy, especialmente en Occidente, resulta bastante sorprendente advertir que la mayoría de la gente lleva la misma vida. La 8.ª Sombra, como todas las frecuencias de la Sombra, se funda en un miedo específico y en este caso se trata del miedo a ser diferente. La 8.ª Sombra impide a los individuos elevarse por encima de la consciencia de masa y explorar la aventura real de la vida. La verdadera naturaleza de la individualidad es la rebelión, pero la rebelión es insegura, así que la consciencia de masa de la humanidad elige la ilusión como forma de seguridad, en vez de la rebelión. La 8.ª Sombra teje una red por todo el mundo y esta red sostiene la zona planetaria de confort. Solo si la vida te fuerza a crecer a través de algún tipo de crisis, o de muerte de un ser querido, por ejemplo, empiezas a experimentar cómo es tu verdadera naturaleza, más allá de los límites de la zona de confort.

En el mundo occidental, en particular, la individualidad es una impronta que recibes desde los momentos más tempranos de tu vida. Uno de los temas a los que hacemos referencia a lo largo de este libro es el de la influencia de la educación moderna, especialmente en el tiempo que va desde el nacimiento hasta los siete años de edad. La mayoría de los sistemas educativos fomentan la homogeneización en vez de la diferenciación, porque la diferencia es un concepto que amenaza al propio sistema. En la educación moderna, los niños tienen que pasar por un proceso ampliamente aceptado de tést y exámenes, diseñados para convertirlos en meros regurgitadores de lo previamente memorizado, con poca o ninguna oportunidad de mostrar bosquejos de innovación o espontaneidad. Este adoctrinamiento comienza en la más temprana infancia y

dura hasta bien entrada la veintena, en un proceso cíclico que se repite, de generación en generación, desde la época de tus tatarabuelos. Al establecerse un sistema en que la homogeneización es la regla, colocamos a aquellos que tienen un desarrollo individual y personal dentro de la categoría de intrusos o de reaccionarios.

Deberíamos preguntarnos qué clase de educación debería recibir un niño para mantener su individualidad intacta. La pregunta clave de la 8.ª Clave Genética es esta: ¿se necesita para algo la educación formal? En el mundo moderno, la inflexibilidad inherente a nuestros sistemas educativos está convirtiéndose, cada vez más, en un problema. Naturalmente, habrá siempre ciertos niños que muestren una disposición natural a la enseñanza formal, tal y como la conocemos hoy, algunos en varias asignaturas y otros en asignaturas específicas. Sin embargo, la mayoría de los niños sencillamente no necesitan una educación formal y, por lo tanto, no responden bien a ella. Por supuesto, el problema está conectado con otros muchos aspectos de nuestra vida moderna. Lo que es importante notar es que en este estadio de nuestra evolución la 8.ª Sombra ha germinado en ti desde una edad bien temprana y, en muchos casos, la has *desaprendido* con posterioridad en tu vida, si has tenido la más mínima oportunidad de vivir tus dones y encontrar tu genialidad.

Uno de los miedos más profundos que emerge de la 8.ª Clave Genética es el miedo al éxito. Este miedo viene reforzado gracias a la Sombra de su par programado, la 14.ª Sombra, la Transigencia. Si comprometes tus sueños por miedo, fracasarás, porque sabes que tener éxito significaría rebelarte contra toda la sociedad y contra las expectativas que hayan depositado en ti. La frecuencia más alta de este 14.º Siddhi tiene que ver con la Bondad, que es la recompensa para el individuo que se atreva a liberarse de la trampa de la Mediocridad. En otras palabras, el camino menos trillado nos conduce hacia el tesoro. La 8.ª Sombra nos dirige hacia un estereotipo fácil de reconocer en el mundo, el cual te hace sentir no solo seguro sobre lo que crees *tú* que eres, sino que también hace que otros se sientan seguros sobre lo que *ellos* piensan que eres tú. Sin esta fachada estereotipada, ¿quién podrías ser tú y cómo tendrían los demás que relacionarse contigo? La respuesta es que la mayoría te miraría con una mezcla, a partes iguales, de miedo y sobrecogimiento.

La mediocridad viene definida por los otros, más que por ti mismo, y tiene dos funciones principales. Por un lado, evita que pienses con originalidad. Bajo la influencia de esta baja frecuencia piensas como uno más, pareces uno más y, con sus más y con sus menos, tu comportamiento es como el de los demás, y todo esto lo harás basándote en lo que otros podrían o no pensar sobre ti. La otra función de la Mediocridad es servir a la maquinaria de la sociedad, más que a la evolución. En

La mediocridad impide que las personas se conviertan en héroes o heroínas

otras palabras, te transformas en un piñón más de la rueda de los sistemas establecidos por el hombre. Al hacerlo te conviertes en parte del escenario de la vida, más que en un actor principal de ella. La mediocridad impide que las personas se conviertan en héroes o heroínas. En nuestro tiempo, la mayoría de nosotros estamos contentos simplemente con poder soñar lo que hubiéramos sido capaces de conseguir en nuestra vida. Podemos ver las películas de los otros y puede que incluso nos sintamos muy movidos por ellas, pero la 8.ª Sombra nos impide creer en nosotros mismos lo suficiente como para encarnar este

clase de vida. Y la razón es el miedo. El miedo es endémico en toda la infraestructura de nuestra sociedad. Aquellos que traspasan este umbral de miedo entran en un mundo que parece incomprensible para la cultura de masas.

La 8.ª Sombra te convierte en un seguidor de autoridades externas a la tuya y te empareja con sistemas que se convierten en autoridades para ti. A cada instante, esta Sombra te impide respirar el aire fresco de tu verdadera naturaleza sin límites. Te atrapa en sus redes, te niega y te impide ser un pensador libre. ¿Qué es un pensador libre? Es alguien que puede ver más allá de las actuales estructuras impuestas por la vida. Es una persona que vive para la espontaneidad de su propio impulso creativo. Un pensador libre también vive libremente. No sigue a nadie, a pesar de que está siempre abierto a la influencia y a la inspiración de los demás. La 8.ª Sombra representa el camino trillado de la vida: los estilos de vida transigentes, carentes de imaginación, las existencias conformistas vividas por la mayoría. Se necesita una gran energía y coraje para atravesar la oscuridad y el miedo de esta Sombra y descubrir quién eres tú realmente y de qué eres capaz en realidad. Si quieres escapar de la mediocridad, tendrás que encontrar tu propio camino e inventar tu propia identidad en el mundo. Tendrá que ser un camino diferente al de cualquier otro, y te llevará más allá de la zona de confort, hacia la zona de peligro, donde no está asegurado que tengas éxito, excepto si lo haces por la fe en tu propia, profunda y vibrante naturaleza única.

NATURALEZA REPRESIVA: ACARTONADA

Los que siguen el camino masivo de la mediocridad están carentes, esencialmente, de fuerza vital y les falta el verdadero sentido del propósito en su vida. Se trata de personas cuyas palabras y acciones podrían ser de algún servicio al mundo, pero a las que al mismo tiempo les falta chispa y agallas. Se trata de vidas rígidas y de seres que han llegado a convertirse en pura fachada, que están vacíos. Abdicaron de sus sueños en algún lugar entre la niñez y el tiempo en que se convirtieron en adultos. Al no abrazar sus miedos fueron devorados por sus responsabilidades y por los muchos compromisos que tomaron en su vida desde la transigencia. El resultado es que llevan vidas que no les pertenecen y no les dejan espacio para respirar o crear.

NATURALEZA REACTIVA: ARTIFICIAL

La diferencia entre la naturaleza reactiva y represiva tiene que ver con el espíritu humano. En la naturaleza represiva, este espíritu se ha colapsado hacia dentro en algún momento de la vida. En la naturaleza reactiva este espíritu se ha canalizado hacia el mundo, donde ha creado una ilusión de sí mismo basada en un sueño. Este tipo de gente vive puras existencias artificiales. Aparentan ser exitosos e incluso originales, pero bajo esta capa externa han comprometido su espíritu a algún aspecto del sistema. La diferencia entre la naturaleza represiva y la reactiva se puede observar en la manera en que llevan sus relaciones: la represiva nunca deja una relación por miedo al cambio. La reactiva no puede seguir en sus relaciones porque su apariencia inevitablemente se derrumba y la ira sale a la superficie. Llegados a ese punto, suelen salir corriendo.

EL DON DE LA 8.ᴬ CLAVE GENÉTICA: ESTILO

REBELDE CON CAUSA

Para romper con el peso pesado de la frecuencia de la 8.ª Sombra tienes que dar un salto de fe seguro hacia ti mismo. Este 8.º Don cautiva la atención de las personas porque trae frescura al mundo. El Don del Estilo tiene poco que ver con la interpretación que damos a esta palabra; tiene más que ver con seguir tu propio y único espíritu rebelde y mostrarlo en el mundo. El verdadero estilo no puede ser medido por los símbolos del éxito material, ni se puede copiar. Se trata del florecimiento espontáneo de tu individualidad. Encontrar tu propio estilo es ser tú mismo, sin preocuparte de lo que otros piensen al respecto. Al tratarse de algo que está más allá de la mente, el estilo no puede ser imitado o preconcebido, sino que emerge constantemente de forma espontánea y natural. Tiene que ver también con transitar por caminos que comportan un riesgo, pero un riesgo solo en el sentido en que esta palabra se utiliza en la sociedad.

El verdadero Estilo se llena de alegría cuando destroza el mundo gris de la mediocridad que se considera la «norma». Este Don no se asienta alegremente en la sociedad, aunque la pura alegría y la libertad que supone expresar la propia naturaleza compensan con creces las repercusiones que pudieran proceder de aquel territorio. La individualidad única es algo que nuestras sociedades modernas sostienen e idolatran, pero en realidad nos asusta la posibilidad de tener tantas, tan coloridas y variadas individualidades entre nosotros. El estilo es mucho más que un aspecto superficial: *El estilo es mucho más que un aspecto superficial:* es la tecnología punta de la creación. Los individuos que ma-*es la tecnología punta* nifiestan este Don se han rendido al proceso creativo que los *de la creación* guía, en vez de intentar controlarlo. La creatividad puede ser un negocio de gratitud. Muy a menudo sucede que un individuo es tan avanzado para su época que su genialidad creativa, única, no se puede apreciar hasta después de su muerte. Sin embargo, el sentido de libertad expandida del que disfruta al dejarse llevar por este tipo de proceso es tan satisfactorio que el éxito o el fracaso dejan de ser las referencias que toma en consideración a la hora de hacer su vida.

El estilo es peligroso para la sociedad y para su estructura, basada en un sistema de pensamiento lógico. Es peligroso porque imita la naturaleza, que es el objeto que muchos sistemas intentan controlar y explicar. Como la naturaleza, el estilo transmuta en una forma gracias a una energía libre, orgánica e impredecible, llena de genialidad y de saltos cuánticos. Para un individuo, el 8.º Don comporta un inmenso sentido de la satisfacción cuando cumple su propósito; pero muy a menudo las personas se sienten incapaces de poner en contacto su Don con el mundo en el que viven. El estilo, por sí mismo, no convierte a uno en un extraño; de hecho, lo convierte en un ser con acceso privilegiado a los procesos secretos de la vida. Pero para los poderes que tratan de mantener el control del mundo, el estilo se considera un peligro o, en el mejor de los casos, una excentricidad o rareza. Esta es la razón por la que la expresión de la genialidad suele reducirse a los mundos de la creación artística, la moda o la música, donde es aceptada y aceptable, y donde hay espacio para que la genialidad creativa pueda respirar.

En la mayoría de las otras esferas sociales, el estilo individual suele ser abortado o reprimido, ya que, o bien no se entiende, o no se confía en él.

Hasta que se genere una unidad entre aquellos que son pensadores libres, el Don del Estilo se verá confinado a espacios marginales de la sociedad. Mientras tanto, los que abandonen los niveles de la Sombra de esta Clave Genética tendrán que vérselas con el espectro colectivo, el cual no permite a los pensadores libres mucho margen de acción ni de expresión. Afortunadamente, aquellos, para los que el Estilo es el sentido de su vida, no perderán el tiempo luchando con esa realidad. Su única preocupación será la de liberar a más y más pensadores libres potenciales. Este tipo de libertad es verdaderamente contagiosa. Por ello, las personas que portan en su perfil este Don son los herederos de una poderosa misión en el mundo, a pesar de que quizás no sean capaces de verlo así.

Para terminar, el 8.º Don en realidad tiene que ver con la manifestación individual de los sueños, no solo con soñarlos. Cuando el 8.º Don se libera desde el interior de nuestro ADN, de repente comienza a posibilitar que las cosas sucedan, y hasta puede llegar a parecerte que el resto del mundo se ha quedado simplemente atrapado en el espacio de los sueños. Esto es la consecuencia de estar operando a una frecuencia más elevada. Ahora cualquier cosa es posible para ti, ya que, al rendirte a tu espíritu interno, la pura fuerza de la creatividad que se expresa a través de ti liberará canales y oportunidades que hasta entonces habían permanecido bloqueadas. Este es el poder de la genialidad, que trae consigo más que un mero concepto: trae la intención de un mundo superior que está más allá del individuo a través del cual se manifiesta.

EL SIDDHI DE LA 8.ª CLAVE GENÉTICA: EXQUISITEZ

El eterno nudo del amor

El 8.º Siddhi, la Exquisitez, es la revelación natural y la manifestación de todos los estados síddhicos. Cada Siddhi es holográfico, en el sentido de que está reflejado en todos los demás Siddhis. La exquisitez se experimenta cuando la esencia divina comienza a brillar a través de un individuo. En este estado de suprema bendición, te enamoras de tu propia y prístina manifestación, porque es justo a través de tu singularidad como puedes acceder al flujo divino. La exquisitez sugiere una belleza que está más allá de las palabras. Brillas como un diamante en el corazón de la creación y, dondequiera que mires, verás diamantes en varios estados de claridad, cada uno de ellos singular, exquisito e incomparable.

En este enrarecido nivel de consciencia, en el que paradójicamente desaparecen todas las gradaciones y niveles, te das cuenta del gran juego que supone la individualidad y la diferenciación; a pesar de su exquisitez, la individualidad es una ilusión óptica creada por la mente. Te experimentas a ti mismo como aquel que pilota un vehículo genético, único, aunque tu ser se sabe parte del todo y se mantiene en un nivel de consciencia que está más allá del de las formas diferenciadas. Es el estado en que alcanzas

la trascendencia sobre tu linaje genético. Sigues siendo diferente en el ámbito de la forma, pero a nivel colectivo, universal, tu consciencia cala en todas las formas, convirtiéndote a la vez en la gota del océano y en el océano mismo.

Tu verdadera naturaleza es la libertad. No hay domesticación donde se expresa la divinidad, y, por lo tanto, este estado de exquisitez se ve a través de los muchos velos de la humanidad. Todos los sistemas crujen bajo la fuerza de la libertad, la energía en ebullición que viene directamente desde la fuente de la creación. Los pocos que han manifestado este Siddhi han sido tan efímeros y bellos como lo es la luz, que se muestra juguetona a través de las nubes. La vida jamás se repite a sí misma y, por lo tanto, esas personas nunca son iguales, en cada momento son diferentes. A cada segundo se muestran a estrenar, nuevos. Este es el origen y el significado del famoso dicho zen: «No puedes cruzar dos veces el mismo río». Este dicho señala la verdad que se esconde en el 8.º Siddhi: la verdadera naturaleza humana. Como el agua, se mueve constantemente, cambia y evoluciona, mientras que el río, en sí mismo, permanece inalterable. El río representa la consciencia.

Las personas en las que se refleja esta verdad brillan como fulgurantes focos sobre el fondo grisáceo de la historia. Los grandes avatares y sabios que anduvieron entre nosotros expresaron la verdadera naturaleza de este Siddhi. Nuestro error más común consiste en que tratamos de emularlos, lo que nos conduce inexorablemente a alejarnos de nuestra propia genialidad, lo cual, a su vez, nos lleva de vuelta a la Sombra de la Mediocridad.

Los que portan el 8.º Siddhi no son líderes, son ejemplos. No quieren que nadie los siga ni los imite. Cuando encuentran imitación y falta de autenticidad, su propia naturaleza pone de manifiesto la fealdad que contiene lo copiado. Gracias a esta característica, estas personas tienen la capacidad de activar un poderoso efecto liberador en las personas. Al mismo tiempo son criticados y desdeñados por la sociedad muy a menudo. Como Sócrates, quieren que la gente encuentre las propias respuestas a sus propias preguntas. Su sola presencia actúa como una luz para liberar a las personas de todo tipo de sistemas estructurados. Su lenguaje es el lenguaje de los rebeldes y utilizan la belleza como el símbolo que refleja la verdadera naturaleza de cada individuo. No se sienten limitados por ninguna forma de expresión, y lo mismo pueden manifestarse a través de la ciencia o del arte, del yoga del tantra, de la lógica o de la poesía, ya que para ellos todas las formas de expresión pueden ser un camino para mostrar la exquisitez divina en el mundo de la forma. Para el que está bendecido por el 8.º Siddhi, la vida es totalmente transparente. Esta transparencia es bastante paradójica y se basa en la libertad y en la incertidumbre que es la vida. Estas personas no dejan huellas que los otros puedan seguir. Saben que la vida es una suerte de contradicciones y misterios diseñados para no ser nunca resueltos.

El Siddhi de la Exquisitez está químicamente ligado al Siddhi de la Unidad, de la 2.ª Clave Genética, otro aspecto genético de la familia conocida como el Anillo del Agua. Son las dos Claves Genéticas más femeninas de todo el genoma humano, que arrastran tras de sí a todos los seres humanos en el inevitable camino hacia la autorrealización. Uno de los grandes misterios de los 21 Anillos codónicos se encuentra justo aquí, en este par. El Anillo del Agua forma un tipo de nudo genético con su polaridad,

el Anillo del Fuego. Estas dos familias químicas y sus aminoácidos relativos, la fenilalanina y la lisina, nos conducen por la trayectoria que nos lleva hasta nuestros destinos, asegurando que nuestro material genético encuentre el opuesto correspondiente. Incluso en lo más profundo de nuestro cuerpo, estas familias químicas se muestran como la huella primigenia que conduce hacia el equilibrio de todas las fuerzas opuestas que acarreamos dentro de nosotros. En el cruce de estos dos Anillos codónicos se forja la figura mística del ocho en cada uno de nosotros. Este nudo eterno de amor, bien arraigado en nuestra herencia genética planetaria, sitúa a cada hombre y a cada mujer en el punto certero de la trayectoria humana. El verdadero simbolismo del número ocho es la representación de la eterna búsqueda del tesoro que yace escondido en cada uno de nosotros: ese diamante escurridizo que representa nuestra verdadera naturaleza.

Las personas con el 8.º Siddhi tienen el destello de las joyas raras y exquisitas. Ese tipo de personas crean su propio camino mientras lo transitan. Su legado al mundo consiste en desmantelar todos los conceptos sobre cómo se debería vivir o qué habría que hacer para alcanzar cualquier estado concreto. Ellos son los únicos que no se sienten extraños en el mundo, ya que se reconocen dentro de la existencia. Para ellos, los únicos extranjeros de este mundo son los que se pasan la vida imitando a otros, porque eso los convierte en desconocedores de lo que son ellos mismos. Esas personas no te dan la oportunidad de seguirlos. Lo único que dan al mundo es su propia y exquisita capacidad amorosa; su absoluto deleite al abandonarse en brazos del misterio, sin necesidad de método o significado. Su ritmo es el ritmo de la existencia, el pulso doloroso del momento ya pasado y la alegría sin límites que solo puede venir de tocar el centro de tu propia existencia.

Las personas con el 8.º Siddhi tienen el destello de las joyas raras y exquisitas

9.ª CLAVE GENÉTICA

EL PODER DE LO INFINITESIMAL

PAR PROGRAMADO: 16.ª CLAVE GENÉTICA	FISIOLOGÍA: PLEXO SACRO
ANILLO CODÓNICO: EL ANILLO DE LA LUZ	AMINOÁCIDO: TREONINA
(5.ª, 9.ª, 11.ª, 26.ª)	

LA SOMBRA DE LA 9.ª CLAVE GENÉTICA: INERCIA

LA DOMESTICACIÓN DE LOS SUEÑOS

En su forma original de hexagrama del I Ching, la 9.ª Clave Genética tenía un nombre bastante inusual y críptico, que se traduce generalmente como «El poder de domesticación de lo pequeño». Si conoces el I Ching, quizás recuerdes que hay otro hexagrama, el 26.°, cuyo nombre es «El poder de domesticación de lo grande». Es evidente que hay una relación fuerte entre estos dos arquetipos y sus Claves Genéticas. Desde el punto de vista de la genética, ambos son, además, parte del mismo anillo codónico, que codifica la treonina, como veremos más adelante. Como ocurre a menudo con estos nombres chinos, contienen diversos niveles de verdad y de posibilidades en sí. En el caso de la 9.ª Sombra, «El poder de domesticación de lo pequeño» se refiere a la tendencia humana a perderse en los pequeños e irrelevantes detalles cuando no es necesario. La mayoría de los seres humanos llevan vidas donde se van defendiendo a duras penas, vidas en las que se convierten en víctimas de todos los detalles que les rodean. En las frecuencias superiores tú «domesticas lo pequeño» al aplicar tu energía solo a aquello que sirve a tu propósito superior. Al nivel de la frecuencia de la Sombra, los detalles te «domestican» y minan tu fuerza vital, robándote el entusiasmo (el 16.° Don y su par programado, la 9.ª Clave Genética) hasta que, finalmente, te condenan al estado de inercia e indiferencia (la 16.ª Sombra) en el que naufraga el común de los mortales.

La mayoría de los seres humanos llevan vidas donde se van defendiendo a duras penas, vidas en las que se convierten en víctimas de todos los detalles que les rodean

El sabio chino, Lao Tzu, pronunció la famosa frase que reza: «Un camino de mil millas comienza con el primer paso», aunque una traducción más afinada debería decir: «Un camino de mil millas comienza bajo los propios pies». Esta pieza de sabiduría intemporal nos invita a enfocarnos en lo que está delante de nuestras narices, en vez de preocuparnos por lo que el futuro nos pueda o no deparar. La 9.ᵃ Sombra tiene que ver, sobre todo, con el lugar adonde estás apuntando tú con ese foco, y más que nada en lo referente a tu actividad diaria, no tanto a tu mente. Hay algo muy mágico en esta 9.ᵃ Clave Genética, como veremos. Ampara uno de los más grandes secretos: cómo parar la mente para que no mine tu destino natural. Una imagen que representa tanto la 9.ᵃ Sombra como el Don correspondiente es el de un camino hecho a base de pasos de piedra individuados. En la frecuencia de la 9.ᵃ Sombra, estos pasos están dispuestos en círculo, de manera que si miras desde arriba cada paso, no te das cuenta de que solo estás siguiendo las mismas viejas huellas y que tu energía no va a ninguna parte. Esta es la descripción del estado de consciencia en el que vive la mayoría de los humanos de este planeta.

Al nivel del Don, sin embargo, los pasos de piedra se vislumbran en la distancia y más allá del horizonte. No tienes ni idea de hacia dónde se dirigen y no te importa. Solo sabes que te están llevando al siguiente nivel. Esta percepción hace que cada paso que das se convierta en algo de suma importancia, y también en una aventura. La 9.ᵃ Clave Genética tiene que ver con encontrar la actividad correcta que realizar en tu vida cotidiana. Cada paso debe conducirte en la dirección de tus sueños, sean los que sean. En este recorrido hay que incluir muchos muchos pequeños detalles y actos de nuestra vida cotidiana: comer, lavar, comprar, cocinar, etc. Dado que cada paso, incluso las tareas rutinarias más banales, te está llevando en dirección hacia tu sueño, no es posible que sean frustrantes. Si lo que haces te conduce al aburrimiento o te deja frío, eso no significa necesariamente que no sea adecuado para ti. Probablemente quiere decir que has perdido el contacto con tu sueño superior: has permitido que lo pequeño te domesticara. Cada vez que permites que la vida te aburra o te deje indiferente, o que te sientas falto de energía y naufragando en la inercia, depende de ti, y solo de ti, que vuelvas a reconectar con tu sueño.

Sin tener un propósito más elevado, los seres humanos se mueven en círculos creando campos energéticos que impiden la abundancia. O incluso peor: la inercia de la 9.ᵃ Sombra nutre la mente victimista, que también se mueve en círculos con estos patrones de queja y preocupación. Sin embargo, en nuestros corazones, todos los seres humanos somos rebeldes por naturaleza. Somos criaturas libres. No estamos aquí, en la Tierra, para tener nuestros sueños «domesticados», domados o reducidos. Estamos aquí para provocar la magia, y no podemos hacerlo a no ser que cada uno de nuestros pasos esté dirigido y enfocado hacia un único ideal o una amplia visión. La 9.ᵃ Sombra te succiona la esperanza y el entusiasmo cuando no ve resultados inmediatos o mejoras en tu situación. Te saca de tu enfoque y del disfrute del momento, además de acabar de un plumazo con la concentración y la paciencia. Una de las formas de expresión modernas de esta 9.ᵃ Sombra es nuestra adicción a lo trivial: detalles o trampas superfluas e innecesarias para nuestras vidas. Todo lo que no sea hermoso y práctico se puede catalogar como trivial con seguridad.

La 9.ª Sombra desperdicia tu energía fuera de lo que realmente te importa, que es la belleza. El campo energético alrededor de la 9.ª Sombra y su par programado, la 16.ª Sombra, la Indiferencia, es un nubarrón intenso bajo el que muchos humanos están atrapados. Estas dos claves juntas representan una enorme sangría para tu cuerpo físico. La falta de entusiasmo conduce a la falta de energía, y viceversa. Puedes, incluso, llegar a creer que estás dando los pasos que te conducen al cambio cuando, de hecho, lo único que estás haciendo es seguir dando vueltas en círculo, enfocado aún en los detalles más irrelevantes. El único camino para salir del campo de la inercia es el de abrirse paso a través de ella gracias a un enorme acto de voluntad. Este primer paso para abandonar la frecuencia del victimismo reinicia tu camino en el sendero que te lleva hacia adelante, en vez de seguir dando vueltas. Esta 9.ª Sombra afecta profundamente los sistemas energéticos del cuerpo, pues cancela la posibilidad de que se reciban voltajes superiores y energías de frecuencia cósmica. También tiene un efecto de interferencia adverso en tu sistema de guía direccional interno, es decir, en tu corazón. Si tu corazón no respalda cada uno de tus actos, no solo eliges para tu vida un curso inadecuado, sino que amenazas continuamente tu salud.

En resumen, si tu fuerza vital parece baja o carente de energía y encuentras dificultades para entusiasmarte con tu vida, es muy posible que encuentres la respuesta en la 9.ª Sombra. O bien estás demasiado enfocado en el futuro, en vez de dedicar plena atención a lo que tienes justo delante de ti, o bien tus acciones y actividades diarias no están motivadas por un propósito general. Sin ese sentido de orientación interior, una buena parte de tu energía se malgastará en discusiones, ya sean verbales o mentales. Toda esta energía necesita encontrar un propósito más elevado, algo que pueda servir para llevarte más allá de la mundanidad y sus minucias. La mayoría de los seres humanos son inconscientes de la cantidad de energía que albergan en su cuerpo físico. No hay, en verdad, nada en la vida que no puedas conseguir si pones tu corazón en ello.

NATURALEZA REPRESIVA: RETICENTE

Hay una reticencia interna en la cara represiva de la 9.ª Sombra. Se manifiesta en forma de incapacidad para hacer algo en relación con nuestra situación, a pesar de que la comprendamos y que veamos dónde está la salida. La reticencia a salir del propio patrón no es una elección consciente, sino una dinámica interna en la que toda la energía vital propia permanece congelada. Esta reticencia es, básicamente, una parálisis de nuestra voluntad, consecuencia de seguir patrones conocidos, repetitivos, que ya no nos sirven. Cortar por lo sano con nuestra reticencia interior significa salir de nuestra zona de comodidad y dirigirnos de cabeza a nuestros miedos. Puede ser frustrante para los espectadores ver cómo esas personas se sienten incapaces de romper con sus esquemas; pero también lo es para los que están atrapados en la red de un miedo tan intensamente asentado. Lo que pasa es que la reticencia derrumba el poder de la voluntad humana, y lo hace demoliéndola o incurriendo en una decadencia continua y triste.

NATURALEZA REACTIVA: DISPERSA

La naturaleza reactiva de la 9.ª Sombra se relaciona con un tipo de inercia totalmente diferente. Estas personas se pueden mostrar muy inquietas y nerviosas, por lo que nada se puede asentar reposadamente en su interior. Su táctica es la diversión y, por eso, están inconscientemente buscando cualquier estímulo para aligerar algo de su energía y de su furia, expulsándolas fuera de sus cuerpos. Naturalmente, este tipo de personas no son capaces de mantener el patrón escapista por tiempo indefinido, pues se trata de un estilo que deja un gran agujero en sus finanzas y en su salud. Son personas que no pueden encontrar un patrón fijo en toda su vida. Si tuvieran que hacerlo, su rabia detonaría en una explosión externa. Son incapaces de mantener compromisos serios por un cierto tiempo. Aunque sus vidas no sean inertes, en el sentido estricto del término, lo son en cuanto a realización, porque son incapaces de descansar o relajarse.

EL DON DE LA 9.ᴬ CLAVE GENÉTICA: TESÓN

CADA INTENCIÓN ES UN ACTO MÁGICO

El 9.º Don aviva todo el fuego del tesón. El Don del Tesón se construye sobre la roca de los más pequeños gestos. El controvertido mago inglés Aleister Crowley pronunció una vez una intensa verdad de gran relevancia para este Don: «Cada intención es un acto mágico». Incluso la acción más pequeña tiene un efecto dominó que viaja por todo el universo. Las acciones que se llevan a cabo por resentimiento o miedo refuerzan la frecuencia de la Sombra tanto en el ámbito individual como colectivo. Los actos motivados por la indiferencia refuerzan la indiferencia, mientras que los actos fruto de la alegría o del afán de servicio generan más alegría. Miremos adonde miremos dentro de la matriz de la 9.ª Clave Genética, esta apunta a la misma verdad: que una persona sin un ideal prendido en su interior está destinada a permanecer como un mero seguidor de las multitudes. Sin embargo, es importante destacar que no se trata de un Don para soñar, sino de una actividad sostenida y de un trabajo enfocado hacia un mismo y poderoso objetivo.

La fuerza del 9.º Don es el poder de la repetición. Este don crea una rutina y, una vez que ha arraigado, toda la energía de tu vida tenderá a seguir ese mismo patrón. Así se explica que el Don del Tesón sea tan poderoso. También se explica por qué es tan difícil escapar de la inercia de la 9.ª Sombra a su más baja frecuencia. Cuando atraviesas la frecuencia inferior y conectas con tu visión o ideal, como si se tratase de una sensación y un conocimiento que portas muy dentro de ti, estás en el verdadero comienzo de un camino de mil pasos. Cada paso que des desde ese momento en adelante —lo que incluye todos tus actos, sin importar lo insignificantes que puedan parecen— te conducirá en la dirección de esa visión central. Cuando sigas avanzando hacia tu corazón, comenzarás a desarrollar una potente rutina para ti, que será cada vez más y más fácil seguir. Es lo que se conoce como tesón. Este hecho cambiará drásticamente tu vida,

ya que, comenzarás a sentir la fortaleza interior que surge cuando sigues el propósito de tu vida.

Lo raro de este Don del Tesón es que cuanto más determinado te vuelvas, menos energía y fuerza de voluntad necesitarás utilizar. Es lo opuesto a la visión general que se tiene del tesón, relacionándolo con las grandes batallas y con las luchas. Por contra, el secreto del tesón tiene que ver con tomar impulso. Todos los pequeños actos realizados con el corazón comienzan a crear un impulso interno que un día se vuelve imparable. Toda la fuerza del universo comienza a seguir a esa persona. Solo es necesario que utilices la gran fuerza al comienzo, porque esos pocos primeros pasos para salir de la frecuencia de la Sombra requieren, a menudo, una enorme fuerza de voluntad y coraje. Por lo tanto, el 9.º Don revela uno de los grandes secretos de la frecuencia del Don: que cuanto más sigues la senda del corazón, más sencillo se vuelve el camino. En vez de ser domesticado por la vida, forjas tu propia dirección y tu destino por la vía de domesticar los más pequeños e irrelevantes actos de tu vida.

Todos los pequeños actos realizados con el corazón comienzan a crear un impulso interno que un día se vuelve imparable

El 9.º Don tiene una conexión importante con la fuerza del magnetismo. Todo es magnético en la vida, y este Don emplea el uso del magnetismo para alinearse con el verdadero norte, que es la dirección interna y el ritmo marcado por el universo como un todo. Este es el tipo de ritmo del que estamos hablando, una rutina que se mueve bajo las líneas de fuerza de la rejilla de energía universal, en vez de atravesarlas o de ir contra ellas. En este sentido podemos decir que el tesón revela otro nivel de significado. Tu verdadero camino de vida ya está *predeterminado* y, por eso, lo único que puedes hacer es encontrarlo y seguirlo. Como decíamos en la frecuencia de la Sombra, uno de los aspectos más mágicos de este 9.º Don es el efecto que tiene sobre tu mente. Una vez que te hayas centrado en la rutina de disfrute y que el camino se haga cada vez más certero, tu mente dejará de debilitarte. El flujo natural de las corrientes energéticas de tu cuerpo comienza a entrar en armonía universal y, al hacerlo, tus ciclos de ondas cerebrales se ralentizarán y entrarás en un campo de consciencia superior. He aquí una de las paradojas de esta Clave Genética: cuanto más se eleve tu frecuencia espiritual, más caerá la frecuencia de onda de tu cerebro.

Estos cambios radicales en el funcionamiento mental sirven para dinamizar el curso de tu vida. Con la mente operando ya a niveles de consciencia profundos, comienzas a dejar ir tus constructos mentales: tus miedos, tus opiniones, tus creencias y, finalmente, tus esperanzas. Tu mente comienza a sumergirse en una consciencia colectiva más amplia. Este hecho no solo te debilita cada vez menos, sino que también confirma que tu dirección es válida desde el punto de vista de la lógica. En la cumbre de la frecuencia del Don, cuando comienza a prepararse para el salto a la consciencia síddhica, te das cuenta del enorme poder que anima los gestos más pequeños. Cuando la visión de la realidad se expande para contener el universo, te das cuenta de lo minúsculo que eres en realidad. Al mismo tiempo, podrás notar que tu contribución a la totalidad es enorme cuando corres el riesgo de escuchar a tu corazón de verdad.

EL SIDDHI DE LA 9.ᴬ CLAVE GENÉTICA: INVENCIBILIDAD

EL ESPACIO INTERIOR: LA ÚLTIMA FRONTERA

Nuestro mundo está lleno de ejemplos de poder que nos alcanzan cuando domesticamos lo pequeño. Cuando la humanidad consiguió domesticar el poder del átomo, la unidad de magnetismo básica de la materia, desbloqueamos su tremenda energía y demostramos una gran ley universal: que cuanto más pequeño se vuelve algo, más se condensa en torno a él la energía universal. Esta ley se puede aplicar a tu vida personal, como hemos visto en el 9.º Don. Pero hay una sorpresa final subyacente en esta 9.ᵃ Clave Genética, que encuentra su expresión última en el Siddhi de la Invencibilidad. El 9.º Siddhi tiene que ver con el poder de lo infinitesimal: lo infinitamente pequeño. Lo infinitesimal es también paradójico: si una persona continua dividiendo en dos un trozo de cuerda, en teoría lo podría seguir haciendo hasta el infinito. Por lo tanto, lo infinitesimal se convierte en ilimitado y el espacio interior nos conduce al espacio exterior.

En el nivel de consciencia más elevado, los niveles desaparecen. Lo exterior se convierte en interior, el tiempo se vuelve infinito y totalmente presente, y todas las barreras son devoradas por la consciencia misma. En el mismo momento en que algo rompe con todas las fronteras se convierte en dos cosas contrarias simultáneamente: se vuelve indefenso e invencible. La invencibilidad puede, por lo tanto, definirse como la disolución de tu consciencia individual en la consciencia originaria del universo. Ser invencible significa rendirse a todos los posibles enemigos mediante la disolución de toda tu realidad dentro de ellos. Esta es la razón por la que están tan íntimamente conectados los nombres de los Siddhis 9.º, el Poder de Domesticación de lo Pequeño y 26.º, el Poder de Domesticación de lo Grande. El 9.º representa la Invencibilidad, mientras que el 26.º representa la Invisibilidad. Ser invencible es también ser invisible, y viceversa. Invencibilidad significa disolverse en la voluntad del universo, y se trata de un Siddhi que se ha deificado en muchas culturas diferentes. En el cristianismo, por ejemplo, el arcángel Miguel representa el arquetipo de invencibilidad.

La única fuerza del universo que es verdaderamente invencible es el amor. El amor solo quiere dar, de manera que crea un vacío que, a su vez y continuamente, se inunda con más amor. Es imposible luchar contra una fuerza de este calibre, ya que conduce al resto de las energías hacia la muerte, pues las devuelve a su propia fuente.

Cuando un ser humano alcanza este Siddhi, su vida se convierte en expresión del poder invencible de ese amor. Esas personas han descubierto que el universo entero existe en formas microcósmicas dentro del cuerpo humano, y se pueden convertir en maestros de esta verdad. En este sentido, se pueden convertir en maestros de técnicas donde lo macrocósmico se pueda mapear sobre lo microcósmico. Este tipo de personas se convierten en el punto de enfoque para una intensa frecuencia de luz divina, con una tarea muy especial que cumplir sobre la Tierra. El Poder de Domesticación de lo Pequeño es como un láser que puede localizar un aspecto específico de la vida y transferir un enorme poder para fecundar sobre esa área. Para una persona ordinaria que

entra en el aura de un individuo de este tipo, la experiencia puede resultar increíble, ya que ilumina aquellos aspectos de su sombra que más le atemorizan. Si recibes la bendición karmática de estar unido a un ser con esas características, es más que posible que durante tu vida puedas alcanzar la realización total.

Es fascinante ver cómo la matriz superior programada del ADN se codifica para despertar fuerzas específicas en nosotros durante nuestra evolución. El 9.º Siddhi pertenece a una familia de Siddhis que están interconectados a través de la estructura genética humana por un aminoácido llamado treonina. La treonina reúne los Siddhis 5.º, 9.º, 11.º y 26.º, que, como grupo, descubren dos temas muy importantes relacionados con la naturaleza superior de la humanidad: el tiempo y la luz. Conocidos como el Anillo de la Luz, estos cuatro temas, Invencibilidad, Atemporalidad, Luz e Invisibilidad, forman un tipo de mensaje cruzado, codificado, que está diseñado para operar en todo el acervo genético. Llegará un tiempo en que la humanidad despertará muy rápidamente a su frecuencia genética más elevada a través de estas ondas de luz que porta el aura humana. El final de nuestra experiencia mental del tiempo vendrá, por lo tanto, catalizado por auras humanas que interactúan las unas con las otras. En este sentido, la humanidad se volverá invencible cuando se dé cuenta de su naturaleza colectiva, y, en ese momento, el individuo se volverá invisible, lo que quiere decir que será completamente permeable a su grupo de consciencia inmanente.

Lo que nos enseña hoy el 9.º Siddhi es que cada acción que realizamos es de una enorme importancia para toda la evolución. Si tu vida toma un enfoque cósmico, entonces la vida misma se intensificará en ti, llevándote naturalmente hacia modelos mucho más cooperativos con tu entorno y con los demás. Cada acción intencionada es un acto mágico, y en cada una de ellas se establece una fuerza creativa o una fuerza de deterioro. Cuando te sitúas al comienzo de un trayecto, el primer paso establece el tono de todo el trayecto y los pasos siguientes comenzarán a crear el ritmo. Después de unos pocos pasos incluso resultará difícil hacerte cambiar de dirección, ya que eso significaría arrancarte de un sendero y tener que crear otro. Por lo tanto, siempre que te encuentres ante un comienzo natural —un nuevo ciclo, una nueva relación, una nueva casa, o hasta un nuevo año—,

Debes apoderarte de la energía de tu sueño y guardarla bien dentro de ti, porque es ese sueño el que actuará como lente para enfocar el poder de la magia y de la manifestación en tu vida

deberías recordar esta verdad: los primeros pasos que des son críticos para tu evolución, de ahora en adelante. Debes apoderarte de la energía de tu sueño y guardarla bien dentro de ti, porque es ese sueño el que actuará como lente para enfocar el poder de la magia y de la manifestación en tu vida.

10.ª CLAVE GENÉTICA

SIDDHI SER • DON NATURALIDAD • SOMBRA OBSESIÓN

ESTAR A GUSTO

PAR PROGRAMADO: 15.ª CLAVE GENÉTICA
ANILLO CODÓNICO: EL ANILLO DE LA
        HUMANIDAD (10.ª, 17.ª,
        21.ª, 25.ª, 38.ª, 51.ª)

FISIOLOGÍA: CORAZÓN
AMINOÁCIDO: ARGININA

LA SOMBRA DE LA 10.ª CLAVE GENÉTICA: OBSESIÓN

LOS LABERÍNTICOS SENDEROS DEL EGO

Como una de las piedras angulares de la individualidad humana que es, la 10.ª Clave Genética y sus bandas de frecuencia apuntan hacia uno de los temas humanos más inmensos: la noción del amor por uno mismo. Esta fuerza intangible que está en el interior de todos los seres humanos habita aquí, en la 10.ª Sombra, que atrae nuestra atención sobre el entorno más inmediato, que es nuestro cuerpo físico. Por lo tanto, se trata de uno de los aspectos más primitivos de todos los arquetipos del genoma humano. En el nivel de la frecuencia de la Sombra, atrapa toda tu fuerza vital y la obliga a dirigirse hacia dentro, lo que a largo plazo la convierte en una de las más místicas de las 64 Sombras. Desde aquí es desde donde, verdaderamente, comienza todo el viaje individual hacia el despertar y hacia la trascendencia. Sin embargo, esta fuerza genética centrípeta excluye a otros seres humanos como objeto de tu atención o preocupación inmediatas. En el caso de los primeros homínidos, esta 10.ª Sombra aseguraba la supervivencia individual, ya que colocaba la seguridad de su propio vehículo en el primer lugar de sus preocupaciones, antes que cualquier otra cosa. En la humanidad, cuando vemos que una persona da su vida por otra o por una causa de nivel superior, tenemos la oportunidad de ver la 10.ª Sombra trascendida, ya que su propósito esencial es colocarse a sí misma en el primer lugar.

En nuestro mundo moderno, la 10.ª Sombra nos gobierna aún hoy a nivel colectivo, cosa que podemos observar en el entorno. El énfasis de la 10.ª Sombra se sitúa sobre el individuo, lo que puede resultar, o bien una bendición, o bien una maldición. La diferenciación individual es la piedra angular de la evolución misma. Si nosotros, humanos,

no descubrimos nuestra identidad y genialidad, tampoco podremos trascender ni llevar a nuestra sociedad a un nivel de evolución superior. La bendición consiste en que cuanto más diferentes nos permitimos ser cada uno de nosotros, más operamos como una unidad, lo que supone la más bella de las paradojas humanas; solo gracias a la diversidad podemos alcanzar la unidad. Pero existen fuerzas que empujan en contra de la evolución, procedentes de nuestro interior, que nos impiden experimentar nuestra propia singularidad. El par programado de esta 10.ª Sombra es la 15.ª Sombra, la Monotonía, y dado que la 15.ª Sombra se basa en el miedo a ser diferente, te conmina a descender al nivel colectivo de frecuencia. La 15.ª Sombra nos convierte en seguidores de la multitud y, por lo tanto, consigue que nuestra singularidad se vea anulada.

Mientras la 15.ª Sombra pone su atención en cualquier cosa que no sea tu propia singularidad, la 10.ª Sombra hace exactamente lo opuesto, es decir, te convierte en un obseso de tu propia genialidad, de cómo encontrarla y cómo seguirla. Esta es la razón por la que encontramos en la actualidad dos tipos de personas, principalmente: aquellas que siguen a la multitud y aquellas que se escapan a toda costa de la masa. La 10.ª Sombra no toma en consideración a nadie excepto a sí mismo. Debido a esta sombra, te obsesionas hasta tal punto contigo mismo que no puedes ver ni oír lo que sienten quienes están a tu alrededor, lo que hace muy difícil a los demás poderse relacionar contigo, incluso cuando tú creas que sí que puedes relacionarte con ellos. Incluso en el caso de que hayas tenido muchas relaciones, lo cierto es que, en realidad, no tienes espacio suficiente en tu psique para incluir el concepto *otros*. Todos y cada uno del resto de los mortales se observan a través de tu campo de proyección propio y subjetivo. Esta pérdida de objetividad conduce a un solo resultado: crea un caos en todas tus relaciones.

A través de las lentes de la 10.ª Sombra, lo único que ves cuando miras a otras personas es individuos a los que quieres cambiar. Por lo tanto, encuentras extremadamente difícil el hecho de aceptar a cualquier otro en su singularidad. En psicología y psiquiatría ese tipo de obsesión se conoce como narcisismo y, en cantidad moderada, se considera un componente esencial de la salud mental. Sin embargo, en el nivel de la Sombra, ese narcisismo, como la leyenda de la que deriva su nombre, mantiene al ser humano en la trampa sin fin que es su propio reflejo. Paradójicamente, cuanto más experto te vuelves en el asunto del ser inferior, más te alejas del ser superior.

> *A través de las lentes de la 10.ª Sombra, lo único que ves cuando miras a otras personas es individuos a los que quieres cambiar*

La Obsesión de la 10.ª Sombra viene provocada por el miedo, y se trata de un miedo inconsciente específico: el miedo a perder tu identidad. Es uno de los miedos más profundos de la humanidad y, por lo tanto, te fuerza a ejecutar patrones conducentes a descubrir quién eres tú, con la idea de encontrar una definición permanente en la vida. Esta cruzada a favor de tu propia identidad es la mayor cruzada que existe. Se trata de un recorrido de autoconocimiento fuera del tiempo, representada en el famoso axioma grabado en la entrada del templo del oráculo de Delfos: «Conócete a ti mismo». Sin embargo, en la frecuencia más baja de la Sombra, esta búsqueda del autoconocimiento se convierte en una obsesión que, en realidad, te impide definir quién eres y qué eres. En la sed por escapar de tu miedo, crearás un recorrido infinito, lleno de

drama y quizás de aventura, pero en el que nunca te tengas que enfrentar a ti mismo. Esta es la trampa de la 10.ª Sombra: te engaña al perseguir la sombra de tu propio reflejo, de manera que el mismo viaje en busca de la verdadera naturaleza te atrapa en tu propia red.

En el mundo occidental actual, la obsesión está presente por todas partes. La gente está obsesionada con cómo se sienten y qué aparentan, con lo que llevan puesto, con lo que poseen y con el lugar en el que viven. Mientras estés mirándote al ombligo no puedes ver lo que tienes alrededor, y este es el problema. Hasta que no puedas reconocer tu propia obsesión no podrás trascenderla, y esta es la razón por la que es un mal necesario. Todos los viajes interiores comienzan por la obsesión y pueden llegar a convertirse en un laberinto sin fin. Incluso cuando la obsesión adquiere forma de búsqueda espiritual, puede convertirse en una trampa. De hecho, en muchos sentidos, la búsqueda espiritual de la verdad, que está fascinando a tantas personas en nuestro mundo occidental hoy, es la mayor obsesión de todas. El camino mismo se convierte, fácilmente en una adicción que te impide ser verdaderamente tú mismo. Cuanto más buscas tu propia identidad, más efímera se vuelve.

Todos los caminos circulares finalmente terminan en un logro. Los que pisen el camino del autoconocimiento (el antiguo nombre chino para este 10.º hexagrama del I Ching es «La pisada») podrán, finalmente, escapar de la cinta mecánica cuando se den cuenta de que no pueden encontrar lo que están buscando. Esta revelación espontánea puede suceder solo una vez que te hayas perdido abundantemente por los laberínticos senderos del ego. Nadie puede saber cuánto puede tardar en llegar una revelación de este tipo, ya que es diferente de un individuo a otro, pero no se puede emular. La verdadera revelación que trae la 10.ª Sombra conduce inevitablemente a la explosión creativa que emerge gracias al 10.º Don, la Naturalidad.

NATURALEZA REPRESIVA: NEGADA

La naturaleza represiva de la Sombra de la Obsesión es la negación total de uno mismo. Este tipo de energía opuesta a la de la obsesión se vuelve centrífuga por completo y se focaliza en todo menos en uno mismo. Se trata de personas que viven sus vidas a través de otros y para otros. Sin embargo, se trata de un tipo de martirio que no puede servir ni apoyar a la evolución. Esas vidas están maquilladas por completo de transigencia, ya que los que se niegan a sí mismos se convierten en zombis para la colectividad. Aunque este tipo de lenguaje pueda resultar chocante, una enorme mayoría de la población mundial vive así: sin un amor real por sí mismos y sin un centro o corazón presente en ellos. Estas personas son el blanco perfecto de las grandes religiones. Su autonegación no les permite reconocer la Divinidad en sí mismos, y por eso encuentran mucho más fácil proyectarla en ese tipo de autoridad externa.

NATURALEZA REACTIVA: NARCISISTA

Cuando la fuerza autoobsesiva se externaliza gracias a la naturaleza reactiva, se convierte en verdadero narcisismo, en el sentido de que excluye a todos los demás. Del

mismo modo que la naturaleza represiva niega su propia existencia, la reactiva niega la existencia de los otros. Este tipo de personas basan su vida por completo en sí mismas. El miedo que les habita se vive como ira; proyectan el miedo a perder su identidad en otros y en la sociedad en general. Este tipo de gente no puede ceder en nada ante los otros. Viven en la paranoia de que el mundo o los otros, de alguna manera, le pueden robar su derecho a la libertad. La naturaleza reactiva encuentra que las relaciones de pareja son extremadamente difíciles, ya que están básicamente encerrados en una aventura amorosa con ellos mismos, pero no con su verdadera identidad. El yo verdadero está en todos lados y en todas las cosas, ya que es la auténtica naturaleza del amor. Sin embargo, para darse cuenta de algo así uno tiene que desprenderse de aquello que le da la ilusión de seguridad, la ilusión de la identidad individual.

EL DON DE LA 10.ᴬ CLAVE GENÉTICA: NATURALIDAD

VIVIR TU PROPIO MITO

El Don de la Naturalidad es un Don que espera en cada uno de los seres humanos. Es el centro de tu ser y solo gracias a ese centro puedes expresar tu propia creatividad y singularidad. La vida de cada ser humano es un viaje por las frecuencias de esta 10.ª Clave Genética. Ser natural significa ser tú mismo. Todos estamos intentando ser quienes somos, pero la mayoría de nosotros hemos sido condicionados para ser otros distintos de lo que somos. Así ha sido siempre a lo largo de nuestra historia, desde que comenzamos a desarrollar el complejo neocórtex. En el momento en que la mente tuvo el equipamiento para reflejarse a sí misma, surgió la pregunta primigenia «¿quién soy yo?». Antes de esta pregunta, los seres humanos vivían en estado de naturalidad, pero solo porque eran, más que nada, una parte del reino animal y porque no se habían desarrollado por completo como *Homo sapiens*. Incluso así es interesante saber cuánto podemos aprender de este 10.º Don gracias al reino animal, cuyo estado normal es la naturalidad.

El viaje humano, por supuesto, es singular y bien diferente del que realiza el resto de los animales. Hemos de resolver el enigma de tener una mente que se puede mirar a sí misma. La pregunta primigenia «¿quién soy yo?» se tiene que responder antes de poder comprender el Don de la Naturalidad. Hay muchas paradojas en el 10.º Don, la mayor de las cuales es que no puedes ser quien eres hasta que no dejes de pensar que eres alguien; pero, además, tienes que salir y buscar a ese alguien ¡para darte cuenta de que no existe! Hay una gran cantidad de tensión inherente a la pregunta «quién soy yo», y justamente la esencia de este 10.º Don consiste en relajar la tensión en torno a la identidad. El 10.º Don, la Naturalidad, solo puede brotar cuando la obsesión se haya consumido a sí misma. La primera gran revelación que llega de la búsqueda de nuestra propia y singular naturaleza es que tú no puedes ser definido por medio de ningún tipo de etiqueta. Una vez que comprendes que no eres ni tu nombre, ni tus actos, ni tus sentimientos, ni tus pensamientos o creencias, te das cuenta de que la naturaleza humana es algo mucho más grande y profunda de lo que nunca hubieras sospechado.

En el nivel de frecuencia del Don, hay una ingente liberación de energía en tu ser —y también en tu vida pública— cuando todos los intentos por definir quién eres comienzan a relajarse. La manifestación más corriente de esta energía es la liberación de una intensa creatividad ligada a un nuevo sentido de diversión. Pierdes el sentido de identidad y, simultáneamente, comienzas a sentirte centrado en un contexto más amplio. El Don de la Naturalidad no se puede practicar, copiar o sistematizar. Emerge solo gracias a una creciente sensación de libertad y espaciosidad. Este sentido de alivio y relajación en tu vida tiende a seguir una antigua secuencia arquetípica que parece ser universal. Como hemos visto, este proceso —que Jung llamaba *individuación*— comienza con la pregunta «¿Quién soy yo?» Esta cuestión, que puede aparecer representada bajo otras variaciones como «¿Por qué estoy aquí?» o «¿Por qué estoy haciendo esto?», pone en marcha un proceso de cuestionamiento interno sobre el propósito y el significado de la vida.

La segunda fase del proceso de volverse natural tiende a ser un recóndito cuestionamiento interior y una cruzada en la que te aíslas, de alguna manera, de tus responsabilidades previas y das más tiempo y espacio a la comprensión de tu propia naturaleza. Para muchas personas esta fase dura mucho tiempo y es también la etapa en la que la mayoría se queda atrapada en la baja frecuencia de la obsesión por sí mismo, y se enamora de la cruzada sin fin del autoconocimiento. Sin embargo, llega un momento en que esta fase desemboca en un colapso natural y en el consiguiente abandono de la búsqueda, cuando te das cuenta de la futilidad que hay en la investigación de algo que, claramente, no se puede definir. Este reconocimiento marca un hito en tu vida y representa la liberación de la obsesión por ti mismo. Puede, también, ser un gran reto soltar todos los constructos y técnicas con las que te has ido identificando por seguridad. Afortunadamente, esta tercera fase pasa rápidamente a consolidarse e integrarse en tu ser, permitiéndote entrar en una nueva dimensión en la que te conviertes en un individuo cada vez más interiormente relajado. Esta cuarta fase es algo así como un renacimiento, ya que exteriorizas por primera vez en tu vida lo que llevas dentro. Se trata de un tiempo de gozo profundo, lleno de propósito, que te devuelve a la naturalidad cada vez que entras en contacto con esta sensación de relajación en tu ser, una y otra vez.

La quinta y última fase del proceso de convertirte en ti mismo se manifiesta como el florecimiento de tu naturaleza individuada y diferenciada. Este es el momento en que alcanzas la cima de tu mitología y traes al mundo algo completamente nuevo, basado en la frecuencia más alta, que siempre ha estado latente en tu interior. Este florecimiento final de tu ser interior se manifiesta como un reto a la normativa vigente, ya que tu verdadera naturaleza está siempre en la innovación evolutiva. La idea, cualquiera que esta sea, representa la verdadera belleza del individuo que encuentra su manera de expresarse en el mundo.

En este trabajo hay referencias a procesos químicos ocultos en tu ADN. Esas redes genéticas se conocen como los 21 anillos codónicos, contenedores de muchos misterios. La 10.ª Clave Genética pertenece a la familia química conocida como el Anillo de la Humanidad, que incluye la 10.ª, 17.ª, 21.ª, 25.ª, 38.ª y 51.ª Claves Genéticas. Al ser uno de los más complejos anillos codónicos, esta familia química porta las llaves de los guiones mitológicos más grandes de todas las culturas. Estas seis Claves

Genéticas encapsulan todos los elementos míticos de lo que significa la existencia como ser humano. Herido desde el comienzo (25), tienes que entablar una batalla contra tus sombras (38), superar las limitaciones de tu mente (17), abandonar la necesidad de controlar tu vida (21) y encontrar tu verdadero ser (10) antes de que puedas despertar (51). Gracias a este intensísimo grupo, puedes observar lo enredados que estamos los seres humanos en los mismos dramas básicos. Hay mucha belleza por descubrir aquí y, al encontrarla, te darás cuenta de que la naturalidad es lo más simple que existe. Sencillamente está ahí, en tu interior, lista para manifestarse cuando tú decidas dejar de discutir con la vida.

EL SIDDHI DE LA 10.ᴬ CLAVE GENÉTICA: SER

LA PEREZA DIVINA

Cuando la naturaleza diferenciada ha mostrado su máxima expresión en el mundo gracias al 10.° Don, aún se reserva una sorpresa final. Existe una sexta fase del proceso de volverse uno mismo que termina por completo con la propia idea del autoconocimiento. Se trata de una vuelta al estado previo, al momento de enunciar la trascendental pregunta «¿Quién soy yo?». La sexta fase es el 10.° Siddhi, Ser. Cuando aparece el 10.° Siddhi, la naturaleza diferenciada se disuelve espontáneamente en un espejo superior, que es la tercera fase, en la que los conceptos de tu búsqueda de autoconocimiento llegan a su fin. Sin embargo, a este nivel síddhico, todo se disuelve: el ser, el no ser, la mente, la forma, el propósito y el significado. La única palabra que alcanza a darnos una idea de lo que significa el 10.° Siddhi es la palabra *Ser*. Las tradiciones místicas suelen expresarlo en términos como la consciencia del *Yo Soy*, aunque el mismo empleo de la palabra *Yo* pueda resultar desorientador. En el 10.° Siddhi no tiene sentido utilizar el concepto *Yo*, ya que solo existe la pura consciencia expresándose a través del Ser.

El 10.° Siddhi está destinado a la malinterpretación por parte de aquellos que han interiorizado su frecuencia. Junto con su par programado, el Siddhi de la Florescencia, inspira una de las más grandes paradojas metafísicas de todos los tiempos. Esta paradoja se ejemplifica muy bien en el fenómeno concreto del budismo: el de los arhats y los bodhisattvas, las dos manifestaciones externas de los estados superiores de iluminación y autorrealización. Sin entrar en consideraciones profundas del dogma budista, estas dos expresiones de la perfección humana se pueden comprender con la representación del *ser* y del *llegar a ser*, respectivamente. El arhat es el 10.° Siddhi, que representa el puro Ser: un estado en el que la evolución ya ni existe ni importa. Para el arhat, una vez que se ilumina, todo el universo se ha iluminado, así que no hay nada más que hacer. Para el bodhisattva, que coincide con el 15.° Siddhi, no existe el final de la vida, lo que conlleva una continua evolución del estado de florecimiento. Por lo tanto, el bodhisattva hace un juramento voluntario para quedarse a un paso de su iluminación en favor de otros, y ayuda a la evolución quedándose como guía de otros seres hacia el estado de liberación.

Estas dos expresiones de la perfección humana —el arhat y el bodhisattva— han provocado una gran confusión en los círculos místicos. El camino del Ser se ve reflejado con fuerza en la tradición del Advaita Vedanta, uno de los caminos espirituales más antiguos de la India. Gracias al 10.º Siddhi brota una luminosidad enorme y una gran gracia, que tiene que ver con la vida misma. Experimentar la vida a través del 10.º Siddhi es ver como un simple juego o ilusión todo lo que los seres humanos normales consideran importante. Para el arhat, la vida no tiene sentido, el tiempo es una ilusión y, por lo tanto, la evolución misma es un juego. Dado que este punto de vista es catalogado como egoísta y amenazante por el que no está iluminado, el cual está identificado con la evolución, se ha evitado el arhat en favor del bodhisattva. ¡Así es como funciona la política de la iluminación! Para el que observa desde fuera estos estados, puede parecer que uno y otro son opuestos, pero para aquellos que los manifiestan es diferente, ya que pueden experimentar uno y otro a la vez. La única diferencia entre ellos estriba en el lenguaje que la persona utiliza para describir su experiencia o revelación. El arhat no tiene nada que hacer en el mundo, mientras que el bodhisattva se enfoca totalmente en la misión de ayudar a otros.

El 10.º Siddhi es verdaderamente una expresión preciosa de la consciencia que se manifiesta en el mundo de la forma. Se trata de personas cuya iluminación abarca toda la existencia. El intenso enfoque sobre uno mismo que llega gracias a esta 10.ª Clave Genética rompe por fin su identificación con la forma y experimenta el todo como el *Ser* con amor, como el fluido en el cual flotan los múltiples aspectos de la personalidad. Puedes observar con qué facilidad se puede llegar a malinterpretar el mensaje del 10.º Siddhi, especialmente en el mundo de hoy, en el cual los seres humanos estamos llamados a participar, cada vez más, en nuestra propia evolución. El 10.º Siddhi es un recordatorio de que todo esto no es más que un juego, un *leela* o representación, en la que incluso nuestras más nobles ambiciones carecen de significado. Obviamente, si cada uno de nosotros sostuviera esta idea, la evolución misma se habría quedado atascada en sus raíles, ya que esa visión representa el fin de la evolución. El 10.º Siddhi ve la belleza del juego de la evolución, pero no tiene otra alternativa que la de socavarlo, pues al hacerlo impide la identificación con cualquier otra cosa que no sea la maravilla del momento presente.

El 10.º Siddhi es un recordatorio de que todo esto no es más que un juego, un leela *o una representación, en la que incluso nuestras más nobles ambiciones carecen de significado*

Los dos polos, el del ser y el del llegar a ser, se han convertido en uno solo para aquellas personas que han entrado en el misterio del 10.º Siddhi. Se trata de la revelación que supone descansar en la verdadera naturaleza del ser y, al mismo tiempo, ser testigo del flujo efervescente de la forma, que se hace cada vez más complejo durante el proceso evolutivo. El destino externo de cada persona está gobernado por las Claves Genéticas Primarias que están tejidas en su interior. Así pues, el Siddhi Primario es el que determina el lenguaje y el estilo de cada iluminación en particular. Por lo tanto, quizás es incomprensible y hasta algo triste ver que los metafísicos han juzgado de manera tan desfavorable este 10.º Siddhi durante tanto tiempo. Los poderes ocultos no quieren que la

gente se siente de brazos cruzados y se pase la vida soñando en la pereza divina del Ser. Aquellos días más tranquilos en que los arhats estaban presentes han concluido. La visión moderna que se mantiene como favorita en estos días es la evolucionista. Hoy estamos obsesionados por la evolución, por saber hacia dónde nos está llevando y si nosotros mismos podemos controlar nuestra dirección como especie. En los tiempos potenciales de crisis, como es el momento que estamos atravesando, el Ser se interpreta como no hacer nada. Si queremos sobrevivir a los próximos siglos, hay cosas que *debemos* hacer.

Aquel que manifiesta el 10.º Siddhi no ha podido hacer nunca nada, porque, sencillamente, no hay nadie para hacerlo, así que ¿para qué tanto alboroto sobre el futuro? Ser es la naturaleza de la consciencia en la forma, y no tiene agenda ni dirección. Sencillamente es. Y es precisamente en esta simple declaración donde yace un poder que está más allá de la comprensión y que convierte al 10.º Siddhi en el gigante durmiente de nuestro genoma humano. Nada tiene más poder que el propio Ser. Podríamos recordar bien la naturaleza del ser que descansa tras todos los dramas del mundo y de nuestras vidas individuales. La mayor tarea que los seres humanos del futuro tendrán que perfeccionar posiblemente sea la de reposar sagradamente en el supremo estado del ser mientras que, al mismo tiempo, participan de la aventura de nuestra evolución.

11.ª CLAVE GENÉTICA

SIDDHI LUZ • DON IDEALISMO • SOMBRA OSCURIDAD

LA LUZ DEL EDÉN

PAR PROGRAMADO: 12.ª CLAVE GENÉTICA
ANILLO CODÓNICO: EL ANILLO DE LA LUZ
(5.ª, 9.ª, 11.ª, 26.ª)

FISIOLOGÍA: GLÁNDULA
PITUITARIA
AMINOÁCIDO: TREONINA

LA SOMBRA DE LA 11.ª CLAVE GENÉTICA: OSCURIDAD

EL RÉGIMEN FASCISTA DEL EGO HUMANO

La 11.ª Clave Genética te abrirá las puertas de un mundo totalmente nuevo: el mundo de la luz. De hecho, esta Clave Genética da su nombre a un grupo genético y químico importante, conocido como el Anillo de la Luz. Esta Clave Genética tiene que ver con la capacidad de visión humana, tanto interior como exterior. Por lo tanto, está profundamente conectada con el ojo humano y con el modo en que las imágenes se trasladan, vía córtex visual, hasta el cerebro en forma de imaginación. Uno de los más fascinantes estudios sobre la luz en su máximo potencial se puede visualizar a través de este codón genético. El aminoácido treonina programa tu ADN a través de la 11.ª Clave Genética. La treonina también codifica otras tres Claves Genéticas: la 5.ª, la 26.ª y la 9.ª. Cada una de ellas hace referencia a un código diferente, a través del cual los seres humanos se conectan con la luz. En el nivel de consciencia más elevado, el 5.º Siddhi, la Atemporalidad, muestra cómo se puede acabar con el concepto del tiempo gracias a esta conexión con la luz, y para ello se vale del espacio como medio. El 26.º Siddhi, la Invisibilidad, se vincula con la capacidad sobrenatural de manipular la percepción humana de la luz gracias al magnetismo, y el 9.º Siddhi, la Invencibilidad, invoca a la luz, como si de un rayo láser se tratara, con la intención de disolver la realidad física y, por lo tanto, convirtiendo a la persona en un ser realmente omnipotente.

Cada una de estas cuatro Claves Genéticas se puede contemplar a través de las lentes de sus respectivas frecuencias de la Sombra, lo que además ilustra cómo el sufrimiento humano está sutilmente conectado con la capacidad o incapacidad de aprovechar los poderes de la claridad por medio de la luz. En el caso de la 11.ª Sombra y

del 11.º Don, se trata de buscar la interrelación que existe entre la luz y la mente humana. La 11.ª Sombra establece una frecuencia de interferencia entre la luz y el modo en que la mente la procesa, la traduce y la comunica. Dicho de otro modo, toda tu experiencia humana del mundo se desequilibra a causa de esta 11.ª Sombra, que, por lo tanto, representa el campo de la ilusión, la desilusión y la oscuridad.

La mayoría de los seres humanos de este planeta vive en un ancho de banda de ondas luminosas muy estrecho, lo que significa que no pueden ver la realidad claramente. Lo que casi toda la gente cree que es la realidad es solo una visión muy tenue y sesgada de la misma. La 11.ª Sombra limita enormemente incluso el funcionamiento del hemisferio derecho del cerebro humano, ese aspecto de la mente que no ve patrones construidos en función del lenguaje y los números, sino que capta la realidad a través de resmas de imágenes fractales y las comprende de manera intuitiva, desde las más profundas simas de la mente. El hemisferio derecho se ha visto siempre como el lado femenino del cerebro; el pensamiento lateral, intuitivo, y el lado artístico de la mente. Si pudieras ver lo limitada que es tu percepción de la realidad cuando esta parte femenina de tu naturaleza no está funcionando a pleno rendimiento, te quedarías muy sorprendido.

La mayoría de seres humanos de este planeta vive en un ancho de banda de ondas luminosas muy estrecho

La 11.ª Sombra, la Oscuridad, ubica en tu interior una realidad virtual o constructo creado gracias a la combinación de fuerzas con su par programado de baja frecuencia, la 12.ª Sombra, la Vanidad. Esta presunta realidad es de una opacidad tal que solo te permite observar la vida a través de un cierto paquete de visiones limitadas. Así es como funciona: como representación de la polaridad femenina del cerebro, la 11.ª Sombra crea un campo de miedo en los seres humanos. Las imágenes que desbordan tu mente, provenientes del hemisferio derecho, no se pueden controlar ni parecen tener sentido. En la mayoría de los casos, están relegadas a un lugar recóndito de tu mente, desde donde emergen en forma de fantasías secretas, sueños reprimidos, temas emocionales u oscuras motivaciones. Así, el hemisferio cerebral izquierdo, de tendencia masculina (encerrado en la 17.ª Sombra), se convierte en predominante, ya que usa la lógica como un modo de controlar tu realidad. Mientras que el hemisferio derecho parece caótico, ilógico e idealista, el izquierdo es la voz controladora de la razón.

La siguiente parte de esta historia tiene que ver con el par programado, la 12.ª Sombra, que está en el otro extremo de nuestro genoma y que se orienta más hacia el campo del sonido que hacia el de la luz. Ella traduce la realidad de orientación abstracta de la 11.ª Sombra a un *lenguaje* interior: una realidad neurolingüística fabricada que proyectas posteriormente en el mundo. En el centro de este mundo virtual se asienta el yo separado: una ilusión controlada y creada por un régimen fascista interior, y apoyado, además, por los medios de comunicación internos, que continuamente te manipulan sirviéndose de la luz y del sonido. Dicho de modo sencillo, las Sombras 11.ª y 12.ª solo te permiten ver y oír lo que ellas quieren que veas y oigas. Si te suena familiar, es porque nuestro mundo exterior tiene la tendencia a reflejarnos una realidad interior. La vanidad es el nombre dado al falso protagonista que se ha sentado en el

medio de tu pantalla y que constituye la base de la falsa realidad de este planeta. Muchos otros sistemas y tradiciones suelen denominar «ego» a esta misma falsa construcción interna.

El ego o separación de uno mismo es, por lo tanto, una ficción de nuestro condicionamiento colectivo genético que se puede ir disolviendo gradualmente, al tiempo que el condicionamiento se va pulverizando. Se trata de una operación extremadamente delicada que está en los fundamentos de la mayoría de los sistemas místicos y de ciertos tipos de psicoanálisis. El gran miedo de los seres humanos permanece reprimido en el hemisferio derecho del cerebro. En el momento en que comienzas a abrir las compuertas de esa parte de tu cerebro, a través de algún tipo de enseñanza chamánica, técnica mística, química, terapia o arte, expones toda tu realidad construida a un grave peligro. Puede ser que comiences a sentirte desbordado por la avalancha de imaginería que se te viene encima, procedente de tu inconsciente reprimido. Y puede que tu lenguaje interior no sea capaz de manejar e integrar los resultados de esa disolución. Esta es la razón por la que los eventos internos de este calibre se interpretan como una muerte que puede, a menudo, desembocar en estados de desilusión, donde tu miedo se trata de identificar con los arquetipos que emergen desde tu hemisferio derecho.

El secreto de la 11.ª Clave Genética y del hemisferio derecho es el secreto de los arquetipos. Cada elemento o imagen que brota desde tu inconsciente representa un arquetipo: una imagen alquímica, respaldada por el colectivo, que refleja el proceso de disolución. Se trata de arquetipos que estremecen y atemorizan. En el mundo moderno, la conciencia de masa obtiene su principal conexión con este mundo arquetípico gracias a los relatos, la televisión y el cine. No puedes escapar de esos arquetipos porque son proyecciones de nuestra propia psique. Pero el poder real de un arquetipo es su respuesta biofísica en tu cuerpo. No son solo imágenes que puedas ver con objetividad, sino que se trata de conexiones neurológicas que estimulan todo tu cuerpo a través de tus glándulas. De hecho, tratas de impedir aquellos arquetipos específicos que son la causa de tus mayores miedos, pero no puedes hacerlo. Esta es la razón por la que sigues recreando las mismas situaciones que odias, especialmente en el ámbito de las relaciones, donde los arquetipos asumen, a menudo, la forma de tu pareja.

La 11.ª Sombra es un verdadero campo de minas de sueños perdidos, de comportamientos escapistas, de rechazo, culpa y represión. Con tan solo comenzar a confiar en las imágenes que te llegan a través de los sueños y permitir que esas imágenes se incuben en tu imaginación, podrías comenzar a salir del falso sueño en el que te habías situado a ti mismo. Despertar de un estado así es una experiencia inmensa. Se trata de abandonar la ilusión del resto del mundo y comenzar a transitar un nuevo tipo de camino con el que la mayoría está en desacuerdo. Justo en ese paso que tienes que dar un día está el movimiento que te conduce desde la 11.ª Sombra al nivel del Don correspondiente. Cuando, por fin, tienes el coraje de dar ese salto interior, el sueño que portabas oculto en tu interior desde hacía tanto tiempo revoluciona tu consciencia individual y te introduce en un nuevo horizonte sin fronteras.

NATURALEZA REPRESIVA: FANTASIOSA

Cuando la imaginería arquetípica del hemisferio derecho está reprimida, se gira hacia adentro y crea un mundo de fantasía. La fantasía, de por sí, no es algo negativo. El problema surge si esa fantasía no encuentra una salida creativa y saludable, cosa que no sucede con mucha frecuencia. La base de la represión es el miedo, y cuando no abrazas ese miedo, la consecuencia es una enorme pérdida de energía en tu cuerpo y en todo tu ser. Las vidas no vividas van agotando la energía física del cuerpo, lo que conduce a todo tipo de problemas de salud. Y lo que es aún peor, las fantasías que no encuentran una salida creativa son una barrera que nos mantiene apartados de nuestro propio destino. Nuestro destino siempre está escondido justo detrás de esas fantasías. Cuanto más las contienes, más se retuercen, hasta el punto de que lo que comenzó siendo un simple arquetipo termina pervirtiéndose y convirtiéndose en una forma mucho más oscura. Mientras no podamos apropiarnos de esa forma de manera responsable, no podremos tampoco liberar el poder creativo que yace en ella.

NATURALEZA REACTIVA: DESILUSIONADA

La naturaleza reactiva, enraizada en la desilusión y la rabia, convierte la fantasía interior en un campo de proyección y trata de manifestarla en el mundo. Si se abrazara la ira y se tomara posesión de los propios miedos, los arquetipos que portamos podrían manifestarse en el mundo; pero la naturaleza reactiva no lo permite. Por el contrario, lo que hace es utilizar el mundo exterior para escaparse de lo que se esconde dentro del arquetipo. Este tipo de personas son las que tienen grandes ideas en su cabeza, pero que no las manifiestan nunca, pues la profunda negación en la que viven les impide dar rienda suelta a la imagen interna que ellos tienen de lo que un día podría suceder. Esta clase de gente es la primera en sufrir desilusiones e incluso crisis nerviosas. La desilusión es la representación externa, aparente, de un falso sueño, que se corresponde con un sueño real y más profundo. Mientras que el verdadero sueño permanezca oculto, lo único que emergerá será una simple capa superflua, con nulo poder de manifestación.

EL DON DE LA 11.ª CLAVE GENÉTICA: IDEALISMO

EL REALISMO MÁGICO

El 11.º Don es una de las grandes claves de nuestra era. Cuantas más personas puedan encontrar el coraje para jugar con la imaginería y el poder creativo que llega de su hemisferio cerebral derecho, más saludable será el mundo. La represión histórica del poder femenino, y de la mujer en general, es una manifestación directa de la falta de equilibrio en nuestra química cerebral, tal y como se muestra en la 11.ª Sombra. La imaginería que permanece atrapada en nosotros es la presión de nuestro pasado ances-

tral. Esto quiere decir que esas imágenes son memorias. Es más, esas memorias no son solo recuerdos individuales, sino memorias colectivas que han permanecido reprimidas durante milenios. Estas memorias existen dentro de ti como arquetipos, y, en el momento en que comienzas a comprender de lo que es capaz un arquetipo, ya eres capaz de comenzar a trabajar con la energía dinámica del 11.º Don, el Idealismo.

El idealismo goza de mala reputación en el mundo moderno, porque se interpreta como opuesto al realismo. Mientras que el realismo se asocia con el poder de la manifestación, el idealismo se asocia con un concepto más débil. El 60.º Don, el Realismo, sin embargo, sostiene una verdad mágica: que «lo único que se necesita para que la magia suceda es una estructura ligera en el mundo de la forma y una mente abierta». Esta idea no está, de ninguna manera, reñida con la verdadera naturaleza del idealismo. Lo que mucha gente considera idealismo no es más que la manifestación de la 11.ª Sombra, la Oscuridad, cuando es incapaz de materializar sus sueños. Para que el idealismo se manifieste en el mundo, lo único que se necesita es una estructura donde se pueda materializar. Pero —y este es un gran pero— primero tienes que descubrir cuáles son tus verdaderos ideales y sueños.

Cuando comienzas a considerar el arquetipo del 11.º Don, abres la compuerta de una aparentemente caótica imaginería almacenada en tu espacio interior. Si no estás preparado para ello y para la cadena de reacciones que le siguen de manera inevitable, entonces el resultado será una lista de problemas y desilusiones. El potencial de trabajar con un arquetipo es que de antemano sabes que, sea lo que sea lo que sientas o experimentes, no es más que una proyección de tu propia psique interna. Por ejemplo, si tienes una experiencia alterada de consciencia en la que te conviertes en Buda, o experimentas poderes mesiánicos, en vez de identificarte con esas experiencias puedes verlas como un estado alquímico de tu propio proceso psíquico. El peligro está siempre en la identificación. Todo el concepto de vidas pasadas se basa en esa identificación. Aunque parezca totalmente inocuo identificarnos con un personaje del pasado, en realidad esa identificación impide al arquetipo encarnarse más profundamente en nosotros. Los arquetipos se asientan sobre patrones fractales que fluyen desde el pasado hacia el futuro, y viceversa. Solo estás seguro en el presente, porque el presente es lo único con lo que no puedes identificarte.

El idealismo representa el flujo continuo de las memorias arquetípicas en el mundo de la forma. Cuando se le permite un movimiento libre, el idealismo materializa tus sueños en el mundo. Una de las trampas más peligrosas de los sueños es que no sabes en qué se van a convertir cuando emerjan en el mundo de la forma. Solo estás seguro del sentimiento que palpita en tu corazón. Tu mente conjura imágenes visuales sobre tus sueños e ideales, y es justo ahí donde pueden surgir los potenciales peligros de bloquear el flujo natural. Tienes que creer en el poder de tus sueños y, al mismo tiempo, tienes que rendirte a la apariencia que toma. Cada imagen, arquetipo o experiencia mítica que experimentas o ves es parte de un río que se mueve desde el pasado hacia el futuro, y viceversa. Por esto, la esencia real del 11.º Don es la capacidad de jugar con los arquetipos que pasan ante ti y en tu vida. Esta misma actitud lúdica hace que dejes de lado la tendencia a intentar controlar con tanta fuerza tus experiencias.

El 11.º Don, como ya habrás notado, es un mundo de magia y de cuentos de hadas; pero no te equivoques con su verdadero potencial. Con la estructura adecuada, esta energía del idealismo se materializará en grandes cosas en tu vida externa. A través del 11.º Don, todas las formas del mundo natural se arremolinan en torno a nosotros. Es la tierra de los tótems tribales, criaturas infundidas con un poder especial, fuerte y ancestral. En cada cultura abundan este tipo de tótems. Incluso en nuestro mundo moderno utilizamos símbolos y animales que representan nuestros negocios y nuestras vidas. Cada uno de estos símbolos porta con él un poder real cuando resuena con tu ideal interno. En el mundo del 11.º Don, cada cosa es un símbolo del infinito patrón de los grandes arquetipos trasladándose desde el mundo intangible al de la forma, desde el pasado hacia el futuro por la arteria vital que es el presente.

Cuando los humanos volvamos a pensar de nuevo con nuestro hemisferio derecho, traeremos al mundo de la forma ese equilibrio tan necesitado. El resultado se manifestará en el mundo que nos rodea con la decadencia de los modelos patriarcales y la elevación del poder de lo femenino, hasta armonizarse con el del hombre. Este es el verdadero significado de la cra que estamos atravesando y la razón por la que tantos conocimientos ancestrales se están vertiendo, de nuevo, sobre la consciencia colectiva de nuestro planeta. Gracias al 11.º Don, el verdadero arte de la magia está regresando de nuevo a nuestro mundo.

Gracias al 11.º Don, el verdadero arte de la magia está regresando de nuevo a nuestro mundo

EL SIDDHI DE LA 11.ᴬ CLAVE GENÉTICA: LUZ

ARRANCAR DE RAÍZ EL ÁRBOL DEL CONOCIMIENTO DEL BIEN Y DEL MAL

Cuando fluyes con el arquetipo del 11.º Don, tu vida sigue un curso singular de autofortalecimiento en el que encuentra muchos giros y revueltas, subidas y bajadas, mil retos que afrontar hasta llegar a interiorizarlos. Llega un tiempo, sin embargo, en el que los arquetipos que vas encontrando comienzan a fusionarse en imágenes cada vez más y más pequeñas, hasta que llegan a componer un solo arquetipo primario. Esta imagen o ser es la marca de tu propia némesis. El arquetipo primario representa la destilación de todos los aspectos de tu naturaleza, y su apariencia es tan poderosa que, literalmente, acaba con el proceso de evolución y crecimiento. Durante un tiempo te tendrás que sentar cara a cara con este demonio interior y hacerte consciente de los sentimientos que engendra: sobrecogimiento, terror, caos y amor. Cualquier forma que la mente intente dar a esta criatura será devorada por la elevadísima frecuencia de este propio arquetipo. El arquetipo primario ha recibido diversos nombres según las diversas culturas y credos: es el *doppelgänger* de la psicología freudiana, el guardián gnóstico del Threshold o el demonio en el desierto de la tradición cristiana. He aquí un resumen de las proyecciones colectivas míticas del bien y del mal.

Un ego o identidad separada, al confrontarse con su gran demonio interior, comienza a disolverse dentro del propio arquetipo. Cada proyección o necesidad de identificarse con cualquier cosa se va eliminando de la psique. Una vez terminado el proceso, la verdadera realidad se hará manifiesta en ese ser humano por primera vez. Así es como se habrá llegado a purificar el mundo. Más allá de todas las formas, y también a través de ellas, brilla una luz, una clara y pura luz. No se trata de una luz física, sino de una inteligencia que está más allá de la identificación, a través de la cual uno entra en la mente y en el cuerpo de lo Divino. Este extraño suceso es la expresión del 11.º Siddhi y es la marca de un estado síddhico. En términos lineales, este 11.º Siddhi representa el resultado de lo que ocurrirá cuando todas las memorias arquetípicas almacenadas en el inconsciente colectivo hayan sido filtradas y expresadas a lo largo de la vida de un individuo. Es como si perforarses el velo que separa al hombre de su caída mítica, ya que volverás a experimentar el mundo a través de la mirada de un niño, como si se tratase del mítico Jardín del Edén.

A través del 11.º Siddhi verás la verdadera naturaleza de la mente como si fuese vacío o amplitud. Esta mente, o no-mente, se experimentará a través del cerebro como pura luz. La luz en sí misma se entiende como una metáfora en el mundo de la forma, resultado del resplandor de la Divina presencia. La Luz del 11.º Siddhi no es nada parecida a la luz que percibimos con los ojos, aunque estas son las palabras más inmediatas que nos pueden servir para traducir la experiencia a los que estamos fuera del estado síddhico. Con la luz llega un inefable respiro de paz que se rompe continuamente como una ola en cada forma que visualiza. Lo que se veía como mágico en el nivel de la frecuencia del Don se ve ahora como la propia naturaleza de la realidad. Uno de los mayores misterios que existen consiste en que la luz solo puede encontrarse a través de la oscuridad. Para el que encarna este Siddhi no hay nada oscuro ni escondido. Cada elemento se mide en términos de luz y de frecuencia, y queda bastante claro quién es auténtico y quién está, simplemente, fingiendo.

Uno de los mayores misterios que existen consiste en que la luz solo puede encontrarse a través de la oscuridad

Para los seres que alcanzan el estado síddhico de la 11.ª Clave Genética, la luz lo es todo. Aparecen envueltos en luz, porque la luz es lo único que pueden ver. Es más que probable que se conviertan en maestros, dada su comprensión de la mente, ya que en todo momento reflejan su propia luz, pero al mismo tiempo guían a los demás hacia su propia oscuridad. Resulta paradójico que justamente aquellos que comprenden la pura luz del 11.º Siddhi en realidad se ocupen de guiar a los otros en dirección contraria a la de la luz, pero lo hacen con la intención de aproximarlos cada vez más a ella. Quien trae al mundo este Siddhi porta con él la visión del verdadero futuro de la humanidad. Al viajar hacia atrás en su consciencia, hasta el principio de los tiempos, tales personas pueden ver alrededor de ellos la culminación del proceso de evolución subyacente. Incluso aunque el tiempo no evidencie ese estado de Edén, estas personas viven en él todo el tiempo, lo que constituye una gran paradoja.

A lo largo de la historia de la humanidad, han nacido en el mundo ciertas generaciones que portan la llave para catalizar saltos cuánticos en la consciencia planetaria. Gracias a determinadas alineaciones cíclicas de los astros, esas generaciones tienen una alta incidencia de activación del 11.º Don. Son idealistas y, cuando llegan al mundo, lo cambian. La última vez que ocurrió esto fue en la era de la revolución industrial, en Gran Bretaña, que sentó las bases de lo que hoy conocemos como mundo moderno y que conforma nuestro entorno. Sin embargo, en momentos como esos, hay siempre uno o dos seres que vienen al mundo y que se iluminan a través del 11.º Siddhi, portando con ellos una nueva visión espiritual del futuro. Hoy, coincidiendo con la redacción de este libro, está naciendo otra de estas generaciones en el mundo, pero con un plan diferente. Los idealistas del futuro traerán más frecuencia síddhica a este mundo y sembrarán las bases para otra gran revolución; pero esta no será una revolución tecnológica. La revolución del futuro será la transformación del propio espíritu humano.

El propio 11.º Siddhi ha confundido a muchas personas durante años. En la moderna nueva era hay una enorme cantidad de gente buscando muy activamente la luz que este Siddhi promete. Sin embargo, nadie que alcance este Siddhi puede escapar del viaje que supone mirar en los más oscuros aspectos de su psique. El camino para integrar la luz interior se puede cubrir con alfombras de buenas intenciones, pero en realidad esta idea de las buenas intenciones surge de la 11.ª Sombra, que quiere acceder a la luz sin abrazar la oscuridad. El resultado de todo esto es que hay una gran dinámica de la Sombra en marcha en el mundo, algo especialmente visible en las grandes religiones, que buscan la luz de «allá arriba». La luz nunca ha estado fuera de nosotros, porque reside en lo más profundo de la materia misma. Hay una paradoja poco conocida que dice que las más altas vibraciones se ocultan en las regiones más densas, y que la verdadera ascensión se mueve hacia abajo y hacia adentro.

El gran reto del mundo actual es traer claridad a este tema cósmico del bien y del mal. La conciencia de masas, que funciona desde el lado izquierdo del cerebro, privilegia la luz por encima de todo. El principio femenino de la oscuridad, procedente del hemisferio derecho, se considera que está contra la luz, razón por la cual un incremento de la oscuridad precede al desencadenamiento de la verdadera luz, que es lo opuesto a nuestra imagen proyectada de la luz. La pura luz del 11.º Siddhi no tiene nada que ver con el bien y el mal, ya que representa la trascendencia de la dualidad. Así que puedes imaginar cuán profundamente vinculado está el mito cristiano del Edén con el del árbol del conocimiento del bien y del mal. En un futuro, cuando la gran mutación que dispara la 55.ª Clave Genética alcance a la humanidad, el 11.º Siddhi destapará nuestra actual percepción del mundo, y lo hará, simbólicamente, arrancando de raíz el árbol del conocimiento del bien y del mal. En ese momento comenzaremos a nutrirnos directamente del Árbol de la Vida, del que brota la luz. Esta luz se convertirá en nuestro verdadero alimento, ya que nutre nuestros cuerpos sutiles y lentamente provoca que nos vayamos refundiendo con el corazón mismo de la creación.

Una revelación final, que nos llega a través de la 11.ª Clave Genética y su Siddhi, tiene que ver con el cambio de consciencia vinculado al año 2012. Cuando leas la 55.ª Clave Genética, entenderás cómo se relaciona esta fecha con el Gran Cambio que nuestra especie humana está atravesando en este momento, también conocido como el tiempo de la Resonancia Armónica. El año 2012 ha llevado a nuestro planeta a una alineación geométrica con el centro de la galaxia. Muchas culturas indígenas, durante milenios, han predicho y hablado de este evento. En el gran arco de rueda de las 64 Claves Ge-

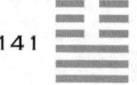

néticas, cada una de ellas tiene una posición exacta en relación con el cosmos y, por lo tanto, filtra el flujo cósmico cuando entra en nuestro sistema planetario. La 11.ª Clave Genética es justamente la que está vinculada con el centro mismo de la galaxia. Esta es la razón por la que desde aquí, desde el 11.º Siddhi, emerge el corazón de la luz. Conforme avanzamos hacia el año 2012, y también posteriormente a esa fecha, la pura luz del corazón de la galaxia alcanzó geométricamente nuestro planeta y comenzó a transformar nuestro ecosistema por completo con rapidez. También ha impulsado al ADN a liberar su luz interior y ha catalizado estados síddhicos en muchas personas, lo que incrementará exponencialmente el campo de frecuencia de toda la humanidad y de la propia Gaia.

12.ª CLAVE GENÉTICA

SIDDHI **PUREZA** • DON **CRITERIO** • SOMBRA **VANIDAD**

CORAZÓN PURO

PAR PROGRAMADO: 11.ª CLAVE GENÉTICA

ANILLO CODÓNICO: EL ANILLO DE LOS SE-
CRETOS (EL ANILLO DE
LAS PRUEBAS: 12.ª,
33.ª, 56.ª)

FISIOLOGÍA: TIROIDES

AMINOÁCIDO: NINGUNO
(CODÓN FINAL)

LA SOMBRA DE LA 12.ª CLAVE GENÉTICA: VANIDAD

LA PRUEBA FINAL

La 12.ª Clave Genética, juntamente con su Sombra y su Siddhi, es una de las más extraordinarias y más difíciles de entender de todos los arquetipos de la matriz genética humana. En las relaciones entre esta transmisión y la genética, cada una de las 64 Claves Genéticas tiene su correspondiente familia química, conocida como *codón* en el vocabulario genético. Para descifrar el código genético, los científicos tienen que encontrar marcadores genéticos en la masa de información codificada que se encuentra en el ADN, y esos puntos marcadores se conocen como *codones de arranque* o *codones finales*. Estos marcadores químicos de puntuación tienen un lugar de inusual importancia en la totalidad del código genético en sí mismo. Esta 12.ª Clave Genética, juntamente con la 56.ª y la 33.ª, está relacionada con lo que la ciencia llama *codón final* o *terminal*. En un plano puramente arquetípico, los tres codones finales —a los que nos referimos en su conjunto como el Anillo de las Pruebas— pueden entenderse como tres grandes pruebas míticas que testan a los seres humanos en su camino hacia la autorrealización. La 12.ª Sombra, la Vanidad, marca el núcleo interno del Anillo de las Pruebas, lo que significa que este estado de la Sombra representa el tercer y último aspecto de esta trilogía que testa a los humanos.

La 12.ª Clave Genética es especial. En el misterio de los 21 Anillos codónicos, esta 12.ª Clave Genética forma un anillo en sí mismo, *dentro* del Anillo de las Pruebas, llamado el Anillo de los Secretos. Sin embargo, sus secretos permanecen bien cerrados bajo llave hasta que activas las más altas frecuencias del 12.º Siddhi.

La Vanidad, como el Orgullo (la 26.ª Sombra), nos persigue hasta las cimas de la-

consciencia. Se trata de una palabra incómoda para la mayoría de nosotros, y en nuestra vanidad no nos gusta nada asociarnos con el concepto en primera persona. Al contrario que el orgullo, que prospera ante una audiencia, la vanidad es una Sombra mucho más interna. La vanidad es como los líquenes que se adhieren a las rocas más elevadas de una cadena montañosa. No importa cuán lejos haya llegado tu consciencia individual, la vanidad se seguirá amarrando sutilmente hasta cuando estés disfrutando de las más altas vibraciones. En algún sentido, la vanidad es el más humano de los vicios y también la última Sombra que dejamos ir.

La 12.ª Sombra es el amor por tu propia individualidad como un hecho único. Tiene que ver con aprender a amarte a ti mismo, que es lo mismo que decir vanidad. Sin embargo, la vanidad solo deja de ser vanidad cuando te das cuenta de que amarte a ti mismo significa amar al resto, una revelación que demanda, a la vez, un salto cuántico más allá de tu ser. Esta 12.ª Sombra está, por lo tanto, intensamente vinculada con el ámbito del poder personal y con el anhelo humano de mostrar las más puras cualidades latentes en el interior de su ser. Te permite acercarte a una gran inteligencia y creatividad, pero al mismo tiempo te impide entrar en una visión más amplia, más desde el corazón. La vanidad tiene miedo de que lo que llegue de tu corazón te haga perder el poder.

Como tiene que ver con la expresión del alma o del corazón, esta Clave Genética está muy relacionada con la capacidad de conectar con el poder de tu propia respiración y de tus emociones. Está conectada con las glándulas tiroides y paratiroides, y en particular con la laringe humana, el órgano principal de la fonación. La laringe vertical humana es la que nos hace diferentes de los animales. En las antiguas tradiciones esotéricas, se dice que los animales con laringes horizontales funcionan bajo el poder del espíritu, mientras que el desarrollo vertical de nuestra laringe ha permitido la introducción del ego. Por lo tanto, es esta 12.ª Clave Genética la que permite a tus pensamientos que se transformen en lenguaje y vibración, provocándote la ilusión de que tus palabras tienen un poder independiente, superior. De este concepto de independencia surgieron dos atributos humanos bien poderosos: la vanidad y el ego. En los antiguos sistemas de yoga hay una profunda conexión entre la laringe, representada por el chakra de la garganta, y las gónadas, representadas por el centro sexual o chakra raíz. Esto también se refleja en el rápido crecimiento de la laringe durante el período de la pubertad. Los antiguos dicen que hubo un tiempo en que ambos centros eran, de hecho, solo uno, pero que con el tiempo se fueron separando, hasta que la laringe, poco a poco, se cerró. En holandés, la palabra para laringe es *schildklier*, que significa «glándula escudo», lo que sugiere que la laringe es un mecanismo protector relacionado con un gran secreto. Es interesante hacer notar que la palabra *tiroides* deriva de la palabra *escudo*, en lengua griega.

El gran secreto de la 12.ª Sombra es el lenguaje. Se cuenta que, en el Jardín del Edén, Adán tragó una manzana, que se le quedó atascada en la garganta y allí sigue hasta hoy, como la nuez de Adán, en la garganta de todos los hombres. La nuez de Adán representa el principio masculino de la mente que se identifica con tus palabras, pensamientos y acciones, y la laringe te produce la ilusión de poder a través del lenguaje. La 12.ª Sombra tiene que ver con amar el sonido de tu propia voz, y, como tal, la raíz del lenguaje. Sin embargo, como veremos en los niveles de frecuencia más elevados, no

importa lo que dices, sino la frecuencia que imprime tu voz a lo dicho. La vanidad puede elegir las palabras más preciosas, pero no puede esconder la frecuencia de su tono.

La vanidad puede elegir las palabras más preciosas, pero no puede esconder la frecuencia de su tono

Llegados a este punto, merece la pena recordar que ninguna de las 64 Sombras es inherentemente mala. Si declaras que algo es malo o diabólico, te vas a perder el don que lleva escondido en el interior. La vanidad es simplemente la más baja frecuencia de la 12.ª Clave Genética, y después de todo, la vanidad es el fundamento del Siddhi de la Pureza.

La vanidad también va más allá de las palabras, y puede esconderse en el silencio. Algunas veces la vanidad se esconde en aquello que no se dice. Se esconde en tus pensamientos y en tus sentimientos. Allí donde hay identificación, hay vanidad. La razón de la vanidad es un reto tan grande para los seres humanos porque está más allá del alcance de tu ego. Así que podrías pensar, entonces: «¿Qué puedo hacer yo en relación con este asunto? ¿Cómo podría transformar este estado?». Bien, como esta Sombra es tan elusiva, es mejor ni pensar en ella. Incluso este mismo pensamiento que parece tan humilde porta en sí mismo más y más vanidad. Todo lo que necesitas saber es que mientras experimentes tu forma como una forma de vida separada, mientras sientas la fortaleza y creas en tu individualidad, la vanidad estará allí, silenciosa, haciendo camino contigo. Solo al final de tu evolución, cuando te aproximes a las más altas frecuencias de los Siddhis, la vanidad dejará de poseerte, de repente y definitivamente.

La vanidad, sin embargo, tiene un archienemigo: el amor. La vanidad te mantiene alejado de la posibilidad de amar al otro verdaderamente, porque te mantiene aislado. Cuanto más evoluciona tu consciencia, más sutil y, por tanto, más poderosa se vuelve tu vanidad. La vanidad es un escudo que, juntamente con su par programado, la 11.ª Sombra, la Oscuridad, esconde la verdad ante tus ojos. Para el tipo de personas que se inclinan a leer este tipo de textos, la vanidad es uno de sus grandes retos. Mientras refinas tu frecuencia, caes naturalmente en la ilusión de que tú eres, de alguna manera, diferente de los otros y que estás volviéndote más puro que el resto del mundo. Comienzas a identificarte más con tu Ser Superior, cosa que a tu *yo* más bajo le produce gran deleite. Este es el tiempo más delicado de tu evolución espiritual, ya que es muy fácil quedarse apoltronado en una frecuencia relativamente alta. De repente te sientes poderoso, único, sabio y bienintencionado. Sin embargo, aún te queda por realizar el más grande de los saltos, el salto hacia la verdadera pureza, que es un salto hacia tu propia desintegración y muerte.

NATURALEZA REPRESIVA: ELITISTA

Existen dos tipos de vanidad diferentes: ordinaria y sutil o refinada. La naturaleza represiva de la 12.ª Sombra es la versión refinada, que emerge en ciertas personalidades en forma de elitismo. Elitismo es la vanidad trabajando bajo cubierto. Puede que estas personalidades encajen contigo exteriormente, pero en su interior sienten de un modo muy diferente al que expresan. A menudo prefieren no hacer ningún tipo de comentario, manteniéndose al margen por completo. Este es el dominio de los *espiritualmente evo-*

lucionados, aquellos pocos que *han hecho un montón de trabajo sobre sí mismos*. Este tipo de personas, en su interior, sienten que ellos están más conscientes que la mayoría de los que les rodean. Están muy orgullosos de ser diferentes, o de estar más allá de cualquier credo o sistema. Tal vanidad asegura que esa persona no podrá hacer el salto que su ser interior más anhela, el salto hacia un estado de consciencia elevado de forma permanente. Esta etapa dará comienzo solo cuando el despertar a su propia vanidad suceda por fin.

NATURALEZA REACTIVA: MALICIOSA

La malicia es producto de la ira, que es, a su vez, la consecuencia del miedo. La naturaleza reactiva de la vanidad puede utilizar el Don de esta Clave Genética, el Criterio, como un modo de herir a los otros. Allá donde el elitista se queda en silencio, por miedo a que otros descubran su debilidad, estas personas utilizan abiertamente sus capacidades vocales para infligir dolor a otros. Como en todos los clásicos patrones de victimismo, este tipo de gente siente la necesidad de aprovecharse y reacciona maliciosamente, sin pensar en el daño que sus palabras podrían causar. La 12.ª Clave Genética tiene un poder subyacente, emocional y real, y una buena capacidad para el lenguaje y la comunicación. Esas personas saben bien cómo tocar las teclas de otras personas a través del poder de sus voces. Pueden herir a otros como nadie. Su malicia puede que no sea premeditada, pero es generalmente brutal y termina en un desastre para ellos.

EL DON DE LA 12.ᴬ CLAVE GENÉTICA: CRITERIO

LOS SECRETOS DEL GRAN ARTE

Criterio puede que no suene como un verdadero don, pero cuando comprendas de verdad la 12.ª Clave Genética, podrás ver que confiere un gran poder. Tener criterio es saber, inherentemente, qué y a quién es saludable tener en tu vida. La energía de la vanidad es solo autodestructiva, a no ser que pueda usarse de manera adecuada. El Criterio es justamente la manera adecuada de hacerlo: tomas tu vanidad, esa necesidad por ser mejor o más puro que los demás, y la elevas al nivel de arte. El 12.º Don está profundamente vinculado con las artes: la música, el lenguaje, la danza, el teatro, y sobre todo, con el Amor. El amor contenido en el 12.º Don no es el Amor Universal de la 25.ª Clave Genética, sino que tiene que ver con *enamorarse*. Es amor humano con todos sus ingredientes: drama, obsesión, belleza y peligro. La vanidad tiene que ver con el amor que sientes solo por ti mismo, mientras que el criterio tiene que ver con amar las cosas y las personas que fuera de ti te hacen sentir bien.

Este 12.º Don está relacionado con los sentimientos. Si este Don es un aspecto destacado de tu Perfil Hologenético, estarás muy motivado, y también tocado por sentimientos y emociones a lo largo de tu vida. Tu Don es comunicar esos sentimientos a los demás, y esto es algo que puedes hacer de un millón de formas. Si estás fuertemente influido por este Don, reconocerás la belleza de la expresión verdadera, lo que significa

que también reconocerás cuando algo o alguien *no* se esté expresando desde su verdadera alma. Este hecho te puede convertir en uno de los mejores críticos de los demás. Sin embargo, este Don no es para criticar fallos y detalles de otros (que es la baja frecuencia de la 18.ª Clave Genética), sino que se enfoca en señalar aquello que no es auténtico. El Criterio tiene que ver con estar en sintonía con la frecuencia más elevada, lo que significa que, metafóricamente, se puede ver a través de las paredes. Siempre que una persona esté engañando o tenga un plan oculto, el que posea el Don del Criterio lo notará inmediatamente; se sentirá incómodo. Si no se enamora de algo, desconfía de ello, ya sean personas o cosas de sus vidas. Para un individuo de este tipo, la autenticidad lo es todo.

Las personas con el 12.º Don no caen en las garras de los encantadores o idealistas del mundo. Tienen un gran respeto por la pureza, que está bien asentada en una prudencia natural. El par programado de este 12.º Don es el 11.º Don, el Idealismo, lo que significa que estos seres son también idealistas, pero que comprenden la necesidad de equilibrio entre pragmatismo y criterio, ya que, de otro modo, el resultado no es más que una quimera. El Don del Criterio no te aparta de la multitud: y no puede elegir hacerlo, porque de forma natural busca la frecuencia más elevada. Representa un aspecto de tu ADN que constantemente anhela algo más sublime y más puro, lo cual implica un reto para aquel o aquello que esté bajo la influencia de la permisividad.

El criterio aporta a la humanidad una sensación de orden superior operando desde el más allá en el escenario de la vida. Esta es la razón por la que se manifiesta muy a menudo a través del verdadero arte, del verdadero amor al arte. El 12.º Don no se avergüenza de nada que sea auténtico, por engorroso que pueda parecer. Estas personas son grandes discriminadores en la alimentación, en la música, en el lenguaje. Pueden convertirse en grandes artistas, virtuosos, poetas, actores y educadores de la humanidad. Su Don es entrar sin miedo en el drama de la vida, permitiendo que fluya por sus venas y se exprese a través de lo que sientan.

El criterio aporta a la humanidad una sensación de orden superior operando desde el más allá en el escenario de la vida

La profundidad de sentimientos que implica este Don nos da una información muy profunda acerca de la dirección que sigue la especie humana. Estamos aquí para aprender a expresar los más profundos anhelos y sentimientos que guardamos dentro de nuestra alma. Esta es la razón por la que tenemos que dominar el lenguaje y las artes: porque son el campo de transformación gracias al cual podemos trascender las emociones y tocar los planos más elevados. De este 12.º Don proceden los más grandes educadores de la humanidad, aquellas raras personas que pueden permitir que el arte les toque el corazón y, al mismo tiempo, transmitir la esencia a los otros a través de su palabra y de la expresión. Siempre que veas pasión verdadera moviéndose en el mundo, estarás viendo la influencia de este 12.º Don. Implica tanto divulgar como disfrutar del arte, en un ambiente de alto refinamiento. No es extraño que estas personas estén guiadas por el mito del amor verdadero, porque es lo que están anhelando profundamente en sus almas y es la razón de sus palabras y hechos, que al más elevado nivel reflejan la angustia y la belleza de su añoranza humana.

Gracias a su conexión con la glándula tiroides, el 12.° Don contiene las grandes enseñanzas de la transformación y de la muerte. Todo arte elevado contiene los mismos códigos que llegan a través del 12.° Don: que la vida es transformación y que la muerte es el movimiento simbólico de un estado de consciencia a otro. Esas verdades han sido siempre codificadas en grandes tragedias y comedias de la historia, y gracias a su naturaleza emocional, aquellas verdades se han incorporado y transmitido. La gándula tiroides controla tu metabolismo y tiene una influencia poderosa en tu energía general, en tu ánimo y en los patrones respiratorios. Cuando ríes o lloras, entras en el sagrado espacio de la transformación. A través de la risa y del llanto, la trascendencia entra en tu cuerpo para alterar tu química y tus patrones respiratorios. Entre todas las Claves Genéticas, este 12.° Don representa el paso mítico de un estado a otro más elevado, en el que el codón final acaba con tu identificación con el pasado y te permite que seas transformado para siempre en algo radicalmente diferente.

EL SIDDHI DE LA 12.ᴬ CLAVE GENÉTICA: PUREZA

ENGULLIDO POR EL VACÍO

El anhelo humano por el amor verdadero es, en realidad, la baja frecuencia de un estado permanente que existe a un nivel de consciencia más elevado. Este estado, llamado de muchos modos en diferentes culturas, es esencialmente tu naturaleza en estado puro, no contaminada por el deseo humano y más allá del mecanismo dual de la mente. Solamente la mente más elevada, que es otro modo de expresión de tu corazón, puede comenzar a comprender la verdadera Pureza, el 12.° Siddhi.

Vanidad y pureza son los espejos que hay a cada lado del espectro de la consciencia humana. Con la vanidad, la expresión más baja de frecuencia de tu ser se enamora de sí misma, mientras que con la pureza, el Ser Superior se enamora de sí mismo. Podríamos decir que pureza es el momento en que la Divinidad se enamora de Ti, algo que solo puede ocurrir cuando entras en la esfera del amor divino. Tu comportamiento, tu pensamiento, tu sentimiento, el mismo aire que respiras, deben resonar con un propósito, o lo que los sufís llaman «enamorarse del Amado». El Amado no es algo que esté *allá afuera*; es la esencia de tu verdadera naturaleza, y tienes que entrar en ella porque reside en lo más profundo de tu espacio interior.

La vanidad, como vimos, te persigue hasta el final del camino. Incluso cuando estás viviendo al nivel de frecuencia del Don, ella siempre está ahí. Solamente cuando has alcanzado las cimas más altas de la consciencia puede suceder este evento místico, pues abandonas todo aquello que te retenía. Terminas aniquilando todo. Es el final de las tres grandes pruebas del Anillo de las Pruebas. Se produce una apertura simultánea desde arriba y desde abajo, e ingresas en el santuario sagrado del más íntimo de los Anillos codónicos: el Anillo de los Secretos. Para que ocurra este milagro, tu vehículo tiene que estar absolutamente purificado y totalmente impecable. *Pureza* es un término bastante

incomprendido. En el lenguaje humano se puede aplicar como adjetivo a casi cualquier cosa, pero en su frecuencia más elevada solo se puede aplicar a una palabra: el corazón. Cuando tu corazón recuerda por fin su propia pureza original, y solamente entonces, podrás abandonar tu existencia.

Todo en el universo lleva en su núcleo impresa la misma pureza original; todos somos fragmentos de un cristal Divino, y mientras nuestras formas atraviesan sus procesos de limpieza, la consciencia comienza a recordarse a sí misma a través de nosotros. Incluso el más diabólico de los seres porta en su núcleo el brillo de un corazón puro, lo que significa que, en realidad, no hay tal diablo. Lo único que hay son progresivos niveles de densidad. Este es el gran secreto que puedes encarnar aquí, en el Anillo de los Secretos. En los antiguos sistemas alquímicos, el centro de la garganta se entendía como la más importante de todas las iniciaciones. En el sistema indio de chakras, el chakra garganta, conocido como *vishuddha*, es la casa que purifica los más altos niveles de consciencia. Todos los chakras inferiores, incluido el corazón, se sintetizan y se purifican en la garganta. En este sentido, representa el límite entre lo conocido y lo desconocido. Del mismo modo, en la Cábala judía, la garganta aparece simbolizada por una esfera invisible conocida como *daath*, el abismo. Hay que cruzar ese abismo para que las frecuencias más elevadas de la consciencia puedan descender. El cruce de la muerte es una despedida simbólica de todo aquel conocimiento que has acumulado. Esta es la purificación final en la que te encuentras con tu propia muerte y renaces en una esfera superior.

El ser humano que ha atravesado este abismo y ha entrado en la esfera del 12.º Siddhi se vuelve como un niño, una y otra vez. A través de su corazón, pueden percibir lo Divino —más allá de deseos, de conceptos profundamente humanos, y con una voz que habita más allá de las palabras. Otros perciben a esas personas como ajenos a este mundo, a pesar de ser la expresión más natural de lo que significa ser humano. En este estado, nada puede contaminar su pureza. Puede que sus cuerpos estén decrépitos, incluso feos, pero sus corazones no pueden hacer otra cosa que firmar con la Verdad de su naturaleza real. Los que manifiestan este Siddhi a menudo llevan vidas humildes que pasan desapercibidas para la mayoría. Con frecuencia pasan calladamente por el mundo, viviendo vidas sencillas y recordando a cada persona que encuentran que la pureza puede existir en una forma humana.

Los que manifiestan este Siddhi a menudo llevan vidas humildes que pasan desapercibidas para la mayoría

Si quieres jugar con las frecuencias del 12.º Siddhi, necesitas continuar recordando tu propio corazón. Tras capas de karma, miedos ancestrales y un inevitable condicionamiento durante la infancia, late un aspecto del gran Corazón universal y su pureza se puede recordar. Su color es el blanco más allá del blanco, pues es la eterna infancia que llevas contigo. Es el Tú del que no puedes sino enamorarte perdidamente. Mirar al mundo desde el 12.º Siddhi es ver a todos y a cada uno a través de ese vaso de cristal; es todo lo que puedes percibir en cada persona que encuentras. Sin embargo, en el mismo momento en que aprecies algo de modo negativo, esa presencia se desvanecerá instantáneamente en ti.

En el lenguaje, la pureza se transforma en poesía. En el pensamiento, la pureza se convierte en esencia. Cuando combinamos lenguaje y pensamiento, tenemos los códigos maestros para ascender más allá del plano mental. Los significados reales para cada uno de estos 64 Siddhis no son realmente palabras, en el sentido clásico del término, sino portales hacia planos de las más altas frecuencias. La palabra *pureza* tiene una esencia que es onomatopoética a nivel vibratorio. Dicho de otro modo: si dejas que la palabra *pureza* resuene en tu corazón y en tu mente, una y otra vez, al final acabarás sintiendo esta cualidad que ya reside en tu propio corazón. No se trata de una afirmación. No puedes practicar una técnica y sentirlo. Tienes que estar preparado en tu propio corazón; tienes que amar la palabra y todo lo que contiene para poder sentir el milagro. Las palabras, usadas poéticamente y sintiendo su vibración interna en las alcobas de tu corazón, tienen el poder de atravesar las capas del miedo que envuelven los corazones de los otros.

El pensamiento purificado tiene un efecto todavía más poderoso. El lenguaje hablado utiliza el sonido, lo que limita su impacto en nuestro sistema solar (las ondas de sonido, con el tiempo, se disipan); pero el lenguaje silencioso de los pensamientos viaja a una velocidad casi inconcebible y, literalmente, rebota en las paredes de nuestro universo (solamente el amor puro puede romper las barreras de un universo, como se dice en la 25.ª Clave Genética). Por lo tanto, un pensamiento puro podrá afectar a todos los niveles de la creación y a todos los seres que la habitan casi instantáneamente. Un pensamiento puro es como el terrón de azúcar que se pone en una taza de té, que en poco tiempo se disuelve en el todo. A cierto nivel, la pureza de pensamiento te llevará a los límites del hiperespacio. Cuanto más permitas que tus pensamientos impregnen de la esencia de la divinidad, antes alcanzará todo tu ser una especie de *velocidad de escape*. A un cierto nivel de frecuencia, podrás disolverte en la gran taza de té. Trascenderás la mente al volverte uno con ella. La paradoja aquí consiste en que al volverte uno con la mente, la mente deja de existir. Este es el verdadero simbolismo del codón final genético: trae consigo el final de tu ser como una existencia individualizada y pone de manifiesto que la vanidad no es más que la ilusión de estar separado. Eres tan puro que no es posible para ti existir de otro modo que no sea como pura existencia. Al cruzar este gran centro cósmico de la garganta, eres literalmente engullido por la vida misma.

13.ª CLAVE GENÉTICA

SIDDHI EMPATÍA • DON DISCERNIMIENTO • SOMBRA DISONANCIA

EL AMOR ESCUCHA

PAR PROGRAMADO: 7.ª CLAVE GENÉTICA
ANILLO CODÓNICO: EL ANILLO DE LA PURI-
FICACIÓN (13.ª, 30.ª)

FISIOLOGÍA: AMÍGDALA
AMINOÁCIDO: GLUTAMINA

LA SOMBRA DE LA 13.ª CLAVE GENÉTICA: DISONANCIA

LA QUÍMICA DEL PESIMISMO

La 13.ª Clave Genética gira en torno a un solo tema: la escucha. A través de esta Clave Genética podemos acceder a observar cuántas dimensiones tiene el arte de escuchar y cómo todas ellas están intensamente amarradas a la posibilidad de expansión o contracción de la consciencia humana. En el nivel de la frecuencia de la Sombra nos situamos en el fractal de la Disonancia, que es la incapacidad de escuchar y de aprender de nuestras experiencias en el mundo. Escuchar es totalmente diferente de oír. Oír se refiere a la capacidad acústica para absorber la información sonora, mientras que escuchar es algo que solo se puede dar si la persona está completamente presente. Es frecuente que la escucha necesite de tiempo y de recogimiento para que sea verdaderamente efectiva, ya que también está muy vinculada con la manera en la que procesamos las experiencias vitales a nivel emocional. El vínculo entre las emociones y la escucha tiene profundas implicaciones en el futuro desarrollo de esta Clave Genética, en particular en lo referido a las frecuencias de la Sombra. Gracias a la mutación global que se está dando actualmente a nivel del plexo solar en todos los seres humanos, nuestra química emocional está experimentando cambios extraordinarios que afectarán principalmente, a la 13.ª Sombra.

Juntamente con su par programado, la 7.ª Sombra, la División, forman la pareja que ejerce una influencia enorme en la dirección que está tomando la raza humana como especie. Este par genético es un catalizador primordial del modo en que los humanos interactúan a nivel grupal. De hecho, calan más hondo que los arquetipos tribales correspondientes de nuestro genoma, lo que sin duda afecta a nuestras capacidades de

interacción. Las Claves Genéticas 7.ª y 13.ª orientan la consciencia unitaria de la humanidad en el trazado de nuestro destino. Mientras que la 7.ª Clave Genética nos empuja hacia el futuro, la 13.ª nos invita a escuchar y aprender del pasado. Su emplazamiento arquetípico dentro del genoma y del ADN convierte a estas dos Claves Genéticas en realidades bastante diferentes del resto, ya que se cree que se trata de arquetipos que están fuera del alcance de la influencia humana. Tu futuro se decide en la batalla que afrontan estos códigos genéticos. La 13.ª Clave Genética, en particular, es una de las más importantes, ya que tiene que ver con el modo en que procesas tu pasado.

La Disonancia se refiere a la incapacidad de escapar de tu propio pasado. En el genoma humano esta Sombra dispone de una buena biblioteca de experiencias humanas ancestrales, y tu incapacidad para procesar todas esas memorias es lo que te va a tener encerrado en los mismos patrones autodestructivos de siempre. La 13.ª Sombra comparte una relevante conexión química con la correspondiente 30.ª Sombra a través de la conexión con la misma firma genética codónica, conocida como Anillo de la Purificación. La 30.ª Sombra, el Deseo, es el lugar donde se pone en la balanza la conexión entre tu capacidad de escuchar y la fuerza natural de tu deseo humano. Este codón, que codifica el aminoácido llamado glutamina, es uno de los más importantes campos de batalla del ser humano. Por ejemplo, merece la pena señalar que un buen número de evidencias científicas relacionan este aminoácido con varias funciones y disfunciones intestinales y digestivas. Es relevante y simbólico observar en una persona la conexión entre su capacidad efectiva para procesar el pasado y el modo en que su cuerpo gestiona la eliminación de deshechos. La fuerza humana del deseo que se encuentra en la 30.ª Sombra supera con creces la capacidad de escuchar nuestras experiencias pasadas, lo que nos conduce, una y otra vez, cuesta abajo, y no sirve a la humanidad en su conjunto.

Este problema está arraigado en el sistema emocional humano, y la 30.ª Sombra, el Deseo, es el meollo de la cuestión. El deseo no puede ser saciado en su forma actual, y ello influye en la dirección que ha seguido toda la raza humana. A pesar de lo que haya sucedido en nuestro pasado, seguimos tomando las mismas decisiones miserables y haciendo los mismos juicios, lo que sienta las bases de una frecuencia global de Disonancia en la que somos muy capaces de ver todo lo que va mal y, sin embargo, somos incapaces de remediarlo a nivel colectivo. Un ejemplo de esto es el tema del calentamiento global. Todos vemos cómo nuestro estilo de vida está dañando el futuro destino de nuestro planeta a largo plazo, pero la satisfacción de nuestros deseos se pone siempre por delante de la posibilidad de hacer algo efectivo al respecto. Cualquiera que tenga un conocimiento profundo de la historia de la humanidad podrá ver que los ciclos se repiten una y otra vez, con diferentes matices. Si bien es cierto que hoy hay más consciencia que nunca sobre este tema a nivel global, también es verdad que este tipo de consciencia no ha cambiado el comportamiento humano. Oímos la Disonancia que estamos creando, pero no la escuchamos. Al final, nuestra urgencia emocional para saciar el deseo que surge de nosotros gana la batalla. Este es, resumidamente, el dilema que nos ofrece la 13.ª Sombra.

El nombre chino para este hexagrama del I Ching es «La comunión de los hombres». Es un nombre precioso, preñado de esperanza, que describe a la perfección las más ele-

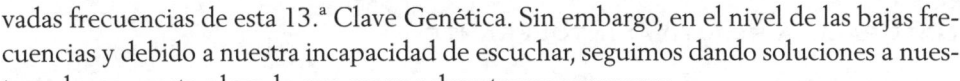

vadas frecuencias de esta 13.ª Clave Genética. Sin embargo, en el nivel de las bajas frecuencias y debido a nuestra incapacidad de escuchar, seguimos dando soluciones a nuestros planes a corto plazo, lo que acarrea desastrosas consecuencias para la mayoría de la sociedad. No importa cuántos de nuestros deseos se vean cumplidos, siempre aparecerán más. Solo escuchamos la Disonancia en el mundo porque somos incapaces de escuchar el dilema en su conjunto. Curiosamente tampoco encontramos solaz para nuestros deseos, que siguen creciendo o diversificándose. Todavía no lo podemos ver a nivel colectivo, así que no tenemos ni idea de lo que es en realidad la «comunión de los hombres», razón por la cual seguimos programando nuestros próximos pasos (a través de la 7.ª Sombra) como un futuro lleno de división. Está incapacidad de escuchar los problemas reales solo crea en nuestras sociedades más y más divisiones.

Solo escuchamos la Disonancia en el mundo porque somos incapaces de escuchar el dilema en su conjunto

Más allá de esta memoria ancestral y de esta incapacidad nuestra para encontrar «la comunión de los hombres», lo que emerge es un inmenso pesimismo en el inconsciente colectivo. Ya no podemos creer que, como comunidad, seamos capaces de retomar nuestra propia naturaleza y crear un verdadero mundo de paz. La historia nos ofrece claras evidencias de ello. En realidad, nuestro pesimismo surge de nuestros propios genes, porque, aunque parezca chocante, el nuestro es un pesimismo bien fundado: no podemos remontar nuestra propia naturaleza. Solo la Naturaleza puede salvarnos, y esto es precisamente lo que está sucediendo ahora. La Naturaleza está preparando una nueva clase de seres humanos. La Naturaleza, vista como un todo, sí que ha aprendido y escuchado de sus experiencias ancestrales, y a través de nosotros ella misma va a propiciar un gigantesco salto cuántico, que es justo el que nosotros necesitamos para liberarnos de la telaraña de la que no tenemos la esperanza de escapar. La naturaleza creará un ser humano en el que el arte de escuchar ya no tendrá que competir con la llamada del deseo, y lo hará en un solo barrido radical, sin precedentes.

NATURALEZA REPRESIVA: PERMISIVA

Este tipo de gente intenta ser empática y simpática con los demás mientras que, al mismo tiempo, no hace nada. El lado represivo de esta sombra puede simular que escucha a todo el mundo, pero enseguida se hace evidente que no hay más que fachada. Estas personas son permisivas en el sentido de que permiten que otros pasen por ellos sin aprender nada a cambio. Te darán siempre la razón, sea lo que sea lo que digas. Confunden escuchar con oír y, al hacerlo, se separan emocionalmente de los demás y del medio ambiente. Esta es una de las formas de represión humana más profundamente arraigada, la que no quiere entrar en los ciclos de placer y dolor a ningún precio. En esta negación, lo que se consigue es sacrificar los extremos y mantenerse en un falso espacio de aparente seguridad.

NATURALEZA REACTIVA: INTOLERANTE

Cuando la disonancia se manifiesta a través de una persona reactiva, lo que resulta es un ser intolerante y estrecho. Estas personas van a estar en desacuerdo contigo, digas lo que digas. La estrechez de miras tiene que ver con el hecho de quedarse atrapado en un patrón emocional y hacer de ello un estilo de vida. Este tipo de gente es incapaz de ver más allá de los límites de sus propios deseos, y está llena de pesimismo. Su filosofía se funda en los mismos patrones de miedo que han guiado a la humanidad hasta donde se encuentra ahora y que han impedido la posibilidad de hacer un cambio real. Este tipo de gente alberga una profunda amargura en lo que se refiere a la naturaleza humana, lo que provoca expresiones frecuentes de ira, enfocada sobre aquellos que ven el mundo de una manera diferente a la suya. La misión de estas personas es desacreditar a los que son optimistas sobre el futuro de la humanidad.

EL DON DE LA 13.ª CLAVE GENÉTICA: DISCERNIMIENTO

LA COMUNIÓN DE LOS HOMBRES

El discernimiento surge cuando tu naturaleza emocional se vuelve cada vez más consciente. Conforme te vayas dando cuenta de lo víctima que eres del deseo, comenzarás a comprender también lo que pasa con el resto de la humanidad. De esta increíble consciencia emergente nace el 13.ᵉʳ Don, el Discernimiento. El discernimiento comienza a suceder al nivel individual cuando puedes notar cómo tu visión de los demás está conectada con tus propios sentimientos. Solamente cuando estos sentimientos personales se observen y se examinen con lupa, podrás comenzar a tener una visión de las cosas algo más objetiva. Con el tiempo tus planes personales serán más lúcidos y tu capacidad de escuchar a las personas y al mundo desde una nueva perspectiva más amplia se irá incrementando. A este nivel de frecuencia serás plenamente consciente de los deseos que están surgiendo en cada momento mientras observas tu cuerpo, y aunque no puedas hacer nada por pararlos, ya no serás más su víctima. Por primera vez te puedes ver claramente individuado, y por ello te das cuenta de que hay algo más allá de la individualidad, un tipo de consciencia observadora que es más grande que tu sentido de individualidad. Así es como nace la capacidad de escuchar.

Con la aparición en escena del discernimiento llegan otros regalos. Puede parecerte, en este momento, que se ha alzado un gran velo. Como hemos visto ya, la 13.ª Clave Genética es un almacén de todas las experiencias colectivas del pasado, de todas las memorias de la humanidad. En vez de salir corriendo en dirección opuesta a esta biblioteca kármica, entras en ella y comienzas a desmitificar tu propio pasado. Lo que antes parecía una serie de experiencias vividas de manera aleatoria, ahora puede ser revisado a la luz de un patrón comprensible, gracias a que ya no estás atrapado en el drama de la personificación subjetiva emocional, lo que te permite comenzar a ver la vida a un nivel

nuevo y mítico. El nivel mítico del pensamiento es el modo en que la mente interpreta tu capacidad de escuchar, más allá del velo del deseo. Ver la vida a un nivel mítico significa poner la atención en los grandes arquetipos que se están manifestando en nuestras vidas, tanto en el plano personal como en el colectivo, y en toda la historia de la humanidad. Gracias a la posibilidad de comprender tu pasado, podrás también ver que los guiones vitales de todos los seres humanos no son más que variaciones sobre el mismo tema. En este sentido puedes reconocer los mismos temas arquetípicos en los rituales, cuentos, leyendas y mitos de todas las culturas sobre la Tierra.

Ver la vida a un nivel mítico significa poner la atención en los grandes arquetipos que se están manifestando en nuestras vidas, tanto en el plano personal como en el colectivo, y en toda la historia de la humanidad

Una vez que dejas de ver la vida subjetivamente, es decir, cuando sales del nivel emocional, se abre dentro de ti un nuevo panorama de sentimientos que es solo el comienzo de tu futura capacidad de trascender tu sistema emocional, de un modo nuevo basado en el optimismo. El optimismo es el aumento gradual de tus índices de consciencia, los cuales están basados en tu plexo solar y se han transferido y proyectado en el mundo exterior, y viceversa. La consciencia que conecta todas las formas de vida se recibe y se dibuja en tu plexo solar, por lo que el sentido de Ser Único se expande para incluir una realidad mucho más vasta, que es la verdadera «comunión de los hombres». Nuestra herencia cultural, sea cual sea en cada caso, nos ha transmitido los mitos, historias y arquetipos que necesitamos transcender de una vez por todas, y que son también nuestros propios dramas emocionales. Todas las historias del mundo, todos los rituales y sistemas de creencias han germinado en la mismísima estructura de tu ADN, que es la razón por la que podemos ver los mismos patrones repitiéndose aquí y allá, a lo largo de la historia de la humanidad, sin importar la cultura, el punto geográfico o el nivel de aislamiento de la comunidad que estemos analizando.

Estos mitos y leyendas colectivos contienen los códigos alquímicos de la evolución superior, incluyendo todas sus mutaciones. Esas historias siempre atraviesan un período de oscuridad transitorio que conduce posteriormente a estados de consciencia trascendentes. Esta es la razón por la que el discernimiento nos conduce al optimismo, ya que a través de él no ves solo símbolos, sino que los vives en tu propia vida, razón por la cual puedes recibir el optimismo que reside en ellos. Cada personaje del mito es un aspecto del mundo psíquico y cada circunstancia que atraviesan es parte de nuestra propia evolución genética y espiritual. Todo esto resulta particularmente relevante hoy, porque estamos atravesando una prueba mítica como especie y puede ser que esta sea la primera vez que así ocurra. Aquellos que portan el Don del Discernimiento saben, en sus entrañas, que esta fase de nuestra historia debería conducirnos a un salto de consciencia transcendente, sin importar las interpretaciones subjetivas de la cultura basada en el miedo en la que vivimos.

EL SIDDHI DE LA 13.ᴬ CLAVE GENÉTICA: EMPATÍA

EL GRAN CENTRO DE REUNIÓN CÓSMICO

El 13.ᵉʳ Siddhi, así como su par programado, el 7.° Siddhi, portan un montón de sabiduría oculta. Nuestro ADN es una sustancia increíble que contiene todas las memorias de nuestra especie y también de las especies precedentes de las cuales descendemos. Como una esquirla fractal, vibrante, del propio Dios, el ADN da lugar a la vida desde el comienzo de los tiempos en este planeta. Mirando todavía de un modo más profundo, nos conecta con la primera semilla de la que se originó el universo. Por eso decimos que, a través del 13.ᵉʳ Siddhi, podemos recuperar la información colectiva de nuestro pasado, una especie de biblioteca cósmica que tiene acceso a todos los códigos de cada volumen escrito a lo largo de la historia de la humanidad. Cuando hablamos de información también estamos hablando de acceso a las experiencias, razón por la cual el 13.ᵉʳ Siddhi tiene el poder de liberar la esencia de lo que significa vivir la experiencia de ser una pantera salvaje, una fresa o un molusco. A este poder lo llamamos empatía.

Hoy día, la mayoría de la gente usa la palabra *empatía* sin comprender sus connotaciones profundas. En la actualidad se utiliza casi siempre más como sinónimo de *simpatía*, una palabra más antigua que fue acuñada por Aristóteles. En el lenguaje de las Claves Genéticas, empatía representa una vibración síddhica y, como tal, no se puede aprehender con la mente, ya que la verdadera empatía no tiene que ver en absoluto con la mente. El prefijo *em* significa «dentro de», mientras que el prefijo *sim* significa «con». Y es aquí donde está la clave para comprender el mundo: el simpático siente *con* la otra persona, mientras que el empático está sintiendo *dentro de* la otra persona. Es difícil para mucha gente concebir cómo se puede estar dentro de otra persona, por lo que este término ha acabado usándose con un sentido metafórico, que generalmente consiste en entender la empatía como una proyección mental o emocional sobre el otro o de otro. Pero ¿por qué no reclamar el verdadero poder de esta sencilla palabra, tal y como era en su origen? El Siddhi de la Empatía requiere la completa disolución de la propia individualidad. Una vez que se acaba la identificación con una forma determinada, la empatía se revela a sí misma como el fondo de consciencia de todos los seres vivientes. En otras palabras: en realidad estamos los unos dentro de los otros, y allí donde la simpatía necesita dos formas, la empatía necesita solamente una.

Allí donde la simpatía necesita dos formas, la empatía necesita solamente una

Ya hemos visto que la base fundamental de la 13.ᵃ Clave Genética es la capacidad de escuchar y, en el nivel del Siddhi, no hay más que la pura escucha. Como si de un agujero negro se tratara, la escucha absorbe todo lo que se mueve alrededor, el espacio, el tiempo y todo lo demás. Finalmente la escucha se convierte en un fenómeno total que fusiona de tal modo al sujeto y al objeto que el propio concepto de escucha desaparece, lo que nos da una pista del significado real de empatía. Hago notar que, no por casualidad, la humanidad tiene un gran temor al número trece. En el folclore tradicional,

el 13 se ha ganado la mala reputación gracias al tarot, ya que su lugar lo ocupa la carta de la Muerte. Y aquellos antiguos códigos esotéricos estaban basados en la verdad original. La empatía es también la muerte, ya que la separación del yo que se revela en la naturaleza de los humanos desaparece. La empatía es el órgano sensitivo de la humanidad, pero no puede funcionar a nivel individual, sino solo a nivel colectivo, por razones obvias.

14.ª CLAVE GENÉTICA

SIDDHI BONDAD • DON COMPETENCIA • SOMBRA TRANSIGENCIA

REBOSANTE DE PROSPERIDAD

PAR PROGRAMADO: 8.ª CLAVE GENÉTICA
ANILLO CODÓNICO: EL ANILLO DEL FUEGO
(1.ª, 14.ª)

FISIOLOGÍA: INTESTINO DEL-
GADO
AMINOÁCIDO: LISINA

LA SOMBRA DE LA 14.ª CLAVE GENÉTICA: TRANSIGENCIA

EL CARRO QUE PIERDE FUERZA

En el Libro de las Mutaciones chino, el I Ching, la palabra para el 14.º hexagrama se traduce generalmente con la frase «Posesión en gran medida» y la representación simbólica es un gran carro colmado de mercancías. Es un símbolo de bienestar, salud y prosperidad con el que están relacionados todos los temas de la buena suerte y del buen trabajo. Esta 14.ª Clave Genética y su Sombra tienen que ver con el modo en que los humanos hacemos nuestro trabajo. Se refiere a la elección de empleo que haces, la gente con la que trabajas y, sobre todo, el modo en que trabajas.

Cada ser humano viene con una necesidad intrínseca, genética, a la hora de trabajar. Curiosamente, la misma palabra *trabajo* se ha asociado en inglés con el concepto de *esfuerzo* (y también en español), lo que nos demuestra hasta qué punto la Sombra colectiva de la 14.ª Clave Genética se ha colado en nuestras vidas. Trabajar significa algo muy diferente, en realidad. Depende de tu actitud hacia la vida. La fuente de la 14.ª Sombra es la transigencia, y la transigencia se ha convertido en una norma para la mayoría de las personas de este planeta. La transigencia ha sido tan absorbida por nuestras mentes que ni nos damos cuenta de que estamos haciendo uso de ella.

La transigencia es la consecuencia de vivir sin un sentido personal de libertad. Implica una falta de imaginación y una incapacidad de confiar en el poder de nuestro genio individual y creativo. La 14.ª Sombra y su par correspondiente, la 8.ª Sombra, la Mediocridad, son las dos tapas de un bocadillo entre las que nos movemos, víctimas de ambos estados de frecuencia, engullidos e incapaces de visualizar el camino que nos saque de las nada inspiradoras situaciones vitales que creamos. Incluso los que podemos

ver el camino para salir de nuestra insatisfacción sentimos que nos falta el coraje para seguir realmente por la senda de nuestros sueños, porque en nosotros hay anclado un profundo miedo a carecer del poder y la capacidad para completar el largo trayecto que nos separa de la realización de esos sueños.

La transigencia comienza muy dentro de nosotros, cuando somos muy niños y heredamos las Sombras de nuestros padres y de nuestros maestros. Muchas personas sueñan y aspiran a la grandeza cuando son jóvenes, pero la mayoría de ellas, al llegar a los cuarenta, ha abandonado sus propios sueños. Muchos se bajan del carro de los sueños aún más temprano y algunos ni siquiera se han subido alguna vez. La mayoría de nuestros niños en el mundo actual crecen soñando ser estrellas de fútbol o cantantes famosos. Y la mayoría de los adultos miran esos sueños como una fase normal de la vida de una persona. Sin embargo, esos jóvenes están proyectando su propia e inherente necesidad de destacar en algún área de la vida. Este tipo de aspiración soñadora temprana en realidad está apuntando hacia una frecuencia vibratoria muy alta y, si puede mantenerse, aprovecharse y enfocarse en la dirección adecuada, podría llevar a esos niños por el camino de la excelencia.

Pero la triste verdad es que los sueños de la mayoría de estos niños se han cercenado en las escuelas gracias a una monotonía sin fin, que es la característica de los planes educativos curriculares. En la escuela, la mayoría de los niños aprenden a asociar trabajo con aburrimiento, esfuerzo y pesadez. El problema de los sistemas escolares modernos es que tienden a homogeneizar a los niños, considerándolos un cuerpo colectivo que necesita ser educado, en vez de tratarlos como individuos diferentes. La mayoría de los niños simplemente no encajan en absoluto con este tipo de escuela. Además, si sus padres no creen en ellos mismos, les será aún más difícil poder inspirar creativamente a sus hijos. Es fácil imaginar, por lo tanto, por qué los seres humanos no podemos mantener el entusiasmo de nuestros sueños hasta nuestra edad adulta, que, curiosamente, es el tiempo en que más necesitamos de ese entusiasmo.

La transigencia se hace carne en nosotros a través de los sistemas de la sociedad. Siempre que transiges estás poniendo lo mejor en segundo lugar, de modo que nunca podrás disfrutar por completo de lo que haces en tu vida. Si no disfrutas de algo, no vas a poder alcanzar en ello la excelencia. El disfrute y el entusiasmo son el combustible y el motor que te conduce hacia la excelencia. Cada niño ha nacido con una genialidad particular y, si se le permite desarrollarla en la dirección correcta, esa genialidad inevitablemente emergerá y el trabajo que haga inspirará a otros a conseguir los mismos elevados niveles. La genialidad es contagiosa por sí misma, tanto como lo es la transigencia. Al ser tan contagiosa y potenciadora, los individuos tienen la capacidad de cambiar la frecuencia colectiva de toda la humanidad.

Siempre que transiges estás poniendo lo mejor en segundo lugar, de modo que nunca podrás disfrutar por completo de lo que haces en tu vida

La transigencia es algo muy sutil al comienzo. No tiene que ver con tus acciones, sino con tu espíritu al desarrollarlas. Si haces algo que realmente no te gusta, pero que es un peldaño que te va a conducir hacia tus sueños, entonces lo que se va a transformar es el modo en el que lo haces. Sin embargo, si haces algo que no te gusta, porque

la sociedad te ha presionado de alguna manera a hacerlo, entonces estás en un terreno bien resbaladizo. Este tipo de transigencia se convertirá fácilmente en un hábito y, al final, ahogará tu espíritu y te alejará de tu verdadero potencial. Necesitas mantener tu entusiasmo vivo, observando lo que haces en cada momento como parte de una visión global de hacia dónde se dirige tu vida. De esta manera puedes dotar de significado hasta las más absurdas tareas.

Las 64 Claves Genéticas contienen los códigos genéticos para todos los tipos de genialidad posibles. Esto es justo lo que son los 64 Dones: una matriz colectiva para la verdadera genialidad humana. Merece la pena notar que las dos palabras *gen* y *genio* están vinculadas por su raíz lingüística entre sí, ya que el gen engloba a toda la especie humana, mientras que el genio, por su parte, es un rasgo hereditario que aparece en todas las familias genéticas. Sin embargo, contrariamente a la creencia generalizada, el genio ni es especial ni es raro. Está presente como una semilla en cada ser humano, simplemente por el hecho de haber nacido. La confusión sobre la genialidad tiene que ver con la definición, que se ha ido estrechando en su significado original gracias a que la mayoría lo ha utilizado para referirse, sobre todo, a alguna facultad intelectual prominente. Sin embargo, la etimología de la palabra *genio* apunta hacia una capacidad mucho más misteriosa; un tipo de guía espiritual o *daemon* en nuestra vida. Este espíritu podría verse como tu «ser superior»: tu perfil hologenético operando a través de ti a una frecuencia mucho mayor.

El genio denota gran creatividad, originalidad, entusiasmo; pero en ningún caso está limitado a personas con altas capacidades intelectuales. Esta 14.ª Clave Genética forma un grupo codónico genético llamado Anillo del Fuego, que sugiere que el genio es una chispa que necesita ser avivada con la acción. El otro componente químico del Anillo del Fuego es la 1.ª Clave Genética, con su correspondiente Don de la Frescura. Por lo tanto, el genio está conectado íntimamente con la idea de frescura y de novedad. El daño más grande que se puede hacer a un individuo en este mundo es el sometimiento a una continua programación en las bajas frecuencias de la conciencia colectiva, puesto que se fuerza a las personas a transigir y a abandonar sus sueños. La chispa del genio está ahí desde el nacimiento y, si se reconoce a una edad temprana, el niño puede disfrutar de una infancia diseñada para avivar las llamas de esa genialidad particular que porta.

Finalmente, transigir no nos puede conducir a la prosperidad, porque nos convierte en seguidores en vez de en creadores. La verdadera prosperidad emerge de hacer lo que hemos venido a hacer, más que de ser un engranaje más en la maquinaria colectiva. La prosperidad es la consecuencia natural de la empresa creativa individual y requiere una sensación constante de dirección y de capacidad. En el momento en el que transiges, el carro comienza a perder fuerza. La riqueza con la que habías nacido comienza a decaer. La misma frecuencia de la transigencia niega la posibilidad de gozar de buena fortuna y sincronicidades; es una tierra de nadie donde nada hermoso puede nunca ocurrir y donde no hay traza de genialidad ni propósito que pueda llegar a realizarse.

Naturaleza represiva: impotente

Para aquellos que están inconscientemente dominados por el miedo, la 14.ª Sombra representa un dilema sin escapatoria. Cuanto más transige uno en la vida, más impotente se vuelve para escapar. Una gran cantidad de nuestra energía vital está en esta 14.ª Clave Genética, y cuando no liberamos esta energía a través de un trabajo en el que nos encontremos realizados, nuestro poder se queda atascado dentro de nosotros. La palabra *impotente* tiene una doble connotación si la aplicamos a nuestra sexualidad, que está muy conectada con esta 14.ª Clave Genética. La vibración sexual y la fertilidad, en parte, se ven afectadas por subidas y bajadas, según nos sentimos o no realizados con lo que hacemos en nuestras vidas. Transigir desde el miedo podría mermar nuestra fertilidad, nuestra creatividad. La impotencia no significa necesariamente que uno parezca débil. Las naturalezas represivas a menudo saben muy bien cómo ocultar sus debilidades siguiendo el ritmo, pase lo que pase. La verdadera impotencia, en este sentido, tiene que ver con no tener el coraje de quedarse en pie, solo, y perseguir el camino único que cada uno tiene.

Naturaleza reactiva: esclavizada

La naturaleza reactiva de esta Sombra se basa también en la inseguridad básica, pero en vez de acabar colapsando en forma de impotencia, estas personas reaccionan tratándose de probar a sí mismas. Es un modelo clásico de comportamiento en nuestro mundo de hoy; muchas personas realizan trabajos que no son adecuados para ellas, pero en los que intentan probarse a sí mismas y a los demás que son especiales. Pero esto las convierte en esclavas de su propia necesidad de reconocimiento. Paradójicamente, por mucho reconocimiento que estén recibiendo, nunca será suficiente para que se sientan realizadas, ya que su verdadero potencial en la vida no es ese en el que se están esforzando; está en otro lugar. Este tipo de personas solo quieren parecer poderosas en la vida. Si las provocas, muestran enseguida su inseguridad en forma de ira. El verdadero poder nunca necesita probarse a sí mismo, ni frente a algo ni a alguien. El verdadero poder solo tiene que ver con el trabajo que tenemos a mano.

EL DON DE LA 14.ª CLAVE GENÉTICA: COMPETENCIA

El vientre en llamas

Como hemos visto, en cada ser humano yace un genio latente, y este genio emerge cuando uno deja de transigir en su vida. La Competencia es la cualidad que acompaña a las personas que aman lo que hacen. Es uno de esos dones que no se pueden enseñar, porque la verdadera competencia se refiere a mucho más que simplemente «hacer las cosas bien». La competencia comporta eficiencia, entusiasmo, gracia y flexibilidad: las cuatro llaves para el éxito material. Es eficiente, porque encuentra las soluciones

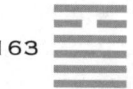

más rápidas y simples para resolver cualquier obstáculo del camino; es entusiasta, porque se realiza totalmente a través de lo que hace; tiene gracia, porque lo hace de un modo en que ningún otro puede hacerlo, y es flexible porque se puede aplicar a cualquier otra esfera de conocimiento humano imaginable.

La competencia comporta eficiencia, entusiasmo, gracia y flexibilidad: las cuatro llaves para el éxito material

Ser competente significa ser capaz de pensar lógicamente o lateralmente, cuando sea necesario. La clave de la eficiencia es la capacidad de conectar espontáneamente la creatividad y la receptividad, lo que significa que existe un autoajuste. Cuando actúa, este Don está escuchando y respondiendo a su entorno simultáneamente. Dentro de tu cuerpo, esta consciencia corresponde al plexo solar, que es la zona biofísica que dictamina cómo estás de centrado en un momento determinado. Estar centrado es moverse y respirar desde el vientre, y durante siglos muchas culturas han comprendido esta verdad. La misma noción de plexo *solar* o de *vientre en llamas* proviene de una comprensión vasta del poder de esta región corporal.

El ombligo se ha visto simbólicamente como la fuente de poder y fertilidad humanos, y el 14.º Don aprovecha ese inmenso poder interno. El secreto del vientre tiene que ver con esbozar más que con empujar. Una buena analogía podría encontrarse en las diferentes técnicas que se usan en carpintería en todo el mundo. En Oriente, la sierra se mueve en dirección hacia la barriga, en vez de ser forzada hacia fuera, como se hace en el estilo occidental. El corte resultante es más fino que el que se hace empujando. También se emplea mucha menos energía para empujar el serrucho hacia la panza que si se tienes que forzarlo hacia afuera con tus músculos. La única ventaja del estilo occidental es que es más rápido; pero a largo plazo, la cualidad es siempre una inversión más económica que la cantidad. La competencia, en este sentido, tiene que ver con desarrollar una tarea con total precisión y elegancia, en alineación con los ritmos armoniosos y naturales.

El 14.º Don, la Competencia, es uno de esos dones extremadamente contagiosos. Como ya hemos señalado, una de sus manifestaciones es el entusiasmo, cualidad esencial en cualquier tipo de grupo empresarial o negocio. Además, este 14.º Don es el ingrediente principal de cualquier empresa o equipo de trabajo. El entusiasmo que viene de este don es la fuerza vinculante que genera cohesión en los grupos. Aquellos que tienen el 14.º Don fuertemente activado en su perfil hologenético suelen ser, a menudo, quienes portan la fortaleza necesaria para implementar una visión particular o una idea. El suyo es el don de entusiasmar el espíritu del grupo, necesario para sacar una idea del papel y hacerla posible en el mundo. También es interesante notar que un equipo competente carece de miembros que transijan. Todos los miembros del equipo deben reunirse en torno al mismo ideal con mutuo entusiasmo.

El par programado para el 14.º Don es el 8.º Don, el Estilo. La competencia también tiene una aproximación única para cada cosa. Ser competente en algo significa innovar en nuevos e interesantes modos de abordar las cosas en el plano material. El 14.º Don también respeta el modo único y particular de los demás. Estas personas exhiben una vena artística especial. No tienen miedo de hacer las cosas a su modo, incluso cuando

nunca antes se haya visto o hecho algo así. Al mismo tiempo, estas personas no rechazan el consejo de otros si eso les ayuda en su tarea, lo que las convierte en puntos fuertes del equipo. Si este 14.º Don es parte de tu perfil hologenético o, simplemente, te sientes movido por él, tú eres probablemente una de esas personas que trabajará mejor con equipos pequeños. Que seas o no el líder del equipo es irrelevante; lo único que importa es que se respeten tus cualidades únicas. Estas personas tienen una enorme capacidad de trabajo si realmente aman lo que hacen y aman a aquellos que están relacionados con el trabajo que estén realizando. En este sentido, son maestros naturales para los otros, ya que contagian a la gente con su propio sentido de independencia y confianza.

El 14.º Don tiene, además, otro poder latente: el poder de la atracción. La Competencia crea un poderoso campo magnético que no solo atrae los apoyos adecuados, sino que también tiene la habilidad de atraer magnéticamente el bienestar material. Una vez que estás de forma mantenida en la frecuencia del Don por un tiempo, la tendencia natural es que la consciencia se siga expandiendo. Este es el origen de muchos dichos populares sobre el dinero y el bienestar: «Dinero llama a dinero» o «La riqueza conduce a más riqueza». La prosperidad es una energía contagiosa, cuyo campo crece exponencialmente mientras que se use para el servicio de otorgar poder. La competencia no tiene miedo del éxito, ni del poder, e irradia confianza y desenvoltura dondequiera que vaya. Es un campo de fuerza que crea naturalmente prosperidad. No puede ser de otra manera, porque alberga un enorme poder creativo en sí misma. La clave está en encontrar el punto de enfoque correcto en el mundo.

Por último, el 14.º Don está dotado de gran flexibilidad. No puedes ser rígido y competente al mismo tiempo. La competencia es el aura de quien trabaja y ama el mundo material en el que está involucrado, ya sea su casa o su oficina. Las madres, en particular, que tienen este 14.º Don pueden crear en su familia las dinámicas necesarias para una prosperidad espiritual, emocional y material. Son la piedra angular de su familia, gracias a un poderoso espíritu que puede infundir y dirigir correctamente a sus hijos hacia el encuentro y desarrollo de sus propias capacidades mientras crecen, de la misma manera que son capaces de inspirar fortaleza y propósito es sus compañeros o esposos. De hecho, en el momento en que activas el 14.º Don, liberas un cierto aroma a través de tu ADN que pronto te convierte en el pilar y soporte de cualquier familia o equipo. Además, tu aura de confianza y capacidad se puede transferir fácilmente en todas direcciones. Esta flexibilidad no es lo mismo que tener una destreza concreta. Se trata de una flexibilidad basada en la apertura, libre de miedos, para lidiar con cualquiera tarea de forma realista y enfocada. Si no sabes hacer algo, aprendes, y una vez que has aprendido, puedes aplicarlo en otras áreas de tu vida. En este sentido, el 14.º Don expande continuamente su potencial en muchas y diferentes direcciones a la vez.

EL SIDDHI DE LA 14.ª CLAVE GENÉTICA: BONDAD

EL CIELO UNICELULAR

Al nivel síddhico de consciencia, la energía se transmite por medio del campo morfogenético y a través del camino individual. Los campos morfogenéticos son rejillas energéticas que conectan a todas las criaturas y partículas de la materia a nivel subatómico. Para que un ser humano pueda utilizar el poder de esta matriz de energía, su cuerpo debe emitir una frecuencia de onda muy elevada. A nivel síddhico, todo su ser se convierte en un aspirador. Ocurre algo asombroso en la química de la persona a nivel síddhico, y su transformación es tan poderosa a nivel psicológico que, literalmente, saca del puesto de conductor al ocupante, conocido vulgarmente como «ego», y lo manda fuera del vehículo.

Es interesante —y quizás algo controvertido para algunos— darse cuenta de que el estado más elevado de consciencia que podemos adquirir en un cuerpo humano se parece también al inferior. Un ser humano que vive a nivel síddhico se parece a la forma más básica de vida de nuestro planeta: los eucariontes, que son el escalón inferior en términos de modus operandi de la consciencia. Los eucariontes, como una ameba, son incapaces de tomar consciencia de algo, aunque tengan consciencia, y, así, están construyendo bloques de vida en nuestro planeta. Estos organismos unicelulares son un símbolo adecuado para explicar el nivel síddhico de consciencia: poseen un núcleo que contiene instrucciones genéticas y algún tipo de membrana protectora, y ¡eso es todo! Lo mismo ocurre con una persona que manifiesta un estado síddhico: no hay un funcionamiento anormal de la consciencia. De forma natural, la consciencia humana continúa, pero trabaja mecánicamente y solo cuando se lo solicita un estímulo externo. Por otro lado, el estado síddhico es similar al de la ameba: hay instrucciones genéticas que deben seguirse desde el núcleo, pero aparte de eso, no hay nada de nada.

Las 64 Claves Genéticas representan estas instrucciones genéticas que hay en cada ser humano: forman el alfabeto arquetípico que está detrás del comportamiento de todos los seres. Depende de la frecuencia del vehículo y de su química que estas instrucciones se sigan con más o menos claridad. En el nivel de la Sombra, hay una gran interferencia de ruidos que impide escuchar claramente las instrucciones. Este ruido de fondo viene de tu pasado y del pasado genético colectivo almacenado en tus células. Cuando tu frecuencia genética se mueve hacia el nivel del Don, el ruido disminuye, ya que vives menos en el pasado y más en el momento presente. Sin embargo, a ese nivel, la memoria genética colectiva todavía sigue funcionando como un sutil elemento de condicionamiento que influye en tu comportamiento. En el verdadero nivel síddhico todas las trazas de tu historia genética y personal han sido erradicadas de tu cuerpo, ¡lo que no es poca cosa!

Es necesario comprender la importancia de este último estadio. Dentro del ADN de cada ser humano se almacena la memoria colectiva de cada ser que vivió antes que él o ella. Esto significa que cada sentimiento, miedo, aspiración y deseo, datado en los comienzos del viaje humano y aun antes, cada instinto en cada una de todas las criaturas

de las que descendemos, todo retorna a la forma de la ameba; toda la inconmensurable historia genética de la vida evolutiva en este planeta tiene que ser erradicada de nuestro ADN. Solo cuando haya ocurrido esto podremos experimentar el verdadero poder sin límites. Esto es de lo que trata el 14.º Siddhi, que ya estaba recogido en el nombre que el chino antiguo daba a este arquetipo: «Posesión en gran medida».

El 14.º Siddhi es el centro del poder de todos los arquetipos como formas individuales. Es el Siddhi de la Bondad, la razón última de lo que significa ser verdaderamente humano. Este Siddhi representa la auténtica herencia genética del hombre: la habilidad de crear en abundancia. Pero el 14.º Siddhi no tiene que ver con la acumulación de creaciones, sino con la fertilidad creativa. Tu verdadera fertilidad yace dormida en tus genes. Cuando el 14.º Siddhi florece en una persona, esta se convierte en una fuerza conductora para la propia humanidad. Su propio mundo, sus pensamientos y sus obras comienzan a calar intensamente en el campo morfogenético de la humanidad, que se ve empujada en una nueva dirección: hacia la abundancia. El rebosante potencial de fertilidad en los seres humanos es casi infinito. Como testifica este Siddhi, si un solo ser humano puede influir en la dirección de una especie en un sentido benéfico, está bien claro que tendrá que hacerlo a través de la manifestación de este Siddhi. La masa que porta el 14.º Siddhi podría ser lo que casi todas las culturas han dado en llamar la unión del cielo y de la tierra, que no es solo una edad de oro, sino un estado permanente en el que todos los humanos toman las riendas juntos: un estado en que el poder individual y el poder colectivo se vuelven uno y el mismo.

> *Cuando el 14.º Siddhi florece en una persona, esta se convierte en una fuerza conductora para la propia humanidad. Su propio mundo, sus pensamientos y sus obras comienzan a calar intensamente en el campo morfogenético de la humanidad, que se ve empujada en una nueva dirección: hacia la abundancia*

Como advertimos en el 14.º Don, se trata de una Clave Genética contagiosa. Y deberíamos recordar que también es contagiosa en el ámbito de la frecuencia de la Sombra. Hay pocas cosas que resulten tan contagiosas como la transigencia. Sin embargo, en la máxima frecuencia de la 14.ª Clave Genética se encuentra un gran destino disponible para el mundo. He aquí un ejemplo de cómo trabaja el campo morfogenético. Si uno manifiesta verdaderamente este Siddhi, el solo hecho de pensar en esa persona podría desencadenar un flujo de prosperidad increíble en muchos niveles de tu vida. Incluso si una sola persona, hombre o mujer, manifestara este Siddhi, podría crear ondas de prosperidad y bienestar espiritual dondequiera que fuese. Este es el origen de la antigua creencia en el poder de un gurú. Se dice que con tan solo pensar en el gurú o con tener delante su fotografía, llegarán transformaciones beneficiosas a tu vida.

Para concluir con el 14.º Siddhi, necesitamos comprender una cosa más que es difícil de digerir para muchos. El poder individual no es más que un mito. A pesar del hecho de que esta 14.ª Clave Genética parece tener que ver con el poder personal, a nivel del Siddhi se trata del fin de todo el concepto de *personal*. En este nivel, necesitamos ver la humanidad como un gran vehículo en expansión. Cada individuo es simplemente otro paquete de instrucciones biogenéticas que forma parte de un cuerpo mayor. En

este sentido, la individualidad no es otra cosa que una mera interferencia. Si una célula del cuerpo se comporta como si tuviera una identidad propia, no podrá funcionar limpiamente. Se cree que esto sucede porque las «ventanas» de esa célula están sucias y la información no pasa con eficacia y transparencia desde el cuerpo superior hasta la célula. Su enfermedad consiste en que cree que existe de modo autónomo. Asimismo sucede con nosotros, los humanos: nos gusta pensarnos autónomos y no somos más que organismos unicelulares dentro de un cuerpo mayor. Estamos simplemente construyendo bloques para una vida superior y, en ese sentido, somos totalmente prescindibles. Eso de «nosotros» realmente no existe. No existe el «nosotros»; se trata solo de un programa síddhico para crear más y más abundancia, en todas las direcciones posibles y en todos los niveles de consciencia. Esa es la verdadera definición de Bondad.

15.ª CLAVE GENÉTICA

LA ETERNA FLORESCENCIA DE LA PRIMAVERA

Par programado: 10.ª Clave Genética

Anillo codónico: El Anillo de la Búsqueda (15.ª, 39.ª, 52.ª, 53.ª, 54.ª, 58.ª)

Fisiología: hígado

Aminoácido: serina

LA SOMBRA DE LA 15.ª CLAVE GENÉTICA: MONOTONÍA

Otro día en el infierno

El poeta T. S. Elliot dijo que, en lo que a la literatura se refiere, «el mundo se divide entre Shakespeare y Dante; no existe un tercero». Mientras que la mayoría de la gente conoce a Shakespeare e incluso usa algunas de sus citas en las conversaciones cotidianas sin darse cuenta, Dante permanece como un misterio para la mayor parte del mundo. Incluso en su obra cumbre, la *Divina comedia*, Dante nos ha dejado lo que podríamos considerar el mayor mapa de la consciencia humana que se haya escrito jamás. Mientras que Shakespeare utilizó el drama, Dante se valió de la alegoría como herramienta para comunicar una verdad inmortal de nuestra naturaleza. La *Divina comedia* describe, esencialmente, la geografía de la consciencia conforme se eleva desde las bajas hasta las más altas frecuencias. Las 64 Claves Genéticas se pueden experimentar como las tres bandas de frecuencia principales: la Sombra, el Don y el Siddhi, que en el caso de Dante se llamaron Infierno, Purgatorio y Paraíso, respectivamente.

Esta 15.ª Clave Genética es el aspecto clave de un paquete complejo de huellas genéticas de los seres humanos conocido como el Anillo de la Búsqueda. Este codón de tu genoma es el que inicia tu viaje evolutivo desde la inconsciencia sobre la que es tu verdadera naturaleza hasta tu eventual despertar como expresión de la forma Divina. Todas tus luchas, dolores, agonías, triunfos y éxtasis están escritos justo aquí, en este Anillo codónico, porque, como sucede en la *Divina Comedia*, dan vida a la geografía y a la topografía de tu viaje hacia el despertar. Dentro de esta estructura genética, la 15.ª Clave Genética desempeña, quizás, el papel más vital entre todas las Claves Genéticas. En resumen, su función es mantenernos humanos. Ser humano significa ser un campo de batalla para las fuerzas y las frecuencias opuestas, algunas de las cuales te empujan hacia el cielo, mientras que otras te arrastran hasta los infiernos. La Humanidad es el puente que permite que la consciencia pueda trabajar en estas corrientes que entran en conflicto entre sí.

La 15.ª Sombra, la Monotonía, describe la actitud humana con la que se puede habitar el cuerpo en la baja frecuencia. Es el miedo a lo ordinario de la vida. La repetición es uno de los elementos clave del Infierno de Dante. Los transgresores y malhechores se representan, a menudo, en interminables ciclos donde se juegan y pagan las consecuencias por sus malas acciones, una y otra vez, durante toda la eternidad. Uno de los mayores miedos de esta 15.ª Sombra es, justamente, el miedo a quedarse atrapado en un ritmo repetitivo que no cambie nunca. Y la enorme ironía que encierra esto, y que Dante captura perfectamente en su maravillosa obra, es que la vida consiste justamente en una interminable repetición de patrones y ritmos. Conforme entres más hondamente en los misterios de las 64 Claves Genéticas, comenzarás a darte cuenta de la verdad que hay detrás de las últimas revelaciones y teorías de la física cuántica: que el universo parece ser un holograma en el que algunos patrones se repiten una y otra vez, con variaciones fractales infinitas.

Esta 15.ª Clave Genética tiene que ver con la diversidad orgánica de la vida. La 15.ª Sombra nos muestra la monotonía de la vida. Representa una actitud de la consciencia humana y, también, del reino animal y vegetal, aunque en el caso de otras formas de vida no deberíamos utilizar la palabra *monotonía*. Un perro se puede sentar en un escalón durante un mes entero, sin hacer nada más en absoluto, y no aburrirse nunca. De hecho, cuando los humanos observamos a los animales, a menudo sentimos envidia de ellos, que no parecen tener preocupaciones, ya que sus vidas son simples. Con nuestra consciencia autorreflexiva, los seres humanos somos capaces de algo realmente mágico y, al mismo tiempo, bastante aterrador: somos capaces de adoptar una actitud. Solo el neocórtex humano hace posible la monotonía.

Dos humanos que atraviesan experiencias idénticas pueden, literalmente, vivirlas como dos realidades diferentes. Uno puede estar en el cielo y el otro en el infierno. Y no solo eso; nuestra actitud *afecta* a los eventos de nuestra vida, y esa es la primera gran Ley de la Magia. La experiencia refleja nuestra actitud. La actitud es, de hecho, uno de los más grandes misterios de la vida, porque su fuente es indefinible. Puedes creer que se trata de tu modo de pensar, pero no se trata de la mente, aunque la actitud opere valiéndose del pensamiento. Puedes llegar a pensar que se trata del inconsciente, pero opera incluso por debajo de los niveles más profundos de tu psicología y de tu fisiología. Resumiendo, la actitud denota el modo en que la consciencia está *usándote* en un momento dado. Es la membrana que enlaza el microcosmos y el macrocosmos; es el modo en que se programa el ADN, y también es el modo en que es programado por el entorno. Se trata de una respuesta natural a la vida, y sus directivas primigenias parece que consisten en favorecer una sola cosa: el crecimiento. Por último, la actitud está vinculada con tus hormonas, con la química de tu cerebro y con algo que está más allá de tu percepción consciente: tu ánimo.

La 15.ª Sombra se manifiesta en el comportamiento humano siempre que una per-

Tu actitud afecta a los eventos de tu vida, que es la primera gran Ley de la Magia

sona se siente baja de ánimo por cualquier razón. Una de las mayores causas de los cambios de actitud es la luz o la falta de luz, representados, por ejemplo, en las variaciones de tiempo atmosférico. En un día nublado y gris, todos los seres humanos experimentan sutiles cambios en su psicología, lo mismo que sucede con las plantas y los animales. La manera en que interpretes esos cambios es justamente lo que dicta tu actitud. Ningún humano puede escapar a la monotonía de la existencia, que no es más que un asunto basado en la forma en que tú te relacionas con esa monotonía. De hecho, se trata de una experiencia humana profunda que está en el centro de tu psicología básica y que puede conducirte a estados extremos: depresión, violencia, rabia y frustración. Cuando cambia tu perspectiva, ya sea a causa de la luz interior o exterior, el sentimiento de monotonía puede pasar a convertirse en otro sentimiento, de increíble fuerza vibrante y apasionante. Podemos ver cómo sucede esto en las frecuencias superiores, al nivel del 15.° Don, el Magnetismo. Esta palabra nos da la pista que nos puede ayudar a comprender la verdadera naturaleza de lo que llamamos monotonía, basada en la falta de magnetismo o de polaridad. La monotonía no es ni lo más elevado ni lo más bajo del espectro. En realidad se trata del punto medio, donde la polaridad no existe en absoluto. Aquí radica el problema: la polaridad nunca es aburrida. La rabia no es aburrida. La violencia no es aburrida. Solo la falta de cualquier carga —positiva o negativa— resulta aburrida.

Esta verdad última, que el espectro de la consciencia no es una línea recta con un polo negativo en un extremo y un polo positivo en el otro, es una visión asombrosa. Lo que nos está diciendo la 15.ª Sombra es que todos los estados de la Sombra tienen en su propio corazón esta misma monotonía y que las mismas Sombras emergen solo de acuerdo con la manera en que nosotros respondamos a esta monotonía. Todo depende de cuán profundamente permitas tú que la monotonía haga mella en ti. Cuanto más profundamente abrazas la monotonía, más la conviertes en algo místico, como el vacío descrito por el Buda. La verdad más profunda de todas es que la vida misma no tiene sentido. El universo en que tú habites vendrá determinado por esta verdad. Si te quedas atrapado en el nivel de la mente, probablemente tratarás de encontrar algo, cualquier cosa, para distraerte de tu monotonía. Si te quedas atrapado en el nivel más profundo de tus sentimientos, probablemente caigas en algún tipo de depresión, ya que tu energía física también decaerá. El par programado de la 15.ª Sombra es la 10.ª Sombra, que nos habla de la obsesión por uno mismo, una polaridad de la que no se puede escapar; tan solo puedes experimentarla desde otra frecuencia. Si permites que esta monotonía se apodere de todo tu ser sin quedarte bloqueado en ningún tipo de reacción, dejará de ser monotonía. Lo experimentarás como crecimiento y, a niveles superiores, incluso como el florecimiento de la consciencia, es decir, como Florescencia.

Este es el verdadero milagro del Espectro de Consciencia: que cada estado de la Sombra oculta un Don Divino en menos de lo que canta un gallo. No se trata de un largo proceso para ir desde la Sombra al Siddhi. No es más que un acto de pura aceptación. Los tres niveles —Sombra, Don y Siddhi— son uno solo en realidad. Desde la Sombra no puedes ver el Don o el Siddhi. Desde el Don puedes ver la Sombra (de hecho estás utilizando su energía creativa), pero no puedes todavía ver el Siddhi. Solo desde el Siddhi puedes verlo todo. Claramente, no hay diferencia alguna entre la experimentación real de una Sombra y de un Siddhi. La única diferencia es que no te resistes a aceptar el estado en que te encuentras. La monotonía es monotonía. La vida no tiene propósito. Para aceptar esta verdad tienes que vivir totalmente. No hay truco o técnica que te pueda sacar de este sentimiento. La vida es algo completamente ordinario, y tú también tienes que convertirte en algo totalmente ordinario. El único camino para el paraíso verdadero es la total simplicidad.

NATURALEZA REPRESIVA: VACÍA

Cuando la Monotonía se apodera de alguien con una naturaleza típicamente represiva, se manifiesta en forma de vacuidad. Esta monotonía es muy diferente del aburrimiento, que posee cierta cualidad energética de inquietud en ella (ver la 35.ª Sombra). Este tipo de vacío está muy cerca de la depresión y, de hecho, conduce inevitablemente a ella. Una persona así *se ha dado por vencida* en algún momento, se ha resignado o ha aceptado en clave negativa. Se trata de una aceptación mediocre que ha alcanzado solo cierto punto de profundidad y se ha quedado bloqueada ahí. Las naturalezas represivas están basadas en el miedo, y por eso este tipo de gente se queda atrapada en un nivel donde teme al propio miedo. Este hecho provoca el cierre del mecanismo sobre sí mismo, lo que conduce a la depresión y a otros desórdenes de la misma naturaleza. Estas personas solo pueden escapar de estos estados cuando descubren el miedo que está impidiendo al vacío entrar más hondamente en ellos. Como hemos visto, una vez que alguien permite que este vacío primordial le sature por completo, deja de experimentarse como algo separado de uno mismo, y también deja de experimentarse como vacuidad. Muy por el contrario, esta experiencia libera una enorme fuente de energía y de vitalidad.

NATURALEZA REACTIVA: EXTREMISTA

Si tienes una naturaleza reactiva, entonces te rebelarás contra el aburrimiento. Estas personas tampoco aceptan la monotonía, pero su naturaleza consiste en escapar sirviéndose de la negación. A menudo se esconden detrás de algún tipo de vaguedad, pasando de una experiencia a otra sin un verdadero sentido de ritmo o propósito.

Al ser extremistas, se pueden encontrar en toda clase de situaciones y lugares, pero siempre sin un sentido concreto y real de la pasión. Esta gente está siempre en movimiento, pero nunca preparada, en realidad, para el compromiso con nada ni con nadie; se están escapando siempre de sus propias sombras. Este tipo de persona lleva dentro una rabia oculta que les impide permanecer con otros durante un tiempo largo, cosa que cambia cuando miran en sus propios patrones reactivos y comienzan a aceptar aquello de lo que se están escapando.

EL DON DE LA 15.ᴬ CLAVE GENÉTICA: MAGNETISMO

ALCANZAR LA RESONANCIA SCHUMANN

La 15.ª Clave Genética es una poderosa puerta de entrada en los misterios de la vida. Se trata de una de las Claves Genéticas que vincula a los humanos con otras formas de vida y, al hacerlo, nos conecta profundamente con Gaia, el espíritu vivo de la naturaleza. En 1977 un científico llamado Otto Schumann realizó un descubrimiento destacado. Predijo matemáticamente la frecuencia exacta de la pulsación de la Tierra en el espectro electromagnético. Con una vibración de 7,8 hercios, esta longitud de onda, conocida como la Resonancia Schumann, es literalmente el pulso vibrante en el corazón de todos los organismos vivos. Este pulso nos une como un solo organismo vivo. El 15.° Don representa el barómetro interior en tu ADN para la Resonancia Schumann. Todas las enfermedades humanas se producen debido a los desajustes entre el campo electromagnético individual y este campo mayor que emana de la tierra. Cuando la frecuencia individual deja de corresponderse con la Resonancia Schumann, estás desacompasado con sus ritmos naturales, y la química de tu fisiología sufre presión y estrés.

Uno de los grandes desafíos de la humanidad moderna consiste en aprender a bajar el ritmo. La Resonancia Schumann es una oscilación de frecuencia que se desplaza mucho más lentamente de lo que suelen hacer la mayoría de los humanos, especialmente en el mundo actual. El tiempo tiene un movimiento exclusivo para toda la vida de Gaia. Ella nunca ha estado en un apuro. El poder de Gaia es el poder del *verdor*. Si dejásemos nuestro planeta exactamente como es ahora durante cien años, nuestras ciudades y carreteras se convertirían nuevamente en bosques verdes. Esta es la velocidad, el poder y el ritmo de Gaia. Dado que el magnetismo es la fuerza vinculante entre todas las criaturas y formas, cuanto más profundamente te afines con la Resonancia Schumann, más magnético te volverás. Se trata de confiar en el flujo y reflujo natural de los eventos de la vida. Puedes ver cómo la agitación de las bajas frecuencias experimenta las frecuencias más lentas como monotonía. El hecho es que, cuando la frecuencia de tu ADN alcanza la Resonancia Schumann, tu experiencia del tiempo se para por completo. Estas son verdades que ya han experimentado y encarnado muchas de las culturas indígenas supervivientes hoy en nuestro planeta. Vivir pegados a los ritmos naturales de la tierra significa experimentar la sabiduría y la claridad que llegan al moverse más lentamente por el mundo.

Uno de los grandes desafíos de la humanidad moderna consiste en aprender a bajar el ritmo

Mientras asciendes en la consciencia hasta el nivel de frecuencia del Don, experimentarás, por primera vez, la belleza subyacente a la diversidad de la vida, gracias a las mutaciones sutiles que tienen lugar en esta 15.ª Clave Genética. El mismo estado que temías y que te fue robando tu fuerza vital, se convierte en una increíble fuente de energía vital magnética. La monotonía deja de ser aburrida. Es como si estuvieras observando el interior de una vasija vacía y, de repente, te dieras cuenta de que no está vacía, sino llena: llena de potencial. Este simple cambio de actitud te permite descifrar el poder magnético superior que está latente en tu ADN. Ese poder magnético es la base de la ley de la atracción, la ley universal que atrae hacia ti todo lo que sirve a la consecución de tu propósito superior, ya sea dinero, gente o recursos. Hasta que no alcances la Resonancia Schumann, el poder sin esfuerzo de esta ley no estará accesible en tu vida.

Las personas que manifiestan el 15.º Don como rasgo poderoso emanan una presencia física tangible y, en este sentido, destacan entre los demás. El Don del Magnetismo confiere a la persona el poder de brillar con la fuerza vital, haciéndola parecer literalmente más grande que la vida. Se trata de un Don lleno de entusiasmo y apertura, y, sobre todo, se trata de un Don de Amor. Como fuerza unificadora universal, el magnetismo que libera este 15.º Don te permite aprovechar toda la potencia del mundo natural. Estas personas a menudo tienen una conexión muy fuerte con la naturaleza o con los reinos animal, vegetal y mineral, ya sea de una manera personal o por razones laborales. Al estar enraizados en el mundo natural y con su diversidad rítmica, el 15.º Don profesa un respeto natural por toda la vida sensible. Del mismo modo que el magnetismo mantiene unidas a las familias de la misma especie, la gente con el 15.º Don siente una profunda afinidad con la humanidad. Se trata de un Don que aceptará y trabajará fácilmente con cualquier comportamiento o campo humano extremo. El magnetismo no excluye a nadie, ya que cuanta más diversidad encuentran estas personas, más realizadas se sienten.

Sin embargo, la verdadera belleza de este 15.º Don estriba en su aceptación de la cotidianeidad. Experimentar la vida a través de este Don es, en palabras de William Blake, «ver el cielo en una flor silvestre». Se trata de mirar la visión holográfica de la vida tal y como aparece ante tus ojos. Para la 15.ª Clave Genética, no hay separación entre lo místico y lo mundano, porque la vida se experimenta como un sendero inmortal a través de todos los cuentos y leyendas de la cultura humana. A través de la 15.ª Clave Genética, te presentas ante lo mundano como un guerrero. Hasta el aspecto más aburrido del día te puede parecer una oportunidad para la transformación personal. Las grandes pruebas espirituales no se encuentran en las experiencias extremas, sino en el día a día: en tus relaciones, mientras lavas los platos, al limpiar la casa o al ir al trabajo. Este es el origen del proverbio místico que nos recuerda que, para alcanzar el cielo, no necesitas ni siquiera atravesar la puerta de tu propia casa.

Podríamos resumir el Don del Magnetismo como el poder de influir y ser influido por el aura. El magnetismo tiene que ver solo con el poder del aura. Como decía Goethe: «Cada ser vivo crea una atmósfera a su alrededor». Todas las formas de vida irradian campos bioenergéticos de energía que interactúan con su medio ambiente a través de leyes geométricas. Este 15.º Don desbloquea el poder del aura para conducir y retransmitir la información entre diferentes formas. Cuanto más resonante se vuelva tu aura con las frecuencias naturales de la tierra, más se expandirá, poniéndote en contacto con la mayoría de las realidades y los reinos ocultos de la naturaleza. Puede incluso suceder que, al afinarse la frecuencia de tu aura en perfecta resonancia con la mismísima rejilla de la tierra, tu consciencia se expanda exponencialmente y te conviertas en uno con Gaia y con todas sus criaturas.

EL SIDDHI DE LA 15.ª CLAVE GENÉTICA: FLORESCENCIA

SHAMBHALA EMERGE

El 15.º Siddhi es la cualidad conocida con el nombre de Florescencia, una palabra que se refiere básicamente al proceso vegetal de convertirse en una flor. Cada uno de los Siddhis representa, de hecho, un proceso de Florescencia, que es lo que el Ser Superior representa: tu máximo florecimiento. La Florescencia no se puede fingir, apresurar o forzar. Se trata de un estado que sucede esporádicamente a los humanos, lo que significa que no se puede predecir o señalar si le va a suceder a una determinada persona. Lo único cierto de todo esto es que los humanos podemos reconocerlo cuando le ha sucedido a otro. Una persona en la que la consciencia ha florecido espontáneamente es una persona rodeada de magia, de luz y de un misterio magnético tangible. La Florescencia, como expresión máxima del magnetismo humano, se manifiesta como una supernova a través del aura humana, que, una vez que comienza, se sigue expandiendo y expandiendo en dimensiones cada vez más recónditas. Una persona de este tipo se convierte en un imán para otras que están hambrientas de esta clase de estados superiores.

Aunque la Florescencia no se pueda predecir, hay ciertos signos que suelen aparecer antes de que suceda. Si recordamos la 10.ª Clave Genética, el Don de la Naturalidad, que es el par programado de esta 15.ª Clave Genética, podemos encontrar una pista. Cuando una persona se siente verdaderamente cómoda y natural con lo que es, cuando de verdad acepta su vida y la de otros tal cual es, está a punto de florecer. La Florescencia se experimenta cuando el conocimiento deja de buscarse a sí mismo y, por lo tanto, puede verdaderamente descansar. Cuando llega este descanso, la consciencia (que estuvo en su interior todo el tiempo) finalmente brilla en todo su esplendor. Los sabios de la antigüedad decían que la mente debe apaciguarse o que todos los pensamientos tienen que cesar para que la realidad pueda ser percibida. Pero lo cierto es que este contenido se ha malinterpretado a lo largo de los años, ya que no es el pensamiento lo que tiene que cesar, sino la identificación con el pensamiento. ¡Quien tiene que cesar es el pensador!

Al escuchar esto último, muchos han buscado la fuente más allá del conocimiento, y lo seguirían haciendo así. Sin embargo, ni un solo pensamiento, sumado al conocimiento, puede llegar a revelar la verdad. Esta es la razón por la que no existe ninguna técnica o sistema que pueda asegurarte la iluminación. El conocimiento tiene que llegar a reposar en su propio seno, lo que es un misterio tan grande como maravilloso. El hecho de que no haya nada que pueda hacerse para acelerar nuestro florecimiento se puede ver igual como una bendición que como una condena. A la mente le parece una condena, porque la mente siempre quiere hacer algo. Para el ser interior se trata de una gran bendición, porque la encarnación de esta verdad le conducirá a niveles de relajación progresivamente más profundos. Finalmente, la Florescencia no depende de nada. No se puede crear ni con la meditación, ni con el karma bueno, ni con ningún tipo de esfuerzo, ni tampoco mediante no hacer nada. Florescencia es Gracia: ¡sucede cuando y donde le apetece suceder!

Esta 15.ª Clave Genética es el eslabón más importante de los que conforman el Anillo codónico de la Búsqueda, un subprograma genético multidimensional presente en todos los seres humanos. Cada miembro de esta familia apunta a una cuestión o presión diferente en nuestras vidas que está esperando ser resuelta. Por ejemplo, la 54.ª Clave Genética busca que te eleves social, espiritual y materialmente, mientras que la 52.ª lo que quiere alcanzar es un estado de relajación total. A través del misterio del 15.º Siddhi, la presión de la búsqueda llega a su fin. Si miras a la naturaleza, donde está la raíz conceptual de la palabra *florescencia*, verás que aquella produce muchos brotes en muy diferentes plantas, pero que cada una de ellas florece a su propio tiempo. Además, los brotes de cada planta se abren colectivamente, en una gran explosión de energía dinámica. En los seres humanos, la iluminación opera de ese mismo modo a través de diferentes períodos y épocas. La iluminación no le sucede nunca solo a una persona, sino que salta sucesivamente, de generación en generación, durante un determinado período de tiempo. Se trata de un fenómeno que, una vez que ha comenzado, se puede extender a muchos fractales diferentes, floreciendo en muchas y muy diferentes formas humanas.

La iluminación no le sucede nunca solo a una persona, sino que salta sucesivamente, de generación en generación, durante un determinado período de tiempo

Desde tiempo inmemorial, la humanidad ha ideado sistemas intuitivos para comprender los ritmos y los tiempos en que las personas han nacido. Se han descubierto verdades tan obvias como fundamentales. Cada una de las 64 Claves Genéticas tiene una posición en el arco del año, lo que da lugar a una astrología genética, única para cada uno de nosotros. La gente que ha nacido con la 15.ª Clave Genética en un lugar prominente de su perfil hologenético lo ha hecho, casi siempre, en el equinoccio de primavera o en fechas próximas a él. Esta es la razón por la que el poder de la Florescencia es la fuerza de la primavera, cuando toda la naturaleza comienza a brotar. La persona que manifiesta el 15.º Siddhi, por lo tanto, tiene una vibración que es sencillamente irresistible.

Florescencia, como término, va mucho más lejos que la palabra *florecimiento*. Florescencia se refiere al proceso de explosión exponencial en forma de flor; por lo tanto, el enfoque no está en una simple o sola flor, sino en un árbol de flores entero, todas ellas brotando al mismo tiempo. Esto es lo que este tipo de personas hacen cuando la gracia de la florescencia les sucede: florecen en muchísimas direcciones a la vez. Su potencial parece infinito; la diversidad de sus intereses parece inextinguible, por lo que florecen es todas y cada una de las esferas posible de la vida, y en todas al mismo tiempo. Una persona de este tipo no se puede parar en cualquier lugar o quedarse en un determinado sendero o camino. El conocimiento hace en ellos lo que tiene que hacer, es decir, refleja la energía de la primavera, siempre en movimiento, creciendo, explorando y deleitándose en lo que pasa ante sus ojos.

El 15.º Siddhi podrá alcanzarse solo cuando la mente haya soltado la necesidad de controlar totalmente. La florescencia es una confusión total para la mente; es demasiado espontánea, demasiado impredecible y demasiado libre para que la mente la pueda seguir, y mucho menos manejar. Sería algo así como si un escritor escribiera cien libros

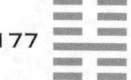

simultáneamente y saltara de uno a otro aleatoriamente, mientras que al mismo tiempo mantiene un centenar de trabajos diferentes, moviéndose al azar entre ellos. La florescencia sigue la propia naturaleza salvaje, con sus ritmos orgánicos, lo que demanda una actitud de confianza, entrega y deleite infantil. Cuando alcanzas una armonía perfecta con la Resonancia Schumann, incluso el tiempo se para con tu ser. Se trata de una experiencia imposible de relatar con palabras. En palabras de Cristo, se trata del momento en que, místicamente, «heredamos la tierra». Llegamos a experimentar el misterio del *philos anthropos*, el puro amor por la humanidad, encarnado en el principio de la filantropía. De repente, todo en la vida se ve como filantropía que devuelve constantemente su propia esencia a la totalidad.

Este Anillo codónico de la Búsqueda está sufriendo en la actualidad un profundo proceso mutativo que va transformando el ritmo esencial de la estructura de la vida en nuestro planeta. Sobre todo, está llevando a los humanos a una consciencia superior de delicado equilibrio biológico con el sistema, y, en particular, con el de las plantas. Mientras la presión de la búsqueda humana se lleva por delante el verdor de nuestro planeta gracias a la polución y la expansión industrial, estamos empezando a darnos cuenta de que también somos responsables de estos grandes cambios en los ritmos globales. Nuestra climatología no es más que la consecuencia de un cambio energético más profundo que está sucediendo. La energía dinámica de la liberación se está mudando hacia la eléctrica y explosiva 39.ª Clave Genética, en lo profundo de este codón genético. Esta 39.ª Clave Genética, en su frecuencia más elevada, funciona como precursora del gran cambio que transformará toda la vida sobre la Tierra a través de la 55.ª Clave Genética.

Pero todo comienza aquí, en el Anillo de la Búsqueda, con el aminoácido conocido como serina. La búsqueda humana podría, llegado el momento, autoinmolarse; así es la trayectoria que como especie estamos siguiendo, parezca lo que parezca a simple vista. Cada una de las seis Claves Genéticas correspondientes a este Anillo codónico se desperezarán en una secuencia, comenzando con la 39.ª y terminando con la 15.ª Clave Genética. Conforme ese despertar se expanda por la humanidad y la naturaleza, experimentaremos poderosos y sutiles cambios en la Tierra, mientras que nuestras rejillas magnéticas primarias se recalibran a una frecuencia superior.

Lo que en realidad hace el 15.º Siddhi por la humanidad es alinearnos con la evolución superior. Siempre es difícil ver las evoluciones que hay más allá de la nuestra; pero, sea como sea, sí existen. Nuestros grandes maestros y mitologías han sido siempre conscientes de ello. La Tierra misma contiene reinos sutiles de frecuencias mucho más elevadas que las de la humanidad, y esos reinos *dévicos* se están también preparando para dar un salto en la consciencia emergiendo con la consciencia humana. La mayor Florescencia sucederá cuando las fuerzas ocultas, latentes de la propia Tierra, se eleven a la superficie y absorban la consciencia humana. Este conocimiento ha formado parte de la mitología humana desde siempre y nos habla, por ejemplo, de la existencia de grandes ciudades en el interior de la Tierra con una brillante joya en su centro, conocidas con los nombres de Shambhala o Agartha. Tales mitos son testimonio del cambio genético que está dando un barrido a todo el ADN de nuestro planeta. Incluso está teniendo un impacto en la evolución de la galaxia y del propio cosmos. La florescencia es un espejo de las supernovas que vemos en la bóveda celeste, pero se trata de una supernova que tiene lugar en la estructura misma de la forma. En pocas palabras, la florescencia es una cadena explosiva de reacciones de iluminación de todas las formas para la verdadera naturaleza de la consciencia. Está impresa en el destino de cada ser vivo y estará tocando muy pronto a toda la humanidad.

16.ª CLAVE GENÉTICA

SIDDHI MAESTRÍA • DON VERSATILIDAD • SOMBRA INDIFERENCIA

EL GENIO MÁGICO

PAR PROGRAMADO: 9.ª CLAVE GENÉTICA
ANILLO CODÓNICO: EL ANILLO DE LA PROS-
PERIDAD (16.ª, 45.ª)

FISIOLOGÍA: PARATIROIDES
AMINOÁCIDO: CISTEÍNA

LA SOMBRA DE LA 16.ª CLAVE GENÉTICA: INDIFERENCIA

DEJACIÓN DE RESPONSABILIDADES

En la frecuencia de la Sombra, una de las fuerzas más poderosas y estereotipadas que te mantiene alejado de la posibilidad de acceso a una realidad de frecuencia superior es la indiferencia. Mientras seas *indiferente* no podrás ser nunca *diferente*. Esta es la clave de la 16.ª Sombra, que se refiere al miedo humano a abandonar la zona de confort y el consiguiente miedo a abrazar el cambio en vida. Al tratarse de un aspecto del Anillo codónico de la Prosperidad, la 16.ª Clave Genética se vincula con la excelencia. Prosperar verdaderamente en el mundo significa encontrar algo a lo que puedas ponderar sobre todo lo demás. Este es el verdadero destino de cada ser humano, pero para hacer realidad ese sueño tienes que abandonar primero el reino de las Sombras y arriesgarte a ser diferente. La Indiferencia es un campo energético que te atrapa en la mecánica de enfocar tu precioso tiempo y tu fuerza vital en lo superfluo. Lo superfluo, en este contexto, es cualquier cosa que te impida estar atento al momento presente y a su ilimitado potencial. Mientras estés enfocado en lo superfluo, serás indiferente a lo que es verdaderamente importante.

Elie Wiesel, superviviente de los campos de concentración y escritor, dijo algo al respecto de este tema.

> Lo opuesto al amor no es el odio, es la indiferencia.
> Lo opuesto al arte no es la fealdad, es la indiferencia.
> Lo opuesto a la fe no es la herejía, es la indiferencia.
> Y lo opuesto a la vida no es la muerte, es la indiferencia.

La 16.ª Clave Genética representa la expresión colectiva del estado de salud de la humanidad. En nuestro mundo moderno su expresión es clara. Que la gran mayoría del mundo viva en la pobreza mientras que solo unos pocos prosperan es un claro testimonio del poder de la 16.ª Sombra, que succiona la vida y la saca del mundo. Dado que los seres humanos no están dispuestos a ponerse en pie y ser diferentes, solo les queda sentarse al lado de la vida y observar. En psicología social, este común patrón humano se conoce como *dejación de responsabilidad* y se refiere a la frecuente respuesta humana de mirar hacia otro lado cuando uno se encuentra con una persona que hace señales de socorro, aunque esté rodeado de personas a su alrededor. Sin embargo, al tratarse de una consecuencia de la 16.ª Sombra, la Indiferencia, la dejación de responsabilidades, sucede a lo largo y ancho de nuestro planeta a un nivel todavía más sutil.

La Indiferencia es un campo energético creado por todos los seres humanos del planeta que no están haciendo lo que les gustaría realmente hacer. La única razón de este estado es el miedo. Seas quien seas, y sean cuales sean las circunstancias de tu vida, si trasciendes tu miedo, de repente te conviertes en alguien más capaz de lo que eras antes. Romper el campo de la indiferencia es realizar un movimiento valiente hacia la raíz de tu miedo y salir del letargo que te impedía hacer algo realmente hermoso en tu vida. La Indiferencia tiene muchas caras y excusas. Una de las primeras excusas que utiliza el ser humano para no hacer lo que realmente quiere en la vida es alegar que no tiene tiempo suficiente. Este hábito de convertirte en una víctima del tiempo es la estrategia central de escape de esta 16.ª Sombra; pero en realidad el tiempo no tiene nada que ver con ello. Te has convertido en una víctima de tu mente, más que de tu tiempo. El tiempo en sí fluye como el agua, y, tal y como testifican las Claves Genéticas 17.ª, 5.ª y 52.ª, se puede curvar, acortar, doblegar, alargar e incluso detener. En el momento en que te pones en pie y comienzas a seguir tus sueños, el tiempo comienza a ser tu aliado más que tu enemigo, adaptándose automáticamente hasta ajustarse a tus necesidades.

El par programado de la 16.ª Sombra es la 9.ª Sombra, la Inercia, y se puede apreciar fácilmente que estas dos fuerzas genéticas consiguen mantener a los seres humanos en ninguna parte. Como sucede con todas las polaridades de la Sombra, crean un bucle de retroalimentación que atrapa la energía de baja frecuencia. En este caso, la Indiferencia no puede superar a la Inercia, porque no se siente lo suficientemente fuerte para hacer algo al respecto. Esta 16.ª Sombra puede estar llena por completo de planes y de buenas intenciones sobre el mundo, pero raramente despega. Es la Sombra de la *quimera*: la idea delirante de que tus sueños algún día se van a manifestar sin que tú realmente tengas que hacer absolutamente nada para que sucedan. Lo que falta en la vida de los atrapados por las garras de esta Sombra es un factor vital: el entusiasmo. «Entusiasmo» es el nombre original chino del 16.º Hexagrama del I Ching. El entusiasmo es la clave que te puede sacar de la inercia y modificar el patrón mecánico de la indiferencia. Para ser entusiasta, en realidad, solo tienes que *tener* una experiencia en vez de solo soñar *con* la experiencia.

> *Esta 16.ª Sombra puede estar llena por completo de planes y de buenas intenciones sobre el mundo, pero raramente despega*

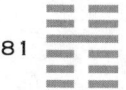

Uno de los grandes retos para poder superar el peso colectivo de la indiferencia es superar la incapacidad para identificar aquellos que son tus verdaderos sueños. Esta es la razón por la que la experiencia es vital en el proceso de liberación. No es suficiente soñar y planificar cómo podrías salvar el mundo; tienes que empezar realmente a trabajar. La otra excusa típica de los que están bajo la frecuencia de esta Sombra es: «No estoy listo aún». Una vez más, esta excusa se basa en una falsa noción de lo que es el tiempo. La verdad es que siempre estás listo. Ahora mismo estás listo. Si sigues posponiendo tus sueños, seguirán siendo solo eso: sueños. Pero si tienes el coraje de comenzar a expresarlos, aprenderás mucho mientras los experimentas. Cuando tienes el valor de dar un salto dentro del sendero de tu propio destino, suceden dos cosas inmediatamente; la primera es que sientes una enorme fuente de energía nueva que emana de tu propio entusiasmo; la segunda, que cesas de posponer y comprometer tu propio camino por la presión que te imponen los otros.

Solo tu propio coraje y tu entusiasmo tienen el poder de atravesar los muros energéticos creados por la dejación de responsabilidades. En el nivel de baja frecuencia de la Sombra, no tienes ni idea de lo que es posible, ya que solo ves a través de tu mente, que es incapaz de abarcar la realidad completa. Tu entusiasmo tiene el poder de superar la propaganda de masas que te dice que tus sueños son imposibles y que tu coraje es la espada que te protege de la presión individual que amenaza con asfixiarte. Con este coraje recién encontrado podrás, por fin, emerger como una presencia humana totalmente encarnada. Hay un fuerte espíritu empresarial en este codón genético. Después de todo, se trata del llamado Anillo de la Prosperidad. Es la fusión del talento humano emparejado con el poder grupal de la sinergia (la 45.ª Clave Genética), que abre el campo de la prosperidad verdadera. Cuanto más expandes tu talento, más responde el campo universal de la consciencia, que sale a tu encuentro a mitad de camino. Con solo destacarte encontrarás a las personas adecuadas para apoyar, orientar y llevar tu visión al plano de la realización.

La 16.ª Sombra tiene mucho que ver con los dones únicos de cada ser humano; pero en la frecuencia de la Sombra esto puede resultar muy confuso. Esta 16.ª Sombra pone todo su peso en los esquemas, técnicas y sistemas, más que en el espíritu humano que los anima. Estas personas pueden volverse adictas a la información y a las técnicas, pero raramente pueden trascenderlas. La 16.ª Sombra crea expertos, mientras que el 16.º Siddhi crea maestros. La distancia entre ambos es casi insondable. Ser un experto significa permanecer indiferente y carente de entusiasmo, ya que una vez que el entusiasmo se libera, los esquemas dan lugar a algo mucho más mágico: el increíble Don de la Versatilidad. Conforme te vas haciendo más versátil, comienzas a ser verdaderamente *diferente:* te vuelves especial, y, en ese momento, habrás aniquilado la indiferencia de una vez por todas.

NATURALEZA REPRESIVA: INCAUTA

Cuando la indiferencia se reprime, lo que sucede es un comportamiento incauto. Este tipo de gente se convierte en víctima de la propaganda masiva, colectiva. Un ejemplo de ello son las personas que se escudan en que si los gobiernos no son capaces de dar un giro a la situación de crisis mundial ¿cómo podrían hacerlo ellos mismos? Esta credulidad del incauto permite, esencialmente, que las personas escondan su indiferencia tras la de los demás. En el nivel más profundo esta credulidad fomenta la debilidad individual y el sentimiento de impotencia. Cada vez que pones la televisión, por ejemplo, te encuentras con este enorme campo de condicionamiento negativo. El modo en que respondas a ese campo determinará tu frecuencia. La respuesta de la naturaleza represiva es meter la cabeza bajo tierra, con la creencia de que no se puede hacer nada.

NATURALEZA REACTIVA: ENGAÑOSA

La naturaleza de la indiferencia en realidad hace imposible que una persona reaccione, así que la naturaleza reactiva parece un nombre inadecuado en este caso. Estas personas ocultan sus miedos y sus obsesiones detrás de la estructura de los sistemas y de las técnicas. Se terminan identificando tan extremadamente con las estructuras que configuran su mente, que se olvidan de la razón primera que dio origen a la estructura, lo que da lugar a un autoengaño sobre el que este tipo de gente construye barreras mentales muy poderosas a su alrededor. Barreras que los mantienen cerrados al mundo y a los otros. En cierto sentido, esta gente es también incauta, como sucedía con la naturaleza represiva, pero su credulidad se refiere a su propia propaganda, más que a la de otros. Están convencidos por sus propias mentes. Sin embargo, detrás de sus murallas mentales hay una enorme rabia que está muy lejos de ser indiferente, la cual, llegado el caso, podría destruirles, a no ser que puedan mirar en su propio autoengaño.

EL DON DE LA 16.ᴬ CLAVE GENÉTICA: VERSATILIDAD

TALENTO PARA LA SOSTENIBILIDAD

Al discutir la 16.ª Sombra es necesario darse cuenta de algo verdaderamente importante: la indiferencia es una expresión de la frecuencia colectiva de la humanidad que opera a través de nuestra genética. Esta es la razón por la que no puede haber ni falta ni culpa en este hecho. La indiferencia simplemente crece porque la conciencia de masa no se ha dado cuenta aún de cuál es su verdadera naturaleza. Es decir, todavía no se ha dado cuenta de que es una entidad holística. Sin embargo, nuestro nuevo nivel de despertar nos permitirá identificarnos con una consciencia única. Esta identificación significa, por ejemplo, que cuando uno enciende la televisión, pone el noticiero y ve alguna noticia desagradable, ya no se identificará más con las personas involucradas en aquella noticia. En su lugar surgirá el profundo reconocimiento de que aquellas personas son un aspecto de su propia consciencia.

Esta nueva identificación con la humanidad, contemplada como un cuerpo más grande al que perteneces, te conducirá naturalmente hacia el servicio. En el futuro no

será posible que te capten las propagandas del miedo, ya que la consciencia victimista se está apartando de nuestro planeta. Los poderes inherentes al 16.º Don se harán visibles justo en esa etapa. La fortaleza del 16.º Don se basa en una versatilidad destacable. Se trata de un Don que abarca tanto el aprendizaje como la adquisición de técnicas y habilidades; pero la verdadera versatilidad germina cuando eres capaz de transcender la propia técnica. Mientras que en la frecuencia de la Sombra te quedabas atrapado en tus habilidades, en la frecuencia del Don estas se convierten en una escalera del acceso al verdadero yo. En el nivel de la Sombra el enfoque está sobre la técnica o la habilidad, mientras que en el nivel del Don las habilidades solo sirven a un único propósito: hacer de puente hacia un estado de consciencia superior.

La identificación es un requerimiento necesario para el aprendizaje de habilidades: te tienes que hacer uno y ser absorbido por la técnica que estás estudiando. Todos los ciclos de aprendizaje operan sobre un modelo celular de renovación de siete años. Esto significa que a un ser humano le cuesta siete años aprender algo, porque ese es el tiempo que demoran las células del cuerpo en integrar físicamente la impronta de la habilidad o técnica. De manera que si uno ha absorbido por completo una habilidad, después de siete años la trascenderá de forma automática. Naturalmente, hay niveles de consciencia cada vez más elevados para cada habilidad que conducen hasta la Maestría. Sin embargo, es en este estado clave de transcendencia cuando hace su aparición el Don de la Versatilidad. La Versatilidad no es una habilidad; es un estado de frecuencia que permite utilizar una habilidad o técnica sin estar completamente identificado con ella. A este nivel la habilidad se convierte en un talento. El talento despierta cuando ciertas habilidades se han llevado hasta el nivel de maestría. Con el talento ya no tienes que pensar más en la tarea, de modo que un nuevo mundo se abre ante ti.

En esencia, el 16.º Don no tiene nada que ver con la habilidad. Simplemente usa una técnica como medio para alcanzar un estado superior de consciencia. El Don de la Versatilidad es la habilidad de almacenar cualquier capacidad que se necesite y utilizarla para un objetivo único: el mejoramiento de la humanidad y el servicio a la totalidad. La versatilidad viene impulsada por la energía dinámica del entusiasmo: la sensación de que estás haciendo algo entretenido, que pasa también a mejorar la vida de la gente y que es útil a la totalidad. Al nivel de frecuencia del Don sucede algo destacable: un Don se vuelve intercambiable con cualquier otro. Da igual lo que portes en tu constitución genética; si puedes operar a este nivel de frecuencia, puedes disponer de cualquiera de los 64 Dones del campo morfogenético que vincula todos los estados del mismo nivel de frecuencia. Este es el verdadero significado del 16.º Don: la habilidad de alinearse con cualquier Don que necesites y hacer uso de él. Esa es la verdadera versatilidad.

El nivel de frecuencia del Don es un campo energético en el que tú entras, más que un paquete de habilidades o técnicas que te definen. En el I Ching original, este 16.º hexagrama tenía que ver con las artes: para cantar, bailar y crear. Por lo tanto, en el nivel de la versatilidad encontrarás que cualquier rama de las artes o de las ciencias está disponible para ser intercambiada con cualquier otra rama. El nivel del Don es el nivel que se refiere al genio, y la naturaleza del genio es la versatilidad. Uno tiene la habilidad de comprender la firma energética que prevalece en toda la creación. Leonardo Da Vinci es un buen ejemplo de hombre que manifestó esta versátil habilidad de moverse entre las artes y las ciencias con gran facilidad. Un verdadero genio raramente se ciñe a una sola rama, porque eso limitaría su Don. La mayor alegría de la versatilidad consiste en extender nuestras alas a lo ancho, lo máximo posible.

La versatilidad también resulta ser un campo de consciencia energético muy eficiente. Si miramos el modo en que la humanidad utiliza la energía en la actualidad, podremos ver con claridad meridiana el poder de la 16.ª Sombra en acción. Nuestro modo actual de encontrar la energía consiste en extraerla de una única fuente y distribuirla entre todos, como es el caso de nuestra obsesión por los fluidos provenientes de los fósiles: el gas, el carbón o el petróleo. Se puede observar una enorme indiferencia en juego en el modo en que ignoramos las consecuencias de nuestras acciones. Y es así como se violan enormes extensiones de tierra en nombre del progreso. Los negocios modernos son totalmente indiferentes a las duras situaciones por las que pasan algunas minorías, por no mencionar el paisaje, los animales y las criaturas del mundo natural. La indiferencia se mueve como un virus: agota un recurso y después, busca otro. Este es un camino insostenible. Cuando el Don de la Versatilidad comience a despuntar en este siglo, aprenderemos a afrontar nuestro gasto energético de una manera muy diferente y mucho más próspera.

Si tomamos el medio ambiente como metáfora del modo en que funciona la versatilidad, podríamos ver que tiene en cuenta todos los aspectos de cualquier sistema viviente. Está interesada solo en la eficiencia que no perjudica a nada ni a nadie. El 16.º Don está, por lo tanto, muy conectado con la noción de un modo de vida autosostenible, lo que podría requerir un sistema combinado de energía solar, eólica, hidráulica e incluso geotérmica para producir energía suficiente como para mantener una casa o una pequeña comunidad. Hoy día hay tantas fuentes energéticas *alternativas* emergentes que, con el tiempo, acabarán con la noción de organizaciones energéticas gubernamentales suministradoras de energía. Lo citado más arriba no es más que un ejemplo del verdadero potencial que encierra el 16.º Don, y que se puede aplicar a cualquier campo, desde el financiero al del cuidado de las abejas. La versatilidad aborrece, sobre todo, los residuos. Este es un Don que puede aplicar o reciclar cualquier cosa, que es la razón por la que puede utilizar cualquier técnica o habilidad sin quedar atrapado o limitado por ellas.

Hemos visto que la 16.ª Clave Genética forma parte del Anillo de la Prosperidad, y que, juntamente con la 45.ª Clave Genética —que tiene que ver con la sinergia de grupo—, esta combinación química es un programa maestro en tu cuerpo que activa la prosperidad. La verdadera prosperidad brota cuando las personas, siguiendo su genialidad, trabajan juntas por la colectividad. Esta 16.ª Clave Genética es extremadamente importante para la ulterior evolución del concepto de sostenibilidad humano, porque incluye también la educación adecuada de los niños. Gracias a esta Clave Genética podemos despertar los talentos inherentes en un niño durante su edad más temprana, y podemos situarlo en el medio más adecuado para reforzar y nutrir

La verdadera prosperidad brota cuando las personas, siguiendo su genialidad, trabajan juntas por la colectividad

esos talentos. En este Anillo de la Prosperidad reside el secreto místico de los Guilds, un grupo genético de genios que, cuando se juntan, pueden liberar una prosperidad exponencial a lo largo y ancho de nuestra civilización.

EL SIDDHI DE LA 16.ª CLAVE GENÉTICA: MAESTRÍA

LOS SIDDHIS MILAGROSOS

Si revisamos la Sombra de la 16.ª Clave Genética, recordaremos que se basa en la indiferencia provocada por la falta de entusiasmo y en la incapacidad de aplicarlo a lo que estés haciendo. No importa cuántas técnicas y habilidades domines; si no tienes este entusiasmo, no puedes alcanzar el siguiente nivel, que es el del talento. Por lo tanto, el talento es algo que hay que ganarse a lo largo de un período de tiempo (no menos de siete años) y cuya expresión natural es la versatilidad. Podríamos decir que la técnica es una aproximación vertical para aprender, en la que tú enfocas toda tu atención en una dirección y pones todo tu ímpetu en comprender y aprender el máximo de lo posible de ese campo en concreto. La versatilidad marca un cambio de frecuencia en todo tu ser, porque te abre al campo horizontal y al vertical al mismo tiempo. Ya no estás obsesionado por una sola disciplina, sino que comienzas a ver la vida a nivel holístico, observando cómo todos los sistemas y técnicas se interconectan de un modo realmente integrador. Por lo tanto, puedes aplicar tu talento en todo el espectro de las ciencias y las artes humanas, sin la limitación dogmática de estar vinculado con una sola dirección. En este nivel, estás en contacto con las leyes naturales que hay tras todos los procesos de la vida, así que tus talentos se pueden transferir con facilidad de unas disciplinas a otras, incluso a aquellas que parecen más lejanas o que no parecen tener relación a simple vista. Por ejemplo, podrías ser un artista, pero tu talento podría incorporarse también al mundo de los negocios. Al nivel del Don, tu talento se basa en la *no identificación* con ningún tipo de habilidad o técnica en concreto.

En el nivel síddhico, la paradoja se abre ante nosotros. Hemos pasado de la falta de identificación del nivel de la Sombra a la identificación con tu habilidad, conforme te aproximabas al nivel del Don, y, finalmente, a la pérdida de esa identificación, para que puedas convertirte en una persona verdaderamente versátil. En el nivel síddhico, el tema de la identificación con lo que estés haciendo ya no es relevante. En su nivel más elevado de consciencia, tu identidad se borra y te conviertes en un vehículo vacío para la vida. Aquí termina todo el conocimiento y todos los niveles. Con el talento y con la versatilidad, aún nos estamos moviendo en el ámbito de los niveles. Incluso el mejor pianista puede todavía aprender y expandir su conocimiento. Sin embargo, al nivel síddhico de la Maestría de la 16.ª Clave Genética, todo el juego de la expansión vertical u horizontal de la evolución llega a su fin.

El 16.º Siddhi es una expresión relativamente rara en el mundo, ya que combina lo que podríamos denominar habilidades mágicas. Las huellas genéticas que hay tras cada

Del mismo modo que sucede en el ADN, cada célula de tu cuerpo contiene las huellas genéticas de toda la vida, así que el 16.º Siddhi activa la impronta de la maestría en todos los campos del emprendimiento humano

aspecto del genio humano llegan a través del 16.º Siddhi desde las artes hasta las ciencias. Del mismo modo que sucede en el ADN, cada célula de tu cuerpo contiene las huellas genéticas de toda la vida, así que el 16.º Siddhi activa la impronta de la maestría en todos los campos del emprendimiento humano. Las implicaciones de todo ello son bastante impactantes. Tomemos en consideración un ejemplo del ámbito musical. El Concierto número 3 para piano de Rachmaninov es considerado una de las piezas más difíciles y asombrosas que existen en la música clásica occidental. Aprender a interpretar esta pieza musical lleva años de práctica y disciplina sostenidas, incluso si tienes un talento genuino. Sin embargo, el conocimiento quinestésico de cómo tocar esta pieza está contenido en cualquier ser humano vivo sobre la Tierra. Este 16.º Siddhi nos permite acceder directamente a este y a todos los conocimientos quinestésicos, lo que significa que, si se activa el 16.º Don, podrías tocar esta pieza musical tan bien como cualquier maestro de piano que haya vivido en algún momento de la historia, y sin haber tocado previamente ni una tecla de piano en tu vida.

El 16.º Siddhi tiene una conexión bien interesante con el 35.º, el Infinito, y en su momento verás más en profundidad el porqué. Al tratarse de uno de los *Siddhis Milagrosos*, el único propósito del 35.º Siddhi es expandir exponencialmente la perspectiva media de la humanidad en lo que respecta a la vida. Ese Siddhi da testimonio de que nada es imposible si puedes sacar tu mente de los caminos trillados. En las aproximaciones tradicionales de Oriente a los niveles de consciencia superiores, los *siddhis* se entienden en un contexto diferente del que trabajamos aquí con las 64 Claves Genéticas. Hay siddhis que tradicionalmente se entienden como poderes especiales y que surgen como *obstáculos* en el camino hacia la verdadera realización. Este tipo de lenguaje procede de un grupo de Siddhis del genoma humano diseñados con la intención de manifestar milagros y poderes especiales (ejemplos obvios de este tipo son los Siddhis 14.º, 16.º, 35.º y 60.º). Cuando alcanzas el estado síddhico, consigues un tipo de versatilidad cósmica y tu destino se sigue desarrollando de acuerdo con tu predisposición genética. Existe mucha confusión en los círculos espirituales en lo que respecta a la llamada *tentación de los siddhis*. Los que hablan en su contra puede que estén hablando también de sus propias limitaciones. No hay nada de malo en estos poderes especiales de los siddhis. De hecho, son parte esencial de nuestra evolución.

El entusiasmo inherente a la 16.ª Clave Genética también se manifiesta a nivel síddhico, que es donde nos muestra su verdadera naturaleza. La palabra *entusiasmo* deriva tanto del latín como del griego, y su significado original era «estar poseído por el aliento divino». Conforme las corrientes divinas inunden a los seres humanos, demoliendo su identificación con el mundo de la forma, Dios jugará con nosotros, y una de las formas de hacerlo será la de representar la maestría sobre la creación. Es imposible mostrar indiferencia ante un milagro, y esta es la expresión más elevada del 16.º Siddhi; después de todo, si a Dios no se le permite la diversión, ¿quién demonios es Dios? Los

poderes especiales del 16.° Siddhi tienen un solo propósito: ponerse al servicio de toda la creación, incluso si se manifiesta como una forma de entretenimiento cósmico. La verdadera Maestría consiste en no hacer gala de absolutamente ningún poder personal; esto significa una total entrega a la Voluntad Divina y, por lo tanto, supone convertirse en maestro de la nada. Este es el nivel máximo del teatro y lo más elevado de las artes; al mismo tiempo, posee el increíble poder de sacar a la humanidad de su indiferencia.

17.ª CLAVE GENÉTICA

SIDDHI OMNISCIENCIA • DON CLARIVIDENCIA • SOMBRA OPINIÓN

EL OJO

PAR PROGRAMADO: 18.ª CLAVE GENÉTICA
ANILLO CODÓNICO: EL ANILLO DE LA
            HUMANIDAD (10.ª, 17.ª,
            21.ª, 25.ª, 38.ª, 51.ª)

FISIOLOGÍA: GLÁNDULA
      PITUITARIA
AMINOÁCIDO: ARGININA

LA SOMBRA DE LA 17.ª CLAVE GENÉTICA: OPINIÓN

LA OCLUSIÓN DEL TERCER OJO

Cuando examinamos en profundidad la pareja de las Sombras 17.ª y 18.ª podemos ver dos de los dilemas y dones mentales más grandes de la humanidad: la opinión y el juicio. Estas dos cualidades son una síntesis del hemisferio izquierdo y lógico del cerebro del hombre. Nuestra capacidad para fundamentar una opinión en un juicio lógico es uno de los grandes poderes de los seres humanos. Es justo esa combinación la que nos separa del resto de las criaturas y la que, además, nos ha extraído de una realidad en la que estábamos interconectados con los demás seres. Así que podría parecer irónico que, a sus niveles de frecuencia más elevados, estos dos atributos de la polaridad masculina del cerebro estén destinados a conducir a la humanidad a su estado evolutivo final. A través del 17.º Siddhi, la Omnisciencia, la mente humana podrá, por fin, ver la perfección y la belleza que es nuestra unidad con todo lo que existe, y gracias al 18.º Siddhi, la Perfección, podremos convertir esa visión en una completa manifestación.

En la frecuencia de la Sombra, sin embargo, estos dos atributos, la opinión y el juicio, no crean más que división, porque se basan en observar y cuestionar aspectos reducidos del conjunto, en lugar de mirar al conjunto en sí mismo. Solo cuando has alcanzado los niveles superiores de consciencia aquellos mismos atributos pueden volverse capaces de observar cada aspecto del conjunto simultáneamente, que es la cualidad que conocemos como omnisciencia. Las frecuencias de la Sombra siempre contienen la semilla de lo más elevado, a pesar de las, a menudo, incómodas manifestaciones y consecuencias de sus bajas frecuencias. Siguiendo el ejemplo que nos ofrecen las Sombras

17.ª y 18.ª se puede ver claramente cómo estas parejas genéticas operan en profundidad hasta convertir tu vida en una experiencia desgraciada. La 18.ª Sombra, el Juicio, es una energía basada en la insatisfacción, latente en todo ser humano, y su único papel es intentar encontrar la causa de esta gran incomodidad, con la ayuda de la 17.ª Sombra.

Al tratarse de una capacidad cerebral humana, la 17.ª Sombra, la Opinión, se corresponde con el hemisferio cerebral izquierdo, especializado en el reconocimiento de patrones, lo cual constituye la base de la lógica. Alimentada por la naturaleza incansable de la 18.ª Sombra, la 17.ª busca respuestas para esta incomodidad mental, cuya naturaleza consiste en proyectarse a sí misma en el mundo exterior. Es decir, la Sombra de la Opinión está programada para buscar defectos en el mundo exterior, en la sociedad, en la gente e incluso en uno mismo. Cuando se descubre una imperfección, se planta una semilla que dará lugar a toda una visión y a un guion mental que la sustente. La imperfección proyectada, siempre basada en alguna forma de comparación, se convierte en el punto donde enfocar toda esta energía de insatisfacción que lleva consigo la 18.ª Sombra. Así es como se forman las opiniones humanas: se cristalizan en torno a una única proyección, que surge de un condicionamiento temprano y que, con el tiempo, convierte un grano de arena en una montaña.

Esta descripción es una versión simplificada de cómo el condicionamiento de nuestra edad más temprana queda impreso en los mecanismos mentales de cada niño. Tus opiniones brotan como semillas plantadas en algún momento de tus primeros siete años de vida, aunque no hayan comenzado a emerger a la superficie mental hasta el tercer ciclo de siete años, en algún momento de la adolescencia. Si un crío se desarrollara naturalmente, sin ningún patrón sintético externo —físico, emocional o mental— impuesto durante esos primeros siete años de vida, sería bastante improbable que, al crecer, se pudiera desarrollar como un adulto *tendencioso*. En nuestra sociedad moderna, las opiniones son consideradas algo saludable, y, en realidad, no es que sean inherentemente insanas. El cerebro lógico, izquierdo, piensa gracias al hecho de tomar partido y de hacer comparaciones. Los problemas suceden cuando tu insatisfacción comienza a identificarse con una opinión y se convierte en un dogma. Es también en este punto cuando otra *dolencia* arraiga en el interior: la enfermedad de la seriedad.

> *Tus opiniones brotan como semillas plantadas en algún momento de tus primeros siete años de vida*

La expresión saludable de la opinión se basa en una cierta gracia que proviene de tener un desarrollo equilibrado con el hemisferio derecho del cerebro. Mientras que el hemisferio izquierdo mira las partes, el derecho solo ve la totalidad. Si la estructura interna del cerebro es equilibrada, el aspecto masculino estará siempre al servicio del femenino, ya que ver la parte sin mirar el todo resulta limitativo, fragmentario y peligroso. Cuando te muestres severo sobre tus propias opiniones, lo sabrás, porque te encontrarás defendiéndolas inmediatamente. Esta es la dinámica que encontramos en las raíces de la violencia. Al nivel de frecuencia del Don, como veremos, la opinión da lugar a una visión ampliada, que se basa en la contemplación de ambos lados de una situación al mismo tiempo. Si el hemisferio derecho ofrece el telón de fondo de la visión de conjunto, resulta imposible que el hemisferio izquierdo se quede obstinadamente *fijo* en un solo

elemento del conjunto. En este sentido, si tú eliges tomar partido, lo harás por el solo propósito de mantener la Integridad, el 18.° Don.

Es interesante notar que el desarrollo cerebral saludable de la infancia temprana tiene poco que ver con lo intelectual y mucho más con la no interferencia. En sus primeros siete años, los niños realmente solo necesitan un ambiente en el que puedan aprender a través del juego. Cualquier imposición de un ritmo externo que no siga su pulso biológico y temporal interferirá sutilmente en la delicada estructura de desarrollo del cerebro y del sistema nervioso. Es en esta 17.ª Clave Genética donde se encuentran los fundamentos de tu reloj interior. Este reloj está muy anclado en nuestro cuerpo y conectado con la propia frecuencia de la Tierra. El ciclo celular de siete años se basa en un profundo ritmo de tambor, que resuena en cada sistema de desarrollo infantil desde el momento de la concepción en adelante. Si este poderoso ritmo natural se sale de tono a edad temprana, tu reloj interior quedará distorsionado para cuando vivas tu etapa adulta. Este tipo de distorsión se manifiesta más comúnmente como ansiedad mental, aunque también puede conducir a sufrir un amplio abanico de problemas psicológicos que emergerán más adelante en la vida, y que pueden ser difíciles de diagnosticar o de resolver.

La 17.ª Sombra gobierna el modo en que una enorme cantidad de personas ven el mundo. A nivel colectivo, esta Sombra ha creado el mundo que ahora vemos a nuestro alrededor. Ha categorizado la humanidad en compartimentos estanco, países, religiones y jerarquías basadas en la visión del mundo del cerebro izquierdo. Casi todos los aspectos de nuestras sociedades están basados en la división, la comparación y la opinión. La mayoría de los humanos toman sus decisiones basándose en la fuerza de lo que les dicta el hemisferio izquierdo, sin tomar en cuenta los efectos a largo plazo que ello tendrá en un entorno más amplio. Debido a la 17.ª Sombra hemos perdido de vista el gran cuadro. Dado que esta Sombra ve solo lo que está programada para ver, construye su mundo alrededor de ese germen de insatisfacción que la anima. Nuestros hijos, por lo tanto, se comportan del modo en que el mundo les ha programado, ya sea que representen el papel de rebeldes o de conformistas. Han venido al mundo con la 17.ª Sombra ya incorporada, y lo único que pueden ver es su propio punto de vista y cómo mantenerlo.

Sin embargo, tal y como demuestra su par programado, la 18.ª Sombra, la insatisfacción inherente a todos los seres humanos es divina por naturaleza. Es la misma fuerza que está aquí para retar a todo lo que es contrario a la naturaleza y a la totalidad, que es la razón por la que podrá, en última instancia, guiar a los humanos hacia la creación de un mundo perfecto. Solo gracias a la 17.ª Sombra esta energía básica de insatisfacción humana se centra en servir solo al hemisferio izquierdo, en vez servir a la totalidad. Y al enfocarse solo en una parte, lo que crea es cada vez más división en el mundo. Dado que esta Sombra es tan adepta a comprender las estructuras, se convierte en el agente organizador principal del cerebro humano, lo que permite estructurar el lenguaje, utilizar los números y aproximarse a las cosas por niveles, bandas y jerarquías. Entre sus potenciales está también el de crear el lenguaje para la realidad individual, un lenguaje que está construido sobre una estructura dualística que no permite la trascendencia. En el momento en que destapes la estructura de tu lenguaje interior y llegues al tercer nivel,

que se encuentra más allá de dos opiniones contrarias —demócratas y republicanos, conservadores y laboristas, hombres y mujeres—, prenderás la llama que hay dentro de tu ADN y que te permitirá escapar de la frecuencia de la Sombra para siempre.

En resumen, la 17.ª Sombra mantiene el pensamiento humano a un nivel dualístico, y lo hace poniendo todo el énfasis en aproximarse al mundo a través del hemisferio izquierdo. Convierte la visión lógica, intelectual, en la piedra angular de la realidad neurolingüística. En este sentido, comprime y reprime el cerebro holístico, es decir, el hemisferio derecho, que es un proceso que se describe con todo detalle en la 11.ª Sombra. Solo gracias a la combinación equilibrada de estos dos puntos de vista, la tercera realidad, la trascendente, se podrá abrir ante nuestros ojos. Esto es, precisamente, lo que hacen en tu cerebro las 64 Claves Genéticas: te dan un nuevo equipo de parámetros neurolingüísticos que reprograman digitalmente tu lógica para trascenderse a sí misma y encontrar la tercera vía. Esa tercera vía será la que te permita percibir una realidad más amplia y más extensa. Este es el mismo proceso de recableado interior al que se han sometido generaciones de maestros y místicos, y que se suele conocer como *la apertura del tercer ojo*.

NATURALEZA REPRESIVA: AUTOCENSURADORA

Cuando la 17.ª Sombra se gira hacia adentro de sí, crea una tendencia en la mente que lleva a una constante comparación de uno mismo con los otros e, incluso, a marginarse de los demás. El resultado es un ser humano que continuamente se debilita con su propia autocensura. Al ser un patrón grabado a fuego en el inconsciente, esto quiere decir también que raramente el individuo es consciente de lo que está haciendo. Los aspectos de autocensura que mueven a este tipo de personalidad normalmente hacen que no se valoren lo suficiente como para sostener una opinión y, mucho menos, que se atrevan a manifestarla. Son personas a las que les faltan las agallas necesarias para presentarse, pues no tienen una sensación real de sí mismas. El poder de la 17.ª Sombra consiste en que, una vez que ha fijado un punto de vista, también puede encontrar evidencias para probar la validez de esa visión, ya que es adepto al reconocimiento de patrones. Estas personas, por lo tanto, continúan acumulando evidencias durante toda su vida para sostener la creencia central de que su existencia tiene escaso valor.

NATURALEZA REACTIVA: TENDENCIOSA

La opinión se puede entender como cualquier cosa que requiera una defensa para poder mantenerse. Cuando la 17.ª Sombra se proyecta hacia afuera, crea sistemas dogmáticos impresionantes en todo el mundo. Esta Sombra atrae especialmente a la población masculina, ya que el cerebro masculino favorece, naturalmente, la aproximación racional. Estas personas utilizan la lógica como un modo de reforzar sus opiniones y sus visiones del mundo, y, por lo tanto, se dedican a demostrar, básicamente, que los otros están equivocados. La mayor parte del mundo está formada por los que crean los cimientos de la opinión —ciencias, sistemas y jerarquías— y los que creen en esas opiniones y, sin quererlo, se convierten en sus víctimas. Los que defienden una opinión están guiados por su ira inconsciente, que es la expresión de su miedo más arraigado. Es extremadamente raro encontrar un ser humano que esté libre de opinión. Una persona así ha tenido que mirar en sus miedos y abrazar su ira para poder dirigirse al lugar mágico donde se ven los dos aspectos de la vida. Solo cuando se ven ambas caras se puede equilibrar el pulso y se puede abandonar la necesidad de control.

EL DON DE LA 17.ª CLAVE GENÉTICA: CLARIVIDENCIA

PREMONICIÓN POR LA VÍA DEL CORAZÓN

Es irónico que, lo que a menudo consideramos la razón del mundo, en realidad no es más que la opinión de alguien disfrazada, de modo que los hechos que suceden la justifican. En la frecuencia de la Sombra, la mente humana distorsiona la lógica y los hechos para sus propios fines por medio de la construcción de un argumento y, por lo tanto, ocultando el verdadero argumento. A la masa humana se la influye fácilmente desde una cara de la moneda o desde la otra. La mente dualística origina todos los dramas humanos, y la conciencia de masa de la humanidad, seamos sinceros, adora el drama. Es el juego al que juegan los creadores de opinión, y, si crees que has escapado totalmente de ese juego, echa un vistazo a tus creencias y quizás descubras lo sencillo que resulta condicionar tu mente.

El hecho es que los seres humanos, como sucede con los ratones de Skinner, solo ven aquello que están programados para ver: los defectos. Todas las opiniones se basan en la detección de defectos en la geometría de la vida. Solo cuando trasciendes el miedo a la libertad puedes superar el juego de la opinión y entrar en una era superior de la existencia. Para superar la creencia tienes, sobre todo que dejar de tomarte la vida tan en serio y tan personalmente. A la mayoría de la gente le parece que el 17.º Don está fuera del alcance de sus posibilidades, porque abandonar el punto de vista propio significa dejar la arraigada necesidad que tiene la mente de identificarse con algo en concreto. La mente considera que, al encontrar un punto de vista fijo o filosofía, podría mantener a raya el miedo y tener la vida bajo control. Si miras dentro de la mayoría de las mentes humanas, encontrarás capas y capas de dogmas y condicionamientos: libros, teorías científicamente probadas, creencias religiosas y/o puntos de vista tradicionales. Encontrarás mentes que están desesperadas tratando de obtener todo tipo de certezas sobre la vida.

En todo caso, el 17.º Don todavía está lejos de la visión holística de la realidad, sin caras o lados, y tampoco ha superado la opinión. El 17.º Don es un don mentalmente dinámico: no se sienta con los brazos cruzados y sostiene una filosofía con aceptación pasiva. Este Don tiene un propósito, que es el de comprender las mecánicas insignificantes de la vida, al mismo tiempo que observar el cuadro al completo. Como su Sombra, el 17.º Don está vinculado con su par programado, el 18.º Don, la Integridad. Por lo tanto, el verdadero propósito del 17.º Don es servir y apoyar a la Integridad, confrontando todas las tergiversaciones de la verdad en el mundo. La misma naturaleza

que conduce a la estrechez de miras en la frecuencia de la Sombra tiene aquí la misión de crear una apertura mental en la frecuencia del Don. La maravillosa verdad de la lógica se encuentra en la 63.ª Clave Genética, la cual demuestra lo autoderrotista que en realidad es la lógica, no obstante su carácter simultáneamente místico. Esta es la belleza de la lógica: que al nivel superior se derrota siempre a sí misma. Al igual que la 17.ª Sombra se sirve de *centrifugados mentales* para condicionar las mentes de las personas en una dirección concreta, el 17.º Don utiliza su propia versión de centrifugado para socavar el dogma que está interesado en destruir.

La ventaja del 17.º Don sobre las creencias generales acerca de la frecuencia de la Sombra consiste en presuponer una forma superior de conocimiento, la Clarividencia. Dado que el 17.º Don no dicta la dirección que ha de seguir la vida de una persona, es libre de hacer lo que siempre ha querido: diferenciar entre aquellos patrones que reducen su frecuencia y aquellos que la elevan. Este Don no solamente ve más allá de la creencia, sino que capta el mecanismo operativo que origina las creencias y la tendencia humana a quedarse atrapada en ellas. Al trabajar con la frecuencia de este Don, comienza a desarrollarse el proceso conocido como *la apertura del tercer ojo*. El primer estadio de este proceso sucede cuando ves la futilidad de identificarse con una opinión o creencia específica. Este Don da acceso a todo un nuevo lenguaje, que evita la necesidad de expresión unilateral y destaca los problemas más profundos subyacentes a la discusión.

La 17.ª Clave Genética es un aspecto de uno de los grupos codónicos más complejos de la matriz genética humana, conocido con el nombre de Anillo de la Humanidad. Este grupo químico y su aminoácido correspondiente, la arginina, contiene las huellas del destino humano. De este grupo podemos aprender que una de las causas primarias del sufrimiento humano se basa en las creencias de la 17.ª Sombra, que busca y encuentra solo diferencias. Sin embargo, también podemos ver que la futura evolución de la humanidad se encuentra en la espiral de este Anillo de la Humanidad. Concretamente, las frecuencias del Don de esta Clave Genética nos muestran los seis atributos esenciales humanos que son naturales e inherentes a nuestras especies, y entre ellos está el 17.º Don, la Clarividencia. La mayoría de Claves Genéticas de este grupo codónico se ocupan del amor y de la capacidad humana de confiar en la autoridad del corazón. Por lo tanto, puede decirse que la Clarividencia procede directamente de nuestro corazón más que de nuestra mente. El 17.º Don, de hecho, es el verdadero instrumento de la percepción humana.

Puede decirse que la Clarividencia procede directamente de nuestro corazón más que de nuestra mente

Ya hemos visto que la 17.ª Sombra está programada solo para ver jerarquías. Sencillamente, no puede comprender que existan otras realidades más allá de los constructos dualísticos mentales. Sin embargo, una vez liberada del campo de bajas frecuencias o dogmas creados por la masa, el 17.º Don comienza a ver realidades y dimensiones superiores, y las *ve* de un modo totalmente nuevo. A pesar de servir al intelecto, el 17.º Don *ve* a través de la consciencia que emerge desde el sistema del plexo solar, lo que permite al conocimiento universal asentarse en el constructo lógico del hemisferio izquierdo, el cual puede, por lo tanto, expresar el mecanismo de unidad de nuevas y fascinantes maneras. Al contemplar los mecanismos de la vida de este modo, el 17.º Don comienza a demostrar su otra habilidad específica: la predicción. El 17.º Don se inclina hacia adelante, mirando hacia el futuro. Dondequiera que se ejercite en mirar el foco del 17.º Don, mostrará la capacidad de ver cómo un patrón da a luz a otro patrón relacionado, y, puesto que puede transformar una visión trascendental en una visión lógica, también puede ver la progresión lógica de una fase evolutiva a la siguiente.

Si esta 17.ª Clave Genética forma parte integral de tu perfil hologenético, entonces este Don profético específico puede ser una poderosa realidad en tu vida. Sin embargo, no eres un visionario en el mismo sentido de los que tienen activada la 11.ª Clave Genética en su perfil. El 17.º Don no ve arquetipos; por el contrario, ve patrones basados en números que se pueden traducir en letras y palabras. Estas personas pueden comprender las matemáticas divinas de la evolución y la progresión de este plan. Al ver el plan completo a la vez que por partes, se convierten en verdaderos científicos. Como no están limitadas por las visiones tradicionales y se sienten libres de traducir su conocimiento profundo de la perfección de la vida tal y como deseen, las personas con el 17.º Don activo son las que podrán organizar la próxima nueva civilización humana. Y no solo eso, pues ya que la frecuencia del Don es la misma que la del corazón humano, cada persona que trabaje con este 17.º Don sostendrá un fractal específico de todo el cuadro de nuestro futuro colectivo, lo que significa que ninguno de ellos estará en desacuerdo con los demás.

EL SIDDHI DE LA 17.ª CLAVE GENÉTICA: OMNISCIENCIA

EL OJO

Cuando comiences a captar las dimensiones de frecuencia superior de la 17.ª Clave Genética, te ofrecerán una visión del futuro colectivo de la humanidad y, sobre esta premonición, se organizarán y construirán varios aspectos de la realidad futura. Cada individuo que porta el 17.º Don monitorea un aspecto específico del gran patrón evolutivo que se dirige hacia la unidad. Sin embargo, al nivel del Don, tu visión está restringida todavía a un aspecto de todo el modelo. Por ejemplo, una persona con el 17.º Don activo podría ver cómo reestructurar el nuevo paradigma económico que serviría a la humanidad, en vez de crear división en ella. Otro podría ver cómo crear una red de trabajo comunitario basado en un modelo similar. En este sentido, cada 17.º Don sostiene una parte fractal del puzle total de la evolución de la humanidad.

Solamente cuando llegamos al 17.º Siddhi se muestra el cuadro completo ante los ojos de un solo ser humano. El Siddhi se corresponde directamente con la apertura total del tercer ojo. En este nivel de consciencia, el que ve y el objeto de su visión se convierten en una sola cosa y en la misma. Todo lo que queda es un solo ojo a través del cual la consciencia fluye continuamente. Se trata del Siddhi de la Omnisciencia. En la tradición dogmática religiosa, solo Dios o los dioses pueden ser omniscientes, lo que constituye un excelente ejemplo de cómo las bajas frecuencias mantienen el tercer ojo bien cerrado. Este otro ojo interior del ser humano está situado en el funcionamiento superior de la glándula pituitaria y se puede abrir de muy diversos modos. Varias disciplinas yóguicas se enfocan específicamente en la apertura del tercer ojo, que en el sistema de chakras hindú se corresponde con el 6.° chakra o *ajna*, situado entre los dos ojos. Muchas drogas y plantas psicotrópicas pueden alterar también el funcionamiento de la glándula pituitaria. Durante milenios, los chamanes han usado plantas psicotrópicas naturales como un modo de ver a través de este increíble instrumento de la consciencia superior.

Sin embargo, las activaciones temporales del tercer ojo, aunque nos permitan un adelanto de los estados superiores, no se pueden comparar con el Siddhi de la Omnisciencia. En la secuencia alquímica del despertar, el Siddhi de la Omnisciencia solo podría florecer después de la total apertura del corazón, ya que la fase de la apertura del corazón se llevará por delante todos los vestigios del ego. Es como si el ojo se pudiese abrir solamente una vez que se eleva el sol interior. Este 17.° Siddhi es algo anómalo, ya que es el único aspecto de la mente que sobrevive al despertar. Todos los demás aspectos de la mente se trasmutan en las frecuencias más elevadas, con la excepción de este ojo, el ojo de la mente. Una vez que el corazón ha florecido, el ojo interno provee un enlace comunicativo o interfaz entre la mente y la consciencia pura. El ojo interior podría describirse como una forma perfectamente circular, que ve en todas las direcciones simultáneamente. Mientras que el 17.° Don podía leer modelos de futuro, el 17.° Siddhi puede ver el futuro preciso y en detalle. Así como el tiempo se distorsionaba en la 17.ª Sombra, el 17.° Siddhi lo ve como ilusorio, ya que experimenta el pasado, el presente y el futuro como una sola pantalla eterna de la consciencia.

Gracias al Siddhi de la Omnisciencia, el mundo accede a sus verdaderas videncias y oráculos. Hay una antigua tradición que dice que la verdadera videncia siempre es ciega y el verdadero oráculo siempre sordo. Esto simboliza lo que significa para la consciencia mirar a través de ti, que no es lo mismo que tú mires a través de ella. A una frecuencia de tal nivel, el cuerpo humano se convierte en un mero instrumento para la consciencia. Mediante el 17.° Siddhi, la consciencia juega al juego del maya, aunque su verdadero lugar esté más allá del maya. Si el 17.° Siddhi ofrece una opinión o un punto de vista, no lo hace para que un determinado drama humano se ponga en marcha. Esta es la razón por la que ciertos maestros a veces dicen cosas extrañas a sus discípulos: para que una opinión concreta pueda atravesar aquella consciencia individual y provocar una transmutación concreta. Son las cosas que se pronuncian desde la omnisciencia, y cualquiera que hable desde un estado síddhico seguirá el mismo proceso. Este es también el Siddhi que viene al mundo para representarse a sí mismo. Algunas veces, y para algunas personas, oír hablar de su futuro es parte de su legado kármico. A veces, oír algo sobre tu futuro, realmente crea ese futuro, y otras veces crea el efecto opuesto y lo anula.

Siempre que intentas comprender el 17.° Siddhi con tu mente lógica, inevitablemente te equivocas. La mente solo puede sostener una única opinión: o que el futuro está predeterminado o que lo creamos mientras vivimos. La mente no puede llegar a comprender la paradoja de que ambas pueden ser ciertas, ya que ambas son interdependientes. Cuando aparece el 17.º Siddhi en el mundo, ¡viene para confundir a la mente humana! Para la omnisciencia no hay límites, niveles ni vidas pasadas. Solo hay un modelo fractal de vida infinito que se repite una y otra vez; siempre el mismo, pero siempre nuevo: la serpiente que se come su propia cola. Este es el Siddhi que ve y que conoce solo la Perfección (su par programado es el 18.º Siddhi). Como tal, está más allá de ver fallos, porque lo que antes se identificaba como fallos no eran más que instrumentos para provocar ese mismo estado de consciencia. La omnisciencia testifica que, sea lo que sea lo que esté pasando en este preciso momento, es absolutamente perfecto, porque sigue la dirección de la consciencia mientras penetra en el mundo de la forma. Quizás este es el significado místico del nombre original de este 17.º arquetipo del I Ching: el *seguimiento*. Todo lo que sucede sigue un plan, un plan perfecto. Plan que es a la vez predeterminado y creado mientras hacemos camino al andar.

Cuando el 17.º Siddhi llega al mundo, lo hace como una ocurrencia divina, tardía. Se trata de uno de los siete poderes de la Gracia, que no sirve a ningún otro propósito que no sea el de presentar la verdad de que no se necesita hacer nada en la vida. Lo que decidas hacer será absolutamente correcto y estará en total armonía con todo lo que es. Ver la perfección es encarnar la perfección, y un estado así se parece más a un final que a un comienzo. Donde se vea la gracia de la omnisciencia, la negación humana habrá terminado. Si estás siguiendo el camino del servicio, es el correcto. Si estás siguiendo el camino de la traición, el asesinato o la venganza, es el correcto, tanto cuando estás en negación como cuando dejas de estarlo. La verdad de este 17.º Siddhi crea agitación

> *Lo que decidas hacer será absolutamente correcto y estará en total armonía con todo lo que es*

en el mundo. Los seres humanos no queremos escuchar una verdad que debilita tanto nuestras identidades individuales, pero la consciencia debe expresar todas sus opiniones en el mundo de la forma.

La ironía más profunda de la vida se contiene en las palabras de un famoso místico: «Dios solo puede venir y visitarte cuando tú no estás ahí». Dicho de otro modo: si quieres saber qué es la omnisciencia, tendrías que dejar de existir.

18.ª CLAVE GENÉTICA

SIDDHI **PERFECCIÓN** • **DON INTEGRIDAD** • **SOMBRA JUICIO**

EL PODER SANADOR DE LA MENTE

PAR PROGRAMADO: 17.ª CLAVE GENÉTICA

ANILLO CODÓNICO: EL ANILLO DE LA MA-
    TERIA (18.ª, 46.ª,
    48.ª, 57.ª)

FISIOLOGÍA: SISTEMA LINFÁ-
    TICO

AMINOÁCIDO: ALANINA

LA SOMBRA DE LA 18.ª CLAVE GENÉTICA: JUICIO

LA MENTE VICTIMISTA

En el constructo de la matriz genética humana existe una profunda sensibilidad hacia la imperfección, y es esa sensibilidad la que da lugar a las características humanas de la crítica y el juicio. Como veremos, la 18.ª Clave Genética y los temas del Juicio y la Integridad pueden tener un efecto de fortalecimiento o de debilitamiento en ti y en los demás. El asunto del Juicio corre por las venas profundas de tu naturaleza humana tanto como cualquier otro.

La 18.ª Sombra comienza a forjarse en tu infancia. Hay una necesidad intrínseca de retar a la autoridad, y la primera autoridad real de tu vida son tus padres. Enfrentarte a tus padres es algo fundamental y saludable que hay que hacer, ya que forma parte de tu naturaleza innata el convertirte en un individuo diferenciado. Este proceso comienza en serio cuando alcanzamos nuestro tercer septenio, que abarca aproximadamente las edades entre los 14 y los 21 años. Esta etapa de nuestro desarrollo se refiere principalmente al crecimiento y a la expansión de nuestras facultades mentales, y es durante esa fase cuando se crean las bases de nuestras futuras opiniones y nuestra capacidad de juzgar se forja y se pone a prueba. La clave de este proceso radica más en la frecuencia a la que vibren los padres que en la del niño. Si los padres cometen el error de tomarse como personal este proceso, el crío no hará nunca la transición de esta fase biológica, sino que se quedará atrapado en la misma baja frecuencia de los padres. Pero si, por el contrario, los padres no se quedan atrapados en sus propios patrones de juicio o autocrítica, entonces esta fase desembocará en una verdadera edad adulta. Por desgracia, la mayoría de los niños no alcanzan una verdadera edad adulta, sino que se

quedan fuertemente atrapados en la baja frecuencia de los patrones de juicio para el resto de su vida.

La 18.ª Sombra genera un fenómeno colectivo en el mundo conocido como la *mente victimista*. La mente victimista es un conglomerado de todos los patrones de pensamiento debilitantes y moralizantes del mundo. Si examinas sinceramente tus propios pensamientos durante un día cualquiera, es probable que descubras que un gran porcentaje de ellos están afectados por esa mente victimista. Es decir, que estás permitiendo que el pensamiento negativo colectivo de toda la humanidad influya sobre tu mente valiéndose de patrones. El mundo de la mente victimista es un mundo interior de chismorreo, queja y preocupación. La mayoría de nosotros se queja internamente de diversos aspectos de su vida, en especial de la gente más cercana con la que se relaciona, y se preocupa sin parar por temas mundanos como el dinero o la salud. Curiosamente, este es el tipo de pensamiento que nos impide experimentar la abundancia tanto en términos económicos como de salud. Puedes pensar que quejarse es algo completamente humano, pero en realidad hacerlo crea una frecuencia negativa tanto en el quejoso como en la víctima u oyente. Es decir, cuanto más te quejas, más te dañas a ti mismo y al mundo.

Cuanto más te quejas, más te dañas a ti mismo y al mundo

Desde el punto de vista moral, el juicio tiene mala reputación en el mundo moderno. Hablamos de *no tener prejuicios* como si fuese uno de los más altos objetivos en la vida. De hecho, es imposible no juzgar, porque el juicio es la forma en que piensa la mente humana. Lo que define la baja frecuencia de la mente victimista es que uno se identifica con lo que piensa, es decir, que tus juicios sirven para definir tu identidad y hacerte sentir más seguro. Sin embargo, si puedes hacer un juicio y, al mismo tiempo, ser consciente de ello, entonces ya no estás atrapado por tu propia mente y por lo tanto la frecuencia en torno a ese juicio se transforma. Dado que la 18.ª Sombra está emparentada con la 17.ª Sombra, la Opinión, estos dos temas genéticos están inseparablemente ligados a la estructura de nuestro ADN. El juicio se sustenta en una opinión, y viceversa. Cuanto más piensas que tú *eres* tus opiniones, más las defiendes, mientras que cuanto más ligeras se vuelvan menos apegado estarás a tener la razón. Esta 18.ª Sombra tiene que ver con la necesidad de tener razón. Abandonar la necesidad de tener razón supone una relajación y el aligeramiento de tu personalidad. Si esta Clave Genética forma parte de tu perfil hologenético, entonces la pregunta más importante que puedes hacerte es esta: «¿Prefiero estar feliz o tener razón?».

Lo que también es fascinante en esta 18.ª Sombra es que los detalles del enjuiciamiento son, en sí mismos, irrelevantes. No importa cuáles sean tus ideas políticas o cuánto detestes o desapruebes a alguien. Lo único que importa es cuánto te tomas en serio tus propios juicios. Si tu identidad se basa en tus juicios, entonces allá donde vayas atraerás a las personas negativamente, no tanto por tu opiniones como por la frecuencia turbulenta que has situado en tu entorno. Incluso si valoras tus juicios positivamente pero estás fuertemente atado a ellos, la posibilidades de atraer personas que los malinterpreten se multiplica, debido a tu apego. La tónica de las Sombras 17.ª y 18.ª es la tendencia a la obsesión con los detalles. La mente victimista se puede quedar atrapada en el más diminuto e irrelevante detalle de la vida. En baja frecuencia se trata de tipos

de mente que sacan las cosas de quicio, exponiendo opiniones que en realidad poco o nada tienen que ver con los hechos.

La 18.ª Sombra contiene otra de las llaves secretas de todas las interacciones humanas: toda crítica es autocrítica. Como los seres humanos nos percibimos a nosotros mismos separados los unos de los otros, no nos damos cuenta de este hecho vital. Retar a otra persona significa crear una división en ti mismo. Esto no significa que no vayas a tener nunca que retar a otros, pero sí que has de recordar que el otro representa algo dentro de ti que tienes la posibilidad de resolver. La clave para elevar la frecuencia de la 18.ª Sombra radica en la perspectiva, ya que todo lo que sucede en tu vida externa es un espejo del proceso interno que busca ser resuelto. Esta es la razón por la que el aspecto más elevado de la 18.ª Clave Genética es la Perfección, porque la vida te está ofreciendo continuamente caminos para poder realizar tu perfección.

Como un aspecto del Anillo codónico de la Materia, la 18.ª Clave Genética forma parte de una cadena genética de baja frecuencia de miedos enterrados en el genoma humano. Estos miedos reposan bien hondo, dentro del sistema inmunológico del cuerpo, y crean una matriz para la iniciación a los estados superiores de consciencia humanos. Precisamente es el pasaje por esos miedos lo que permite alcanzar el acceso a niveles superiores de frecuencia y de consciencia individual. Gracias al grupo de Claves Genéticas que conforma este codón, el espíritu puede penetrar en el mundo de la materia y liberar su verdadero resplandor. Este mundo interior de la 18.ª Sombra gobierna la integridad de tu cuerpo mental, de tu mente. El secreto de esta Sombra está en percatarse gradualmente de que tu vida externa *es* tu cuerpo superior. Cuanto más profundamente aceptes esta responsabilidad, menos personalmente te tomarás la vida y más fácil se volverá. La 18.ª Sombra es, por lo tanto, un lugar en tu ADN culpable de que te quedes mentalmente atrapado en el mundo de la materia y en todas sus distracciones, lo que a largo plazo solo sirve para incrementar tu sufrimiento. Sin embargo, cuando escapas de la mente victimista comienzas a alterar la estructura codificada de este aspecto de tu ADN, y de ese modo comienzas a atraer una banda de frecuencia energética superior a tu vida, la cual lo empieza a cambiar todo para mejor.

NATURALEZA REPRESIVA: INFERIORIDAD

El lado represivo de la 18.ª Sombra tiene que ver con sentirse inferior. Este patrón se desarrolla primero en relación con nuestros padres, especialmente durante la adolescencia. Si nuestros padres nos juzgan duramente durante esos años de formación, el patrón de autoenjuiciamiento se afianza. Si eres una de esas personas, entonces tu patrón consiste en enfocar el juicio contra ti mismo. Fruto de ese juicio hacia ti mismo, te conviertes en conformista, te pierdes entre la masa, en vez de mantenerte por ti mismo y basarte en tus propias convicciones. Todos los juicios están basados en la comparación. Con la autocrítica lo que haces es una comparación desfavorable hacia ti mismo frente a otro, al que consideras superior. El resultado es un profundo sentimiento de inferioridad y el hábito constante de debilitarte a ti mismo con esa práctica.

NATURALEZA REACTIVA: SUPERIORIDAD

El aspecto reactivo de la 18.ª Sombra se manifiesta como juicio hacia los otros basado en la sensación de sentirse superior. Este juicio se manifiesta como una constante necesidad de retar cualquier figura de autoridad, empezando por la de los padres. Si este proceso de enfrentamiento con uno de los padres no se permite o no sucede de forma natural, este patrón de comportamiento se convierte en un aspecto permanente del carácter de una persona. Así sucede cuando nuestros padres no nos mantienen sostenidos por límites suficientemente sólidos, sino que nos convierten en víctimas de sus propios autojuicios. La urgente necesidad de desafiar se convierte en los niños en una ira inconsciente ante la que los padres no fueron suficientemente fuertes para mantener su integridad. Esto se traduce, en la etapa de la vida adolescente, en una profunda falta de respeto a la autoridad y en la creencia de que están por encima de ella. Se trata de personas volátiles cuya identidad se sostiene a base de socavar la de otros.

EL DON DE LA 18.ᴬ CLAVE GENÉTICA: INTEGRIDAD

EL MUNDO POR MONTERA

La 18.ª Clave Genética es enormemente profunda desde el punto de vista psicológico. En realidad, es la base de la psicología, ya que contiene las claves del condicionamiento humano. Desde el momento en que nace un niño, una pulsión innata en su ADN le impulsa a explorar los límites de su entorno. Esta Clave Genética tiene que ver con los límites materiales, emocionales y mentales con los que te encuentras en la vida. Dado que estamos biológicamente programados en ciclos de siete años, se puede decir que hasta los 21 no hemos encarnado totalmente nuestras vidas. Los primeros siete años ponen a prueba, de un modo crítico, la integridad del mundo físico, gracias al desarrollo de nuestros fundamentos físicos: nuestro esqueleto, músculos, fisiología básica y movimientos. El segundo septenio se centra en el desarrollo de nuestra vida emocional, mientras pasamos por la pubertad y aprendemos a manejar nuestra sexualidad y el modo en que gobernamos nuestra identidad básica, a través de sentimientos de atracción y repulsión. El tercer septenio completa nuestro ciclo de encarnación hasta la edad adulta a lo largo de nuestra adolescencia, tiempo en que se desarrolla con extremada rapidez el pensamiento y en que adoptamos una estructura mental compuesta por muchos niveles de juicio y de opinión.

Cada una de las tres fases de nuestros 21 primeros años de vida se sustenta la una sobre la otra, de manera logarítmica. Esto significa que un problema que aparece en el primer ciclo reaparecerá en el mismo punto de intersección durante los ciclos segundo y tercero. A través de cada uno de estos ciclos, el Anillo codónico de la Materia y su Clave Genética asociada juegan un papel crucial en el examen continuo de mundo exterior. Esencialmente, estas Claves Genéticas están buscando una retroalimentación constante, de modo que el niño pueda orientarse en el mundo de manera saludable. Las

tres fases: física, emocional y mental, están regidas por las Claves Genéticas 46.ª, 48.ª y 18.ª, respectivamente, mientras que la 57.ª Clave Genética gobierna las semillas más profundas del conjunto de las tres fases. Por lo tanto, este anillo codónico es de enorme importancia en el ámbito del desarrollo, ya que gobierna la infraestructura de nuestra salud física, emocional y mental. Conforme se vayan comprendiendo con más profundidad las Clave Genéticas, en particular estas cuatro, como consecuencia se producirá una gran revolución educativa en lo que respecta al concepto de la educación de nuestros niños.

Dado que la 18.ª Clave Genética administra el desarrollo intelectual en el período de la adolescencia que va de los 14 a los 21 años, contiene respuestas a muchas de las preguntas que los padres podrían hacerse sobre esta fase tan desafiante de la primera etapa de la edad adulta. Los patrones que emergen en este tercer ciclo de la vida dependen de lo que haya sucedido en los dos ciclos precedentes. Si, por ejemplo, tus padres se separaron durante la mitad de la segunda fase, entonces ese mismo tipo de agitación aparecerá en tu vida en la mitad del tercer ciclo, pero en esta ocasión se enfocará en lo mental, en vez de hacerlo en el aspecto emocional. En cada estadio de tu desarrollo temprano tienes muchas oportunidades de sanar aspectos de los ciclos anteriores, o, dependiendo de cómo hayáis afrontado tú y los tuyos en su momento aquellos desafíos, podrás grabar de manera aún más profunda en tu psique la baja frecuencia de aquellos patrones.

El tercer septenio, gobernado por la 18.ª Clave Genética, es, pues, el ciclo más crítico, porque representa la última oportunidad de los padres para ayudar a sus hijos a alcanzar verdaderamente la edad adulta. Si los padres no están profundamente arraigados en su propia integridad, fracasarán a la hora de crear el ambiente adecuado para que el niño atraviese su fase más desafiante. La 18.ª Clave Genética determina, por lo tanto, si el niño entra en la edad adulta como un adulto íntegro o como un niño herido que toma la forma de un adulto. Naturalmente, los padres tienen que plantar fuertes límites durante la fase de la adolescencia, aunque la 18.ª Clave Genética no tenga que ver con ese hecho. El secreto del Don de la Integridad hace posible que te mantengas en el propio espacio interior sin reaccionar a tus juicios o autocríticas. Como padre, *tendrás* que intervenir en la agitación de ese período de la vida del niño, pero, también como padre, tendrás que aprender a quedarte un paso por detrás y confiar. Si los padres comprendiesen verdaderamente la importancia crucial de su papel durante la fase del tercer septenio, los hijos podrían actuar con menos enjuiciamiento y sentirse más seguros de sí mismos.

La 18.ª Clave Genética determina, por lo tanto, si el niño entra en la edad adulta como un adulto íntegro o como un niño herido que toma la forma de un adulto

La integridad, como vibración, significa mucho más que enarbolar tus valores. Es, en realidad, una palabra usada con frecuencia por arquitectos e ingenieros para describir la fuerza de las estructuras materiales. La integridad es un atributo muy físico y, de hecho, es una función del sistema inmunológico mantener la fuerza de tensión en el interior de tu cuerpo. A las personas que tengan que resolver asuntos de su adolescencia, les llevará siete años completos, sean de terapia, de trabajo corporal o de cualquier otro sistema cuyo objetivo sea el decondicionamiento. La integridad surge del vehículo humano, pero también es algo que hay que ganarse, ya sea en la adolescencia o más tarde en la vida. Cuando una persona ha alcanzado el Don de la Integridad o ha crecido en él gracias a una entrada saludable en la edad adulta, lo tendrá para siempre, porque es la verdadera naturaleza del ser humano. Las 64 Claves Genéticas otorgan a los padres una enorme cantidad de posibilidades, ya que, si pueden ver la frecuencia superior de su hijo desde el momento de su nacimiento y si pueden mantener para ellos, de manera continuada, esa frecuencia en los momentos fáciles y en los difíciles, podrán ver un milagro revelarse y crecer ante sus propios ojos.

Si la 18.ª Clave Genética ocupa un lugar destacado en tu perfil hologenético, tu vida te llevará continuamente de regreso a los temas que se originaron en tu infancia. Tendrás que comprender qué te convirtió en lo que eres para liberar los aspectos de tu condicionamiento que no te pertenecen. Con el tiempo, te convertirás en un maestro en la comprensión de los modos en que funciona el condicionamiento, lo que puede llevarte a ayudar a liberarse a otros, igual que tú lo hiciste. Cuando estás libre de las trampas de la mente victimista, tu juicio se convierte en Integridad: el gran enemigo de la mente victimista. Es la misma energía, el mismo arquetipo, pero experimentado en un nivel de consciencia superior. El juicio, la crítica y la corrección son magníficas cualidades cuando se usan del modo correcto. El Don de la Integridad, tiene que ver con demandar y mantener un nivel alto de frecuencia en todo lo que haces. Como adulto totalmente sanado, tu propósito consiste en ayudar a otros a completar sus respectivas infancias, de manera que puedan finalmente disfrutar de sus vidas y legar su integridad a sus hijos.

Para mantener la Integridad hay que tener coraje: tienes que desafiar a todo y a todos los que no alcancen tus estándares. Vivir con Integridad es ponerse el mundo por montera, desafiarlo para cumplir con los niveles altos que has establecido. Donde veas a alguien que está viviendo con Integridad, encontrarás una persona que utiliza el poder del juicio de modo impersonal y objetivo. Este es el gran Don de la 18.ª Clave Genética: no utilizar el juicio como algo personal, sino aprender a juzgar desde tu corazón. Juzgar desde el corazón no puede resultar nunca cruel, porque la Integridad verdadera tiene un único propósito: servir a la totalidad en el espíritu de la verdad y de la compasión.

EL SIDDHI DE LA 18.ª CLAVE GENÉTICA: PERFECCIÓN

EL BODHISATTVA

De la misma manera que el 18.º Don pone fin a nuestro viaje desde la infancia hasta la edad adulta, el 18.º Siddhi nos muestra cómo sanar nuestra angustia mental y asumir nuestro verdadero lugar en el universo como completos adultos. Lo hace a través del servicio a la visión de la perfección de manera compasiva e incansable.

Cuando pones tu Integridad al servicio del todo, sucede algo asombroso: ¡te conviertes en alguien cada vez más insatisfecho! Cuanto más haces el bien, más te das

cuenta de cuánto bien más podrías hacer. Se trata de la insatisfacción divina. Dondequiera que mires te darás cuentas de cómo podría mejorar allí el mundo. Cuanto más te afiances en tu Integridad, más alto apuntará tu servicio. La perfección es el nivel de visión más alto al que puede aspirar un ser humano, y puedes comenzar a apuntar hacia esos ideales superiores no para ti, sino para el beneficio del mundo. En este nivel se usa el arquetipo del juicio para desafiar el propio tejido de la realidad. Los niveles superiores son infinitos y, por lo tanto, parecen imposibles de alcanzar; pero como un koan zen que no se puede resolver al nivel de la mente, si sigues apuntando a la perfección, puede ser que un día florezca en ti como un estado natural. Para ello tienes que ir más allá de la propia definición de perfección.

El 18.º Siddhi contiene algunas paradojas profundas. Vivir en un estado de perfección involucra la muerte de la mente, para la cual la perfección es un fin. Cuando te das cuenta de la perfección, la evolución termina. Pero el 18.º Siddhi es la fuente de la tradición en la que se basa el juramento del bodhissatva. El bodhissatva es un ser que renuncia a su estado de consciencia más elevado para poder continuar ayudando a otros a conseguirlo en el mundo. Esta tradición sostiene una verdad genética muy metafórica. Todos nuestros genes son bodhissatvas programados para servir a la totalidad hasta que se alcance el estado de perfección.

Todos nuestros genes son bodhissatvas programados para servir a la totalidad hasta que se alcance el estado de perfección

Hemos visto que la 18.ª Clave Genética se ha diseñado para garantizar la salud humana gracias a un desafío constante de nuestro medio ambiente, que nos lleva a alinearnos con principios de frecuencia superior. Dicho esto, ¿en qué consiste tener una salud perfecta? Es una cuestión muy interesante, porque tiene que ver con toda la creación. La verdadera salud física de la humanidad no se puede alcanzar hasta que todas las heridas humanas se hayan sanado. Incluso aunque un humano pueda alcanzar un estado de perfección más allá de la comprensión humana, su cuerpo seguirá formando parte de la humanidad mientras siga habiendo heridas en el mundo, así que casi nadie puede experimentar la verdadera salud. En otras palabras, la salud perfecta, individual, no puede darse hasta que el todo no haya sanado. Esta es la razón por la que los estados síddhicos de consciencia tienen aún un propósito en el mundo: reflejan el estado de perfección interna de toda la humanidad, de manera que también lo podrán recrear en el mundo exterior. El 18.º Siddhi también traerá un día al mundo una nueva ciencia para la sanación mental. Esta ciencia se basará en la comprensión de que la mente es un campo de energía que existe en su propio plano. Conforme comencemos a desvelar este Siddhi, podremos usar nuestras mentes para sanar instantáneamente a nivel mental, emocional e incluso físicamente. Hasta las más profundas disfunciones físicas, como podría ser la locura, pueden sanar por el contacto con este 18.º Siddhi, heraldo de una nueva era de sanación en la que la perfección humana se convertirá en algo más contundente y rápido de lo que podemos imaginar.

El Anillo codónico de la Materia se asegura de que toda la humanidad pueda alcanzar un día ese estado de Perfección en el que la evolución llegará a su fin y en el que nosotros, como especie, entremos en la dimensión de la eternidad. Cada una de las Claves Genéticas de este Anillo es responsable de un aspecto de ese proceso de espiritualización de la materia. El 18.º Siddhi contiene el conocimiento de cómo podemos traer Perfección a la Tierra valiéndonos del plano mental. Para el que vive inmerso en el campo energético de este Siddhi, la perfección está ya en su mano como una huella subyacente a toda la creación. Estas personas viven en el Edén que siempre hemos anhelado, pero, paradójicamente, tienen que trabajar para que ese estado pase de ser una realidad interior a una exterior.

El 18.º Siddhi no es de los que se ven con más frecuencia en nuestro mundo actual, ya que implica la encarnación de un arquetipo de perfección. Este tipo de personas son incansables en el servicio que ofrecen a la humanidad. Curiosamente saben, por su propia experiencia espiritual, que el mundo es perfecto tal y como es; que no hay nada que pueda ser mejorado. Aun así, las personas guiadas por este arquetipo de perfección permanecen mejorando sin descanso tanto el mundo como a sí mismos hasta el día en que mueren. Todos los seres que alcanzan el estado síddhico comparten este dilema de haber completado su evolución interna y, aun así, seguir viviendo en el mundo. El vehículo físico cambia por completo su programación después de entrar en los estados superiores de consciencia, los estados síddhicos de iluminación. Si tienes activada la 18.ª Clave Genética en tu perfil hologenético, entonces continuarás aquí para guiar a la humanidad hacia la perfección en todas y cada una de las maneras que lo puedas concebir. A menudo llamamos *santos* a este tipo de personas.

Otro aspecto del 18.º Siddhi se refiere al modo en que pensamos y, especialmente, al modo en el cual pensamos acerca de los otros. Una de las grandes leyes universales es que la energía sigue al pensamiento. Esta Clave Genética tiene un enorme poder sobre el plano mental y puede reformar completamente la realidad mental de cualquier persona. Quien encarna el 18.º Siddhi está por encima de la mente victimista: cuando miran a una persona, incluso si parece un verdadero demonio, solo pueden ver el Ser Superior que lleva escondido dentro. Al mantener ese pensamiento de frecuencia superior acerca de tal personal, lo que hacen, en realidad, es influir en los flujos ocultos de energía que elevan la frecuencia del otro. Es lo que se conoce como *pensamiento síddhico*, que tiene que ver con pensar con el corazón y que es mucho más que pensamiento positivo. El pensamiento síddhico es un campo de energía en torno al aura del que manifiesta el 18.º Siddhi, y por ello no debería considerarse pensamiento en el sentido habitual del término.

Cada Clave Genética tiene su propia programación de nivel superior. Algunas están diseñadas solo para situarse ahí, arrobadas en la bendición de sus nirvanas, mientras que otras tienen un papel mucho más determinante que cumplir. El 18.º Siddhi sirve a un propósito muy místico: sana la escisión en el mismo plano mental, lo que permite llevar a la humanidad cada vez más cerca de la materialización de la unidad. Así que no puede quedarse y no se quedará quieta hasta que esta gran fisura en la mente del mundo se haya sanado. La realidad superior percibe la mente no como una mera función del cerebro humano, sino como un *cuerpo mental* o *plano* entretejido con el aura viviente. Este cuerpo mental es tanto un constructo individual en el campo áurico humano como un gran plano que conecta a todos los seres humanos como uno solo.

La perfección únicamente existe en la esfera atemporal. Está más allá del tiempo y del espacio, porque representa el fin de la evolución. La Clave Genética del bodhissatva

vuelve una y otra vez a nuestro planeta en forma de individuos cuyo único propósito consiste en construir esta visión colectiva de perfección en el plano material. Todos los seres humanos están involucrados en esta gran danza, seamos o no conscientes de ello. Todos nos encaminamos hacia este único sueño de una especie que alcanzará un día la perfección y que llevará a fin su historia. Como un día veremos todos, el final de la historia será solo el comienzo de nuestra vida universal.

19.ª CLAVE GENÉTICA

EL HUMANO DEL FUTURO

PAR PROGRAMADO: 33.ª CLAVE GENÉTICA
ANILLO CODÓNICO: EL ANILLO DE GAIA
          (19.ª, 60.ª, 61.ª)

FISIOLOGÍA: VELLO
CORPORAL
AMINOÁCIDO: ISOLEUCINA

LA SOMBRA DE LA 19.ª CLAVE GENÉTICA: CODEPENDENCIA

EL GRAN CAMBIO

Juntamente con las Sombras 49.ª y 55.ª, la 19.ª quizás sea la de más actualidad en nuestro tiempo. Estamos atravesando un período de mutación global sin precedentes. Esta mutación se da a niveles muy diferentes, desde el puramente físico al más espiritual. Para captar en verdad la esencia de lo que está ocurriendo con la humanidad, uno necesita mirar no tanto a la dimensión espiritual como al extremo opuesto del espectro: la biogenética. La mente del hombre está basada en la causalidad; en tanto conocemos la causa, creemos que hay un propósito. Si eres un genetista, todo lo que miras parece que sirve al propósito de la evolución de la vida, mientras que si eres un místico, todo parece servir al propósito de la evolución de la consciencia.

Durante milenios, la humanidad ha intentado comprender el propósito de la vida desde una dimensión espiritual, pero hasta hace bien poco no hemos tenido la capacidad de comprender el propósito de la vida desde una dimensión material. Con el advenimiento de la genética hemos comenzado a conocer los microprocesos que animan la propia evolución. Un científico podría decir que la evolución espiritual del hombre se produce como resultado de su evolución biológica. Los místicos tienden a verlo del modo opuesto. Lo fascinante sobre el punto de vista científico es que se enfoca en las esferas de frecuencia más baja, es decir, en el mundo de la materia. La 19.ª Sombra representa un aspecto de nuestro genoma que está atravesando en la actualidad una mutación intensa. Una mutación es un salto cuántico de un estado a otro, espontáneo y generalmente repentino. En genética, las mutaciones son muchas veces *errores* que suceden cuando los genes se copian unos a otros. Tales errores pueden conducir a nuevas

y fascinantes combinaciones químicas que, como resultado, pueden llevar a la evolución de formas completamente nuevas.

La 19.ª Sombra, la Codependencia, se basa en el pasado tribal de nuestros ancestros. Codependencia quiere decir estado de consciencia por debajo de la independencia. Ser independiente significa confiar en uno mismo, mientras que ser codependiente significa confiar en agentes externos. En nuestra forma primitiva, confiábamos en la naturaleza para nuestra supervivencia, y al confiar en un agente externo, antropomorfizamos aquella tendencia. Es decir, creamos dioses que representaran aquellos agentes, razón por la cual todas las religiones del mundo se han originado en la 19.ª Sombra. Nuestra relación con un Dios o grupo de dioses no es más que una relación codependiente, ya que se basa en esta necesidad de encontrar una autoridad allá afuera. En esta 19.ª Clave Genética está codificada una de las grandes historias de la humanidad, la historia de nuestra relación con Dios. Mientras que los humanos sigamos creyendo en la existencia de un Dios fuera de nosotros mismos, la frecuencia de nuestro planeta permanecerá en el nivel de la 19.ª Sombra. La vibración del sufrimiento humano depende de la existencia de una autoridad separada que vibra a una frecuencia superior a la nuestra. Esta última frase es la definición final de lo que significa ser una víctima, que es lo que caracteriza las frecuencias de la Sombra. El par programado de la 19.ª Sombra es la 33.ª Sombra, el Olvido. Al crear un Dios *allá fuera*, nos hemos olvidado del poder latente que portamos dentro de nosotros.

> *Mientras que los humanos sigamos creyendo en la existencia de un Dios fuera de nosotros mismos, la frecuencia de nuestro planeta permanecerá en el nivel de la 19.ª Sombra*

Pero el agente exterior del cual tenemos mayor dependencia es la comida. Dios ha tenido siempre que ver con la comida, y la comida siempre está relacionada con el territorio. La producción de alimentos se basa en el territorio tribal, que es la razón principal por la que se desarrollaron las diferentes naciones y las culturas. Pero hoy, al menos en el mundo desarrollado, la comida ya no tiene por qué llegar de nuestra propia tribu, sino que puede provenir de cualquier otra parte del mundo. El caso es que nuestras necesidades dietéticas están cambiando conforme aprendemos a manipular nuestro entorno con más eficacia.

Gracias a ciencias como la física nuclear y la genética, la humanidad está empezando a jugar a ser Dios cada vez más y, por lo tanto, está yendo de un estado de codependencia a un estado de independencia. Ahora que nos podemos burlar de los dioses con la tecnología moderna, ya no los necesitamos mucho. Cuando más avanza la sociedad, más cuestionamos a Dios como modelo de agencia externa.

Sin embargo, la 19.ª Sombra está atravesando actualmente una gran mutación genética, lo que significa que la confianza del humano en la religión está sufriendo también una transformación. Los antiguos miedos tribales de no tener lo suficiente están muriendo, y con ellos mueren también las grandes religiones. La ruptura con un tipo de relaciones tan ancestrales y tan profundamente asentadas tiene fuertes repercusiones en nuestro mundo. Los viejos caminos tienen que morir ante lo nuevo; este es el propósito de la mutación, y el proceso es de destrucción. Solamente cuando se asiente el polvo la nueva creación se podrá reconocer totalmente. La razón por la que todo esto

nos resulta tan aterrador es que representa un corte tajante en nuestro desarrollo evolutivo, en el que se está abriendo un camino completamente nuevo, un camino en el cual los seres humanos tendrán que dejar atrás las maneras tribales codependientes. El mundo se divide entre aquellos que se están convirtiendo cada vez en más independientes y aquellos que se aferran a la comodidad de las antiguas tradiciones. A nivel global, estamos comenzando a ver la manifestación de todo ello en la batalla entre la globalización y los partisanos, y también entre la ciencia y la religión.

Para nosotros, como individuos, la transformación de la 19.ª Sombra supondrá un difícil cambio en la expresión de nuestras relaciones. El viejo estilo de relaciones codependientes, del marido trabajador y la esposa ama de casa, están dando lugar a nuevos niveles de independencia. La liberación de las mujeres está cambiando la infraestructura de nuestra civilización y los niños están cada vez más al cuidado de la colectividad, de manera que tanto el padre como la madre puedan mantener un mayor nivel de independencia. Nos guste o no, esto es lo que está sucediendo en todo el mundo desarrollado. Nuestros niños están creciendo como hijos de la sociedad en vez de como niños de una sola familia tribal. Gracias a los grandes cambios genéticos que están teniendo lugar por todos lados, las dinámicas de la relación hombre/mujer son hoy mucho más desafiantes que nunca. Se aproxima una profunda transformación, y los papeles están cambiando para acomodarse al nacimiento de un nuevo paradigma. Aunque pueda resultar un parto difícil, en un futuro no muy distante la 19.ª Sombra desaparecerá por completo de nuestro mundo.

La mutación contemporánea que tiene lugar a través de la 19.ª Clave Genética está teniendo un efecto sin precedentes en la vida de nuestro planeta. Como un aspecto vital del Anillo codónico de Gaia, juntamente con las Claves Genéticas 60.ª y 61.ª, está rompiendo los moldes de la psique en el mundo. Los aspectos reactivos de la Sombras 60.ª y 61.ª, la Limitación y la Psicosis, respectivamente, durante mucho tiempo han sido predominantes en nuestro planeta. Está dándose una fuerte reacción química en el ADN, mientras los viejos modos de hacer parecen aferrar sus garras con fuerza a la única realidad que han conocido. Al romper con nuestros hábitos de codependencia, se libera un miedo enorme y una gran violencia debido a las Sombras de este Anillo codónico. Sin embargo, lo cierto es que toda la vida ha sido siempre, y aún es, interdependiente, porque la vida es *una*. Incluso la independencia es una ilusión, y el hecho de darse cuenta de ello está acabando con el mundo de la psicosis que opera desde la baja frecuencia de la 19.ª Sombra, basada en la realidad de la supervivencia. A través del Anillo de Gaia podremos ver, y en su momento lo haremos, cómo vivir de nuevo en unión con todos los seres que compartimos este planeta.

NATURALEZA REPRESIVA: NECESITADA

La naturaleza represiva de la 19.ª Sombra se muestra como necesidad o apego. Estas son personas que no pueden soltar el pasado por el temor a estar solas, lo que crea una dinámica de relación catastrófica, basada en convertir a los otros en víctimas de sus necesidades. Las naturalezas represivas pueden resultar muy ladinas a la hora de transmitir sus patrones de la Sombra; podrían muy bien utilizar herramientas como la

culpabilización para cubrir sus propias necesidades. Necesitan sentirse necesitadas y representarán todo tipo de dramas, a menudo de una manera totalmente inconsciente, para conseguir la atención que ansían. Son maestras en atraer la atención negativa; atraen la energía de otra gente hacia ellas sin preocuparse de qué tipo de energía se trata. En este sentido, hasta la violencia es una forma de atención. El único modo de romper con esos patrones es dar un paso hacia la independencia.

NATURALEZA REACTIVA: AISLADA

La expresión violenta de esta Clave Genética es el aislamiento. Este tipo de personas refutan toda atención y proclaman que no necesitan a nadie. Pretenden ser independientes cuando lo cierto es que, más allá de la apariencia, son un volcán de rabia. Desde luego, las personas que se aíslan por decisión propia, como estas, se ocupan de hacerlo a la vista de todos. Su objetivo es mostrarte lo solitarios que se encuentran; desean llamar la atención sobre ellos mismos y se vuelven todavía más amargados de lo normal cuando los otros les dejan solos. Paradójicamente, cuando otros tratan de apoyarles o les ofrecen su amistad, normalmente explotan y proyectan toda su ira reprimida hacia esas mismas personas. Es fácil ver cómo tanto la naturaleza represiva como la reactiva crean la dinámica perfecta de una relación disfuncional codependiente.

EL DON DE LA 19.ᴬ CLAVE GENÉTICA: SENSIBILIDAD

LOS QUE SUSURRAN

El Don de la Sensibilidad consiste en estar sumamente en sintonía con las necesidades de los otros. Para ser capaz de sentir a los otros y sus necesidades, primero tienes que volverte independiente de ellos, que es de lo que trata el 19.° Don. En el momento en que alcanzas la frecuencia de la independencia, tu energía natural se hace presente. Este 19.° Don también es el don del tacto. No tiene que ser algo táctil, literalmente hablando, aunque podría serlo también, pues la mayoría de esas personas son terapeutas o sanadores dotados. Se trata de algo más que un sentido físico del tacto; es más bien un *toque* en el trato con las personas y con los animales. Tal y como hemos aprendido de su Sombra, esta Clave Genética se basa en las necesidades materiales, y, cuando tú elevas la frecuencia de tu propia necesidad, de repente te das cuenta de las necesidades de todos y cada uno de los que te rodean. Esto convierte al 19.° Don en un gran barómetro medioambiental.

Existe un extraño fenómeno que se da en los seres humanos, conocido con el nombre de *sinestesia*. La sinestesia es la habilidad genética para conectar internamente diferentes sentidos: por ejemplo, oler con los ojos o sentir los colores con el tacto. Se trata de un fenómeno muy conectado con el 19.° Don, que se puede activar cuando las frecuencias superiores franquean esta Clave Genética. La sinestesia es la consecuencia de un incremento de la Sensibilidad de tu entorno sensorial. Si este 19.° Don es un aspecto

de tu perfil hologenético, entonces es muy posible que puedas descubrir habilidades latentes que te permitirían sentir intensamente tu entorno y, en particular, percibir los patrones emocionales y las necesidades de los otros a través de su campo áurico vivo. Muchos artistas y sanadores tienen este tipo de Don y pueden sentir los campos de energía superior escondidos en sus dedos, su piel o su pelo. Captar estos campos energéticos naturalmente te permite ver un mundo completamente diferente del que

Las frecuencias superiores de la 19.ª Clave Genética tienen acceso a las esferas de la magia

ven la mayoría de las personas: un mundo de fluctuaciones energéticas, colores intensos, estados de ánimo y patrones de presión interna. En el sentido más profundo, las frecuencias superiores de la 19.ª Clave Genética tienen acceso a las esferas de la magia.

Hemos de recordar que la 19.ª Sombra se fundaba en la dependencia humana del alimento que viene del exterior. El 19.º Don, sencillamente, cambia esta perspectiva y la eleva al siguiente nivel. A una frecuencia superior, lo cierto es que el *alimento* es la energía de la vida o lo que los antiguos llamaban *prana* o *chi*. Este Don te permite incrementar tu sensibilidad hacia esta bioenergética real que conecta a todas las criaturas. Cuando tu corazón y tu ser se abren para sentir la abundancia de esta energía de la naturaleza, te vuelves emocionalmente independiente por primera vez. Solo la activación del amor dentro de tu propio ADN te dará este sentido amplificado de ser. Además, dado que la 19.ª Clave Genética es uno de los primeros lugares donde el Gran Cambio está mostrando un impacto inmediato, la transformación de la codependencia en independencia es algo que podemos observar cada vez más en toda nuestra cultura humana. En sus estados iniciales no es una transición cómoda. De repente, al haber aumentado la Sensibilidad sobre tu entorno, te haces más consciente que nunca de tus viejas tendencias hacia la codependencia. Incluso aunque hayas abierto tu corazón al Gran Cambio, la mayoría de la gente aún no lo ha hecho, lo que te coloca en una posición de gran responsabilidad, sin perder de vista lo incómodo que resulta todo eso.

Estamos ya viendo este tipo de respuestas al Gran Cambio en toda nuestra cultura actual, mientras que los seres humanos se hacen más conscientes de cuánto daño está haciendo al entorno la codependencia. La 19.ª Clave Genética es un portal genético hacia el inconsciente y, en particular, hacia el inconsciente colectivo. Es interesante que este Don tenga una fuerte activación en aquellas culturas que viven próximas a la naturaleza, como es el caso de las culturas indígenas. En ese tipo de grupos tribales siempre ha habido una acusada sensibilidad en relación con aquellas otras regiones que están más allá de los cinco sentidos. Lo que los modernos humanos interpretan, a menudo, como ingenuidad en aquellas culturas no es más que una sensibilidad genética amplificada de la realidad cuántica del inconsciente. Cuando esta Clave Genética se vuelva a despertar en la humanidad veremos cambios en nuestro sueño de vida y, gracias a este portal, podremos reconectar con nuestro antiguo sentido de la magia, que proviene de nuestros sueños. La gente con el 19.º Don es, a menudo, chamán, por su sensibilidad amplificada hacia la percepción de otros mundos y esferas.

La 19.ª Clave Genética es uno de los tres portales primarios (juntamente con las Claves Genéticas 62.ª y 12.ª) que permite a la humanidad acceder a los reinos evolutivos dentro de la naturaleza. Esos reinos, a los cuales nos podemos referir con el nombre de

dévicos o angélicos, son planos de consciencia que siguen un modelo evolutivo similar, pero en una dimensión paralela. La 19.ª Clave Genética se comporta como un marcador genético en el ADN humano, y solamente cuando alcances cierta frecuencia genética, ese marcador podrá activar el portal que permita a la información cruzarse con claridad entre esos mundos paralelos. A ciertos seres humanos se les ha atribuido siempre (y a veces han sido desacreditados por ello) la habilidad de escuchar voces de espíritus o ángeles, o de ver hadas. Es una habilidad genética que llega con el 19.º Don. Desde luego, la 19.ª Sombra también tiene, como contrapartida, una baja frecuencia que causa en los seres humanos la sintonización con los más bajos reinos subterráneos, conocidos como el mundo de los demonios. De hecho, la mayoría de los seres humanos están directamente influidos por estas evoluciones paralelas, tanto si se dan cuenta como si no. Solo una frecuencia superior, más virtuosa, te permitirá independizarte de esas fuerzas de la Sombra, lo que además te facilitará la zambullida constante en patrones de frecuencia y estados emocionales más bajos.

El 19.º Don tiene un poder especial a la hora de conectar con el reino de los mamíferos. Al actuar como un portal entre las esferas de lo consciente y de lo inconsciente, los que saben usarlo pueden acceder a la información de otras esferas distintas de la humana. Dado que esta Clave Genética se ha desarrollado por la relación de la humanidad con la comida, también ha hecho evolucionar la relación con la naturaleza, ya que normalmente sacrificamos animales para nuestra alimentación, especialmente mamíferos. Esta antigua relación, basada en el sacrificio, entre humanos y animales se basa en un eterno pacto sagrado entre ambas especies. Los que tienen sensibilidad conocerán el destino futuro de este contrato entre especies. La mayoría de las culturas tribales cuentan leyendas de un tiempo en el que los animales y los humanos eran una sola consciencia, y en el futuro ese será el destino más probable: volver de nuevo a penetrar el campo de consciencia colectiva en el que humanos y animales coexistan.

Esta conexión ancestral en nuestro ADN con otros mamíferos y humanos da origen a los *susurradores:* gente especialmente dotada que se puede comunicar con los animales o que puede actuar como puente entre especies totalmente diferentes. Tales personas consiguen sintonizar con los acervos genéticos de ciertas especies y sienten una profunda conexión con la naturaleza a un nivel más profundo que la gente *común.* En la sociedades tribales, la tarea específica del chamán era la de servir de puente entre el espíritu ancestral de la tribu y sus individuos. Esta es la imagen que también describe perfectamente la función del 19.º Don. Las personas con este tipo del Dones han sido siempre *intérpretes* naturales de otras esferas. Su percepción amplificada de los caminos energéticos y portales entre todas las esferas, materiales, emocionales, mentales y divinas los destaca como pioneros e iniciadores en esas esferas mágicas.

En el mundo de hoy, la gente con el 19.º Don es dada a usar su sensibilidad en cualquier campo donde se trabaje en grupo. Su habilidad para sentir inconscientemente las necesidades de los otros hace que muchos los vean como *psíquicos.* Sin embargo, también pueden estar muy bien conectados con las necesidades reales en el plano material; por ejemplo, pueden usar su conexión amplificada para aportar equilibrio a las esferas del dinero, el trabajo y las relaciones. De hecho, su propia presencia canaliza la atención hacia esos temas. El Don abarca realmente todas las esferas, y su función en

el futuro, como veremos, será la de lograr que se desmoronen las barreras que las separan, para conducirlas hacia la fusión total de los antiguos reinos mágicos con la realidad material contemporánea.

EL SIDDHI DE LA 19.ᴬ CLAVE GENÉTICA: SACRIFICIO

LA QUINTA INICIACIÓN: LA ANUNCIACIÓN

El camino por las diferentes frecuencias de la 19.ª Clave Genética nos lleva de la codependencia a la independencia, hasta finalmente alcanzar la interdependencia. La interdependencia supone un salto cuántico respecto a los dos niveles anteriores, y el destino futuro de nuestra especie depende de su realización. En muchos sentidos, la 19.ª Sombra, la Codependencia, contiene la semilla de este 19.º Siddhi, el Sacrificio. En una relación codependiente, ambos miembros han sacrificado partes de su autenticidad por la relación, y la falta de simbiosis resultante conduce a que se experimenten patrones negativos en la misma. En una relación que sea verdaderamente interdependiente, ambas partes también sacrifican su propio sentido de individualidad, pero esta vez lo hacen ante una visión superior de su propia Divinidad, sin quedarse con nada para ellos. El verdadero significado de interdependencia tiene que ver con penetrar en el estado de unión con todos los seres de la creación, lo que incluye morir a la idea de ser un individuo separado y único. Este tipo de sacrificio puede ocurrir solo cuando ofreces incondicionalmente tu corazón a otro. En vez de morir, lo que sucede es que renaces como un ser dimensionalmente superior. Al rendirse tu ser inferior, alcanzas la realización de tu ser superior.

Mediante la 19.ª Clave Genética se observa cómo cada nivel de frecuencia tiene que trascenderse a sí mismo por completo. Una vez que los humanos superen su codependencia de agentes externos, podrán por fin alcanzar la independencia. Asimismo, una vez que alcancen la independencia, tendrán que afrontar otro gran salto: dejar su recién ganada independencia y confiarse a la mismísima totalidad. Esta rendición a la estructura colectiva implica el máximo nivel de sacrificio, en el sentido más estricto del término. Se trata del sacrificio de separarte de tu identidad, y lo que quizás sea aún más aterrador que separarse de la identidad es el sacrificio de tu cuerpo. El 19.º Siddhi está muy conectado con el 49.º, el Renacimiento. Estos dos Siddhis representan la llave del proceso místico de sacrificio que un día tendrá lugar en la especie humana. En los grandes mitos del mundo hay ocultos grandes secretos, y este mismo mito del sacrificio lo podemos ver, por ejemplo, en el dios nórdico Odín, colgado boca abajo del árbol del mundo, o en el Cristo crucificado. Todos los mitos de sacrificio conducen al renacimiento, y todos ellos son metáforas antropomórficas de un profundo secreto genético oculto en el ADN humano.

Como hemos visto, esta 19.ª Clave Genética tiene una profunda conexión con los reinos animales. La humanidad es el resultado de una evolución del reino animal. Somos el resultado de una serie de mutaciones genéticas que sucedieron en los primates y que condujeron a la creación de una especie nueva, el *Homo sapiens*. A través del 19.º Siddhi

podemos ver cómo la consciencia ha viajado de una forma a otra, creando cada vez una forma más compleja, hasta configurar una frecuencia superior a la anterior. En cada nivel de la cadena, la forma superior se alimenta de la forma inferior, pues es la manera de seguir evolucionando. La vida, por lo tanto, es una cadena de sacrificio. La Tierra es el semillero para una serie de saltos genéticos paralelos en el amanecer de nuestra total realización espiritual. Nuestra consciencia individual se despliega como si se tratase de un conjunto de muñecas rusas: conforme sucede cada salto de consciencia, nos vamos dando cuenta de que estamos alojados en un marco más amplio del que habíamos podido comprender hasta entonces. Hay un total de nueve dimensiones que nuestra Tierra tiene que atravesar, y mientras vayamos cruzando cada una de esas nueve iniciaciones, tendremos que ir sacrificando nuestra identidad local, nuestro pequeño ser, hasta que por fin nazca como un ser humano realmente universal.

> *Nuestra consciencia individual se despliega como si se tratase de un conjunto de muñecas rusas: conforme sucede cada salto de consciencia, nos vamos dando cuenta de que estamos alojados en un marco más amplio del que habíamos podido comprender hasta entonces.*

La consciencia está comenzando ahora a superar al hombre y a alcanzar una forma superior. Pero la nueva forma tiene que emerger desde una vieja, y así es como las nuevas mutaciones se desencadenan en lo más recóndito de nuestro ADN. Esta es una de la principales razones de la enorme explosión demográfica en el planeta: nuestros genes requieren de la máxima diversidad para desencadenar una mutación genética lo suficientemente potente como para remodelar la forma actual del *Homo sapiens* en algo totalmente diferente. Esta es también la razón por la que están apareciendo tantas nuevas enfermedades a través del ADN. Se trata de mutaciones tempranas, precursoras de las que están por venir. Debido al 19.º Siddhi, no solo los individuos se tienen que sacrificar a sí mismos en aras de la totalidad, sino que toda la especie humana tendrá que sacrificarse. Todo lo que vemos que está sucediendo a nuestro alrededor en el mundo —desde la polución hasta el cambio climático global, pasando por las guerras y las revueltas sociales— es el resultado del inmenso proceso genético que estamos experimentando.

Para los que encarnan el 19.º Siddhi, el enfoque se coloca siempre en las necesidades futuras de la humanidad más que en las actuales. Estas personas comprenden lo que está por venir y también lo que debemos hacer para superarlo. Son personas que se erigen como heraldos de la consciencia futura, y sus vidas son un ejemplo magnífico de sacrificio en aras de esa consciencia. Se trata de seres que surgen durante períodos de gran mutación, ya que ellos mismos son ejes fundamentales de esa mutación. Con su ADN mutado, hipersensible, ven la nueva forma emergente y hacen todo lo posible para preparar a la gente para el cambio de consciencia que se avecina. Son puentes altamente sensitivos para conectar con el nuevo ser humano, y tienen la habilidad de extraer la información sobre el nuevo paradigma desde más allá del velo del futuro y hacerla accesible en el presente. Cada Siddhi tiene que hacer su propio sacrificio en este sentido, porque cada uno de ellos representa un ser del futuro que trabaja en el tiempo presente.

El 19.° Siddhi contiene los secretos de la iniciación mística. Cada aspecto de la consciencia de la Tierra tiene que atravesar los nueve portales de iniciación antes de que nuestra evolución planetaria colectiva llegue a su fin. Cada una de estas iniciaciones se explorará de manera más profunda en la 22.ª Clave Genética.

LOS NUEVE PORTALES DE INICIACIÓN PLANETARIA

1. Nacimiento
2. Bautismo
3. Confirmación
4. Matrimonio
5. Anunciación
6. Comunión
7. Ordenación
8. Santificación
9. Glorificación

Cada iniciación nos lleva a un nivel de consciencia más amplio en relación con la interdependencia con el todo. Cuando el 19.° Siddhi se manifiesta en la forma, un gran ser hace un sacrificio individual en beneficio del todo. Este es el misterio y el significado esotérico de la vida de Cristo. Gracias a un sacrificio individual, el 19.° Siddhi permite que todo el colectivo pase por una iniciación grupal. Podemos observar cómo los ritos cristianos contienen los códigos de las grandes iniciaciones, aunque se hayan quedado *congelados* de hecho en las estructuras, que tienen poco o nada que ver con las iniciaciones auténticas, las cuales suceden a nivel biológico en el curso de muchas encarnaciones. Por lo tanto, el Anillo de Gaia, del que esta Clave Genética es un aspecto vital, conecta a todos los seres de la Tierra en este mismo camino de iniciaciones. La humanidad, como forma final de manifestación de Gaia, se encuentra en la cúspide de una de las más grandes iniciaciones: la Quinta Iniciación, la Anunciación. Desde el punto de vista místico, esta gran iniciación tiene que ver con la concepción del niño sagrado en el cuerpo de la humanidad. Por lo tanto, toda la humanidad debe sacrificar su independencia por una visión de nivel superior.

La Anunciación mística solo puede suceder a través de la Sinarquía, la comunión de las almas evolucionadas, que, de una manera colectiva, lideran este gran impulso de sacrificio. El 19.° Siddhi será uno de los primeros que se despierte entre los hombres a nivel colectivo. Tan pronto como la gran mutación haya tenido lugar en la humanidad y hayamos atravesado la Quinta Iniciación, veremos qué tipo de cambio se habrá producido. Uno de los rasgos del nuevo ser humano será una increíble sensibilidad que va mucho más allá del ser psíquico. La consciencia en tales seres no se reconocerá a sí misma como separada de otros seres humanos, por lo que trabajarán por la humanidad sin ocuparse de sí mismos. Aunque podamos llamar a esto sacrificio, en realidad para ellos no lo es, ya que no conocen otra forma de vida que no sea esa. El 19.° Siddhi es el heraldo de las futuras formas que alojarán frecuencias más elevadas de la consciencia, y, por ello, hará muy patente lo poco adecuado que es nuestro lenguaje. Así como nuestro

lenguaje ha evolucionado desde la dependencia de los cinco sentidos, las formas futuras se comunicarán con su entorno usando el sentido que está más cerca del que hoy conocemos como tacto. Este es el verdadero lenguaje de Gaia: el tejido conjuntivo áurico, que trae a todos los seres de la esfera planetaria a la consciencia plena de su unidad inherente.

20.ª CLAVE GENÉTICA

SIDDHI PRESENCIA • DON APLOMO • SOMBRA SUPERFICIALIDADIO

EL OM SAGRADO

PAR PROGRAMADO: 34.ª CLAVE GENÉTICA
ANILLO CODÓNICO: EL ANILLO DE LA VIDA
Y LA MUERTE (3.ª, 20.ª,
23.ª, 24.ª, 27.ª, 42.ª)

FISIOLOGÍA: BULBO
RAQUÍDEO
AMINOÁCIDO: LEUCINA

LA SOMBRA DE LA 20.ª CLAVE GENÉTICA: SUPERFICIALIDAD

LA REVOLUCIÓN DE LOS INSECTOS

El lenguaje de esta 20.ª Clave Genética y sus diferentes frecuencias es puro lenguaje existencial. En realidad no implica de ninguna manera al pensamiento o al intelecto, y por eso comprenderla desde el punto de vista intelectual se convierte en un reto. La 20.ª Sombra se refiere, de manera concreta, a cuán profundamente puede llegar la consciencia a encarnarse en la forma humana. Cuanto más penetre la consciencia en la forma, más pura será la expresión. Esta Sombra tiene que ver con la cantidad de consciencia que puede expresarse a sí misma a través de un ser humano y, en este sentido, es una de las Claves Genéticas más místicas. En el caso de la 20.ª Sombra, es muy poca la consciencia que puede expresarse, así que solo podremos percibir en los seres humanos que operen desde esta frecuencia reflejos de acuarela muy desvaídos de lo que es la vida real. El papel de esta Sombra es mantener a los seres humanos en la periferia de la vida, sin zambullirse en ella. No en vano esta Sombra se llama de la Superficialidad.

Podría parecer que la 20.ª Sombra es, de alguna manera, un fallo de los seres humanos y que quizás, si hiciéramos las cosas de otra manera o mejor, podríamos salir de este aprieto. Sin embargo, como veremos, este aspecto de nuestro ADN es muy antiguo. De hecho, es el que nos ha conducido a nuestro estado evolutivo actual. Cada Clave Genética y su Sombra correspondiente representan una parte del genoma humano desarrollada a través de especies que precedieron a los seres humanos. De forma particular, esta Clave Genética representa el aspecto más significativo que los humanos comparten con el mundo de los insectos, lo que abre una suerte de sorprendentes paralelismos entre ambos mundos. Cuando observamos los insectos, una de las cosas que podemos

ver es lo increíblemente ocupados que parecen estar siempre. La mayoría de los insectos viven un breve período de tiempo, durante los meses de verano, y en esos días, semanas o meses llevan vidas puramente existenciales, cuyo único fin consiste en mantenerse vivos y reproducirse. Los primeros homínidos vivían una realidad existencial similar a aquella, ya que la programación genética se reducía a respirar, comer, matar y copular. Cuanto más nos remontamos en el pasado ancestral de nuestra evolución como especie, más existenciales parecen nuestros modos de vida.

Pero todo esto cambió con el desarrollo del neocórtex humano, que precipitó una transformación en la geografía de nuestra toma de consciencia, la cual evolucionó desde los instintos físicos primarios hasta alcanzar el florecimiento veloz de las habilidades cognitivas cerebrales. Esta ilusión sucede porque la mente solo puede pensar con un estilo lineal, colocando cada objeto de su pensamiento en un marco temporal. Es el mecanismo de compensación para todas las increíbles habilidades de la mente: toda su genialidad está limitada por el pensamiento reducido a los dominios de una falsa realidad que llamamos tiempo. En la medida en que estés dominado por tu pensamiento, existirá un impedimento para que la consciencia funcione totalmente. A esto es a lo que nos referimos en esta Clave Genética cuando hablamos de superficialidad. Vivir superficialmente significa vivir en las falsas ilusiones fabricadas por la mente.

Muchos de nosotros anhelamos el llamado *tiempo pasado*, cuando la mente no se aferraba tanto a nuestra realidad y cuando vivíamos una vida más simple, primitiva, y, de alguna manera, una existencia más pura. En realidad no era pura en absoluto, y además, la evolución nunca vuelve sobre sus pasos. Cuando funcionábamos como animales, siguiendo completamente nuestros instintos, teníamos un escaso sentido de la moralidad o de la consciencia. Si nos proyectaran ahora mismo, por un momento, hacia aquellos tiempos, los *buenos viejos tiempos* nos parecerían tiempos horribles y bárbaros. La evolución del cerebro humano ha cambiado la cara de nuestro planeta, especialmente en los últimos cien años, y aunque a veces nos gusta quejarnos de cómo está el mundo, esta transformación ha sido beneficiosa para la mayor parte de la humanidad. Lo interesante de los seres humanos es que somos una mezcla de la antigua e instintiva consciencia animal, de nuestra actual consciencia racional, mental, y de la futura consciencia holística espiritual, que está a punto de estar disponible por completo. Nuestra nostalgia por los *viejos tiempos* realmente surge de una memoria genética interior, perteneciente a una época temprana de la evolución humana en que nuestra consciencia espiritual se había desarrollado por completo. Sin embargo, la evidencia de este período del *Edén* se oscureció debido a un gran cataclismo que también mutó nuestro ADN, y que dio como resultado la era intelectual que estamos viviendo. Para saber más sobre este tema, puedes consultar la 55.ᵃ Clave Genética.

Lo que parece superficial es, en realidad, un ajuste en el camino de nuestras funciones conscientes. La fase evolutiva que está llegando ahora a su fin es la era superficial, en la que la especie humana parece alejarse de la naturaleza. Pero este no es realmente el caso. A pesar de que estemos dominados por una consciencia que no puede existir en el momento presente, todavía vivimos en el presente, nos guste o no. Nuestro equipamiento mental actual sencillamente nos impide sentirnos uno con la vida, como ya lo sentimos una vez. La evolución necesita que seamos superficiales para que podamos

completar esta fase mental. Sin embargo, esto ha conducido a un alejamiento fundamental de la fuente de la vida misma, lo que se refleja en nuestro anhelo por volver a esa fuente. Todos nuestros anhelos científicos y religiosos han surgido de la incapacidad de la consciencia para superar el cerebro humano. Observándolas bajo este prisma, uno puede ver cómo las 64 Sombras

La mente nos impide la experiencia de sentirnos uno con la vida

han brotado de ese misterio. La mente nos impide la experiencia de sentirnos uno con la vida.

Cuando la superficialidad se transforma en acción, se convierte en actos ciegos, realizados por amor a la propia actividad. El único momento en que te conviertes en uno con la vida, al nivel de la frecuencia de la Sombra, es cuando estás ocupado, incluso cuando la verdadera naturaleza de esta *ocupación* carezca de presencia real. Más bien se trata de una ausencia de toma de consciencia. Esto convierte a los seres humanos en semejantes a los insectos; estamos programados para estar increíblemente ocupados a nivel individual. Sin embargo, al contrario que en algunas comunidades de insectos, nosotros aún no podemos operar como un colectivo. El par programado de la 20.ª Sombra es la 34.ª Sombra, la Fuerza, que está relacionada con el ensimismamiento. Cuando tu actividad carece de consciencia, se convierte en una fuerza destructiva que hace estragos en tu entorno. Estas dos Sombras manifiestan, o bien actividad, o bien falta de actividad, como respuesta a las situaciones creadas por la mente.

Solo cuando la mente haya sido anulada por el siguiente nivel de consciencia, basado en el plexo solar, la consciencia comenzará a manifestar un tipo de actividad que no encontrará resistencia. Esto es a lo que el Buda se refiere cuando habla de la «acción correcta». La acción correcta sucede cuando la frecuencia del ADN te saca de los estados de la Sombra, lo que provoca, en este punto, la emergencia de una actividad armoniosa y natural. Por fin, en esta fase final de nuestra evolución, la humanidad comenzará a imitar a las comunidades de insectos más complejas, como las abejas o las hormigas, mientras que la consciencia comenzará a respirar a través de cada individuo y, por lo tanto, a conjugar a los unos con los otros.

NATURALEZA REPRESIVA: AUSENTE

La naturaleza introvertida de esta 20.ª Sombra da la impresión de estar totalmente ausente. Se refleja en los ojos de la persona, que puede parecer distante o catatónica. Esta expresión de la 20.ª Sombra también puede ser un tema intermitente, no necesariamente permanente. La consciencia, en este tipo de personas, está congelada por un miedo inconsciente que, temporalmente, las saca de su lugar. Esta retirada de la consciencia del cuerpo es, en realidad, una especie de pequeña muerte. Puede ser, también, el resultado de un shock intenso. Se trata de personas en las que la vida se conecta y se desconecta esporádicamente, de acuerdo con la actividad o inactividad de sus mentes.

Naturaleza reactiva: agitada

En la naturaleza reactiva, la mente hará lo contrario que en la naturaleza represiva. En vez de anestesiarse frente al miedo, este tipo de naturaleza lo convertirá en actividad. Por lo tanto, estas personas estarán en movimiento permanente, sin cesar, incapaces de parar en su agitado ensimismamiento. Es un estado muy extendido entre la población humana, debido a la profunda conexión entre esta Sombra y el modo en que nuestras mentes la traducen en actividad. El mundo en el que vivimos se agita cada vez más, porque nuestra programación así lo dicta. Cuando la nueva toma de consciencia comienza a alborear en los seres humanos, una enorme cantidad de actividad humana dejará, sin más, de producirse, ya que se trata de la consecuencia de una falta de descanso mental.

EL DON DE LA 20.ᴬ CLAVE GENÉTICA: APLOMO

La relajación divina

El Don del Aplomo llega a experimentarse cuando un ser humano aprende cómo permitir que su pensamiento deje de ser la autoridad a través de la cual toma sus decisiones. Con el Aplomo, que es la confianza en uno mismo, llega una profunda rendición a lo que la vida nos trae en cada momento. Cuando comienzas a aceptar que la vida tiene sus propios planes y fluye, también comienzas a dejar de interferir en el proceso a nivel mental. Ninguna técnica te puede llevar a conseguir este Don; solo la vida te puede mostrar cómo dejarlo fluir. Este Don, de hecho, es el precursor de un estado superior de consciencia espiritual. Comienzas a descubrir que las decisiones de la vida están tomadas, así que no hay razón para agonizar por ellas. Las decisiones, en los niveles de frecuencia superiores, se toman en el momento, no son premeditadas. Tu mente puede decidir un cierto curso de acción, pero cuando la decisión está realmente tomada en el nivel de la frecuencia del Don, emerge clara e instantáneamente a través de todo tu ser.

El 20.° Don es el fundamento de la vida feliz y forma parte de la familia genética conocida como el Anillo de la Vida y la Muerte. El Anillo de la Vida y la Muerte puede enseñarnos cómo crear un ambiente perfecto para que los niños crezcan alegres, saludables y se conviertan en adultos despiertos. Para que un niño crezca con verdadero Aplomo necesitas darle ejemplo de altruismo (27.°) mientras permaneces desapegado (42.°), y estimular la inventiva (24.°), la innovación (3.°) y, sobre todo, la simplicidad (23.°). Estas cinco claves se pueden convertir en los fundamentos de un sistema de vida completo para los padres, cuya contemplación podría otorgar un profundo sentido de libertad tanto a los niños como a los padres. El Aplomo es directamente análogo a la Fortaleza individual por la vía de su par programado, el 34.° Don. Cada crío tiene una fortaleza natural que emerge orgánicamente conforme se va desarrollando, mientras disfruta del entorno adecuado, amoroso, gracias a sus padres y a sus compañeros. El mejor ambiente amoroso para un niño consiste en estar rodeado por adultos con aplomo.

El campo de apertura, integridad y relajación creado por una gran familia o comunidad de adultos que manifiestan la justa acción es la perfecta base educativa para los niños.

El Aplomo marca el final de la tendencia humana a preocuparse por la vida. También trae consigo un cierto sentido del humor, aunque se trata, en realidad, de un sentido del humor interno, o sentido de *claridad* sobre la vida. En este nivel de frecuencia comienzas a tener la fantástica corazonada de que puede que existas a un nivel superior del que conoces. También empiezas a sentir que algún tipo de presencia superior te está cuidando. A los seres humanos nos gusta antropomorfizar este sentimiento de un montón de maneras: espíritus-guía y ángeles, a través del contacto con las almas de los muertos o con la idea del Ojo de Dios mismo, que nos observa. En su sentido más puro, el estado de Aplomo no es otra cosa que la emergencia de tu verdadera naturaleza. Se trata de una señal de que hay más consciencia disponible para encarnar en el vehículo físico. Pero lo curioso es que cuanto más antropomorfizas esa sensación, menos crece, porque regresa al ámbito de la mente, al que esta energía no pertenece. Lo que ocurre al nivel del Don es que comienzas a experimentar con los instrumentos de consciencia futuros, con el sistema del plexo solar.

En el cuerpo humano se encuentran las instrucciones genéticas para una mutación superior del funcionamiento de nuestro sistema del plexo solar. Una vez que se ha desencadenado una mutación de este calibre a través de la 55.ª Clave Genética, todo un nuevo nivel de consciencia comienza a estar disponible para ti. El 20.º Don prepara el terreno para esta mutación superior, cuya manifestación completa veremos en el Siddhi correspondiente. Tu Aplomo es directamente proporcional a tu capacidad para evitar ser la víctima de tu mente. Cuando comienzas a aprender este truco, experimentas una sutil expansión de la consciencia meditativa: la capacidad de ser el observador de tu mente sin quedar atrapado en ella. Este sentido de distancia continúa creciendo, y conforme le permitas penetrarte cada vez más, tendrás la sensación de estar sostenido por alguna fuerza intangible, externa a ti. La consecuencia de esta expansión es la cualidad del Aplomo: el sentimiento continuo de que todo va a ir bien. En este estadio aparece un tipo de alivio que consiste en que ya no tienes que intentar controlar tu vida por más tiempo. Por el contrario, permites que la vida te mueva.

Tu Aplomo es directamente proporcional a tu capacidad para evitar ser la víctima de tu mente

Lo que realmente ocurre con este Don es que la consciencia de tu plexo solar comienza a tomar ventaja sobre tu mente. En China y en Japón ha habido siempre una profunda comprensión basada en el centro de plexo solar, conocido en Oriente como el *hara* o *dan tien*. Los practicantes de los antiguos sistemas yóguicos descubrieron esta consciencia latente en el hara y basaron toda su filosofía en ello, desde la medicina hasta las artes marciales. La consciencia que emana del plexo solar se basa en la rendición, lo que toca de nuevo el tema del poder universal de lo femenino. Puede ser un shock para muchos comprender que el poder del Aplomo se base más en la rendición que en la afirmación. El Aplomo es mucho más que simple confianza en uno mismo, que es algo que se puede conseguir con alguna técnica asertiva. El 20.º Don solo se puede cultivar con paciencia y rendición, y ninguna de las dos son técnicas. Por lo tanto, el Aplomo se basa en la filosofía de permitir que todo venga a ti en vez salir a perseguir la vida. Esta es la razón de esta *pereza* Divina que trae como consecuencia la relajación interior, el fundamento del 20.º Don.

EL SIDDHI DE LA 20.ᴬ CLAVE GENÉTICA: PRESENCIA

LA OCTAVA SAGRADA

El 20.º Siddhi es tan singular que hay muy poco que podamos decir de él. Desde el punto de vista mítico se representa bajo la noción de *palabra de Dios* o del *aliento Divino*. La Presencia es la naturaleza subyacente de nuestro ser. De hecho, la palabra *Presencia* no hace justicia a este Siddhi. Sería más aproximado llamarlo *La Presencia*, ya que el uso del artículo determinado nos da una impresión de distinción a la hora de definir este estado de consciencia, que nada tiene que ver con ningún individuo. Se trata de la manifestación de La Presencia de lo Divino a través de un instrumento humano. Allí donde un ser humano adquiera este estado síddhico, él o ella vendrá infundido de La Presencia. La consciencia pura anega su ser, silencia la actividad mental y guía a la persona al eterno momento presente. Cuando esto sucede, el mundo entero creado por la mente humana se ve, de repente, como algo totalmente superficial. Las cosas más pequeñas, como una hoja o una piedra, se empiezan a comprender como objetos más llenos de vida que todas las grandes ideas de los hombres. La Presencia se experimenta por doquier y como algo inherente a cada cosa, que es lo que da lugar al término *omnipresencia*.

En el estado de Presencia, el individuo ha dejado de existir. Aunque esté sentado en el mismo sitio durante tres días, lo percibirá como si no hubiera pasado un solo segundo. El tiempo se disuelve en la consciencia ancestral de todo lo que es. Cuando experimentas un breve momento de *déjà vu*, estás probando ya la pureza de un momento de verdadera Presencia, pues el momento presente se convierte en un embudo tanto para el pasado como para el futuro, al intensificar y trascender momentáneamente ambos. La Presencia es también algo extraordinario en la medida en que alguno pueda sentirla. Cuando este Siddhi ha florecido en una persona, se crea una atmósfera sutil a su alrededor, un tipo de silencioso alivio que penetra el aura de la persona y que se irradia a toda la creación. Uno de los grandes efectos de estar en la Presencia es que tu respiración se hace más profunda. La Presencia enlaza a unos seres humanos con otros, gracias a la respiración. Por lo tanto, las personas inmersas en la atmósfera de la Presencia comienzan a respirar como una sola entidad.

El verdadero estado síddhico es el de la relajación completa. Cuando liberes niveles de tensión cada vez más profundos, las altas frecuencia de la Presencia te forzarán a suspirar hasta que tu cuerpo físico entre en un estado de gran liviandad. La Presencia se puede también notar como una intensa suavidad en la mirada. Para una persona inmersa en la Presencia, nada importa; los pensamientos son irrelevantes y el sufrimiento deja de existir, porque la mente se ha cortado de raíz. No se puede decir nada que no

sea superficial. Solo el silencio puede aproximarse a la verdad. A través del Anillo de la Vida y la Muerte —el anillo codónico asociado a esta Clave Genética— podemos ver que la Presencia es también la propia *Quintaesencia* deseada por generaciones de buscadores durante milenios (la 23.ª Clave Genética). También tiene una relación directa con la experimentación del Silencio (24.ª), la Abnegación (27.ª), la Inocencia (3.ª) y la Celebración (42.ª).

El 20.º Siddhi se refiere a la naturaleza mística de la octava: la nota trascendente que comienza, termina y reúne todas las vibraciones del universo en el que vivimos. Es también el octavo color: el blanco puro, que contiene los otros siete colores y ese que nos lleva de vuelta al número cero, la oscuridad de la que surgen todas las formas. Sobre todo, es la respiración sagrada que une los mundos de la luz y del sonido, permitiendo que alguien entre completamente en la consciencia de la pura existencia.

El 20.º Siddhi también se relaciona con el octavo plano de la realidad, el verdadero terreno de nuestra Divinidad, conocido como Plano Logoico. Mientras la consciencia se expande gracias a cada una de las siete capas o fundas que la envuelven (véase la 22.ª Clave Genética para una descripción completa de cada una de ellas) —el eterno océano cósmico de consciencia en el que nadamos—, el cuerpo del logos o del mundo divino se irá revelando en toda su gloria. Esta esfera logoica, el octavo plano de transcendencia, está más allá de la humanidad, de las palabras y de las formas.

LOS SIETE CUERPOS SAGRADOS DE LA HUMANIDAD

1. Físico
2. Astral
3. Mental
4. Causal
5. Búdico
6. Átmico
7. Monádico
8. Logoico

Una vez que la Presencia se despierta en una persona, esta última encontrará difícil mantener su papel en el mundo, porque no hay nada de importancia para ella en el mundo exterior. Estos individuos no pueden encajar en la sociedad. Ni pueden explicar su realidad a ningún otro. Lo único que pueden hacer es seguir existiendo y permitir que la vida les traiga las experiencias que les traiga, incluso aunque les resulten complemente carentes de interés. La Presencia barre todo lo anterior: es el fin del deseo, del sexo, del pensamiento y hasta del sentimiento. Estas personas dejan de sentir todo excepto la Presencia misma. Hasta los más profundos programas genéticos —como la necesidad de comer y la supervivencia— son devorados por la majestuosidad de la Presencia. Algunas personas que han entrado en este estado realmente tienen que alimentarse con el solo fin de seguir vivos. Sin embargo,

Gracias a la mutación que tiene lugar en el plexo solar, el 20.º Siddhi permitirá a la humanidad estar a gusto en nuestro mundo

en la mayoría de las personas, los hábitos humanos permanecen y continúan su función, incluso aunque se conciban como elementos no esenciales para la continuidad de la consciencia.

En el mundo del futuro, el 20.° Siddhi absorberá, por último, a toda la humanidad. Al hacerlo, entraremos en un mundo eterno, un mundo en el que la mente no tendrá ninguna otra función que no sea la de ayudar a que nos comuniquemos. Gracias a la mutación que tiene lugar en el plexo solar, el 20.° Siddhi permitirá a la humanidad estar a gusto en nuestro mundo. En las culturas orientales, el sonido primigenio del corazón del mundo se representa con el símbolo del Omkar, cuyo sonido es *Aum*. Cuando se despierte el 20.° Siddhi, se oirá esto: un sonido sin sonido, que conecta toda la vida, baña toda la creación y devuelve cada cosa a su pura realidad existencial.

21.ª CLAVE GENÉTICA

UNA VIDA NOBLE

Par programado: 48.ª Clave Genética	Fisiología: pulmones
Anillo codónico: El Anillo de la Humanidad (10.ª, 17.ª, 21.ª, 25.ª, 38.ª, 51.ª)	Aminoácido: arginina

LA SOMBRA DE LA 21.ª CLAVE GENÉTICA: CONTROL

La desaparición de la jerarquía

Uno de los temas más importantes que mortifican a los seres humanos y que causan un conflicto enorme, además de la violación de los derechos humanos más básicos, es el tema del control. Y el control se basa en un solo asunto: el territorio. Como veremos, hay diferentes modos en los que podemos entender el territorio. El primer territorio eres tú mismo: los confines intelectuales, físicos y emocionales de tu propio ser y los límites de tu aura. Si ampliamos la visión, podrías llegar a ver tus relaciones y tu familia como otra forma de territorio. A su vez, tu casa y tu tierra son, por supuesto, la extensión natural de tu territorio familiar. Después puedes considerar a toda tu raza o comunidad, el terreno externo sobre el que se ha constituido tu país. Finalmente está la propia Tierra, que conforma el territorio donde habitan todos los seres humanos, y abarca una enorme extensión. Todos estos territorios, vistos en conjunto, conforman un potencial para los conflictos humanos que surgen por las ansias de control.

Otro modo de analizar esta cuestión consiste en ver tu propia vida como un territorio, y los eventos de tu vida como aspectos del mismo que te gustaría controlar. La 21.ª Sombra ve la vida justamente así, y lo hace a un nivel génico profundo e inconsciente. Dado que la humanidad opera todavía desde la frecuencia de la Sombra, se nos utiliza para fragmentar la vida en millones de territorios individuales que intentamos controlar. Si consideras que en realidad somos un solo y único organismo unificado, este comportamiento resulta completamente ridículo; sin embargo, es el modo en que funciona hoy el mundo. En la frecuencia de la Sombra cada uno es una víctima: los controladores son víctimas de su propia necesidad de control y los controlados son víctimas de los controladores.

Allí donde encuentres la 21.ª Sombra, encontrarás a alguien demasiado débil para controlar cualquier cosa o a alguien con una arraigada necesidad de controlar su entorno. En el pasado, el control se enfocaba en los recursos y en la comida, y la comida dependía del mantenimiento y de la defensa del territorio. En el mundo moderno, sin embargo, el campo de batalla ha cambiado, aunque no ha sucedido lo mismo con la dinámica genética. El campo de batalla hoy es el dinero, y esta 21.ª Sombra tiene mucho que ver con el poder y con el dinero. En el nivel de la frecuencia de la Sombra, si tienes dinero parece que tienes poder. Sin embargo, en el nivel del Don y más allá, veremos que el verdadero poder no tiene nada que ver con el dinero. El control se basa en la opresión y el miedo, lo que crea tensión y barreras en todo nuestro entorno. Y lo que es aún más crucial, crea la noción de jerarquía, ya que existen los controladores y aquellos que son controlados. En ese ambiente deformado, estas relaciones entre controladores y controlados pueden funcionar bastante bien. Es el fundamento de la idea de clases y castas, que, en su forma ideal, se convierte en una responsabilidad para las clases superiores, que han de alimentar y proteger a las inferiores.

De esta manera han funcionado la mayoría de las sociedades de nuestro planeta durante milenios, y la mayor parte del mundo aún opera siguiendo ese viejo modelo, que es la base de la noción de realeza y de linajes ancestrales familiares. Solo muy recientemente se han empezado a cuestionar esos modelos arcaicos y han comenzado a perder poder y también control. Una de las manifestaciones del declive del control jerárquico llegó de la mano de la clase media en los países occidentales. Sin embargo, el nuevo ascenso de la clase media no ofrece un escenario más interesante que aquel otro sistema antiguo. De hecho, genera muchos más problemas. Las familias hoy están más separadas que nunca y tenemos un mundo donde cada familia va por su lado. La necesidad de controlar simplemente ha cambiado de escenario y el control opera con mucha más fuerza gracias al capitalismo.

El tema del control es también el tema del patriarcado. Las formas patriarcales de gobierno conforman los cimientos de nuestras sociedades, desde la política a la educación, pasando por el ámbito de los negocios. La mayoría de los que tienen el control solo están interesados en poder y dinero, y aquellos que no están interesados en el dinero o en el poder están generalmente sometidos a los primeros a la hora de emprender cualquier acción. Aparte de unos pocos individuos valientes, dotados de verdadera visión, la posición del verdadero poder en nuestro planeta está copado por personas que siguen sus intereses personales. La 21.ª Sombra te hace ver este escenario como si tú no pudieras derrotar el sistema patriarcal, así que la mayoría de las verdaderas visiones encaminadas a crear un mundo mejor fallan incluso antes de tener una oportunidad. Sin embargo, las primeras olas de una nueva frecuencia están emergiendo en el mundo gracias a que aquellos que tienen el 21.º Don están tomando posiciones de poder con la intención de crear el equilibrio necesario y comenzar con el cambio, ya que las frecuencias más elevadas de esta Clave Genética no están interesadas en el poder, ni en el dinero, ni en el control, a pesar de tener un don para los tres. Esos verdaderos poderosos están interesados en servir a la comunidad, y además tienen el coraje de manifestar sus visiones, lo que marca la diferencia.

Hay muchas malinterpretaciones sobre los temas de control y poder. Siempre habrá personas que sean líderes naturales, pero en las frecuencias superiores se ve el liderazgo como un servicio, lo que significa que quienes sirven con ellos o están *bajo* sus órdenes no se van a sentir nunca por debajo, sino trabajando conjuntamente con ellos. El problema del viejo sistema no es el modelo, sino la frecuencia de la gente que está en él. En el momento en que un sistema tiene a cada persona colocada en su justo lugar, deja de ser patriarcal o matriarcal para convertirse en sinarquial. La Sinarquía es un modelo en el que todos son iguales, pero donde todavía algunos tienen más autoridad que otros. Esta autoridad, sin embargo, está basada en la frecuencia, no en el miedo. La razón para que la sinarquía tenga éxito allá donde la jerarquía no puede prosperar se basa en que cada persona de la sinarquía se realiza en su rol, sin importar si ese rol acarrea mucha o poca responsabilidad. Para una descripción más completa de este modelo puedes leer la 44.ª Clave Genética.

La raíz final de las divisiones territoriales a lo largo y ancho de nuestro planeta es la propia desconfianza en la vida. Esta es la verdadera enfermedad humana. Territorio y control, gracias al poder y al dinero, son simples manifestaciones de esta enfermedad. El par programado de la 21.ª Sombra es la 48.ª Sombra, la Inadecuación, que respalda todo ese miedo a perder el control del territorio. Lo que pasa es que aún no sabemos que somos una sola entidad. Cuando llegue el tiempo en que podamos ver la verdadera naturaleza de esa entidad como la de una sola familia humana, colectiva y holística, la necesidad de controlar la vida se esfumará. Finalmente, los únicos que deberían acceder a posiciones de control serían aquellos que han dejado de querer controlar. Esos son nuestros líderes del futuro en los negocios, en el gobierno y en todos los niveles de las sociedades humanas. Los que continúen intentando mantener atado el control sobre nuestros territorios y sobre las vidas ajenas al final tendrán que comprender que están luchando consigo mismos.

Finalmente, los únicos que deberían acceder a posiciones de control serían aquellos que han dejado de querer controlar

NATURALEZA REPRESIVA: SUMISA

Todas las naturalezas represivas están basadas en la negación del poder personal. Gracias a la 21.ª Sombra, esta negación del poder personal se convierte en sumisión. Las personas sumisas permiten que otros tomen el control sin hacer uso asertivo de su propia autoridad. Además, la naturaleza represiva muestra una tendencia a conceder la autoridad a la vida misma y, por lo tanto, a no asumir la responsabilidad por la dirección en la que esta las lleva. Hay una línea muy sutil entre rendirse a lo que nos trae la vida e influir en el camino que toma el propio destino. Las personas sumisas culpan inconscientemente a la vida de todo lo que les pasa, cerrando el acceso a la escena de su propia fuerza de voluntad. La verdadera naturaleza del 21.ᵉʳ Don es controlar y gestionar situaciones, pero la cara sumisa de la Sombra tiene miedo de tomar el control, ya que esto significa que solo ellas son las responsables de sus actos, así como del posible éxito o fracaso consiguiente. Estas personas preferirán no participar en la vida para nada. A menudo se esconden bajo la máscara del *despreocupado*. Sin embargo, la realidad es que este tipo de gente se está escaqueando de tomar en su mano la verdadera responsabilidad.

NATURALEZA REACTIVA: CONTROLADORA

La otra cara de la 21.ª Sombra representa la intensa necesidad de control. Son el tipo de persona que solemos etiquetar como «ávidos de control». Su rabia está tan fuertemente intrincada en su ser que no pueden permitir que ningún detalle de su entorno escape a su control. Lo que en la naturaleza represiva estaba suelto, en la naturaleza reactiva está demasiado amarrado. Se trata de personas incapaces de gestionar el cambio a no ser que se vean instigadas a ello. Si otros transgreden los confines de sus vidas controladas, es probable que detonen toda la tensión y la rabia comprimidas. Este tipo de naturaleza se esfuerza por mantener el control sobre los otros, desde los puestos de dominio de la jerarquía o abrazando el discurso de la instancia moral suprema. Desgraciadamente, una insistencia tan constante en mantener el control supone una enorme presión para el cuerpo, especialmente para el corazón. Se trata del tipo de personas que solo pueden volverse humildes gracias a una profunda crisis emocional o física, y debido a su incapacidad para dejar ir, a menudo se topan con crisis de este calibre en su vida.

EL DON DE LA 21.ᴬ CLAVE GENÉTICA: AUTORIDAD

LA AUTORIDAD DE LA SUMISIÓN

El Don de la Autoridad es un don innato. Si tienes el 21.ᵉʳ Don en tu perfil hologenético y hablas y actúas desde tu corazón, dondequiera que vayas inspirarás lealtad en los otros. La autoridad es la verdadera vibración de esta 21.ª Clave Genética, y se da cuando se encuentra el delicado equilibrio entre permitir que las cosas sigan su propio camino y asumir el control del camino por donde irán las cosas. La autoridad es una frecuencia determinada por la intención. Si reivindicas la autoridad basándote en la jerarquía, tal y como sucede con la 21.ª Sombra, entonces gobiernas desde el control y el miedo, lo que nunca inspirará una verdadera lealtad. En tales casos, la gente de tu entorno parece ser leal, pero si encuentran mejores circunstancias mudan su lealtad con facilidad y rapidez hacia otro lugar. La verdadera lealtad solo se puede mantener cuando la frecuencia del amor sobrepasa a la del miedo y los otros depositan su autoridad en esas personas. Este es el verdadero significado de la palabra *autoridad*. La autoridad no se puede reclamar desde el deseo o la voluntad de detentarla; solo se puede abordar desde la confianza que otros depositen en ti.

La autoridad es un fenómeno dentro del campo áurico que se da entre dos individuos o entre un individuo y un grupo. La verdadera autoridad une, no controla. Esto se puede comprender mejor a través del arquetipo del maestro y el sirviente, que es el fundamento de nuestras sociedades. Muchas de las relaciones más profundas están constituidas por una persona en posición de autoridad y otra en una posición que parece

ser de sometimiento. Sin embargo, si ambas partes están de verdad al servicio de la otra, entonces su relación transciende el estereotipo social de la dominación y la sumisión. Para que ese tipo de relaciones funcionen, ambas partes tienen que estar una al servicio de la otra paritariamente, y si esa premisa se da, la relación puede ser mutuamente beneficiosa y potencialmente poderosa.

La relación entre la autoridad y la sumisión es una relación entre el yin y el yang, entre las energías masculina y femenina de nuestro universo. La polaridad masculina representa la autoridad y la femenina encarna el súbdito o el sirviente de esa autoridad. A pesar de que esta relación se ha establecido culturalmente en la mayoría de las colectividades y sociedades humanas, lo cierto es que no tiene nada que ver con hombres y mujeres. Las mujeres pueden también ser la autoridad, y los hombres, los sirvientes. Lo mismo es aplicable al matriarcado y el patriarcado, puesto que ninguno funciona a no ser que la intención original de la relación sea pura. Si el lado femenino es demasiado sumiso, entonces el lado masculino será demasiado controlador, y viceversa. Cualquier desequilibrio en este tipo de relación es la manifestación de algún aspecto de la 21.ª Sombra. No puede haber ninguna necesidad de poder o de resentimiento por ninguna de las dos partes. El equilibrio de los arquetipos es la marca distintiva de las frecuencias superiores de este 21.er Don. Verás que todas las relaciones representan este mismo drama: es el meollo de las relaciones entre padres e hijos, maridos y mujeres, empleados y empleadores.

La belleza y la magia de este 21.er Don suceden cuando cada parte de la relación se rinde a la otra. Cuando la autoridad se convierte en sirviente y el sirviente se vuelve autoritario, entonces la relación rezuma poder. Vista desde fuera, una relación de este tipo puede parecer desequilibrada, pero en la vivencia interior, el equilibrio de poder se ha revertido. Solo cuando esto se da, se hace patente el verdadero significado de la autoridad. En grandes grupos, comunidades, compañías, incluso en los ejércitos, si la figura de autoridad representa y conecta con todos sus subordinados, inspirarán una clase de lealtad que unirá con fuerza al grupo. Este tipo de liderazgo es muy diferente del que presentan las Claves Genéticas 7.ª o 31.ª, que se basa en la capacidad

La belleza y la magia de este 21.er Don suceden cuando cada parte de la relación se rinde a la otra

de soltar todo el control y confiar en que el espíritu colectivo del grupo tome sus propias decisiones. En el caso del 21.er Don, se hace un pacto para que una persona se pueda convertir en la que toma las decisiones por todo el grupo, lo que la transforma, por lo tanto, en responsable de dicho grupo.

Hay muchos estilos de liderazgo en la matriz genética. Mientras que el 31.er Don representa la voz del grupo y el 7.° Don representa el corazón del grupo, el 21.er Don representa la *voluntad* del grupo. Por lo tanto, estas personas son designadas para asumir más responsabilidad que otros seres humanos, porque su voluntad afecta a todos los que se han sometido. La clave está en el deseo de los sometidos que buscan ser representados por alguien, que ha sido elegido para ser la autoridad. Como hemos visto, cuando estas relaciones trabajan a una frecuencia suficientemente elevada, el que representa el papel de la autoridad se convierte en el que conduce el poder de sus seguidores. Cuando sucede esto, también sucede la trascendencia. Tales relaciones están fundadas,

sobre todo, en la afinidad más que en la majestuosidad. Las figuras de autoridad, como veremos en las frecuencias superiores, deben permanecer continuamente en comunión con aquellos que están por debajo de ellos en la jerarquía. Solo cuando suceda esta fusión y transcendencia de estereotipos culturales podrá el espíritu más elevado encarnarse en el grupo humano.

Esta 21.ᵃ Clave Genética se puede comprender aún más en el contexto más amplio de su anillo codónico, el Anillo de la Humanidad, ya que en él se configura como parte integrante de los diversos aspectos de las heridas humanas. La sagrada herida en el corazón de la humanidad y la razón de todos nuestros sufrimientos se pueden sanar gracias a las Claves Genéticas contenidas en el Anillo de la Humanidad. La jerarquía es una de las heridas humanas más antiguas y, como cualquier otro aspecto de nuestro sufrimiento, solo se puede curar con el amor. Para activar las frecuencias superiores de esta Clave Genética hay que tener un gran valor, pues es necesario que un ser humano se rinda completamente a otro, ya sea a través de la autoridad o de la sumisión. El hecho es que la rendición convierte a la autoridad en sumisa, y a la sumisión en autoritaria, que es precisamente lo que sana la herida y pone fin a la jerarquía y al control.

EL SIDDHI DE LA 21.ᴬ CLAVE GENÉTICA: VALOR

LA NUEVA ERA DE LA CABALLERÍA

En el 21.ᵉʳ Don vimos que la verdadera autoridad basada en el servicio inspira lealtad. En los niveles de consciencia más elevados, esta pareja de poder y amor da lugar a un ideal grande e inigualable: el ideal del Valor. Tendemos a asociar el valor con el coraje, particularmente con el coraje mostrado por los soldados que van a la batalla. Aunque hay algo de verdad en esta imagen, el uso de la palabra *valor* como un aspecto síddhico de la consciencia nos lleva aún más allá de la idea del coraje contra la adversidad. El Valor es la frecuencia superior de esta 21.ᵃ Clave Genética. Se trata de un campo de energía vivo que se ha liberado en el mundo gracias a una particular impronta química de tu genética. El valor es la consecuencia de otra palabra poderosa: la nobleza.

Comprender la nobleza significa bucear en el ámbito del destino humano. En la historia social de la humanidad y en nuestro inconsciente colectivo, ha persistido una imagen de ser humano majestuoso —el rey, la reina, el emperador, la emperatriz— como símbolo del potencial supremo de un hombre y una mujer. La nobleza es una cualidad asociada generalmente con la realeza o el pedigrí genético, aunque a lo largo de los siglos nuestros intentos humanos de conferir ese tipo de proyecciones sobre determinados seres humanos los hemos sufrido generalmente como un escarmiento. La nobleza, tal y como hemos descubierto, tiene poco que ver con la sangre azul y mucho más con el carácter. Además, la mayoría de nuestros mitos se centran en esta noción de nobleza y valor humanos. El valor se puede entender como nobleza en acción. Contiene virtud, sabiduría, amor, coraje y, sobre todo, sacrificio. Una hazaña verdaderamente valerosa es un acto de total autorrendición en el que pones todo tu ser al servicio de un ideal mayor. En nuestros libros de historia lo podemos encontrar en la descripción de los que han

muerto por su Rey y por su país, pero en el lenguaje de los Siddhis se trata de morir en el ideal de lo Divino.

En el nivel de frecuencia de la Sombra, la necesidad de control promueve el miedo y las reacciones de los otros. Al nivel del Don, la autoridad inspira lealtad. A nivel síddhico, el Valor invoca la Comunión. Hay una profunda conexión genética entre el 45.º Siddhi, la Comunión, y el 21.ᵉʳ Siddhi, el Valor. La Comunión tiene que ver con fundir tu ser individual con el cuerpo colectivo superior, que es precisamente lo que sucede gracias a la frecuencia del Valor. El Valor no necesita ni actuar: se trata de una vibración de tal intensidad que hace que el corazón de los otros se conmueva. Es el reconocimiento de la verdadera nobleza en otro y el darse cuenta de que el otro es tu propio espejo. Al ser un aspecto del Anillo de la Humanidad, vemos que todos los seres humanos tienen este reconocimiento superior como destino final. No importa quién seas o qué tipo de vida lleves; en un determinado momento de tu vida y en el guion de tu vida futura dependerás de ello. Actuar con Valor presupone la entrada en un mundo superior.

Actuar con Valor presupone la entrada en un mundo superior

El Valor es la primera gran manifestación de ruptura de la tensión entre los polos opuestos de las relaciones. Es la reverencia de un ser humano ante otro en el que encuentra la nobleza manifestándose. Desde el punto de vista místico, esto se representa con la Cuarta Iniciación del Matrimonio (ver la 22.ª Clave Genética), en la que la cualidad del Valor es capaz de terminar con la aniquilación, mediante su autosacrificio por otro ser. Es la absoluta rendición del control desde el rol jerárquico. Esto quiere decir que socialmente te rindes a tu posición y que místicamente te rindes a tu karma. El valor es el coraje total y el amor por ver el reflejo divino en la cara de los demás, no importa lo desagradable que ese otro aparente ser. Como arquetipo, Valor significa el fin de todo karma, incluso aunque en los estados precedentes a menudo acarreara una enorme cantidad de dicho karma. El valor tiene que forjarse en el yunque de la vida. Tienes que darte cuenta de que no importa lo turbias que sean las aguas en que te encuentres; tu naturaleza pura jamás se podrá manchar. Si la 21.ª Clave Genética forma parte de tu Perfil Hologenético personal, entonces hay muchas posibilidades de que te tengas que ensuciarte algunas veces las manos hasta que comprendas esta paradoja.

Para ser un maestro —es decir, un ser que ha alcanzado la realización a través de este Siddhi— tienes que predicar con el ejemplo. Tienes que saber el horror que supone vivir en las más cerradas jerarquías de control. Tienes que comprender la necesidad de los seres humanos de tener control entrando en las profundidades de tu propio miedo a perder el control. Tienes que ser probado por las fuerzas que no renunciarán al control, y te verás continuamente sometido a controles externos. Cuando veas que ninguna forma de control externa te puede robar tu nobleza verdadera, el Siddhi del Valor surgirá por fin dentro de tu ADN. El ser que alcanza la realización a través de este Siddhi no se siente nunca como una figura de autoridad, incluso cuando puede que lo sea. Esta gente poco común se relacionará contigo como un amigo, a pesar de la exquisita fragancia de su estado de consciencia. Es esta cualidad tan humilde del Siddhi del Valor la que crea profundos niveles de comunión entre los seres humanos.

Aunque el 21.ᵉʳ Siddhi puede ser increíblemente humilde y amistoso, también es capaz de pegar fuerte si se ve amenazado por las fuerzas del miedo. Se trata del campo de energía del verdadero caballero, simbolizado en el corajudo y cortés acto heroico que caracteriza a todos los grandes héroes y heroínas. Esas fuerzas lucharán por los más altos ideales y sostendrán esta idea para todos sus seguidores. Los que tienen este Siddhi morirían con gusto por un ideal superior; por ejemplo, por el ideal de comunión entre todos los seres humanos. Las vidas de este tipo de gente se convierten en vidas míticas, a menudo por la naturaleza de su muerte, que se suele realizar como sacrificio. Pero el despertar que llega a través del Siddhi no incluye necesariamente una muerte de esas características, que no es más que la simbología asociada a la expresión más elevada de la 21.ᵃ Clave Genética. Con el advenimiento de la 55.ᵃ Clave Genética y su regreso al despertar del espíritu romántico en la humanidad, el 21.ᵉʳ Siddhi se está acomodando en otro nuevo mito, el de la caballería de la nueva era.

La esencia del Valor se puede encontrar en el símbolo del polo masculino que se rinde al femenino. El par programado de este 21.ᵉʳ Siddhi es el 48.º Siddhi, la Sabiduría, que es uno de los grandes arquetipos del Divino Femenino. El valor, por lo tanto, representa la rendición del control (simbolizado por el hombre) a la confianza (simbolizado por la mujer). Esta rendición tiene como resultado la aniquilación absoluta de la fuerza masculina por la fuerza femenina, una antigua representación mítica que se encuentra en muchas creaciones mitológicas ancestrales. La rendición de lo masculino a lo femenino crea una inversión de papeles y de polos, y así se puede completar la realización. Curiosamente, es gracias a esta divina pareja como las fuerzas femeninas reciben todo el apoyo de las masculinas. En otras palabras, la fuerza masculina recibe su investidura como caballero y toma su poder si, y solo si, se rinde a lo femenino. Es importante comprender que esta imagen es una verdad interna más que una representación literal del hombre y de la mujer. El poder del Valor podría resumirse, por lo tanto, como el coraje y el amor que se pueden encontrar al morir el ser inferior dentro del desconocido mundo del Ser superior.

22.ª CLAVE GENÉTICA

SIDDHI GRACIA • DON MISERICORDIA • SOMBRA DESPRECIO

LA GRACIA BAJO PRESIÓN

PAR PROGRAMADO: 47.ª CLAVE GENÉTICA
ANILLO CODÓNICO: EL ANILLO DE LA
                DIVINIDAD (22.ª, 36.ª,
                37.ª, 63.ª)

FISIOLOGÍA: PLEXO SOLAR
           (GANGLIOS CRANEALES)
AMINOÁCIDO: PROLINA

INTRODUCCIÓN A LA 22.ª CLAVE GENÉTICA

LA DULZURA DEL SUFRIMIENTO

Las 64 Claves Genéticas representan las semillas de un nuevo estilo de síntesis que está llegando al mundo. Es importante clarificar aquí que el conocimiento que transmiten no es en absoluto nuevo; lo nuevo es la revelación de estas 64 claves como un todo del programa humano evolutivo. Cada Clave Genética es la puerta a una enciclopedia de conocimiento y de sabiduría atemporal. La contemplación profunda y la meditación en las Claves Genéticas te abrirán las puertas a un nuevo mundo. No hay una pregunta que ellas no puedan contestar, ya que todas las respuestas están en tu interior. Por lo demás, a medida que entres en las frecuencias de las Claves Genéticas, las propias preguntas se irán desvaneciendo y los estadios más elevados se irán revelando a sí mismos en tu propio ADN. En ese momento de tu evolución el conocimiento dejará de tener un interés real y comenzarás a verlo como un mero puente del que puedes prescindir. Esta es la reflexión que se refleja en las palabras atemporales de Buda:

Mi enseñanza es una barca con la que los humanos pueden alcanzar la otra orilla.
Lo triste es que tanta confusión mantiene la barca en esta orilla.

La 22.ª Clave Genética ocupa un lugar especial dentro de la matriz de las 64 Claves, ya que contiene una enseñanza muy específica y una transmisión bien poderosa. La transmisión de esta consciencia es capaz por sí sola de alterar el modo en que opera tu ADN. En muchos aspectos, la 22.ª Clave Genética se hermana con la transmisión de la 55.ª Clave Genética, y el gran misterio se esconde entre ambas. Así como la 55.ª Clave Genética describe el proceso de despertar como un proceso genético, evolutivo, que surge en tu cuerpo, la 22.ª Clave Genética describe el mismo proceso de despertar como la intervención directa de la Divinidad, que decide hacerse presente en tu cuerpo. Por lo tanto, estas dos Claves Genéticas son las que llevan a que las fuerzas de la Evolución y de la Involución lleguen a encontrarse. Al entrar en el campo de la 22.ª Clave Genética, te introduces en un proceso mágico de invocación en el que le pides directamente a la Divinidad que entre en tu vida. En este sentido, la 22.ª Clave Genética requiere que la disposición de un espíritu desnudo realice un acercamiento reverente y devocional. Hay una gran cantidad de información sintetizada en esta clave; si la dejas descender hasta tu ADN en vez de intentar comprenderla con tu mente, podrás apreciar la asombrosa transmisión que porta para ti.

El tema de la 22.ª Clave Genética es el verdadero significado del sufrimiento. Cuando comiences a contemplar el sufrimiento en tu propia vida quizás puedas descubrir las increíbles bendiciones que se esconden en él. Esta comprensión, dulce y sencilla a la vez, es tan poderosa que puede transformar tu vida. Bienvenido al abrazo de la Gran Madre.

LA SOMBRA DE LA 22.ª CLAVE GENÉTICA: DESPRECIO

EL OCÉANO AKÁSICO

Como ya hemos señalado, la 22.ª Clave Genética es muy especial, hecho que no se puede pasar por alto. En el guion evolutivo se pueden observar algunas anomalías y también Divinas sorpresas cósmicas. En este sentido, no hay otra Clave Genética que pueda rivalizar con la 22.ª, que convierte el drama mítico de la vida en irresistible. Todo gran drama tiene solo un tema omnipresente: la redención. Si el drama termina o no con la redención es una añoranza persistente en el corazón de todos los hombres. Cada vez que ves una película o escuchas una historia, si la redención no está presente en su conclusión, parece que tu corazón se siente traicionado. Tu mente puede apreciar el arte, pero si no hay reparación, lo que sobreviene es la sensación de que se ha tergiversado una Gran Verdad. Esta 22.ª Clave Genética tiene que ver con la Verdad de la redención. Esta Clave les va a resultar inevitablemente fantástica o romántica a aquellos que tengan un fuerte condicionamiento intelectual, ya que tiene que ver con la directa intervención de lo Divino en el mundo ordinario.

El mundo que la mayoría de nosotros percibimos no existe en realidad, ya que vivimos básicamente dentro de unos parámetros muy definidos que funcionan como circuitos cerrados. Los seres humanos no tienen, por regla general, la noción de lo que son las grandes leyes cósmicas existentes tras el escenario del mundo de la forma. Una de las más importantes es la Ley de la Divina Memoria. Esta ley establece que todos los pensamientos, sentimientos y actos se han de grabar en todas las partes del cuerpo universal. La ciencia ya sabe que vivimos en un enorme campo de información de partículas subatómicas, algunas de las cuales son tan diminutas que incluso pueden atravesar la materia. Este océano de cons-

Todos los pensamientos, sentimientos y actos se han de grabar en todas las partes del cuerpo universal

ciencia existe en muchas dimensiones y responde a pensamientos, actos, sentimientos, palabras e intenciones. Es un inmenso campo cuántico que actúa como un gran banco de memoria, el cual sostiene y graba todas las impresiones habidas y por haber. En el lenguaje de nuestros ancestros se solía llamar a ese espacio Registro Akásico.

La 22.ª Clave Genética está muy conectada con esta Divina Ley de la Memoria. Funciona como un disco de recepción masiva que responde a todas las frecuencias sonoras y vibracionales que oye, y lo oye *todo*. Como una cósmica arpa Eólica, la recepción viene determinada por el modo en que se afinan las cuerdas. En el caso de la 22.ª Sombra, las cuerdas de tu ADN están distorsionadas con respecto a la armonía, y tu comportamiento y experiencia en el mundo se manifiestan, por lo tanto, igualmente deformados. Es la Sombra del Desprecio. Solo existe en el mundo, ya que la mayoría de los humanos no se dan cuenta de que todos sus actos quedan grabados. No advertimos que cada acción, pensamiento o sentimiento crea una oleada en el Océano Akásico, y que cada una de esas olas regresará un día al punto en que fue originada, con toda seguridad.

La 22.ª Sombra es una de las más poderosas Sombras emocionales de las Claves Genética. Es muy apasionada y sexual, con un inmenso potencial emocional, capaz de la más exquisita dulzura y también de la violencia más extrema. Por su ubicación en el genoma, es directa o indirectamente responsable de la mayoría de los problemas de relación en nuestro planeta. Sin embargo, antes de que nos lancemos a bucear en las profundidades de esta Clave Genética hay que tener en cuenta que las emociones negativas son, en sí mismas y por sí mismas, naturales, ya que forman parte el mundo tal y como es en este estadio de evolución. Si pueden transformarse de una manera útil o sublimarse en formas de arte, creatividad o servicio, su poder es asombroso. De lo que trata esta Clave Genética es de cuánta responsabilidad eres capaz de asumir respecto de tus propias emociones. Sin embargo, la mayoría de la gente en nuestro mundo actual está descartando por completo sus emociones y proyectándolas sobre otros seres vivos, lo que trae el Desprecio tanto al que lo proyecta como al que recibe la proyección.

Muchas de las que llamamos enseñanzas espirituales sugieren que deberías suprimir tus estados emocionales negativos en favor de las más dulces y virtuosas frecuencias. De hecho, en ello se basan la mayoría de las grandes religiones. Pero reprimir cualquier estado o sentimiento es mancillarlo y desconfiar de él, lo que impide su aceptación. Desde el punto de vista de la 22.ª Clave Genética, cada sentimiento, humor o pensamiento que tienes lo pone Dios allí mismo para probar tus niveles de confianza. Por supuesto, no es lo mismo observar el proceso que ponerlo en acción. Contemplar es un proceso interno, muy poderoso, para el cual se requiere mucho coraje. Una de las triquiñuelas de la 22.ª Sombra consiste en embaucarte para cambiar o fijar tus estados de humor, en vez de permitir que simplemente pasen a través de tu sistema naturalmente. Lo cierto es que no puedes alcanzar estados más elevados de consciencia sin atravesar tu propio sufrimiento.

Este es el verdadero propósito del campo Akásico y de la 22.ª Clave Genética: te invitan a tomar en tus manos tu propia rebanada de sufrimiento. Si no te haces responsable de tus propios pensamientos, palabras y obras, el campo Akásico simplemente te enviará las mismas fuerzas de vuelta, una y otra vez. Esta es la base de otra de las grandes leyes universales, la Ley del Karma, que exploraremos en profundidad más adelante.

LOS TRES PUROS

Cuando ahondamos en el campo de transmisión de la 22.ᵃ Clave Genética y su frecuencia de la Sombra, encontramos tres escuelas de pensamiento relativas a la naturaleza del sufrimiento que nos han dejado tres grandes avatares o maestros en el mundo. Estos tres seres son, en la actualidad, un solo ser, dividido en tres aspectos fractales que abarcan toda la evolución humana. Aunque eran individuos o «magos», es más práctico verlos como tres transmisiones fractales de la misma Verdad. La primera de ellas es Hermes Trimegisto, cuyo legado se puede datar en torno a la Era de la Atlántida y cuyo nombre (que significa «tres veces grande») refleja directamente la triple naturaleza de la transmisión. Hermes se ha llamado de muchas maneras: Thoth, Merlín o Fu Hsi, por citar solo algunos de sus nombres. La enseñanza que trae este fractal es la Alquimia o Alta Magia. Toda verdadera Alquimia tiene que ver con la transmutación del sufrimiento a través de la sintonización con el Poder Divino. El segundo gran maestro es Cristo, cuyo fractal representa la transformación del sufrimiento a través del amor y del sacrificio. Por último, el tercer gran maestro es Buda, cuyo fractal representa la transmutación del sufrimiento a través de la sabiduría y de la compasión.

Dado que las 64 Claves Genéticas están influidas, directa o indirectamente, por la 22.ᵃ Clave Genética, estos tres grandes fractales y sus enseñanzas conforman la esencia de la revelación de las Claves Genéticas. La Síntesis se realiza sobre los pilares de esta gran Trinidad: la Voluntad Divina, el Amor y la Sabiduría.

LA MADRE CÓSMICA

Más allá, más acá y también en los entresijos de la gran Trinidad masculina, existe un cuarto nivel de consciencia trascendente que emana de la interacción de aquellos tres actores. Es el campo de la Divina Madre Cósmica, la cual abraza, protege y contiene estas tres grandes corrientes de la consciencia Avatar masculina. En la humanidad, la única puerta que nos lleva directamente a ese gran ser es la 22.ᵃ Clave Genética. La Gran Madre Cósmica ofrece la llave maestra de todos los sufrimientos y está más allá de las propias enseñanzas. Ella es el triple misterio de la transmisión. Aunque está más allá de las enseñanzas, su modo de hacer es el de la Gracia, que viene de la mano del Sufrimiento. Los que entren profundamente en los tres caminos para atravesar el sufrimiento —el alquímico, el del sacrificio y el de la sabiduría— podrán, por fin, encontrar a la Gran Madre Cósmica, ya que representa el propio espíritu de la Gracia que pone fin al sufrimiento humano.

La Madre es un campo cuya shakti *o energía sexual liberada devora verdaderamente tu identidad separada*

Contrariamente a la mayoría de las descripciones de la Sagrada Madre que nos llegan a través de las religiones, se trata de un campo de energía de alto nivel extático y muy sensual. Una manera que tiene la 22.ᵃ Sombra de mancillar la verdadera naturaleza de lo femenino es negándose a gozar de los placeres naturales. Solo cuando el sufrimiento llega a su fin a través de su Gracia, el verdadero goce hará su aparición. La Madre es un campo cuya *shakti* o energía sexual liberada devora verdaderamente

tu identidad separada; y, mientras lo hace, sentirás los éxtasis Divinos más elevados derramándose sobre tu cuerpo y tu aura. Esta no es la figura formal de la Pacha Mama, sino la de los pechos cósmicos cargados, cuya leche celestial puede nutrir todos los aspectos más elevados de tu ser. Conforme vayamos explorando más en profundidad el Siddhi de la Gracia, veremos cómo se las arregla este campo para penetrarlo todo en la creación.

Una vez que ya sabes que Hermes, Cristo y Buda son, en realidad, tres aspectos de la misma trinidad, también te darás cuenta de que estas tres líneas de enseñanza te aportan mucha claridad si las asocias y las recibes articuladamente. A través de Hermes y de los Magos llegaron las enseñanzas de la Alquimia y de la Transmutación al mundo. Buda trajo con él las enseñanzas del Karma y del Renacimiento, y Cristo fue quien aportó las enseñanzas del Perdón y de la Reparación. Estas transmisiones han viajado durante siglos hasta llegar hoy a nosotros, tan distorsionadas y confusas que en poco se parecen a la simplicidad que caracterizaba la transmisión original. En las siguientes páginas vamos a reunir estas tres grandes corrientes de transmisión de la sabiduría, a explorar el tejido subyacente de los mundos sutiles y también los procesos que conforman el viaje evolucionario de la humanidad.

EL CORPUS CHRISTI: LOS SIETE CUERPOS SAGRADOS DE LA HUMANIDAD

Ha habido muchos sistemas enfocados en la comprensión espiritual o en las ciencias ocultas: aquellas capas sutiles de la realidad que residen más allá de los cinco sentidos. El gran sistema oriental, concretamente el indio, nos dejó miles de textos de visiones intuitivas basadas en la experiencia del contacto directo con los reinos superiores. Hacia el final del siglo XIX, la mayoría de aquellas experiencias comenzaron a ser accesibles para el mundo occidental, y entonces muchas nuevas corrientes de pensamiento confluyeron. Nacieron la teosofía y la antroposofía, y con ellas dio comienzo una nueva era de la ciencia espiritual. Todo eso ha confluido en lo que llamamos hoy Nueva Era, que es un espacio en el que caben ideas y linajes de Oriente y de Occidente, ya sean místicos o científicos, que se toparon y fusionaron. El actual es un tiempo emocionante, pero también un tiempo de confusión, ya que de toda esta olla cósmica surgirá una nueva gran síntesis.

Una de las visiones inmutables del misticismo es la noción de los cuerpos sutiles del aura humana. Dependiendo del sistema que sigas, te encontrarás con 6 o 10 dimensiones sutiles mayores o planos que operan sobre los seres humanos. Esas capas áuricas, observadas colectivamente, se conocen como Corpus Christi o Cuerpo de Cristo.

A continuación se incluye una relación de las siete capas principales del aura humana, así como sus propiedades fundamentales.

LOS SIETE CUERPOS SAGRADOS DE LA HUMANIDAD

1. Físico
2. Astral

3. Mental
4. Causal
5. Búdico
6. Átmico
7. Monádico

1. El cuerpo físico

El cuerpo físico es el fundamento de la encarnación. En el plano físico, la memoria colectiva de la humanidad se encuentra almacenada en el ADN. El objetivo final de la evolución humana es fundir el cuerpo físico completamente con el monádico, permitiendo de esta manera que el primero sea completamente asimilado por su verdadera esencia. Esto se corresponde con la 9.º Iniciación, conocida como la Glorificación, que es el objetivo de los párrafos finales de esta Clave Genética. El cuerpo físico tiene una sutil contraparte gemela conocida como cuerpo *etérico*, alrededor del cual se construye la ciencia de la verdadera sanación. Con el paso del tiempo, el cuerpo físico reflejará más acertadamente el estado de tu cuerpo astral y de sus emociones.

2. El cuerpo astral

El cuerpo astral es la capa del aura humana que recoge, almacena y transmite todas las emociones humanas y también los deseos, desde los más insignificantes hasta los más elevados. En el cuerpo astral, el placer y el dolor se reflejan como frecuencias vibratorias que dividen, efectivamente, el plano astral en los reinos del *infierno* y los reinos *celestiales*. El cuerpo astral es más activo durante el sueño, cuando procesa los impulsos habidos durante el día sirviéndose del mundo de los sueños. Al tratarse de la capa contigua a la física y etérica, el cuerpo astral tiene un importante efecto sobre tu salud. Después de la muerte, el cuerpo astral confronta directamente la verdadera naturaleza de cada impulso emocional que hayas tenido mientras estabas vivo en tu cuerpo físico.

3. El cuerpo mental

El cuerpo mental existe en frecuencias superiores a las de las emociones y se construye sobre los procesos mentales diarios. El cuerpo mental del individuo está muy influido por el cuerpo mental colectivo de la humanidad, lo que tiende a empujar nuestros pensamientos en la dirección de los deseos insatisfechos del cuerpo astral. Cuando el pensamiento fluye hacia impulsos superiores, el cuerpo mental se va desenredando poco a poco del cuerpo astral, lo que trae como consecuencia la experimentación de una fuerza mayor. El cuerpo mental puede también ser utilizado por las bajas frecuencias para reprimir los impulsos naturales del cuerpo astral, lo que puede provocar problemas de salud a todos los niveles.

4. El cuerpo causal

A veces denominado *alma*, el cuerpo causal se corresponde directamente con el cuerpo físico, pero a un nivel superior. Almacena toda la buena voluntad recogida por el alma humana como una firma de la memoria escrita con tinta de luz. Cuando este vehículo finalmente se sintoniza, constituye el nudo de almacenaje de todos los pensamientos, palabras y obras de la alta frecuencia que hemos activado durante nuestros muchos viajes a lo largo del gran periplo de la encarnación. Tras la muerte, los cuerpos más bajos se desintegran y solamente lo que es refinado y puro se decanta y queda retenido en el cuerpo causal. El cuerpo causal responde a las visiones superiores y a los arquetipos que están más allá del lenguaje, pero que se pueden conducir hacia los tres planos inferiores por transmisión directa. Cuando tu cuerpo causal desarrolla más lucidez, los cuerpos superiores podrán servirse de él como medio para dirigir frecuencias cada vez más elevadas hacia los tres cuerpos inferiores. En este sentido, el cuerpo causal es el puente entre los planos superiores e inferiores.

5. El cuerpo búdico

El cuerpo búdico es la octava superior del cuerpo astral. Como tal, revela la pura Verdad de que la humanidad y todos los planos de la Tierra son, en realidad, un solo organismo. Una vez que tu despertar se haya anclado plenamente en tu cuerpo búdico, el cuerpo causal se disolverá y lo que entendemos normalmente por reencarnación dejará de ser un trámite necesario en el futuro. A través del cuerpo búdico, los seres humanos tienen acceso al campo del amor universal y a los más elevados éxtasis asociados con la iluminación. Representa el tercer reino femenino de la Sagrada Trinidad: la Acción Divina.

6. El cuerpo átmico

En una octava superior a la del cuerpo mental, el cuerpo átmico permite a los humanos acceder a evoluciones superiores más allá del proceso físico de la encarnación. Mientras que el cuerpo búdico retiene su conexión con la humanidad valiéndose de la compasión, el cuerpo átmico trae comprensión al campo cósmico de la consciencia Crística, mezclando directamente tu conocimiento con la Mente y el Corazón Divinos, el segundo aspecto de la Trinidad Sagrada. A través del cuerpo átmico se hace posible la entrada de las corrientes de los grandes avatares en el mundo. También es el reino de los Siddhis, las grandes manifestaciones milagrosas de la Divinidad.

7. El cuerpo monádico

Apenas puede considerarse un cuerpo en el sentido clásico del término, pero el monádico es la esencia primigenia, desenfrenada, de la Divina consciencia en sí misma. Entra en el mundo de la forma a través del cuerpo causal, el vehículo que da la orden de entrada en los mundos inferiores y que se corresponde con el primer aspecto de la

Sagrada Trinidad: la Voluntad Divina. El cuerpo monádico está presente en cada átomo, en todos los planos, hasta llegar al físico. Sin embargo, hasta que no haya comenzado el despertar del cuerpo átmico, el monádico no podrá expresarse totalmente. Cuando finalmente lo haga, condensará en sí el cuerpo átmico y todos los demás con él, revelando la verdadera esencia Divina como la consciencia que hay más allá de lo comprensible. En este estadio, cada uno de los tres cuerpos inferiores —físico, astral y mental— será absorbido por su contraparte en las altas frecuencias, esto es, el cuerpo causal, búdico y átmico respectivamente, revelando así la verdadera naturaleza mística de la trinidad, donde tres son uno.

KARMA Y REENCARNACIÓN

El par programado de la 22.ª Clave Genética es la 47.ª Clave Genética, y hay mucho que podemos aprender de esta conexión. La 47.ª Clave Genética tiene que ver con el almacenaje de karma en el ADN humano. Ya hemos visto cómo el Océano Akásico graba todos los actos sirviéndose de los siete cuerpos sutiles y cómo el almacenaje físico se realiza en el ADN. Es aquí, en el código genético humano, donde se puede encontrar la herida del mundo; el sufrimiento combinado con los pensamientos negativos, los actos y las palabras de cada ser humano desde el principio de los tiempos son *heridas* grabadas en tu cuerpo, en el ADN no codificado, también llamado ADN *basura*. Dependiendo de la impronta genética única de tu vehículo, algunos aspectos del karma colectivo humano destacan especialmente en tu ADN y conforman tu karma personal, el guion esencial del proceso de tu vida. Todo este almacenaje genético tiene lugar a través de la 47.ª Clave Genética. La 22.ª Clave Genética, por otro lado, tiene que ver con aquellos aspectos de nuestros vehículos sutiles que sobreviven a la muerte.

Es vital, llegados a este punto, darse cuenta de que los cuerpos sutiles superiores, que como ya hemos dicho han sobrevivido a la encarnación, son también aspectos del mismo Océano Akásico. Son una suerte de pizarras de memoria que se superponen unas a otras a niveles de frecuencia cada vez más elevados. En los niveles superiores, todas las capas se disuelven para revelar un único campo de consciencia. Esta es la razón por la que la reencarnación es solo una verdad relativa al cuerpo en el cual se ha localizado la consciencia. Con esta comprensión básica podemos comenzar a entender una de las grandes claves del sufrimiento humano: la incapacidad de tomar la responsabilidad por nuestros propios pensamientos, sentimientos y acciones. La vida nos da justo la impronta que podemos manejar, y si nos infamamos a nosotros mismos o a otros, lo que haremos será incrementar nuestro propio sufrimiento a largo plazo.

EL BARDO

Existen muchas enseñanzas de culturas antiguas que se refieren a los estados de consciencia posteriores a la muerte. Esos estados reciben a veces el nombre de *bardo*. Solo cuando combinamos las enseñanzas de Cristo con las de Buda este proceso se vuelve claro y simple. En el momento de la muerte, los diversos cuerpos se separan. El

cuerpo físico, obviamente, regresa a la tierra, pero tus cuerpos astral y mental, que contienen todos los sentimientos y pensamientos de tu vida actual, comienzan un proceso alquímico de separación y refinamiento. Los patrones de baja frecuencia negativa se descartan, mientras que las frecuencias superiores se retienen y se elevan al cuerpo causal. Ya que has dejado de ser un cuerpo físico, las emociones en el bardo, tras la muerte, son experiencias más intensas de lo que podemos imaginar. De hecho, las emociones y pensamientos asumen una vida propia, apareciendo como entidades —angélicas o demoníacas— cuyas frecuencias pueden causar intensa agonía o terror, o intensa alegría y éxtasis.

Las emociones en el bardo, tras la muerte, son experiencias más intensas de lo que podemos imaginar

El proceso en el bardo es la pura redención, en la que los aspectos sutiles de tu ser se encuentran con las consecuencias de tus acciones, pensamientos y sentimientos cuando todavía experimentabas el mundo de la forma. Cada aspecto de tu consciencia de la Sombra ha de ser purgada y limpiada. La intuición humana recuerda lo suficiente de ese proceso como para haberlo integrarlo en diversos sistemas de creencias culturales y religiosas. Sin embargo, una buena parte de las creencias humanas se equivocan y confunden los conceptos de retribución y redención. En la consciencia de la Sombra, los humanos no ven cómo opera la Gracia a través de las enseñanzas de Cristo sobre el perdón. Podemos incluso expiar nuestros pecados tras la muerte, pero solo para poder recibir a cambio una pizarra limpia, antes de que nuestro cuerpo causal regrese una vez más. Dado que no hay definido un tiempo lineal, puede parecernos eterno el infierno de la misma manera que nos puede parecer eterna la vivencia del cielo.

La 22.ª Clave Genética, por lo tanto, permite que tu cuerpo casual se vuelva más claro y brillante de encarnación en encarnación, conforme vas aprendiendo más de tu propio sufrimiento, tanto en el mundo de la forma como fuera de él. En el nivel de la frecuencia de la Sombra, este proceso te enseña a aceptar tu ración de karma grupal y te ofrece la oportunidad de transmutarla. Es la consciencia de Cristo, que se alberga en el interior de todos y cada uno de los seres humanos. Somos perdonados una y otra vez, y cuanto más profundamente aceptamos esta Gracia, más poderoso se vuelve el impulso divino cuando estamos encarnados en la forma. Finalmente nuestro cuerpo causal se vuelve tan resplandeciente que la consciencia superior impregna los cuerpos inferiores —mental, astral y físico— y comienza a impactarlos de una manera muy poderosa. Nuestros pensamientos se voltean más hacia Dios, nuestras emociones y deseos se convierten en sacrificios por una causa más elevada y, finalmente, hasta nuestro cuerpo físico se torna más radiante conforme las diferentes pizarras, dispuestas en capas, se van volviendo más transparentes.

KARMA INSTANTÁNEO

A la luz de lo anterior, el karma se podría entender de un modo nuevo y más hermoso que el actual. El karma individual no viaja más allá de la línea del tiempo, y es obvio que la humanidad, como colectivo, pasa a hacerse cargo de él. Cada acto negativo se recuerda en los futuros procesos del bardo y se estampa en el ADN colectivo de la humanidad, donde finalmente podrá ser corregido. Nuestro karma, a este nivel, es karma compartido, ya que la humanidad es una entidad en sí misma, un todo. Contrariamente a ciertas creencias populares, las condiciones de tu vida física actual no son el reflejo de tus acciones en encarnaciones pasadas. El nivel de transparencia de tu cuerpo causal atrae el tipo de ambiente que necesita para tu encarnación en aras de llevar adelante su propia evolución, tanto si esas condiciones o ambiente de encarnación se juzgan como buenas o como malas. En los niveles de transparencia superiores, el cuerpo causal tomará para sí sufrimientos mayores, porque los vehículos son capaces de mostrar una mayor compasión. Este proceso evolutivo de la encarnación sigue una secuencia arque-típica conocida como las Nueve Iniciaciones, que exploraremos al final de esta Clave Genética.

Incluso aunque el karma se haya purificado durante el estado posterior a la muerte, todavía se podrá manifestar durante una vida. La Ley de la Causa y el Efecto sustenta todo en el plano material. Sin embargo, el plano material es extremadamente denso, lo que significa que no siempre vemos el resultado de nuestras buenas o malas acciones, pensamientos o palabras ipso facto. Actualmente estamos viviendo el momento final de una gran Época, y en este tipo de etapas las leyes naturales tienden, con frecuencia, a torcerse. La consciencia general, colectiva, de la humanidad se ha estado acumulando durante milenios en el Océano Akásico y, por ello, ha programado también el modo en que ese Océano funciona; pero dado que nuestra consciencia evoluciona ahora más rá-pidamente, el tiempo de respuesta de la Ley de la Memoria Divina se está también al-terando. Es decir, el karma es mucho más veloz. Pronto alcanzaremos un punto de evo-lución en el que la redención se manifestará incluso en el plano físico. Es la época que está llegando, el tiempo de la curación de la sagrada herida causante del sufrimiento humano.

Este último punto debería darnos a todos que pensar en relación al tipo de emo-ciones y pensamientos que estamos manejando. Pronto ninguno de nosotros será capaz de esconder la verdad de sus actos o sentimientos. En un futuro no muy distante, la 22.ª Sombra creará casi instantáneamente karma allá donde alguno se comporte des-honestamente, lo que cambiará completamente el modo en que nos vemos a nosotros mismos y al mundo que nos rodea. La Justicia Divina es una ley universal. Sin embargo, los seres humanos que funcionan en las bajas frecuencias malinterpretan muy a menudo esta bellísima ley reduciéndola a términos de retribución o venganza. Debido a la Gracia, la evolución no puede viajar hacia atrás en el tiempo y no es posible que la forma in-volucione. Todo es cuestión de cómo están de finamente sintonizadas las hebras de tu ADN. Si las sintonizas con la frecuencia inferior, no solo vas a impedirte el disfrute de experiencias gozosas, sino que, además, añadirás aún más peso al karma humano alojado en el ADN colectivo ancestral. En este sentido, todos los seres humanos han sido ben-decidos con el don del libre albedrío para que puedan experimentar las consecuencias de sus propias acciones. Pero es necesario entender aquí que no aprendemos a través del cas-tigo y del premio, como muchas religiones nos hacen creer. Aprendemos a través de la alegría y la satisfacción que nos llega de la mano del maravilloso Don de la Miseri-cordia, el Don de la clave 22.ª.

NATURALEZA REPRESIVA: ADECUADA

La 22.ª Sombra, en su fase represiva, da origen a una personalidad de carácter falso. Este tipo de gente puede aparentar ser muy equilibrada, calmada y correcta vista desde afuera. Pueden parecer, incluso, dotados de grandes habilidades sociales; sin embargo, sus emociones hierven. Suelen esconder intensos deseos sexuales y fomentar el odio y los resentimientos. Un arquetipo bien representativo es la época victoriana en Gran Bretaña. En las apariencias, la cultura general estaba marcada por la educación y el control, mientras que de hecho todo aquello ocultaba un inframundo de pasiones sexuales y agresiones reprimidas. Todas las Sombras reprimidas estaban enraizadas en el miedo más hondo. El miedo de la 22.ª Sombra es el miedo a perder el control. Deberíamos recordar que ninguna Sombra es mala en sí misma; el problema es el modo en que nos manejamos con ella. Si tienes tu naturaleza reprimida, la puedes usar positivamente para transformar la negatividad interior, en vez de dejar que la olla a presión estalle por exceso de cocción. Sin embargo, si no hay ni rastro de virtud en ese tipo de personas, esta Sombra albergará tras de sí las naturalezas humanas más violentas y explosivas.

NATURALEZA REACTIVA: INADECUADA

La versión reactiva de la 22.ª Sombra se manifiesta a través de comportamientos inapropiados y antisociales. Las personas que la muestran no pueden controlar sus reacciones emocionales y suelen llevar vidas de mala reputación, con altos niveles de pasión, donde todo va manga por hombro. Sus comportamientos son destructivos y en general enfocados en destruir a otros, al menos inicialmente. Incluso en esta Sombra, el arquetipo tiene tal poder creativo que, bien canalizado, da lugar a excelentes muestras musicales o artísticas; pero estos creadores muestran incapacidad para manejar sus propias pasiones o tratar a los demás con respeto habitualmente, lo que propicia que lleven una vida privada miserable. De lo dicho anteriormente se deduce que estas personas son incapaces de escuchar, ya sea a otros, ya sea a sí mismos. Por eso, aunque sus intenciones sean las mejores, están condenados a ser desestimados o incomprendidos.

EL DON DE LA 22.ª CLAVE GENÉTICA: MISERICORDIA

LA CREMA DE LA BONDAD HUMANA

El 22.º Don es la Misericordia, una cualidad tan rara como hermosa, que tiene un profundo efecto en todos aquellos a los que toca. La misericordia implica que, en cualquier cosa que hagas en la vida, siempre tomarás en consideración los sentimientos ajenos. Es uno de los grandes dones sociales y, si es parte de tu perfil hologenético, entonces toda tu vida va a girar sobre la necesidad de impactar las emociones de las personas de modo positivo. Incluso si este Don no es un aspecto primario de tu perfil, aun así tiene

la capacidad de transformar tu vida completamente y también la vida de los que te encuentres. El 22.º Don no tiene que ver con agitar los sentimientos de las personas, sino con tocar sus corazones y hasta sus almas. La Misericordia significa que actúas con gracia y consideración en todo lo que haces.

Tal y como ocurría con su Sombra, el 22.º Don es muy poderoso en cuanto al impacto que tiene sobre otros. Así como la Sombra podía dejar al otro profundamente perturbado y degradado, el Don de la Misericordia tiene la enorme capacidad de ayudar a otros, dejándolos libres de la carga emocional negativa más pesada. Hay una gran amabilidad en el núcleo de este Don, que puede elevar a otros más allá de su consciencia normal, a estados de amor, lágrimas o risas. Por esta razón, muchas personas conectadas con este Don asumen roles artísticos, musicales o vocales en su vida, a través de los cuales pueden influir sobre los demás debido a su gracia natural para socializar. Vimos en la Sombra que la gente no tenía tino en lo que decía o hacía, ya que estaba conectada con el bajo nivel de frecuencia. Sin embargo, en el nivel del Don, se amplía la visión y se comienza a ver que todo está interconectado: personas, animales, cosas. Uno se da cuenta de que todos somos seres que escuchan, e inherentemente sabes que si tú infliges una injusticia a otro, volverá a ti, lo que significa que otras personas se sientan bien comprendidas y escuchadas gracias a la encarnación de este Don. Esta consciencia honda del karma significa una gran oportunidad a la hora de realizar en esta vida tu servicio en lo referente a las relaciones y las emociones. En el nivel de frecuencia del 22.º Don aprendes a templar tus propias emociones, liberándolas de modo seguro, sin faltar al respeto a otros ni a ti mismo. Con el Don de la Misericordia comienzas a dispersar tu propio karma y el que acarreas en tu ADN ancestral. Es una gran tarea y significa que, incluso cuando tus relaciones puedan ser muy desafiantes, siempre mantendrás la frecuencia del respeto en tu entorno. El 22.º Don también se asegura de que equilibres el respeto por los otros con una buena dosis de respeto por ti mismo, de modo que no pases a ser la víctima de las emociones de otros. Este equilibrio delicado entre el servicio y el amor por uno mismo te caracterizará como el tipo de persona que comprende bien el poder emocional del sufrimiento. Gracias a esto, otros van a buscar en ti guía y autoridad.

> *Con el Don de la Misericordia comienzas a dispersar tu propio karma y el que acarreas en tu ADN ancestral*

El Don de la Misericordia podría también llamarse el Don del Alma. Es la habilidad de vivir la vida a tope, sin cargar con sentimientos a la espalda, mientras que al mismo tiempo se tiene un gran respeto por los sentimientos de los otros. Si tienes suficiente suerte como para toparte con las más altas cualidades del 22.º Don, entonces tu vida se va a llenar de arte, música, romance, relaciones profundas y encanto. Pero, sobre todo, este es el Don de vivir la vida desde un lugar de amor insondable, desde el alma.

LA SECUENCIA DE VENUS: UNA TRANSMISIÓN DIRECTA DE LA MISERICORDIA

Durante el verano de 2004, mientras sucedía un tránsito extraño del planeta Venus por delante del Sol, llegó un hondo conocimiento al mundo llamado Secuencia de

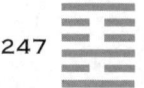

Venus. Este conocimiento usa las 64 Claves Genéticas en combinación con tus datos astrológicos para señalar los patrones exactos del karma que un individuo trae durante su encarnación. La Secuencia de Venus revela el karma como una secuencia que se desarrolla a lo largo de una vida. La habilidad para aceptar ese karma con Misericordia determina la rapidez y la facilidad con la que vayas a ser capaz de trascender tu sufrimiento. Mientras la secuencia de tu propio karma se desarrolla y se transmuta, se van a revelar también las altas frecuencias que te permitirán expandir tu consciencia y que atañen a los estados superiores.

La Secuencia de Venus es la gran ciencia de sufrimiento humano, que nos muestra precisamente cómo cada ser humano comparte karma en el mundo, la *herida sagrada* con la que ha sido genéticamente marcado desde el momento de su concepción. Conforme vayamos desbrozando nuestra Secuencia de Venus, descubriremos un camino interior de despertar que está más allá del sufrimiento y que culmina en nuestra necesidad de abrazar una de las seis heridas humanas esenciales.

LAS SEIS HERIDAS ESENCIALES DE LA HUMANIDAD

1. Represión
2. Negación
3. Vergüenza
4. Rechazo
5. Culpa
6. Separación

Estos seis patrones se encuentran bajo una única secuencia en tu ADN. Una vez que por fin tienes acceso a tu propia secuencia, puedes comprender el guion básico de tu proceso vital en lo que respecta a tus relaciones, que es donde se representa tu karma. La herida misma está ligada directamente a los tres cuerpos más bajos: el físico, el emocional y el mental. A través de una comprensión mental clara y de un proceso emocional suave de autoperdón, los modelos que causan a los seres humanos tanto dolor se convierten en guías hacia la liberación a través de los tres cuerpos superiores. Se trata de un proceso de evolución (el descrito en profundidad en la 55.ª Clave Genética) combinado con un proceso de involución, donde las más altas frecuencias de nuestro ADN se activan gracias al toque de la Misericordia. Sin embargo, la primera enseñanza de la Secuencia de Venus se refiere a mostrarnos frente a otro ser humano con el que entramos en relación, para que podamos tomar la responsabilidad por nuestros propios sentimientos en vez de proyectarlos sobre él. Esta habilidad es la propia esencia del Don de la Misericordia, que está preparando a la humanidad para hacer un gran salto hacia la Libertad, el 55.º Don.

EL SIDDHI DE LA 22.ᴬ CLAVE GENÉTICA: GRACIA

LOS SIETE SELLOS SAGRADOS Y EL APOCALIPSIS BIOLÓGICO

En el Sagrado Libro de las Revelaciones, el divino san Juan anotó su famosa descripción del Apocalipsis, también llamado Día del Juicio Final, donde todo el karma del mundo sería finalmente redimido y todo el sufrimiento humano llegaría a su fin. A pesar de los siglos de confusión en que nos han mantenido las religiones, la revelación de san Juan contiene algunos de los secretos iniciáticos mayores jamás escritos. Una de esas enseñanzas secretas se conoce con el nombre de los Siete Sellos Sagrados. De un modo alegórico, san Juan describe el proceso o secuencia de apertura de cada uno de esos siete sellos por un ángel y el consiguiente desarrollo de los siete estados apocalípticos. Cuando se abra el último sello, el demonio será conquistado definitivamente y la humanidad ascenderá a un plano superior.

Al descifrar esta alegoría podemos ver que cada uno de los siete sellos y su ángel correspondiente representan un agente de la Gracia, una fuerza espiritual envolvente o Siddhi que desciende desde los planos más altos y que afecta directamente al ADN humano. El apocalipsis es, en realidad, un fenómeno biológico, un día de juicio final en nuestros genes, mientras que una nueva especie de ser humano se prepara para nacer. En la matriz de las 64 Claves Genéticas hay seis de ellas que reflejan directamente este poder envolvente de la Gracia, ya que la séptima, el 22.° Siddhi, es la Gracia misma.

LOS SIETE SELLOS SAGRADOS Y SUS RESPECTIVOS SIDDHIS

El Primer Sello: Voluntad Divina (40.° Siddhi)
El Segundo Sello: Omnisciencia (17.° Siddhi)
El Tercer Sello: Amor Universal (25.° Siddhi)
El Cuarto Sello: Epifanía (43.ᵉʳ Siddhi)
El Quinto Sello: Perdón (4.° Siddhi)
El Sexto Sello: Verdad (63.ᵉʳ Siddhi)
El Séptimo Sello: Gracia (22.° Siddhi)

El 22.° Siddhi, la Gracia, siempre trabaja a través del campo de los seis Siddhis o Atributos Divinos. Así es como podemos ver que cada uno de los Sagrados Sellos es un código Divino, enviado desde las altas frecuencias para sanar un aspecto específico de la herida sagrada, de la herida original. Igual que hay seis aspectos para la herida sagrada, también hay seis aspectos Divinos responsables de la sanación de aquella herida. Este proceso tiene lugar tanto en el plano individual como en el colectivo, tal y como se describe más adelante.

LA APERTURA DEL PRIMER SELLO: LA VOLUNTAD DIVINA

El Primer Sello se abre con el Siddhi de la Voluntad Divina, que sana a los seres humanos de la represión. La Represión es la herida primaria de la humanidad, ya que se refiere justo al almacenaje del karma en el ADN físico. Gracias a las capas y capas de karma que se amontonan en tu ADN, los cuerpos sutiles superiores se han oscurecido en detrimento de tu despertar. El karma es una profunda tensión física que se expresa como miedo y que habita cada célula de tu cuerpo. El karma solamente podrá ser transmutado a través de la Gracia del 40.º Siddhi. El 40.º Siddhi representa la Voluntad Divina, la única fuerza suficientemente poderosa capaz de transformar todas las capas de tensión. Voluntad Divina significa, en realidad, relajación total, así que cuando este sello se abra paso a través de la humanidad, el cuerpo físico descansará finalmente en total relajación. Mientras se vaya relajando progresivamente en estados cada vez más intensos, los cuerpos superiores comenzarán a expresarse por completo, hasta que al final tu cuerpo no sea otra cosa que un instrumento completamente sosegado en manos de la Voluntad Divina. Este sello, al estar relacionado con la liberación de la tensión central del cuerpo físico, significaría, a un nivel colectivo, la erradicación de la enfermedad de nuestro planeta.

LA APERTURA DEL SEGUNDO SELLO: OMNISCIENCIA

El Segundo Sello se abre con el 17.º Siddhi, la Omnisciencia, y su marca es la herida de la negación. Negación es la expresión externa del miedo en forma de rabia y agresividad. Si tu herida básica es la Negación, entonces serás incapaz de ver o de tomar responsabilidad por tu comportamiento. Cuanto más te intenten mostrar tu negación, más poderosa se volverá.

Podemos ver diversas expresiones de esta herida en la humanidad en casos de fundamentalismo, violencia o sexualidad. La única fuerza capaz de romper con la negación es la Omnisciencia, aquello que sucede, a veces solo por unas décimas de segundo, cuando tu visión se abre y tus cuerpos más elevados, miran literalmente a través de tus cuerpos astral y mental. Esta noción de «ser autoobservado por» se recibe como un shock en el vehículo humano, que, normalmente, experimenta un renacimiento completo y permanente después de un evento de este tipo. Una vez que has podido ver tu negación, ya no será negación nunca más. Gracias a la apertura del segundo sello suceden las conversiones repentinas o comienzan a escucharse las llamadas de lo más alto. A nivel colectivo, este sello traerá una gran sanación a la sexualidad humana y, también, la extinción de la violencia.

LA APERTURA DEL TERCER SELLO: AMOR UNIVERSAL

El Tercer Sello se abre a través del 25.º Siddhi, el Amor Universal. Este es una de las formas más invasivas de la Gracia Divina, y, conforme se vaya afincando entre los seres humanos, pondrá en marcha una gran oleada de liberación. Esta oleada se irá contagiando de persona a persona, como si se tratase de una forma vírica positiva. Este sello

sana la herida humana de la vergüenza. La vergüenza emerge como un sentimiento agudo de falta de merecimiento. El mundo de la jerarquía y de la competitividad está basado en este sentimiento profundo de vergüenza. Cuando el Siddhi del Amor Universal vaya descendiendo sobre la humanidad, la urgencia por escapar de nuestra propia vergüenza a través de vías como el egoísmo o la avaricia dará paso a sentimientos de alegría y de amor por uno mismo. Es este amor por uno mismo el que nos conduce al altruismo y a la filantropía, en vez de a la competición. La vergüenza está obsesionada por esconder, mientras que el Amor Universal lo que hace es mostrar, te escondas donde te escondas, que el amor también está allí. A través de la apertura de ese tercer sello se comienza a gozar de la vida por lo que es, en vez de estar siempre imaginando algún tiempo futuro en el que alcanzar el *ideal*. Cuando la humanidad experimente esta apertura, se dará un salto cuántico en lo que se refiere al uso del dinero, y será el fin de la avaricia humana.

LA APERTURA DEL CUARTO SELLO: EPIFANÍA

El Cuarto Sello se abre con el 43.ᵉʳ Siddhi, la Epifanía, y lo simboliza el descendimiento de la paloma de la paz. La Epifanía sana la herida del rechazo, la herida que mantiene a los humanos incapaces de abrir sus corazones completamente los unos a los otros. La Epifanía es, en realidad, una experiencia increíble en la que los tres cuerpos superiores (simbolizados por regalos de los tres Reyes Magos en la Epifanía cristiana) estallan en el interior del cuerpo utilizando los tres cuerpos inferiores, lo que provoca una apertura del corazón desde el interior. Conforme se abra este sello, la mayoría de las barreras levantadas por los humanos comenzarán a caer: la barreras políticas, los países, las fronteras, los ejércitos y todos aquellos aspectos que se hayan creado para protegernos y defendernos los unos de los otros. A nivel individual, el Cuarto Sello abre el potencial para llevar una vida romántica en la que no tienes nada que esconder ante los demás y en la que puedes ofrecer tu corazón abierto por delante. Una vez que los seres humanos superan el miedo al rechazo externo, se convierten en puros agentes de la Gracia por medio de su amigabilidad, apertura de corazón y honestidad. A nivel colectivo, este sello abre el corazón de la humanidad y lo manifiesta en forma de amabilidad. Este Siddhi traerá con él el final de la pobreza en el mundo.

LA APERTURA DEL QUINTO SELLO: PERDÓN

El Quinto Sello se abre a través del 4.º Siddhi, el Perdón. Es uno de los grandes Siddhis, del mismo nivel que el Siddhi de la Gracia, y, como aquel, tiene un propósito especial: trabajar hacia atrás en el tiempo, a través del ADN colectivo de la humanidad, liberando los muchos bloqueos kármicos que plagan todos los diferentes linajes genéticos. El Quinto Sello está especialmente enfocado en sanar los patrones inconscientes de culpa sobre los que se ha construido el karma. La culpa es un tipo de deuda kármica que existe entre una persona y otra, o entre una raza y otra. Conforme el poder del perdón se vaya abriendo camino en el genoma humano, la mayoría de las maldiciones ancestrales serán finalmente conjuradas. Este sello, en particular, tiene la capacidad de

crear paz en el mundo, dado que actúa sobre individuos y naciones que se perdonan los unos a los otros las deudas que habían contraído. La Gracia que llega de la mano del perdón goza de un poder sin precedentes y trae consigo el sentido de la verdadera justicia de regreso a la humanidad. El perdón es una manifestación del quinto cuerpo, el cuerpo búdico, que quema el karma de nuestro ADN. A nivel colectivo, la liberación de todo este karma del mundo traerá como consecuencia el final de las contiendas.

LA APERTURA DEL SEXTO SELLO: VERDAD

Al tratarse del estadio final de la secuencia (el séptimo es la gloria del arrebol), el Sexto Sello hace entrega de la *copa de la gracia* mientras que sana la herida primordial de la humanidad, la separación. Como las realidades superiores de nuestra naturaleza permanecen ocultas para la mayoría de nosotros, nos sentimos lejos de la Divinidad la mayor parte de nuestras vidas. Gracias a esta sensación de separación tan intensa, estamos siempre buscando en el mundo exterior nuestras satisfacciones. Curiosamente, en esa misma búsqueda nos perdemos la oportunidad de experimentar nuestra propia naturaleza, que se encuentra alojada en las profundidades de nuestro sufrimiento. La apertura del Sexto Sello se hace posible gracias al 63.er Siddhi, la Verdad. La Verdad es algo con lo que tú te haces Uno, no es algo que encuentres allá afuera. A través de la apertura de este sello, cada individuo podrá conocer su verdadera naturaleza como un aspecto o fractal de una vasta consciencia. La Verdad absoluta es un fenómeno colectivo que un día podrá incorporarse por completo a la humanidad, y eso será cuando la humanidad entera se reconozca espontáneamente a sí misma como un organismo único y divino. Solo entonces, en ese maravilloso momento, toda la búsqueda y los esfuerzos humanos llegarán a su fin. Y así, el 63.er Siddhi, a través de la realización y la encarnación expansiva, conseguirá finalmente traer un final aplastante a la mayor de las maldiciones humanas: la indiferencia.

el Sexto Sello hace entrega de la copa de la gracia *mientras que sana la herida primordial de la humanidad, la separación*

LA APERTURA DEL SÉPTIMO SELLO: GRACIA

En el Libro de las Revelaciones, la apertura del Séptimo Sello viene acompañada de capas y capas de ricas imágenes apocalípticas. A no ser que estés versado en el simbolismo alquímico, te será muy difícil penetrar en el verdadero significado de esta maravillosa y profética transmisión. Hay, además, una línea de demarcación entre la apertura de los seis primeros sellos y la apertura del Séptimo Sello. El Séptimo Sello incluye siete ángeles y siete trompetas que tocarán en el Juicio Final de la humanidad. El Séptimo Sello es el espíritu de la Gracia per se (representado por el 22.º Siddhi), y esta desciende solo después de una grandísima transformación. Es como el arcoíris que aparece tras una gran tormenta, trayendo consigo una Transfiguración completa (representada por el 47.º Siddhi). A nivel individual, los Siete Sellos representan la total asimilación de las primeras seis capas del aura humana en el cuerpo monádico, la esencia primordial. En ese nivel incluyo el flujo de las revelaciones y las altas frecuencias del

cuerpo átmico, que han de rendirse ante el vacío de lo que los místicos suelen llamar «el séptimo cielo».

En el Libro del Génesis se dice que Dios descansó el séptimo día de la creación, y este patrón séptuple se ve reflejado en muchas otras tradiciones culturales. En el sistema hindú, cuando se abre el séptimo chakra, conocido como *sahashara*, la esencia divina se puede reunir, por fin, con el plano material. San Juan describe este evento como la llegada de «un nuevo cielo y una nueva tierra». Mientras que el séptimo plano monádico absorbe los últimos vestigios de nuestra separación, cada plano inferior y sus frecuencias se van desintegrando para volver a ser reabsorbidos como la verdadera esencia monádica. Este es el significado del sonido de las siete trompetas, que representa los siete niveles de frecuencia del aura humana. A nivel colectivo, la apertura del Séptimo Sello se refiere al advenimiento de los últimos momentos de esta etapa de la humanidad y el retorno de la raza humana a su estado *Edénico* original. Esta es la gran orquesta de trompetas que anuncian la redención de todos los seres.

EL SIGNIFICADO DE LA INICIACIÓN ESPIRITUAL

El último aspecto de la transmisión que nos llega a través de la 22.ª Clave Genética continúa en la historia del alma humana individual. Todas las historias humanas promulgan el mismo proceso mítico o el mismo guion, más allá del infinito número de formas diversas y únicas coexistentes. Mientras que nuestro proceso de reencarnación se recicla en nuevas y diferentes formas, cada una activando diferentes inferencias del ADN humano en cada vida individual, nuestra gran historia transgeneracional se va profundizando. Como sucede en todo gran drama, estamos tejiendo un tapiz multidimensional de diferentes colores, tonos y matices en la rica fábrica de la experiencia. Sin embargo, a través de cada vida o encarnación, una cuestión permanece inalterable y regresa una y otra vez: la cuestión de nuestro sufrimiento. Lo que marca los diferentes estadios de la trayectoria a lo largo del tiempo y del espacio es justamente nuestra relación cambiante con esta cuestión. Hay nueve puntos de referencia mayores en el camino, conocidos con los Nueve Portales de Iniciación Planetaria.

La Iniciación espiritual puede significar cosas muy diferentes para según qué persona. La palabra *iniciación*, en sí misma, conjura todo tipo de rituales místicos de los que hayas podido oír hablar. Es cierto que la iniciación se ve como un rito de transición en las sociedades tribales, particularmente en el caso de los hombres jóvenes, los cuales han de pasar ciertas pruebas en el umbral de una determinada edad o antes de entrar en la edad adulta. Otras enseñanzas antiguas o sociedades tienen sistemas de iniciación que se presentan como rituales elaborados, los cuales se llevan a cabo en momentos concretos de la vida del aspirante. Sin embargo, lo cierto es que la iniciación espiritual es un proceso orgánico y natural que sucede a todos los seres humanos en algún momento de sus vidas. En esencia, la iniciación se refiere al despliegue de los diferentes estadios que se dan naturalmente en cualquier despertar espiritual. Es decir, la iniciación te sucede, no importa a lo que te dediques

La iniciación espiritual es un proceso orgánico y natural que sucede a todos los seres humanos en algún momento de sus vidas

en la vida, y, una vez que has comenzado seriamente —es decir, cuando has pasado por tu primera Iniciación—, se trata de un proceso irreversible e inevitable.

Los Nueve Portales de Iniciación Planetaria

Los Nueve Portales de Iniciación Planetaria son una síntesis de los ritos de iniciación de muchas culturas y linajes diferentes. A continuación podrás ver la lista de los nueve estados y seguidamente una breve introducción a cada uno de ellos.

1. Nacimiento
2. Bautismo
3. Confirmación
4. Matrimonio
5. Anunciación
6. Comunión
7. Ordenación
8. Santificación
9. Glorificación

La Primera Iniciación: nacimiento

La Primera Iniciación marca el comienzo de tu camino hacia la trascendencia final y la iluminación. Esta Iniciación puede acaecer con poco o ningún reconocimiento consciente de que algo haya sucedido. En la vida de cada alma llega el momento en que tiene que ir más allá del programa básico del mamífero enfocado en la supervivencia. La primera fase para pasar este umbral tiene que ver con el desarrollo del cuerpo mental. Al comienzo de la evolución te sientes simplemente sobrecargado por los deseos naturales del cuerpo astral, todavía centro de atención de todo tu ser, que sobre todo está interesado en la supervivencia. Una vez que se ha entrenado suficientemente en técnicas de supervivencia, llega el momento de interesarse solo en el placer. Así las vidas se convierten en una persecución del placer en todas sus formas y maneras. El alma está intentando buscar la forma de definir qué son el placer y la alegría y cómo pueden conquistarse. A pesar de los destellos fugaces de felicidad, el alma cae en la cuenta de que la verdadera realización no va a llegar a través de los sentidos ni de las recompensas externas, y entonces vuelve su mirada hacia el verdadero meollo de la cuestión: el sufrimiento en sí mismo.

Al mirar en la naturaleza del sufrimiento, el cuerpo mental puede, inicialmente, separarse del cuerpo astral, lo que significa que, por primera vez en la vida, el alma toma en consideración su propia naturaleza. Este giro hacia el interior marca el momento de un cambio enorme en la vida de un alma, ya que, al mirar en su propia naturaleza, se puede abrir a la consideración de los sentimientos y pensamientos de las otras personas. En un sentido profundo, la Primera Iniciación es el nacimiento al concepto de servicio —en el

la Primera Iniciación es el nacimiento al concepto de servicio —en el más amplio sentido del término— que está más allá del egoísmo

más amplio sentido del término—, que está más allá del egoísmo. Este nacimiento está marcado por la habilidad y el tesón de un individuo para aceptar la responsabilidad por sus actos. Es el nacimiento a la verdadera moralidad, no en el sentido de adherirse a un código de leyes o reglas establecidas por sociedades o religiones, sino al espíritu humano natural, que es ayuda e inocencia. Después de la Primera Iniciación, el alma se da cuenta de que se obtiene más satisfacción en el dar que en el tomar, y este principio recién descubierto se convierte en la base de una vida de nivel superior.

En el mundo que nos rodea hay mucha gente que ya ha pasado su Primera Iniciación. No hay un corpus de creencias o una misión común que los una a todos ellos excepto su deseo de dejar el mundo convertido en un lugar mejor para las próximas generaciones. Puede que sean espirituales, ateos, obstinados o incluso dogmáticos, pero no pueden ser indiferentes a su propio sufrimiento ni al de los demás, lo que los convierte en seres poderosos y preciosos.

LA SEGUNDA INICIACIÓN: EL BAUTISMO

La Segunda Iniciación es muy diferente de la Primera. Si la Primera Iniciación es una acumulación de bondad básica, humana, durante un largo período de tiempo, la Segunda Iniciación, el Bautismo, llega por sorpresa. En la Segunda Iniciación, el espíritu de la Gracia desciende sobre las capas o los cuerpos de la forma y les otorga un momento de elevado contacto con el recipiente. El Bautismo es una inmersión repentina en las frecuencias más elevadas de tus propios vehículos superiores y, como tal, llega siempre en forma de shock. Como todo shock, cuesta un tiempo entender qué ha pasado dentro de uno mismo. La duración de la experiencia varía mucho de una persona a otra y, conforme las más altas frecuencias descienden, los cuerpos inferiores se quedan con la tarea de recalibrar y reajustar el influjo de las nuevas frecuencias.

Durante este período de reajuste, pueden suceder muchas cosas en un individuo. El marco mental preexistente intentará situar la experiencia dentro del viejo paradigma o en otro reconocible por la sociedad. Muchas personas experimentan la Segunda Iniciación como la llamada a entrar en una de las grandes religiones. Algunas continúan lidiando con su experiencia y pueden incluso llegar a sufrir crisis mentales o nerviosas. Otra respuesta común es una depresión prolongada, unida al deseo de regresar al estado de las altas frecuencias. Hay también quien llega a negar la experiencia e intenta olvidarla a cualquier precio. El Bautismo como tal puede ser un reto extremo, ya que te coloca al margen del resto de la sociedad en algún sentido, y puede vivirse como una especie de purgatorio, ya que una vez que has probado el sabor de la vida superior, no podrás olvidarlo fácilmente.

El Bautismo es, por lo tanto, una Iniciación en la purificación, en la que tus esencias inferiores se van gradualmente refinando

Si eres capaz de manejarte con las frecuencias de los cuerpos superiores e incorporar la experiencia en tu vida limpiamente, la Gracia te volverá a visitar periódicamente y te bautizará con las altas frecuencias del cuerpo causal. La Segunda Iniciación es un bautismo continuado en la realidad más elevada, y cuanto más de buen grado digieras la experiencia, de más energía dispondrás para ti. Necesitamos

recordar que los cuerpos situados por encima del cuerpo causal son lo que consideramos el *ser superior*. Ellos saben exactamente cómo y cuándo permitir que las altas frecuencias lleguen a los vehículos de más abajo. El período tras la Segunda Iniciación puede durar mucho tiempo, ya que el cuerpo causal se afianza sobre los cuerpos astral y mental: las facultades sexuales e intelectuales. El Bautismo es, por lo tanto, una Iniciación en la purificación, en la que tus esencias inferiores se van gradualmente refinando hasta ser capaces de sostener una vibración superior constantemente.

LA TERCERA INICIACIÓN: CONFIRMACIÓN

En algunas tradiciones, la Tercera Iniciación se equipara a una primera Iniciación verdadera, puesto que hasta la aceptación de la Confirmación, una persona no se vuelve estable en su proceso de búsqueda de lo Divino.

La Confirmación es otro don de la Gracia, que se concede como un tipo de premio para el destinatario. Es fácil, al leer los nombres, darse cuenta de que estas iniciaciones se han tomado de la tradición cristiana. Su misterio puede comprenderse mejor a través del esquema original de la iglesia católica. El Nacimiento representa la entrada en la Iglesia, el cuerpo de presencia superior. El Bautismo se realiza siempre en una pila y representa la introducción del niño como miembro de la Iglesia. Durante la Confirmación cristiana, una persona joven se inicia oficialmente como miembro de la congregación, cuyo espacio es el cuerpo principal de la Iglesia. La Confirmación ofrece al joven miembro de la Iglesia una primera cata de la que será otra Iniciación posterior, mucho más elevada, la de la Sagrada Comunión.

Siguiendo la lista anterior de las Nueve Iniciaciones, puedes advertir que están agrupadas de tres en tres. Este es uno de los grandes misterios de la Iniciación, que se basa en la inmersión final en la Sagrada Trinidad. En cada uno de los tres niveles, el buscador entra en un plano de comunicación más intenso con la triple naturaleza de la trinidad. Así, por ejemplo, en la Tercera Iniciación, el buscador prueba un poco de la Sexta Iniciación y detecta levemente el eco de la Novena Iniciación. Lo mismo sucede con los otros niveles.

En realidad, la Confirmación es una Iniciación vibratoria a frecuencias bastante elevadas. Denota haber alcanzado una frecuencia estable en la que tu compromiso se ha probado lo suficiente y se considera, por lo tanto, fuerte, mientras que tu naturaleza de más baja frecuencia se ha demostrado a sí misma que es capaz de algún grado de sacrificio. A este nivel, el misterio del sacrificio empieza a comprenderse como lo que es: la base más profunda de la propia Iniciación. Aquí, en la Confirmación será donde pongas a prueba la certeza de tu objetivo final, cuando tu frecuencia natural más baja se sacrificará al servicio de tu más alta frecuencia. Después de la Tercera Iniciación ya no será posible que abandones el camino de la Iniciación, incluso si *Con tan solo una invocación realizada desde el corazón ya estarás emplazando a la Gracia* a ratos te sales de la senda, cosa que es inevitable. Es un nivel de frecuencia en el que te habitúas a periodos de contacto más regulares con los cuerpos superiores. El camino entre el cuerpo causal y el cuerpo mental es ya un camino trillado, lo que significa que

con tan solo una invocación realizada desde el corazón, ya estarás emplazando a la Gracia.

La Cuarta Iniciación: Matrimonio

Esta Cuarta Iniciación representa la octava más alta de la Primera Iniciación, el Nacimiento. El Matrimonio es en realidad un nacimiento a una dimensión superior. Es un compromiso interior, espontáneo, que amplía enormemente los caminos del despertar interior de tu ser.

La Iniciación del Matrimonio o Enlace es el primer escalón en el modo de vida colectivo. En las tradiciones místicas cristianas, el Matrimonio representa el casamiento del buscador con el Cristo, un nivel muy profundo de compromiso que en realidad nos retrotrae a los comienzos de la tradición monástica. La moderna institución del Matrimonio contiene todavía, como tradición cultural, la mayoría de los secretos iniciáticos, rituales que determinan este elevado estado de consciencia. El primer símbolo del matrimonio es el anillo de boda: el emblema de la sagrada unión, así como de la perfección divina.

La Cuarta Iniciación marca el comienzo de una vida más elevada, en la que el foco principal de atención se pone en encarnar el cuerpo causal por completo en el plano físico. Esto significa que tu función vital se ofrecerá, a partir de ahora, al servicio de la totalidad, y que no habrá ya diferencias entre tu trabajo y la veneración, pues serán la misma cosa. La bien conocida frase del matrimonio, «hasta que la muerte nos separe», se vuelve una realidad experimentada, pues tu único amado es el Ser superior de tu Divina Consciencia. Externamente, este período de tu vida se definirá por un apasionado servicio a la humanidad, en el que estarás mucho más enfocado en elevar el bienestar de aquellos menos afortunados que tú. Si lo recuerdas, el cuerpo causal es el cuerpo de la verdadera virtud, ya que es la suma total de todo lo que es bueno en nosotros. Después de la Cuarta Iniciación, la naturaleza inferior se va a ver controlada paulatinamente por el cuerpo causal. En concreto, nuestras energías sexuales comenzarán a canalizarse en trabajo creativo de naturaleza superior. Del mismo modo que el matrimonio físico es el preludio del crecimiento de una familia física, en el matrimonio superior podremos atisbar un amplio despliegue de creatividad que incorpora a otros miembros y los hace despertar.

Es interesante notar que quien atraviesa las grandes Iniciaciones no es solo el individuo, sino la especie entera. De hecho, la humanidad ha pasado por la Cuarta Iniciación durante las últimas centurias. Nuestro matrimonio ha mejorado ampliamente el estado del mundo en el que vivimos. El crecimiento mantenido del despertar global está superando la codicia colectiva. Políticamente, el ascenso de las democracias y de la justicia social ha cambiado el aspecto del planeta. Poco a poco, la divinidad humana está llegando más lejos, aunque los titulares de las noticias de prensa no reflejen a menudo este hecho. Para comprender la Iniciación, hay que saber leer entre líneas y sentir la Verdad con el corazón, más que intentar comprenderla con la mente. Como especie, los humanos estamos hoy más cerca que nunca del ideal de trabajar por fin juntos, como colectividad, como un único organismo unificado.

El concepto de Matrimonio conlleva muchos significados ocultos. Se puede referir al matrimonio de los opuestos: Oriente y Occidente, ciencia y religión, masculino y femenino. En tu ADN se llama fusión, un intenso período en el que muchos opuestos en tu ser se integran juntos en una armonía superior a la que se haya conocido hasta ahora en la historia de la humanidad a través del camino místico. En la analogía de la Iglesia, eliges ser uno con la congregación y te aproximas al altar mayor con tu prometido. En la geometría sagrada de la iglesia se representa con el crucero y el lado grande de los ventanales de la nave central: los brazos abiertos de la iglesia, boca abajo, entre los fieles y el coro. Es un lugar de expansión, donde el cuerpo de la iglesia se abre hacia ambos lados, como dos alas desplegadas. Esto es exactamente lo que significa la Cuarta Iniciación: un tiempo en el que abres tu corazón al mundo y extiendes tus alas al viento de la Gracia que porta el Espíritu Santo.

La Quinta Iniciación: Anunciación

La Quinta Iniciación fluye naturalmente desde la Cuarta y, a este nivel de expansión de la consciencia, las Iniciaciones se seguirán unas a otras con relativa rapidez a lo largo de una sola vida. Ahora que ya estás casado con tu consciencia superior, el siguiente paso es quedarte encinta. Esta es la Anunciación: el anuncio místico del inminente nacimiento del Cristo. La mayor parte del simbolismo de la Quinta Iniciación es de origen femenino, pues fluye directamente desde el tercer aspecto de la sagrada Trinidad: la Sagrada Madre. En los planos inferiores, lo femenino se expresa a través del plano astral; el deseo natural y las emociones. A un nivel más elevado, este plano tiene que ver con el quinto cuerpo o cuerpo búdico. En la Quinta Iniciación, las exquisitas emanaciones y corrientes refinadas del cuerpo búdico comienzan a penetrar en la más baja naturaleza astral. Es un intenso fenómeno tántrico en el que experimentas la sublimación de tu sexualidad al nivel de la pura esencia espiritual.

Experimentas la sublimación de tu sexualidad al nivel de la pura esencia espiritual

La Anunciación es un fenómeno químico que satura todo tu ser. De la misma manera que una mujer durante el embarazo está repleta de hormonas, así tú te darás cuenta de que el cuerpo se está purificado y limpiando como preparación para el gran evento interior: el nacimiento de la consciencia crística. En la analogía con la iglesia católica, esta Iniciación se refiere a la situación del coro, presidiendo sobre el altar y representando la voz de la pura adoración de la Divinidad. La conexión entre el centro de la garganta y el centro sexual también se pone de manifiesto durante esta Iniciación. Cuando una persona, espontáneamente, parece que entra en un estado superior de éxtasis, se puede asumir que está ingresando en el quinto portal, la Anunciación. Las más diversas tradiciones místicas se refieren a este tiempo mágico de gestación de alta frecuencia, en la que el feto inmortal se está gestando dentro de nuestro plexo solar. Es uno de los grandes misterios de la creación.

Si hablamos en términos de Iniciación de las diferentes especies, la humanidad está hoy a las puertas de la Quinta Iniciación. Incluso flota en el aire el rumor de que hay una nueva forma a la espera de entrar en el mundo. Sin embargo apenas nos damos cuenta de que la nueva forma no se está gestando fuera, sino en nuestro propio ADN. La cronología para experimentar cualquier Iniciación es obviamente diferente para cada individuo o especie, y puede que a la humanidad le lleve siglos integrar la Anunciación. Estamos a punto de entrar en un tiempo de purificación muy importante en el que el espíritu femenino de la Gracia estará trabajando activamente en nuestro mundo. De hecho, como especie, ya nos han concebido y estamos en los primeros estadios de la gestación. De la misma manera que el cuerpo de una mujer se toma un tiempo para mostrar externamente los signos de un embarazo, tampoco la humanidad se dará cuenta del gran cambio que se avecina durante un largo período. Solo aquellos que son sensibles a las corrientes sutiles que se mueven por detrás del mundo de la materia lograrán advertir los primeros signos de la nueva humanidad, que ya ha comenzado su período de gestación.

LA SEXTA INICIACIÓN: COMUNIÓN

La Sexta Iniciación es la experiencia más fuerte que un ser humano pueda tener. Representa el cénit del desarrollo humano y el final de nuestra evolución en la Tierra. El Misterio de la Sagrada Comunión es el misterio del sacrificio. Es el despertar completo de la Consciencia Crística en el vehículo humano, para lo cual se requiere la muerte de aquello que nos identifica con el principio de la forma. A este estadio se le conoce normalmente como iluminación. Nos referimos a la pura luz del sexto cuerpo, el átmico, que surge del interior del cuerpo búdico e ilumina los tres cuerpos inferiores. Al hacerlo, desencadena la disolución del cuerpo causal y provoca la ruptura del enlace o puente que había entre los planos superiores e inferiores. En terminología mística, este hecho implica la disolución del alma, ese aspecto de la consciencia humana que se empeñaba, una y otra vez, en la encarnación. Por eso se dice que en el momento de la iluminación, el despertar es tan indudable que ya no puede volver a encarnarse y sale, por fin, de la rueda del *samsara* o de la ilusión.

La Sexta Iniciación es la experiencia más fuerte que un ser humano pueda tener

La Iniciación de la Comunión también comparte su nombre con el 45.° Siddhi, que describe el gran misterio que supone tomar el sagrado sacramento. La Comunión significa la ingesta de la consciencia divina, directamente, delante del altar del templo. Al entrar en este campo de frecuencia, estamos transcendiendo cualquier idea de separación de los demás. El símbolo es la sangre de Cristo, que marca la ruptura final con los residuos kármicos que quedaban en nuestro ADN. Para que la Gracia de Cristo se apodere de ti, tienes que desear hacer este último sacrificio: dejar tus cuerpos inferiores y sus deseos, sentimientos, recuerdos, sueños y conocimientos, con el fin de permitir que se apodere de ti el ser más grande que ha estado siempre esperando a tu lado. Entrar en esta gran Iniciación es morir al segundo aspecto de la Sagrada Trinidad, el Cristo.

La Evolución Superior y las Iniciaciones Séptima, Octava y Novena

Las tres iniciaciones restantes forman parte de la llamada *Evolución Superior*, que está más allá de la humanidad y de nuestra historia como seres humanos. Por ello resulta difícil describirlas con palabras, además de que están rodeadas de solemnes juramentos que protegen a los humanos de sus peligrosas frecuencias. Esas frecuencias no se pueden transmitir de otra manera que no sea a través del sonido, o mediante una transmisión directa, en silencio. Incluso así, la Evolución Superior es un hecho conocido desde siempre y alguna de sus peculiaridades se puede encontrar en muchas manifestaciones culturales de la humanidad. En la iglesia cristiana, la Evolución Superior se representa a través del sacerdocio y sus jerarquías.

La Séptima Iniciación, la Ordenación, tiene mucho que ver con la noción de «coordinación», y esas encarnaciones dirigen a la humanidad hacia direcciones nuevas y concretas. A través de estos seres humanos se liberarán los secretos de esta iniciación. La presencia de tales seres en el mundo ha provocado siempre un gran cambio de consciencia en todo el planeta. Como curiosidad podemos señalar que hay siempre presentes en la Tierra, en cualquier momento de la historia, cinco avatares, los cuales forman un campo unificado de fuerzas que orientan el equilibrio de la humanidad hacia la evolución, en vez de hacia la destrucción.

La Octava Iniciación, la Santificación, es un caso extremadamente inusual en nuestro planeta. Las iniciaciones de este nivel se hallan más allá de la comprensión humana, ya que están relacionadas con el fluir de la esencia a través del séptimo cuerpo monádico en dirección hacia los cuerpos átmico y búdico. Aunque de vez en cuando esta iniciación ha sucedido a nivel individual, con consecuencias espectaculares, la Octava Iniciación es una Iniciación colectiva que conduce totalmente hacia la Sinarquía. Un evento de estas características es inminente y tendrá lugar al mismo tiempo que la humanidad atraviese la Quinta Iniciación. De hecho se trata, hablando en términos musicales, de la octava superior de la Quinta Iniciación.

Las iniciaciones de este nivel se hallan más allá de la comprensión humana

La Novena y última de las Iniciaciones nos conduce hasta el punto final de la historia de la consciencia. A un nivel individual, la Novena Iniciación puede solamente ocurrir en el puro silencio. En algunas tradiciones esotéricas se refieren a ello como «la negación». Después de esta Iniciación, el ya indudable nivel de despertar *se niega* a materializarse y se vuelve a disolver con la esencia primordial de la que había surgido. La tradición nos indica que solo unos pocos iniciados han tomado, hasta el día de hoy, la Novena Iniciación. Durante esta Iniciación final, el primer y el séptimo cuerpos van a fusionarse. La forma física, por lo tanto, ascenderá y completará su grandioso destino final.

El nuevo cielo y la nueva tierra

Cualquiera de nosotros puede ver, a través de la intensidad que caracteriza la transmisión de este 22.º Siddhi, lo difícil que es describir con palabras su contenido. La razón

estriba en la necesidad de haber tenido la experiencia para poder saber de qué estamos hablando. Aunque la Gracia es una palabra que se usa con frecuencia en los círculos espirituales de hoy y de siempre, no debería emplearse con tanta ligereza. Por el contrario, esta palabra necesita tratarse con el máximo respeto. La Gracia, como hemos visto, se alcanza a través de la Misericordia. El gran mensaje de la 22.ª Clave Genética es encontrar la Misericordia en el rostro del sufrimiento y, quizás, encontrar incluso a la mismísima divinidad disfrazada. Si la 22.ª Clave Genética es un aspecto destacado de tu perfil hologenético, el tema de la Gracia será recurrente y central de tu vida, y deberás mirar bien de cerca, sin escaparte, las ocasiones en que la vida te muestre el sufrimiento.

El gran mensaje de la 22.ª Clave Genética es encontrar la Misericordia en el rostro del sufrimiento y, quizás, encontrar incluso a la mismísima divinidad disfrazada

Todos estamos aquí para ser, una y otra vez, puestos a prueba, hasta que nos demos cuenta de que nuestra fe en la naturaleza misma es una constante que nunca hemos de perder de vista.

La Gracia es una presencia que desciende sobre la humanidad, y, como todos los Siddhis, necesita que encontremos el camino intermedio, lo que a los humanos nos parece un largo viaje. Después de todo, es un estado perfecto en el que tú y toda tu vida cambiarán para siempre. Cuando la verdadera Gracia descienda, te sacará de la rueda del karma pasado en un tris. También aniquilará el karma de todos tus ancestros, y de los ancestros de tus ancestros. La Gracia suaviza tus bordes ásperos, pone fin definitivo a tu miedo y te abandona a la certeza de tu divinidad. También se asegura de que nunca te olvides de lo aprendido. Es imposible medir en palabras el enorme número de bendiciones que la Gracia otorga si nos sintonizamos con ella.

Quien haya sido tocado por la Gracia permanecerá para siempre tocado por ella. Si te pasó hace milenios en alguna otra parte del universo o en otra encarnación, nunca te abandonará, sino que te cubrirá una y otra vez con su manto. Estar en la presencia de alguien que manifiesta este Siddhi es entrar en el aura del amor que le rodea, una experiencia que no olvidarás nunca y que impulsará a tu propia alma en la búsqueda, hasta que la encuentres para ti mismo. La Gracia es el aliento mismo de la Divinidad. Siempre está esperándonos allá arriba, por si persistimos en nuestros sacrificios. Donde hay opresión, existe la posibilidad de la Gracia. Si puedes encarar la opresión con espíritu misericordioso y corazón de perdón, la Gracia vendrá a buscarte tarde o temprano. La Gracia es un espíritu femenino y no se puede resistir a la hora de entregarse a todos los que sonríen cuando encaran la adversidad.

Como vimos en la 22.ª Sombra, no hay lugar donde esconderse en el universo. Todo se oye y queda grabado. Tampoco te puedes esconder de la Gracia. La Gracia es tu verdadera naturaleza. Es tu herencia, el alma del mundo. También es el estado que existe más allá de las leyes de nuestro mundo.

Si la Gracia te toca, ya no vas a crear más karma. Si la Gracia te toca, dejarás de tener un destino personal y te convertirás en un instrumento musical perfectamente afinado y ejecutado por los dioses. Con la Gracia, todas las emociones humanas se transformarán en amor de un fogonazo. No se trata de un estado con el que los seres humanos

estemos demasiado familiarizados. Como especie, sin embargo, estamos entrando en una época que estará marcada por la Gracia. Una vez que cada uno de los siete sellos se haya abierto, el mundo que estábamos acostumbrados a ver va a empezar a desmoronarse, mientras que, en su lugar, comenzará a amanecer, brillante y resplandeciente como un sol de verano, el nuevo cielo y la nueva tierra que ya mencionaba San Juan en su gran revelación.

Ahora que te has imbuido de la profunda transmisión de la 22.ª Clave Genética, es recomendable que te des algún tiempo para digerirla en cada una de las muchas y diferentes capas de tu ser. Como espíritu femenino que es, la Gracia nos llama a cada uno de nosotros para escuchar y recibir su mensaje y sus bendiciones. Sobre todo, recuerda esto: a través de la Gracia, el universo manifiesta un único deseo para ti: que recuerdes que tú eres amor, solo amor, y ninguna otra cosa sino amor.

23.ª CLAVE GENÉTICA

SIDDHI QUINTAESENCIA • DON SIMPLICIDAD • SOMBRA COMPLEJIDAD

LA ALQUIMIA DE LA SIMPLICIDAD

PAR PROGRAMADO: 43.ª CLAVE GENÉTICA
ANILLO CODÓNICO: EL ANILLO DE LA VIDA
       Y LA MUERTE (3.ª, 20.ª,
       23.ª, 24.ª, 27.ª, 42.ª)

FISIOLOGÍA: GARGANTA
       (TIROIDES)
AMINOÁCIDO: LEUCINA

LA SOMBRA DE LA 23.ª CLAVE GENÉTICA: COMPLEJIDAD

SEPARARSE DEL MUNDO

El filósofo Ludwig Wittgenstein dijo en una ocasión: «No puedes pensar en algo a no ser que hables de ello». Lo que sugerían sus palabras es que lenguaje y pensamiento parecen inseparables. La 23.ª Sombra tiene que ver directamente con la conexión entre el pensamiento, el conocimiento y la expresión de lo que conoces gracias al lenguaje. Las 64 Sombras son funcionamientos —o más bien *malfuncionamientos*— que rigen a la humanidad en diferentes ciclos. Esto quiere decir que, en diferentes momentos de la historia, una Sombra concreta aparece repentinamente y domina la especie humana, mientras que en otros momentos su presencia es menos evidente. La historia se va escribiendo conforme va surgiendo cada aspecto de la consciencia de la Sombra. El rumbo de la evolución de la humanidad está gobernado por estos ciclos internos regulares y por los impulsos que surgen de tu ADN.

La 23.ª Sombra es una de las más poderosas Sombras contemporáneas que dirigen a la humanidad en esta era postmoderna. Se trata de la Sombra de la Complejidad. La Complejidad surge cuando la mente humana trata de controlar su entorno. Cuanto más intentan los humanos crear la sensación de seguridad gracias al uso de su mente, más complicado e inseguro se vuelve el mundo. A nivel individual esta Sombra crea confusión y división en dos sentidos diversos: o bien los individuos dicen cosas equivocadas, o bien las dicen en el momento equivocado. Este rasgo humano existe desde que el lenguaje existe, y es el responsable de algunos de los más horrendos eventos de la historia de la humanidad. Algunas de las más sangrientas guerras que ha habido en nuestro planeta han comenzado debido a una simple malinterpretación de las palabras. Cuando Buda

introdujo su gran enseñanza conocida con el nombre del Noble Camino Óctuple, hablaba de «la comprensión adecuada», que conduce al «discurso adecuado», y da en el clavo de esta verdad tan grande como simple: que nuestro lenguaje brota directamente de nuestro estado de consciencia. Cuanto más profundamente comprendamos la Sombra, más libres nos volveremos.

El reto de la 23.ª Sombra se encuentra en su par programado, la 43.ª Sombra, la Sordera, que representa la desbordante urgencia por expresarte, lo que unido a la incapacidad de escucharte a ti mismo o a otros genera un cóctel letal. Uno de los grandes problemas de los individuos consiste en la dificultad para comunicarse claramente con otros. Escucharte a ti mismo significa ser consciente de lo que te pasa por dentro. Si no tienes mucha consciencia de ti mismo, entonces tampoco eres capaz realmente de escuchar lo que pasa fuera, lo que significa que no sabrás cómo relacionarte con los otros. El lenguaje resulta inmensamente poderoso, ya que es un medio para conmover el volátil espíritu emocional humano. Cada vez que habla la 23.ª Sombra, complica la situación, lo que como consecuencia cataliza un proceso exponencial de malentendidos que puede saltar rápidamente de un proceso mental a otro emocional. El miedo que hay tras esta 23.ª Sombra es el de encontrarse con la intolerancia y la exclusión de los otros. Lo irónico es que el propio miedo activa el comportamiento que manifiesta el miedo.

Cada vez que habla la 23.ª Sombra, complica la situación

La dificultad de la 23.ª Sombra consiste en que tiende a hacer «creer» a los seres humanos que tienen la razón, lo que de entrada cierra la puerta a que su ser pueda abrirse a otros puntos de vista. Ahí es donde entra en juego la Sordera. Cuando conversas con alguien fuertemente influido por esta Sombra, parece que escuchas un disco rayado, ya que no pueden darte una respuesta directa a una pregunta. Incluso si les pides que te conteste con una sola palabra, ¡no lo pueden hacer! Asumen, de manera inconsciente, que tú estás también ahí dentro, en alguna parte de su cabeza, y que entiendes con una claridad meridiana sus pensamientos. Como consecuencia de este patrón, parece que esas personas te están hablando *a* ti, pero no *contigo*, lo que produce una gran incomodidad física en el oyente, que se retrae o trata de interrumpir el discurso. En cualquiera de los dos casos, la situación se vuelve compleja y agitada, cuando en realidad el malentendido se podría haber evitado fácilmente.

En esta 23.ª Clave Genética habita el secreto del momento oportuno. Dado que la 23.ª Sombra tiene que ver con el modo en que tu cerebro traduce los pensamientos en modelos lingüísticos, por medio de esta Clave Genética suceden todo tipo de dificultades verbales: desde la verborrea hasta el tartamudeo. Tales problemas se basan en el mecanismo temporal, sutil, que se esconde en el lenguaje. El discurso humano está formado por muchas capas de entonación con espacios entre ellas. Incluso cuando tu cerebro *escuche* el lenguaje de tu cabeza, trasladarlo al ámbito de las cuerdas vocales es otro cantar. El éxito de la operación depende del nivel de frecuencia global. Si estás atrapado en el patrón de víctima, entonces el proceso de traslado fracasa en algo, ya que algún código se ha copiado de manera incorrecta. Ello conduce a un modelo de lenguaje que no está armonizado con la situación o con el oyente.

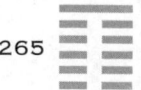

Este proceso de sincronización y desincronización sucede a un nivel que está muy por debajo de tu consciencia. No son las palabras las que provocan la interferencia entre el hablante y el oyente, sino las cadencias sutiles y la entonación. Hay personas que pueden dar discursos en el lenguaje más cautivador, pero cuyas palabras carecen de sentido para la audiencia. El don de la comunicación no está en el nivel lingüístico del que habla, sino en algo mucho más sutil: en su corazón. Si la más leve traza de miedo aparece en un discurso, el mensaje no podrá ser nunca totalmente absorbido por el oyente. Sin embargo, cuando alguien habla o escribe desde su corazón, podrás comprender el *quid* de lo que está diciendo, sin importar *cómo* lo esté diciendo. Por el contrario, cuando lea o escuche algo que te deje frío, probablemente estará escuchando al que habla desde el miedo. Las personas que hablan desde la 23.ª Sombra lo hacen en busca de aprobación o de reconocimiento, lo que siempre, sin excepción, las conduce a ser malinterpretadas.

A nivel colectivo, el fallo de los patrones humanos de lenguaje ha llevado a la intolerancia y a los cismas. De hecho, una de sus mayores creaciones son las religiones organizadas. Todas las grandes religiones organizadas han evolucionado desde un modelo de discurso simple que realizaba un individuo en un momento determinado de la historia, hasta otro modelo que era el resultado de una malinterpretación o traducción de otras personas que no habían estado presentes cuando se pronunciaron aquellas palabras. Podemos poner como ejemplo las palabras de Cristo, tan bellas en su pura simplicidad, pero que han causado un enorme número de cismas gracias a las múltiples interpretaciones de terceros, que han transformado su simplicidad original en algo increíblemente complicado y hasta feo. En el momento en que alguien habla desde la frecuencia del miedo o de la ira, hasta las más hermosas palabras se tornan peligrosas y divisivas.

Es fácil ver desde esta Sombra por qué en chino antiguo se aludía al 23.er hexagrama del I Ching como «La separación». Es totalmente cierto que la frecuencia de esta Sombra causa entre los seres humanos la desconfianza mutua, separándonos más y más, y creando cada vez más complejidad y separación. Como se sugirió anteriormente, la 23.ª Sombra, la Complejidad, es la responsable de que nuestro planeta se haya convertido en un lugar tan inseguro. Sin embargo, la separación tiene una finalidad u objetivo oculto: hacer que los seres humanos se den cuenta de que ellos son la causa de su propio sufrimiento y, también, de que son capaces de alcanzar el Don de la *Adecuada Comprensión*.

NATURALEZA REPRESIVA: ESTÚPIDA

En una sociedad o naturaleza represiva, la expresión de la 23.ª Sombra se tolera escasamente. Allá donde veas sociedades que mantienen a otros en silencio, estarás viendo en acción el miedo de esta Sombra. Dependiendo de cuán agudo sea el nivel de miedo individual o grupal, puede que incluso ni tan siquiera lleguen a expresar nunca lo que piensan realmente. Se puede reprimir la lengua tanto por represión interna como por represión externa. Es interesante que el significado moderno de la palabra *estúpido* haya terminado usándose para referirse a la falta de inteligencia, porque a menudo es así como se perciben este tipo de personas. Si estás en shock por el miedo, no puedes hablar con claridad, o no puedes hablar en absoluto. De manera

que esas personas aprenden poco a poco a no expresar lo que piensan realmente y a guardar silencio o decir frivolidades, lo que es especialmente frecuente en los hijos de padres muy opresivos.

NATURALEZA REACTIVA: FRAGMENTADA

La otra cara de esta Sombra es la naturaleza expresiva, que a menudo no puede parar de hablar. Sin embargo, por falta de sincronización con su sistema neurológico, crean una gran interferencia y fragmentación allá donde van. Estas personas dicen siempre algo equivocado, o dicen lo correcto pero en el momento inadecuado. El patrón de lenguaje de este tipo de personas tiende a complicarse demasiado, y el significado esencial de las cosas se pierde. Gastan enormes cantidades de energía en intentar ser escuchados, solo para comprobar constantemente cómo son también rechazados. Estas personas tienden a hablar en círculos, a explicar en demasía cada cosa con una intención inconsciente de disimular la irritación que habita en ellos por no ser comprendidos a un nivel más profundo.

EL DON DE LA 23.ᴬ CLAVE GENÉTICA: SIMPLICIDAD

LA VERDAD MÁS NOBLE

Una de las cosas más difíciles para el ser humano moderno es vivir con simplicidad. A veces la simplicidad se considera incluso sinónimo de estupidez. Realmente, cuanto más baja es tu frecuencia genética, más complicadas tiendes a hacer las cosas. La razón de ello es la mente humana. La mente no confía en la Simplicidad, porque se crece en la complejidad. Cuanto más complicado es algo, más puede pensar la mente sobre ello. Así que cuando llegamos al 23.ᵉʳ Don, estamos aprendiendo uno de los grandes secretos de la vida feliz: hacerla sencilla.

El 23.ᵉʳ Don aborrece los follones y la terminología especializada. Se comunica con precisión, claridad y con gran economía. El poder de la sim-

Si amas la simplicidad, la manifestarás a tu alrededor

plicidad consiste en crear eficiencia allá donde va. Las personas con este Don de la Simplicidad no malgastan el tiempo en su vida. Sus zonas vitales a menudo reflejan su modo de pensar, con muchos espacios libres y posibilidades para respirar. Son capaces de obviar la paja e ir directas al grano. La simplicidad es un estado del ser —una actitud hacia la vida— y, como tal, no se puede enseñar. Ser simple comporta una gran sensibilidad. Más que un truco, se trata de un aura amorosa. Si amas la simplicidad, la manifestarás a tu alrededor.

El nivel de frecuencia del Don es un repositorio en el proceso de preparación para darte cuenta del nivel de consciencia síddhico. Como tal, el 23.ᵉʳ Don es un proceso a través del cual te vas liberando gradualmente de más embrollos cada vez, tanto en tu vida interior como exterior. Otra manifestación de esta frecuencia es una relajación de su sistema interno y una gradual reducción de tu necesidad de resolver cada cuestión de tu vida. Permites que las emociones sigan su curso natural; entre tus pensamientos comienzas a tener más espacios de silencio y más largos, y, a nivel físico, los impulsos se contemplan o bien de una manera objetiva y desapasionada o con indulgencia y sin rastro de culpa. Todo dentro de tu naturaleza comienza a clarificarse. La mayoría de los problemas de tu vida se ven como fantasmas creados por tu mente, que actúa para cumplir tus deseos, y así comienzas a girarte naturalmente hacia adentro y a contemplar tu propia esencia.

Una buena metáfora para la Simplicidad es la de volar en un avión, primero atravesando las nubes y después sobrevolándolas. Entre las nubes, la mente encuentra solo complejidad y da vueltas sobre sí misma para intentar encontrar una salida. En esas nubes de más baja frecuencia permaneces todo el tiempo estático. En los niveles superiores de frecuencia tu mente ve más amplia y claramente. En el nivel que se halla más allá de las nubes el mundo de la mente queda atrás y te mueves más en el silencio. El 23.er Don y su par programado, el 43.er Don, la Revelación, están muy ligados al campo acústico del sonido. Estos dos Dones se refieren a un escucha clara y a una traducción serena de lo escuchado. A un nivel interior, escuchar equivale a saber. En la 43.ª Sombra notamos que el tema de la Sordera es subyacente a estas dos Claves Genéticas. Sin embargo, conforme se eleve tu frecuencia, la propia sordera se volverá una aliada, ya que comenzará a actuar como un filtro para la verdad. A través del 23.er Don solo escuchas la esencia y se eliminan todas las extrañas bajas frecuencias de ruido.

Como parte del maravilloso anillo codónico conocido como el Anillo de la Vida y la Muerte, la 23.ª Clave Genética capta las mismas revelaciones que Gautama Buda regaló a la humanidad. La bella simplicidad de las Cuatro Verdades Nobles y el Camino Óctuple, la sabiduría que nos dejó Buda, refleja los secretos de este Anillo codónico. A través de la 3.ª Clave Genética, vemos que toda la vida cambia y que está sujeta a un final. A través de la 20.ª Clave Genética Buda descubre que toda la verdad se basa en la consciencia del momento presente. A través de la 24.ª Clave Genética se describe el proceso constante de renacimiento y la rueda del samsara. La 27.ª Clave Genética se refiere al código esencial, moral, de la divinidad que se encuentra en el corazón de la humanidad, y, finalmente, la 42.ª nos muestra el poder del desprendimiento. Una vez que hayas descubierto cada uno de esos secretos en tu vida, alcanzarás un punto de belleza y simplicidad en el cual el nivel superior de la 23.ª Clave Genética, la Quintaesencia, se percibirá como el centro de los centros. Ese centro se encuentra dentro de tu vientre y de tu ser. La iluminación llega solo a través de una profunda inmersión en la aceptación central de la vida y de la muerte.

Encontrarse cerca de quien manifiesta el 23.er Don es una poderosa y maravillosa experiencia. Las cosas que tú pensabas que eran problemas parecen disolverse en su presencia, y, gracias a su revelación y su lenguaje claro, lo difícil se convierte en fácil. Sobre todo, comienzas a relajarte físicamente y, mientras eso sucede, la mente suelta su necesidad de resolver constantemente complejidades. La simplicidad es muy práctica en el mundo material y las personas con ese Don suelen ser muy buenas en el manejo del dinero. No se trata de que sepan hacer dinero, sino que saben cómo no malgastarlo. No son tacaños en absoluto, pero encuentran las soluciones más sencillas a las cosas.

Son maestros de la eficiencia, a la cual llegan de la mano de ideas tan prácticas como originales, con las que obtienen como resultado saltos cuánticos en términos de productividad o rendimiento.

El 23.ᵉʳ Don no mira a las cosas de un modo lógico, ni tampoco podríamos describirlo como artístico o abstracto. Sencillamente, *sabe* las cosas espontáneamente, sin saber desde donde llega ese conocimiento, y en eso justamente consiste la esencia del genio. La cualidad que acompaña más a menudo a este 23.ᵉʳ Don es el sentido del humor, porque, aunque parezca que se trata de un Don muy serio, en verdad no lo es. Este tipo de gente piensa de forma muy lateral, no en el modo normal en que comprendemos el pensamiento. Son personas que observan de manera silenciosa hasta que la solución llega de un brinco a su consciencia, y, en este punto, se sienten capaces de comunicarlo con belleza y efectividad. La combinación de todos estos rasgos los convierte en maravillosos maestros.

Un aspecto final que merece la pena mencionar sobre este 23.ᵉʳ Don es su increíble sentido del humor. La forma en que opera este Don puede dar lugar a manifestaciones de hilaridad espontáneas que son capaces de captar la esencia de la persona en un determinado momento, gracias a estar tan alerta. Como no tienen planeado lo que van a decir, a menudo sorprenden a todo el mundo. En las más bajas frecuencias, esta cualidad puede causar daño y rechazo. En las frecuencias superiores, sin embargo, a menudo provoca risa o asombro. Todo tiene siempre que ver con la frecuencia.

Pero, sobre todo, las personas que operan desde el 23.ᵉʳ Don son comunicadores verdaderamente claros y, también, buenos consejeros. Su verdadero genio se basa en la economía de su lenguaje y en la originalidad de su expresión. Su verdad es la más noble de todas: el Don de la Simplicidad.

EL SIDDHI DE LA 23.ᴬ CLAVE GENÉTICA: QUINTAESENCIA

EL DELIRIO DEL BUDA

En el nivel más elevado del 23.ᵉʳ Don se encuentra el camino de acceso al Siddhi de la Quintaesencia, un término que deriva de la antigua filosofía medieval. Se refiere al también llamado quinto elemento mágico o *éter*, del que se creía que era inherente a todas las cosas. En los 64 Siddhis, las palabras son vibraciones, más que solo palabras con un simple significado específico. Esta palabra, *quintaesencia*, lleva en sí misma el secreto que nos ofrece tantas pistas sobre los aspectos superiores de esta 23.ᵃ Clave Genética.

El 23.ᵉʳ Siddhi porta un aroma alquímico. En un plano metafórico, se refiere a la habilidad de extraer oro desde otra base de metales, que es el objetivo de la alquimia. Por lo tanto, las personas que manifiesten este Siddhi serán capaces de tocar el oro oculto en otros seres humanos. Pueden transmitir el potencial del estado de despertar por medio de un gesto o una palabra. A todos los que tocan los convierten en oro. Cada persona tiene una clave especial que le abre a los estados de consciencia superiores, y

la gente con este Siddhi tiene todas las claves. No saben necesariamente que ellos son poseedores de esas llaves; simplemente responden de modo sencillo y espontáneo a cada persona y, al hacerlo, tocan el centro de cada uno de ellos.

Se trata de personas completamente impredecibles. Tal y como indica el antiguo nombre chino para este arquetipo, este Siddhi tiene que ver con separarse de la gente. En la frecuencia del Siddhi, el pensamiento se revela como lo que es: energía atómica. Cada pensamiento que sea absolutamente necesario, inmediatamente se someterá a un proceso de fisión nuclear, que separa y libera la pura energía orgánica del aura física del ser. En las frecuencias más elevadas, esta «separación» se refiere a la separación de tu esencia interior, de tu ilusión de separación.

Cualquiera que se halle en el nivel síddhico se somete a un proceso alquímico de transformación. En los estados iniciales del estado síddhico, tu psicología sufre una profunda transformación genética. Este cambio viene dado, en primer lugar, por el *efecto secundario* de separarte de tus pensamientos. El cuerpo entero se somete, a menudo, a un período acentuado de sensaciones físicas que se experimentan a veces como placer y a veces como dolor, hasta que la continuidad de tu apego al pensamiento se destruye por completo. Una vez que desaparece el polvo de la superficie, lo que queda es la quintaesencia: la consciencia misma hablando o actuando a través del caparazón de la personalidad. Esta es la verdadera explicación de los secretos que insinúa la alquimia: que el cuerpo físico contiene en sí la semilla de la consciencia síddhica, oculta en tu ADN, controlada por un mecanismo sincrónico y, por lo tanto, espontáneo, que no está al alcance del deseo individual. No hay manera de provocar este evento, ya que no está al alcance de tu mente, y cualquier cosa que intentes hacer para desencadenarlo estorbará tu proceso natural. Del mismo modo que la 23.ª Sombra *espeta* inconscientemente lo inadecuado, las frecuencias superiores también, de repente, detonarán en tu cuerpo cuando menos te lo esperes.

Como el despertar es un hecho no causal, es decir, que no está en manos de la intervención humana, no se puede crear una tecnología para provocar la iluminación. La iluminación está más allá de la comprensión técnica, pues habita en el ámbito del misterio eterno. El 23.er Siddhi representa la trascendencia de camino del lado derecho y del camino del lado izquierdo. Es a lo que Buda se refiere como «el camino intermedio». El lado izquierdo del camino es la ciencia, que solo puede llegar hasta donde alcanza la paradoja, el límite absoluto para el pensamiento científico y lógico. El lado derecho del camino es el de los artistas y poetas, y aunque este camino se aproxime más al centro que el científico, siempre se queda corto. El poeta va más allá de la mente e intenta aproximarse al misterio desde su corazón, pero el corazón y el alma están limitados por sus propios anhelos y, aunque pueden probar el regusto del centro durante breves períodos, no alcanzan a llegar hasta el final.

El tercer camino es el de los místicos, que ni toman la senda de la búsqueda ni la del anhelo. El místico entra con todo su ser en el propio misterio, no para buscar una solución o por la sed de verdad. El místico mantiene un respeto profundo por el misterio, pues sabe que él no está llamado a comprenderlo, sino a beber en él a través de todos los poros de su piel mientras que ese misterio se revela por sí mismo. Solo los místicos pueden extraer la quintaesencia de lo absoluto, ya que solo ellos entran por la puerta pequeña en un estado de asombro. La pura belleza de la realización final consiste en que se encuentra por error. Después de que la realización le ha sucedido a un ser, este se dará cuenta de que las condiciones para el despertar son muy sencillas, como le pasó a Buda, y por eso podrán mostrar la naturaleza exacta de esas condiciones. Sin embargo, el que se ha iluminado sabe también que esas condiciones se han dado para sí mismo, no para convertirse en objetivos o etiquetas de los futuros buscadores. He aquí el dilema del iluminado: ¿cuánta gente va recibir las enseñanzas como una oportunidad para desviarse de su propio proceso? ¿No sería mejor no decir nada? Pero si tan solo una persona capta intuitivamente el dharma (las enseñanzas), entonces merecen la pena los desvíos del resto.

La pura belleza de la realización final consiste en que se encuentra por error

El potencial real del 23.ᵉʳ Siddhi está, por lo tanto, en la transmisión directa, cuerpo a cuerpo. Las palabras que emergen desde este Siddhi tienen un poder extraordinario en el momento en que son pronunciadas. Una vez que el 23.ᵉʳ Siddhi se haya despertado por completo en una persona, se convertirá en un agente alquímico. Como el azogue, encuentran la manera de captar a la persona y el modo de colarse en sus estructuras mentales. En torno a una persona de este tipo podrás atravesar una serie de simplificaciones espontáneas, ya que la presencia continua de su aura comienza, lentamente, a extraer la quintaesencia de entre las inmundicias que te han colocado tu cultura y tu condicionamiento. Al ser un recipiente para esta vibración, inevitablemente atravesarás una deconstrucción completa, lo que podría resultar arduo. Como todos los procesos alquímicos puede ser extremadamente peligrosa para tu salud mental, a no ser que completes el proceso hasta el final.

El 23.ᵉʳ Siddhi es el custodio de una verdad sagrada: confía en tu propio camino interno antes que en enseñanzas o maestros externos. En el caso de Buda, muchos millones de budistas han seguido sus enseñanzas, pero solo unos pocos han sido capaces de leer entre líneas y de extraer la quintaesencia viva de su mensaje. Sin embargo, las verdades que nos han dejado los grandes maestros están lejos de ser tan fáciles de asimilar, aunque la mente te haya podido hacer creer lo contrario. Seguir el camino místico es seguir el camino de la rendición hasta el final, hacia eso que está dentro de ti, te lleve adonde te lleve. El Camino Intermedio no es, como parece, un camino delicado que escapa de los opuestos. Se trata de un camino de total abandono que se va creando bajo tus pies conforme vas dando pasos. Es una camino esculpido por el vacío, que nadie ha recorrido antes y que, por lo tanto, no tiene ley, ritmo o razón prefijados. Para caminar por esta senda tienes que cavar bien hondo dentro de ti mismo y revelarte en esa verdadera esencia que solamente tú puedes reconocer, el delirio del Buda.

24.ª CLAVE GENÉTICA

Siddhi Silencio • Don Invención • Sombra Adicción

SILENCIO: LA ADICCIÓN DEFINITIVA

Par programado: 44.ª Clave Genética
Anillo codónico: El Anillo de la Vida
y la Muerte (3.ª, 20.ª,
23.ª, 24.ª, 27.ª, 42.ª)

Fisiología: neocórtex
Aminoácido: leucina

LA SOMBRA DE LA 24.ª CLAVE GENÉTICA: ADICCIÓN

LA GRAN FALLA GENÉTICA

La 24.ª Sombra, si se comprende en su justa medida, revela mucho sobre el estado de la Sombra y sobre por qué los seres humanos encuentran tantas dificultades para resolver los problemas más complejos y recurrentes de sus vidas. Esta es la Sombra que mantiene el negocio de la psicología como profesión en auge y la Sombra de la que se aprovechan las compañías de publicidad. Los humanos venimos preprogramados para la adicción, y las mayores culpables y responsables de ello son nuestras mentes. Un mito urbano bien conocido expone que solamente usamos un pequeño porcentaje de nuestros cerebros, pero ningún neurólogo podrá ratificar esta teoría. En un día cualquiera, utilizamos casi todo nuestro cerebro, así que no se trata de cuánto porcentaje de él usamos, sino de la eficiencia con que lo hacemos. Hoy por hoy, el cerebro humano es un territorio casi inexplorado por la consciencia.

La dirección en la que utilizas el cerebro viene determinada por la genética, de manera que algunas personas son más lógicas y otras más laterales. Si comparamos el circuito del cerebro con las 88 teclas de un piano, podríamos decir que en las teclas reside un potencial casi infinito para crear música y melodías. Sin embargo, en el caso de nuestros cerebros, tendemos a encontrar las melodías que nos gustan y las repetimos hasta la saciedad. La mayoría de la gente, en realidad, no piensa por sí misma, sino que ha aprendido patrones de comportamiento condicionados por sus padres y por su entorno, y siguen reproduciéndolos toda su vida. Por supuesto que cada persona utiliza su cerebro todo el tiempo, pero es relativamente raro encontrarse con alguno que tenga un modo enteramente nuevo de pensar. Las rutas sinápticas de los ganglios cerebrales

acaban siendo tan trilladas y familiares como una calle principal, y la 24.ª Sombra trabaja sin tesón para mantener está dinámica intacta.

La conciencia de masa de la humanidad todavía está dominada por el miedo arcaico y por los aspectos de supervivencia básicos de nuestro cerebro. Este miedo es una potente fuerza dominante, presente en la química del cuerpo humano. La 24.ª Sombra crea una baja frecuencia rítmica que traspasa todo tu ser, y es la misma frecuencia que te impide pensar más allá de la zona de confort, que existe tanto a nivel físico como mental y emocional. Generalmente seguimos los mismos caminos predecibles en nuestra vida pública que aquellos que siguen nuestros cerebros, neurológicamente hablando. Esto da lugar a un fenómeno conocido como comportamiento adictivo. Cuando hablamos aquí de adicción, no estamos hablando de un desorden psicológico específico, sino de un entero código comportamental humano tan autolimitado que no reconoce su propia adicción. El hecho es que todos los modos de pensamiento son adictivos. Puedes ser adicto al pensamiento lateral del hemisferio izquierdo o al del derecho igualmente. Lo único que rompe el pensamiento adictivo es el silencio, el verdadero silencio. Como veremos, el silencio da lugar al 24.º Don, la Invención, el arte de pensar y actuar de manera totalmente original.

El hecho es que todos los modos de pensamiento son adictivos

Cada ciclo de adicción tiene *interrupciones* incluidas, y los seres humanos experimentan esas pausas como un *darse cuenta*. Pueden suceder en cualquier momento y su función es confrontarte con el sufrimiento propio. En tales ocasiones sentirás una profunda sensación de vacío que te resultará tremendamente incómoda. Nuestra respuesta típica a estas «interrupciones para darse cuenta» es la de intentar abolirlas, ya sea adormeciéndonos, ya sea distrayéndonos. La Sombra de la Adicción se asegura de que la gente no cambie de verdad. Incluso aunque busquemos nuevos modos de ser, normalmente terminamos siguiendo nuestra adicción en el ambiente exterior y permaneciendo inmutables en lo interior. Tan solo tienes que mirar los actos de cualquiera en el mundo para ver si está viviendo en estado de adicción o en la alta vibración de la invención. Si están influidos por el estado de la Sombra, habrá una parte ansiosa de ellos que parece no relajarse nunca. Incluso cuando abordan cambios aparentes en su vida social, no crean nada de verdad original. Este patrón también tiende a desempeñar un importante papel en las relaciones, cuando una persona se encuentra a sí misma viviendo repetidamente los mismos escenarios sin darse cuenta del porqué. Incluso cuando cambian las personas con las que se relacionan por otras que prometen ser completamente diferentes de aquellas, se pondrá de nuevo de manifiesto la misma táctica y estrategia, y con ellas se hará patente un patrón interior neurológico del que parecen no poder escapar.

Es importante entender los mecanismos de la Sombra de la Adicción para poder encontrar las raíces de este hondo sufrimiento humano. Un camino para entrar en el misterio es usar el modelo del Corpus Christi, mencionado en la 22.ª Clave Genética. El Corpus Christi se refiere a los siete cuerpos, capas o fundas del ser humano. Para entender realmente las mecánicas de tu sufrimiento tienes que tener en cuenta los tres cuerpos más densos: el físico, el astral y el mental, y la interrelación entre ellos. La raíz

del sufrimiento humano está grabada en tu ADN, en el cuerpo físico, el más denso de los siete. Es la herida primigenia sagrada, que se ha transferido a toda la humanidad, cuyo único propósito es provocar finalmente tu despertar.

En términos vibratorios, al cuerpo físico le sigue el cuerpo astral, del que surgen todos tus deseos: sexualidad, emociones, anhelos, ansias y sentimientos. Mientras que el cuerpo físico tiene solo necesidades esenciales, como la comida o el calor, el astral tiene deseos, que son innecesarios en términos de supervivencia. La herida primigenia es lo que percibimos como la separación de la totalidad, y el cuerpo astral responde a esta herida con deseos. Todos los deseos están realmente enraizados en un único deseo: el de huir del sufrimiento causado por la herida original y volver al puro estado de unidad. Si miras profundamente en ese deseo, sin necesidad de manifestarlo, podría autodestruirse, que es el propósito subyacente de la contemplación.

El siguiente aspecto de la historia de tu sufrimiento está fundado en el cuerpo mental: la mente. Tu mente reacciona a los deseos del cuerpo astral e intenta buscar la salida del sufrimiento. La adicción comienza con la interacción de los tres bajos cuerpos astrales. Tu mente construye imágenes, historias y proyecciones alrededor de los deseos del cuerpo astral, lo que te mantiene en un curso de comportamiento adictivo dirigido a aliviar el sufrimiento. Dado que la mente funciona a través del tiempo, su tendencia fundamental es basar la esperanza de felicidad en el tiempo futuro, más que aceptar las condiciones reales del presente. La civilización superficial diseñada por la humanidad alimenta la estrategia mental de intentar escapar del sufrimiento y encontrar felicidad en el futuro. Ha sido diseñada por la Sombra y para la Sombra, que es la razón por la que trascender la consciencia de la Sombra en la vida cotidiana es un desafío tan significativo.

Nada externo puede terminar con tu sufrimiento, ya que sus raíces están profundamente ancladas en tu ADN. Solo cuando vuelvas tu mirada hacia el interior y busques la fuente de tu sufrimiento podrás, por fin, encarar la cualidad adictiva de tu propia mente. El par programado de la 24.ª Sombra es la 44.ª Sombra, la Interferencia, responsable de las relaciones disfuncionales que se dan a lo largo y ancho del planeta, y que son la norma general. Esta disfuncionalidad es la consecuencia de un fallo universal en el sistema operativo genético de la humanidad, que viene reforzada por la 24.ª Sombra. La Adicción es la reproducción constante del mismo marco preceptivo sin parar, y eso es lo que sucede a nivel sináptico con la química cerebral de cualquier ciudadano de a pie. Como un ratón girando en la rueda, volvemos a representar una y otra vez los mismos guiones sin darnos cuenta de lo que estamos haciendo.

Entonces surge la pregunta: ¿cómo escapar de la rueda de la adicción y resetear el programa para funcionar sin interferencias? La respuesta completa a esta pregunta está en el 24.º Don; pero, en pocas palabras, el mero hecho de contemplarse apresado dentro de un patrón adictivo comienza a cambiar la programación de la Sombra 24.ª. El deseo de confrontar la mente crea la pausa necesaria entre ambos marcos de referencia, lo que permite al cuerpo mental desligarse del cuerpo astral. Cuando esto ocurre, el cuerpo astral y sus deseos experimentan, por primera vez, que no les llega el combustible proveniente de aferrarse a la mente, y así es como se abre la posibilidad de ir más hacia dentro, hasta la fuente misma del sufrimiento. El cuerpo astral se purifica a base de una

dieta que excluya las estimulaciones externas y, por lo tanto, facilita la entrada en el sagrado territorio del deseo puro: el deseo de retornar a tu verdadera fuente.

NATURALEZA REPRESIVA: CONGELADA

Cuando la naturaleza represiva se presenta a través de una brecha en tu consciencia, el miedo que hay dentro provoca una congelación, que se puede manifestar de muy diversos modos: físicamente, como una falta total de energía; emocionalmente, como una depresión, y mentalmente, como una percepción especulativa de la realidad estrecha y cautelosa. El secreto de toda adicción radica en cómo podemos responder a esas fallas en función de nuestra consciencia. El peligro de la adicción es que sellamos nuestro destino en esos preciosos momentos, sin darnos cuenta de que lo hacemos. En el nivel de frecuencia de la Sombra, simplemente no nos permitimos a nosotros mismos experimentar el vacío que precede al cambio de consciencia. La naturaleza represiva se contrae para no sentir ese estado de silencio que es el vacío. Si fuéramos capaces de encarar esos momentos de nuestras vidas sin contraernos o reaccionar, algo realmente asombroso podría germinar en nosotros.

NATURALEZA REACTIVA: ANSIOSA

La cara reactiva de la 24.ᵃ Sombra, al igual que la represiva, no desea experimentar en absoluto los sentimientos de vacío. El sentimiento de vacío lo experimentan todos los seres humanos en diferentes momentos de sus vidas. Las *brechas* que se abren ante nuestros ojos nos pueden empujar al pánico. Si reaccionamos activamente en vez de con pasividad, lo podríamos vivir sin ansiedad. Para escapar de la sensación de caer en un pozo sin fondo, lo que hacemos es traducir nuestro miedo en un lenguaje de actividades, y esas actividades oscurecen el mágico potencial de transformación que podría haber ocurrido a nivel interior. Esencialmente hay dos tipos de adictos: aquellos que se adormecen (la naturaleza represiva) y los que se estimulan a sí mismos (naturaleza reactiva). La naturaleza reactiva podría estar representada por el típico jugador de apuestas, o el adicto al trabajo, o por esas personas que no se pueden sentar tranquilamente, porque están desbordadas por la ansiedad que surge de impedir el proceso químico absolutamente natural y poderoso que está teniendo lugar dentro de ellos.

EL DON DE LA 24.ᴬ CLAVE GENÉTICA: INVENCIÓN

RELAJARSE EN LA BRECHA

En relación con la 24.ᵃ Sombra, hemos examinado la idea de estar enganchados a un paquete de patrones adictivos de comportamiento, cuya verdadera naturaleza oculta esas pautas. Además, hemos visto que tales adicciones pueden transformarse en patrones diferentes si el individuo reconoce el hueco que existe entre los procesos neurológicos

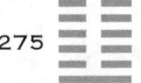

repetitivos. Ese tipo de huecos nos suceden a todos espontáneamente y pueden durar desde un segundo a una semana o más, y pueden facilitarnos un cambio total de configuración en nuestra vida. Quizás resulten momentos muy desestabilizantes si no te rindes totalmente a ellos. Tu respuesta a esta brecha determinará si ese hueco se va a convertir en un puente a otro nivel de consciencia o si simplemente te va a llevar de regreso a modos ya familiares de pensar y actuar. En el caso del 24.º Don, la brecha de consciencia se abarca por completo y, por lo tanto, se revela mágica. Las personas con este Don se suelen contemplar a sí mismos impidiendo que la brecha se abra, o reconocen enteramente esos momentos cuando se presentan. En cualquier caso, no se encogen ante el miedo que precede a esos instantes y, por lo tanto, descubren que esas brechas, confrontadas desde la consciencia, no son en absoluto de temer.

Por tanto, ¿qué sucede con la brecha cuando la abrazas? La respuesta es: nada en absoluto. El 24.º Don es realmente mágico y contiene el secreto de la genialidad. El genio está muy lejos del pensamiento lateralizado; más bien es la habilidad de hacer saltos cuánticos. Por ejemplo, la diferencia entre un jugador de tenis muy bueno y un gran jugador de tenis de verdad se encuentra en el 24.º Don. El gran jugador no seguirá un patrón que su oponente pueda romper, contraatacar y vencer; por el contrario, se lanzará en tiros completamente inesperados que produzcan momentos de gran intensidad. Este es el Don de la Invención, el don de traer novedades al mundo. El 24.º Don es un canal de parto para la originalidad y para las sorpresas, entre otras muchas cosas.

El cerebro se puede dividir, libremente, en materia gris y materia blanca, la primera de las cuales está relacionada con el asunto de la información, mientras que la segunda está relacionada con la acción de comunicar esa información. El 24.º Don conlleva el misterioso proceso que sucede dentro de las profundidades de la materia gris del cerebro, y este Don parece actuar como un tipo de catalizador neuronal que permite al pensamiento original emerger a través de esas áreas. El acto humano de ponderar podría ser una descripción adecuada para explicar lo que sucede a través de este Don. Cuando ponderas un tema, al comienzo transitas caminos neurológicos familiares en torno a ese asunto, hasta que llegas a una de esas «brechas» mágicas. En el momento en que te topas con una brecha, ocurre como si cambiases el engranaje neurológico y, de repente, una nueva y más eficiente red sináptica surgiese en tu cerebro. Esto te permite acceder de repente a una nueva visión de las cosas, desde una luz diferente.

Curiosamente, cuanto más eficiente se vuelva tu cerebro, menos lo tendrás que usar. Si puedes simplificar el número de disparos neuronales de tu cerebro, entonces las ideas y revelaciones pueden volverse más claras y más brillantes. Parece un chiste, pero, en realidad, cuanto menos porcentaje de cerebro usas, más inteligente te vuelves. Una de las mejores maneras de explorar las brechas es la contemplación. La contemplación de los misterios de la vida y la muerte, del cambio constante y del sufrimiento, te pueden transportar a súbitos estados alterados de consciencia. Contemplar es rendirse al gran misterio, hasta que repentina e inesperadamente se te revele gracias a un proceso de visión interior, profunda.

Que puedas comunicar o no tus visiones interiores de forma exitosa es asunto del 23.er Don, que, como el 24.º Don, es parte de la familia genética conocida como el

Anillo de la Vida y la Muerte. El Anillo de la Vida y la Muerte es un complejo grupo codónico genético que gobierna la mayoría de los procesos que llevan y traen a los seres humanos dentro y fuera de la forma. Uno de sus mayores símbolos es la rueda, que habla de procesos mecánicos que conectan el giro de las constelaciones y las galaxias con la rotación de las estructuras atómicas profundas, presentes en nuestros cuerpos físicos. Todo tiene que ver con esas brechas entre ciclos: los intervalos entre vidas, los espacios entre los átomos, el silencio entre las notas. La magia y la mutación suceden justo en esas brechas. En los seres humanos este codón permite que hagamos saltos cuánticos en términos de evolución de la consciencia.

El 24.° Don es el corazón del proceso creativo. El secreto del 24.° Don es realmente uno de los secretos de la creatividad misma. Se trata de un campo acústico que envuelve la elevación vibratoria de la frecuencia en nuestros genes. En cada ocasión que te topes con una de estas brechas mágicas tendrás la oportunidad, o bien de cambiar a una octava de frecuencia superior, o de permanecer atascado en la misma rueda. Una gran verdad sobre la adicción es que puede utilizarse como catalizador de creatividad y elevador de tu frecuencia. La invención es, en realidad, adicción creativa. Simplemente experimentas elevaciones espontáneas de frecuencia en la tendencia mental clásica, cuya mecánica es pensar en círculos. La adicción piensa dando vueltas a las cosas una y otra vez, mientras que la invención piensa en espiral. Todas las grandes invenciones que han guiado la evolución humana, desde las artes a las ciencias, han llegado a través del puente que es el 24.° Don. Solo los que estén deseosos de afrontar su ignorancia podrán cruzar ese puente. Comienza con la apertura a admitir que no sabes y que nunca sabrás. Esa honestidad interior crea un entorno propicio para que la invención suceda, incluso cuando no se pueda prever cuándo podría ocurrir. Sucede, habitualmente, cuando estás descansando, es decir, manifestando una pausa en algún aspecto externo de tu vida: sentado en silencio, durmiendo, soñando o simplemente, sin hacer nada.

La adicción piensa en círculos, mientras que la invención piensa en espiral

EL SIDDHI DE LA 24.ᴬ CLAVE GENÉTICA: SILENCIO

SALIR DE LA RUEDA

Es un reto hablar del 24.° Siddhi, porque ¿cómo se podría describir el silencio? Obviamente, no se puede. Lo que sí se puede hacer es considerar las manifestaciones de este Siddhi y construir un contexto a su alrededor. Hasta ahora hemos echado un vistazo a la naturaleza de la adicción y a cómo podría ser elevada o transformada en invención creativa. Hemos discutido el proceso mecánico de la mente, que sigue patrones, y cómo esos patrones pueden mutar en otros nuevos, más eficientes y más originales. Cuando llegamos al nivel síddhico, realmente tenemos que prescindir por completo de la mente. El silencio es el estado natural de base de todos los humanos conscientes, y solo puede acontecer cuando el pensamiento cesa por completo.

Durante siglos, los seres humanos han intentado todo tipo de técnicas para detener el proceso de pensamiento de la mente. El pensamiento puede, de hecho, enmascararse tras ciertas técnicas; pero el aquietamiento temporal no es lo mismo que el puro Silencio del 24.º Siddhi. Este es un silencio que desciende sobre ti, aunque de alguna manera ya viva dentro de ti. Ocurre como resultado del cambio en la geografía interior del despertar humano. El verdadero silencio reina cuando el mecanismo de control de tu despertar se traslada desde la cabeza hasta el plexo solar. No se puede decir que el silencio se experimente, porque el silencio invoca la paradoja en la que el *experimentador* deja de existir como aquel que está teniendo la experiencia. El silencio niega todo, fusiona objeto y sujeto en uno. Para que se despierte un cambio de consciencia de estas características tiene que haber ocurrido algún tipo de mutación física en el cuerpo humano. Ciertos químicos que se crean en el sistema endocrino impiden el proceso normal, acústico, del pensamiento. Dejas de pensar y empiezas a *ser pensado* por la vida. No es algo que podamos describir. A nivel síddhico no hay ya pensamiento, sino un saber y no saber al mismo tiempo. El no saber está ahí cuando la consciencia está dormida y el saber está presente cuando la consciencia se dedica a alguna forma de comunicación en el mundo exterior. Ambas expresiones equivalen, en realidad, a lo mismo.

Cuando la mente cesa de pensar, el pensamiento adictivo cesa también. La última adicción, creer que estás separado de la vida, es erradicada. En este sentido, el silencio no denota necesariamente silencio físico. El silencio de este Siddhi es un silencio interno de presencia permanente. Como adicción que es, puede transformarse en *brechas* naturales del funcionamiento de la consciencia, de manera que el estado síddhico se expanda exponencialmente dentro de la propia brecha. El hecho de darse cuenta se percibe como un velo que oscurece la naturaleza de estas brechas, que son verdaderas ventanas hacia la naturaleza de la consciencia pura. La pura consciencia es silencio o vacío; se representa desde el punto de vista temporal como el período anterior al comienzo del mundo. Solo el auténtico silencio interior puede poner fin al *maya*, o ilusión de separación. Es este silencio el que está entre y más allá de la actividad de los pensamientos, que es lo que los diferentes sistemas de meditación quieren inducir.

El 24.º Siddhi nos reserva otras sorpresas. Los antiguos sabios chinos llamaron a este 24.º hexagrama del I Ching «El retorno», un nombre con muchas interpretaciones e implicaciones. Ya hemos visto cómo actúa la naturaleza constantemente revolucionaria de esta Clave Genética. Se parece bastante a ver un rollo de película, una y otra vez, con los mismos fotogramas, hasta que en el nivel del Don se añade un nuevo paquete de fotogramas y la reproducción continúa. El movimiento circular de la vida vuelve siempre a la brecha del silencio, ese lugar mágico donde la evolución y la mutación acontecen. Este es el silencio entre las palabras de vida, o las brechas entre los átomos que ya hemos mencionado; la llamada «materia oscura» por la moderna física. En términos del destino humano, nuestros sabios han tratado de explicar ese movimiento recurrente a un nivel metafísico, lo que ha dado lugar a muchas de la grandes teorías místicas; dos de las más representativas de ello son el karma y la reencarnación.

La doctrina de la reencarnación es de particular relevancia para este Siddhi. Los sabios han hablado largo y tendido sobre el destino mayor del alma humana cuando se encarna en el mundo de la forma, la cual vive su ciclo karmático y después se reencarna,

una y otra vez, hasta que llega el momento de transcender para siempre la forma. Sucede así que los seres humanos tienen un tipo de adicción cósmica por la forma misma, y hasta que esta adicción no se rompa de una vez por todas, la humanidad no podrá ser verdaderamente libre. En este estado final en el que la conexión con la forma material se rompe, se dice que el alma se ilumina y regresa al océano del ser o Divinidad. Es fácil observar cómo han surgido este tipo de doctrinas por el modo en que la mente ha interpretado la vida a través de esta 24.ª Clave Genética. En la era postmoderna, Occidente ha tomado la idea de la reencarnación, originariamente oriental, y la ha adaptado a la principal corriente dogmática de la nueva era. La mayoría de los maestros contemporáneos y gurúes más conocidos hablan abiertamente del «hecho» de la reencarnación. Hemos desarrollado este tema con una cierta profundidad en la 22.ª Clave Genética. Sin embargo, tal y como testimonia el 24.º Siddhi, la reencarnación no es más que la interpretación de una verdad mucho más simple, que desde el punto de vista de este Siddhi no es más que una ilusión.

A pesar de lo que puedan decir los maestros, a la mayoría de la gente le gusta la reencarnación como idea, porque les da la sensación de que hay algo a lo que pueden agarrarse después de la muerte. Nos da la idea de continuidad y de justicia en la base de toda la creación. Desde el punto de vista del 24.º Siddhi, la reencarnación no es más que otro concepto nacido del propio lenguaje del maya. Este tema se explora con profundidad en el 44.º Siddhi, que es el par programado de este 24.º Siddhi. Ambos devuelven la historia humana a su forma pura y simple, en la que los seres humanos son vistos con bastante frescura, simplemente como un grupo de seres equipados genéticamente por la consciencia para representarla. Cuando una pieza del equipo muere, se acabó, pero jugó su papel en la escritura del gran guion de la transcendencia. Incluso cuando el actor ha muerto, la obra debe seguir, como se suele decir.

Por lo tanto, lo que parece seguir regresando al mundo de la forma, realmente no lo abandona nunca. Los cuerpos nacen y mueren, y sus específicos funcionamientos conscientes mueren con ellos; pero la consciencia superior continúa más allá de ellos. Este es el silencio, inmortal, intangible, más allá de la forma.

Lo único que se reencarna verdaderamente, es el silencio

Así que cuando te identificas o recuerdas una vida pasada, o una vida futura, lo que haces es simplemente recordar la información que hay en tu línea «fractal». Está contenida en tu sangre, pero ningún aspecto del «yo» sobrevive a la muerte, a no ser el silencio de la consciencia misma. ¿Cómo puede haber algo más que el silencio, si el verdadero silencio niega la consciencia? Por lo tanto, hay algo relativamente cierto en el concepto de reencarnación y su culminación: la iluminación. Sin embargo, el intento de identificarse con un continuo de consciencia permanente es una verdad a medias. Lo único que se reencarna verdaderamente es el silencio.

En la 22.ª Clave Genética puedes leer más sobre reencarnación: la iluminación gradual de los diversos cuerpos sutiles conforme se encarnan en la forma, que atraviesan vidas en los estados del bardo, para volver de nuevo a empezar. Puedes aprender, incluso, cosas del cuerpo causal, la capa sutil de tu ser que sobrevive a la muerte, como portadora de la esencia de tu evolución para la próxima vida. Pero el cuerpo causal se ve como

una ilusión cuando llegamos a cierto punto del proceso, ya que al disolverse o esfumarse florece la iluminación. En este punto la reencarnación termina, pues encuentras el resquicio en la gran rueda y te sales del drama permanentemente. Todas estas descripciones maravillosas son parte del guion de nuestro drama celestial, y su verdadero propósito es ayudar a asentar la mente y a otorgarle un sentido de continuidad lógica. Por lo tanto, permanece consciente de la amplia naturaleza de la paradoja que te aporta el nivel síddhico. Todas las descripciones son básicamente instrumentos del maya que pueden, o no, ayudar a que te relajes en dicho maya. La clave está siempre en relajarse, porque solo cuando te relajas puedes encontrar las brechas mágicas y experimentar la verdadera dirección: no gracias a tu mente, sino a tu voz interior.

Dentro de la historia que destila esta 24.ª Clave Genética, el Siddhi representa el gran catalizador para la experiencia de iluminación en sí misma. En un momento determinado de la evolución, en cada línea fractal genética y kármica, una pieza concreta del equipamiento genético llega al mundo y representa la culminación de esa línea. Al explotar en su máximo florecimiento, termina con todo el aspecto mítico de la historia humana. Cuantos más fractales culminantes de su línea nazcan, más nos estaremos acercando al final de la historia de la humanidad. Cuando se hayan terminado todas las historias, solo quedará el silencio que siempre estuvo presente en esas mágicas brechas entre los átomos, entre las notas, entre las palabras y en las vidas de todos los seres humanos.

25.ª CLAVE GENÉTICA

SIDDHI AMOR UNIVERSAL • DON ACEPTACIÓN • SOMBRA CONSTRICCIÓN

EL MITO DE LA HERIDA SAGRADA

PAR PROGRAMADO: 46.ª CLAVE GENÉTICA   FISIOLOGÍA: CORAZÓN
ANILLO CODÓNICO: EL ANILLO DE LA   AMINOÁCIDO: ARGININA
            HUMANIDAD (10.ª, 17.ª,
            21.ª, 25.ª, 38.ª, 51.ª)

LA SOMBRA DE LA 25.ª CLAVE GENÉTICA: CONSTRICCIÓN

ENTRENADOS PARA LA CONSTRICCIÓN

Si hay una Clave Genética entre las 64 que represente la esencia de todo el campo energético esa es la 25.ª, pues aquí reside el secreto que hombres y mujeres han buscado descifrar desde siempre: el secreto del amor. También aquí yace la frustración del amor, la 25.ª Sombra, la Constricción. La Constricción existe cuando el amor no está presente y es la fuerza subyacente a todo tipo de sufrimiento humano que se autoperpetúa, porque tanto si la vida se constriñe en ti como en otro, ello siempre va a traer sufrimiento a tu existencia.

La Sombra de la Constricción opera en todos los niveles de la sociedad. A nivel individual la constricción sucede, primero y antes que nada, en tu propia respiración; crea opresión alrededor del pecho y concentra tensión en el abdomen. La mayoría de nosotros comienza su entrenamiento en la constricción a una temprana edad; por ejemplo, cuando aprendemos los patrones de respiración de nuestros propios padres, mientras estamos en el vientre materno. Incluso antes, en el mismo momento de la concepción, el código que contiene el proyecto genético de la constricción que sintieron tus ancestros al luchar desde su nacimiento hasta su muerte pasa sutilmente desde el esperma hasta el óvulo. En la 25.ª Sombra encontramos las bases del mito de la «Herida Sagrada» o pecado original: la fuente de todo el sufrimiento humano, y una anomalía genética; literalmente, una *herida* visible alrededor de la doble hélice del ADN humano.

El gran motor de todas las búsquedas humanas es la 25.ª Sombra. Dondequiera que vayas, la constricción va contigo. Si la buscas en el interior de tu cuerpo, la vas a

sentir muy profundamente, y tanto la respuesta como la reacción de incomodidad que de ella puedan surgir son las que van a perfilar tu vida. Si retrocedes ante el miedo, vivirás una vida llena de distracciones y de negaciones, una media vida, perdida en el universo descolorido de la mediocridad. Cuanto más fuertemente ahogues el dolor que llevas dentro, con más fuerza te va a engullir el propio dolor. Sin embargo, si tienes el coraje de escuchar y de honrar la herida interior, todo cambiará para ti. Descubrirás que si algo a tu alrededor se siente herido y te constriñe, es por alguna razón; tiene un propósito, y ese propósito busca desvelarse. Entonces, si encaras el dolor a través del Don de la Aceptación, la herida comenzará a supurar y, con esa supuración, se abrirá un destino superior ante tus ojos.

La constricción se encuentra también a nivel comunitario y está representada por nuestra necesidad de tener corpus legislativos, líneas de división territoriales, cercados de alambre punzante, pasaportes o dinero. Además de todas estas opresiones, tenemos las de tipo masivo, a las que nos sometemos inconscientemente por nuestra decisión de medir el tiempo. Dependemos totalmente de este reloj que hemos creado, y esta dependencia del calendario genera un gigantesco campo de tensión y presión a nivel global. Otro agente no menos importante de la 25.ᵃ Sombra es la mente humana. Casi todos los sistemas de creencias crean más constricción interior, excepto aquellos que te guían hacia la aceptación profunda de tu verdadera naturaleza.

Mientras que el 25.º Don abre autopistas a todos los niveles de la creación, en el nivel de la 25.ᵃ Sombra todas estas vías se cierran. El par programado de la 25.ᵃ Sombra es la 46.ᵃ Sombra, la Seriedad, lo que nos enseña que cuanto más fuertemente te agarres a algo, ya sea una opinión, una persona o un objeto, más opresivo se volverá para ti. La 25.ᵃ Sombra distorsiona el amor universal del Siddhi y lo convierte en puro deseo material, lo que se manifiesta como una obsesión por el materialismo, la conducta más evidente, que nos muestra el miedo oprimido. La urgencia por disipar este miedo se convierte en la necesidad de reducir el universo entero al concepto utilitarista y a mantenerse en ese vínculo con lo material lo más apegadamente posible. Toda persona que se sienta ligada a los objetos que tiene a su alrededor demuestra que está bien agarrado por la 25.ᵃ Sombra. La misma tendencia se puede mostrar con respecto a las relaciones, pues cuando buscamos apegarnos a otras personas como si de anclas físicas se tratase, lo único que sucede es que el flujo de amor que se da naturalmente entre personas se distorsiona y se restringe. El amor crece a través de la libertad y muere en manos de la constricción.

Estar vivo habitando un cuerpo humano se puede experimentar como la máxima Constricción, especialmente cuando la realidad esté basada en el miedo

Es muy importante entender que la 25.ᵃ Sombra marca el inicio de nuestro viaje en este vehículo, en la forma. Estar vivo habitando un cuerpo humano se puede experimentar como la máxima constricción, especialmente cuando la realidad esté basada en el miedo. El miedo es la consecuencia de todos los campos de baja frecuencia. La constricción es la manifestación física del miedo, tanto a nivel individual como universal. Además, el miedo crea un sistema inteligente de retroalimentación que asegura su propia supervivencia, pues si lo piensas, el miedo tiene miedo de sí mismo, lo que certifica que nunca

podrá autoaceptarse y, como consecuencia, vivirá para siempre. Existen también distintos tipos de miedo; existe el miedo ancestral que portamos dentro todas las criaturas físicas, un miedo genético cuyo fin es la supervivencia como individuo y como tribu. Pero también hay manifestaciones recurrentes del miedo, como el miedo a la guerra, al caos o a los cataclismos, que se manifiestan a nivel colectivo en la consciencia humana. El más profundo de todos los miedos es el miedo a la propia extinción, ya sea a nivel individual o colectivo. Todos estos miedos son el telón de fondo que adorna la representación del campo del despertar de la consciencia en nuestro planeta. Y, por último, llegamos a lo que se puede definir como puro miedo, un miedo sin etiquetas; simplemente se trata de una forma de pensamiento colectiva que se extiende por todo nuestro planeta como una niebla gris.

Así es la 25.ª Sombra, una herida que está más allá de nuestra comprensión, un abismo sin fondo que tira de nosotros hacia abajo, una enorme presión constrictiva que te saca de la vida, y, sobre todo, un miedo que es pura ilusión. Esta Sombra tiene un propósito divino y en ella porta un gran destino que nos conduce inevitablemente al 25.º Siddhi. Para comprender bien la 25.ª Sombra hay que ir hasta el otro extremo del espectro de la consciencia y fijarse bien en lo que trae el 25.º Siddhi: una vida sin barreras ni limitaciones de ningún tipo. El proceso de entrar en la herida sagrada es en realidad el camino de desvelar y desenredar los nudos kármicos y las ataduras que se manifiestan a cada paso en nuestras vidas y en nuestras relaciones. Cuando aprendemos a encarar nuestras heridas, nuestro camino comienza a mostrarse más claro y menos difícil. Este es el viaje arquetípico a través de la sabiduría de la 25.ª Clave Genética, que nos lleva desde el territorio del miedo hasta los dominios del amor.

NATURALEZA REPRESIVA: IGNORANTE

La 25.ª Sombra nos enseña algo profundo sobre la naturaleza de la ignorancia, que es, en realidad, una forma de represión. Todas las naturalezas represivas utilizan su energía para mantenerse en un estado de ignorancia. En el contexto que nos ocupa, la ignorancia equivale a la incapacidad para mirar el propio dolor. Cuanto más profundamente impresa se guarda en ti la herida, más te cierras al disfrute de tus capacidades superiores. La ignorancia no es una bendición, sino una miseria; pero esto no se reconoce hasta que sucede algo. La frecuencia de esta Sombra es muy invasiva, razón por la cual la ignorancia es una de las grandes enfermedades que afectan a nuestro mundo. Se requiere un enorme esfuerzo colectivo para mantener oprimida la fuerza de la vida, que busca la manera de expandirse desde nuestros cuerpos. En el momento en el que algo abre la espita para que el dolor se pueda liberar, se produce un flujo de relajación alrededor de tu corazón y la Sombra de la Constricción se debilita. Si después vuelves a reprimir otra vez el dolor, esa otra cuestión.

NATURALEZA REACTIVA: FRÍA

De la misma manera que la naturaleza represiva no es capaz de apropiarse de la profundidad de la herida sagrada, la naturaleza reactiva no desea apropiarse de ella.

Este tipo de personas expresan su dolor a través de proyecciones, ya que están desconectados de sus corazones, aunque en un modo diverso. La naturaleza represiva no sabe cómo se siente, mientras que la naturaleza reactiva odia *cómo* se siente, y lo expresa presentándose como un corazón duro.

Como vemos repetidamente a través de las 64 Sombras, todas las naturalezas reactivas muestran el miedo a través de la ira, así que esa gente lo que hace es descargar su dolor en el mundo, especialmente sobre aquellos que le son más cercanos. En efecto, es imposible para cualquiera acercarse a ese tipo de personas. Su naturaleza volátil aparta de ellos velozmente cualquier forma de calidez genuina, porque les recuerda su propio dolor, lo que les lleva, como sucede siempre con las naturalezas reactivas, a tener relaciones o bien abusivas o bien breves.

EL DON DE LA 25.ᴬ CLAVE GENÉTICA: ACEPTACIÓN

SÍ AL AMOR

Con el 25.° Don llegamos a uno de los Dones más grandes y poderosos, el de la Aceptación, ya que representa el umbral que nos lleva hacia la verdadera naturaleza del universo, que es el amor, y que tiene una relevancia increíble para todos los seres humanos. Al florecimiento del amor le sigue la expansión de la aceptación. La aceptación se basa en tomar el camino suave de la vida, tal y como testifica su par programado, el 46.° Don, el Deleite. El camino del amor es el camino de la aceptación, que no es una técnica, sino un modo de mirar el mundo, un modo de ver. Para aceptar algo de ti mismo, especialmente si se trata de una verdad incómoda, primero hay que reconocerlo. Este tipo de aceptación sucede cuando acumulas el coraje suficiente para mirar en tu propia Sombra.

En la 25.ᵃ Sombra vimos cómo el miedo crea su propio sistema de retroalimentación, que mantiene la fuerza de la vida oprimida en ti. La única salida para romper ese círculo vicioso es tener el coraje de sentir el miedo. Tan pronto como reduces el miedo a sus mínimos esenciales, es decir, cuando alcanzas una intensa sensación de arraigo con la química de tu cuerpo, descubres el gran secreto de la aceptación y nunca más tendrás miedo del miedo. El miedo es la propia vibración de la herida sagrada, que a un nivel más profundo, lo convierte en tierra sagrada. Cuando te permites experimentar la verdadera constricción de esta herida primal, comienzas a sentir una sutil suavidad alrededor de tu pecho, y, poco a poco, de manera casi imperceptible, tu respiración se hace más profunda. Este proceso de aceptar lo que sea que estés sintiendo en un determinado momento constituye un gran cambio de percepción, cuya visión es acumulativa, lo que permite que te sientas diferente después de experimentar durante un tiempo esta nueva forma de *mirar* que te saca de los campos de baja frecuencia del victimismo y te conduce a experimentar la vida en sí misma cada vez más.

Mientras la 25.ᵃ Sombra pierde peso y la Constricción se va alejando, tienes acceso a mucha más energía y optimismo. Optimismo no es lo contrario de pesimismo, sino

que se trata de tu verdadera naturaleza, que estaba escondida bajo la faja de la constricción y que ya ha sido liberada. El estado de aceptación es la primavera espiritual: todo parece de nuevo posible y todo en tu vida comienza a fluir de un modo libre y ligero. Se manifiesta en el exterior como la sincronicidad universal, que se activa justamente a través de este 25.º Don. Sin embargo, todavía hay sufrimiento a nivel del Don como un modo de testar tu nivel de aceptación. Hay muchos niveles de bandas de frecuencia entre la Sombra, el Don y el Siddhi correspondiente. Con el paso del tiempo profundizas más y más en la aceptación hasta que, finalmente, dejas de intentar escaparte de la herida. En este refinado nivel la aceptación es completa, y entonces se produce el salto al nivel síddhico de modo espontáneo. Se trata de un proceso; no hay técnica para hacerlo, pero es cierto que al comienzo puedes necesitar alguna. Cualquier tentativa de *intentar* aceptar tu naturaleza no revela más que nuevos niveles de sutil falta de aceptación, ya que en última instancia lo que estás aceptando es tu propia y total inutilidad.

Si tienes el Don de la Aceptación en tu perfil hologenético o sientes una conexión fuerte con él, probablemente seas ese tipo de persona que se siente perteneciente a cualquier lugar mundo. Seguramente no juzgas a los otros de la misma manera en que lo hace la mayoría de la gente. La aceptación no es algo que se pueda aprender, sino algo con lo que has nacido, y cuanto más lo aceptes, más te pondrá a prueba la vida. Tendrás posiblemente que afrontar retos para probar y profundizar en tu inocencia y confianza. El 25.º Don hace difícil guardar rencor a alguien o preocuparse mucho por la vida, lo que te permite pasar por ella con un aire de pertenencia a otro mundo, al tiempo que te sientes bien enraizado y abierto a los otros. En resumen: eres portador de la semilla del amor.

El Don de la 25.ª Clave Genética es la llave maestra del grupo codónico genético llamado el Anillo de la Humanidad. La 25.ª Clave Genética es la base de tu humanidad. Es la herida lo que provoca que una perla surja en el interior de la ostra, y la perla es pura aceptación.

Tienes que relajarte en estas capas, que están muy dentro de ti, hasta que puedas sentir una vez más el flujo del amor corriendo por tus venas sagradas

La aceptación es el grial que estás buscando. Cuando al fin puedes aceptar cada cosa que está sucediendo en tu vida tal cual es, aquí y ahora mismo, habrás abrazado la herida humana. La aceptación es un fenómeno que sucede por capas, capa sobre capa, así como la propia doble hélice, enroscada en nuestra herida genética. Tienes que relajarte en estas capas, que están muy dentro de ti, hasta que puedas sentir una vez más el flujo del amor corriendo por tus venas sagradas. Cuanto más puedas aceptarte y aceptar a los otros, más y más amor florecerá en tu vida. Es así de hermoso y así de sencillo.

EL SIDDHI DE LA 25.ª CLAVE GENÉTICA: AMOR UNIVERSAL

LA ROSA Y EL CÁLIZ

El 25.º Siddhi es muy especial, esté presente o no dentro de tu perfil hologenético. Cada Clave Genética existe dentro de cada uno de nosotros, y la 25.ª es el arquetipo primario del amor. Más allá del misterio del 25.º Don se esconde el misterio del sufrimiento y, como hemos visto en la 25.ª Sombra, se trata de un tema esencial en toda la evolución de la consciencia humana. Esta conexión con el sufrimiento humano lleva al 25.º Don a entrar en relación con la 22.ª Clave Genética, por cuya Gracia se pueden llegar a alcanzar la aceptación y el amor. La herida sagrada revela su verdadero propósito a través del 25.º Siddhi, el Amor Universal.

En los 64 Siddhis hay muchas otras variaciones del amor, y cada uno de los Siddhis no es más que un aspecto fractal del Amor Universal; por ejemplo, el éxtasis del amor sensual del 46.º Siddhi, el amor devocional del corazón del 29.º Siddhi, la Embriaguez del 56.º Siddhi y la Compasión del 36.ª Siddhi. El 25.º Siddhi es el Amor en sí mismo, la fuente de todo lo demás, razón por la que se le denomina Amor Universal. En todas las culturas, este amor viene representado por grandes mitos, muchos de ellos bajo el símbolo de la sangre sagrada, el santo grial. El símbolo de la sangre tiene muchos significados y niveles de aproximación. Representa el camino de la propia herida, la sangre que pasa de humano en humano, de generación en generación, y que contiene los códigos para nuestra sanación total. A un nivel más universal, la sangre simboliza la consciencia que se mueve dentro de todas las formas y también más allá de ellas, entretejiéndolas en un gran patrón cósmico.

Quizás el más conocido de todos los mitos referidos a la sangre sea el mito de Cristo, cuya sangre se dice que fue derramada por toda la humanidad. Hay un gran secreto encerrado en este mito. La herida sagrada que se esconde en cada ser humano puede ser comprendida en los tres niveles de consciencia más generales: en el nivel de la Sombra, que mantiene el sufrimiento humano; en el nivel del Don, donde la herida promueve la evolución humana, y en el nivel del Siddhi, donde la herida revela la verdadera naturaleza humana, que no es otra que la expresión del Amor Universal. Solamente se puede entender el verdadero significado de la sangre de Cristo en el nivel síddhico de consciencia. Cuando la frecuencia se eleva hasta este nivel, todo alcanza una dimensión cósmica y no tienes otra elección que llevar contigo el dolor de todos los seres humanos.

En términos genéticos, la sangre del Cristo representa la total aceptación del sufrimiento de todos los seres humanos, hombres y mujeres, desde el comienzo de los tiempos, que se encuentra codificado en el genoma humano. Por eso se dice que un ser humano vibrando en las más altas frecuencias asume los pecados y el dolor de toda la humanidad, ya se trate de Cristo o de un Bodhisattva. Es la única manera de conseguir las más altas frecuencias del Amor Universal. En el nivel del Don comienzas a hacerte responsable de tu propio sufrimiento, y mientras vas profundizando y viendo que no tiene fin, se comienzan a transformar las heridas ancestrales de los que han llegado a este mundo antes que tú. Cuanto más profundamente entres en el camino de la acep-

tación, más se abrirá tu corazón al dolor humano, y cuanto más dolor transformas, más amor sientes. A un cierto nivel el proceso pierde su carácter individual y entra en la dimensión universal. En el nivel del 25.º Siddhi sucede un salto permanente gracias al cual todo se convierte en aceptación, y en esa permanente aceptación florece la rosa del Amor Universal. Esta es la verdadera belleza y el propósito de todo el sufrimiento.

Existe otro misterio en torno al símbolo de la sangre, que tiene que ver con el recipiente que la contiene. Este recipiente ha recibido diversos nombres en diferentes culturas a lo largo de los tiempos, representado a veces como un caldero o frasco que contiene un elixir y otras veces simplemente como una copa o cáliz. En las leyendas del grial se dice que el que beba de la copa de Cristo vivirá eternamente, y que si es el rey quien bebe de ella, entonces toda la Tierra será restaurada. El 25.º Siddhi es la quintaesencia del grial que los buscadores de todos los tiempos han perseguido, ya que lo que buscamos no es otra cosa que nuestra verdadera naturaleza, la que reposa en nosotros mismos y la que se esconde en nuestras sombras y nuestras heridas. Cada persona de tu vida es parte de tu herida y también un sanador de ella. A través de la gracia de la aceptación puedes comenzar a sentir la extensión del dolor que portas y que *todo* tiene que ver contigo. No has de tener miedo de este dolor nunca, ya que es el camino directo y la única ruta que te lleva al centro de tu corazón. Todos nos podemos entusiasmar, pues, con esta gran verdad.

La otra verdad que emerge desde la 25.ª Clave Genética es la resolución de una vieja cuestión mística que tiene que ver con la búsqueda. Se dice que el mayor obstáculo para la realización es la búsqueda en sí misma. Todos los caminos espirituales comienzan por la urgencia de terminar con el sufrimiento. Es tu falta de aceptación del sufrimiento lo que te ha convertido en un buscador, y, mientras buscas, te vas a dar cuenta de que tu búsqueda se basa en la necesidad de evitar entrar en tu propia herida. Justo esa revelación provoca un salto cuántico hasta el nivel síddhico de consciencia. Solo cuando toda la esperanza de encontrar el grial desaparezca podrás encontrarlo.

Aquellos seres que han alcanzado la realización a través del 25.º Siddhi se han convertido en leyenda, ya que sus vidas han seguido un patrón mítico familiar. Son personas cuyas vidas reflejan el tira y afloja con su herida, ya sea la herida de la dualidad trascendida por el Buda o la herida de Cristo al cargar con la cruz. Emprendieron caminos que otros nunca hasta entonces habían recorrido y, al hacerlo, tomaron con ellos el sufrimiento del mundo. El aura de estas personas alumbrará durante siglos y se recibirá en forma de linaje en las generaciones posteriores. Cada vez que uno adquiere el 25.º Siddhi se borra una gran constricción de la memoria celular de la humanidad. El amor que emana de una persona de este tipo tiene una

Los cuerpos de estas personas se han sometido a una transformación radical para poder recibir el cáliz de la consciencia pura

cualidad de otro mundo, ya que no es amor humano, sino de Amor Universal lo que porta. Los cuerpos de estas personas se han sometido a una transformación radical para poder recibir el cáliz de la consciencia pura, la sangre del universo en estado puro.

26.ª CLAVE GENÉTICA

LOS BROMISTAS SAGRADOS

PAR PROGRAMADO: 45.ª CLAVE GENÉTICA

ANILLO CODÓNICO: EL ANILLO DE LA LUZ
(5.ª, 9.ª, 11.ª, 26.ª)

FISIOLOGÍA: GLÁNDULA TIMO

AMINOÁCIDO: TREONINA

LA SOMBRA DE LA 26.ª CLAVE GENÉTICA: SOBERBIA

EJERCER LA VOLUNTAD

En las profundidades de la subestructura de tu cuerpo físico existe un paquete de códigos químicos cuyo fin último consiste en determinar la manera en que tu cuerpo captura y almacena las ondas de luz y las transmuta en energía. Esta familia química (que incluye las 5.ª, 9.ª, 11.ª y 26.ª Claves Genéticas) se conoce colectivamente como el Anillo de la Luz y en genética codifica el aminoácido llamado treonina. Dependiendo de la frecuencia de luz que permitas entrar en tu ADN, gracias a estos códigos se iniciarán, simularán o impedirán diferentes procesos bioquímicos en el interior de tu cuerpo. Un hecho científicamente conocido es que las frecuencias de los rayos ultravioleta del sol catalizan el proceso de producción de vitamina D en nuestro cuerpo, un componente vital para la salud física. La luz contiene un buen número de códigos catalíticos en su espectro que determinan no solo nuestra salud física, sino también la emocional y la mental, sin olvidar el bienestar espiritual. El mensaje central de la revelación de las Claves Genéticas se refiere al poder que tú, como ser humano, ejerces consciente o inconscientemente para elevar o disminuir la frecuencia de la luz que entra tu cuerpo y, por lo tanto, para alterar tu realidad a través de tu ADN.

En el nivel de las bajas frecuencias, aquellas frecuencias gobernadas por el miedo, tu ADN transmite impulsos a lo largo y ancho de tu cuerpo que están basados en la supervivencia individual. Este estrechísimo paquete de parámetros es el paradigma primario de reglas que rigen nuestro planeta hoy. La 26.ª Clave Genética es única en el grupo de la treonina, porque tiene que ver con utilizar las ondas de luz sirviéndose del deseo individual. Es decir, gracias a la fuerza de voluntad puedes doblegar la luz y usarla

en tu beneficio. Esta Clave Genética, por lo tanto, tiene mucho que ver con un correcto y armonioso uso del poder. Hay un enorme campo de condicionamiento en este planeta diciéndote que nada va a llegar a tu vida a no ser que vayas a por ello y lo agarres. En la frecuencia de la Sombra, permites que tu miedo inconsciente destruya el flujo sencillo y natural de la vida. Debido a este miedo, intentas controlar la vida enfrentando el deseo individual contra todo. Así es como la 26.ª Sombra, la Soberbia, toma el control de tu vida.

El poder de la voluntad es en realidad una fuerza mágica: es algo así como tu capacidad para aprovechar el poder de la luz y proyectarlo en tu cuerpo en forma de acciones, pensamientos y palabras. Esta es la clave para manifestar sueños en el plano material. Si tienes la suficiente fuerza de voluntad, entonces podrás alcanzar cualquier cosa. Este es el lenguaje en el que habla la 26.ª Sombra, y es importante recordar que no hay nada erróneo en esta creencia, pues es un trampolín hacia las frecuencias más elevadas. Sin embargo, hay dos tipos de voluntad: por un lado está *tu voluntad*, que como hemos visto es una ilusión, y por otro está *la voluntad*, que veremos al examinar las frecuencias más elevadas de esta 26.ª Clave Genética. *Tu voluntad* es la base de la soberbia humana: la creencia de que tú, como individuo, puedes controlar las fuerzas de la naturaleza y llegar a la cima. Esta Sombra de orgullo deliberado se muestra en la esfera de los negocios de forma más predominante que en ningún otro ámbito de nuestra sociedad. Todos los negocios modernos se construyen sobre esa lógica del poder individual. Si te guía la 26.ª Sombra, entonces tú, como tantos otros, utilizarás tu fuerza de voluntad para obtener ganancias y reconocimientos personales. En el mundo de los negocios esto significa que para subir hasta la cima tienes que, consciente o inconscientemente, desbancar a otros.

La palabra que se utiliza con más frecuencia para describir la energía y el efecto de la 26.ª Sombra es *ego*. En los círculos espirituales, el ego es bien conocido como el archienemigo del ser superior, pero si lo exploramos a través del 26.º Don, aprenderemos que encierra un propósito más elevado. Cuando permites que el miedo gobierne tu ser, estás dando instrucciones a tu ADN para tratar de establecer y mantener el control de los otros o de tu entorno a través del ego. Al hacerlo, efectivamente te separas de esas personas y de ese entorno. En el nivel de frecuencia de la Sombra esta es la única manera que encuentras para crear éxito y seguridad en tu vida; por eso la Clave Genética 26.ª te indica que subas a la escalera de la competición, como hacen todos a tu alrededor.

En el mundo moderno, la jerarquía, la competitividad y el ego se consideran normales y hasta saludables. Desgraciadamente, la actual definición de salud válida para este planeta se basa en una serie de criterios muy estrechos. La verdadera salud se da solo cuando tu ser interior está completamente cómodo con la incertidumbre inherente a la vida. La 26.ª Clave Genética tiene una fuerte vinculación con la glándula timo, que es la pieza vital del sistema inmunológico. El condicionamiento social te dice que si quieres algo con las ganas suficientes, entonces serás capaz de conseguirlo. Si basas tu vida en esta premisa, las bajas frecuencias de la 26.ª Sombra irán minando gradualmente la respuesta de tu sistema inmune, lo que te conducirá a un envejecimiento prematuro y a un estrés en aumento, por no mencionar los potenciales problemas o enfermedades

asociadas al debilitamiento del sistema inmunológico. Si tratas de forzar la vida para seguir tu deseo, puede que consigas obtener tus objetivos, pero ¿a qué coste? Al ir en contra del movimiento natural, te niegas a ti mismo la verdadera alegría y la reemplazas por la adicción al estrés. Puedes identificar la 26.ª Sombra en una persona que, sencillamente, no puede relajarse ni por un solo minuto.

Sin embargo, si miras en profundidad en las posibilidades que permanecen dormidas en tu ADN, encontrarás que existen otros modelos para el éxito y la seguridad; modelos que la mayoría de las personas de este planeta considerarían escasamente realistas, porque parecen bien lejanos a la realidad moderna. Estos modelos más elevados esperan que las más altas frecuencias del espectro de luz los activen en tu ADN. Como veremos, en esas frecuencias más altas, la 26.ª Clave Genética revela muchos caminos ocultos en la red cuántica que conecta a todos los seres a través del tiempo y del espacio.

Puedes identificar la 26.ª Sombra en una persona porque, sencillamente, no puede relajarse ni por un solo minuto

En el Anillo de Luz, la 5.ª Clave Genética te permite sincronizar tu biorritmo individual con un patrón cósmico o rejilla más amplia, pero en la 26.ª Clave Genética es donde se encuentran todos los atajos para atravesar la matriz. Esos atajos o agujeros negros permiten a los seres humanos operar a frecuencias superiores y romper las leyes normales del plano material. Sin embargo, en la frecuencia de la Sombra, los atajos no están disponibles, de modo que tu único recurso es usar la fuerza bruta o la voluntad para conseguir lo que quieres. La filosofía de la 26.ª Sombra se basa en aquello de «cada uno a lo suyo», y en un sistema así siempre pierde alguno. Podemos ver reflejado este aspecto en la 45.ª Clave Genética, cuya Sombra es la Dominación, que es el par programado de la 26.ª Clave Genética.

Como hemos visto, la 26.ª Sombra tiene que ver con el ego y la Soberbia. Uno de los miedos subyacentes de esta Sombra es ser percibido como alguien sin poder. Tiene mucho que ver con proyectar una imagen de éxito y confianza. La activación a baja frecuencia de esta Clave Genética te deja anclado en el ansia de seguridad y en tu identidad, y la reacción natural ante esta molestia será la de ir en busca de esa seguridad, situándote por encima de los demás gracias a un acto de voluntad. Así es como uno se ancla más profundamente en el miedo básico humano a la no existencia. Es una gran ironía cósmica, pero con cuanta más fuerza te aferres al poderoso sentido del ego y de la identidad en el mundo, más intensamente te afectará y te socavará el miedo. Mira hacia atrás en tu vida y considera a cuántas personas has tenido que someter para llegar donde estás ahora. Lo más triste de todo es que esta 26.ª Clave Genética contiene mucha magia libre de esfuerzo, magia que queda anulada por la profunda y falsa creencia de que no vas a alcanzar nada en tu vida a no ser por medio de la voluntad y el tesón.

NATURALEZA REPRESIVA: MANIPULADORA

La 26.ª Sombra puede ser muy escurridiza. Cuando la soberbia se manifiesta a través de naturaleza humana represiva, se convierte en manipulación, pero no en un sentido obvio. Se trata de una manipulación encubierta. Se hace sometiendo a otros o utilizando la culpa y la vergüenza como armas sutiles. A menudo estos patrones actúan a nivel in-

consciente, lo que significa que este tipo de personas se sienten responsables de sus acciones o efectos sobre los otros. La 26.ª Sombra usa su astucia natural para hacer sentir mal o inferiores a otros, un patrón de comportamiento arraigado en el miedo. La soberbia basada en el miedo conduce siempre a la manipulación, en una ecuación tan simple como letal.

NATURALEZA REACTIVA: PRESUNTUOSA

La versión más elevada de la soberbia es la presuntuosidad. Es el tipo de soberbia que solemos conocer todos bien y que denominamos ego. Todas las bajas frecuencias conducen de forma inherente al aislamiento. Cuando uno es presuntuoso no se da cuenta de que sus actos van en sentido contrario a su intención. Existen diferentes modos de ser presuntuoso consciente o inconscientemente. Uno de los más obvios es hacer demostraciones de bienestar personal, de poder y de propiedades. Mientras que las altas frecuencias de la 26.ª Clave Genética nos abren a un reconocimiento positivo, la Sombra correspondiente y todo su despliegue de manifestaciones anexas conducen a los celos, al resentimiento y a lo que es aún peor, la estimulación de la avaricia. Este tipo de personas están reprimiendo una gran rabia que, cuando explota, inevitablemente, se manifiesta como la forma más desagradable de soberbia, lo que crea una fuerte repulsión en los otros.

EL DON DE LA 26.ª CLAVE GENÉTICA: INGENIO

EL MARKETING DEL CORAZÓN

Cuando entras en el nivel del Don de la 26.ª Clave Genética, aprendes un secreto enorme de la vida: la diferencia entre la intención y la fuerza de voluntad. En las bajas frecuencias, la 26.ª Sombra te lleva a creer que tienes que ejercer una enorme fuerza de voluntad para alcanzar los sueños de tu vida. El problema aquí consiste en que, en la frecuencia de la Sombra no puedes saber cuáles son tus sueños realmente. Dentro de las espirales de tu ADN se encuentra oculto tu más elevado propósito. Un propósito cuya manifestación en el mundo no puedes forzar a base de tesón y fuerza de voluntad. Tu propósito más elevado se manifiesta solo cuando sometes tu deseo individual a la naturaleza, concebida esta como un todo. Este proceso de rendición comienza con la comprensión de que tu más alto propósito es algo con lo que te puedes sintonizar, no algo que tienes que imponer al mundo.

Cuando entres por primera vez en contacto con el más alto propósito de tu vida quizás lo experimentes como una sutil intención. Cuanto más profundamente escuches tu voz interior, más claramente vas a advertir que esa intención está detrás de cada cosa que haces y dices en la vida. Tu actitud acerca de esta intención determinará el éxito de su manifestación en el mundo. Al nivel de la frecuencia de la Sombra, respondes a esta intención con tu soberbia y distorsionas su materialización al intentar anticiparte y forzarlo. En la frecuencia del Don, tu actitud invita a que una buena cantidad y calidad

de frecuencia luminosa entre en tu ADN. Esta frecuencia más depurada cataliza procesos en tu cuerpo. Por un lado, tu sistema inmune se hace más fuerte y tu nivel general de salud mejora de manera considerable. Cuando el 26.º Don se activa, la glándula timo establece un engranaje con un nivel superior y comienzan a suceder cosas curiosas en tu ser. Lo primero que notas es que tu ser se siente física y emocionalmente más templado interiormente. El funcionamiento superior de la glándula timo libera una vibración suave en la zona del pecho que trae consigo la maravillosa sensación de calidez y apertura del corazón.

Quizá te preguntes qué es lo que estás haciendo para activar esas altas frecuencias dentro de tu cuerpo, y la respuesta a esta cuestión es simple: estás escuchando a tu intención. Estás escuchando la voz de tu propósito superior hablando con tu voz interior. Con solo escuchar de este modo, sin necesidad de hacer nada, comienzas a absorber una frecuencia de luz más elevada. Con el tiempo, al mantenerte sintonizado con esas elevadas frecuencias, en tu ADN sucederá una *frameshift mutation*, o mutación del marco de referencia. Este cambio espontáneo reorganiza por completo el modo en que se transcribe tu código genético, hasta el punto de que se revelará un nuevo código por primera vez en tu vida. Se trata del código correspondiente a tu propósito superior. Una vez que se libere, tu vida cambiará irreversiblemente.

El 26.º Don ensalza a tu ego, sin autocríticas y con total consciencia. Cuando se despierta este Don, te das cuenta de que no hay nada de malo en la soberbia. La soberbia no es más que el modo de llamar al Ingenio en el mundo de las bajas frecuencias. Cuando aprendes a utilizar la soberbia

> *El 26.º Don ensalza a tu ego, sin autocríticas y con total consciencia*

creativamente, se convierte en algo poderoso y bello. El 26.º Don ama la atención; está diseñado para llamar la atención. Se interesa por el amor que se pone al vender algo a otro, ya sea un producto, a ti mismo o una verdad. El 26.º Don representa el amor por el marketing, o el arte de engalanar algo de tal manera que otros lo compren. Para vender un producto o una verdad, te tienes que situar como centro de atención. Tienes que abrazar la energía del ego y de la soberbia, que está presente en todos los humanos, y usarla al servicio de tu propósito superior.

El 26.º Don incluye una astucia nata. A través de este Don puedes utilizar el poder de tu ego para entregar tu mensaje, y al hacerlo tendrás que abrazarlo por completo. Hemos visto que el ego tiene una connotación negativa en muchos círculos espirituales, en los cuales se considera que ha de ser conquistado y trascendido. Este es el Don de disfrutar de nuestro ego. A través del Don del Ingenio, tu ego, en realidad se convierte en una forma de arte. De este Don emerge la capacidad de manipular la memoria racial, es decir, instintivamente sabes cómo hablar el mismo lenguaje que la persona que tienes delante. Esta habilidad de manipular a tu audiencia puede ser devastadora en el nivel de las bajas frecuencias, ya que está basada en el miedo y se ofrece a través del propio miedo. Pero en las frecuencias superiores, liberadas del miedo, el 26.º Don se vende a sí mismo a través del amor. Es el marketing del corazón.

Esta palabra, *manipulación*, es otra oveja negra en el mundo espiritual. Sin embargo, cuando la manipulación es clara y honesta, se trata de algo maravilloso. El arte es una forma sutil de manipulación, como lo es la música. Los seres humanos pueden ir desde

las bajas frecuencias a las frecuencias superiores a través de la manipulación, y aquí es donde el 26.º Don brilla. Te permite saber que estás siendo manipulado, de manera que puedes seguir y permitirte ser arrastrado, o bien rechazar lo que te están ofreciendo. Es el juego del 26.º Don. Gracias a él puedes manipular tu propio ego para manipular el ego de otro. La diferencia entre la frecuencia de la Sombra y la del Don consiste en que, cuando operas a través de la Sombra, en realidad estás consumido por tu propio ego y por su voracidad de alimentarse de éxitos, reconocimientos y dominaciones. Cuando manifiestas el 26.º Don no estás identificado con tu propio ego; es solo algo de lo que te vales, como un disfraz que te pones antes de la representación.

EL SIDDHI DE LA 26.ª CLAVE GENÉTICA: INVISIBILIDAD

EL GRAN CAMPO CINABRIO

Hay un dicho en el camino místico que se puede traducir más o menos así: «Para trascender el ego, hay que tener primero un ego que merezca la pena dejar». Esta deliciosa máxima contiene la esencia de toda la enseñanza de la 26.ª Clave Genética. En la lengua china original del I Ching, el nombre de este hexagrama era «El poder de domesticación de lo grande», lo que en el nivel del Don se podría referir al proceso de domesticación del propio ego. Cuando el ego campa a sus anchas en nuestras vidas, como sucede en el nivel de baja frecuencia, provoca estragos. Cuando te has hecho consciente de tu propio ego, este se relaja en ti y tú puedes comenzar a jugar con él. Sin embargo, aún existe una posibilidad más de mutación que está esperando la ocasión para manifestarse en tu ADN, posibilidad en la que este *poder de domesticación de lo grande* nos remite al mágico proceso que tiene lugar solo a través de este 26.º Siddhi. Cuando abres tu corazón a la vida cada vez más, tu glándula timo produce una vibración de tan refinada intensidad que espontáneamente enciende el modo de funcionamiento superior de la glándula pineal. Como la mayoría de los sistemas esotéricos testifican, la glándula pineal abre un camino químico en tu cerebro que te permite acceder a la consciencia cósmica. En este sentido, habría que comprender que *el poder de domesticación de lo grande* se refiere al encuentro del macrocosmos y el microcosmos dentro de propio cuerpo físico.

El 26.º Siddhi, la Invisibilidad, es una manifestación infrecuente de los estados superiores de consciencia. La invisibilidad, a este nivel, puede significar muchas cosas diferentes. Los antiguos taoístas daban otro nombre especial a esta 26.ª Clave Genética; se referían a ella como el Gran Campo Cinabrio. Para los taoístas, el cinabrio era una sustancia que representaba el aspecto del mercurio en la alquimia. Las cualidades del mercurio o azogue son las mismas del 26.º Siddhi. En este sentido, el mercurio representa la habilidad de hacerse uno con el entorno, camuflarse de manera que parezcas invisible. Esta es la diferencia entre encarnar *mi voluntad* y encarnar *la voluntad*, que mencionamos más arriba. El 26.º Siddhi disuelve todo sentido de voluntad propia. Todo en el cosmos está conducido por una única turbina, y rendirse a ese impulso convierte

al ego individual en algo invisible; y no solo tu propio ego, sino el ego de todos los demás también. Así es como el juego, sin más, desaparece.

Quien manifiesta este Siddhi no está en ninguna parte. Estos seres no se pueden identificar con un solo concepto; dondequiera que mires, allí están, y cuando tratas de ubicarlos, ya se han ido. El significado de invisibilidad, en este contexto, se refiere a aquellos que se han hecho uno con la existencia. El Gran Campo Cinabrio es la rejilla energética que enlaza todos los aspectos de la existencia. Es el océano cuántico de fluctuaciones, intercambios energéticos y materia, y también es el juego de las olas de la existencia en ese mismo océano. El que se convierta en un maestro del océano es el que podrá moverse en la rejilla sin una existencia separada, y será alguien a través del cual la Divinidad juegue.

Jugar es una parte importante del 26.º Siddhi. Nosotros, los seres humanos, hemos sentido desde siempre los secretos de los 64 Siddhis, pero en raras ocasiones hemos considerado que una manifestación divina de tal calibre tuviera alguna relación con nuestro código genético. A través de la historia de la humanidad, los Siddhis se han antropomorfizado y proyectado fuera de nuestros cuerpos, sobre las imágenes de dioses, arquetipos y mitologías varias. Los dioses de la 26.ª Clave Genética son dioses bromistas: Loki, el nórdico; el Coyote Indio, americano; o el dios mono, Hanuman, hindú. Todos son grandes arquetipos del cambio de forma. La figura celta de Merlín es otro arquetipo de invisibilidad, y el 26.º Siddhi comparte sin duda su naturaleza juguetona y hechicera. A través de estos arquetipos, la Divinidad se percibe como juguetona y traviesa. Los que manifiestan este Siddhi enseñan a los humanos a tomarse la vida menos en serio. Nos engañan con las grandes verdades.

Los que manifiestan este Siddhi enseñan a los humanos a tomarse la vida menos en serio. Nos engañan con las grandes verdades

La 26.ª Clave Genética, como ya vimos, porta consigo la naturaleza del ego y adora el marketing. A nivel síddhico, estos dones se representan con un solo propósito: la diversión divina. Las personas que encarnen este Siddhi utilizarán todas sus facultades disponibles para transmitir su sensación de amor por toda la creación. Gracias a su amplio conocimiento del lenguaje universal del campo cuántico, pueden llegar a crear complicadísimas enseñanzas por el solo placer de echar el anzuelo a la mente, siempre ocupada con su adicción a encontrar respuestas. Cualquier triquiñuela, atajo o agujero negro que utilicen para atraerte se usará con la única intención de llevar tu atención hacia una verdad superior, y esa verdad dice que nada es importante. Nada puede alterar la consciencia. Para integrar esta simple verdad hay que darse cuenta de que toda la vida humana carece de significado. Pero este sinsentido no opaca la maravilla de la existencia; por el contario, incrementa su belleza alrededor y, sobre todo, nos deja libres para poder jugar.

Danzar con el 26.º Siddhi significa abandonar los planes. Estas personas son invisibles en un modo que la mayoría es incapaz de comprender. Son invisibles porque no les importa lo que los demás proyecten en ellos. No quieren iluminar a nadie ni influir sobre nadie. En realidad, no tienen planes. Están aquí, sin más, como un tornillo flojo de la maquinaria de la existencia. Les encanta defender las leyes a las que los humanos

nos agarramos. Son bromistas que adoran dar vueltas y revueltas en los flujos de la existencia por la sencilla razón de que pueden hacerlo. Resulta irónico que justo esas personas sin planes hayan dejado un sello tan fuerte en la historia de la consciencia. Ya que no podemos ponerlos entre la espada y la pared, ni comprenderlos con la mente, o bien los rechazamos o bien nos reímos con ellos. La risa es el verdadero legado del 26.° Siddhi. Sus carcajadas resuenan como una eterna sucesión de campanas por todo el Gran Campo Cinabrio de la existencia.

27.ª CLAVE GENÉTICA

SIDDHI ABNEGACIÓN • DON ALTRUISMO • SOMBRA EGOÍSMO

EL ALIMENTO DE LOS DIOSES

PAR PROGRAMADO: 28.ª CLAVE GENÉTICA
ANILLO CODÓNICO: EL ANILLO DE LA VIDA
Y LA MUERTE (3.ª, 20.ª,
23.ª, 24.ª, 27.ª, 42.ª)

FISIOLOGÍA: PLEXO SACRO
AMINOÁCIDO: LEUCINA

LA SOMBRA DE LA 27.ª CLAVE GENÉTICA: EGOÍSMO

LAS MATEMÁTICAS DEL AMOR Y EL EGOÍSMO

La 27.ª Clave Genética es muy extensa por lo que respecta a sus implicaciones a nivel planetario. Gobierna la estructura de la cadena alimentaria, la preservación de los bancos genéticos animal y humano, y es la llave para comprender las precisas reglas matemáticas que mantienen un equilibrio general entre las diferentes especies de nuestro planeta. Controla, incluso, los sutiles cambios y variaciones subyacentes al cambio climático global y al tiempo atmosférico. Los antiguos chinos llamaban a este 27.º hexagrama del I Ching «La nutrición», y lo hacen por una buena razón. Se trata de una consecuencia de la ley planetaria que rige toda la vida sensible: dar es recibir.

Visto desde una frecuencia vibratoria más elevada, la 27.ª Sombra, el Egoísmo, no es más que una distorsión de esta ley fundamental. Cuando miramos la naturaleza a través de las lentes macrocósmicas, vemos cómo todos los diferentes sistemas están interconectados en este planeta. Todas las formas de vida, sean orgánicas o inorgánicas, son esencialmente porosas a nivel subatómico. Hay una indisoluble matemática del dar y el recibir que une todas las formas y que está fundada principalmente en el alimento. Usamos la palabra *alimento* en el más amplio sentido posible; si eres una bacteria, por ejemplo, tu definición de *alimento* podría ser cualquier cosa, desde la gasolina hasta la madera. La cuestión es que la vida es una cadena viviente de nacimientos y decesos; de criaturas viviendo unas de otras y transformando algo muerto en algo que vive. Al más profundo nivel, no existe nada que no pueda ser devorado por algún otro.

Tenemos que referirnos a este principio contenido en la 27.ª Clave Genética como de tipo hologenético. Está presente en todas las criaturas a nivel genético, pero solo se

puede replicar con un conjunto de leyes que gobiernan todos y cada uno de los sistemas de la vida. En los humanos, por ejemplo, esta ley conforma los hilos básicos de nuestra moralidad, de aquello que consideramos bueno y malo. La Sombra del Egoísmo está particularmente catalogada dentro de los parámetros de la moralidad como algo malo o indeseable. A través de las 64 Claves Genéticas, sin embargo, todo tipo de moralidad se puede comprender como un simple flujo de frecuencia a través de un cierto arquetipo. Visto de este modo objetivo, no hay una aproximación moral. Las 64 Sombras no son *malas*, incluso aunque su manifestación exterior sea, a menudo, catalogada como tal. Todas las formas de nuestro planeta están constantemente evolucionando de frecuencia, así que entre los humanos podemos observar frecuencias más altas dominando en unos lugares y frecuencias más bajas en otros.

El Egoísmo es el punto donde la 27.ª Clave Genética comienza su viaje evolutivo por el género humano. El llamado *gen egoísta* ha sido un requisito innegociable para nuestra supervivencia, especialmente en lo que respecta a los lazos de sangre y a los grupos genéticos cercanos. Sin embargo, el egoísmo ha de ser transcendido si queremos evolucionar a la siguiente forma, la que sigue al *Homo sapiens* actual, pues así es como las matemáticas de la naturaleza realizan un salto cuántico. Por algún tiempo, la nueva forma necesita el cuidado de la forma antigua, aunque, curiosamente, la nueva forma vaya a erradicar la antigua. El egoísmo es, por lo tanto, un estadio de nuestra evolución en proceso de ser transcendido a nivel colectivo. Si no sucediera así, los humanos desapareceríamos. No es una cuestión de moralidad; es argumento evolutivo.

> El egoísmo es, por lo tanto, un estadio de nuestra evolución en proceso de ser transcendido a nivel colectivo. Si no sucediera así, los humanos desapareceríamos. No es una cuestión de moralidad; es argumento evolutivo

Cuando miramos nuestro mundo hoy, en particular a través de los medios de comunicación, tenemos la tendencia a enfocarnos en los aspectos negativos de la vida. Esto se debe a la baja frecuencia general de la conciencia de masa. Pero como cuerpo colectivo, ya hemos ido más allá del egoísmo individual y tribal. Las estructuras que hemos creado en nuestra sociedad generan oportunidades para que se alimenten y se nutran más personas que nunca hasta ahora. Es cierto que una enorme cantidad de la población del mundo vive aún en la pobreza y sufre de desnutrición, y de esto, sin duda, el principal responsable es el egoísmo. Sin embargo, colectivamente hablando, nos hemos alejado bastante del modo de ser de los simios. Aun así, el actual vehículo humano está diseñado para el egoísmo y no le calzan muy bien las frecuencias más altas. Todavía es un hecho relativamente extraño que los humanos eleven la frecuencia de su genética al nivel del Don, así que poco podemos decir del nivel síddhico. Esta es la razón por la que nuestra especie se tiene que preparar para dar el salto cuántico, porque es la única manera en que se puede trascender el constructo egoísta.

Al mirar el egoísmo de este modo, los humanos quizás puedan comenzar a ver a través de las frecuencias superiores de la 27.ª Clave Genética. Los actos egoístas causan retroceso, mientras que los actos abnegados causan evolución. Si a esto añadimos, además, una ecuación de naturaleza matemática, podremos ver que la 27.ª Sombra equivale a la falta de propósito. Esta ecuación se crea entre el par de la Sombras 27.ª y 28.ª. Su

par programado se denomina Sin Propósito y este código binario conduce a la muerte como final. El egoísmo no da buen pago, ya que nos convierte en impuros en lugar de mantenernos puros. A largo plazo, cierra nuestro ser a la posibilidad de nutrirse tanto de alimento como de amor. El egoísmo nos separa de la colectividad. A pesar de que asegure la supervivencia individual, para que nuestras especies puedan acceder al próximo salto evolutivo la supervivencia ha de convertirse en una opción completamente comunitaria.

Como un aspecto de la familia química conocida con el nombre del Anillo de la Vida y la Muerte, la Sombra de la 27.ª Clave Genética nos recuerda a las fuerzas cósmicas de la creación y la destrucción. Cada Sombra es destructiva y nos conduce a la muerte, mientras que el Don nos conduce a la vida. Solo al más alto nivel del Siddhi se puede trascender la dualidad vida-muerte. Cada grupo codónico funciona colectivamente a través del banco genético completo para establecer un campo de frecuencia que prevalezca e influya en todo el planeta. Es fácil observar la verdadera naturaleza del egoísmo si relacionamos la Sombra de la 27.ª Clave Genética con otras Claves Genéticas de este anillo codónico. A través de la 24.ª Sombra, podemos contemplar cuán adictiva es; a través de la 3.ª Sombra vemos cómo provoca siempre el caos, y gracias a la 20.ª Sombra observamos cómo se sirve de la falta de consciencia básica de la humanidad. Por medio de la 23.ª Sombra percibimos cómo el egoísmo nos complica la vida y, finalmente, mediante la 42.ª Sombra descubrimos cómo está fundada en la falsa esperanza de que con él llegará el fin del sufrimiento.

NATURALEZA REPRESIVA: SACRIFICADA

La naturaleza represiva de esta Sombra se manifiesta como sacrificio, en el sentido de hacer entrega de tu poder personal en vez de ofrecer desde el corazón. Das a otros, pero sin ningún sentido del límite, lo cual te lleva, o bien a tomar ventaja sobre el que recibe, o bien a sembrar el resentimiento. Las leyes de la vida establecen que debe haber un mutuo intercambio benéfico para que una relación se mantenga saludable. La naturaleza represiva tiene miedo de su propio lado oscuro e intenta pasarlo por alto invirtiendo todas las energías en otros. Tal autosacrificio contiene también una sutil presencia de culpabilidad. La frecuencia del dar no viene de un corazón auténtico y solo puede ser recibida del modo en que se entrega: sin verdadera gratitud. Dar de este modo causa más daño que beneficio, porque inevitablemente agota tus recursos y desgasta poco a poco tu salud.

NATURALEZA REACTIVA: EGOCÉNTRICA

La cara reactiva de esta Sombra se refiere al hecho de dar basándose en segundas intenciones y a ser puramente egoísta, en el sentido de retener la propia energía. Esta gente da a otros para obtener algo para sí mismo. Este tipo de regalos políticos crean su propia aura de manipulación y refuerzan la destrucción. Cuando este tipo de gente da a los otros y no reciben a cambio lo que esperan, la agresividad latente de su naturaleza reactiva sale de repente a la superficie. Todas las naturalezas reactivas tienen esta capa-

cidad de arremeter contra los otros y la 27.ª Sombra a menudo resulta la más chocante, porque al comienzo parece ser muy generosa y dadivosa, pero se trata de regalos que proceden enteramente de la mente y no del corazón.

EL DON DE LA 27.ᴬ CLAVE GENÉTICA: ALTRUISMO

LA MENTE DEL CLAN

El 27.º Don se puede comprender con más claridad observando el reino animal. Entre las 64 Claves Genéticas hay ciertos Dones que tienen una conexión muy fuerte con otras especies. En el caso del 27.º Don, la conexión es con otros mamíferos. El Don representa el vínculo comunitario que existe entre miembros de un grupo o familia de mamíferos. Por ejemplo, en la familia de los delfines, el 27.º Don se refleja en su *mente grupal*, la fuerza psíquica invisible que aglutina a estas criaturas y las mantiene unidas. La mente del clan monitorea la seguridad de la familia como un todo. Funciona a través de cada delfín individualmente, pero se transmite instantáneamente a todos los demás miembros del clan. La naturaleza de esta mente de clan es el Altruismo, en el sentido de que si un miembro del clan está en peligro, todos los delfines irán en su ayuda. Algunas veces ocurre entre los mamíferos que un miembro más viejo se sacrifica para salvar a uno más joven, lo que asegura la pervivencia del linaje.

En una frecuencia más elevada, este altruismo comunitario que existe entre grupos familiares se extiende a todas las demás especies. En los humanos, el altruismo certifica nuestra supervivencia como especie. Asegura una vida más feliz y más saludable, incluso cuando no sea la vida que habías soñado. Dar desde el corazón puede despertar increíbles fuerzas cósmicas que trabajen a tu favor. Dar a otros, por el mero hecho de dar, activa profundas corrientes curativas en tu cuerpo. A través del egoísmo puedes conseguir mucho para ti, pero no podrás conseguir una verdadera sensación de estar al servicio de un propósito más elevado. El propósito brota del altruismo como lo hace el agua del manantial; brota dentro de ti, haciéndote sentir afectuoso y contagiando ese sentimiento a los demás.

Dar a otros, por el mero hecho de dar, activa profundas corrientes curativas en tu cuerpo

Otro aspecto del altruismo es el desapego. Hemos visto ya, a través del Anillo de la Vida y la Muerte, cuán ligados están los Dones 27.º y 42.º, el Desprendimiento o desapego. La principal diferencia entre la 27.ª Sombra y el 27.º Don es que el altruismo da sin esperar nada a cambio frente a causas que sabe que van a fructificar. La cara represiva de la 27.ª Sombra, tan sacrificada, tiene que ver con dar a las personas equivocadas. Encontramos un ejemplo de ello en la parábola de Jesucristo sobre el agricultor que sembró las semillas en terreno baldío. El altruismo es, en realidad, una forma de inteligencia que sabe, a través de su conexión vital con la mente del clan, qué merece la pena dar y a quién dárselo. En vez de alimentar la conciencia victimista, se dedica esencialmente a apoyar el desarrollo de la autonomía personal, individual, a través de un proceso de fuerte vinculación comunitaria.

El 27.º Don, en su capacidad de dar con desapego, significa que esos individuos están dispuestos a hacer caso omiso o incluso a romper las leyes o códigos morales con tal de dar a la gente el apoyo que necesite. Cuando cuidar a otro se hace desde el corazón, no hay ni rastro de moralidad. Este tipo de atención es similar a la que tiene un padre o madre por su hijo, y, en realidad, este 27.º Don tiene mucho que ver con la educación y la nutrición de los niños. Los que tienen hijos conocen esta urgencia por proteger a sus crías a nivel genético. Es una de las fuerzas más poderosas de nuestro planeta. Dado que tiene una resonancia estrecha con todas las formas de vida, este Don tiene mucho que ver con los ciclos naturales de 7 años. El ciclo de siete años es la base del proceso educacional y nutritivo. En los seres humanos, este Don crea una enorme presión genética para estar con tus hijos durante un mínimo de siete años. Si tienes este Don como parte de tu perfil hologenético, como padre podría ocasionarte daño físico, emocional y mental no ser parte integral de los siete primeros años de vida de tu hijo. Esta presión genética es inherentemente saludable para la familia. Incluso si la madre y el padre no están juntos, el niño debe convertirse en el objetivo principal. Cada niño necesita el equilibrio del aura materna y paterna consistentemente durante estos primeros siete años cruciales de su vida.

Todo en la psicología de un niño se forja durante los primeros siete años de su ciclo vital. Más allá de esos siete años existen otros ciclos de impronta, pero el escenario ya se habrá fijado. Cualquier niño que reciba verdadera nutrición, tanto de su padre como de su madre, en sus primeros siete años de vida, tendrá una constitución física, mental y emocional fuerte. Siempre tendrán la capacidad de encontrar su propia fortaleza interior. Este tipo de niño está abocado a crecer con una naturaleza altruista en vez de con una egoísta. Desde luego, el destino organiza todo tipo de eventos que pueden separar al padre y a la madre del niño, pero nada está perdido. La oportunidad de sanar la separación que sucedió durante los primeros siete años se presentará en tu vida más adelante. Por supuesto, puedes sanar tus propias heridas de la infancia convirtiéndote tú mismo en padre o madre. Todas las relaciones nos dan la oportunidad de sanar viejas heridas a través de una nutrición sostenida. En realidad este es el secreto de las relaciones felices. Si no estás contento con tu relación, la razón puede ser que no hayas nutrido totalmente tu propio ser. Cada relación no es más que un espejo.

La verdadera naturaleza del 27.º Don es la generosidad, que básicamente consiste en cuidar a otros y a la naturaleza en general. Estas personas se pueden convertir en espléndidos jardineros, ya que tienen una conexión natural con los ciclos de la vida y el flujo y reflujo de los ritmos de la naturaleza. Este Don tiene una debilidad particular por aquellos que son frágiles o están afligidos. Es bastante natural para los que encarnan este Don en su perfil hologenético involucrarse en profesiones de servicio desde las que pueden ofrecer a otros nutrición. A una frecuencia muy alta, el 27.º Don desprende una poderosa aura de confianza, que es inmediatamente reconocida por los demás. Este tipo de aura de confianza permite que el otro baje la guardia y se abra a la nutrición, a veces por primera vez en su vida. A un profundo nivel genético, la presencia de este 27.º Don atrae una sensación de seguridad comunitaria que se vale de su fuerte resonancia en la mente colectiva. Por eso se trata de uno de los más poderosos dones sanadores de toda la matriz genética.

EL SIDDHI DE LA 27.ᴬ CLAVE GENÉTICA: ABNEGACIÓN

AMOR, EL NUEVO SUPERALIMENTO

El 27.º Siddhi es lo más místico que te puedas imaginar y, por ello, se vuelve un reto explicar este arquetipo con nuestro lenguaje común. El conocimiento que comprenden las 64 Claves Genéticas se refleja a nivel genético en la subestructura de la vida. Hasta que los humanos no comprendamos completamente la ciencia de los fractales, no podremos entender de verdad la estructura del universo. Cada cosa que vemos es un holograma que contiene las huellas digitales de todo lo demás. La actual evolución de la humanidad como un todo está basada en la realización de la transición desde las frecuencias de las 64 Sombras a los 64 Dones. Las más altas frecuencias, representadas por los 64 Siddhis, no tienen realmente relación con nuestro estado actual como especie, sino que tienen que ver con nuestro futuro como consciencia colectiva. Esta es la razón por la que la frecuencia síddhica florece espontáneamente en unos cuantos raros humanos, pero no puede aún florecer en la totalidad. Aquellos en los que se ha manifestado ya el Siddhi son el ejemplo de un estado que no está diseñado para la actual versión de *Homo sapiens*. En este sentido, todos los estados síddhicos se presentan como desviaciones anómalas de la norma.

Es extraordinario reflejar aquí la increíble información sobre lo que nuestro futuro esconde en los rincones de nuestros genes. El 27.º Siddhi es uno de esos lugares secretos. En el presente ciclo esta parte de nuestro genoma permanece dormida, esperando que llegue su tiempo, por lo que está operando a una diminuta fracción de su capacidad total real. En nuestro ciclo actual se presenta ante nosotros como una especie de profundo anhelo inconsciente de armonía. El símbolo externo de este anhelo es la comida, razón por la que el nombre original chino para este arquetipo es «La nutrición». El hecho de que nuestra evolución planetaria actual se base en la realidad de que una criatura haya de comerse a otra para sobrevivir nos muestra nuestra profunda limitación. No somos una especie que pueda sobrevivir sin alimento, pero en el futuro lo seremos. En ese futuro momento de nuestra evolución la verdadera naturaleza del 27.º Siddhi se hará completamente patente.

Sin embargo, hay estadios de nuestra evolución donde nuestra genética varía y cada uno de los 64 Siddhis cambia sutilmente su capacidad. Nos encontramos, en este momento, en la cúspide de una de las más grandes mutaciones. En los próximos cien años, el Siddhi de la Abnegación se esparcirá por todo nuestro planeta. Finalmente este Siddhi se apoderará de toda la vida sobre la Tierra y enlazará a todos en una sola criatura, aunque nuestra actual forma de vida, basada en el carbono, no sea capaz de soportar una frecuencia de banda tan elevada. Será el presagio del final de los tiempos de la alimentación y el albor de lo que ahora conocemos como inmortalidad, el 28.º Siddhi, que es su par programado. Para nosotros, los humanos que estamos presentes en este escalón de la evolución humana, ese estadio futuro puede parecernos de ciencia ficción. Cuando la humanidad se alce sobre su Verdad, desprovista de cualquier sensación de individualidad, el verdadero despertar planetario comenzará. En culturas ancestrales como la de los aborígenes de Australia existen cuentos sobre un tiempo futuro en el que la conciencia animal y humana funcionarán como un solo campo de consciencia unificada. Esta es la dirección hacia la que se dirige nuestra especie humana. En un nivel superior de la realidad, esencialmente nos extinguiremos. No nos sentiremos más como una realidad separada, sino que funcionaremos como una red neurológica para Gaia, la Tierra.

Paseando por cada uno de los 64 Siddhis se puede observar el patrón de la eterna búsqueda humana hasta encontrar su naturaleza divina. Ha habido muchos caminos hacia Dios. Uno de los caminos más grandes es el del servicio, conocido en la India con el nombre de *bhakti yoga*, el camino de la compasión. También llamado «la doctrina de la inocuidad», el 27.º Siddhi, la Abnegación, se ha manifestado en la vida de muchos santos a lo largo de la historia. Lo cierto es que no se trata de ser un bienhechor. Hay muchos que intentan ayudar a otros por razones equivocadas, ya sea por el sutil deseo de reconocimiento, ya sea para cubrir su propio y profundo dolor. La Abnegación es el puro deseo de proveer de socorro al otro. No hay ni rastro de egoísmo en ello. Ese tipo de gente ha realizado un verdadero salto cuántico y la energía síddhica disponible para ellos es enorme. Pueden trabajar en situaciones en las que otras personas considerarían imposibles. A pesar de su infinita capacidad de darse a los otros, no se agotan. Por el contrario, se nutren constantemente de las refinadas corrientes del aura amorosa que los circunda.

Las Matemáticas del Amor están dentro de todas las estructuras de la vida, pero solo cuando descubramos estas leyes los seres humanos podremos realizarnos a nuestro máximo potencial. La divina ley de la filantropía, el amor a la humanidad, es inherente al 27.º Siddhi. La filantropía libera el secreto de la energía libre porque da desinteresadamente de sí misma, y lo da de manera inteligente. Dar sin consciencia es caridad, pero dar con consciencia es filantropía. El 27.º Siddhi sabe cómo distinguir entre lo que está vivo y lo que está muriendo, y da sin descanso a aquello que esté vivo. A nivel síddhico, la 27.ª Clave Genética es capaz de curaciones milagrosas. Mientras haya un gramo de fuerza vital en algo, el inmenso caudal de amor que llega a través del poder del 27.º Siddhi podrá *Mientras haya un gramo de fuerza vital en algo, el inmenso caudal de amor que llega a través del poder del 27.º Siddhi podrá revivirlo*

revivirlo. Dado que este Siddhi es la base de todo el campo bioenergético de Gaia, tiene la capacidad de sanar cualquier enfermedad o dolencia, siempre y cuando la consciencia de aquel en quien habite esté inclinada con más determinación hacia la vida que hacia la muerte.

Otro modo más de aproximarse al 27.º Siddhi es a través de la analogía con la música. Hay ciertos Siddhis que tienen una enérgica relación con la música como fuerza de enlace que sostiene toda la vida. Este 27.º Siddhi se relaciona con la música de los elementos en la medida en que ellos se combinan y recombinan, alimentándose sin fin los unos a los otros.

Existen, además, precisas leyes matemáticas de este fractal que administran los ciclos de los elementos en nuestro planeta. El modo en que se combinan el agua y el aire, tanto desde el punto de vista de los patrones atmosféricos globales como en lo que se refiere a los tractos digestivo y respiratorio de todas las criaturas, conforma un exquisito armónico, si pudiéramos escucharlo. Dando la vuelta a un dicho antiguo, el amor es el alimento de la música y se puede encontrar por doquier. Para los que escuchan a través de los oídos del 27.° Siddhi, no hay más música que esta. Un día tú también podrás escucharla.

28.ª CLAVE GENÉTICA

ABRAZAR EL LADO OSCURO

PAR PROGRAMADO: 27.ª CLAVE GENÉTICA
ANILLO CODÓNICO: EL ANILLO DE LA
ILUSIÓN (28.ª, 32.ª)

FISIOLOGÍA: RIÑONES
AMINOÁCIDO: ACIDO
ASPARAGÍNICO

LA SOMBRA DE LA 28.ª CLAVE GENÉTICA: SIN PROPÓSITO

EL EGREGOR DEL MIEDO

La cuestión del propósito es el tema central del trabajo sobre estas 64 Claves Genéticas. Al seguir tu propio propósito, liberas la manifestación del poder específico de tus dones. Sin embargo, hay fuerzas en el mundo que desafían frontalmente tu capacidad de encontrar tu propósito y, aún más, de seguirlo. La 28.ª Sombra consiste en sentirse Sin Propósito y representa, en este sentido, tu potencial enemigo, porque puede asegurarse, o bien de que no encuentres tu propósito, o bien de que no puedas seguirlo. Esta sombra toca el núcleo del más profundo de todos los miedos humanos: el miedo a la muerte. Todos los miedos se pueden reducir a este miedo básico a la muerte. El miedo a extinguirse es la primera emanación del miedo humano, y para escaparse de él, los humanos harán todo tipo de cosas. Así tendemos a manifestar uno de los principales patrones que emergen de esta 28.ª Sombra: o negamos la muerte hasta que finalmente nos lleva por delante, o permitimos que nos consuma y, al hacerlo, vivimos en constante reacción hacia nuestro miedo.

De esta Clave Genética han surgido los símbolos inconscientes del lado oscuro de la naturaleza humana, ya que contiene algunos de los códigos más oscuros de toda la matriz genética. Todos los arquetipos demoníacos del mundo surgen como una materialización directa del miedo inconsciente a morir, que se encuentra codificado dentro de cada ser humano. El uso de la expresión *más oscuro* no se debe entender necesariamente como negativo. La 28.ª Sombra simplemente nos sitúa en un constructo falsamente real, poblado de fuerzas buenas y de fuerzas demoníacas. La 28.ª Sombra es el aspecto principal del equipamiento genético de supervivencia que ha conducido al éxito de la especie humana. La Sombra, con su miedo a la muerte, ha afilado nuestros instintos individuales durante milenios y nos ha guiado desde las oscuras etapas de nuestra prehistoria hasta la era actual, en la que la supervivencia individual está más asegurada que nunca.

El hecho de que exista la muerte nos lleva directamente hasta la cuestión del propósito individual de nuestras vidas. El primer propósito, a nivel puramente físico, es mantener la salud por el mayor tiempo posible; pero hay un propósito central para ello, que es el de poder evolucionar. Para el ser humano evolución significa singularidad creativa. Cada uno de nosotros hemos nacido con un propósito creativo que no puede protagonizar ningún otro ser humano. Si quieres liberar tu propósito creativo en el mundo, tienes que encontrar tu propio lado oscuro. En otras palabras, tienes que encarar en algún momento tu más profundo miedo a la muerte.

Si quieres liberar tu propósito creativo en el mundo, tienes que encontrar tu propio lado oscuro

El hecho irrefutable de la muerte realmente da un límite a tu vida y te coloca bajo presión para encontrar tu propósito y para asumir el riesgo de seguir tus sueños individuales. La cantidad de vida que sientes es directamente proporcional a tu disposición a encarar los miedos que amenazan tus sueños. En realidad el miedo no amenaza tus sueños; es solo tu mente quien lo interpreta así. Si estás bajo el dictado de tu mente, como lo está la mayoría de la gente, entonces fracasarás a la hora de mirar en la verdadera naturaleza del miedo debido a tus intentos por impedirlo. Tal y como testimonian todos nuestros grandes mitos, hemos de pasar por el inframundo para poder renacer a la luz. Debemos encarar nuestros miedos inconscientes en el mundo exterior.

El más común de los caminos para evitar el miedo a la muerte es adoptar una filosofía mental fija y, entonces, vivir en esa filosofía en vez de vivir con el miedo. Esas filosofías son nuestras religiones, creencias, ciencias y sistemas, cualquier cosa que se convierta en un dogma para ti y adormezca tu miedo. A la mente humana no le gustan las sorpresas. Vivir en la continua aceptación de la muerte significa vivir con la continua amenaza de lo inesperado. La mente humana te podría hacer creer que el propósito de tu vida se encuentra en el futuro más que en el aquí y ahora, de manera que te pasarás el tiempo posponiendo tu vida hasta que tengas que encarar, al final, todos tus miedos en el momento del deceso. Pero puedes mirar profundamente en tus miedos ahora para encontrar tu propósito, porque tu propósito, en realidad, se encuentra atrapado en tus miedos, alojado dentro de ellos. Esta es la razón por la que en las grandes tradiciones místicas se dice que primero tienes que morir antes de poder vivir.

El tema de la falta de propósito es un tema contemporáneo que se ha ido poniendo cada vez más en evidencia conforme la humanidad ha aprendido a dominar el mundo material. La supervivencia es un propósito poderoso. En Occidente ya no tenemos un miedo básico a la supervivencia, puesto que hemos creado una sociedad que nos apoya, en general, a nivel colectivo. Casi nadie puede morir de hambre hoy en un país avanzado desde el punto de vista del bienestar. Por esta razón, nuestro miedo se ha convertido en el miedo a carecer de propósito. Ahora, en vez de tener miedo a morir, tenemos miedo a vivir. El miedo a no encontrar tu propósito no es otra cosa que el miedo a la muerte, pero disfrazado. La mayoría de la gente no quiere ni siquiera pensar si están

cumpliendo su verdadero propósito o no, porque para hacerlo hay que mirar directamente en los miedos más profundos. La mayoría transige y se deja llevar, en consonancia con la creencia colectiva de que están atrapados por el sistema: por el dinero, por las responsabilidades, por los impuestos. En este sentido, es interesante reflexionar sobre la 27.ª Sombra, el Egoísmo, el par programado de esta 28.ª Sombra . La gente se avergüenza de parecer egoísta y de seguir sus sueños, aunque esos sueños, si son verdaderos, resultarían de muchísimo más servicio al planeta que cualquier otra cosa que cada una de esas personas pudiera hacer.

La 28.ª Sombra incorpora una profunda sintonización con el campo acústico y se basa, por lo tanto, en frecuencias y sonidos. En esta Sombra, cada sonido se puede percibir como una vibración. Esa vibración se ha interpretado en muchas culturas como demonios o entidades con existencias separadas de sus anfitriones. Este fenómeno tan interesante es la base de muchos sistemas que exploran la consciencia más oscura de la naturaleza humana, desde el chamanismo hasta el psicoanálisis. El chamán opera en el mundo de la vibración, y él o ella identifica los patrones de miedo como entidades, las cuales deberían ser expulsadas de tu ser interior o trasmutadas. Estos son los fundamentos de la verdadera práctica chamánica. Por otro lado, el psicoanálisis examina tu mundo emocional y mental, y da nombres a esos patrones *neuróticos* de miedo. Otros sistemas dan nombres diferentes a esas mismas frecuencias de miedo. El verdadero chamán o terapeuta sabe también que él o ella no podrán quitarle el miedo a nadie. Él o ella pueden solamente ayudar a la persona a identificar aquellos miedos para que pueda finalmente aceptarlos. La Totalidad se produce cuando abrazas todos tus miedos, lo cual quiere decir que el único medio para matar demonios es absorberlos en la luz que hay en tu interior.

Todos tus demonios internos emanan de una fuente única: un egregor o colectividad de todos tus miedos. Es el arquetipo demoníaco, el anticristo o el *doppelgänger* que hay en cada uno de nosotros. La 28.ª Sombra representa, en realidad, todo lo que tu psique no quiere aceptar, incluido el miedo básico a la no existencia. En la medida en que reclames cada uno de estos aspectos oscuros de tu ser interior podrás comenzar a ensamblar y manifestar el verdadero propósito de tu vida. Este es el mágico y verdadero propósito de la 28.ª Sombra.

NATURALEZA REPRESIVA: FALSA

Cuando reprimes el lado más oscuro de tu naturaleza, tu vida se muestra vacía y carente de juicio real. Alejarte de tus miedos significa vivir una existencia deslucida, sin ningún sentido profundo de propósito. Tu vida puede parecer glamurosa y exitosa, o aburrida y mundana, pero carecerá de centro. Ese tipo de gente a menudo intenta hacer creer a otros y a sí mismos, a toda costa, que son felices y caminan ligeros, pero no pueden ocultar su verdad a aquellos que conocen su propia sombra. Los que no encaran sus propios demonios viven una vida a medias, inconscientes de cómo son en realidad de transparentes. Es gente que a menudo intenta parecer feliz o evolucionada, pero carece del fondo y de la profundidad de conocimiento de aquellos que se han atrevido a mirar en los profundos y oscuros espejos de sus almas.

Naturaleza reactiva: apostadora

La naturaleza reactiva de la 28.ª Sombra se enfoca en asumir riesgos. Estas personas reaccionan contra el miedo transformándolo en actividad. Esto tiene como consecuencia acciones impetuosas que, temporalmente, encubren su temor. Este tipo de persona se convierte rápidamente en adicta a este modelo de asunción de riesgos y vive su vida en el extremo contrario, en un camino tan rápido e impredecible que le impide pararse a examinar el miedo que la implusa. Estos individuos probarán cualquier cosa que les ofrezca una sensación de propósito, pero no podrán parar de moverse. El espacio más amenazador para ellos es su propio espacio de silencio y quietud interior.

EL DON DE LA 28.ᴬ CLAVE GENÉTICA: TOTALIDAD

La vida entera es un escenario

El Don de la Totalidad es maravilloso para aquel que lo posea, y pertenece a todo el que sabe, de verdad, cómo confiar en la vida. Totalidad significa vivir al lado del miedo, vivir con lo inesperado y estar continuamente abierto a la transformación mientras mantienes tu compromiso. Totalidad es el balance entre los extremos de la 28.ª Sombra: un extremo que no puede cambiar y el otro que no puede comprometerse. El Don de la Totalidad significa abrazar la integridad de tu naturaleza y la totalidad de tu vida: el placer y el dolor. Ser total en el sentido que señala este Don significa, también, vivir sin permitir que sea tu mente quien dicte tu vida. Es la vida vivida al minuto, desde la total comprensión de que el propósito se puede encontrar solo en el momento presente y no en el futuro lejano.

Tener el Don de la Totalidad significa, también, seguir el camino mítico. Mientras vas encontrando y abrazando los diferentes retos que la vida te trae, vas reuniendo y componiendo los diversos aspectos de tu psique hasta alcanzar lo que Jung llamaba el estado de *individuación*. El chamán podría llamar a este mismo proceso la recuperación o reencarnación completa del alma. El estado de totalidad parece un estado de permanente aceptación de riesgos; no de los riesgos infundados de la 28.ª Sombra, sino de riesgos de construir algo que tú no podrás ver hasta que no esté completo. Lo que tú estás construyendo, desde luego, es el camino de tu propio destino. Este es un camino de profunda confianza en el cual el individuo emprende viaje rindiéndose completamente al misterio de la vida y a sus ritmos ocultos. Ser total es estar vivo en todos los sentidos; es estar alerta desde el punto de vista acústico respecto a la vitalidad de cada momento, tal y como venga. En la nave resonante que es cada momento presente el miedo no puede sobrevivir, y es entonces cuando se puede experimentar la profunda calma y quietud que crece naturalmente en ella.

Cuando te encuentras con la vida a través del Don de la Totalidad, te relacionas con ella como con un juego que ha de completarse en cada etapa o acto. Esta es la vida vivida como un romance, un romance que incluye tanto la comedia como la tragedia.

Al ir haciendo frente progresivamente a tus demonios interiores, también te alcanza una profunda sensación de estremecimiento. Tus demonios, tal y como hemos aprendido, son realmente ángeles disfrazados. Cada situación de tu vida está concebida como una forma de iniciación que te permite, o bien quedarte tal y como estás, o bien evolucionar. En un nivel profundo, este Don ofrece un hondo sentido de liber- tad, incluso cuando aparezcan fuerzas externas que te obs- truyan, te desafíen o te entrampen. Desde el punto de vista interno, totalidad significa darse en cada situación, permi- tiendo que el juego se desarrolle con absoluta convicción y

Al ir haciendo frente progresivamente a tus demonios interiores, también te alcanza una profunda sensación de estremecimiento

sin expectativas. Vivida de esta manera intuitiva, la vida te muestra que hay un propósito en cada cosa que ella te ofrece. La gente que está alineada con el 28.º Don sabe cómo hacer el maravilloso truco de manejar la adversidad de un modo luminoso. Cuanto más profundamente aceptan cada sentimiento de miedo que llega, tanto más luminosos se manifiestan y más amor sienten hacia la vida.

Cuando comiences a sentir este propósito moviéndose como una ola subterránea dentro de ti, podrás notar también cómo se vuelve cada vez más influyente el Don del Altruismo, que corresponde al 27.º Don, el par programado de este 28.º. Mientras tus propios temas se quedan hundidos en el lodo del pasado, la energía vital comenzará a dirigirte hacia los demás. Uno de los grandes misterios de la existencia es que el único propósito verdadero en la vida viene del impulso de servir a algo más grande que uno mismo. Estas son personas cuyos actos y hechos los inmortalizan, porque sus vidas arden fulgurantes en el fuego del sentido profundo de su propósito. Al superar el miedo a la muerte, comienzas a darte cuenta de que el espíritu humano es uno de los aspectos de la vida que duran para siempre. Darse cuenta de la naturaleza eterna del espíritu humano allana el camino para el florecimiento último de la consciencia: el Siddhi de la Inmor- talidad.

Las Claves Genéticas 28.ª y 32.ª componen el anillo codónico binario conocido como Anillo de la Ilusión. Estas dos Claves Genéticas comparten el tema común del miedo conectado con la muerte. Mientras que la 28.ª Sombra teme la muerte en sí mis- ma, la 32.ª Sombra teme morir sin haberse realizado. El Anillo de la Ilusión es la causa de que los seres humanos pospongan sus vidas y busquen el sentido de propósito en el futuro. Tu pensamiento está basado en la realización futura, más que en el ahora. Sin embargo, el Don incluido en este anillo codónico es que la ilusión se puede desmontar con una comprensión simple: el verdadero propósito se encuentra en entregarte al cien por cien a cada momento, en vez de tener que enfocarte en alguna otra clase de logro. Cuando tu realización suceda por el simple hecho de estar vivo, en la emoción del papel que la vida te esté ofreciendo en ese preciso momento, estarás siendo total. Cualquiera sea el papel que estés desempeñando en el juego de la vida —amante, villano, maestro, discípulo o buscador—, siempre que tu compromiso sea total, podrás descubrir un mis- terioso desprendimiento subyacente a dicho papel y ese desprendimiento será el premio por tu valiente totalidad.

EL SIDDHI DE LA 28.ᴬ CLAVE GENÉTICA: INMORTALIDAD

LA VERDADERA NATURALEZA DE LA BESTIA

Desde el principio de los tiempos, la humanidad se ha preguntado sobre las posibilidades de alcanzar la inmortalidad. Los alquimistas han buscado el precioso elixir de la vida, esa esencia espiritual que conduce a la eterna juventud con solo beberlo. La medicina moderna se dedica, en parte, a extender el tiempo de supervivencia humana, y muy probablemente continuará avanzando en esa línea. Con la promesa de una nueva ciencia genética, muchos científicos ya están hablando de extender la vida humana indefinidamente. Cuando pensamos en la inmortalidad también pensamos en términos del alma. Ciertamente, el sueño de la mayoría de las religiones del mundo es que nuestra alma sobreviva a la muerte y viva en una dimensión eterna o reino de los cielos. El miedo contenido en las más bajas frecuencias de la 28.ª Clave Genética también pone de manifiesto la cara opuesta de esta dualidad: la noción de infierno y la eterna tortura en el inframundo.

El 28.° Siddhi tiene poco que ver con estas cuestiones, que son solo proyecciones de las bajas frecuencias de esta Clave Genética y de su Sombra. Sin embargo, es cierto que la matriz genética humana contiene la semilla de la inmortalidad física, aunque nuestro actual vehículo biofísico no podría soportar esta transformación. Tendría que ser posible alterar nuestra genética para convertir en inmortal nuestro vehículo actual, pero las consecuencias no serían placenteras. Crear un nuevo cuerpo sin el miedo de la 28.ª Sombra significa que el innegable despertar de la consciencia no evolucionaría de forma natural para encajar en ese cuerpo. Un ser de ese tipo sería un monstruo genético, pues aunque el cuerpo no llegase a morir nunca, la consciencia individual no podría hacer frente a un concepto tal, y quedaría enraizada en el miedo a la muerte. Solo porque el cuerpo pueda seguir genéticamente viviendo no se elimina la posibilidad de morir por causas accidentales, por ejemplo. En vez de terminar con el miedo a la muerte, esas circunstancias incrementarían, más que ninguna otra cosa, ese miedo hasta proporciones obsesivas. Sin estar enfocados en la aceptación del lado oscuro, el resultado de tal ocurrencia sería probablemente muy catastrófico.

La mente no puede comprender qué significa inmortalidad. La verdadera inmortalidad es en realidad la detención del tiempo

Cuando la mente humana imagina el concepto de inmortalidad lo hace desde sus propias limitaciones. La mente solo puede conceptualizar algo en la línea del tiempo, de manera que define la inmortalidad como «tiempo que se añade al futuro para siempre». Esta es la razón por la cual la mente no puede comprender qué significa inmortalidad. La verdadera inmortalidad es en realidad la detención del tiempo. Es la única forma de escapar de la muerte: vivir tan completamente en el momento presente que la muerte no pueda alcanzarnos. Esta es la razón por la que el Don de la Totalidad puede finalmente conducirnos a ese estado. Si Totalidad significa vivir la vida al máximo, Inmortalidad significa morir en el momento que nunca termina. Para que esto ocurra, tu sentido de identidad y separación deben

morir primero, y dejar en su lugar solo la vida. Una vez que no hay un centro de consciencia localizado, no hay muerte, porque no hay nada que pueda morir. Solo permanece la consciencia, moviéndose sin fin de una forma a otra.

En la mitología cristiana, la encarnación del miedo se expresa a través del Anticristo, Lucifer, la encarnación del diablo. Hay algunos secretos curiosos ocultos en este mito. El destino de Lucifer en realidad es el de volverse uno con Dios, a nivel mitológico. Lucifer era originalmente el favorito y el más fuerte de los ángeles de Dios. En mitología, el más fuerte es siempre el elegido para caer y para olvidar su naturaleza original. Este es el extraordinario significado oculto en la traición, un maravilloso antropomorfismo que contiene el gran secreto de lo que es el diablo y de lo que es la sombra. El diablo es, sencillamente, cualquier cosa que aún no hayas aceptado y abrazado de la vida. La única mala interpretación de las viejas leyendas se da en las batallas entre el bien y el mal, en las que el bien sale triunfante. Los antiguos símbolos e imágenes de dragones que son vencidos constituyen una proyección de la 28.ª Sombra. Al final, el arcángel Miguel, que representa el bien, debería abrazar a Lucifer en su regazo, en vez de matarlo. Solo de esta manera se puede cumplir el mito, transmutando la verdadera esencia de Lucifer en una fuerza todavía más elevada que él mismo, es decir, mostrando a Lucifer como el mismo Dios. Esa es la forma en la que se debería contemplar el mito cristiano. Muchas otras antiguas mitologías de diferentes culturas también describen esta misma dinámica.

El Siddhi de la Inmortalidad requiere la rendición individual de cada uno a sus más profundos miedos, ya que, al morir a ellos, cada uno de nosotros renace como consciencia pura. Un ser de este tipo se da cuenta de que su verdadero propósito es la vida en sí misma: vivir la naturaleza inmortal de su propia esencia, más allá del tiempo y de la forma. Cuando un ser humano adquiere este estado a través del 28.º Siddhi, entra en una particular mitología. Su don específico es poner de manifiesto los miedos de los otros, dondequiera que vaya. Este es solo un aspecto de su consciencia, que opera a través de su genética; por ejemplo, se dice de estos seres que son capaces de expulsar demonios, porque eso es lo que su aura hace, precisamente. A través de su gracia, muestra la parte más sombría, los aspectos rechazados de la propia naturaleza, que absorbe en su estado de consciencia inmortal. Como todos los estados síddhicos son en realidad uno solo y el mismo, este es un aspecto común a todos ellos, pero conlleva un poder mitológico particular cuando se alcanza a través del Siddhi de la 28.ª Clave Genética.

Para terminar, unas pocas palabras sobre el futuro papel del 28.º Siddhi. Como expusimos anteriormente, este Siddhi contiene la semilla de la manifestación de la inmortalidad en la forma. Después de que todos los Siddhis hayan despertado en la humanidad y nuestro cuerpo colectivo haya comenzado a transmutar hacia su forma futura, el 60.º Siddhi florecerá y las leyes que sostienen nuestro mundo se disolverán en aquel mismo momento. Entonces, los elementos de nuestro futuro vehículo se unirán y comenzarán a formar otra clase de vehículo para realojar la consciencia más elevada de la humanidad. En este vehículo, el 28.º Siddhi llegará a buen término y, al hacerlo, sintetizará el alma animal de Gaia con el alma humana, creando así un cuerpo inmortal. Aquí reposa el secreto que está tras todos los códigos de nuestras mitologías en las que el hombre y la bestia se combinan y convierten en uno. El reino animal de nuestro pla-

neta constituye un nivel de consciencia que ya opera en el campo de la inmortalidad y cuyo sacrificio sugiere una evolución incluso mayor que la nuestra. A nivel físico, un hombre debe absorber su naturaleza animal por completo antes de que pueda mostrar su verdadero propósito. Solamente entonces podremos ver por primera vez la auténtica naturaleza de la bestia.

29.ª CLAVE GENÉTICA

SIDDHI DEVOCIÓN • DON COMPROMISO • SOMBRA TIBIEZA

SALTAR AL VACÍO

PAR PROGRAMADO: 30.ª CLAVE GENÉTICA
ANILLO CODÓNICO: EL ANILLO DE LA
            UNIÓN (4.ª, 7.ª,
            29.ª, 59.ª)

FISIOLOGÍA: PLEXO SACRO
AMINOÁCIDO: VALINA

LA SOMBRA DE LA 29.ª CLAVE GENÉTICA: TIBIEZA

LA VIDA A MEDIAS

La 29.ª Sombra, la Tibieza, en combinación con su par programado, la 30.ª Sombra, el Deseo, genera con enorme facilidad un grandísimo caos emocional si lo comparamos con el que generan los demás pares de Sombras. Se trata de un oscuro y antiguo programa genético anclado en los seres humanos, que tiene que ver, sobre todo, con una falta básica de confianza en el deseo humano. El deseo no quiere solo crear confusión emocional, tal y como podemos aprender de la 30.ª Sombra y de su Don correspondiente, la Ligereza. También sirve a un propósito superior. El deseo que se abraza completamente siempre nos conduce a un resultado beneficioso, ya que, después de todo, se trata de la energía pura que hay en nosotros. Los problemas relacionados con el deseo surgen por la intervención de la 29.ª Sombra y de sus dinámicas. En esencia, esta Sombra tiene que ver con dos cosas que provienen de la misma fuente: el exceso y la falta de compromiso.

El secreto de todo compromiso radica en el modo en que lo inicias. La energía que hay detrás de tus acciones es la que crea tu futuro, y no las acciones en sí mismas. No hay nada que merezca la pena hacer en la vida a no ser que se realice con compromiso absoluto. No importa si amas u odias lo que haces; si lo abordas desde la tibieza sería mejor que lo abandonaras por completo. Sin compromiso, la acción carece de poder y de dirección y, sobre todo, carece de suerte. Puede que este último comentario suene un poco raro, pero existe una ley universal que dice que todo aquello que se realiza con compromiso total porta la semilla de la buena fortuna. De la misma manera, cualquier cosa realizada sin un total compromiso, portará la semilla del infortunio. Toda la vida

es un continuo y cada acción que comienzas te lleva en una dirección concreta. Hay que decir que no hay ni un ápice de moralidad detrás de esta ley universal del compromiso. Simplemente es una invitación a que confíes en la vida.

La tibieza te roba la oportunidad de participar del misterio de la vida, ahoga la tendencia natural de la vida hacia lo mágico y lo profundo. Esta Sombra te mantiene como víctima del destino y te impide ser un jugador del gran partido que se está celebrando. Te mantiene en las bandas, asegurándose de que enfoques tu vida en la representación de papeles estúpidos, monótonos, o de que estés desbordado por la agonía emocional. Resumiendo, cuando comienzas algo con tibieza, haces una invitación a que la miseria entre en tu vida. Esta 29.ª Clave Genética tiene que ver con los sentimientos humanos, con el sexo y las relaciones, con el fracaso y con el éxito, con el deseo y con esperanzas. Sin importar quién seas, tu vida depende de la manera en que respetes la ley de esta Clave Genética. Cuando haces algo desde la tibieza, en realidad estás teniendo un comportamiento deshonesto. Puede que no estés comportándote literalmente de un modo deshonesto con los otros, pero estarás siendo deshonesto contigo mismo y con tu vida, lo que tiene siempre consecuencias desagradables.

La tibieza te roba la oportunidad de participar del misterio de la vida

La 29.ª Sombra es como un despertador para todos los seres humanos. La claridad con la que escuches el sonido de este reloj será un indicador de lo despierto o dormido que estés. El compromiso opera en ciclos y, al final de estos ciclos, o bien se renueva automáticamente, o bien se abandona y se comienza a implicar en otra cosa. Estos ciclos pueden ser de muy diferentes extensiones temporales. El ciclo celular dura siete años completos, que es el tiempo que se demora el cuerpo en remplazar todas sus células renovables. El verdadero compromiso con un ciclo de tiempo, por lo tanto, dura siete años o más.

Los ciclos del deseo pueden durar mucho menos, pero cada uno lleva su propio mecanismo de tiempo integrado en el propio diseño. Los seres humanos tienen que trabajar en sus ciclos de deseo hasta que lleguen a su fin natural. Por desgracia, no hay un modo simple de saber cuándo terminará algo. Necesitas permanecer comprometido hasta que el juego finalice, a su propio ritmo natural. Si rompes prematuramente el ciclo, tu vida volverá a construir los mismos patrones de la experiencia hasta que realmente completes el ciclo y aprendas la lección que había para ti.

La 29.ª Sombra mantiene a la mayoría de los humanos repitiendo patrones, porque no viven hasta el final los procesos naturales. El verdadero compromiso incluye la energía de superar los obstáculos y la adversidad. La tibieza tiene que ver con abandonar algo al primer síntoma de problema o de incomodidad, y toda muestra de tibieza está basada en un hondo miedo no reconocido. La lección que nos da la 29.ª Sombra es muy simple: si te escapas de algo demasiado pronto, te mantendrás en el mismo viejo bucle; pero si permaneces en la experiencia hasta el final, darás un salto cuántico, tanto en lo que respecta a la buena suerte como en lo que respecta a la sensación de plenitud. Necesitas ver que esta Sombra, como todas las Sombras, tiene un propósito benéfico de largo alcance. Te enseña el valor de tus experiencias cuando miras atrás con retrospectiva. Si miras hacia atrás y continúas viendo los mismos patrones emocionales y los viejos trau-

mas repitiéndose en tu vida, podrías aprender qué es lo estás haciendo o dejando de hacer para crearlos.

La lengua china antigua tenía una maravillosa y también incómoda palabra para designar esta 29.ª Clave Genética o hexagrama. Lo llamaban «El abismo» y era considerado uno de los mayores símbolos para predecir el peligro en el camino de la vida. Y esto es justamente lo que hace la 29.ª Sombra: te empuja una y otra vez hacia situaciones complicadas con las que se pretende testar tu nivel de compromiso. Una vez que has emprendido un determinado camino de vida, realizas la ruta a ciegas. Cuentas solo con el poder de tu propio compromiso para guiarte hacia el *abismo*. Con la tibieza te mantienes preocupado constantemente por si el camino que has tomado es el correcto y hacia dónde te llevará, por si habrás tomado la decisión correcta. Tus miedos irrumpirán una y otra vez y te amenazarán para intentar minar tu compromiso. Si cedes ante ellos estarás creando las condiciones para la desgracia. Pero si permaneces a pesar de las dudas, especialmente en los momentos más críticos, entonces crearás las condiciones para la trascendencia.

En esta 29.ª Sombra duerme el secreto de lo que generalmente llamamos éxito. El éxito en la vida gira sobre dos ejes: el compromiso y la suerte. El compromiso engendra la suerte. El fracaso significa que te quedaste atascado en el mismo viejo ciclo de siempre, y en el campo de las relaciones humanas es donde más y con más persistencia se nos muestra esta Sombra. Al estar emparejada con la 30.ª Sombra, el Deseo, nos invita a la apertura de alianzas y de muchos lazos humanos. También a través de este par llega mucha confusión a las relaciones. Todo deseo opera en ciclos claros, y estos ciclos se deben honrar, incluso si no llegan a realizarse. Si un deseo se abraza honestamente, entonces el ciclo se revelará a sí mismo con rapidez. Puede ser que dure un día o un año, pero el ciclo nunca se equivoca. No se trata de moralidad social, sino de energía de vida. En los matrimonios (sean legales o íntimos), el compromiso se basa en requisitos. Si el deseo sexual por otra persona diferente comienza a rondar la cabeza, esto puede ser señal de dos cosas: o el matrimonio está llegando al final de su ciclo o tiene que ver con una necesidad de fortalecimiento que llegará gracias a un forcejeo honesto y cooperativo con el ciclo de deseo, sea lo que sea lo que ello implique. La 29.ª Sombra responde a la mayoría de los deseos sexuales desde el miedo, lo que generalmente se manifiesta como un comportamiento basado en la culpa, o bien en la vergüenza. En este sentido, tibieza significa esconder tus verdaderos sentimientos o seguirlos, pero en secreto. Por eso, esta 29.ª Sombra nos conduce en la vida a todo tipo de situaciones emocionales desgraciadas y a desastrosas relaciones.

Como afirma el viejo dicho, una vida vivida desde el miedo es solo media vida. Es un proverbio apropiado para explicar la 29.ª Sombra, que puede causar todo tipo de traumas emocionales en los seres humanos, especialmente en el ámbito de las relaciones y en el éxito material. Vivir tibiamente significa que nunca podrás abrazar o confiar en tus decisiones completamente. Esta Sombra te mantendrá constantemente preocupado por las decisiones tomadas y por aquello que traerán como consecuencia. La gran ilusión de fracaso y de éxito es que ambas son simplemente actitudes conectadas con tus creencias sobre ti mismo. Para salir de los dominios de la 29.ª Sombra tendrás que dejar ir todo este tipo de ideas y permitir que la vida te catapulte en los abismos de lo desconocido. No debes retener nada y sí ser completamente honesto, tanto contigo mismo como con los demás. ¡Hay tantos premios y frutos esperando ser recogidos por ti si puedes ser fiel a tus decisiones y acompañarlas hasta su final natural, orgánico!

NATURALEZA REPRESIVA: PUNDONOROSA

Estas personas están condicionadas no solo para realizar compromisos, sino para mantenerlos, pase lo que pase. En otras palabras: estas personas son incapaces de reconocer, o no quieren reconocer, cuándo ha terminado un ciclo. Esta naturaleza lleva consigo más de lo que puede honestamente manejar, y por ello se sentirán gradualmente superadas por la magnitud de los compromisos. Son personas que se convierten en víctimas de otros o en esclavos de grandes organizaciones. Por el miedo que hay integrado en su naturaleza, no encuentran el coraje de admitir el final de algo y continúan permitiendo que abusen de ellos, consciente o inconscientemente.

NATURALEZA REACTIVA: INCUMPLIDORA

Cuando la 29.ª Sombra muestra su cara reactiva, lo que se esconde detrás es un intenso miedo al compromiso, que es visto por los otros como falta de cumplimiento. Cuando se hace algo sin verdadero compromiso, es difícil poder seguir con confianza una acción en curso o un ciclo demostrando, además, competencia. El resultado suele ser la ruptura del ciclo natural y la consiguiente decepción, la sensación de fracaso y la culpa. Se trata de naturalezas que pueden decir sí a todo tipo de cosas, pero que después reaccionan a la presión abandonando los compromisos adquiridos. La ira inherente a esta naturaleza se desencadena a menudo por las expectativas que algún otro ha depositado sobre ellos. Lo que sucede es que tienden a levantar la voz aunque carezcan de la habilidad para cumplir con sus promesas.

EL DON DE LA 29.ᴬ CLAVE GENÉTICA: COMPROMISO

EL NEGOCIO DE LA SUERTE

Cuando tu frecuencia se va clarificando y refinando cada vez más, la decisión para acompañar naturalmente el desarrollo de los procesos se hace también más clara y rápida. El 29.º Don no apunta a las presiones externas o al condicionamiento ajeno, sino que da acceso a una profunda conexión con la dirección de la corriente de la Vida misma. Este Don sintoniza implícitamente con el fluir cíclico de la vida. Las personas con el 29.º Don poseen el truco para abandonar la rutina y, gracias a este Don, observar cómo sus vidas se desarrollan de formas míticas y vigorosas. Sin el 29.º Don y su habilidad para realizar acuerdos claros y cristalinos, la vida se volvería confusa y asfixiante, sobre todo en lo que se refiere a los ámbitos emocional y sexual.

El compromiso se dirige hacia la confianza, una potencia que no puede ser ni forzada ni obligada. Fluye como un gran río desde las profundidades de tu ser y se muestra

en tus acciones. Con el compromiso no tienes necesidad de pensar en el futuro ni en los objetivos, porque contiene la semilla del objetivo en sí mismo. Solamente el tiempo te mostrará adónde te lleva el río en cada ciclo de experiencia vital. Por eso el objetivo no es importante para el 29.º Don. Lo realmente importante es el compromiso de mantenerse fluyendo hasta el final del recorrido. La vida es un entramado de ciclos dentro de otros ciclos: algunos itinerarios duran cinco minutos, mientras que otros duran todo un ciclo vital. El viaje final es tu vida entera, y la forma que toma tu vida se construye sobre la base de millones de decisiones mínimas tomadas a lo largo del curso de esa vida. Vivir tu vida entera desde este intenso nivel de compromiso significa tomar cada decisión con el mismo nivel de compromiso, ¡desde el modo en que mantienes relaciones sexuales hasta el talante con el que lavas los platos!

Al ser una parte integrante de la familia química conocida como el Anillo de la Unión, el 29.º Don comparte un tema común con las Claves Genéticas 4.ª, 7.ª y 59.ª. Este anillo codónico está sufriendo en la actualidad un mutación espontánea a nivel de ADN y es responsable directo de un enorme cambio de perspectiva en el modo en que los seres humanos nos relacionamos en el ámbito de la sexualidad y del género. A través de la 59.ª Clave Genética y de su par programado, la 55.ª, nos alcanza buena parte del ímpetu de esos cambios genéticos. El propio rol de la sexualidad humana tiene que ver con este cambio, lo que significa que en este momento el mundo está inmerso en una gran confusión sobre valores morales y sobre instituciones tan antiguas como el matrimonio. Con el 29.º Don podremos experimentar una nueva definición de la palabra *compromiso*, que tiene poco que ver con las pretensiones sociales y mucho con el hecho de decir SÍ a la vida. El único compromiso real es el compromiso con tu propia guía interior en el ahora (que nos muestra el 7.º Don). Encontrar esta guía depende de tu nivel de rendición ante la fuerza vital que portas dentro de ti, lo que implica una confianza total en los ciclos naturales de compromiso. Esta confianza se está empezando a mostrar hoy en el mundo y, conforme va penetrando, va dejando de lado todos nuestros falsos valores morales.

El verdadero compromiso es más un sentido energético, dinámico, en la totalidad de tu ser, que un requerimiento social. Muchas personas ven el compromiso como una expresión de moralidad, lo que se nota especialmente en las relaciones humanas, donde el compromiso se violenta gracias a la presión social. Si, por ejemplo, una relación se termina o un matrimonio acaba con el divorcio, desde fuera se contempla como un fracaso. El verdadero compromiso no es moral: dura lo que dura. Cuando un ciclo termina, termina, y ambas partes lo sienten por igual. Todo aquel que comienza una relación de alianzas desde un verdadero compromiso es conocedor de esta verdad universal. Las relaciones que comienzan con este tipo de compromiso limpio, también terminan limpiamente, sin las turbulencias emocionales habituales que suelen tener algunos finales. El compromiso de algunas relaciones dura una noche, mientras que el de otras dura para siempre. La extensión del ciclo no tiene nada que ver con los conceptos de éxito o fracaso. Al nivel de frecuencia del 29.º Don, todas las relaciones forman parte del guion evolutivo de la vida y, como tales, merecen aprecio, pues añaden riqueza y profundidad a la existencia, más allá de la visión reducida del éxito o del fracaso.

Las personas con el 29.º Don en su perfil hologenético pueden considerarse seres

extraordinariamente afortunados. Sus decisiones claras y comprometidas crean las condiciones necesarias para el desarrollo de la buena fortuna en su vida. Estas personas no pueden permitir que otros las dirijan: no escuchan a maestros, gurúes, oráculos o sistemas. Tampoco sucumben a la presión o a las expectativas de los demás. Sus decisiones fluyen desde lo más profundo de su vientre y no admiten cuestionamiento. Con el 29.º Don, una decisión clara se siente como una ola de calor, silenciosa y poderosa, que nos llena por completo. No se trata de decisiones emocionales, ni se muestran como excitación, nerviosismo o explosión. El compromiso es una energía total, como si la propia naturaleza tomara el control de tu destino y te mostrara el camino que hay por delante. Este es el momento en el que comienzas a comprender que comprometerse significa rendirse. No se trata de hacer un enorme esfuerzo para mantener tus compromisos; se trata simplemente de rendirse a lo que es. A veces, si sientes una falta de compromiso, es porque necesitas rendirte más todavía a las simas del proceso.

Una decisión clara se siente como una ola de calor, silenciosa y poderosa, que nos llena por completo

Tanto si la 29.ª Clave Genética es parte de tu perfil hologenético como si no, es aquí donde la suerte se crea o se aleja de ti cada vez que tomas una decisión clara en tu vida. Y esto es especialmente cierto en el campo de los negocios. En el microcosmos de la vida que son los negocios, también están presentes los altibajos. La prosperidad está directamente ligada a la claridad de los compromisos que tomas, tanto en tus relaciones como en tu trabajo diario. En los negocios hay muchos ciclos que comienzan, terminan y vuelven a empezar. El éxito financiero no se puede medir basándose en un solo ciclo, sino en un compromiso continuado y en la certeza de haber tomado la decisión correcta. Por ejemplo, algunas veces, cuando estás comprometido con un camino que parece que no es exitoso, en ese camino se abren después otras vías u oportunidades que más tarde sí resultan exitosas. No puedes planificar tu camino por la vida, tan solo puedes alinearte con tu verdadera dirección interior, confiar en ella tanto como puedas y permitir que la naturaleza haga el resto. Esta es la pura magia del 29.º Don.

EL SIDDHI DE LA 29.ᴬ CLAVE GENÉTICA: DEVOCIÓN

EL CONTAGIO TÁNTRICO

Cuando el Don del Compromiso alcanza el nivel universal se convierte en el Siddhi de la Devoción. De esta consciencia han surgido todos los grandes caminos conocidos en Oriente como Bhakti Yoga. El Bhakti Yoga se basa en el camino de la devoción, o el camino del corazón. Los caminos devocionales son caminos de autorrendición, pues en ellos pierdes completamente el sentido de tu propio ser en favor de otro. *El otro* puede ser una misión, como en el caso de Madre Teresa, devota de los pobres, o un ideal o símbolo, como un dios o un gurú. El camino de la devoción ha sido abolido de la sociedad, pues se considera un nivel perturbado de compromiso. Pertur-

bado en el sentido de que tú abandonas el orden impuesto por tu mente y entras en la libertad de tu corazón.

Al nivel del Don, el compromiso puede tener todavía trazas de egoísmo, incluso si la rendición ha tenido lugar, lo que le otorga un enorme poder. Sin embargo, cuanto más se eleve la frecuencia de esta 29.ª Clave Genética, más vas a enfocar tu compromiso directamente hacia el servicio a otras personas. Conforme la frecuencia se vaya elevando, tus compromisos van a ser más devocionales, y el centro del corazón se comenzará a activar. En un determinado momento del proceso no podrás hacer otra cosa que convertirte en devoto de alguna causa o de algún ser más elevado, y aun así el proceso seguirá ascendiendo. Cuando la energía del amor se vierte en un servicio, se requiere de ti la rendición de tu propia identidad ante lo que parecería un ser o símbolo externo. Para aquellos que no comprenden las verdaderas razones del corazón, este tipo de devoción puede parecerles profundamente equivocada. Las personas que se acercan a este Siddhi puede parecer que rinden culto a gurúes o ídolos sin cuidar de sí mismos. Para el devoto, sin embargo, lo único que existe es el objeto de su devoción. Si la energía devocional se enfoca en un gurú, entonces ve al gurú en todos lados. Si se trata de una misión, entonces la misión es todo lo que sucede en su vida y cualquier otra cosa debe encauzarse en aquella misma dirección.

Cuando sucede el salto cuántico desde el 29.º Don al Siddhi, pasa algo extraordinario. Todo el amor que se ha vertido en el objeto de devoción de repente comienza a derramarse sobre el devoto desde cada rincón del universo. En este punto, el que manifiesta el Siddhi a menudo se refiere a todo, incluyéndose a sí mismo, como al Amado. Por eso dicen que hasta las rocas y los árboles vierten su amor sobre el amado. Dondequiera que vayan, sus corazones se derriten ante cada cosa y cada persona que encuentran. Estas personas se convierten a menudo en poetas, en borrachos divinos o en servidores de los demás. El par programado de este Siddhi es el 30.º Siddhi, el Éxtasis, y estas dos palabras: *devoción* y *éxtasis*, son inseparables. Son personas que han sido literalmente capturadas por el amor. Su aura es tan suave que podrían convertir a casi cualquiera en un devoto. Cuando te topas con alguien que porta esta frecuencia es casi imposible decirle que no.

Otro aspecto relativo a este Siddhi y, de hecho, en parte originado por este mismo Siddhi, es el camino del tantra. El tantra, en términos generales, se refiere a la transmutación de la energía sexual o de baja frecuencia en energía divina. Incluso ya al nivel del 29.º Don se comienza a entrar en el camino del tantra. Cuando permites que la energía del compromiso actúe per se en el mundo, comienzas a darte cuenta de que se mueve a través de ti una energía diferente a la de cuerpo. Esa alta frecuencia llega al cuerpo físico desde tus cuerpos sutiles, especialmente desde el quinto cuerpo, el cuerpo búdico. Cuanto más refinada se vuelva tu frecuencia, más podrás sentir esta energía o vitalidad bullendo en ti. A estos niveles más elevados, la gente comienza a interesarse por prácticas como el yoga, que pueden ayudar a que te vuelvas más sensible a este tipo de corrientes energéticas, sutiles, en tu cuerpo. Cuando las corrientes de la vida comienzan a moverse por las habitaciones de tu pecho y de tu corazón, la energía devocional está ya activada. Esta es la esencia del tantra: la rendición espontánea de tu ser a la evolución superior.

Este Siddhi permanece sumido en lo más profundo de las relaciones humanas. En muchas prácticas tántricas, el devoto se visualiza a sí mismo teniendo sexo con un consorte Divino, o él o ella experimenta cambios alquímicos en su cuerpo gracias al intercambio de fluidos con la otra persona. Dado que se trata de un camino opuesto al yoga, que se basaba en la disciplina, el tantra tiene que ver con permitir a la vida que te lleve allá donde ella decida. La sociedad enjuicia duramente este tipo de caminos, pues los considera esencialmente amorales, y, dada la naturaleza sexual que porta esta Clave Genética, a menudo se rompen los tabúes sexuales. Sin embargo, si este camino se sigue con absoluto compromiso, finalmente elevará la consciencia a su aspecto devocional. Si lo recuerdas, el I Ching llamaba a este arquetipo «Lo Abismal». No hay símbolo más claro de estar buceando en lo abismal que el de vivir tu vida enteramente desde el corazón.

El camino devocional es uno de los caminos más simples para alcanzar y tocar la Divinidad, y esta es la razón por la que se encuentra en todas las grandes religiones, reflejada en la noción de relaciones sagradas y en el método de oración y culto. En el culto hay cierta seguridad, pues siempre existe el objeto de culto y el que ora. Sin embargo, entre los dominios de los Dones y los de los Siddhis hay un gran abismo. El abismo que precisamente termina con el culto. El gran reto para un devoto es permitirse ser aniquilado y dar el gran salto hasta encarnar completamente la energía devocional. Cuando el devoto cruza este abismo, nunca más se le volverá a ver en la otra orilla, pues solo permanecerá lo Divino. Este es el dilema del universo de los Siddhis: una vez que una persona habla desde ese universo, es la Divinidad la que se expresa a través de él, y no ya el humilde servidor de Dios. Por eso este también es el final de la mayoría de las religiones. Una vez que el 29.° Siddhi se encarna en un cuerpo, toda la vida es testimonio de oración, por lo que no hay más necesidad de oración. Cuando has encarnado lo Divino, ¿a quién le vas a rezar?

El Siddhi de la Devoción es completamente contagioso. Dondequiera que vaya, inspira la devoción en otros. Esta aura eléctrica, casi sexual, crea un oleaje considerable cuando aparece en el mundo. Son los maestros que no tienen en cuenta la moralidad o los tabúes. Solo están interesados en una cosa: rendirse al corazón. Cuando por primera vez se vierte sobre ti este 29.° Siddhi, parece una energía caótica, sin estructura ni ritmo. Conforme tu devoción vaya profundizándose más, tu ser interior se irá ajustando a la naturaleza orgánica del corazón, que no conoce reglas y que posee sus propios giros y curvas inesperados. Lo que parece ser un caos para los que lo miran desde afuera no es más que un profundo estado de libertad, armonía y trascendencia en el que los límites de la realidad *normal* se han derretido finalmente por amor. Este es el Siddhi de *decir SÍ* a la vida; se da completamente a todos los que se cruzan en su camino. El mensaje del Siddhi es este: confía en tu corazón sobre todas las cosas y nunca te preocupes por las consecuencias. Ser devoto significa vivir para siempre en el seno de la Divinidad.

Ser devoto significa vivir para siempre en el seno de la Divinidad

30.ª CLAVE GENÉTICA

SIDDHI RAPTO • DON LIGEREZA • SOMBRA DESEO

EL FUEGO CELESTIAL

PAR PROGRAMADO: 29.ª CLAVE GENÉTICA
ANILLO CODÓNICO: EL ANILLO DE LA
               PURIFICACIÓN (13.ª, 30.ª)

FISIOLOGÍA: PLEXO SOLAR/
        DIGESTIÓN
AMINOÁCIDO: GLUTAMINA

LA SOMBRA DE LA 30.ª CLAVE GENÉTICA: DESEO

LA MAYOR ESTAFA DE LA NATURALEZA

Justo aquí, en las profundidades de la matriz de la molécula de ADN, se encuentra un código vital que es el mayor responsable de la construcción de la civilización humana. Se trata de la 30.ª Sombra del Deseo humano. A menudo, cuando pensamos en el deseo, nos enfocamos en el deseo sexual, que, de hecho, es la única dirección que puede tomar el deseo. Para comprender esta 30.ª Sombra tenemos que despojar al deseo de todo ropaje, mirar en su esencia, lo que significa separar la fuerza del deseo de su proyección en el mundo. Visto como un simple fenómeno, el deseo no es otra cosa que hambre genética. Tiene una profunda conexión con la necesidad física de comer, pero el deseo en sí mismo no es el único responsable de nuestra supervivencia individual. Este aspecto de nuestra genética no influye en absoluto en la individualidad. A este nivel, el deseo es más bien algo que nos mata, no que nos protege. Sin embargo, el deseo sirve a un propósito superior cuando lo miramos a nivel genético y colectivo.

El propósito real del deseo es mantener al ser humano cometiendo errores de manera que pueda evolucionar. Pero clarifiquemos este punto: el deseo no le sirve al individuo, pero nos enseña algo valioso a nivel colectivo. El hambre que tiene de verdad la 30.ª Sombra es la avidez por la experiencia en sí misma. Para que los seres humanos puedan llegar a dominar su entorno tienen que probar sus diferentes aspectos, lo que significa que tienen que explorar tanto el lado oscuro como el luminoso de cada experiencia. El hecho de que muchos individuos e incluso un buen número de pueblos hayan sucumbido en el camino no tiene ninguna consecuencia sobre la consciencia que opera en el resto del acervo genético humano. Lo que les sucede a los individuos humanos se

propaga a la colectividad —incluso se expande a todas las razas o linajes genéticos—, pero no se puede transmitir a la humanidad en sí misma. Estamos programados por la 30.ª Clave Genética para aprender a evolucionar gracias a la experiencia, así que no podemos evitar nada de lo que nos toque experimentar. Si hay algo que la humanidad no haya aún intentado, entonces en algún lugar, dentro de alguien, el apetito de la 30.ª Sombra la empujará a experimentarlo, no importa lo extravagante o depravado que pueda parecer.

Para que la consciencia *entre en* la forma, se tiene que introducir muy profundamente en ella. En los seres humanos, la consciencia encuentra un sistema de conocimiento muy potente y sensitivo a su disposición, solo superado por el propio espíritu de Gaia, del que la humanidad no es más que un órgano sensible. Hay que comprender bien algo: las instrucciones genéticas que guían a la humanidad no vienen de la humanidad como una entidad separada, aunque pueda parecérnoslo. Somos solo la parte de un organismo más vasto, con su propio imperativo genético, y el deseo ha sido parte integrante de la evolución humana, ya que es la fuerza conductora que se halla detrás del aparato sensitivo. Es algo así como si la humanidad funcionase como el cerebro de la naturaleza, y el deseo fuese proveedor de la fuerza que abre todo tipo de redes neuronales interconectadas en ese cerebro. Algunas conexiones neuronales nos conducen a cortocircuitos, mientras que otras nos abren a la posibilidad de grandes saltos de consciencia. Todas las conexiones posibles han de ser probadas y testadas para poder descubrir cuáles son las que más sirven a la totalidad.

La mayor parte de la experiencia humana no es realmente esencial para nuestro futuro, pero aun así, se debe explorar. Como parte de la familia química conocida como Anillo de la Purificación, esta 30.ª Clave Genética se liga naturalmente a la 13.ª Clave Genética, cuya frecuencia de la Sombra crea un campo energético potente de discordia y pesimismo. La humanidad, por lo tanto, está determinada a atravesar un enorme ciclo evolutivo en el que se irá purificando progresivamente. Tal purificación solo puede tener lugar a través de la frecuencia de la Sombra, ya que es la que proporciona la materia prima para alcanzar los más elevados estados de consciencia. La mayoría de los efectos secundarios derivados de este increíble proceso genético suceden en el plano emocional o en el llamado *plano astral*.

El plano astral es un campo electromagnético sutil que surge de la suma total de todos los deseos y sentimientos. En las más bajas frecuencias del plano astral, el tono que manda sobre todos es el de la Discordia, la 13.ª Sombra. La discordia es una frecuencia colectiva, consecuencia de que los seres humanos expresen lo que ellos creen que son deseos puramente individuales. A niveles superiores del plano astral, el deseo humano y la emoción comienzan a virar hacia adentro y hacia arriba en busca de su propia fuente, atravesando niveles progresivos de purificación antes de llegar a experimentar el rapto de éxtasis en su forma más pura.

Cuando se contempla desde el punto de vista macrocósmico, casi parece que la naturaleza hubiera condenado a la humanidad, ya que hemos sido los conejillos de indias para la propia evolución. Y es exactamente así; incluso el deseo en sí mismo no es más que un impulso puro de la naturaleza ¡que tiende a volver locos a los seres humanos! El budismo oriental, por su parte, considera que el deseo es la fuente de todo

el sufrimiento humano. De hecho no es el deseo en sí mismo, sino la reacción a ese deseo, lo que crea el sufrimiento. En cada ser humano, la fuerza del deseo se traduce de un modo diferente y se proyecta en el mundo de una manera única. Por lo tanto, algunas personas lo experimentan por vía de la sexualidad, otros a través de su deseo de convertirse en ricos, famosos, amados, o en su deseo de iluminación espiritual. La cuestión es que el deseo per se es puro. No sirve *para* nada. Los seres humanos somos simplemente criaturas diseñadas para sentir el anhelo. Lo que hace la 30.ª Sombra del Deseo es alimentar la mente para tratar de encontrar el modo de escaparse de ese anhelo o, por lo menos, ventilarlo de alguna manera. Sin embargo, como todo ser humano sabe, el ciclo del deseo es eterno. En el momento en que has saciado tu apetito, te vuelves a encontrar vacío, y el anhelo comienza un nuevo ciclo.

Como todo ser humano sabe, el ciclo del deseo es eterno.

La traducción del nombre original chino para este 30.º hexagrama del I Ching es literalmente «Aferrarse al fuego». Es un nombre maravillosamente evocador para esta 30.ª Clave Genética. Causa que te quemes con el anhelo o deseo, pero a pesar de que quieras realizar ese deseo, el deseo continúa aferrándose a ti. Continuamente te conduce al mundo de la experiencia, que es exactamente su intención. La estafa de la naturaleza consiste en que los humanos no podemos escapar del fuego del deseo; da igual lo que hagamos. Tenemos que aceptar y abrazar esa parte como algo de nuestra mortalidad. Además, cuanto más pensamos en el deseo como *no espiritual*, más poder le otorgamos. Muchas de las grandes tradiciones religiosas y espirituales se han basado en esta gran estafa: la de hacernos creer que el deseo de alguna manera se puede trascender o que se puede luchar contra él. Luchar contra una fuerza evolutiva tan poderosa como el deseo es la primera causa de tanto sufrimiento en los seres humanos. La gran ironía herética es que el deseo de querer ser uno con Dios y el deseo de matar al enemigo son, ambos, deseos. Ambos conducen al infierno metafórico.

Juntamente con su par programado, la 29.ª Sombra, la Tibieza, la Sombra del Deseo transmite al mundo un pesimismo profundo e inconsciente. En algún lugar profundo dentro de cada ser humano reside una verdad incómoda: que nunca vas a poder trascender el deseo. Negar esta verdad es la causa de llevar una vida tibia. No podemos satisfacer completamente nuestros deseos, porque sería demasiado aterrador. Los que así lo hacen, acaban normalmente destruyéndose a sí mismos, mientras que los que los reprimen también se autodestruyen interiormente. Por lo tanto, parece que el deseo mantiene a los seres humanos cercados y superados. Hagamos lo que hagamos, estamos pillados como ratas en el laberinto. Incluso las tradiciones esotéricas más sofisticadas nos prometen primero la transcendencia del deseo para luego advertirnos de que el propio deseo de transcendencia nos impedirá alcanzar ese estado.

Por tanto, ¿qué se supone que tiene que hacer uno con esta información? ¿Cuál es el futuro de una raza que está atrapada en el interior de una paradoja así, en la que el deseo mismo nos impide evolucionar más allá del deseo? Como siempre, las respuestas se encuentran en los niveles de frecuencia superiores de esta 30.ª Clave Genética.

NATURALEZA REPRESIVA: SEVERA

Cuando se reprime el deseo, la fuerza de la vida también se reprime y conduce al anquilosamiento de todo el ser humano en los niveles físico, emocional y psicológico. Empezamos a tomarnos la vida muy en serio. Como hemos visto, el deseo resuena con el fuego y la pasión. Cuando no se le permite que prenda en nosotros, nuestro fuego interior decae. La mayoría de la gente gestiona sus deseos de esta manera, especialmente en el ámbito de las sociedades represivas y religiosas. La severidad se manifiesta a través de la religión misma, lo que casi siempre se hace con la imposición de leyes morales sobre cada uno de tus deseos naturales. Podríamos ir tan lejos como para decir que la mayoría de la civilización ha reprimido el deseo y se ha convertido a la severidad. Este es el distintivo del mundo moderno. El gran miedo que hay en esta 30.ª Sombra es el miedo a ser abrasados por nuestros sentimientos, un miedo colectivo que se ha reprimido a nivel colectivo. Los verdaderos sentimientos, si se desencadenasen a nivel colectivo, podrían llevarnos a la anarquía, que es el miedo que sostiene esta 30.ª Sombra.

NATURALEZA REACTIVA: FRÍVOLA

Las personas que se dejan llevar por sus deseos sin poner cuidado siempre corren el riesgo real de caer en el ostracismo social. No pueden suscribir ningún tipo de marco moral de trabajo y aborrecen todas las formas de religión o de control impuestas. Por lo tanto, se convierten en frívolas como reacción a esta sociedad. El resultado es que frecuentemente pasan a ser la amarga diana de proyecciones de todo el mundo, lo que les hace abandonarse aún más en sus deseos. Como sucedía en la tendencia represiva, donde la naturaleza quería terminar con el deseo en su caso a fuerza de controlarlo, en la tendencia reactiva quiere terminar con el deseo por agotamiento. La consecuencia es que este tipo de gente se quema a sí misma y frecuentemente a edad temprana. Al dar salida a todos tus deseos, en realidad te vuelves víctima de ellos. Este tipo de frivolidad está relacionada con el paganismo, el polo opuesto extremo de la religión organizada. Lo uno es reacción y lo otro represión.

EL DON DE LA 30.ª CLAVE GENÉTICA: LIGEREZA

EL ÚLTIMO DESEO

Hay dos posibles respuestas humanas a la paradoja: o te tensas o te rindes ante ella. La mente tiene gran dificultad para vérselas con las paradojas, ya que no ha sido diseñada para manejarse con ellas. Solo puede resolver cuestiones a través de la razón lógica. La mente superior, que es comparable a una conciencia que opera desde fuera del cerebro y del cuerpo, adora las paradojas, porque sabe que representan la Verdad. Cuando te rindes a la incapacidad de ser un humano normal, a veces suceden cosas importantes y experimentas un cambio de frecuencia en todo tu ser. Comienza el esclarecimiento. La

mente humana es terriblemente seria respecto la vida, por eso quiere controlar y comprender la existencia. El 30.° Don, sin embargo, es una nueva onda de frecuencia operativa para la humanidad que, en realidad, tiene que ver con la rendición interior que no se puede forzar ni simular.

Cuando hablamos de *ligereza* en relación con el 30.° Don, no estamos hablando de escapar de la vida al poner luz de ella. Por el contrario, nos referimos a entrar en los sufrimientos de la vida con más profundidad que nunca. Estamos hablando de un tipo de tendencia suicida que simplemente levanta las manos y dice a la creación: «De acuerdo, me rindo; ¡haz lo que quieras!». Algo que sí resulta un verdadero suicidio es tu falta de confianza en la vida, lo que en algunas tradiciones también etiquetan como *ego*. Tienes que llegar a un profundo entendimiento de tu propia mortalidad y debilidad para darte cuenta de la verdadera fuerza que subsiste en la simple y pura confianza. La vida juega su baza a través de ti y tú eres un simple peón genético en ese juego. Al final tienes que reconocer tu inutilidad, no en un sentido victimista, sino dándote cuenta de que estás más allá de necesitar ayuda. Y entonces, sucede la magia: descubres que puedes entrar en un estado de consciencia expandido que es el que está guiando toda la gran partida. Esto te da acceso a niveles de funcionamiento en el ámbito de frecuencias superiores y adviertes que tu desconfianza en la vida era lo que la estaba haciendo parecer tan complicada.

Al final tienes que reconocer tu inutilidad, no en un sentido victimista, sino dándote cuenta de que estás más allá de necesitar ayuda

El Don de la Ligereza no cambia tu destino. Simplemente te permite verlo desde un nivel de consciencia diferente. Sin embargo, el propio cambio de pasar a funcionar a un nivel superior de consciencia significa una variación en el guion de tu vida. Es un salto cuántico, o más bien podríamos decir que se trata de algo parecido a un derretimiento. Toda la vida sigue un guion mítico o secuencia, y podrás ver tu vida desde esta consciencia expandida solo si te has alejado del sentimiento de que tú eres víctima de ello. En el momento en que ves la broma de la vida tal cual es, también descubres el lugar que te corresponde en todo el guion e, inmediatamente, te sientes como en casa. Todo tu ser se aligera, aunque tu cuerpo continúe sufriendo. Esta ligereza también encuentra, por fin, su expresión en tus acciones. Pase lo que pase, con este Don de la Ligereza habrá siempre un destello en tus ojos, porque en algún nivel ya sabes que todo es solamente un juego y que lo peor que le puede pasar a uno es tomárselo demasiado en serio. Hay una gran diferencia entre quien pretende vivir la vida con ligereza y aquel que tiene una ligereza real en su forma de ser. Esta diferencia se nota siempre en la naturaleza emocional: alguien que finge tiene miedo de sus verdaderos sentimientos, mientras que aquel con verdadera ligereza nunca tiene miedo de verse superado por ellos.

El Don de la Ligereza no te hace inmune al deseo, pero tampoco te provoca ninguna reacción ante él. Te permite *volverte* hacia tus deseos y mirarlos en todo su misterio. Este es el Don que sabe que los deseos no hay que seguirlos necesariamente, sino que basta con sentirlos profundamente. A veces hay que seguirlos para aprender algo, pero generalmente lo que sabe este Don es que la realización del deseo es una farsa. Cuando la consciencia humana penetra hondo en el sistema emocional, emerge una

enorme sensación de libertad. Es la libertad de tener un ángulo de visión amplio para mirar en el deseo. Sabes que, lo persigas o no lo persigas, no te va a conducir a una sensación de paz duradera. Significa que el deseo ha dejado de tener ese poder adictivo sobre ti. De hecho, el deseo se convierte en una especie de invitado que viene a tomar té a tu casa: o se va a su debido tiempo o se queda e insiste en tomar más. En este sentido, la verdadera ligereza se puede ver como un «dejar ir» la necesidad de escapar del propio deseo.

La otra clave distintiva de este Don de la Ligereza es el sentido del humor. Cada cosa se observa con desprendimiento, incluso aunque se pueda sentir profunda y sensualmente en el interior; por tanto, todo se ve con ligereza. El humor que trae este Don no es sarcástico o irónico, ni se vuelca directa y personalmente sobre una persona. Siempre manifiesta su capacidad de reírse, sobre todo de uno mismo. La vida propia se convierte en una gran tragicomedia, ya que incorpora ambas caras del espectro de experimentación. Aprendes a ver a través de todos los comportamientos humanos. Ves igual el sufrimiento profundo que yace bajo las falsas creencias de que tus deseos pueden realizarse alguna vez y el gran placer que surge de la acumulación y liberación de tus deseos. El humor que llega con el 30.º Don es un humor compasivo —no se trata de reírse de algo—, es la verdadera respuesta de un ser humano que se ha rendido a su ser superior.

Cuando te mueves en las frecuencias superiores de la 30.ª Clave Genética comprendes por fin el misterio de los ciclos del deseo. Bajo los miles de deseos que pasan por tu sistema emocional cada día, comienzas a percatarte de que hay un deseo subyacente que gradualmente se hace más y más fuerte: el deseo de terminar con tu propio sufrimiento. Este es el mismo deseo que guía a todos los seres humanos por el camino de la espiritualidad y la búsqueda interior. El deseo de escapar, de ascender o de ser libre es el último y gran deseo de todos los seres humanos. Es la propia presión evolutiva y su anhelo de transcender la forma. Cuando te paras totalmente en este puro campo de anhelo, entras en los fuegos purificadores de la consciencia. Este grupo codónico, el Anillo de la Purificación, te lleva por un camino en el que todo tu ser comienza a renunciar a sostener el deseo. Tendrás que confiar implícitamente en tu deseo para trascenderlo, incluso cuando comprendas que el deseo mismo te impide trascender. Hay que seguir el último deseo, rastrearlo, abrazarlo y permitirlo, pues así es como el fuego de tu anhelo comenzará a brillar con intensidad. Este es el otro significado de *ligereza* en el contexto del 30.º Don: tu cuerpo en realidad comienza a llenarse de luz, al tiempo que tus vehículos inferiores y tus cuerpos sutiles se purifican y fortalecen en el anhelo.

EL SIDDHI DE LA 30.ᴬ CLAVE GENÉTICA: RAPTO

DE BHAKTI A SHAKTI

El 30.º Siddhi es un Siddhi bastante inusual y, como tal, se manifiesta como uno de los grandes estados de éxtasis divino. Junto con su par programado, el 29.º Siddhi, asustan de verdad a la mayoría de los seres humanos. En nuestra cultura occidental, en

particular, este tipo de estados de éxtasis se ven con gran desconfianza, ya que no tenemos ninguna referencia cultural para ellos. En otros tiempos era el chamán el que podía entrar en esos estados de consciencia. En nuestros días, lo más cerca que podemos llegar a estar de algo así es gracias a las drogas y a la cultura de la danza. Nos hemos alejado tanto de la cultura devocional que no podemos entenderla en absoluto. Algunas religiones, como el islam, se basan en esos códigos devocionales y por ello los reconocen inmediatamente, aunque también los pueden malinterpretar con la misma facilidad: la cultura contemporánea de los terroristas suicidas se basa en interpretaciones de las frecuencia más bajas de la 30.ª Sombra.

Los Siddhis 29.º y 30.º representan una corriente arquetípica en el ADN que provoca fuertes mutaciones en el sistema endocrino. Estas dan como resultado la producción de ciertas hormonas rarificadas en la química cerebral de tu glándula pineal, lo cual induce estados de gran devoción y rapto divino. El 30.º Siddhi, el Rapto, solo sucede cuando entras voluntariamente en el fuego de la aniquilación. Podemos recordar aquí el antiguo nombre del hexagrama 30.º del I Ching, «Aferrarse al fuego». A nivel síddhico te disuelves en el fuego por completo. Todo lo relacionado con el 30.º Siddhi le parece descabellado a la consciencia ordinaria. Implica un suicidio místico, una inmersión completa en los fuegos del anhelo de lo Divino, hasta que lo dejas todo,

> *El 30.º Siddhi, el Rapto, solo sucede cuando entras voluntariamente en el fuego de la aniquilación*

incluido el deseo, para transcender. Todos los deseos regresan al deseo primigenio —el deseo sin nombre—, la esencia de la creación y el puro anhelo en el corazón de la fuerza vital misma. Hay un misterio que se manifiesta en la lengua inglesa y recoge la palabra *belonging*. Solo podemos pertenecer verdaderamente al mundo cuando por fin llegamos al punto de *be our longing**.

El estado de Rapto Divino está relacionado con abrasarse en el fuego de la dicha, una y otra vez. Son personas tan inflamables que la más pequeña brizna los prende, y todo el que se acerque a ellos podrá captar su energía devocional. La naturaleza mutada del plexo solar, que es el lugar donde se aloja el 30.º Siddhi, consiste en llevar la consciencia fuera del cuerpo físico, hacia el aura. Por lo tanto, el 30.º Siddhi es el que crea devotos juntamente con su par programado, el 29.º Siddhi, la Devoción. Estos dos Siddhis irradian su poder y su shakti en el campo morfogenético de aquel que se halle en estado de rapto divino. Es la razón por la que algunos profesores y maestros pueden literalmente transformar el corazón de sus devotos para siempre. El aura de tales seres es tan palpable como peligrosa. Es peligrosa para la mente humana, que no puede comprender un fenómeno así y que no quiere perder el puesto de control. El alma misma de este 30.º Siddhi se encuentra en torno a la disolución en el caos primigenio de las divinas frecuencias.

Estos Siddhis no son un fenómeno común en el mundo. Allí donde irrumpen, casi siempre son malinterpretados. Si esto le sucediera a alguien en Occidente, casi seguro que le sedarían profundamente y lo cerrarían bajo llave. En India, los éxtasis divinos y

---

* *Belonging* se ha traducido aquí como «pertenecer». La traducción literal de *Be our longing* sería «ser nuestro anhelo». *(N. de la T.)*

los locos reciben el mismo tratamiento y ambos son reverenciados, ya que hay una línea muy sutil entre ambos estados. Las manifestaciones tempranas de este Siddhi y las del 29.° también pueden provocar todo tipo de dificultades en el cuerpo físico, ya que no ha evolucionado aún lo suficiente para albergar estas frecuencias altamente emocionales. En este sentido, el 30.° Siddhi tiene un papel particular que jugar en el siguiente paso evolutivo del plexo solar humano, tal y como se describe en la 55.ª Clave Genética. El papel de este 30.° Siddhi es el de quemar todos los deseos del ADN humano, lo que significa que los humanos que alcancen este Siddhi estarán realizando una tarea genética importante para el bien de la colectividad. Estarán permitiendo que sus vehículos, deliberadamente, entren en cortocircuito y quemen el deseo colectivo de nuestro pasado. La ventaja asociada a esta tarea es ¡la experimentación del Rapto divino!

En la 22.ª Clave Genética hay una descripción detallada de los siete cuerpos sutiles del aura humana. El proceso de trascendencia a través de esta 30.ª Clave Genética se enfoca directamente en la purificación del segundo cuerpo astral y en su asimilación por el quinto cuerpo, el cuerpo búdico superior. El deseo humano de la 30.ª Clave Genética crea *bhakti* suficiente para catalizar corrientes superiores de gracia desde el ser superior. El bhakti es la sutil emanación fluídica que surge como consecuencia de la purificación del deseo humano. Es una emanación que alcanza el cuerpo búdico y que activa su contraparte, conocida como *shakti*. Shakhi es la Esencia divina que desciende o baña al iniciado y que provoca el estado de Rapto. El intercambio de bhakti y shakti es lo que caracteriza a este 30.° Siddhi. El Anhelo divino, expresado como bhakti, es una fuerza evolutiva, mientras que la Gracia divina, expresada como shakti, es la fuerza involutiva.

En el futuro vehículo genético de la humanidad, el 30.° Siddhi ya no existirá, pues se habrá incinerado a sí mismo deliberadamente al haberse convertido en algo redundante. La experiencia del Rapto divino es una anomalía genética del programa evolutivo humano. Tiene un solo propósito: aniquilar el deseo para que un nuevo nivel de consciencia pueda florecer. Lo interesante es que el 29.° Siddhi, la Devoción, no correrá la misma suerte que el 30.° Siddhi, sino que persistirá en su forma básica en las relaciones humanas y, por lo tanto, en todas las comunidades. Mientras tanto, aquellos con una profunda afinidad con la 30.ª Clave Genética experimentarán diversos grados de este fuego abrasador en sus vidas. Es fácil ver cómo funciona en la humanidad en el nivel de baja frecuencia observando a aquellos a los que la devoción y el rapto les conduce a actos externos de destrucción y de fanatismo devocional. Las frecuencias superiores, sin embargo, se hacen más presentes cuanto más te rindes a las corrientes divinas que están esperando para consumirte en los estados de consciencia superiores.

31.ª CLAVE GENÉTICA

SIDDHI HUMILDAD • DON LIDERAZGO • SOMBRA ARROGANCIA

TANTEAR TU VERDAD

PAR PROGRAMADO: 41.ª CLAVE GENÉTICA

ANILLO CODÓNICO: EL ANILLO DEL NO
RETORNO (31.ª, 62.ª)

FISIOLOGÍA: GARGANTA/
TIROIDES

AMINOÁCIDO: TIROSINA

LA SOMBRA DE LA 31.ª CLAVE GENÉTICA: ARROGANCIA

LA TELARAÑA MUNDIAL DE LAS PALABRAS

La 31.ª Sombra y sus varias frecuencias de banda ponen patas arriba algunos conceptos humanos fundamentales. Si las observas, verás cómo esas bandas siguen la pista evolutiva de los humanos mientras se elevan desde el estado de arrogancia hasta el estado de humildad. Seguramente tú, como sucede con el resto de la humanidad, hayas estado condicionado a pensar en la arrogancia y en la humildad de un modo determinado. El condicionamiento general al que hemos estado sometidos dice que la arrogancia es un rasgo negativo y que la humildad es un rasgo positivo. Dado que el 31.er Don va directamente enlazado con la idea de liderazgo e influencia, vamos a tener que explorar en profundidad las verdaderas definiciones de estos dos términos, porque el Don del Liderazgo se asienta entre ambos, como si del eje de un balancín se tratara.

Dado que forma parte del codón genético, binario, conocido como el Anillo del No Retorno, la 31.ª Clave Genética está ligada químicamente a la 62.ª, ya que ambas claves codifican el aminoácido llamado tirosina. Este par genético es realmente interesante si nos detenemos a analizarlo un poco más en profundidad. La 62.ª Sombra, la Intelectualidad, se refiere al proceso mental de manipular el lenguaje para intentar entender nuestro medio ambiente. Lo que hace esta Sombra es encasillarte desde tu más tierna infancia en el mundo del lenguaje y de las palabras al proyectar sobre la realidad un mapa neurolingüístico que refleja cómo la percibes. Así, por ejemplo, gracias a la 62.ª Sombra, cuando ves un árbol, de manera automática e inconsciente se forma en tu mente la palabra *árbol*. La 31.ª Sombra extiende aún más esta capacidad cognitiva, va más allá de la simple creación de un mapa neurológico de la realidad, y usa el mismo esquema para controlar y manipular a otros. La palabra políticamente correcta que tenemos para definir este control y manipulación es *liderazgo*. Debido al puente que une estas dos Sombras, la humanidad se encuentra preprogramada a ese bajo nivel de frecuencia para seguir a aquellos que manipulan mejor el lenguaje, los hechos o las palabras.

En términos de liderazgo, los humanos operamos de un modo radicalmente diferente al del mundo animal. Los animales eligen instintivamente a sus líderes entre aquellos de las especies que portan un *gen alfa* que los marca como líderes. En los humanos, el gen alfa está presente en aquel que puede manipular mejor a los demás a través del lenguaje, independientemente de que tenga o no tenga un sentido moral fuerte. Lo único que de verdad importa es que el liderazgo humano se manifieste a través del lenguaje, ya que el lenguaje es el recurso a través del cual se transmite la frecuencia del liderazgo, que en los más altos niveles de vibración no contempla la mentira. Sin embargo, en la frecuencia de la Sombra, el lenguaje es la principal herramienta de programación de las masas y puede llegar a utilizarse para cerrar el acceso a la verdad a la raza humana, lo que significa bloquearles el acceso a un cierto nivel de frecuencia de esa verdad.

Si extendemos ese concepto del lenguaje hasta verlo como una herramienta de programación todavía más amplia, podremos decir que es la lengua quien nos condiciona a nosotros y no nosotros los que la controlamos. Hay una gran diferencia entre los términos *liderazgo* y *autoridad*. La Autoridad, el Don de la 21.ª Clave Genética, se basa en el control del poder a través de la fortaleza y de la voluntad. Las personas que portan este don no lideran a través de la palabra, sino que son capaces de controlar la voluntad ajena con su mera presencia. En el caso de la 31.ª Sombra, las palabras pueden tener un efecto mucho mayor que la presencia, ya que las palabras pueden permanecer para siempre. Los conceptos de los que hablamos aquí hace ya cientos de años que están, de hecho, influenciando completamente la realidad interna de personas y naciones, hasta el día de hoy. Las grandes religiones nos sirven hoy como buenos ejemplos para explicar esto. Parece increíble que, en nuestra época, una simple palabra fuera de su lugar o incorrectamente traducida por una persona pueda traer como consecuencia la muerte de millones de personas durante cientos de años. Así es como trabaja el potencial de la 31.ª Sombra.

Ahora bien, ¿por qué se le llama a la 31.ª Sombra *de la Arrogancia*, si es el lenguaje el que controla al humano, y no al revés? La razón es que se trata de una frecuencia de la Sombra colectiva, que es, en sí misma, arrogante. La arrogancia humana está basada en la creencia de que podemos tener algún tipo de control sobre la realidad misma. Hasta que no lleguemos a ver la frecuencia del Don no podremos comprender que los verdaderos líderes humanos son los que han entendido cuán profundamente estamos programados y limitados por nuestro propio intelecto. A nivel de la frecuencia de la Sombra, los seres humanos están completamente poseídos por la programación masiva de la sociedad en la que viven y por sus creencias, su cultura y su historia colectiva. La frecuencia es la que crea los patrones siempre, y no al contrario. Nuestra arrogancia se basa en que creemos que podemos pensar, hablar o actuar más allá de las frecuencias de la Sombra cuando, en realidad, estas mismas frecuencias son el fruto de nuestra creación intelectual.

La arrogancia verdadera procede del hecho de haber perdido el contacto con nuestra fuente Divina. Las palabras no fundadas en el intenso sentido de lo milagroso son siempre arrogantes, de una manera o de otra. Solo el corazón humano puede ofrecer una verdadera respuesta al misterio de la existencia, por lo cual, a no ser que tus palabras transporten el perfume del amor escondido en algún lugar tras de sí, seguirán perteneciendo en todo o en parte a la frecuencia de la Sombra. A nivel de la frecuencia de la Sombra, los humanos piensan, hablan y actúan como si estuvieran separados de la naturaleza, en vez de como una pieza más de ella, que es lo que son. La naturaleza controla a los seres humanos, la naturaleza ha permitido la evolución de nuestra capacidad intelectual y la naturaleza es también quien nos ha atrapado en esta falsa realidad mental, porque es aquí donde la naturaleza nos necesita en el estado actual de la evolución. Incluso es también la naturaleza la que nos ha hecho arrogantes al hacernos creer que tenemos algún control sobre ella.

Estas verdades pueden ser muy difíciles de digerir para nosotros, los humanos, habida cuenta del fuerte empeño que ponemos en desarrollar nuestra libertad individual. Pero como más adelante veremos, la verdadera humildad no tiene sus raíces en el comportamiento, sino en la comprensión. Solo podrás ser libre cuando hayas conseguido escaparte de la prisión del lenguaje, es decir, cuando ya no seas más la víctima de tus propias palabras y constructos mentales. Cuando el lenguaje del corazón por fin tome la palabra, las frases se organizarán sin que sea necesario pensar el significado de cada una de ellas. La elevada frecuencia del corazón es la que confiere el verdadero significado. El Anillo del No Retorno describe un estado de consciencia que está más allá de las palabras, incluso en los que casos en que utiliza las palabras como medios para la comunicación vibracional. Desde este punto de vista, la arrogancia es un tipo de adicción a las palabras y al lenguaje, más que a la frecuencia intencional que se esconde tras ellas y también más allá de ellas.

El mundo moderno que nos rodea es solo un constructo mental, resultado de millones y millones de palabras. A nivel de la frecuencia de la Sombra, estamos atrapados en esta tela de araña de palabras. La cuestión podría parecernos sólida, tangible en sí misma, pero ya sabemos que es efímera. Los titulares de prensa pueden parecernos transcendentales, cuando no son nada más que el resultado del esquema evolutivo terrestre, en el cual el ser humano no es más que una pequeña pieza del juego. La 31.ª Sombra ha empujado a la especie humana tan dentro de sus propias ilusiones o *maya* que no podemos ver la pequeñísima influencia que en verdad tenemos. Nuestra nueva obsesión con el medio ambiente y el intento de frenar el inexorable progreso podría ser un empeño sin fundamento. Nuestra arrogancia

El mundo moderno que nos rodea es solo un constructo mental, resultado de millones y millones de palabras

persiste al asumir que nosotros estamos modificando el medio ambiente, en vez de darnos cuenta de que no hay ninguna diferencia entre el medio ambiente y nosotros mismos. ¿Podría ser que el medio ambiente necesitara que nosotros lo transformásemos para que pueda él transmutarnos? ¿Podría ser que la naturaleza nos estuviese forzando en la dirección en la que avanzamos porque tenga una idea que nosotros no hemos ni siquiera vislumbrado?

Siempre que un ser humano hable sin comprender la falsedad del constructo mental en el que vive, está hablando desde la 31.ª Sombra. El reino del maya está interesado exclusivamente en reforzarse a sí mismo a través de nuestros pensamientos y de nuestras palabras. Los discursos de quien comprende la falsedad de sus propias concepciones son un fenómeno rarísimo. El par programado de la 31.ª Sombra es la 41.ª Sombra, la Fantasía, y puede que sea esta palabra la que nos dé la clave de todo. Todas las palabras, opiniones y pensamientos con los que nos identificamos son el reflejo de la mayor de la ilusiones: que estamos separados de la existencia.

NATURALEZA REPRESIVA: RELEGADA

Hay dos formas básicas de manifestar la arrogancia, y la forma represiva se manifiesta como falsa humildad. Este tipo de personas, que ofrecen su poder a otras manos y que se ponen por debajo de otras fuerzas deliberadamente, en realidad se preocupan mucho por el qué dirán y, sobre todo, tienen pánico a que les juzguen de arrogantes. Curiosamente, este tipo de comportamiento busca llamar la atención, por más que se quiera demostrar lo contrario. Este tipo de personas son todavía más arrogantes en muchos aspectos que aquellos que muestran la naturaleza reactiva de la Sombra. La humildad es muy apreciada y elogiada, pero este tipo de humildad de baja frecuencia no es otra cosa que puro miedo.

NATURALEZA REACTIVA: DISPLICENTE

La cara reactiva de esta sombra se basa más en la ira que en el miedo, y se muestra como un tipo de desprecio altanero. La persona que responde a esta forma de manifestación tan habitual de la arrogancia asume que está por encima de los demás porque ve lo fácil que es condicionarlos y, por lo tanto, lo sencillo que resulta, también, manipular a otros. De lo que no son conscientes estas personas es de cuán profundamente enganchados están ellos en ese mismo condicionamiento debido a su inmensa necesidad de reconocimiento. Por desgracia, al venir el reconocimiento que necesitas de aquellos considerados inferiores, ninguna cantidad de él va a poder nunca saciarles, sino que va a reforzar su displicencia hacia aquellos mismos a los que menoscaban. Esta dinámica mantenida conduce no solo a que crezca su ira, sino también a que aumente su displicencia hacia otros seres humanos.

EL DON DE LA 31.ᴬ CLAVE GENÉTICA: LIDERAZGO

EL ESTILO DEL CORAZÓN

El Don del Liderazgo tiene que ver más con el don de influir que con el de tener una predisposición inherente a ser un líder propiamente dicho. Los líderes verdaderos de la matriz de los 64 Dones son personas que tienen una fuerte activación del 7.º Don,

Guía u Orientación, a nivel genético. Al 31.er Don se lo conoce como Don del Liderazgo en la medida en que es una proyección del imaginario colectivo sobre esta Clave Genética. En el interior de estas personas hay más bien poca o ninguna inclinación a convertirse en líderes y menos aún ganas de sentirse un líderes, aunque es justo esta desgana la que les facilita el camino hacia el liderazgo. La conciencia de masa, como hemos visto, está programada para ser guiada, pero no tiene ni la menor idea de cómo elegir un líder. La mayor parte del tiempo, la conciencia de masa va a elegir líderes no en referencia a sus políticas o a sus creencias, sino a su estilo. El 31.er Don se las sabe todas sobre tendencias y patrones, porque tiene una comprensión inherente y es un maestro del lenguaje. Las personas con este don son capaces de comprender las maneras de acceder al colectivo y la necesidad que tiene la masa de dejarse influir y guiar.

La diferencia entre el 31.er Don y la Sombra correspondiente es que, en el caso del Don, las personas que lo manifiestan no se creen su propia propaganda. En la frecuencia del Don, ya no estamos enganchados ni al miedo ni al qué dirán, lo que es una clara ventaja si se desea influir en la gente en una determinada dirección. Este don lo personifican hoy los llamados *spin doctors**. El *spin doctor* da un sesgo positivo a cualquier verdad para cubrir una demanda del público. En la frecuencia de la Sombra, de lo que se trata es de tener más reconocimiento personal y/o más control o riqueza. A nivel del Don, las frecuencias más altas han sacado ya a la persona de las dinámicas estrechas del comportamiento codependiente, típicas entre pastores y corderos, o entre los que lideran y los que son liderados. En este nivel todavía representas un papel, pero el propósito es muy diferente, pues el enfoque busca ayudar a otros a salir de la misma matriz en la que tú mismo estuviste una vez atrapado.

El 31.er Don, como sucede con el resto de los Dones, representa un salto enorme más allá de la mente y hacia el corazón. Solo el corazón puede percibir el sufrimiento colectivo que soportamos cuando nos quedamos aislados en las frecuencias inferiores de la Sombra de nuestro intelecto, y por eso urge ayudar a otros a escapar de ese sufrimiento como sea. Además, dado que este 31.er Don es capaz de entender la dinámica de las masas y el lenguaje de las Sombras, a los que lo portan les resulta natural ayudar a otros a salir de los patrones de victimismo y codependencia, así como de las relaciones que se establecieron en las más bajas frecuencias. El 31.er Don todavía tiene un plan, pero ese plan tiene como objetivo ayudar a abandonar los estrechos límites de nuestro condicionamiento neurolingüístico. No hay nadie que pueda entender mejor que el 31.er Don los detalles de nuestro condicionamiento. El 62.º Don, la Precisión, que está ligado químicamente al 31.º, permite a la persona que opera a este nivel de frecuencia usar unas palabras programadas específicamente para *desprogramar* el condicionamiento de otras personas.

Dado que este 31.er Don es un barómetro para los patrones colectivos humanos, tiene también la posibilidad de influir sobre una enorme cantidad de personas. Un artista o un escritor que se exprese a través de este Don tiene la posibilidad de crear una obra

---

* Término de la lengua inglesa para definir a publicistas o agentes de prensa políticos cuya misión es promover entre los periodistas una interpretación favorable de los eventos o sucesos. Creadores de opinión con visión positiva.

de arte cuya influencia vaya mucho más lejos que su contenido. En nuestro mundo actual podemos ver cómo el lanzamiento de un libro o de un film concreto genera un impacto inmenso en toda la consciencia planetaria. En nuestra cultura global, moderna, plagada de nuevas formas de comunicación, el 31.ᵉʳ Don tiene la posibilidad de desarrollarse cada vez más en la línea de su potencial intrínseco. Algunos humanos que encarnan el 31.ᵉʳ Don pueden llegar a convertirse literalmente en la voz de la colectividad. Si hablan al nivel de frecuencia de la Sombra, se van a convertir en la voz de nuestros miedos, mientras que si lo hacen al nivel del Don, serán la voz de nuestra creatividad y los mensajeros de nuestra futura evolución. Juntamente con su par programado, la 41.ª Clave Genética, y su Don, la Premonición, el 31.ᵉʳ Don presenta una afinidad natural con la visión del futuro que expresa continuamente la vanguardia de la consciencia en la materia.

En nuestro mundo actual podemos ver cómo el lanzamiento de un libro o de un film concreto genera un impacto inmenso en toda la consciencia planetaria

El secreto del 31.ᵉʳ Don radica en el estilo. Las personas que lo portan saben que el medio que utilicen para expresarse —ya sea la música, el arte, la ciencia, la literatura o la simple desnudez de la voz humana— es solo el soporte para canalizar una transmisión cuyo alcance está más allá de las palabras. El arte per se es portador de frecuencia codificada, pero la frecuencia yace más allá de las palabras, de los colores o de los tonos en sí mismos. Esto quiere decir que todas las expresiones humanas no son más que marcas de estilo, y que si liberamos el estilo adecuado en el momento histórico correcto, tendremos una gran influencia. Esta es una de las razones por las que el 31.ᵉʳ Don se basa en el pilar de la anticipación: tiene que advertir qué es lo próximo que llegará y para crearlo tiene que estar libre de todo tipo de condicionamientos antiguos. En el momento actual de la evolución, el corazón es la frecuencia que más calienta y, por lo tanto, es el corazón el que hace la distinción entre las frecuencias de la Sombra y las frecuencias del Don. Para saber cuál es la verdadera naturaleza del éxito en el plano material, lo que hoy marca la vanguardia es el estilo del corazón. El éxito visto desde el nivel del corazón necesita refinar la definición que habíamos usado hasta ahora. La vida hoy ya no se ocupa del éxito individual, sino del éxito como organismo colectivo. Esta es la dirección por la que nos está llevando la evolución.

Todavía podemos señalar algo más de este 31.ᵉʳ Don, cuyo ascenso marca la llegada de una nueva era en la que el liderazgo de los individuos comienza su declive, mientras que surge un movimiento nuevo, sin precedentes, en el que la masa está comenzando a explorar su propio poder de liderazgo. Aunque estas frecuencias que tocan el corazón de la colectividad llegan como voces y expresiones colectivas, siguen siendo transmitidas por individuos. La cuestión es que esos individuos transmisores tienen poco o ningún interés personal. Se trata de una era extraordinaria en la que estamos yendo algo más allá de nuestros límites, y solo aquellos que estén listos para hacer el salto al corazón heredarán los enormes beneficios que lleguen para todos nosotros.

EL SIDDHI DE LA 31.ª CLAVE GENÉTICA: HUMILDAD

El Anillo del No Retorno

Si te han emocionado las palabras que transmitía el 31.er Don, entonces prepárate para un gran vuelco al corazón ahora que damos el salto a las altas frecuencias del 31.er Siddhi. La humildad, como vamos a ver, no es apta para pusilánimes, y por eso es todavía más irónico que la palabra *humildad* se haya asociado siempre a personas con el semblante virtuoso o santo. La ironía se sostiene sobre un malentendido, ya que la humildad no tiene nada que ver con el comportamiento; la humildad no es un comportamiento. Esa clase de mal llamada humildad, basada en el comportamiento, no es más que arrogancia disfrazada. La verdadera humildad sucede solo a nivel de la frecuencia síddhica, pues presupone una obliteración total de la individualidad ilusoria. La palabras *humildad* y *arrogancia* reflejan un comportamiento dual que se da en los seres humanos, pero son también palabras con una enorme carga moral. A nivel síddhico toda la moralidad desaparece, al mismo tiempo que se desvanece la idea de estar separado de la existencia.

Si indagamos todavía más en estos dos términos, podremos observar que la palabra *arrogancia* representa un arquetipo masculino, mientras que *humildad* representa una característica femenina. Por lo tanto, estos dos términos describen una tendencia universal polarizada, más allá de las características específicas que puedan tener los hombres y las mujeres. Podemos llegar incluso a decir que todas las energías tienen un comportamiento arrogante, perspicaz, mientras que la materia es humilde y sumisa. Si observamos las diferentes formas de vida a través de este prisma, sin pasarlo por el filtro de la moralidad, lo que nos encontramos es que ambas expresiones tienen su propia integridad y belleza. Por eso el 31.er Siddhi se llama Humildad, porque al tratarse de un polo femenino representa la no existencia. Es más allá de la no existencia donde se hace posible la propia existencia. Dado que el intelecto humano no puede transcender el lenguaje a este nivel, no nos queda otra elección que emplear el lenguaje de la dualidad para expresar algo que está más allá de la propia dualidad; por eso elegimos el polo femenino, la Humildad, pues está más cerca de describir este tipo de trascendencia.

Para el 31.er Siddhi no existe la posibilidad de acumular en la vida nada exclusivamente para sí mismo; entonces la mayoría de las palabras y expresiones humanas dejan de tener un significado real. Si un ser humano se comporta de un modo que los demás describen como arrogante, el 31.er Siddhi simplemente no concibe algo así. Para el 31.er Siddhi cualquier comportamiento solo puede ser la manifestación de la totalidad y, por lo tanto, el concepto del que hace algo como un individuo independiente sencillamente no existe. Y esto es justamente lo que significa arrogancia: identificarse con la idea de individualidad y asumir, como consecuencia, que se tiene poder sobre la vida. La arrogancia siempre tiene que ver con lo que otros piensan, con el qué dirán, y por lo tanto la humildad no tiene nada que ver con todo esto. Por eso la arro-

Si eres verdaderamente humilde, ¡no te importará en absoluto que otro pueda pensar que eres arrogante!

gancia se esfuerza tanto en parecer humilde; sin embargo, si eres verdaderamente humilde, ¡no te importará en absoluto que otro pueda pensar que eres arrogante!

Si toda esta disquisición te está dando dolor de cabeza, tengo que decirte que esto es justo lo que provoca el Siddhi en tu intelecto. Alguien que no esté dentro de la esfera de acción del 31.ᵉʳ Siddhi posiblemente no pueda comprenderlo. Es una cuestión demasiado simple para la mente humana que, además, pone en cuestión el concepto de moralidad humano. El 31.ᵉʳ Siddhi ha superado todos los conceptos relacionados con los niveles y los movimientos, incluso ha superado la necesidad de estar conectado con el corazón. No es necesario estar en ninguna parte ni hacer algo diferente de lo que estés haciendo. La verdadera humildad florece desde la verdad de que tú no puedes equivocarte jamás.

La consciencia se divierte con el juego que es tu vida y sin importarle lo que tú pienses al respecto, lo que hagas o lo que consigas, ya que no se tratará de un logro tuyo en la medida que tú eres parte de la gran ilusión. Las personas que encarnan el 31.ᵉʳ Siddhi ni siquiera hacen una distinción entre aquellos que están despiertos y aquellos que están dormidos. Estar iluminado o no estar iluminado son conceptos que simplemente no caben en su visión, ya que si hubiera ambos tipos, estarían asumiendo que existen seres en dos niveles de realidad, en vez de verlos simplemente como los diferentes eslabones de un flujo continuo de consciencia.

Debido a que el 31.ᵉʳ Siddhi es realmente humilde, no tiene planes. No está necesariamente interesado en liberar a la gente de sus propias ilusiones, incluso cuando pudieran hacerlo sin esfuerzo. Un ser de este tipo se da cuenta de que no es posible influir sobre nadie en este mundo.

Da igual lo que esta o aquella persona haga en la vida. Ellos están contentos con dejar el mundo tal y como es. No obstante, este tipo de persona todavía acarrea el mismo tipo de código genético que le empuja a hablar desde la vanguardia de la consciencia. La única diferencia entre el Don y, el Siddhi de esta Clave Genética es que al nivel del Don, la persona aún se identificaba con la evolución, estaba enganchada al programa, aunque hubiera dejado atrás el nivel del miedo. El 31.ᵉʳ Siddhi expresa todo aquello que debe ser referido, sabiendo que las palabras vienen de la conciencia de masa y vuelven a ella, y por lo tanto lo que suceda no tiene que ver nada con el efecto de sus palabras, ya que no tiene el concepto de que las palabras pertenezcan a un sistema convencional, con un significado real.

El 31.ᵉʳ Siddhi enraíza en las antiguas tradiciones de los oráculos. El oráculo no es más que una caja de voz para la Divinidad, que habla sin apegarse y sin mostrar ningún interés en lo que dice. Cualquier cosa que el oráculo diga es perfecta, como perfecta es también su traducción. Las palabras y el lenguaje tienen mil formas diferentes de interpretación. Este codón, misteriosamente conocido como el Anillo del No Retorno, tiene relación con el gran salto iniciático que nos lleva del cuarto cuerpo, el cuerpo causal, al quinto cuerpo, el búdico (véase la 22.ª Clave Genética para más detalles). Una vez que se haya dado este salto de consciencia, no habrá posibilidad de vuelta atrás, porque en la quinta dimensión tu identidad y tu ego serán erradicados para siempre, y con ellos todas las palabras, conceptos, hechos y nombres. Finalmente, hasta tu nombre desaparecerá en este gran salto y se disolverá. Una vez que hayas entregado el mando

de tu voz a las frecuencias síddhicas, habrás entrado en el primer estadio de encarnación de la Divinidad y, desde entonces en adelante, siempre que uses la palabra *yo*, será la voz de la Divinidad quien se exprese a través de ti en un discurso que resultará una pura transmisión realizada con palabras para indicar un camino que está más allá de las palabras. Ahí radica la belleza de la paradoja.

32.ª CLAVE GENÉTICA

REVERENCIA ANCESTRAL

PAR PROGRAMADO: 42.ª CLAVE GENÉTICA
ANILLO CODÓNICO: EL ANILLO DE LA
          ILUSIÓN (28.ª, 32.ª)

FISIOLOGÍA: BAZO
AMINOÁCIDO: ÁCIDO
         ASPARAGÍNICO

LA SOMBRA DE LA 32.ª CLAVE GENÉTICA: FRACASO

EL MITO DEL FRACASO

Uno de los grandes miedos que obsesiona a la humanidad se encuentra en la Sombra de la 32.ª Clave Genética, el miedo al fracaso. Este miedo tiene raíces biológicas profundas, en tanto y en cuanto se ha construido en el interior del ADN. Nuestros primeros ancestros homínidos tenían exactamente los mismos miedos que padecemos hoy, aunque aquellos los manifestaran de maneras diferentes a la nuestra. El miedo individual al fracaso tiene su fundamento en el miedo colectivo al fracaso de la supervivencia de la especie humana. Uno de los grandes descubrimientos de nuestros ancestros fue que teníamos más posibilidades de sobrevivir si permanecíamos juntos y operábamos en grupos. El grupo o tribu consiste en una serie de individuos y familias, con diferentes responsabilidades y habilidades que, cuando se ponen en común y actúan en conjunto, mejoran enormemente las oportunidades de supervivencia. En la época prehistórica, cuando un individuo se aislaba o se excluía del grupo, estaba casi con seguridad condenado a la muerte.

En el núcleo de esta reflexión genética por mantenerse juntos en grupos tribales encontramos otro miedo más, el miedo a no transmitir tu material genético, es decir, el miedo de la tribu o de la familia misma a su propia extinción. Para una mujer este es el miedo de no ser capaz de dar a luz o de encontrar un compañero; para un hombre, es el miedo a la infertilidad. Si trasladamos este miedo ancestral a nuestro actual momento histórico, lo que observamos es que, para la mayoría de la gente en el mundo, este temor genético es responsable de mantener aún con vida muchas tradiciones y líneas tribales. Sin embargo, en Occidente y en los países en desarrollo está sucediendo algo diferente, pues ya no tenemos esas estructuras familiares o tribales tan fuertes. Hoy por hoy, la mayoría de los hombres y de las mujeres abandonan sus familias en busca de oportunidades fuera de las viejas estructuras familiares, lo que conduce a un obligado desmembramiento de aquellas estructuras y del soporte que ofrecían. La razón de este cambio es que el mundo moderno gira solo en torno al dinero.

Nuestro miedo colectivo por la supervivencia se ha proyectado casi enteramente sobre la cantidad de dinero que tenemos. El miedo al fracaso, en la medida que se expresa como una sensación dentro de tu cuerpo físico, está íntimamente ligado al dinero. La 32.ª Sombra, debido a este miedo, determina que la sociedad moderna mantenga a los seres humanos operando en los más bajos niveles de frecuencia. Hemos creado un mundo en el que grupos individualizados operan independientemente los unos de los otros por su necesidad de competir y de mantener sus linajes genéticos. Aunque no lo parezca, este miedo no es otro que el conocido antiguo deseo —tener una casa más grande, un coche más rápido—, que en realidad surge de un campo colectivo de miedo y competición de enormes dimensiones cuyas raíces están ligadas a otros miedos todavía más ancestrales. Cuanto más grande sea tu cuenta bancaria, menos oportunidades tendrás de fracasar: así es como razona la mente en la frecuencia de la Sombra y así es como el dinero ha llegado a convertirse en el gran símbolo del éxito del mundo moderno.

Pero —y este es un pero muy grande— el juego del dinero es una ilusión total, una pura farsa, ya que no es más que un espejismo que ha creado la 32.ª Sombra para sobrevivir. La propia existencia del concepto *dinero* alimenta aquel antiguo miedo a nivel genético. Y ese miedo ancestral permanecerá siempre en el fondo de nuestras vidas, sin importar la cantidad de millones que hayamos ganado o heredado. El dinero resulta ser un tema importante para la mayoría de las personas de nuestro planeta. Pero ¿por qué? La respuesta es que el dinero necesita siempre algo de lo que alimentarse. En el caso de que erradicáramos el dinero de nuestra civilización, el miedo se trasladaría a otro objeto o concepto donde germinar. No se trata de conquistar el dinero; la clave de la sanación de esta Sombra está en conquistar el propio miedo. El verdadero éxito significa dejar de estar controlado tanto por el concepto de éxito como por el concepto de fracaso.

El verdadero éxito significa dejar de estar controlado tanto por el concepto de éxito como por el concepto de fracaso

La 32.ª Sombra se asegura de que los seres humanos permanezcan para siempre anclados en el egoísmo, abocados a pertenecer a pequeños grupos elitistas, familiares, de negocios u otro tipo de feudos. Hasta que no seamos capaces de descubrir la consciencia de humanidad como un todo, los humanos seguiremos siendo esencialmente mezquinos de espíritu, confinados en nuestras propias tribus genéticas y en nuestros pequeños círculos tribales y clichés.

Como nuestros ancestros ya descubrieron, la palabra *fracaso* significa solo una cosa: estar aislado. En el momento en que te separas de la red tribal de apoyo pierdes el contacto con la cadena de vida que te sostiene y te nutre. Actualmente nos hemos convertido en seres tan adeptos a la supervivencia que, si tenemos el dinero suficiente, ¡podemos prosperar hasta en el aislamiento, incluso sin tener contacto con nadie! Pero la 32.ª Sombra no se muestra solo en personas; también en la vida global tenemos muestra de ella. Por ejemplo, hoy por hoy, los humanos vivimos aislados de la Tierra misma.

Pensamos en términos de supervivencia de nuestras propias familias y, como mucho, de nuestra propia cultura, pero aún no hemos elevado nuestra consciencia grupal lo suficiente como para pensar en términos de «nuestra especie». Claro que hay individuos que van por delante, y de hecho hoy existen, pero todavía no hemos transformado la 32.ª Sombra y el mito del fracaso correspondiente.

Aunque el miedo de esta Sombra está bien arraigado en el sistema inmune humano, es la mente quien reacciona y quien lo alimenta. Si no tienes el control sobre tu mente o no eres consciente de su poder, va a ser tu mente la que comande tu vida, lo que implica que el miedo va a estar al mando de tu vida. Elevar la consciencia de la mente significa escapar de las garras de todos los miedos. No quiere decir que no vayamos a sentir esos miedos ancestrales —a nivel de la frecuencia del Don podremos quizás conseguirlo, ya que son aún parte de nuestra consciencia planetaria—, pero sí que, en adelante, ya no reaccionaremos ante esos miedos. Esta es la clave. Esos miedos ya han cumplido su propósito: han permitido que la especie humana se mantuviera viva y floreciera como civilización. Desde la 42.ª Sombra, el par programado de la 32.ª Sombra, podemos ver lo fuerte que es el condicionamiento para ser competitivos y mezquinos, y no solo a nivel mental, sino también a nivel de pensamiento. La 42.ª Sombra representa la incapacidad de soltar y está conectada con el tema de la propia muerte. El propio grupo codónico, el Anillo de la Ilusión, está basado en la ilusión de la muerte a través de su Clave Genética aliada, la 28.ª. Hay una conexión genética directa entre los temas de la muerte y del dinero (o la muerte y los impuestos, según el antiguo dicho inglés) *.

Por lo tanto, hasta que no comencemos a superar esos estrechos términos de nuestras pequeñas vidas en el ámbito de la totalidad, nos quedaremos aislados en nuestras propias cajitas de madera de pino, con nuestras pequeñas cuentas corrientes.

El fracaso no es más que un gasto cuando te desconectas de la totalidad. Sin embargo, si elevas tu frecuencia más allá de conceptos como éxito y fracaso, lo que recuerdas es que todo en la vida se mueve siguiendo un gran patrón cósmico. Conforme vayas soltando tu apego a ese patrón encontrarás tu propio soporte natural. Los más evolucionados de cada sociedad han encontrado ya esta verdad, que se ve reflejada en el modo en que operan con sus finanzas a nivel individual. Cuando te rindes a la verdad de este gran patrón y tu consciencia se eleva por encima del umbral del miedo, el dinero siempre llega justo cuando lo necesitas. El dinero, en realidad, te da una gran lección al permitirte deshacerte del miedo, y en muchos aspectos se ha convertido en uno de los caminos espirituales de los nuevos maestros que existen en nuestro planeta. Mientras esa oportunidad esté aquí (que no será para siempre), tendríamos que hacer el mayor uso posible de él como un símbolo externo que nos permite mostrar la habilidad, también innata, de rendirnos a los más altos niveles de consciencia. Cada vez que te sientas preocupado por el dinero, sonríe, respira hondo, da gracias a tus ancestros y relájate. Cuando realmente lo necesites, ese dinero siempre te va a llegar.

---

* Se refiere a un dicho o proverbio sardónico que afirma que la única manera de evitar pagar los impuestos es la muerte. La primera referencia escrita que encontramos sobre esta idea es de Daniel Defoe, datada en 1726, en *The Political History of Devil*, donde decía: «Hay que creer más firmemente en asuntos tan certeros como los impuestos y la muerte»; en inglés: «Things as certain as death and taxes can be more firmly believed». La traducción es nuestra. *(N. de la T.)*

NATURALEZA REPRESIVA: FUNDAMENTALISTA

La forma represiva de esta 32.ª Sombra es una forma extrema de conservadurismo. Al estar constriñendo tan fuertemente la propia energía, cuando se manifiesta en su naturaleza represiva y temerosa lo hace de manera extremadamente fundamentalista y oprimente. Este tipo de personas se asfixian a sí mismas tanto en el plano físico como en el emocional y en el financiero. Se autocondenan a morir por la necesidad tanto de aire para respirar como de personas que les pueden ayudar. La tendencia de esta gente es a aislarse en comunidades cerradas y estrechas, de manera que pueden evitar al máximo el confrontarse con la verdadera amplitud que ofrece el mundo. Este tipo de comunidades, grupos o cultos pueden llegar a adoptar fácilmente ideas paranoicas sobre el resto del mundo, y es frecuente ver cómo deciden también organizar una muerte colectiva para extinguirse.

NATURALEZA REACTIVA: TEMERARIA

La naturaleza reactiva de la 32.ª Sombra tiene que ver con perder el sentido de la continuidad en la vida. Este estado surge de la ira, una ira convencida de que no hay nadie dispuesto a ayudarte excepto tú mismo. Esto significa que la ira te puede conducir a un modelo autodestructivo que probablemente vaya *in crescendo* en cuanto a sus manifestaciones. Cuando se pierde el contacto con el flujo vital, no hay nada que fluya suavemente para uno, ya que se ha cortado la relación con la fuente de la vida. La gente que vive así, desconectada, sin un ritmo real, sin un propósito, está poniendo su vida en gran peligro. Las decisiones que toman no pueden seguir el flujo natural que les guía hacia la salud y el bienestar. Cada decisión que tomamos en la vida, o bien nos conecta con algo más grande que nosotros mismos, o bien nos desconecta de nuestra verdadera herencia vital, lo que nos hace sentir aislados y solitarios.

EL DON DE LA 32.ª CLAVE GENÉTICA: PRESERVACIÓN

EL ARTE DE INJERTAR

El llamado Don de la Preservación de la 32.ª Clave Genética es verdaderamente noble, porque se trata de ser capaz de ver más allá de tu pequeño mundo, lo que significa que has salido del egoísmo. El 32.º Don tiene que ver con mantener las cosas vivas. Sin embargo, no se trata de mantener viva cualquier cosa, sino de saber *qué* merece la pena mantener vivo. Como vimos en la naturaleza represiva de la 32.ª Sombra, esta Clave Genética podía dedicarse solo a preservar cosas que realmente no le sirven a la raza humana, como el fundamentalismo, por ejemplo. Sin embargo, las personas que se elevan con la frecuencia de esta Clave Genética pueden ver más allá de los confines de su pensamiento, basado en el miedo, y entonces descubren que tienen un don instintivo para las inversiones.

Las inversiones se pueden comprender muchos niveles. Si el 32.° Don es un aspecto destacado de tu Perfil Hologenético, entonces tienes el potencial de desarrollar un poderoso instinto para ver el desarrollo a largo plazo de todas las situaciones. Las personas con este don también están dotadas de una inteligente capacidad para la moderación. Tienen la fortaleza de retener su energía (o dinero) y no entrar en situaciones aparentemente tentadoras que, a largo plazo, podrían no ser útiles. Por la misma razón, este Don confía en su instinto sobre otras personas que, aunque no parezca nada lógico, al final puede ser enormemente beneficioso para ellos mismos y para los demás.

El secreto de este Don es la habilidad instintiva para equilibrar la moderación (qué mantener vivo) y el riesgo (qué cambiar). Los que poseen este Don saben intrínsecamente que para mantener el éxito en la vida tienes que tener un inquebrantable conjunto de principios combinados con una constante necesidad de actualizar, revolucionar y expandir tus inversiones originales. La parábola de los talentos (un talento era una antigua moneda), del Nuevo Testamento, es una excelente metáfora para mostrar el 32.° Don. He aquí una traducción libre: el propietario de una tierra dio a tres de sus inquilinos, 10, 5 y 1 talentos a cada uno, respectivamente, y los invitó a hacer algo con esa cantidad. El primer hombre, que había recibido 10 talentos, regresó con 20. El segundo de ellos, que había recibido 5, regresó con 10 talentos, y el tercero de ellos, que había recibido uno, regresó con el mismo talento, que había enterrado bajo tierra por miedo a perderlo. El propietario de la tierra premió al primero y al segundo de los hombres, pero al tercer hombre le arrebató de las manos el talento.

La lección de esta parábola gira en torno al hecho de verse completamente superado por el miedo al fracaso. El 32.° Don no tiene que ver con la autopreservación, sino con la Preservación de la Vida. Solo los que saben adaptarse pueden sobrevivir y florecer. Este Don tiene la habilidad de evaluar el pasado, eliminar las debilidades y poner por delante las fortalezas. Estas personas tienen una comprensión natural de los reflujos y flujos de las estaciones y de los ritmos de la naturaleza, lo que les posibilita reconocer instintivamente lo que está muriendo y decidir si necesita ser podado o eliminado del todo. Desde el 42.° Don, el Desprendimiento, que es su par programado, podemos ver otras fortalezas de este Don: la habilidad de soltar todo lo que ya no sirve a la expansiva visión del 32.° Don.

Este 32.° Don es el Don de injertar, que es en lo que consiste en esencia la verdadera Preservación. Tienes que retener aquello que es fuerte, el rizoma, y tienes que injertar lo nuevo en aquel que es fuerte. En este sentido, siempre vas a aumentar tus energías. El Don de injertar puede aplicarse a todas y cada una de las empresas humanas. El desapego es también un aspecto esencial de este proceso, ya que vas a tener que despedirte de tu propia noción de fracaso. Es el miedo al fracaso el que con frecuencia impide a los seres humanos adaptarse a nuevos sistemas. El Don de la Preservación se ve reflejado en cualquier parte de la naturaleza a la que mires. Cuantos más seres humanos se alineen con la naturaleza, más exitoso será el presente y el futuro de nuestra especie. El éxito, al nivel del Don, tiene que ver con la economía, y la economía tiene que ver con estar en armonía y no en competición.

Desde una profunda comprensión del Anillo de la Ilusión puedes ver el dilema al que se enfrenta la humanidad. Hemos creado el mundo moderno a imagen y semejanza

de la 32.ª Sombra; nuestros más grandes miedos están relacionados con la muerte y con el fracaso. Cuando nos movamos hacia el 32.º Don como especie, podremos nuevamente volver a la naturaleza. La naturaleza representa el viejo rizoma; su propia condición salvaje es su fortaleza, y nosotros, como humanidad, somos el joven tallo vibrante que porta los sueños de transcendencia. Cuando volvamos a aprender a honrar el lugar del que venimos, la tierra nos enseñará cómo desplazarnos en armonía con sus ritmos naturales y sus ciclos. Así, cuando escuchemos a la gran sabiduría de nuestros ancestros y de las culturas indígenas tribales, podremos descubrir una vez más que nuestro espíritu interior es apropiado. Una vez que nuestro amable espíritu interior se convierta en el ancla de nuestra existencia, podremos injertar nuestras tecnologías modernas en la vieja sabiduría y el resultado será un verdadero hito histórico. Así funciona el gran secreto de la Preservación.

El otro gran campo de acción para el 32.º Don son las relaciones. Las personas con este Don en su perfil hologenético tienen un gran instinto para saber quién podría ser un buen aliado y quién no. No ven solo a los individuos, sino que también ven la interrelación entre diferentes tipos de personas, pues tienen una comprensión natural de las jerarquías y de la continuidad de aquellas relaciones dentro de la jerarquía. Gracias a esta visión pueden ser personas de gran valor en cualquier tipo de negocio o en cualquier comunidad. Al poseer la cualidad de la moderación, pueden parecer al comienzo conservadores. Sin embargo, cada uno de los 64 Dones es, esencialmente un acto de equilibrio entre los dos extremos de la Sombra; por lo tanto, las personas con este Don no son ni demasiado conservadoras ni demasiado caóticas, ya que simplemente tienen el don de saber cuándo ser lo uno o lo otro. En este sentido, son personas que tienen el futuro del planeta en sus manos. Si estas personas no pueden superar sus miedos al fracaso personal y su egoísmo, toda la humanidad correrá un gran riesgo. Sin embargo, si superan su miedo al fracaso personal y se mueven más allá de las tendencias egoístas de la frecuencia de la Sombra, entonces se convertirán en los más vehementes defensores y preservadores de nuestra Tierra.

> *Así, cuando escuchemos la gran sabiduría de nuestros ancestros y de las culturas indígenas tribales, podremos descubrir una vez más que nuestro espíritu interior es apropiado*

EL SIDDHI DE LA 32.ᴬ CLAVE GENÉTICA: VENERACIÓN

EL PERFUME DE LA CONSCIENCIA

Alcanzar un estado síddhico presupone haber transcendido completamente el miedo, haber abandonado sus estructuras por completo. A través del 32.º Don podemos ver cómo patrones negativos de miedo o de ira se pueden transformar en fuerzas beneficiosas simplemente elevando la frecuencia de aquella Clave Genética y utilizándola al servicio de la totalidad. Tal tipo de transformación podría, por fin, conducirnos al estado de vibración superior de esta 32.ª Clave Genética, conocido como el Siddhi de la

Veneración. Cada una de las 64 Claves Genéticas es, esencialmente, un proceso en el que el miedo o la ira se van transformando cuando se las usa correctamente y se las pone al servicio de la totalidad. Sin embargo, llegados a un cierto punto, los miedos genéticos ancestrales se pueden trascender todos juntos. Cuando dedicas tu vida al servicio de los demás, se crea un progresivo ascenso de la frecuencia de tus cuerpos sutiles. El primer obstáculo que has de superar es tu karma pasado. Si tu compromiso es en verdad consistente, lo que suele llevar varias vidas de trabajo, finalmente podrás quemar todo el karma acumulado en tu ADN ancestral.

El poder del servicio no debería subestimarse nunca. El servicio es la expresión del amor, y el amor, como todos sabemos, es capaz de mover montañas. La transformación gradual del antiguo karma es igual que ver una cazuela llena de agua que, poco a poco, rompe a hervir. Durante un tiempo, parece que nada sucede, pero en un cierto momento, sientes una gran presión en el interior de la cazuela y ves signos reveladores de que algo más grande está a punto de suceder. El vapor comienza a emerger, un calor tangible emana de la masa de agua, pequeñas burbujas brotan en la superficie. Cuando finalmente sucede la explosión, sucede todo a la vez y parece que es un evento imparable. El proceso de entrar en ebullición describe muy bien el proceso del despertar de los Siddhis: la divina consciencia superior oculta en tu ADN.

En la evolución de los seres humanos sucede lo mismo. Un día llegas a una encarnación en la que la sensación de que algo inminente va a suceder comienza a embargarte. Tu vida se ve salpicada por signos y promesas de un gran sueño que parece imposible. Sientes la presión de esta otra realidad más que nunca antes, y durante esos últimos estadios tus pruebas finales son las más intensas, mientras que los más antiguos vestigios de tu karma se van quemando a fuego vivo en tu mismísimo ADN. Cuando realmente ocurre la supernova en ti, tu identidad e incluso tus dones se destruyen, mientras que un nuevo campo de servicio emerge a través de ti. Este es el estado síddhico. El vehículo físico y su química genética codificada permanecen para determinar (y limitar) la expresión particular de tu Divinidad arquetípica, pero el voltaje puro de las frecuencias de luz que ha terminado con el sentimiento de separación ha limpiado también el ADN de memorias. Solamente entonces el verdadero Siddhi puede emerger.

El 32.º Siddhi es el estado de Veneración. Esto es lo único que queda después de que el miedo se haya extinguido. Veneración es el estado que sucede cuando tú ves y sabes cuál es tu lugar en la divina cadena de la vida. Puedes mirar hacia atrás en la espiral de la evolución y ver a aquellos menos evolucionados que tú, y puedes mirar hacia arriba y ver a aquellos que fueron por delante de ti. La razón por la que puedes vivir en esa experiencia de maravillarte por todo reside en que puedes observar el lugar que ocupas sin el sentido de identidad personal. Ves la interdependencia de todo en la vida y conoces bien la fuerza única que motiva y mueve todo, incluida tu propia y minúscula forma. La veneración tiene que ver con sentir al mismo tiempo la grandeza y la pequeñez.

En este estado síddhico, el «anillo de no pasar por la muerte» se habrá quebrantado de tal manera que podrás experimentar la Inmortalidad (el 28.º Siddhi) de verdad, pues la Luz única se habrá focalizado ya en tu espíritu. Todo lo que ves es el hermoso arco espiral de la evolución presentado sobre miríadas de cadenas de realidad. Llegados a este punto, estás más allá de la personalidad que te identificaba como un vehículo in-

dividual. Estás, incluso, más allá del alma o del cuerpo causal, que se encarna continuamente en múltiples vehículos a través del tiempo y del espacio. La superficie cristalina del alma misma ha sido desmembrada, lo que significa que la consciencia de tu linaje genético se ha trascendido o se le ha quedado pequeña a tu vehículo. No hay ya ni un milímetro de separación, así que no queda nada disponible para futuras reencarnaciones. Para ti, la entera noción de evolución habrá llegado a su fin. Este gran misterio se describe con más profundidad en la 22.ª Clave Genética.

Cada estado síddhico deja un mensaje divino tras de sí y abandona este plano de la existencia para volver al estado sin forma. Este mensaje es más bien una autobiografía de la consciencia a través de todas sus vidas y experiencias en esta particular cadena que es la vida. De este modo, cada uno de los grandes sabios nos deja algo único que, a su vez, está basado en la sabiduría de los sabios previos. Los que han alcanzado el Siddhi de la Veneración se han encarnado previamente en algún tipo de linaje espiritual. La consciencia de la forma siempre tiene que superar la limitación de un linaje. Este es un linaje arquetípico, más que genético o social. En el lenguaje de las Claves Genéticas se llama tu linaje fractal o tu línea fractal. El linaje fractal de Cristo, por ejemplo, no tiene nada que ver con el cristianismo como religión, sino que está en relación con un tipo de vibración. Por eso, siguiendo el ejemplo, el santo indio Ramana Maharshi es un descendiente del linaje de Cristo, incluso aunque supiera poco o nada de las enseñanzas de Jesucristo. Los grandes linajes de la cultura tibetana constituyen ejemplos fractales de líneas que son a la vez vibracionales (el linaje del Buda) y también sociales y genéticas, ya que estos linajes fueron durante muchos siglos confinados deliberadamente en una sola cultura. Ahora, con la divulgación de esas intensas enseñanzas, muchos lamas evolucionados y tulkus se están encarnando en cuerpos occidentales, pero el linaje fractal es el mismo de Buda.

La veneración tiene que ver con estar en una escalera de caracol. Apoyas tu espalda en los que te precedieron y permites que los que lleguen después de ti se apoyen a su vez en ti. Así es como la consciencia superior se extiende y se expande en la humanidad. Lo que tú veneras en realidad es la propia cadena, todos los que te han precedido y los que vienen después. Te das cuenta de que hasta los más humildes insectos te están ofreciendo su apoyo en tu viaje por la consciencia. Este descubrimiento genera un sentimiento de reverencia por todos los seres vivos. La veneración se basa en el respeto, la reverencia y la gratitud por todos los aspectos y formas de la consciencia en la tramoya de la creación. La propia consciencia destila un intenso aroma o perfume. Para los que experimentan este Siddhi, ese perfume se detecta en todos lados, en cada cosa, en todo momento.

El gran secreto del 32.º Siddhi se encuentra en el más sencillo de todos los símbolos: el agua. En la psicología humana, la 32.ª Clave Genética representa la regulación de los fluidos corporales en el cuerpo. Por esto hay una recóndita conexión con la memoria genética, ya que el agua sostiene las memorias. Hay una particularidad en lo que respecta a los átomos de hidrógeno: permiten que la consciencia se transfiera como memoria. Dado que nuestro planeta y nuestros cuerpos están hechos básicamente de agua, este es el medio a través del cual evoluciona la consciencia colectiva. El ciclo del agua en nuestro planeta nos muestra cómo estamos despertando. Cada forma que

muere libera su contenido acuoso, que regresa al ciclo del agua, lo que significa que cada forma es capaz de liberar un número finito de formas de átomos de hidrógeno más evolucionados que regresan a la tierra. Por lo tanto, los átomos de hidrógeno de cada vegetal que comes pasan por tu cuerpo y por tu orina o por tu sudor y salen más evolucionados de lo que entraron. Esta cadena de evolución consciente está presente y sucede hoy en cada forma de vida existente en nuestro planeta gracias al medio acuoso de la cadena alimentaria. La clave de la evolución es la digestión.

Cuanto más contemples el 32.º Siddhi, más reverencia sentirás, inevitablemente, por toda la vida y sus formas

Cuanto más contemples el 32.º Siddhi, más reverencia sentirás, inevitablemente, por toda la vida y sus formas. Conforme este Siddhi vaya penetrando cada vez más en tu corazón, comenzarás a sentir el divino perfume de la consciencia moviéndose entre todas las formas y también por detrás de ellas. Finalmente, sea lo que sea lo que te haya precedido, todo lo que podrás ver en adelante, jugando, tejiéndose y evolucionando, justo delante de tus ojos, será el Ser, el Atman, la Divinidad.

33.ª CLAVE GENÉTICA

SIDDHI REVELACIÓN • DON CONCIENCIA PLENA • SOMBRA OLVIDO

LA ÚLTIMA REVELACIÓN

PAR PROGRAMADO: 19.ª CLAVE GENÉTICA
ANILLO CODÓNICO: EL ANILLO DE LAS
                    PRUEBAS (12.ª,
                    33.ª, 56.ª)

FISIOLOGÍA: GARGANTA/
            TIROIDES
AMINOÁCIDO: NINGUNO
            (CODÓN TERMINAL)

LA SOMBRA DE LA 33.ª CLAVE GENÉTICA: OLVIDO

EL LODAZAL DEL MAYA

Cada vez que un ser humano se reencarna en este planeta, trae solamente una cosa consigo: sus recuerdos. No estamos hablando aquí de recuerdos como los entendemos comúnmente. Hay muchos tipos de recuerdos. Solo en casos excepcionales retenemos el recuerdo de nuestras vidas pasadas o de alguna otra existencia anterior a nuestro nacimiento. Sin embargo, aun cuando no recordemos *lo de antes*, sí acarreamos la evocación de ello en las capas de nuestro cuerpo sutil o aura. Hay culturas de la Tierra que han dedicado áreas completas de investigación científica y subjetiva a la exploración del proceso de encarnación, es decir, a cómo entrar y salir del cuerpo. Los egipcios, los tibetanos y los taoístas chinos, por citar unos cuantos, nos han dejado resmas de conocimiento sobre estos temas. Pero quizás la más grande y, sin duda, la más antigua de estas culturas es la india; en concreto, la gran sabiduría de los Vedas.

La sabiduría de los Vedas se atribuye a los *Rishis*, grandes maestros que lograron la liberación hace muchos eones y que nos dejaron un conjunto de insondables mapas y enseñanzas que nos ayudarían a lograr la liberación, al mismo tiempo que a escapar del llamado *maya* o mundo de la ilusión. Una de las piedras angulares de la tradición védica es la noción del karma: la idea de que cada acto, pensamiento o intención lleva una carga que, con el tiempo, crea un efecto dominó que nos traslada de vuelta a una fecha posterior. La mayoría de nosotros estamos familiarizados con este principio. Pero tal vez no sea tan conocida la doctrina de los *sanskaras*. Los sanskaras son los recuerdos específicos que portas de vida en vida, según el karma que hayas asumido para esta encarnación. En realidad son mucho más que simples recuerdos; son cargas de energía ci-

nética almacenadas en las capas de tu consciencia individual que, con el tiempo, determinan la forma de tu vida y tu destino. Los sanskaras dan lugar a todos los deseos humanos, lo que crea, como consecuencia, aún más sanskaras. Por eso los antiguos decían que estabas atrapado en la rueda o en la red que tú mismo habías creado, pues, paradójicamente, eres incapaz de acordarte de quién eres en realidad debido a los recuerdos que sigues recreando.

La 33.ᵃ Sombra es la gran sombra de nuestro olvido. Como puede verse en las Sombras 12.ᵃ y 56.ᵃ, se trata de una de las tres grandes pruebas que habremos de encarar durante nuestra evolución en este planeta. Las Sombras 33.ᵃ, 12.ᵃ y 56.ᵃ se refieren genéticamente a los tres codones finales del genoma humano. Ya que son tus recuerdos los que te mantienen en el estado del olvido, tu mayor reto en la vida consiste en advertir tu propia ilusión y, por lo tanto, escabullirte de tu propia red. Entonces, ¿cómo vamos a escapar de este vestíbulo paradójico y lleno de espejos si cada deseo que experimentamos solo sirve para apretar más la red que tenemos alrededor? Bueno, hay un deseo que es la excepción: el deseo de recordar quién eres. A este deseo se refiere la 33.ᵃ Sombra. El deseo de escapar del maya activa tu proceso de despertar y, por primera vez, comienza a esclarecer tus sanskaras en vez de seguir alimentándolos.

Tus sanskaras, en realidad, son heridas que te ofrecen una oportunidad. Son una especie de agujeros kármicos que te empujan hacia ciertas personas y te alejan de otras. El par programado de la 33.ᵃ Sombra es la 19.ᵃ Sombra, la Codependencia. Por lo tanto, tus relaciones te ofrecen las mejores oportunidades para *sanar la herida*. La misma palabra *herida* indica claramente cómo vivimos encadenados por algo que está, literalmente, enrollado alrededor de nuestro código genético. Los más profundos de estos recuerdos o sanskaras originan las relaciones más desafiantes de nuestra vida. La codependencia tiene que ver con estar energéticamente enroscado alrededor de algún otro de una manera muy incómoda y destructiva. Pero aun así, son justo este tipo de relaciones las que ofrecen el camino más directo para perforar el velo del olvido. Las relaciones difíciles de tu vida son las que pueden conducirte a cuestionarte a ti mismo, tu concepto de amor y la razón subyacente de tu vida.

Para descifrar los secretos ocultos de tus sanskaras tienes que comenzar por encarar totalmente tu propia vida y el dolor que albergan las diferentes capas de tu ser. Los tres codones finales son marcadores genéticos dentro del ADN físico, que, cuando se activan, comienzan a desenchufarte del mundo ilusorio que has creado con tus sentidos externos. Este anillo codónico se conoce como el Anillo de las Pruebas por una buena razón: cada despertar humano tiende a estimular al héroe o a la heroína interior, y ese ser interno tiene que encarar sus pruebas míticas. Solo la intensidad de tu propia insatisfacción posee la capacidad de refrescar tu consciencia individual y sacarla del espacio inerme del maya. Todo comienza aquí, en la 33.ᵃ Sombra, que mantiene atrapada la consciencia de la masa muy dentro de la matriz de los sentidos. A pesar de muchas creencias populares, el karma específico anclado en tu cuerpo físico no tiene ninguna conexión directa con tus acciones o vidas pasadas. Tus sanskaras son parte de un campo energético colectivo que se limpia y se resetea cada vez que te encarnas. Para comprender en profundidad este misterio puedes explorar la 22.ᵃ Clave Genética y el gran tema místico de la redención.

Para entender de verdad cómo trabajan los sanskaras tienes que contemplar tus relaciones con cierta hondura. Siempre hay personas en tu vida por las que te sientes tan atraído que a veces parece que las conoces de algo más, o de hace mucho tiempo. Este sentimiento de memoria celular entre personas es signo de un lazo kármico, y todos los lazos kármicos están formados por sanskaras. Este tipo de relaciones son siempre intensas y pueden resultar muy desafiantes. Son relaciones de amor-odio. Cuando entras con profundidad en este tipo de relaciones y permaneces comprometido con su proceso, estás atrayendo la presencia de la gracia. Aceptar esta prueba es transformar el patrón de codependencia de la relación en otro de frecuencia superior, lo que conlleva mucho amor y rendición. No hay situación que no se pueda utilizar para elevar la frecuencia propia y abrir el corazón a la Divinidad interior.

No hay situación que no se pueda utilizar para elevar la frecuencia propia y abrir el corazón a la Divinidad interior

La 33.ª Sombra, por lo tanto, gobierna los infinitos ciclos de la existencia y las reencarnaciones en este planeta. Te mantiene interiormente dormido al ocultarte el pasado. Alrededor de los límites energéticos y etéricos de nuestro planeta se encuentra un gran velo: el llamado *anillo del no paso*. El anillo del no paso es una red energética que conecta los planos superiores con los planos inferiores. Hasta que la frecuencia que traspasa tu ADN no alcance el nivel de ese gran velo atmosférico, tu verdadera naturaleza, eterna y universal, no te será revelada. Si pudieras recordar que has vivido esa misma vieja historia, con diferentes matices, un millón de veces más y que te sigue causando el mismo sufrimiento, inmediatamente despertarías de tus antiguos patrones humanos y trascenderías el sufrimiento. La 33.ª Sombra te mantiene lejos de la vida en las frecuencias superiores; te mantiene incomunicado aquí mismo, en este planeta de sufrimiento. Te mantiene acorralado en estas formas materiales, hasta que un día tu consciencia individual comience espontáneamente a despertar de acuerdo consigo misma. La 33.ª Sombra se asegura de que permanezcamos en la ilusión de que estamos solos y separados, en vez de unificados, de ser *todos uno*.

NATURALEZA REPRESIVA: RESERVADA

Son personas que se ocultan, pues les resulta muy difícil ponerse en comunicación con otros y, a menudo, son incapaces de romper su propio silencio. Pueden haber sentido que el mundo se ha olvidado de ellos. Su tendencia natural es la de esconderse de la gente, y para ello encuentran todo tipo de excusas y modos de hacerlo; por ejemplo, en su trabajo, gracias a una disciplina forzada o a la elección de una vida aislada o alejada de los otros; o sencillamente viviendo en una impenetrable inseguridad psicológica que los mantenga en un cierto letargo o atontamiento. Este tipo de personas encuentran muy difícil establecer relaciones, ya que la intimidad les demanda que salgan de su caparazón. Cuando por fin comienzan a despertar, pueden sorprender a otros y sorprenderse a sí mismos con la cantidad de sabiduría que han podido absorber en el curso de sus vidas.

NATURALEZA REACTIVA: CENSORA

Con sus raíces bien plantadas en la ira, la cara reactiva de la 33.ª Sombra se expresa como un comportamiento invasivo que trata inconscientemente de provocar reacciones en los otros con el fin de evitar sentirse solo. La naturaleza de este patrón es la censura. Estas personas son capaces de comprender los bloqueos emocionales que mantienen a otros en estado de olvido. Así, intentan atraer la atención señalando los patrones negativos de los otros, muchas veces con el pretexto de ayudarlos, con lo que casi siempre se consigue la deseada reacción iracunda del otro. Sin embargo, el modo de obtener atención es extremadamente autodestructivo e insatisfactorio, y conduce no solo a la construcción del resentimiento, sino a crear más ira, hasta que suceda la inevitable explosión. Cuando estas personas aprenden a romper el patrón de proyectar su rabia sobre otros también recuerdan en qué consiste amar y ser amado.

EL DON DE LA 33.ᴬ CLAVE GENÉTICA: CONCIENCIA PLENA

LA MUERTE DEL EGO

Cuando elevas la frecuencia de la 33.ª Sombra al nivel del Don correspondiente, se convierte en algo bastante mágico: en la cualidad que llamamos Conciencia Plena. *Conciencia Plena* es una expresión que se utiliza a menudo en el budismo, dentro del cual se entiende como uno de los grandes atributos de la meditación. Ser consciente significa estar atento, pero sugiere todavía algo más: la persona que representa el Don de la Conciencia Plena se ha liberado del control de ambos extremos de la 33.ª Sombra; es alguien que ha dejado de estar sometido por sus propios deseos, miedos y reacciones inconscientes. En el nivel de la Conciencia Plena, aún puede esconderse o reaccionar, pero ya consigue *observarse* a sí mismo haciéndolo. Una vez que haya comenzado el proceso de darse cuenta de lo que uno mismo hace, podría decirse que se ha entrado en una suerte de purgatorio. Cuando estabas dormido, en la frecuencia de la Sombra, ignorabas tus sanskaras, así como la causa y extensión de tu propio sufrimiento. Ahora, sin embargo, comienzas a ver los propios patrones que te causan sufrimiento y, cuanto más cuenta te das, más dolor y futilidad encuentras. Después de un cierto tiempo, sin embargo, la conciencia plena comienza a transformar la energía cinética de tus propios sanskaras, lo que abre ante tus ojos una nueva visión de la vida.

Gracias a la Conciencia Plena descubres cómo refinar y purificar tu naturaleza, de modo que ya no necesitas crear más karma negativo

Gracias a la Conciencia Plena descubres cómo refinar y purificar tu naturaleza, de modo que ya no necesitas crear más karma negativo. Este proceso de purificación es parte integrante de la fase de modulación de tus sanskaras, que se puede acelerar enormemente si lo trabajas en tus relaciones. Mediante el Anillo de las Pruebas aprendes a discriminar (el 12.º Don) entre lo que te mantiene atrapado y lo que te aporta libertad, y lo haces moderando tus pensamientos, sentimientos, palabras y obras. De la misma manera y mediante el otro codón final aliado, el 56.º Don, Enriquecimiento, puedes ver lo fácilmente que permaneces distraído y alejado de tu verdadera naturaleza por la indiscreción de tus sentidos. Así es como empiezas a atraer hacia ti experiencias que enriquezcan tu espíritu, en vez de experiencias y adicciones que solo estimulan o sobrestimulan tus sentidos. La conciencia plena como tal es un proceso enriquecedor. El karma que hay dentro de tu propio ADN se transforma sistemáticamente en pura esencia gracias a ella. Esta esencia, como compensación, es tan maravillosa que de repente te ves anhelando más de lo mismo. Has encontrado el secreto del deseo humano: una vez que se purifica y alcanza el estado de anhelo divino, se convierte en el propio combustible que te devuelve al verdadero centro de tu ser.

En el budismo hay una técnica meditativa muy bien conocida llamada *vipassana*. Aunque se podría traducir de muchas maneras, podríamos decir que persigue la finalidad de ser testigo del propio despertar. De alguna manera, cada uno de los 64 Dones es un tipo de vipassana, un modo de autoobservación que preludia la desintegración de los patrones negativos de tu propia Sombra. La verdadera trascendencia solo se da al nivel del Siddhi, pero el puente hacia esos niveles superiores son el millón de técnicas y de aspectos que nos ofrecen los 64 Dones. En la frecuencia del Don, las técnicas todavía son válidas, por ello la meditación o la contemplación resultan tan eficaces. Para la mayoría de las personas, el Don es la ruta más accesible hacia las dimensiones superiores. De hecho, podríamos decir que la Sombra es la semilla, el Don es la flor y el Siddhi es el fruto. Cada paso conduce inevitablemente al siguiente. La conciencia plena no es realmente una técnica, aunque podría parecerlo al principio. La conciencia plena es el florecimiento orgánico del autoconocimiento y la remembranza de uno mismo.

Conforme vayas despertando del maya, el Don de la conciencia plena irá brotando desde tu interior como un aspecto común de tu naturaleza. Tan pronto como comiences a ser testigo de tus patrones karmáticos en acción, tus sanskaras empezarán a aflojarse. *Darse cuenta* significa captarte a ti mismo en medio de una discusión acalorada y notar que te has desconectado de tu verdadera naturaleza. De hecho, se trata de ver tu propio victimismo. Cuando comiences a distinguir entre esas tendencias inconscientes que han controlado tu naturaleza por tanto tiempo, se comenzará a desarrollar en ti un nuevo nivel de consciencia. Es importante entender que, en el nivel de frecuencia de los Dones, todavía no estás libre de tus patrones, pero *estás* comprometido en un proceso que los va debilitando progresivamente. También sucede otro fenómeno interesante en este nivel: cuanto más cerca estés del salto cuántico, más intensos y desafiantes se manifestarán tus patrones. En realidad, no es que se estén intensificando, sino que tú te has ido haciendo cada vez más consciente de que estabas dormido, lo que, como consecuencia, te lleva a sentirte cada vez más incómodo. Sin embargo, dado que en este momento ya has aprendido que no hay nada que puedas *hacer* para acelerar tu despertar, comienzas a ser testigo del resquebrajamiento por los bordes de tu mundo de ilusión. Los místicos lo suelen llamar la muerte del Ego. La conciencia plena de ti mismo es lo único en que puedes confiar durante este proceso, aunque también ella se disolverá.

Lo que resulta muy interesante es que tomar conciencia plena de uno mismo es el prerrequisito para la genialidad. El nivel del Don pertenece a la genialidad. Solo cuando

puedas ver objetivamente tus pensamientos, tus sentimientos, tus pasiones y deseos —tu propia subjetividad— podrás crear arte a partir de ellos. Si eres un genio científico, necesitarás ser capaz de pensar con tus sentimientos, o sentir con tus pensamientos. Así es como emerge el genio en el mundo: siendo testigo. Esta es también la razón por la que muchos genios no están interesados en el reconocimiento, pues son conscientes de que su genialidad no es creada. ¡Solo sucede cuando tú no estás allí! Así pues, la genialidad es un estado de consciencia, un estado determinado de la progresiva elevación de nuestra frecuencia. La verdadera conciencia plena sucede cuando te das cuenta de que *algo* más está empezando a mirar a través de tus ojos, a pensar valiéndose de tu mente y a vivir sirviéndose de tus acciones. Ese *algo más* —ya lo llamemos genio, meditación u oración— es la realidad más amplia recreándose a sí misma a través de nosotros.

EL SIDDHI DE LA 33.ᴬ CLAVE GENÉTICA: REVELACIÓN

EL CIERRE DIVINO

Los tres grandes estadios del despertar humano se reflejan aquí, en el Anillo de las Pruebas y en los tres codones finales de tu ADN. El primer estadio, representado por la 33.ª Sombra, el Olvido, consiste en darse cuenta de que estás en el infierno, o utilizando las palabras de la primera noble verdad del Buda, de que toda la vida es sufrimiento. El segundo estadio, representado por la 56.ª Sombra, la Distracción, es el proceso a través del cual el sufrimiento se trasciende gradualmente. El tercer y último estadio, representado por la 12.ª Sombra, la Vanidad, es la confrontación con la verdadera naturaleza del Ser. Conforme te vayas elevando hacia las frecuencias superiores, más puras, los secretos de los reinos superiores se irán liberando de manera ocasional en los niveles inferiores y, con el tiempo, tu ADN físico comenzará a mutar para dar cabida a esas longitudes de onda superiores. Una vez que el ADN haya mutado lo suficiente para gestionar permanentemente las frecuencias superiores, estará listo para recibir toda la fuerza de las esferas síddhicas.

Cuando el 33.ᵉʳ Siddhi se despierta, todo lo que fuiste cae en el olvido y abrazas todo aquello que podrías llegar a ser. La plenitud del estado síddhico causa que el tiempo se desintegre y que la memoria desaparezca con él. No se trata de perder tu memoria física, sino de que tu mente no pueda obstaculizar ya más la pureza de la consciencia, la cual elimina los sanskaras de todo tu ser. Al perderse la línea directa de conexión con el pasado y con el futuro, solo queda el espacio infinito del ahora, un concepto que no se puede alcanzar a describir con palabras. La Revelación es una inundación. Desde el principio de los tiempos, han existido en la cultura humana creencias y mitos que cuentan que una vez, hace mucho tiempo, existió una civilización —una edad dorada— en la que reinaban sobre la Tierra la completa armonía y la paz. Los mismos mitos también relatan que, al llegar esa civilización a su fin, la humanidad se olvidó de amar y de estar en armonía con la vida. Así, nuestra existencia se borró por un gran diluvio o inundación que arrasó el mundo por completo, dejando solo un puñado de sobrevivientes.

La mitología mantiene celados muchos secretos. Pero tales mitos se refieren, sobre todo, a los códigos ocultos de la vida de un modo gráfico, visual. Cada mito ha surgido directamente del código genético humano, que contiene todos los misterios en sus vínculos primarios. Por esa razón, los grandes sabios nos han guiado en la búsqueda del reino de los cielos dentro de nosotros mismos. El mito de la inundación o del diluvio, ya sea basado en un hecho histórico real o no, es un símbolo subyacente de la psique humana: el símbolo de la Revelación. Después de la inundación siempre hay un signo, la alegoría del nuevo mundo: una paloma, el arcoíris. La inundación es la memoria de nuestro propio futuro. Su existencia testifica que cada uno de nosotros será sometido a una profunda limpieza por el desbordante tsunami de la consciencia, y que tu existencia como criatura individuada y separada un día terminará. Esta Revelación nos lleva al final de todos los finales y a la liquidación de todos los mitos. Concluye la evolución y pone fin a la humanidad. Cuando llega la Revelación, hasta el mismo universo desaparece. No se puede decir que el nuevo mundo brotará del viejo, porque hasta el tiempo se disolverá. Por lo tanto, todas las palabras, pensamientos y símbolos desaparecerán también, puesto que todos dependen del tiempo de su propia existencia.

De la Revelación brota el silencio verdadero. Los seres que manifiestan este Siddhi no tienen nada en absoluto que decir, y, si hablan, es para decir ¡que no hay nada que decir! (Hay mil increíbles modos de decirlo). Por lo tanto, este Siddhi tiene que ver con *remembrar*. Tal y como sugiere literal y etimológicamente el término *remembranza*, se trata de entrar en todos y cada uno de los miembros de tu cuerpo superior, hasta que te des cuenta de que todos ellos no son más que uno. La verdadera remembranza es una especie de explosión interna. Una riada que borra tu pasado y revela el misterio más grande de todos: el misterio del eterno Ahora.

Además del estado de iluminación que, evidentemente, llega con cualquier estado síddhico de consciencia, hay otras manifestaciones naturales de este Siddhi en particular. El que ha sido barrido por este 33.er Siddhi despliega también la percepción de que el mundo ha concluido. La presencia de este Siddhi en el mundo significa el final de una era o época. Las verdaderas revelaciones emergen siempre en épocas conclusivas de eras naturales en la historia de la humanidad y, a menudo, dejan tras de sí extrañas profecías sobre la era siguiente. Este Siddhi también se conoce como un gran revelador de secretos ocultos. Libera secretos únicos a través de sus vehículos en la consciencia colectiva. En este sentido, y gracias a su estatus inusual, puede decirse también que tiene una conexión arquetípica con la evolución que está más allá de consciencia humana: con la de los mundos angélicos. Cada codón final de tu ADN precede al codón inicial de otra hebra interconectada del código. Aun cuando podríamos decir que la evolución está llegando a su fin, hay reinos que existen más allá de nuestro concepto de evolución. El 33.er Siddhi es un portal de acceso a esas vastas realidades superiores que comienzan donde termina el ser humano.

La verdadera remembranza es una especie de explosión interna. Una riada que borra tu pasado y revela el misterio más grande de todos: el misterio del eterno Ahora

Cuando hablamos de la consciencia síddhica nos encontramos en un mundo plagado de paradojas. Al tratarse del último nivel de frecuencia, no hay ningún mundo, ni evolución, ni ningún punto de vista. Sin embargo, los vehículos humanos que despiertan al nivel síddhico siempre liberan algo único en la consciencia colectiva antes de morir. Eso es algo que siempre contribuye a la evolución de la consciencia humana. Es decir, aunque la historia haya llegado a su fin para ellos, su despertar encaja y contribuye a la historia de la humanidad. Ellos también son actores en el gran drama y tienen que representar sus papeles antes de irse, incluso cuando saben que no hay nadie que se vaya ni ningún lugar adonde ir. Este es el testamento de los 64 Siddhis; y cada Siddhi es aún una expresión limitada del infinito.

El 33.ᵉʳ Siddhi revela la mitología individual y colectiva de la iluminación. La propia iluminación evoluciona. Incluso cuando el estado de iluminación es absoluto, los medios por los cuales la humanidad se despierta como totalidad tienen su propia historia dentro del maya. Al abrirnos a las realidades superiores y a las frecuencias angélicas que habitan más allá de nuestro ADN físico, el 33.ᵉʳ Siddhi acelera la evolución de la consciencia humana. La paradoja es de tal calibre que el estado síddhico de consciencia sabe que la consciencia superior, así como la noción de frecuencia ¡son ilusiones en sí mismas! El ADN humano *tiene* cualidades milagrosas, ocultas en su interior, que se activan gracias a las frecuencias síddhicas, lo que también tiene sus propias limitaciones. Existen otros vehículos más allá del código binario del ADN, en dimensiones superiores, a los que llamamos cuerpos sutiles.

Así se desarrolla el gran drama cósmico, y cada persona avanza en las progresivas revelaciones hasta llegar a la última. La consciencia ligada a la forma siempre tiene un guion que seguir. El truco es enamorarse de la propia historia y seguirla sin retener nada, lo que asegura dos cosas: la primera que *llegarás* al fin de la historia, y la segunda que tu propia historia será completamente única y diferente a la de cualquier otro. Puede que por esta razón sea tan entretenido para ti escuchar por boca de otros la historia de cómo alcanzaron su propio estado de iluminación, o las disciplinas o enseñanzas que siguieron hasta llegar a ese estado. La verdad es que nada de lo que hagas ni de lo que dejes de hacer va a cambiar el cuándo y el cómo alcances ese estado final de consciencia. Simplemente tienes que confiar en tu guion, lo cual es también la razón por la que tan pocos seres humanos alcanzan esos estados: no hay nadie a quien seguir, el camino es virgen y salvaje, y cuando llega finalmente tu momento de revelación, lo hace ¡sin que ni siquiera tú estés allí!

34.ª CLAVE GENÉTICA

SIDDHI MAJESTUOSIDAD • DON FORTALEZA • SOMBRA FUERZA

LA BELLEZA DE LA BESTIA

PAR PROGRAMADO: 20.ª CLAVE GENÉTICA

ANILLO CODÓNICO: EL ANILLO DEL
          DESTINO (34.ª, 43.ª)

FISIOLOGÍA: PLEXO SACRO

AMINOÁCIDO: ÁCIDO
    ASPARAGÍNICO

LA SOMBRA DE LA 34.ª CLAVE GENÉTICA: FUERZA

LA PESADILLA DEL INTENTAR

La 34.ª Sombra se refiere a la noción individual del poder humano. Representa una antigua parte de nuestra matriz genética que se basaba principalmente en la supervivencia individual de los más fuertes de la especie. Esta fuente de poder primal tiene raíces hondas en nuestro pasado genético, pues comenzó cuando brotaron las primeras plantas sobre la Tierra. Se hizo también muy patente durante la fase reptiliana de la evolución planetaria. El reino de los dinosaurios, durante la era mesozoica, es un arquetipo de poder subyacente a esta Clave Genética. En la evolución humana, el poder volcado en la supervivencia literalmente forzó las espaldas de nuestros más tempranos ancestros homínidos a enderezarse progresivamente. Es la fuerza que nos hace diferentes a otros mamíferos, porque en el momento en que nos pusimos en pie, nuestro cerebro comenzó a evolucionar de modo distinto.

A pesar de nuestra inteligencia floreciente, la 34.ª Sombra todavía permanece en nosotros cuando sentimos la urgencia de usar la fuerza para hacer que suceda cualquier cosa en la vida, y puede ser altamente destructiva cuando está influida por bajas frecuencias vibratorias. La 34.ª Sombra porta una cualidad primigenia en relación con ese aspecto. Ni siquiera es animal; es todavía más primitiva. Se trata de una fuerza evolutiva cuya primera directriz es la supervivencia y cuya única prerrogativa es mantener la vida dentro de un organismo en concreto. Ni siquiera podemos llamar a esto egoísmo, ya que implicaría la consciencia de que el otro existe. Esta Sombra crea un tipo de autoabsorción intensa que, aplicada a los humanos modernos, les conduce a expresar la fuerza bruta sin autoconsciencia. Esta 34.ª Sombra, por lo tanto, nos introduce en una

ley básica: en las bajas frecuencias, todos los seres humanos son destructivos para lo colectivo. Porque la naturaleza de la sociedad moderna —es decir, su ADN— se destruye inevitablemente a sí misma cuando se comporta de acuerdo con estas reglas arcaicas.

En las bajas frecuencias, todos los seres humanos son destructivos para lo colectivo

Quizás puedas notar cómo la inteligencia antigua de esta 34.ª Sombra fue, en su momento, muy necesaria para que los humanos pudieran sobrevivir y evolucionar más allá de otras formas de vida, especialmente de otros mamíferos. Gracias al ensayo y fallo, la fuerza interna de esta Clave Genética enseñó a nuestros cuerpos la manera de burlar a otras especies. Aún en el mundo actual, esta feroz competición por el poder es, en realidad, la mayor amenaza para nuestra supervivencia colectiva. Y no solo de la nuestra, sino de la de todo el planeta. El par programado de esta 34.ª Sombra es la 20.ª Sombra, la Superficialidad, cuya naturaleza represiva consiste en estar Ausente, lo que denota la absoluta falta de eso que llamamos humanidad. Cuando la 34.ª Sombra actúa, no comprende lo que está haciendo, simplemente actúa, sin pensar ni poner atención. La toma de consciencia individual puede llegar muy al final, cuando la acción ha terminado; pero durante la acción lo único que está en marcha es la pura absorción mecanizada.

En términos accesibles a los seres humanos modernos y a sus comportamientos, la 34.ª Sombra se puede comprender mejor gracias a la noción de *intentar*. Intentar implica forzar algo en un cierto sentido, algo que no iría en tal dirección por su propia cadencia natural. Cada vez que una persona se encuentra en el espacio de intentar hacer que algo ocurra contra corriente, está bajo la influencia de la frecuencia de la Sombra.

Ese tipo de personas parecen incapaces de dejar de moverse en la dirección que se hayan fijado y cualquier intento de ayuda o guía desde el exterior cae en saco roto. Como aspecto del codón del Anillo del Destino, la 34.ª Sombra enlaza químicamente con la 43.ª Sombra, la Sordera. Bajo la influencia de esta Sombra te pierdes por completo en el impulso que te está traspasando, aun cuando sea molesto para ti y para otros. Cuando opera a baja frecuencia, el arquetipo 34.º se cierra a cualquier forma de influencia exterior. Consecuentemente puedes ver cómo esta energía origina los más horrendos actos infrahumanos en su polaridad extrema.

Si posees esta 34.ª Clave Genética como un aspecto destacado de tu perfil hologenético, tenderás a confrontarte con esta Sombra en las respuestas de los demás. Esta Sombra tiende a enfurecer a otros, que no pueden comprender cómo puedes estar tan ciego a la influencia externa. A los demás les suele parecer que te estás comportando como un loco o de manera inhumana, lo que suele terminar en algún tipo de desafío o queja de la otra persona. Si no puedes mantener tu frecuencia a un cierto nivel, estas interferencias pueden crear situaciones indeseables en tu vida. Si estás intentando o forzando algo, encontrarás siempre la resistencia externa. La 34.ª Clave Genética es inconsciente de sí misma incluso en los más altos niveles de frecuencia, así que no hay manera de que te cambies a ti mismo. Se trata solo de que hagas lo correcto en cada momento.

En un niño, la 34.ª Clave Genética activa actúa con total pureza, ya que se manifiesta como una cantidad de actividad sin fin, sin ninguna consciencia de los límites o

de la existencia de otros allá afuera. Obviamente, los niños necesitan aprender la importancia de los límites, pero su propia 34.ª Sombra, que está a menudo impresa de forma inconsciente en su carácter, se expresa. Los niños con la 34.ª Clave Genética en su perfil hologenético necesitan una enorme cantidad de espacio y de libertad, así como límites correctos; pero encontrarán sus propios confines mientras avanzan. Este tipo de niños no se pueden comparar con los niños *normales* y necesitan que se les permita desarrollarse naturalmente. Portan consigo la capacidad de aprender a distinguir entre Fuerza y Fortaleza, lo que descubrirán por sí mismos sin demasiada ayuda o condicionamiento exterior. Como veremos en las altas frecuencias, hay enormes beneficios y dones escondidos en esta Clave Genética. No importa quien seas o si esta Clave Genética está o no en tu perfil hologenético, ya que cada ser humano tiene la capacidad de dejarse tocar por este aspecto de su ADN y descubrir la inagotable reserva de fortaleza interior que posee.

En lo que respecta a los aspectos psicológicos de esta Clave Genética, la Fortaleza se encuentra alojada en el plexo sacro. Emerge desde el área que está por debajo y alrededor del ombligo. Esta área del cuerpo se ha reconocido desde siempre como un centro de gran poder en los seres humanos y su verdadera autoridad reside en que no hay ninguna consciencia localizada allí. Sin embargo, entre el plexo sacro y el plexo solar se extiende un enorme y complejo sistema neural. A pesar de nuestra tendencia moderna a enfatizar la primacía del cerebro como nuestro mayor centro de inteligencia, el verdadero nexo de la inteligencia, de hecho, está radicado en el abdomen. La 34.ª Sombra deja de lado esta inteligencia centrada en el abdomen y tiende a guiarnos hacia los bucles mentales, inconscientes, que se dan a nivel cerebral. La fuerza siempre se basa en la mente, mientras que el poder viene del vientre. El poder es natural; enraizado y conectado universalmente con la vida, fluye tal y como es desde el gran centro umbilical de tu ser. La consciencia abdominal está más allá del autoconocimiento, porque está más allá del ser. Como tal, puede decirse que es la pura consciencia. La fuerza es la consecuencia de haberte olvidado de tu verdadero centro de consciencia pura.

NATURALEZA REPRESIVA: MODESTA

En aquellos que está presente la naturaleza represiva, la 34.ª Sombra oculta la fuente de su propio poder, porque tiene miedo de sí misma. Se trata de personas que se humillan y aceptan que otros se conviertan en autoridades para ellos. La naturaleza modesta consiste en permitir que los otros te pisen. Este tipo de sujeto se convierte en esclavo de los principios de otras personas o de la sociedad en general. Todo el magnífico poder individual que comporta este arquetipo se reprime, lo que a menudo significa que durante la infancia hubo dificultades. Por lo tanto, toda la energía de ese tipo de personas se convierte en una copia de seguridad que les conduce al cansancio y a la falta de energía en general, más que a la natural expresión del 34.º Don, que no es más que energía incansable y fortaleza. Por último, estas personas tendrán que liberarse de situaciones que los subyugan. Cuando sean capaces de hacerlo, su energía verdadera regresará a ellos naturalmente.

NATURALEZA REACTIVA: PRESUNTUOSA

La cara reactiva y enojosa de esta Sombra se manifiesta como presunción o autoritarismo. Son personas que usan la fuerza para intimidar a la gente de su alrededor. Sus mayores problemas son la comunicación y el comportamiento inadecuado. Como por lo general son tan inconscientes de que están comportándose intimidatoriamente, se enfurecen cuando se les desafía. Este tipo de ser continúa comportándose como un bárbaro incluso después de haber sido advertido o desafiado, lo que suele acabar de mala manera para ellos. Aunque se les coloca el marchamo de los bárbaros de la película, en el fondo este tipo de persona está entre las más incomprendidas del mundo. Ha llegado a ser lo que es por un condicionamiento que le conmina a hacer lo que hace y no puede ser consciente de ello. Lo que necesita es encontrar una actividad en la que canalizar sus acciones sanamente, en vez de volcar su ira en un constante agravio a los demás.

EL DON DE LA 34.ª CLAVE GENÉTICA: FORTALEZA

LOS OLÍMPICOS

Cuando la 34.ª Sombra da paso al 34.º Don, emerge un arquetipo realmente hermoso: la Fortaleza humana. Lo fascinante de la conexión entre la Sombra y el Don es la línea tan fina que separa estos dos niveles de activación que comparten el mismo código energético esencial. La diferencia entre la Sombra de la Fuerza y el Don de la Fortaleza es, al mismo tiempo, minúscula y enorme. El 34.º Don emplea la misma tremenda vitalidad primigenia, pero al contrario que la Sombra, lo hace en el tiempo correcto y en la actividad adecuada. El resultado es una manifestación creativa, alineada con la fuerza de la vida, que siempre llama la atención y conduce a que otros la celebren.

La fortaleza individual es algo natural para todos los seres humanos. Obviamente no estamos hablando de fortaleza física aquí, aunque las personas con este Don a menudo puedan ser también físicamente fuertes. Nos referimos a la habilidad para actuar en armonía con las fuerzas naturales, que es la verdadera definición de *fortaleza*. Aplicada a una actividad física, que es a lo que se refiere el 34.º Don, la Fortaleza no tiene elementos para intentar forcejear con ella. Simplemente fluye desde ti sin esfuerzo, y te haces uno con la actividad. Sin esfuerzo no significa, en este contexto, que no haya que esforzarse: podría ser que sí, y de hecho algo de esfuerzo habrá. Lo que quiere decir es que no habrá resistencia. Esta fluidez eficiente es uno de los hitos más importantes del 34.º Don.

Veamos otro aspecto de este 34.º Don. Ya sabemos que esta Clave Genética tiene conexiones ancestrales con los primeros ciclos de vida en el planeta, y su conexión más arcaica se vincula con el reino vegetal. Las plantas dependen de los insectos, de los pájaros y de las abejas para reproducirse y proliferar. Para poder atraer estas otras especies,

las flores florecen de mil bellas maneras, formas, colores y aromas. El 34.º Don comparte en los seres humanos esta necesidad primigenia de mostrarse, aunque no a través de ninguna manifestación del ego. Necesitamos recordar que el 34.º Don es la consciencia en sí misma, a todos los niveles. Obviamente, la tendencia se dirige a llamar la atención en la frecuencia de la Sombra, pero, a un nivel de frecuencia superior, lo que se expande es la llamada de *atención positiva*. Del 34.º Don han surgido todos los ejemplos de fortaleza humana.

El 34.º Don pertenece a los héroes y a las heroínas. Es uno de los más grandes y antiguos dones de los arquetipos humanos. El verdadero heroísmo se manifiesta sin consciencia y es un acto totalmente individual. Por eso, cada ser humano vivo siente en lo más profundo la resonancia con los héroes míticos o con los héroes contemporáneos. El heroísmo denota fortaleza. Irónicamente, sin embargo, la verdadera Fortaleza es bastante inconsciente de sí misma. La mayoría de las personas que han cometido increíbles actos de heroicidad han descrito después la experiencia como un hecho desprovisto de toda intencionalidad por su parte. Este tipo de heroísmo es completamente accidental (a diferencia de la frecuencia superior del 21.er Siddhi, el Valor, que es un arquetipo completamente diferente). A menudo los héroes se sienten incómodos cuando reciben alabanzas, porque les parece que todo ocurrió sin que ellos tuvieran elección o tomaran parte conscientemente. Sin embargo, incluso si es algo accidental, los otros no ven así el acto heroico y tienden a subir a los héroes al pedestal para adorarlos.

Al tratarse de un arquetipo de tipo físico, el 34.º Don tiene una intensa conexión con actividades que requieren movimiento físico, tales como la danza o el deporte. Pero este don no tiene nada que ver con los deportes de equipo, ya que, por el contrario, se presenta solo a nivel individual y en personas cuyos gestos más sencillos tienen la cualidad hipnótica de provocar admiración en los otros. Son nuestros héroes deportivos y nuestros olímpicos, los que transmiten poder individual e irradian un porte fuera de lo común. Dominar el movimiento humano es algo que sucede cuando la consciencia se ha retirado y ha quedado solo la enérgica seguridad en uno mismo, que es el par programado del 20.º Don. El Don de la 34.ª Clave Genética se puede mostrar en millones de áreas de emprendimiento humano, por ejemplo, en cualquier área en la que un individuo se eleve por encima del individuo común. *En un mundo donde dominan las bajas frecuencias, la verdadera fortaleza interior se hace notar*

Esas personas se convierten en nuestros iconos y gurúes en los negocios, en los deportes, en la guerra y, a veces, en el gobierno. Hay un tipo de poder primal trabajando en el interior de ese tipo de personas que no puede pasar desapercibido para los demás, pues en un mundo donde dominan las bajas frecuencias, la verdadera fortaleza interior se hace notar.

La 43.ª Clave Genética, juntamente con la 34.ª, configuran el llamado Anillo del Destino, una configuración genética poco corriente que tiene un efecto penetrante en nuestro destino o en nuestra vida manifiesta. Cuando la gente habla del destino, se suele referir a una fuerza fuera del alcance de la humanidad, pero lo cierto es que el secreto del destino tiene que ver con la frecuencia. En este codón se dan cita las fuerzas de la evolución y la involución, y en ello hay un gran misterio. ¿Surge un cambio en tu destino por elevar la frecuencia de tu ADN? ¿O es que una fuerza superior, externa, hace posible que eleves la frecuencia de tu ADN? La primera pregunta refleja el punto de vista de la evolución, mientras que la segunda representa el punto de vista de la involución. La paradoja solo puede resolverse con otra paradoja. Las dos son ciertas y también son interdependientes. Los héroes y las heroínas están hechos de tierra y de cielo.

EL SIDDHI DE LA 34.ᴬ CLAVE GENÉTICA: MAJESTUOSIDAD

Donde la epifanía se encuentra con la majestuosidad

Como se ha descrito más arriba, la 34.ª Clave Genética posee un atributo inusual que se mantiene inalterable en todos los niveles de frecuencia y que no es otro que el de ser inconsciente. La fuerza es inconsciente de sí misma y por eso conduce a la destrucción; la fortaleza es inconsciente de sí misma y conduce a la admiración; y en este supremo punto del camino florece el Siddhi de la Majestuosidad. Se trata de la Majestuosidad de la forma humana en movimiento, donde la propia forma es pura consciencia, porque no puede ser consciente de nada. Aquí se revela la verdadera belleza de la consciencia hecha carne. La Majestuosidad no es un estado del ser; es la pura realidad de toda la naturaleza en movimiento. A nivel síddhico, todo lo que está vivo despliega majestuosidad; incluso las luchas de las bajas frecuencias se revelan como majestuosidad en sus propios caminos distorsionados. Pero el 34.º Siddhi en realidad se refiere a la humanidad más que a ningún otro aspecto del ADN humano; este es el Siddhi del mono desnudo, de Adán y Eva, de la divina Energía que se mueve constantemente por la forma humana.

A través del 34.º Siddhi nos llega la imagen del hombre percibido como un Dios. Esta noción se ha inmortalizado en nuestros mitos, en los cuales los Dioses aparecen en la Tierra, encarnados en formas físicas, y también gracias a los intentos a lo largo de la historia de transmitir la Autoridad divina a ciertos elegidos. La gran paradoja es que si los Dioses hubieran adoptado la forma humana ¡no podrían haber sabido que eran Dioses! Este es el verdadero significado de este 34.º Siddhi: la divina Esencia de la creación solo se desliza con libertad por el cuerpo cuando la identidad ha cesado de existir. Ese tipo de gente se mueve de un modo que resulta visualmente fascinante. De este Siddhi han surgido prácticas físicas que apuntan hacia consciencias más elevadas. Por ejemplo, los mudras y asanas de yoga, o los movimientos de tai chi son expresiones espontáneas de la Divinidad personificadas en la forma de una persona en la que se despertó el 34.º Siddhi.

Estos movimientos sagrados, gestos y danzas contienen los códigos de las más altas frecuencias. Sin embargo, tales prácticas pueden convertirse en hermosísimas trampas que te mantengan en la creencia de que los niveles elevados de consciencia se pueden alcanzar por ese camino; pero ese camino no existe. Un nivel de consciencia más elevado no es nada más que un salto repentino y sencillo. Las prácticas de movimientos sagrados pueden ser un modo de acceso para que los humanos experimenten estados de cons-

ciencia más elevados, pero no conducen a dar el salto definitivo. El problema de los movimientos sagrados es que, en su versión original, sí eran expresiones espontáneas de conciencias superiores. Pero cuando se copian ya no son espontáneos, incluso cuando te conducen a sentir destellos de los más elevados niveles de consciencia. Esto no quiere decir que la práctica de movimientos sagrados sea inútil. Para muchos es un estadio natural en el camino hacia la transcendencia, y por ello es adecuado recordar su procedencia original.

También de este 34.° Siddhi surgen los niveles superiores de las artes marciales y el concepto de que la Fortaleza se origina en el vacío. La elevada práctica del chi kung, por ejemplo, se conoce como la *fuerza vacía*. En el practicante se ha disuelto cualquier rastro de identidad y se ha convertido en un conducto para la propia inteligencia de la vida. A partir de ahí podemos también comprender el concepto de *no mente*, al que se refieren las más celebradas artes del budismo zen. Cuando este Siddhi se despierta en una persona, esta no lo comunica con palabras, sino por medio de sus movimientos y acciones. Muchas de estas personas fueron los creadores de tecnologías sagradas, como la caligrafía, la música, la danza y las artes, en general. Una obra de arte realizada por un ser con el 34.° Siddhi activo será siempre reconocida como un trabajo de genialidad y originalidad incomparables. No obstante, para los artistas con este Siddhi activo, el arte es el puro hacer, mientras que el resultado carece de significado para ellos. Esta verdad se representa simbólica y bellamente en el arte tibetano en la arena, cuando se dejan al aire libre mandalas increíblemente intrincados que ha llevado meses crear. En pocas horas se pierden para siempre en brazos del viento.

Cuando este Siddhi se despierta en una persona, esta no lo comunica con palabras, sino por medio de sus movimientos y acciones

El 34.° Siddhi contiene otro gran secreto relacionado con el despertar. A través de la conexión genética con su par programado, el 20.° Siddhi, la Presencia, el 34.° Siddhi requiere que cada individuo trascienda el miedo genético a la supervivencia y que traiga su presencia totalmente a cada momento. El reto para el individuo consiste en dejar ir su individualidad, que siente como su propia esencia. En efecto, tu supervivencia parece amenazada por la disolución en el océano de la Presencia. Lo cierto es que esta es la cuestión: ¡no puedes sobrevivir a un salto síddhico! La rendición final requerida para morir en la frecuencia síddhica no es otra que la rendición de tu cuerpo físico a la vibración de ese movimiento. Una vez que hayas entrado en la frecuencia síddhica, todos los miedos serán extirpados de tu sistema y el despertar puro de tu inteligencia física y corporal se revelará. Algo así como si todo el universo se trasladara a tu cuerpo.

El 34.° Siddhi demuestra uno de los atributos clave de la vida misma: la eficiencia. En el Anillo del Destino, la epifanía de los planos superiores encuentra e infunde la majestuosidad del cuerpo en los planos inferiores. El resultado es la fusión pura que acontece cuando el espíritu entra en la materia y la imbuye con su divinidad. Cuando no interferimos en la vida, la vida se vuelve realmente fluida y eficiente. Cuanto más tratas de forzarla para que vaya hacia donde te gustaría que fuera, en oposición hacia donde a *ella* le gustaría ir, te vuelves menos eficiente y utilizas más energía. La analogía más

empleada para explicar este aspecto del 34.° Siddhi es la comparación de la fuerza de la vida con el agua. He aquí el eco de las palabras del gran sabio Lao Tzu:

La más suave de todas las cosas
se conduce como un caballo al galope
a través de las cosas más duras.

Como el agua penetrando la roca.
Así penetra lo invisible.

Por eso sé que es sabio
actuar sin hacer nada.
¡Qué pocos, poquísimos, lo entienden!

35.ª CLAVE GENÉTICA

SIDDHI INFINITO • DON AVENTURA • SOMBRA ANSIEDAD

AGUJEROS DEL TIEMPO Y MILAGROS

PAR PROGRAMADO: 5.ª CLAVE GENÉTICA
ANILLO CODÓNICO: EL ANILLO DE LOS
        MILAGROS (35.ª)

FISIOLOGÍA: TIROIDES Y
        PARATIROIDES
AMINOÁCIDO: TRIPTÓFANO

LA SOMBRA DE LA 35.ª CLAVE GENÉTICA: ANSIEDAD

LA ANSIEDAD DE LA ESPECIE

Hay una ansiedad, innata y perpetua, instalada de serie en todos los seres humanos. Esta ansiedad opera en muy diferentes niveles de tu ser y viene provocada por la química que genera la 35.ª Sombra conforme se refracta en tu ADN. La traducción clásica para el 35.º hexagrama del I Ching es la palabra *Progreso*, muy adecuada, ya que la 35.ª Clave Genética transfiere el progreso humano. En la frecuencia de la Sombra, el progreso se expresa como un avance evolutivo en el mundo exterior, ejemplificado en la reciente revolución tecnológica por la que atraviesa la humanidad. El verdadero progreso, sin embargo, tiene poco que ver con las manifestaciones físicas y mucho con la ascensión de la consciencia humana. En resumen, lo que hace la 35.ª Sombra es desviar el verdadero progreso hacia el mundo exterior de la forma, sacrificando así el potencial de transformación de la propia estructura interna de la humanidad. Gracias a esta Sombra, el mundo exterior evoluciona a costa del interior.

A través del triptófano, el aminoácido asociado, la 35.ª Clave Genética se conecta con la secreción de serotonina del cuerpo. La serotonina es bien conocida como la sustancia química que induce estados de saciedad y de total plenitud. Como resultado de la interferencia de la frecuencia de la Sombra al atravesar este codón, la producción de serotonina en el cuerpo se inhibe y deja a los seres humanos con esa sensación de ansiedad perpetua. Esta gran falta de reposo del cuerpo humano lo conduce a buscar en el mundo exterior cualquier cosa que pueda acabar con ella, lo cual esencialmente se define como ansiedad genética. Esta ansiedad está al mando de todas las experiencias humanas, desde las drogas hasta la comida, pasando por el sexo, los negocios, la religión,

la ciencia y hasta la guerra (ya que todas ellas pueden incrementar los niveles de serotonina rápidamente). Sin embargo, hagas lo que hagas para intentar saciar tu ansiedad allá afuera, nunca será suficiente. Nuestro destino está sellado por esta 35.ª Sombra, porque ninguna muleta o método externo podrá reemplazar nunca el equilibrio natural, químico, de nuestro propio cuerpo.

La 5.ª Sombra, la Impaciencia, es el par programado de la 35.ª Sombra, que opera conjuntamente con la Ansiedad para sacarte de tu ritmo natural de vida. Es tu propia impaciencia la que alimenta tu ansiedad y tu ansiedad la que alimenta tu impaciencia, el bucle clásico de retroalimentación que mantiene a los seres humanos operando en la frecuencia de la Sombra.

Todos los progresos humanos del mundo exterior, particularmente en los tiempos modernos, son consecuencia de esta 35.ª Sombra. Somos una especie hambrienta e insatisfecha: no sabemos lo que queremos, pero lo queremos. Es importante comprender que esta ola infinita de avidez de los seres humanos no es una función programada, individual, de tu genética, sino universal y típica de toda nuestra especie. Por eso nos empuja hacia la exploración y la conquista del mundo exterior que nos rodea sin pensar en las consecuencias. Aquí es donde está ahora mismo parada la humanidad. Cuando estás verdaderamente hambriento, no puedes pensar en las consecuencias que te traerá el comer, pues sencillamente estás poseído por la urgencia de llenarte.

Uno de los aspectos destructivos de la 35.ª Sombra se puede observar cada vez que te sientes temporalmente repleto. En el momento en que estás repleto, enseguida comienzas a sentirte de nuevo vacío, una y otra vez, y el ciclo se perpetúa. En ese preciso momento cometemos nuestro mayor error: o nos apegamos al significado externo de lo que es estar repleto, o culpabilizamos al mensajero (normalmente una persona) por no saciar nuestra ansiedad, y situamos nuestro foco de atención en algo o en alguien diferente. Ese patrón básico de culpabilización y desagrado consigue que el espíritu humano se sienta incapaz de encontrar un estado de paz duradera. La tendencia destructiva de la que hablábamos antes se basa en la identificación con el objeto o persona que te promete la satisfacción. Si te vuelves adicto a ella, destruyes parte de tu ser, ya que paras de desarrollarte. Si culpas a otro de tu decepción, tiendes a destruir a ese otro, ya se trate de una persona, una religión o una droga.

Ese patrón básico de culpabilización y desagrado consigue que el espíritu humano se sienta incapaz de encontrar un estado de paz duradera

Es fascinante que buena parte de nuestra sociedad moderna, con todo lo bueno y lo malo, ¡se haya creado gracias a este desequilibrio químico del cerebro humano! Todo en la vida sucede por alguna razón. La ciencia moderna ha identificado que los bajos niveles de serotonina en el cuerpo conducen incluso a estados de depresión y debilidad. De lo que la ciencia no se ha dado cuenta aún es de que casi todos los seres humanos tienen niveles bajos de serotonina, porque los científicos toman como norma lo que en realidad son los niveles de la frecuencia de la Sombra. El gran dilema de la 35.ª Sombra es que cualquier intento que hagas para elevar tu nivel de producción de serotonina desde el exterior aumentará aún más la ansiedad. Si, por ejemplo, tomas una píldora para incrementar la serotonina, puede que experimentes por un período breve cómo son las frecuencias más altas. Pero esa experiencia te producirá más ansiedad todavía, que es la base de todos los problemas adictivos.

El único modo de corregir el desequilibrio químico básico de la 35.ª Clave Genética consiste en dar un salto más allá de la frecuencia de la Sombra. Esto significa que tienes que comprender, primero, tu dilema químico, para enfrentarlo después con cada una de las fibras de tu cuerpo. Tomar consciencia del problema será lo que rompa, por fin, la adicción a la frecuencia de la Sombra. Tendrás que entrar muy dentro de tu ansiedad genética para poder romper su poder sobre ti. No puedes evadirte de este problema, tienes que entrar bien en él. De hecho, tienes que llegar a darte cuenta de que tanto si haces huelga de hambre hasta morir como si te atiborras, no vas a solucionar nunca el problema. Si encaras tu humanidad y tu ansiedad, verás tu impotencia al haberte convertido en su rehén y con qué sutileza la ansiedad guía tus acciones en el mundo. Solamente cuando te des cuenta de lo atrapado que estás por esta reacción química podrá comenzar a surgir en ti un nuevo sentido de libertad. Dejarás de permitir que tu energía se canalice hacia el mundo exterior y la conducirás hacia dentro. En ese momento es cuando sucede el salto cuántico —se da el intercambio en el interior de tu consciencia— y la gran aventura del 35.° Don te lanza a un nuevo nivel de consciencia.

NATURALEZA REPRESIVA: ABURRIDA

La versión represiva de la 35.ª Sombra tiene que ver con el aburrimiento. Sucede cuando la ansiedad se aloja en el inconsciente. Estas personas tienen miedo de aquello en lo que se podrían convertir sus vidas si permitieran que la ansiedad dictara el rumbo, así que encuentran diferentes maneras para mantenerlo oculto. Esto conduce inevitablemente a una sensación de profundo aburrimiento, ya que la ansiedad constantemente se manifiesta en la superficie y los tienta hacia nuevas direcciones. Aunque estas personas estén aburridas, creen no estarlo. Se necesita de una fortaleza interior enorme para mantener oculta una energía de ese tipo, y el resultado de tanta represión es una gran disminución de la vitalidad y del amor por la vida en las personas: sus rostros no brillan, sus ojos carecen de vida, sus vidas son vacías y carentes de aventura.

NATURALEZA REACTIVA: MANÍACA

La Sombra reactiva de la 35.ª Clave Genética está demasiado ocupada como para aburrirse. Se trata de personas que tienen tanto miedo de que sus vidas estén vacías que las llenan continuamente con actividades. Buscan sin descanso estímulos externos para saciar su ansiedad, así que van de una flor a otra en un ávido frenesí. Este tipo de personas se convierten en los que culpabilizan a otros de sus propias circunstancias, lo que hace muy difícil mantener cualquier tipo de compromiso duradero con ellas. Probarán muchas cosas diferentes en la vida, pero no conseguirán fusionarlas ni darles continuidad. Tampoco reunirán la verdadera sabiduría de sus muchas y variadas experiencias, ya que siempre están decepcionados por sus expectativas. La naturaleza maníaca está guiada por el profundo deseo de escapar de su pasado y encontrar el lugar, la persona o la situación perfectos para cumplir sus sueños. En el deseo de alcan-

zar ese estado estas personas pierden el verdadero objetivo, que es la aventura de la vida por sí misma.

EL DON DE LA 35.ᴬ CLAVE GENÉTICA: AVENTURA

EL ESPACIO INTERIOR: LA ÚLTIMA FRONTERA

Romper la barrera de la ansiedad es entrar en el corazón. La característica distintiva de la frecuencia del Don es que siempre tiene que ver con el amor. El amor es la única fuerza que puede acabar con la ansiedad de la 35.ᵃ Sombra. Con el amor, la producción de serotonina se incrementa y se estabiliza la química del cerebro humano. Con el amor, la energía almacenada en la 35.ᵃ Sombra se libera en el ser humano en vez de despilfarrarse en el mundo. Una explosión de energía tal permite que el ser humano no solo pueda progresar en el mundo exterior, sino que pueda también evolucionar interiormente. Para la humanidad, progreso significa que tu consciencia tiene que evolucionar, y el siguiente paso más allá de la consciencia mental consiste en un salto a la consciencia superior del corazón.

A lo que nos referimos cuando decimos «corazón» realmente tiene que ver con el complejo de ganglios del sistema del plexo solar. Gracias a esta funcionalidad superior del plexo solar puedes experimentar lo que es el amor verdadero. El amor no tiene nada que ver con otra persona diferente, sino con el tejido conectivo que se encuentra en los fundamentos de toda la creación. Una vez que el plexo solar haya evolucionado hasta su funcionalidad genética de nivel superior (el proceso que se describe en profundidad en la 55.ᵃ Clave Genética), el amor se convertirá en la realidad que habite en tu interior. Lo que la mayoría de los seres humanos consideran hoy amor no es más que una ligera satisfacción de la ansiedad de la 35.ᵃ Sombra, gracias a la estimulación externa o a otra persona, lo que está muy lejos del amor verdadero. Una vez que la frecuencia del 35.º Don se haga presente, todo el progreso humano se convertirá en una aventura interior y no exterior. La última frontera de la ansiedad humana por la aventura no está fuera, sino dentro de nuestra propia naturaleza y de nuestro ser. No hay ningún espacio externo que anhelemos explorar excepto el espacio interno.

Gracias a esta funcionalidad superior del plexo solar puedes experimentar lo que es el amor verdadero

La 35.ᵃ Clave Genética se presenta como una isla en el genoma humano, ya que está formada por un solo codón que activa el aminoácido llamado triptófano. En este sentido, la 35.ᵃ Clave Genética es similar a la 41.ᵃ, que representa el codón inicial, el comienzo del proceso genético humano. Sin embargo, la 35.ᵃ Clave Genética no tiene la misma importancia genética que la 41.ᵃ, lo que la convierte en algo anómalo; y una anomalía en genética siempre tiene que ver con el misterio. El misterio de la 35.ᵃ Clave Genética está concentrado en su propio nombre: el Don de la Aventura. Como la 41.ᵃ Clave Genética, también se trata de un aspecto de la humanidad a la espera del mo-

mento adecuado para encenderse. Sin embargo, a diferencia de la 41.ª Clave Genética, la capacidad de encender o apagar ciertos genes no está siempre al alcance de nuestra comprensión. *El 35.º Don es el único lugar en todo el ADN humano en el que los seres humanos tienen la opción para decidir cómo se construye su realidad.* Como te puedes imaginar, ¡se trata de un codón importante dentro de la evolución humana!

Hay muchas discusiones entre los genetistas, evolucionistas, teólogos y místicos en relación a si existe o no lo que se ha dado en llamar «libre albedrío». Cada uno tiene su punto de vista en esta dualidad del maya o mente humana. Hasta que no alcances un estado síddhico, no habrá una solución para este enigma, así que, mientras tanto, puedes elegir tu punto de vista o mantenerte en zona neutral. Desde el punto de vista del 35.º Don, los humanos pueden intervenir sobre su propio destino si influyen directamente sobre su ADN. El secreto es la aventura, y la aventura verdadera solo se puede basar en el amor. Aventura es lo que sucede cuando el espíritu humano se libera de la mente. La aventura es un estado del ser que procede del darse cuenta de la unidad con todos los seres vivos. La aventura no es una comprensión de la unidad, sino de sentir y vivir la experiencia de nadar en la unidad. La unidad no se puede conocer mentalmente, aunque se pueda deducir de un modo lógico. La unidad solo puede sentirse cuando nuestros cuerpos producen la cantidad suficiente de serotonina.

Un incremento de serotonina en nuestro cuerpo no es lo único que crea la experiencia de las frecuencias superiores. La serotonina es solo un vínculo dentro de toda una cadena química interconectada (como, por ejemplo, la pinolina y la harmina) que se segrega en el laboratorio de nuestro cuerpo. La consciencia superior se alcanza gracias al delicado equilibrio de todas las sustancias químicas en el interior de cada persona, lo que solo puede suceder gracias a un proceso natural, interno y orgánico. Esta es la gran aventura que encaras mientras que el 35.º Don se despierta en el interior de tu ser: entras en un proceso alquímico de cocreación con tu propio cuerpo. Cuando, gracias al amor, elevas tu propia consciencia, aquellas delicadas matrices químicas comienzan espontáneamente a formar parte de tu psicología. Es un proceso evolutivo natural de refinamiento y destilación de tus esencias internas gracias al sistema endocrino.

Vivir con un corazón abierto es vivir en un perpetuo estado de aventura, lo cual significa que aún hay algo de miedo en ti, pero has alcanzado la frecuencia suficiente como para saber que es necesario atravesarlo. Cada ser humano tiene la posibilidad de elegir el camino del amor. Este es el misterio del 35.º Don: el progreso sucede si estás preparado para dar el gran salto y arriesgarte lo suficiente en nombre del amor. Es cierto que, para la mayoría de las personas, el miedo en el campo de frecuencia de la Sombra es demasiado grande y eso las constriñe a un círculo sin fin en el que tratan de satisfacer su ansiedad. Sin embargo, ahora y siempre, un ser humano tiene la oportunidad de dar un salto hacia el 35.º Don cuando descubre un agujero espacio-temporal que le transporta a otra dimensión. Cuando das a otros, incondicionalmente estimulas la secreción de serotonina. No solo te sientes más feliz, sino que provocas un estado de confianza profundo que te coloca en armonía con todo el universo.

En el mundo actual, si das incondicionalmente, ese gesto tan radical literalmente cortocircuita el cerebro de otras personas, pues les das a los otros un momento de reposo en el que se ven forzados a mirarse a sí mismos y sus vidas en el espejo de tus acciones.

Puede provocar incluso que esas personas entren en patrones de miedo todavía más profundos. El 35.° Don es el único lugar de todas las 64 Claves Genéticas en el que los seres humanos pueden hacer algo conscientemente para elevar su frecuencia; se pueden embarcar en la aventura del amor y catalizar la revolución genética de su propia evolución, lo que, dada su naturaleza, tendría un enorme impacto en la evolución de la humanidad.

Si estás leyendo la 35.ª Clave Genética, entonces te has topado con el mayor secreto oculto dentro de todo el ADN humano. En un libro lleno de secretos, has encontrado el más simple y el más fácil. De hecho, algunas traducciones del I Ching original han denominado este hexagrama 35.° «El progreso fácil», en comparación con el «Progreso». El modo más fácil y rápido de cambiar tu vida a mejor es ofrecer incondicionalmente tu amor en tantas áreas de tu vida como puedas imaginar. Al aceptar correr el riesgo de esta aventura se verá afectado hasta el movimiento más insignificante de tu ADN. Estimularás que nuevos mensajes químicos pasen de un gen a otro y entrarás en un nuevo mundo de aventuras que mucha gente equipararía con el mundo de la fantasía.

EL SIDDHI DE LA 35.ᴬ CLAVE GENÉTICA: INFINITO

LA PUERTA TRASERA DE ENTRADA EN LA DICHA

Si lees cada una de las 64 Claves Genéticas, comenzarás a darte cuenta poco a poco de que, escrito en la estructura del ADN, hay un gran plan evolutivo que llevará un día a la humanidad a trascender la forma humana. Todos los individuos, familias, grupos raciales, linajes genéticos, etc., están atrapados en este plan maestro que parece mantener en secreto su propia agenda. Sin embargo, dentro de este plan genético maestro, la 35.ª Clave Genética destaca como una anomalía, como si los dioses que diseñaron la máquina hubieran creado un atajo oculto a través del cual cualquier persona podría eludir las leyes del tiempo, que son parte constituyente de la propia máquina. Justamente esto es la 35.ª Clave Genética: un agujero de gusano oculto que nos conduce hacia una vasta esfera, más allá de nuestra comprensión. Nos conduce directamente al 35.° Siddhi, el Infinito.

Lo interesante de la 35.ª Clave Genética consiste en que rompe todas las leyes genéticas. Permite a los seres humanos hacerse cargo de su propia evolución y burlar el programa genético global. Del mismo modo que el 35.° Don rompe las reglas, también lo hace el Siddhi correspondiente, ya que invita a los seres humanos a expandir tanto su consciencia como para poder abandonar incluso el espacio de la evolución. Como ya vimos, el 35.° Don aún contiene trazas de miedo, ya que el miedo es lo que aporta la sensación de estar al límite en la aventura de la vida. Al nivel del 35.° Siddhi el temor ha desaparecido, porque tú tampoco estás: la aventura terminó. El Infinito es la consciencia. No hay nada más que se pueda decir acerca de este 35.° Siddhi. Sin embargo, se *pueden* decir cosas sobre el 35.° Siddhi desde el maya de la mente. El 35.° Siddhi, el Infinito, tiene una enorme capacidad de atracción sobre la gente, empezando por el

concepto mismo. Si puedes incorporar el concepto de infinito a tu vida diaria, automáticamente te habrás alejado de las bajas frecuencias.

Muy pocos seres humanos pueden gestionar el concepto de infinitud, porque tiene un efecto difusor sobre la mente. Te invita a salir de la mente y a entrar en el espacio del corazón, porque quien de verdad no conoce los límites es el corazón, razón por la cual *consciencia* es sinónimo de *amor*. Juntamente con su polaridad, el 5.º Siddhi, la Atemporalidad, construye el arco de lo inconmensurable, pues deja de haber límites para la vida y ya no habrá más principios ni finales. Pero, dicho esto, también vemos gracias a las 64 Claves Genéticas que un día la evolución humana llegará a su fin y dejaremos de evolucionar de una forma en otra. Desde nuestro modelo moderno, científico, los astrofísicos dicen que podemos medir el tamaño del universo, que tiene una edad limitada. Por el 35.º Don y su Siddhi correspondiente, bien asentados en nuestro ADN, sabemos que se trata de verdades a medias, porque el concepto de infinitud se encuentra implantado en nosotros, en algún lugar de nuestro espacio interior.

Ninguna mente podrá resolver nunca los misterios del tiempo y el espacio del universo, porque la mente es solo una faceta minúscula de esos misterios. El corazón, o lo que algunas personas llaman la inteligencia del corazón, es la única faceta del ser humano que puede desentrañar el misterio de la inmensidad sin límites. ¿Qué nos dice, por lo tanto, el 35.º Siddhi? Nos puede decir una sola cosa: que el puro amor incondicional puede romper todas las leyes del cosmos. Cualquier cosa es posible tan solo con probar un sorbo de este tipo de amor. Cuando el Siddhi del Infinito entra en el mundo, hace posible que la consciencia penetre directamente en el corazón de la materia, lo cual doblega todas las leyes de la misma. Un ser humano que encarna este estado síddhico representa un atajo para la evolución, y muchas personas pueden experimentar a su alrededor milagros y grandes saltos de consciencia.

En el corazón del Anillo de los Milagros, el 35.º Siddhi hace posible lo prodigioso en el mundo. Abre todo tipo de posibilidades a todos aquellos que permitan que su mente se vuelva como la de un niño. Para un crío, cualquier cosa es posible, y eso representa vivir en un estado de infinitud. Para activar el flujo de milagros tienes que librarte de todas las creencias y limitaciones impuestas por tu mente valiéndote de las personas y del mundo que te rodea. El 35.º Siddhi prescinde de todas las barreras y limitaciones impuestas por la mente. A lo largo de la historia, los hombres han fluido, han ascendido y se han desmaterializado a la vista de todos. Cualquier cosa es posible al nivel del 35.º Siddhi. Entre los 64 Siddhis, y con la sola excepción del divino 60.º Siddhi, el 35.º tiene un solo propósito: romper las leyes de la forma y manifestar milagros para que la gente pueda expandir su consciencia y abrir sus corazones a una forma de ser más amplia.

Gracias al 35.º Siddhi, el significado tradicional de la palabra *siddhi* (poder espiritual) ha entrado en el vocabulario del mundo. En la tradición oriental, los diferentes panteones y sistemas enumeran, también, los diversos Siddhis. Los Siddhis generalmente se ven en ese marco como distracciones del camino de liberación, pero en el caso del 35.º Siddhi, se trata de una manifestación natural de la liberación en sí misma: la que emana del propio estado síddhico, más que precederlo. Presenciar un milagro es abrir los ojos a un horizonte completamente nuevo, algo que puede cambiar tu vida y abrir tu corazón con una sola experiencia alucinante, realmente increíble. En este sentido, el

35.º Siddhi también tiene una fuerte conexión con la Gracia, el 22.º Siddhi, ya que es la Gracia quien decide cuándo, dónde y a quién le sucederá un milagro. La mera existencia del Siddhi y el Don de la 35.ª Clave Genética es el testamento del poder de la gracia, y podemos sentirnos muy confortados por el hecho de que, en lo profundo del ADN, en todos y cada uno de nosotros esté vivo el 35.º Siddhi como un recordatorio constante de las posibilidades infinitas de una vida vivida en nombre del amor.

36.ª CLAVE GENÉTICA

SIDDHI COMPASIÓN • DON HUMANIDAD • SOMBRA TURBULENCIA

CONVERTIRSE EN HUMANO

PAR PROGRAMADO: 6.ª CLAVE GENÉTICA
ANILLO CODÓNICO: EL ANILLO DE LA
DIVINIDAD (22.ª, 36.ª,
37.ª, 63.ª)

FISIOLOGÍA: PLEXO SOLAR
AMINOÁCIDO: PROLINA

LA SOMBRA DE LA 36.ª CLAVE GENÉTICA: TURBULENCIA

LA NOCHE OSCURA DEL ALMA

Las 64 Sombras de las Claves Genéticas echan leña al fuego del sufrimiento humano. Cada sombra proporciona un desafío mítico que la humanidad pueda superar, y esa superación, a nivel individual, se juega en el campo de batalla del cuerpo físico. La 36.ª Sombra es una batalla emocional que ha de ser librada por cada individuo en algún momento de su vida. Al tratarse de una vibración que se siente lo largo y ancho de nuestro planeta, la Sombra se manifiesta como una suerte de turbulencia emocional. Esta turbulencia existe porque existe la incertidumbre, y cada ser humano sabe que el desastre podría sobrevenir en cualquier momento. Hay mucha propaganda pesada relativa a esta 36.ª Sombra, especialmente en los medios de comunicación. Un continuo flujo de noticias negativas, distribuidas a través de la televisión y otros medios, se asegura de que la mayoría de los seres humanos estén inconscientemente programados por un trasfondo de nerviosismo y turbulencia del que son completamente inconscientes, de puro corriente que es.

En un determinado momento de la historia, los 64 hexagramas o patrones del I Ching chino se adaptaron a los propósitos adivinatorios y a la predicción de los ciclos temporales. Se trata del uso más moderno del I Ching como un oráculo, que está bien extendido en nuestros días. Los antiguos sabios se dieron cuenta de que cuando se perfilaban ciertos hexagramas, estos indicaban intensos períodos de crisis o peligro. El 36.º hexagrama es uno de ellos, y se le ha dado el ominoso nombre de «El oscurecimiento de la luz». Hay una gran verdad contenida en este nombre, aunque la 36.ª Sombra contiene una enorme riqueza de consciencia cuando se comprende a un nivel más elevado.

Extrapolando esta reflexión a nuestra genética, la Clave Genética 36.ª representa una parte de nuestra química que incita a los seres humanos a romper los límites de la experiencia. A nivel colectivo, es un aspecto vital de la supervivencia humana (aprender qué es y qué no es peligroso). La evolución, en este sentido, puede verse en un contexto mucho más amplio. *Usa* a los humanos como si de ojos experimentales se tratara para probar los límites externos de la mismísima consciencia, y demanda de nosotros que miremos en la oscuridad, dejando de lado nuestros miedos, sumergiéndonos en ellos sin darles importancia. Debido a esta Sombra, no existe vida humana libre de turbulencias emocionales. Nuestros mitos están bien empapados de ella. El fenómeno moderno de los culebrones televisivos es un claro ejemplo del reconocimiento colectivo del remolino de turbulencias emocionales que todos hemos de pasar a lo largo de nuestras vidas. Uno de los mayores determinantes de nuestra frecuencia es cómo nos manejamos con las situaciones emocionales desafiantes.

Uno de los mayores determinantes de nuestra frecuencia es cómo nos manejamos con las situaciones emocionales desafiantes

En el campo de las relaciones humanas, la 36.ª Sombra trae consigo más destrucción que ninguna otra. No hay que olvidar que el par programado para esta Sombra es el Conflicto, de la 6.ª Clave Genética, que representa la brecha de comunicación entre individuos o grupos. Uno de los más profundos anhelos humanos se basa en la búsqueda de la relación de amor perfecta. Este anhelo nos acompaña desde el principio de los tiempos y el trayecto hasta ese sueño último comienza justo aquí, en la 36.ª Sombra. El trayecto comienza, como lo hace en la mayoría de nuestros mitos, con los desafíos de nuestra sexualidad y con la culpa que ella acarrea. En un nivel de frecuencia bajo, la 36.ª Sombra se manifiesta con mucha fuerza a través de nuestra sexualidad, en forma de lujuria. La lujuria simplemente es una baja frecuencia que expresa la urgencia de la evolución por franquear otra experiencia limitante. La lujuria, en sí misma, es una increíble turbulencia química sentida en el cuerpo. Cuando se presenta, puede crear todo tipo de distorsión emocional en tu vida. Más allá de las connotaciones morales, la lujuria no es más que pura energía. Tanto si tratas de resistirte a ella como de rendirte a sus pies, lo que sin duda sucederá es que va a enriquecerte en el campo de la experiencia. Justamente este es el propósito de la 36.ª Sombra: crear un guion interesante en tu vida que te empuje a ir más allá. Sin embargo, en los niveles más bajos de esta Sombra, los humanos pueden atravesar un sufrimiento detrás de otro hasta que, finalmente, evolucionen.

El problema en los niveles inferiores de frecuencia consiste en que los patrones se perpetúan. Con la 36.ª Sombra, la lujuria se puede reprimir, causando enfermedad, o se puede expresar, trayendo como consecuencia la culpa o la decepción. La lujuria per se no es una energía negativa, pero se ensucia a causa del enredo que supone la moralidad humana. Tarde o temprano todos los seres humanos tienen que elevar sus frecuencias para dejar de ser víctimas de estas Sombras. Cuando eso sucede, problemas como la lujuria dejan de ser problemas y se tratan con claridad y honestidad, con comunicación, a corazón abierto, libres de culpa. Ya no existe la sensación de que algo sea «equivocado» o «malo». Cada ser humano es inocente de su propia química y del camino por el que

esta le lleva. Las dificultades emergen cuando reaccionamos o reprimimos sentimientos como el miedo o la ira, creando una gran convulsión en nosotros mismos y en aquellos que nos rodean.

Entre los místicos, la 36.ª Sombra se conoce como «La noche oscura del Alma». Es un arquetipo humano que nos impulsa hacia lo desconocido y que atrae lo ignoto hacia nosotros. Al hacerlo, esta Sombra chequea tus niveles de frecuencia y te ofrece la oportunidad de trascender tu propio sufrimiento. Suele atraer las crisis hacia sí como si de un imán se tratara. Si no sales de tus patrones de víctima, sino que continúas resistiéndote a aceptar tu verdadera naturaleza, permanecerán mostrandote las mismas lecciones, una y otra vez, hasta que por fin aprendas de ellas.

El sufrimiento potencial que trae a cuenta esta Clave Genética es parte de una familia genética conocida como el Anillo de la Divinidad, que es una revelación muy hermosa. Cada una de las cuatro Claves Genéticas de este grupo codónico tiene la capacidad de despertar los niveles de consciencia más elevados en ti. Estos cuatro arquetipos, al estar aliados con la Gracia de la 22.ª Clave Genética, te traerán experiencias emocionales y retos que cambiarán el curso de tu vida. También tenderán a hundirte en una noche oscura en la que te las tendrás que ver con la propia duda (la 63.ª Sombra). Sin embargo, el tema final de este grupo codónico es la redención. Si permites que el poder de tu propio sufrimiento te purgue, te darás cuenta de las bendiciones integrales que te llegarán desde los más altos niveles de frecuencia y reconocerás así tu enorme fortuna. Como veremos más adelante, este grupo codónico está conectado, a muchos niveles, con el verdadero significado de la Consciencia Crística. Si sientes una fuerte conexión con ella, o tienes esta clave como parte de tu perfil hologenético, puedes considerarte un ser humano afortunado y tu propio camino te conducirá inevitablemente a comprenderlo.

NATURALEZA REPRESIVA: NERVIOSA

Cuando reprimes la ola emocional, esta se convierte en un nerviosismo que se expande en forma de temblor por toda el aura humana. Se trata de naturalezas a las que les atemoriza el cambio y que tratan de mantener, a toda costa, una apariencia calmada. El precio que se paga es una interiorización de la turbulencia, que queda atrapada en el sistema nervioso. Este tipo de gente es incapaz de relajarse y envía olas de nerviosismo a su entorno y también a otras personas, con lo que consigue desestabilizar las mismas cosas que estaba intentando mantener inalterables. Se trata también de seres que tienden a reprimir su sexualidad debido a un temor permanente y profundo al cambio. Es difícil que puedan acercarse a conocerla, pero la terrible fuerza originaria de nuestra sexualidad no se puede reprimir indefinidamente, por lo que el resultado suele ser una crisis nerviosa o una enfermedad cancerígena de algún tipo.

NATURALEZA REACTIVA: TUMULTUOSA

Cuando la turbulencia emocional se expresa sin claridad y honestidad, el resultado es una cadena destructiva de situaciones emocionales, repetitivas. Estamos hablando de

personas cuyas vidas se desarrollan como si se tratara de culebrones. La naturaleza reactiva es más propensa a tener aventuras sexuales, para disimularlas después con una pátina de culpabilidad. Sin embargo, del mismo modo que sucedía con la naturaleza represiva, el rechazo de tu verdadera naturaleza siempre regresa para atormentarte, por lo que la vida tiende siempre a despertar una crisis emocional en diferentes e inesperadas direcciones en este tipo de seres. Estas personas no se dan cuenta de que la incapacidad de gestionar sus emociones y su sexualidad limpia y claramente crea turbulencias en otras áreas de su vida aparentemente no conectadas con la sexualidad.

EL DON DE LA 36.ᴬ CLAVE GENÉTICA: HUMANIDAD

EL DESCENDIMIENTO DEL ESPÍRITU

Cuando terminan tus luchas con la sexualidad y abrazas finalmente las turbulencias emocionales con espíritu abierto y honesto, en su lugar nace un notable Don: ¡finalmente te gradúas como Ser Humano! El 36.° Don es el Don de la Humanidad, y justamente con ello tiene que ver el sufrimiento humano. El sufrimiento es lo que nos conecta a todos. Nos abre los ojos más allá de nuestras propias obsesiones mediocres y nos fuerza a evolucionar superando el egoísmo. Convertirse en un ser humano completamente integrado significa comenzar a transformar el propio sufrimiento y abrir tu corazón a la vida. Una persona con el Don de la Humanidad es una persona que comprende realmente las emociones humanas y que, consecuentemente, puede entender a todo el mundo. Puedes ver aquí cómo el par programado es el Don de la Diplomacia, de la 6.ª Clave Genética, que madura simultáneamente. Cuando te permites abandonar la idea de que tú eres víctima del destino, comienzas por fin a comunicarte limpiamente con los otros.

El Don de la Humanidad es verdaderamente un Don que hay que ganarse. Los que lo consiguen son personas que han mirado bien adentro de sus Sombras y que han lidiado con los retos de su sexualidad y de sus emociones. Se trata de personas inmersas en el proceso de aceptación del sufrimiento y, por lo tanto, que se mueven en un nivel de frecuencia diferente. Solo en los más altos niveles el sufrimiento se puede transformar en éxtasis. En el nivel del Don, sin embargo, el sufrimiento es aún sufrimiento, pero del tipo que une a los seres humanos en vez de separarlos. Este Don es el de las organizaciones humanitarias y tiene que ver con trabajar desde el corazón. Cuando comienzas a vivir desde tu corazón, de repente caes en la cuenta de que posees el antídoto del miedo.

El 36.° Don viene conducido por la misma urgencia que la Sombra correspondiente: el impulso evolutivo de experimentar nuevos sentimientos y nuevas situaciones, de manera que podamos aprender de ellos. Desde aquí y con el corazón abierto, el 36.° Don puede negociar situaciones emocionales potencialmente turbulentas con madurez y diplomacia, tomando los sentimientos del otro en consideración. Las personas con el 36.° Don son ese tipo de gente a la que otros recurren cuando están en apuros, ya que

su aura resuena profundamente con el tema común, humano, del sufrimiento. En este nivel, esas personas ya no se sienten sobrepasadas por las emociones, como sucedía en el nivel de frecuencia de la Sombra, sino que han abierto y expandido su espíritu después de haber atravesado las experiencias duras, lo que les convierte en seres capaces de manejarse con todo tipo de experiencias traumáticas.

Al tratarse de una transmisión viviente, el 36.º Don trae al mundo una gran enseñanza: la celebración de la humanidad. Contiene una forma de espiritualidad natural que es más humana que Divina. En este sentido, es una de las Claves Genéticas más telúricas. Funciona como un puente para que los cuerpos más elevados de la humanidad desciendan a los planos inferiores y los transformen, imagen que nos recuerda al Cristo descendiendo a los infiernos para absorber sus frecuencias, a través de su propio ser. Todos los seres humanos participan de esta Clave Genética, forme parte o no de su perfil hologenético. Cada lucha emocional que se cruza en tu camino abre un diálogo directo con este aspecto de tu ADN. A nivel del Don, la 36.ª Clave Genética ha aprendido a aceptar el dolor en vez de a escaparse de él. Al abrazarlo, lo que estás haciendo es confiar en tu propia fortaleza y en la fuerza de la Vida. Si estás viviendo un momento de dolor es porque ese dolor está aquí para enseñarte algo. Es una invitación a aceptar tu humanidad en un sentido más profundo y para sentir con humildad lo que es vivir dentro de una forma mortal.

La presencia del 36.º Don en un lugar prominente del perfil hologenético trae consigo el gran tema de la sanación emocional y tenderá a crear experiencias y a llevar a tu vida personas que lo reflejen. Cuanto más seas capaz de elevar su frecuencia, más transparentes y profundas se volverán tus experiencias emocionales. La urgencia evolutiva que nos lleva a explorar nuevos espacios se asegura de que aquellas personas no lleven jamás vidas grises, y a niveles más elevados podrán experimentar las experiencias de apertura del corazón más intensas. El 36.º Don es un arquetipo que muestra el verdadero propósito del sufrimiento humano. Estas personas están aquí para enseñarnos que la vida está llena de sabores y que el placer y el dolor siempre vienen en el mismo lote. En su nivel más profundo, este 36.º Don tiene el papel de ayudar a los humanos a volverse más humanos, respetando a los otros y abrazando el propio sufrimiento, cualquiera que sea, en vez de quedarse atrapados en las profundidades del victimismo. Gracias a este coraje y a la profunda aceptación del proceso de la vida, podrá brotar la compasión, la más alta de las expresiones humanas.

En su nivel más profundo, este 36.º Don tiene el papel de ayudar a los humanos a volverse más humanos

EL SIDDHI DE LA 36.ª CLAVE GENÉTICA: COMPASIÓN

LAS BIENAVENTURANZAS

No hay, quizás, mejor símbolo para expresar el viaje completo desde la Sombra al Siddhi de la 36.ª Clave Genética que la propia vida de Cristo. Al examinar los 64 Siddhis,

podemos observar que ciertas Claves Genéticas parecen tener conexiones más fuertes con algunos linajes o figuras místicas de la historia. El mito de Cristo es uno de esos linajes clave que se repiten; pero el linaje no tiene tanto que ver con el personaje histórico de Jesús como con la frecuencia crística que él representaba. El símbolo de Cristo en la cruz es un fuerte recordatorio de las verdades inherentes a la 36.ª Clave Genética. Nos recuerda que cada uno de nosotros es mortal y que hay una gran belleza en nuestra humanidad, lo que resuena en la afirmación de Cristo cuando se presentaba como «el hijo del hombre».

La gente que no comprende la verdadera relevancia del símbolo de Cristo en la cruz podría verlo como una representación gloriosa de Dios, pero no lo es. En la mayoría de las religiones, los profetas o los dioses se ven como poderosos, hermosos, increíbles, mientras que la imagen de un hombre muriendo en una cruz, sin ayuda de nadie, parece la clara representación de un estado de consciencia victimista. Sin embargo, es justo este aspecto de Cristo el que lo convierte en una figura amigable para mucha gente. El mismo hecho de que sufra lo hace más humano. Esta simpatía es la que coloca al 36.º Siddhi a bastante distancia del resto de las manifestaciones del nivel síddhico de consciencia. Se trata de un Siddhi que reduce el abismo entre el hombre y dios, entre el victimismo y la iluminación. Habla a cada ser humano al oído y nos pide a cada uno que nos hagamos una sencilla pregunta: ¿por qué tengo que sufrir?

La respuesta a esta pregunta sobre el sufrimiento descansa en el interior del 36.º Siddhi y es la misma respuesta que hemos dado para el 25.º Siddhi: todo tiene que ver con el Amor. Sin embargo, el Amor Universal manifestado a través del 25.º Siddhi es bien diferente de la Compasión expresada mediante el 36.º Siddhi. El Amor Universal tiene una naturaleza casi distante a la hora de mostrarse, y no es extraño que así sea, ya que viene de los dioses. Por su parte, el 36.º Siddhi habla un lenguaje totalmente humano, ya que solo puede florecer gracias a un viaje de intenso sufrimiento. Ese es el camino de la 36.ª Clave Genética. Es el florecimiento del sufrimiento humano en sí mismo, lo que significa que ya no se podrá comprender a través del término *sufrimiento*. Es como la fragancia a tierra mojada que percibimos después de la tormenta, y, tal como sucedía con el 36.º Don, la Humanidad, este Siddhi ha de ser conquistado.

Seres como Jesús, que consiguieron la liberación final a través de este Siddhi, son la sal de la tierra. La vida les pone pruebas a estas personas una y otra vez hasta repulirlas, hasta que realizan un salto mágico y dejan de ver el sufrimiento como un hecho negativo. Es entonces cuando el sufrimiento se convierte en inspiración para ellos. A nivel síddhico, tu propio sufrimiento se convierte en un hecho tan universalizado que abarca a toda la humanidad. Todos los límites del egoísmo se disuelven. Sufrimiento y Compasión emergen como una sola cosa cuando tu corazón estalla de emoción con sentimientos para todos los seres humanos, con sus virtudes y vicios, con sus dolores y deseos, con sus placeres y dolores. A nivel síddhico, tal y como testifica su par programado, la 6.ª Clave Genética, la Paz suprema comienza a reinar.

En cada viaje mítico tiene que haber siempre una prueba final, un instante más allá de la desesperanza y del sinsentido, como cuando Jesús, colgado de la cruz, clamaba a su dios mientras agonizaba, en busca de ayuda y comprensión. Cuando llegan a nuestra vida momentos en que la luz se oscurece, no es tanto para probarnos como para llevarnos

tan al fondo de nuestra humanidad que nos demos cuenta del asombroso poder que hay en nuestra propia compasión por todos los seres humanos. Este tipo de pruebas nos ofrecen la oportunidad de dar enormes saltos evolutivos, más allá de las frecuencias de la Sombra, camino de las altas frecuencias. Hay muchas tradiciones que hablan de este Siddhi en términos de transformaciones milagrosas realizadas por verdaderos seres demoníacos que, en un momento de supremo dolor y total rendición, realizaron un salto cuántico desde la propia Sombra hasta el estado síddhico. Esta es una de las pocas Claves Genéticas que permite un salto de consciencia de tal calibre.

Aquellos en los que se ha despertado este Siddhi tienden a moverse en esas áreas de la vida donde la luz se ha oscurecido más. Florecen en períodos de crisis o de guerra, o viven y trabajan entre los pobres y los desheredados de la Tierra. El 36.º Siddhi persigue el anhelo de explorar los límites de la consciencia y de la forma y, después de un cierto tiempo, deja de ocuparse de su propio cuidado o de su propia seguridad por completo. Cualquiera que manifieste el 36.º Siddhi ha vivido en algún momento tal situación de oscuridad y desamparo en sí mismo que es imposible que vuelva a vivir algo tan intenso. Este hecho tiene el poder de erradicar de su sistema todos los miedos, de manera que se conviertan en una verdadera emanación de paz. La simple presencia de este tipo de persona, su mirada o la dulzura de su voz puede desencadenar todo tipo de eso que llamamos milagros en aquellos con los que se encuentran. Son las personas más capaces del mundo para ablandar corazones. Dondequiera que vayan, la verdadera frecuencia latente en el sufrimiento humano se libera y la compasión rasga el pecho de la gente y explota en sus corazones. Hasta la más oscura de las naturalezas puede terminar hecha lágrimas gracias a la presencia de este 36.º Siddhi.

Son las personas más capaces del mundo para ablandar corazones

Teniendo presente lo dicho más arriba y llevándolo suavemente a tu corazón, quizás puedas acceder a una comprensión más profunda de las Bienaventuranzas, aquellas famosas palabras pronunciadas por Jesús en el Sermón de la Montaña:

> Bienaventurados los pobres de espíritu, porque de ellos es el reino de los cielos.
> Bienaventurados los que sufren, porque ellos serán confortados.
> Bienaventurados los mansos, porque ellos heredarán la tierra.
> Bienaventurados aquellos que tienen hambre y sed de Justicia, porque ellos serán saciados.
> Bienaventurados los misericordiosos, porque ellos alcanzarán la misericordia.
> Bienaventurados los puros de corazón, porque ellos verán a Dios.
> Bienaventurados los que trabajan por la Paz, porque ellos serán llamados hijos de Dios.
> Bienaventurados aquellos que son perseguidos por causa de su integridad, porque su reino es el de los cielos.

37.ª CLAVE GENÉTICA

SIDDHI TERNURA • DON IGUALDAD • SOMBRA DEBILIDAD

FAMILIA ALQUÍMICA

PAR PROGRAMADO: 40.ª CLAVE GENÉTICA
ANILLO CODÓNICO: EL ANILLO DE LA
DIVINIDAD (36.ª, 37.ª,
22.ª, 63.ª)

FISIOLOGÍA: PLEXO SOLAR
(GANGLIOS DORSALES)
AMINOÁCIDO: PROLINA

LA SOMBRA DE LA 37.ª CLAVE GENÉTICA: DEBILIDAD

EL VERDADERO CAMBIO DE POLOS

Al mismo tiempo que la humanidad comienza gradualmente a salir de la era astrológica de Piscis para entrar en la nueva era de Acuario, estamos experimentando un cambio de intensidad en todos los arquetipos que nos marcan como especie. La 37.ª Clave Genética, y en particular su frecuencia de la Sombra, ha marcado la era que estamos dejando en este momento. Aquellos con conocimientos de ocultismo quizás sepan que el número 37 es también el número de Cristo en Gematría, el sistema hebreo antiguo que combina la numerología con el alfabeto. Estamos abandonando la esfera mitológica del Cristo y entrando en la esfera del tercer aspecto de la sagrada Trinidad, cuya mitología se basa en el gran arquetipo femenino de la síntesis. Esto no significa, de ninguna manera, que el poder de la mitología del Cristo vaya a disminuir mientras entramos en la nueva fase de la evolución. Lo que cambiará es nuestra comprensión e interpretación del mito, ya que sus aspectos ocultos finalmente se revelarán a sí mismos. Ese proceso incorpora a la consciencia colectiva una catarata de nueva imaginería mítica femenina y de arquetipos.

La 37.ª Sombra es la Debilidad. La Debilidad, como veremos, no es más que una proyección de la psique masculina en la psique femenina, ya que en Occidente, por ejemplo, hasta hace poco se ha descrito a las mujeres como «el sexo débil». Sin embargo, lo que los humanos interpretan como débil es algo que en realidad todavía no podemos comprender. Podemos ver este aspecto en acción incluso en lo más evidente del mito crístico, cuando el hombre se rinde ante las fuerzas que al final lo vencen. Por supuesto, se trata de una interpretación interna del mito, que contiene la verdadera clave, porque

solo a través del sacrificio y de la consiguiente resurrección alguna persona puede llegar a comprender bien la naturaleza oculta de las acciones de Jesús. Por lo tanto, gran parte de la 37.ª Clave Genética tiene que ver con la naturaleza de una fuerza que se percibe cómo débil, pero que inevitablemente demuestra ser lo contrario.

La 37.ª Sombra representa la desigualdad entre las fuerzas del yin y del yang en nuestro planeta. La tendencia natural de la evolución ha sido la de favorecer a los más fuertes desde el punto de vista físico. A baja frecuencia, la única realidad que conocen nuestros genes es la supervivencia del más fuerte. Sin embargo, acabamos de entrar en una era evolutiva en la que la fortaleza física ya no va a ser la que dirija nuestro futuro. El futuro está abierto en todas direcciones y para todos, sin importar el sexo o la fortaleza. Lo que solíamos percibir como débil o fuerte no solo está cambiando, sino que incluso se está invirtiendo. Los que empujan valiéndose de la fuerza bruta y la subversión hasta alcanzar la cúspide de la jerarquía están perdiendo su poder, y los que sostienen una visión de síntesis basada en la autotrascendencia están ganando más poder. Así es como el mundo está en plena transformación.

La 37.ª Sombra está experimentando una mutación a gran escala que solo puede aumentar en velocidad y en frecuencia cuanto más avancemos gracias a la humanidad, que está dejando atrás sus viejas definiciones y fronteras. A causa de esta mutación, la estructura entera de la sociedad se está derrumbando. Aquí, en Occidente, la unidad familiar tradicional está experimentando una extinción natural, lo que se hace mucho más evidente en estos tiempos de gran cambio social y agitación. Las bases de nuestra sociedad están forzadas a cambiar gracias al nuevo equilibrio de la psique humana. La parte femenina de la humanidad, que estaba reprimida, está saliendo de nuevo a la superficie y está cambiando los modelos básicos de roles tradicionales para hombres y mujeres. Este alzamiento de la fuerza yin está más allá de las cuestiones de género, pero también se confunde con ellos. Muchas mujeres tienen todavía hoy la impresión de que ha llegado el tiempo de las mujeres y que la era de los hombres ha terminado. Esta actitud no es más que otra forma de la 37.ª Sombra, que siempre gusta de enfatizar en exceso un aspecto de la polaridad.

La verdadera definición de Debilidad se puede observar cuando el principio femenino se contempla como servicio al principio masculino, que es como el mundo ha evolucionado y sobrevivido hasta este momento. Allí donde veas la sumisión de una mujer a un hombre estarás viendo la 37.ª Sombra en acción, cuyo resultado final no puede ser otro que el fenómeno conocido como Agotamiento, la 40.ª Sombra y el par programado de esta 37.ª Clave Genética. Dado el modo en que nuestras sociedades están actualmente estructuradas, muchas mujeres se pueden sentir impotentes por el hecho de ser dependientes de los hombres a nivel financiero, a costa de quedarse en casa y ocuparse de sacar adelante a los niños. Desde luego que hay siempre excepciones, pero suele ser una verdad de Perogrullo. El cambio de polaridades que tenemos delante mostrará la otra cara de esta tendencia, es decir, que lo masculino servirá a lo femenino. Una de las reacciones modernas a este asunto en las sociedades desarrolladas se puede notar en un gran número de mujeres que tienen que dejar la casa y ponerse a trabajar, por lo general teniendo que dejar a los niños en manos de alguna institución o de cuidadores.

Este fenómeno solo puede crear más división en el mundo, ya que quien sufre verdaderamente este modelo son siempre los niños. La 37.ª Sombra, la Debilidad, se manifiesta tanto en los hombres que no pueden mirar de manera holística como en las mujeres que tratan de disfrazar el problema de la única manera que saben, esto es, entrando en el mundo masculino de la jerarquía y de la competición. Todo este tipo de temas sociales levantan fuertes reacciones emocionales entre hombres y mujeres, como sucede con estos mismos temas cuando se supeditan a la religión. No hay respuesta a estos desequilibrios desde la mente humana. Son solamente señales de los tiempos de tránsito que estamos atravesando. Debido a la carga emocional entre el yin y el yang, entre el hombre y la mujer, el mero hecho de discutir sobre esos temas levanta enormes tensiones y opiniones. En relación con esto, uno de los principales indicios de la 37.ª Sombra es la identificación con el propio género. El verdadero tema se dirime entre el yin y yang —el desequilibrio entre fuerzas arquetípicas— y no entre sus manifestaciones físicas. Siempre hay excepciones a estas reglas generales, por lo que siempre hay espacio para la genialidad única.

Uno de los principales indicios de la 37.ª Sombra es la identificación con el propio género

La energía de cambio que llega con esta 37.ª Clave Genética está también llevando a término muchas otras estructuras que han formado parte de la civilización humana durante mucho tiempo. Una de esas estructuras es la de las religiones organizadas, que esencialmente son un fenómeno de orientación masculina basado en la división y en los rituales. El salto del rito a la encarnación es una transición difícil para la humanidad, porque la mente apenas puede alcanzar a comprender este fenómeno. La Sombra de la Debilidad es, en realidad, una fabricación de la mente. Necesitamos estas muletas solo mientras percibimos que somos débiles sin ellas. En el momento en que dejamos las muletas de la religión organizada comenzamos a ver que tenemos un par de piernas fuertes.

La esencia del dilema de la 37.ª Sombra se ve más claramente en la falta de equilibrio individual. Lo que más nos atemoriza de la 37.ª Sombra es la falta de apoyo. Porque nuestra frecuencia no nos permite sentirnos parte del todo y, por lo tanto, tampoco podemos sentir el apoyo del todo. Solo damos si tenemos la seguridad de recibir algo a cambio. Este es el fundamento de la economía social basada en el miedo. No sabemos que, al dar con el corazón, recibimos mucho más desde algún lugar del campo energético colectivo. Como no podemos anticipar de qué manera va a devolvernos algo esta energía, no confiamos en ella. Como resultado adviertes que cuando permites a la mente dirigir tu vida creas debilidad en el mundo, porque rompes la cadena de soporte natural existente entre todos los seres. Por lo tanto, nuestro futuro colectivo depende del corazón humano en su capacidad de atrapar la esencia holística de la vida. En un individuo humano este cambio se traduce como la mente que sirve al corazón.

Naturaleza represiva: sensiblera

Cuando la 37.ª Sombra muestra su cara represiva, tiende a manifestarlo con una forma de dar falsa. Estas personas, gobernadas por sus emociones más que por su corazón, tienden a confundir lo uno con lo otro. Reprimen sus propios miedos sirviéndose

de una mentalidad soñadora que puede expresar grandes cosas de la humanidad, pero carente de fuerza interior para mantenerse por sí misma. Se trata de personas que, como víctimas de sus propias emociones, dan al corazón humano un nombre equivocado. Donde hay un corazón fuerte y valiente, las emociones pueden ser volubles y desbordantes. Estas personas se esconden en sus emociones o detrás de ellas, y así quedan ciegos para mirar en las verdades interiores más profundas. Tienen la tendencia a *sobreprocesar* a nivel emocional, lo que les lleva a consumir a los que tienen alrededor. Lo más irónico es que este tipo de personas son, en realidad, adictas a los estados emocionales, lo que quiere decir que están reprimiendo sus temores más profundos.

NATURALEZA REACTIVA: CRUEL

La naturaleza reactiva proyecta sus propios miedos en un mundo donde solo ve desigualdad. Desde esta creencia básica, estos seres endurecen sus corazones hasta olvidar por completo qué significa el amor. Como polaridad reactiva, el cruel tiende a ver sensiblero a todo el mundo y saca provecho de su naturaleza bonachona. Del cruce de los dos modelos, el represivo y el reactivo, ha surgido nuestra civilización actual. Solo aquellos que ya no son víctimas de sus propias emociones o de las de otros pueden romper los patrones de víctima y perpetrador que encontramos en el fondo de nuestras comunidades. La gente que percibimos como cruel necesita de víctimas propiciatorias para escalar en la comunidad. Una vez que la persona se queda anclada en la esfera de su corazón, los abusadores son los primeros en comenzar a derrumbarse.

EL DON DE LA 37.ª CLAVE GENÉTICA: IGUALDAD

LA ASCENSIÓN DE LA FAMILIA

La humanidad ha depositado grandes expectativas en el Don de la Igualdad. La igualdad es un concepto que, en general, tiende a malinterpretarse. Todos los humanos nacemos como iguales, ya que todos compartimos el mismo código genético, pero mientras crecemos y entramos a formar parte activa de la sociedad, comenzamos a percibir que no somos tan iguales. En realidad, la igualdad es cuestión de percepción y depende de nuestra frecuencia. Al nivel de la 37.ª Sombra, que mira a los seres humanos en términos de debilidad y fortaleza, la igualdad es solo un sueño, mientras que al nivel del Don, la igualdad es un ideal en acción que eleva a las personas por encima del juego de víctimas y vencedores. Cuando operas desde el 37.° Don, vives desde el corazón y todo lo demás es secundario.

Desde el punto de vista del corazón, toda la humanidad es una sola familia. No se trata de un mero sueño sentimental, sino de una verdad todopoderosa, enraizada en la vastedad del flujo interno de fortaleza y de amor. Sin amor solo se puede operar, una y otra vez, desde la frecuencia de la Sombra, y todo lo que veas y creas será desigualdad. Conforme se vaya extendiendo por toda la humanidad la mutación que cataliza la

55.ª Clave Genética, el núcleo estructural de nuestra civilización tendrá que ir ajustándose a ese cambio de consciencia. Las rugosidades en el tejido social actual de todas las culturas no se pueden arreglar de una sola pasada; hay que eliminarlas gradualmente. Un nuevo mundo emergerá de las cenizas del viejo, y se construirá sobre la base del 37.º Don, la Igualdad. Cuando el equilibrio de la psique humana se restaure, ya no habrá más necesidad de religiones externas. No tendremos ni patriarcados ni matriarcados, sino un solo torrente de consciencia que sienta el verdadero significado de la familia mundial.

Desde este 37.º Don nacerá una nueva visión de la familia. La unidad familiar es el crisol de amor gracias al cual se transformará la humanidad. La pura fuerza del amor contenida en la familia no es secundaria a ninguna otra. El amor de un hijo por sus padres, y viceversa, es una fuerza tan poderosa como cualquier otra del universo. Por eso, al crear una sociedad nueva basada en la liberación de este tipo de amor, nuestro mundo cambiará, y sin duda lo hará muy rápidamente. El problema, hasta la fecha, ha sido que la familia ha estado siempre restringida a la visión tribal o de linaje genético, idea que contiene en sí misma una estructura jerárquica. Las actuales estructuras sociales, gubernamentales y *La unidad familiar es el crisol de amor gracias al cual se transformará la humanidad* educativas de nuestro planeta no tienen como primer objetivo estar al servicio de la familia. Debido a que ponen demasiado énfasis en el progreso individual, lo que hacen es fomentar la competición entre las familias, lo que crea, a su vez, competición dentro de cada grupo familiar. Gracias al 37.º Don, la humanidad podrá ver que la familia hace a todos los seres humanos iguales. Encontraremos una nueva visión o familia tanto a nivel local como a nivel global, hasta que llegue el momento en que la visión se expanda de tal modo que englobe toda la familia humana al completo.

La gran mutación que está llegando por la vía de la 55.ª Clave Genética se manifestará, en primer lugar, como un cambio en los niños, que nacerán ya con una nueva activación superior de su ADN. Esos niños necesitarán, como contrapartida, una nueva estructura familiar que sostenga su desarrollo colectivo. El impacto de estos niños a nivel áurico provocará que esta estructura se materialice. Incluso ahora, las comunidades con una consciencia superior están comenzando a comprender nuevos modos de concebir e implementar este modelo. Las familias son la sangre vital de la humanidad, y una familia saludable es un soporte para ese enorme potencial de creatividad y amor. La nueva familia se convertirá en el vehículo para la ascensión a nivel colectivo conforme vayamos reconociendo la fuerza de la nueva consciencia que traerán consigo las generaciones venideras. Cuando comencemos a construir una civilización en torno a la nueva visión de un niño encarnado, crearemos un mundo realmente mágico.

El amor entre un niño y sus padres es un arquetipo de amor incondicional. Al nivel de la frecuencia de la Sombra, sin embargo, todo el amor es condicionado, lo que quiere decir que en realidad no es amor. El verdadero amor está basado en el hecho de dar sin necesidad de recibir algo a cambio. Toda la frecuencia de la Sombra entera está, por lo tanto, basada en el principio del trato: dar para recibir. Esta *consciencia de trueque* es la que encontramos hoy en el núcleo de las civilizaciones modernas. Se hace notar en la economía, en los gobiernos y, sobre todo, en las relaciones. En la dinámica de las

relaciones humanas de todo tipo ha nacido esa consciencia de trueque, que está basada en el miedo a no tener lo suficiente. A través del 37.º Don descubrirás un gran secreto económico: cuanto más das, más recibes. Muchas personas han tergiversado esta verdad a lo largo de los años y han desconfiado de que fuera cierta. Dar desde la mente es siempre condicional, no importa cuán sutil pueda ser la condición, porque siempre hay una expectativa o esperanza puesta en ello. El verdadero dar es un acto de locura desde el punto de vista de la mente.

El dar que viene del sentir del corazón conduce a la igualdad, porque está basado en la igualdad. Los corazones humanos llevan esta fuerza de la igualdad allá donde van, lo que trae luz a la división existente en otros al tratar a todos con respeto. A pesar de los miedos de la mente, esta igualdad creará un mundo homogeneizado en el que todos seamos uno, donde la verdadera igualdad esté basada en el respeto por el genio individual; por lo tanto, será un mundo próspero. Este tipo de igualdad implica que tendrás que comenzar por ti mismo. El dar es otro lugar donde la frecuencia de la Sombra se puede esconder y ganar la partida. A veces puede que estés dando a otros por una necesidad de reconocimiento personal o como una distracción de tus propios temas y miedos. Antes de nada tienes que aprender a darte a ti mismo, porque, como descubrirás más adelante, gracias al amor por ti mismo vas a encontrar el amor de los demás. Para poder apoyar a otro, tendrás primero que escuchar tu corazón, que te dirá cuál sería el mejor modo de ayudarte a ti mismo. De esa pregunta surgirá la respuesta de cómo dar de manera que tanto el que da como el que toma se sientan satisfechos. Darte a ti mismo de este modo significa confiar completamente en la sabiduría de tu corazón. Es tan simple como esto.

Desde el punto de vista de la amistad, el 37.º Don se ve como el adhesivo que mantiene unida a toda la humanidad. De hecho, la verdadera amistad es la marca universal de la frecuencia del Don. La era actual es un tiempo realmente fascinante para estar vivo, porque este 37.º Don está gestando un nuevo paradigma social a lo largo y ancho de nuestro planeta. Será el umbral de un nuevo marco social que compendiará negocios, educación y familia hasta que abandonen los compartimentos estancos donde han estado hasta ahora. También marcará el final del aislamiento de los grupos familiares y de las comunidades gracias a la creación de redes de trabajo locales y globales. Esas redes estarán enfocadas en activar un modelo nuevo de comunidad basado más en el dar que en el controlar. Esta energía de amigabilidad también acabará con la noción de comunidades separadas, basadas en la adoración de Dioses o autoridades externas. Con el despertar del 37.º Don, cada comunidad se dará cuenta de que sostiene los mismos principios básicos que las otras, a saber: apoyo a la tierra y fortalecimiento y nutrición de la humanidad a todos los niveles.

EL SIDDHI DE LA 37.ª CLAVE GENÉTICA: TERNURA

El cordero expiatorio

Para poder entrar totalmente en el misterio del 37.º Siddhi tenemos que ahondar más profundamente en la figura mítica de Cristo. Aunque ha habido otras figuras con una mitología similar a Cristo, como el nórdico Odín, a quien colgaron de un árbol, o el egipcio Osiris, cuyos restos mortales se esparcieron por todas partes, la figura de Cristo y su mitología concreta ha calado tanto en la psique del mundo que tiene una resonancia especial en los tiempos actuales. Hay que tener claro, desde el principio, que aquí no estamos hablando del Cristo tal y como en general se entiende dentro de la religión cristiana. Nosotros estamos mirando la vida de ese hombre como el símbolo de un proceso arquetípico profundo que gobierna a todos los seres humanos, sin importar su creencia o su cultura. Como segundo aspecto del misterio de la Trinidad, el Cristo une dos polaridades: el Padre, principio masculino (o yang primigenio) y el Espíritu Santo, femenino (o yin primigenio). Por eso se dice que Jesucristo es a la vez Hijo de Dios e Hijo del Hombre. Es descendiente del yin y del yang y, por lo tanto, de la fuerza equilibrante que hay entre ellos.

Hemos visto que la 37.ª Clave Genética representa la fase evolutiva que está tocando ahora su fin, lo que significa que algo nuevo está a punto de surgir de todo ello. El mito de Cristo en sí mismo alumbrará otra dimensión: una dimensión que tiene que ver con el papel de lo femenino. Tal y como se comprende en la actualidad la historia de Cristo, se ve a Jesús como la encarnación de Dios en un hombre nacido del vientre de una virgen de sexualidad inmaculada. En la historia popular, Jesús no tuvo nunca encuentro o aproximación carnal a mujer alguna. Permaneció solo, como símbolo fuerte y orgulloso del patriarcado que esculpió la interpretación de su vida. Sin embargo, sin ánimo de ofender a los partidarios de la versión popular de la historia de Cristo, la interpretación de Jesús es algo estéril en términos de su conexión con la sexualidad humana. En el mito de Cristo, Jesús es tentado a probar la sexualidad por el mismo demonio, y el demonio tiene conexiones evidentes con lo femenino por el anterior mito de Eva y la serpiente en el Jardín del Edén.

El 37.º Siddhi es el de la Ternura, y la ternura es la condición que más a menudo asociamos con el intercambio de amor entre un progenitor y su hijo. La ternura, en particular, es un arquetipo esencialmente maternal. Jesús mismo ha estado siempre vinculado con la figura del cordero, cuya esencia se representa en este 37.º Siddhi. El cordero tiene un profundo simbolismo relacionado con la era venidera, ya que representa el espíritu de rendición ante un desbordante poder interior. El sacrificio del cordero se corresponde con el dejar ir las identificaciones con perspectivas anticuadas y el abrazar una realidad más amplia que se asiente más allá de nuestra visión actual. Nosotros, la humanidad, somos el cordero, y el espíritu universal nos sostiene con ternura, como una madre acuna a su hijo. Como individuos tenemos que inclinar nuestras cabezas y aceptar el demonio interior, en vez de intentar empujarlo y esconderlo dentro de nuestra psique. Lo que más nos aterroriza también tiene un poder mayor de transformación,

pero solo si podemos confiar en ello; es la fuente de nuestra sexualidad, el lado oscuro, femenino, la sombra que se asienta en cada ser humano y que contiene el mayor misterio sobre quiénes somos y qué es lo que podemos llegar a hacer.

La 37.ª Clave Genética se ha venido manifestando en nuestra vida con el sagrado sacramento del matrimonio. Se vio ensuciado y mancillado al convertirse en una expresión social, contractual, basada en convenciones. El matrimonio que vemos en el mundo no es más que una sombra del verdadero ideal interno del matrimonio. A nivel individual, el matrimonio se refiere al equilibrio interior y a la unión entre el yin y el yang en cada ser humano. El mito de Cristo debe reflejar, por lo tanto, ese matrimonio interior a través de las nupcias de Cristo con su sagrada esposa, representada por María Magdalena. El resurgimiento moderno de ideas que exploran las conexiones de Cristo con la figura de María Magdalena se puede observar como un reflejo del resurgir del Divino femenino reprimido. El Siddhi de la Ternura es el despertar del aura de esta unión mística, ya que la ternura es una energía desprovista de tensión o sexualidad. En realidad se trata de la sexualidad transcendida.

Hay también otra gran paradoja emergente en este 37.º Siddhi: el Divino femenino tendrá que entrar en el mundo, en principio, de la mano de los hombres, gracias al poder de la madre. El desequilibrio colectivo del arquetipo femenino hay que buscarlo en los hombres más que en las mujeres. Y el contrapeso de esto es el incremento de la fuerza de independencia masculina que se está extendiendo entre las mujeres. Gracias a la independencia de las mujeres nacerá una nueva estructura social en el mundo que colocará en el primer lugar la crianza temprana de los niños. Cuando los niños se sientan nutridos tanto por sus padres como por sus madres y ambos los cuiden, en vez de sentirse abrumados por las tensiones sociales, entonces los niños vendrán al mundo emocionalmente equilibrados. Este 37.º Siddhi, la Ternura, es el ambiente natural que rodea a todos los padres e hijos. Cuando los niños vengan al mundo rodeados por este sustento de ternura, su parte femenina no se verá comprometida y el mundo, tal y como ahora lo vemos, comenzará a cambiar mientras que estos chavales crecen entre hombres equilibrados.

A la inversa, el gran cambio social entrará en el mundo de la mano de las mujeres jóvenes. Energéticamente hablando, lo femenino porta la visión de síntesis, y lo masculino la construye. Esta es la huella que, en general, dejará la futura sociedad: una sociedad en que el principio masculino sirve al principio femenino. Tanto es así que en este momento no estamos viendo la desintegración de la unidad familiar, sino una total redefinición del significado de la familia. La familia es la estructura que crea un aura de ternura en todo el planeta, fortaleciendo a los individuos y apoyando a las comunidades al mismo tiempo. En el futuro, la familia ya no será un fenómeno tribal, aislado, sino un modelo colectivo alentador que una a todos los seres humanos. Este futuro está en camino. Es la misma visión que sostenía Cristo, el estado natural de la humanidad, al que se refería como el reino de los cielos.

> *En el futuro, la familia ya no será un fenómeno tribal, aislado, sino un modelo colectivo alentador que una a todos los seres humanos. Este futuro está en camino. Es la misma visión que sostenía Cristo, el estado natural de la humanidad, al que se refería como el reino de los cielos*

El 37.° Siddhi es único entre todos los Siddhis, ya que no se manifiesta a través de una sola persona. Es el corazón de la familia humana, que incorpora a todos los individuos a su abrazo infinitamente dulce y amoroso. No se trata de una fuerza ajena a la humanidad, como hemos asumido durante eones, sino de nuestra naturaleza colectiva interna, natural. Como aspecto vital de la familia genética o codón conocido como el Anillo de la Divinidad, la 37.ª Clave Genética, tiene varias compañeras genéticamente muy poderosas: el 22.° Siddhi, la Gracia; el 36.° Siddhi, la Compasión, y el 63.er Siddhi, la Verdad. Cada uno de esos códigos porta la manifestación final de la Divinidad completa en el mundo. Conforme superemos lo tribal y las definiciones consanguíneas que han dictado nuestro estilo de vida tradicional durante tanto tiempo, podremos ver cuán limitante es en realidad nuestra actual definición de familia. El 37.° Siddhi es un manantial de consciencia que lentamente irá uniendo a los seres humanos mientras que la 55.ª Clave Genética los libera de su consciencia victimista. La ternura es una fuerza que hay que tener en cuenta y que, como testifica su par programado, el 40.° Siddhi, la Voluntad Divina, es una fuerza que nos tiene a todos en su punto de mira. Por su delicadeza es inviolable, invencible e inevitable.

38.ª CLAVE GENÉTICA

SIDDHI HONOR • DON PERSEVERANCIA • SOMBRA LUCHA

EL GUERRERO DE LA LUZ

PAR PROGRAMADO 39.ª CLAVE GENÉTICA
ANILLO CODÓNICO: EL ANILLO DE LA
HUMANIDAD (10.ª, 17.ª,
21.ª, 25.ª, 38.ª, 51.ª)

FISIOLOGÍA: GLÁNDULAS
SUPRARRENALES
AMINOÁCIDO: ARGININA

LA SOMBRA DE LA 38.ª CLAVE GENÉTICA: LUCHA

EL COMBATE INÚTIL

La 38.ª Sombra se une a su par programado, la 39.ª Sombra, para formar un dúo severo. Se trata de un antiguo programa basado en la supervivencia individual. Ambas Sombras tienen fuertes conexiones con el reino animal a través de sus papeles en la historia temprana de los homínidos. Antes de comenzar la exploración de la parte más oscura de esta 38.ª Clave Genética, deberíamos abrazar la siguiente perspectiva: si no existieran estas Sombras, probablemente no habría humanos sobre la Tierra en la actualidad. Este lugar puede ser un espacio muy oscuro de la matriz genética, porque representa una energía primigenia cuyo instinto principal, cuando se siente amenazada, es el de responder con la agresión. En los animales, esta ferocidad natural se manifiesta en el comportamiento de la madre que protege a sus crías de una amenaza. Este aspecto del ADN humano se ha convertido en el fundamento de la ley evolutiva de supervivencia: sobrevive aquel que tiene mejor capacidad de adaptación. Esta Clave Genética también está profundamente relacionada con la salud individual y con el bienestar.

Este mismo cableado genético influye en todos los seres humanos aún hoy, independientemente de cómo estén de esclavizados por esta Sombra. Está ahí, en el campo energético colectivo de la humanidad, y se muestra particularmente fuerte cuando algunos grupos de humanos son amenazados por otros que se manifiestan a través de la naturaleza reactiva de la Sombra. Esta 38.ª Sombra quiere y necesita espacio, y la naturaleza de la lucha depende de su frecuencia. A baja frecuencia, esta Sombra lucha con otros, consigo misma o con la propia vida. A fin de cuentas, se trata de la Sombra de la Lucha: ¡qué otra cosa podría hacer! Este tipo de Sombra es muy debilitante, tanto para el luchador como para cualquiera que se vea atrapado en el campo energético del combate. La palabra *atrapado* es muy apropiada para describir la naturaleza de la 38.ª Clave Genética. Como se puede ver, al nivel del Don, nos situamos en la frecuencia de la Perseverancia, pero en la baja frecuencia lo único que se manifiesta es una persistente y testaruda lucha, sin importar el resultado. Cuando se combina con su par programado, la 39.ª Sombra, la Provocación, la 38.ª Sombra hinca sus dientes en una cosa o persona y no la deja ir hasta que una de las partes cede. A un nivel bajo de frecuencia siempre causa algún tipo de destrucción.

Esta Sombra se manifiesta en las relaciones de un modo más que frecuente cada vez que una o ambas personas se sienten insatisfechas en su vida. La 38.ª Sombra tiene que ver con la batalla para encontrar el sentido del propósito de nuestra vida y, en este aspecto, tiene también una fuerte conexión magnética con la 28.ª Sombra, el Sin Propósito. Si no hay una verdadera sintonización con el propósito vital, con el ser, entonces la Provocación acarrea una dinámica que resulta muy destructiva para la relación. Este tipo de dinámicas, tan comunes en el mundo, desgastan el amor en las relaciones y la lucha se convierte por ello en una necesidad adictiva. Cada relación tiene su propio propósito interno, pero si el propósito de dos individuos no está alineado desde el comienzo, entonces la verdadera naturaleza de la relación no tendrá ocasión de revelarse nunca. Esta 38.ª Sombra encierra una gran pena. Si no hay un sentido real de propósito en tu vida, uno de los principales modos de ventilar esa tristeza es canalizando la agresividad sobre los más cercanos, que generalmente son los miembros de tu propia familia.

Además de la absoluta necesidad de manifestar tu propio propósito, existe un gran secreto para romper con los patrones adictivos de lucha encarnados en esta 38.ª Clave Genética: se trata de respirar. La lucha es un esquema que te acorrala dentro de unos patrones de respiración determinados que te hacen perder por completo tu centro, al mismo tiempo que te impiden entender o conectar con cualquier influencia externa. Es como si una fuerza externa se apoderara de ti y te forzara a golpear tu cabeza (o la de otro) una y otra vez contra la pared. En el momento en que respiras pausadamente, el patrón se rompe y aparece el espacio en que puedes reorientar tus energías en una dirección diferente. En las bajas frecuencias, cuanto más te aferras a las cosas, más resistencia creas. Al introducir espacios de tiempo en el viejo patrón, lo que haces es facilitar que la transformación suceda. Y es, de hecho, durante esos espacios en blanco cuando llega la solución al conflicto. En realidad, desde estas tres Sombras, la 28.ª, la 38.ª y la 39.ª, se puede hacer un diagnóstico de hasta qué punto estás o no satisfaciendo el verdadero propósito de tu vida. En este sentido, estas tres Sombras son de gran utilidad.

A nivel colectivo, la 38.ª Sombra tiene otra manifestación en el mundo. La adicción humana a la lucha y a la violencia se agrava con esta pareja compuesta por las Sombras 38.ª y 39.ª. Ambas se lo toman todo de manera personal, lo que significa que han perdido la perspectiva por completo. La historia ha demostrado que la mayoría de las grandes guerras han estallado debido a que ciertos individuos en posición de poder han reaccionado agresivamente ante otro individuo o tribu, basándose en motivaciones personales. La 38.ª Sombra no es un arquetipo que piensa. Si se siente amenazado de cualquier forma, reacciona de un modo totalmente agresivo, sin tomar en consideración a quien

pudiera resultar herido. Muchos inocentes han sido masacrados a causa de esta 38.ª Sombra, por actuar sin tomarse un momento para considerar la lógica o la justicia de tal acción. El meollo de la necesidad individual de lucha solo se puede comprender cuando se observa desde el nivel inconsciente. Al nivel más profundo, la lucha se mantiene en la ilusión de ser una entidad separada, así que mientras luchas puedes tomar el control de tu entorno. Esto refleja el más grande de los miedos humanos: cuando no hay nada más por lo que luchar, es el fin de la existencia.

El miedo inconsciente a extinguirse es el que impide a los humanos trascender su individualidad. El 38.º Don es una invitación a trascender tu separación como individualidad, poniéndote al servicio de un objetivo que esté más allá de ti mismo. Pero en el nivel del miedo, no nos paramos a hacer una inspiración, de manera que en tu consciencia nunca entra la posibilidad de utilizar esta formidable fuerza de un modo creativo. Por lo tanto, toda la energía de testarudez y de sordera que encierra esta Clave Genética da como resultado un planeta en el que la mayoría aún está en lucha por la supervivencia. Al mismo tiempo, la minoría de personas que

Cuando no hay nada más por lo que luchar, es el fin de la existencia

no participan ya en luchas externas —los países desarrollados— continúan luchando internamente debido al estrés que supone vivir sus vidas sin un fuerte sentido de propósito. La naturaleza represiva de esta 38.ª Sombra es derrotista y la mayoría de Occidente, o del mundo desarrollado, mantiene también esa misma actitud. La gente, simplemente, carece de perseverancia a la hora de afrontar los grandes temas (por ejemplo, la pobreza mundial), y ese derrotismo colectivo implica que ni siquiera lo intentemos.

NATURALEZA REPRESIVA: DERROTISTA

La actitud derrotista es un polo de este arquetipo y sucede cuando la energía de la Clave Genética se colapsa. Los que manifiestan este tipo de naturaleza acumulan una enorme cantidad de tensión en sus cuerpos. Esa tensión es el resultado de haber fracasado a la hora de dirigir su enorme fuerza vital a un propósito más elevado que el suyo propio. Son seres que han tirado la toalla en algún nivel profundo de sí mismos, lo que puede desencadenar una depresión profunda. Estas personas tienden a no proyectar sus miserias hacia afuera, pero internamente se culpan a sí mismas, consiguiendo enterrar la energía aún más en sus cuerpos. Por desgracia, es imposible que una influencia externa pueda sacarlas de esos estados de negación. Se necesita una enorme motivación que surja del interior del propio individuo para liberarse de los propios demonios internos. Sin embargo, una vez que encuentren una causa por la que merezca la pena luchar, se liberarán de un plumazo de toda esa energía latente en el mundo y la tensión los abandonará.

NATURALEZA REACTIVA: AGRESIVA

Igual que la naturaleza represiva carece de empuje para luchar, la naturaleza reactiva no puede resistirse a la lucha, aunque siempre acabe luchando por las causas equivocadas y con las personas erróneas. La naturaleza reactiva está relacionada con la proyección.

Son personas que proyectan toda su rabia y su agresividad en los otros, y encarnan la definición de lucha en sí misma: luchar sin ningún propósito concreto. Al carecer del sentido que da el propósito, están constantemente atrapados en el combate con otros, para relajar la tensión reprimida en sus cuerpos. En realidad, se vuelven adictos a la lucha como fórmula para descargar la tensión que llevan dentro. Obviamente, estas personas no tienen relaciones exitosas ni amorosas. Pueden ser controladores y tiranos. Por otro lado, si son capaces de canalizar esta agresividad en algún tipo de propósito superior, entonces pueden abandonar inmediatamente su agresividad y transformar la Sombra en el Don de la Perseverancia.

EL DON DE LA 38.ᴬ CLAVE GENÉTICA: PERSEVERANCIA

EL INDOMABLE ESPÍRITU DEL DESAMPARADO

La única diferencia entre la 38.ª Sombra y su Don correspondiente es la naturaleza de la lucha. Solo tienes que encontrar la lucha correcta y la experiencia de esta Clave Genética cambiará por completo. En el momento en que pones tu corazón, tu cuerpo y tu alma al servicio de una lucha enriquecedora, deja de ser una lucha. En este punto aprendes la diferencia entre encontrar obstáculos y luchar contra las resistencias. La resistencia es lo que sucede cuando empujas en dirección contraria al flujo universal, que es el sello distintivo de todos los estados de la Sombra.

En este punto aprendes la diferencia entre encontrar obstáculos y luchar contra las resistencias

Los obstáculos, sin embargo, son parte natural del ritmo de la vida. Son los que testan tu nivel de compromiso y tu capacidad de rendición, y los que te dan la oportunidad de forjar nuevas habilidades y de perfeccionar tu excelencia. Los obstáculos son siempre dones disfrazados. El 38.º Don está diseñado a prueba de obstáculos. De hecho, los adora. Si eres de los que lleva este Don de la Perseverancia en su perfil hologenético, verás cada obstáculo como una oportunidad maravillosa y vital de sentirte más vivo y de satisfacer tu destino superior.

El Don de la Perseverancia es el 38.º Don, y se despliega, sobre todo, cuando te pones en pie frente a las dificultades. La gente con este Don hace lo imposible sin aparente esfuerzo, incluso cuando lo están dando todo de sí mismos. Son personas muy activas y con buenas condiciones físicas. Tienen una necesidad genética de estimular sus cuerpos y aman estar en el meollo de la tarea. Como vimos en la 38.ª Sombra, no es un arquetipo mental; estamos ante personas de acción. El único truco que deben conocer es cuándo actuar y cuándo no actuar, y es justo aquí donde el Don de la Perseverancia entra en escena. La Perseverancia sabe cuándo contener su energía. Los que la alcanzan son personas que han aprendido a tomarse un respiro antes de lanzarse a la siguiente actividad novedosa. Este respiro no es para pensar: simplemente les sirve para darse cuenta de si están respondiendo desde la verdad o si solo están reaccionando emocionalmente desde el miedo o la ira.

Como sucede con el 39.° Don, el 38.° tiene también una fuerte conexión con el arquetipo del guerrero. En el mundo moderno, el camino del guerrero no es lo que solía ser. Ahora hay guerreros por todos lados representando sus papeles en un montón de nuevos escenarios. Hay guerreros en el mundo de los negocios, en el ámbito gubernativo o educativo, y también en las artes o en las ciencias. Allí donde haya una lucha clamando por un propósito de nivel superior, especialmente contra todo pronóstico insuperable, encontrarás el 38.° Don dando lo mejor de sí mismo hasta el final. Donde la 38.ª Sombra se muestre luchando desde el miedo, generalmente por una cuestión de supervivencia, el 38.° Don estará luchando en nombre del amor. En nuestro mundo actual, el único dominio que tiene el 38.° Don para dar la batalla es la frecuencia de las Sombras, lo que significa luchar contra la frecuencia colectiva del miedo. El 38.° Don no piensa en lo que hace. No se para un momento a considerar lo loco que puede parecer su comportamiento. Simplemente sabe en su corazón cuándo algo es correcto, y una vez que se ha comprometido con todas sus fuerzas en una tarea concreta, nunca, nunca, dará un paso atrás. No se trata de personas que hayan superado el miedo, porque no es así. Sin embargo, la frecuencia del Don les asegura que el amor siempre vence sobre el miedo.

El 38.° Don forma parte de una familia genética codónica conocida como el Anillo de la Humanidad. Cada una de estas seis Claves Genéticas que lo componen representa un aspecto arquetípico de la historia humana. En esta historia, la 38.ª Clave Genética personifica el patrón de toda lucha humana: la lucha de la forma por alcanzar el espíritu. En los seres humanos se ha representado como la cruzada del guerrero interior de luz contra las fuerzas oscuras de tu naturaleza inferior. Es la cruzada o batalla que está detrás de todos conflictos humanos que se manifiestan a nivel externo. La perseverancia es el atributo esencial del guerrero interior para dar esta batalla, porque las fuerzas más oscuras del instinto humano están muy enraizadas en nuestra naturaleza. A menudo los seres humanos aprenden a ser fuertes gracias a las derrotas. Con el tiempo, por medio del cultivo de la perseverancia, el amor y la confianza, podrás llegar a alcanzar la victoria y a experimentar así tu propia divinidad.

Las personas con el 38.° Don se convierten en nuestros héroes. Estas personas adoptan una postura, aceptan todos los obstáculos que se encuentran a lo largo de su camino y, a la larga, ganan la batalla, a pesar de que parecían estar desamparadas. Con el 38.° Don se tiene la certeza de la victoria final. Solo se necesita dar con la batalla justa. Para los que encarnan el 38.° Don, las batallas justas son aquellas que fortalecen a otros y les permiten defenderse por sí mismos, en vez de seguir siendo víctimas de la propaganda de masas. Hay dos grandes beneficios para el colectivo que emanan de la manifestación de este 38.° Don. El primero es el gran desafío al miedo colectivo, que dice que nada es imposible si te mantienes firme respecto de aquello en lo que crees. Las vidas de las personas con este Don son una prueba viviente de ello. El segundo beneficio es que el 38.° Don también prueba que se puede mantener una batalla y ganarla sin recurrir ni a la violencia ni a la corrupción. Esto no significa que el 38.° Don sea un don flojo; muy al contrario, puede ser tremendamente agresivo en su servicio a un objetivo superior.

Muchas de las cualidades que se podían percibir como negativas en la 38.ª Sombra se convierten en una potencialidad increíble cuando se ponen al servicio de una aspi-

ración más elevada. La tozudez puede ser una cualidad asombrosa cuando se usa para poner de rodillas a un enemigo poderoso. Hasta la sordera puede ser maravillosa cuando necesitas descartar la propaganda negativa de los otros. Todas estas cualidades se fusionan en una sola palabra: *perseverancia*. Y no solo eso, pues nuevos aspectos ausentes en el nivel de la Sombra entran en juego al nivel del Don; ¡que emoción! La experiencia de luchar en un batalla contra toda probabilidad de éxito pero en aras de un propósito más elevado te llena de un espíritu indomable que se retroalimenta a sí mismo y que se vuelve más y más fuerte. A un determinado nivel, este espíritu entrará en el reino de una frecuencia extremadamente pura y que da nombre al 38.º Siddhi: el reino del Honor.

EL SIDDHI DE LA 38.ᴬ CLAVE GENÉTICA: HONOR

«NADIE TIENE MAYOR AMOR QUE ESTE...»

El honor, en sí mismo, es un campo de energía dinámica y viva. Es el Siddhi que se despierta cuando el arquetipo del guerrero alcanza su máximo potencial. El honor es el campo energético de cada ser humano cuando vive su verdad individual. En este sentido, se trata de algo paradójico. Aunque parece ser lo máximo de la individualidad humana, también hermana a todos los seres humanos al nivel del ser superior. En el campo del honor, todos los humanos se hacen uno, y este es el verdadero significado del código superior del guerrero. El honor convierte el combate en una danza. Es el juramento de amarse a sí mismo. Con el Honor, la muerte se transciende y cualquier acción humana se puede inmortalizar. Incluso el acto de asesinar a otro puede convertirse en honorable si la representación se lleva a cabo dentro del verdadero campo energético del Honor. En esos casos extremos, el asesinado tiene que dar permiso al conquistador, según el verdadero contrato de honor que los une.

Entonces, ¿qué elementos constituyen un acto de Honor? El Honor está basado en un amor tan puro que se sacrifica a sí mismo, sin otro pensamiento que el de servir a una aspiración superior. Cada acto de honor porta al mundo una fuerza igualatoria y en absoluto divisoria. Así es como puedes saber si se trata de un verdadero acto de honor o no. Si el acto trae como consecuencia que la gente se eleva a un nivel de frecuencia superior, se trata de un acto de honor. El Honor siempre porta con él las frecuencias de la compasión y de la rendición. Muchos hechos horripilantes se han cometido a lo largo de la historia en nombre del honor. Solo son verdaderamente honorables aquellos que han tenido el efecto de unir a todas las personas implicadas y que incluían la compasión. En este sentido, toda la esencia del honor se contiene en la expresión *honrar a otro*. Honrar a otro es sostenerlo en su más alta frecuencia, sea cual sea la que esté manifestando en el momento presente. Por lo tanto, una persona que manifieste el honor puede convertirse en víctima de muchas otras deshonestas, con las manos sucias; pero esa persona no naufragará nunca en su nivel. Por el contrario, seguirá honrando a esos individuos y los mantendrá en la más alta consideración.

El Siddhi del Honor lleva consigo un cierto tipo de mitología. Necesitamos recordar que el viaje de consciencia que nos propone esta Clave Genética va desde la Lucha hasta el Honor por el sendero de la Perseverancia. La consagración final del Honor representa haber transcendido totalmente la lucha, pero al mismo tiempo sigue empleando el vocabulario de la batalla. Esto significa que el Siddhi retiene aún una profunda conexión mitológica con la guerra, la agresión y el lado oscuro de la naturaleza humana. Las personas en las que se manifiesta este Siddhi son los guerreros de la frecuencia más alta posible. Se convierten en nuestros héroes sagrados: aquellos que no pueden ser mancillados por el mundo y que superan los obstáculos más increíbles. La Clave Genética 38.ª, como hemos visto en repetidas ocasiones, ama el combate. Estas personas han elevado la frecuencia de la batalla al nivel de la danza, al teatro sagrado, y sobre ese escenario representan su papel con total rendición. Cuando dicho estado síddhico aparece en un ser humano, este comienza a perder todo sentido de separación. En muchos aspectos no son más que caparazones gracias a los cuales la genética continúa ejerciendo su función. Habría que decir que están vacíos, o más concretamente, que están llenos de la divinidad o de la esencia de la vida misma. Cada estado síddhico acarrea una vibración tan poderosa que atemoriza a unos mientras que a otros les inspira grandeza. En cualquier caso, el Honor siempre revela la verdadera naturaleza de una persona.

Honrar a otro es sostenerlo en su más alta frecuencia, sea cual sea la que esté manifestando en el momento presente

El 38.º Siddhi está muy vinculado con el tema de la muerte. El honor y la muerte son dos asuntos que han estado siempre emparentados. Como dijo el mismo Jesucristo, «Nadie tiene mayor amor que ese hombre que da la vida por sus amigos». En nuestro pasado ancestral, este Siddhi ha estado largamente vinculado al conflicto y a la guerra. Sin embargo, en el nivel síddhico esta relación es más simbólica que literal, ya que el Siddhi del Honor lucha para poner fin a cualquier conflicto humano. A veces tiene que entrar en un conflicto humano y sacrificarse para acabar con él. Sin embargo, este Siddhi y otros en realidad se basan en el total respeto por cualquier forma de vida. El objetivo final no es otro que la lucha contra el miedo. Este hecho se ha representado desde siempre, de forma simbólica, mediante las fuerzas de la luz batallando contra las fuerzas de la oscuridad. Como el verdadero guerrero de la luz, el 38.º Siddhi no lucha contra la naturaleza más baja. Por el contrario, absorbe las fuerzas de la oscuridad dentro de sí mismo gracias a sus acciones, y, al hacerlo, brilla con una inmensa pureza en el mundo.

El honor no se basa en ganar o perder. En cierto modo, el papel del honor es representar una parodia de estos conceptos que son ganar y perder. El honor se encarna, sobre todo, cuando una fuerza superior se rinde deliberadamente ante una fuerza más débil. Para decirlo de otro modo, el ser de luz se rinde ante el poder de la oscuridad. Esta inversión de la norma humana tiende a poner de manifiesto la futilidad de todos los conflictos humanos, y a menudo sucede que la fuerza más débil se transforma o se *convierte*. Así es el poder paradójico de un acto de verdadero honor; siempre se acaba convirtiendo en victoria. Esta rendición se simboliza con la misma muerte, ya que la verdadera muerte significa morir a la idea del yo separado. Después de la muerte, el acto

de honor no hace otra cosa que aumentar más y más su poder hasta convertirse en un mito. Uno de los ejemplos más obvios de esto es la rendición de Jesucristo en la cruz.

Cuando un Siddhi se activa en un ser humano, su par programado también se activa de forma simultánea. Por lo tanto, con el 38.º Siddhi podremos ver amanecer el 39.º Siddhi, la Liberación. Así se muestra la verdadera naturaleza del honor: provoca una reacción en cadena que se convierte en flujo dinámico de liberación energética y que permanece durante generaciones y generaciones. Al nivel de la Sombra también vemos que la Clave Genética 38.ª está conectada con la 28.º a través de nuestros genes. Es así como podemos ver el enlace entre los temas del Honor y de la Inmortalidad (el 28.º Siddhi). Cada verdadero acto de honor dura para siempre. La gente no olvida jamás las grandes vidas, y sus relatos se cuentan una y otra vez por los siglos de los siglos. La energía síddhica del ser original continúa inspirando y liberando a otros. Esta es la razón por la que el máximo potencial de cada ser humano resuena con el campo energético del Honor. Cuando oímos hablar de grandes acciones o grandes vidas, ya sean contemporáneas o de mitos del pasado, estas nos recuerdan quiénes somos nosotros en realidad: guerreros luchando para superar y disipar nuestros miedos personales y colectivos.

39.ª CLAVE GENÉTICA

G⊟NÉTICA

SIDDHI LIBERACIÓN • DON DINAMISMO • SOMBRA PROVOCACIÓN

LA TENSIÓN DE LA TRANSCENDENCIA

PAR PROGRAMADO: 38.ª CLAVE GENÉTICA

ANILLO CODÓNICO: EL ANILLO DE LA
BÚSQUEDA (15.ª, 39.ª,
52.ª, 53.ª, 54.ª, 58.ª)

FISIOLOGÍA: GLÁNDULAS
SUPRARRENALES

AMINOÁCIDO: SERINA

LA SOMBRA DE LA 39.ª CLAVE GENÉTICA: PROVOCACIÓN

ACTITUD Y ALTITUD

Aunque parezca que hay tantos y tan increíbles colores y posibilidades en la matriz genética, en realidad hay solo unos pocos *temas* que rigen a la humanidad. Los 21 anillos codónicos nos programan colectiva e individualmente para llevarnos por ciertos caminos, fácilmente reconocibles. Todos los arquetipos que aparecen en nuestras pantallas de plasma televisivas y en nuestras novelas y mitos están representados en nuestro ADN. La 39.ª Clave Genética y su par programado, la 38.ª Clave Genética, mantienen un lugar privilegiado en nuestra cosmología colectiva. Sobre todos los demás arquetipos, estos dos representan el mito del guerrero.

Los mitos y leyendas tienen un poder extraordinario en nuestras diferentes culturas. Incluso hoy, cuando las historias contadas al amor de la lumbre se han reemplazado por las que cuenta la pantalla de plasma de nuestras salas de estar, el mito del guerrero aún nos mantiene encandilados. Podremos ver, de dos modos diferentes, por qué aspiramos tanto a alcanzar las frecuencias superiores de la 39.ª Clave Genética. Mientras, las igualmente poderosas frecuencias de la 39.ª Sombra lo son de un modo siniestro, ya que por lo general mantienen a la mayoría de la humanidad esclavizada. La 39.ª Sombra es responsable de que la vibración planetaria se mantenga bajo el dominio de una sola cualidad: la violencia.

Al estar asentada sobre tu sistema suprarrenal, la 39.ª Clave Genética consiste en un código muy dinámico que tiene que ver con la acción. Para ello cuenta con una naturaleza arrojada, explosiva y primigenia. Las personas con estos Dones y Sombras no están conducidas por su corazones, sino por la urgencia primigenia de actuar, ya

sea sabia o locamente. Puedes ver, tanto desde la cara represiva como desde la reactiva del espectro, que se trata de una Sombra peligrosa a la hora de cruzar caminos. Se basa en el miedo de estar atrapados, que es, esencialmente, el miedo a perder tu libertad individual a la hora de actuar. Sabemos cuán peligrosos se vuelven los animales cuando se sienten atrapados, y nosotros, los humanos, llevamos ese mismo miedo ancestral en nuestro ADN. Hay muchas razones por las que los humanos pueden verse incitados a la violencia, pero aquí encontramos una de las más viejas: el temor a la libertad individual.

La 39.ª Sombra es como una cobra esperando para atacar. La violencia es personal y cuando se enfoca con precisión en su objetivo raramente yerra. Muy a menudo observamos sus manifestaciones en el campo de nuestras relaciones personales. Se trata de la Sombra de la Provocación o, en un lenguaje más cotidiano, de las personas que te hacen saltar. ¿Has pensado alguna vez cómo tu compañero, padre o hijo saben precisamente el código y el tono que dar a sus palabras para provocar tu ira? La violencia se manifiesta de muchas maneras, no solo en el aspecto físico. La violencia emocional es acústica y usa la entonación para conseguir su objetivo. No se trata de lo que dicen, ¡sino del tono que usan! Los tonos jamás engañan, aunque sean generalmente inconscientes. Igual que un niño llora en el tono justo para irritarte, cada provocación tiene su tono. Como cuando alguien te está intentando culpabilizar de algo, por ejemplo, usando inconscientemente un tono de autoconmiseración que toca exactamente el lugar donde estaba alojada tu culpa. Todo esto tiene que ver con el sonido.

Como hemos visto a lo largo de este libro, los genes son capaces de adaptarse, pero no pueden alterarse fácilmente. Se trata de una cuestión de frecuencia, y la frecuencia tiene que ver con el sonido. Al cambiar tu actitud, tu frecuencia también cambia. Si solo te fijas en los aspectos negativos de la situación, entonces tu frecuencia cae en picado. Si te fijas en lo positivo, tu frecuencia se eleva. Depende de con qué octava te afines en cada momento. En este sentido, la actitud es siempre acústica. ¿Qué tipo de proceso sigue la información mientras entra en tus oídos? ¿Cómo has conectado tus pensamientos y sentimientos para responder a los millones de entonaciones que te llegan desde tu entorno? Hasta que no crees un interior transformador que se afine con las frecuencias superiores y dejes de prestar atención a las inferiores, estas últimas seguirán dominando tu ADN y se expresarán como una reacción basada en una frecuencia también baja.

La 39.ª Sombra tiene un único objetivo: provocarte. Si habitualmente sientes que cualquier persona te provoca, entonces estás bajo la influencia de esta frecuencia inferior de la Sombra. Y te quedarás atrapado en cuanto reacciones a esa provocación. El provocador y el provocado están jugando, sencillamente, un viejo juego de ajedrez que es el del explotador y la víctima. La mayoría de nosotros representamos ambos papeles en momentos diferentes y con personas diferentes. El par programado de la 39.ª Sombra es la 38.ª Sombra, la Lucha. Una ley genética explica que cuando tú reaccionas de modo violento (emocional o físicamente) a una provocación emocional, te estás involucrando con las energías de la lucha y del esfuerzo. En este caso la violencia tiene como objetivo una sola persona, directamente. Es diferente de la ira que se libera de un modo más saludable, sin enfocarse directamente sobre nadie en particular.

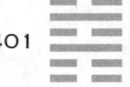

El poder de la 39.ª Sombra sobre los seres humanos estriba en nuestra tendencia a tomarnos las cosas como algo personal. La increíble razón para ello consiste en creer que existimos como seres individualizados, cuando de hecho no somos más que patrones cuánticos en una red de energía en cambio permanente. La próxima vez que sientas que alguien te provoca a nivel emocional, intenta comprender lo que te ha pasado. Si lo puedes reducir a lo esencial, verás que lo que ha ocurrido es que ese alguien ha producido un mensaje codificado gracias a sus cuerdas vocales y que la serie de tonos que ha empleado han causado en ti una reacción violenta, inconsciente y emocional. En la antigüedad se hubiera tachado a la otra persona de brujo por poder ejercer un control semejante sobre ti.

A la vista de lo anterior, toda violencia se puede comprender como un campo acústico en el que los individuos reaccionan automáticamente, y tomándoselo como algo personal, ante ciertos códigos verbales emitidos de acuerdo con patrones preconcebidos. Dicho de otro modo, la violencia es la adicción de la mayoría de las personas de nuestro planeta, razón por la que se hace permanentemente presente en las pantallas de nuestros televisores. Incluso así, la mayoría de nosotros sentimos que tenemos poco que ver con las noticias del mundo o con la suma de atrocidades que se realizan en el entorno que nos rodea. Tendemos a pensar que estas situaciones son responsabilidad de otras personas. Sin embargo, la verdad más chocante y profunda es que, cada vez que provocamos o que alguien nos provoca de un modo emocionalmente violento, estamos propagando el campo energético de la violencia y cocreando nuevos titulares para los periódicos.

La violencia es la adicción de la mayoría de las personas de nuestro planeta, razón por la que se hace permanentemente presente en las pantallas de nuestros televisores

Todos los patrones que se generan en las bajas frecuencias atrapan la fuerza de la vida humana en lo más profundo del cuerpo. La 39.ª Sombra se asegura de que no puedas respirar profundamente. Cuando no respiras profundamente, agotas tu energía y reduces tus capacidades. Uno de los síntomas de la 39.ª Sombra es la fatiga. Las personas con falta de dinamismo vital han estado de acuerdo con quedarse atrapadas, en algún sentido. La ironía es que la solución no se encuentra en hacer cambios en sus vidas públicas, sino en cambiar su actitud. Cuando cambias tu actitud, entonces tu vida pública también refleja ese cambio. Si solo cambias tus circunstancias externas sin cambiar tu actitud, lo único que sucederá es que te sentirás de nuevo atrapado.

Otra idea fascinante sobre la 39.ª Sombra consiste en que es capaz de influir en la forma del cuerpo humano. La forma de tu cuerpo viene determinada, en primer lugar, por el modo en que metabolizas los alimentos que tomas. Cuando operas en las bajas frecuencias, no puedes metabolizar la comida de forma adecuada, de modo que te sientes más hambriento de lo que estás en realidad. Sin embargo, es tu espíritu el que está hambriento, no tu cuerpo, de manera que no importa qué cantidades de comida tomes, porque nunca te vas a sentir realmente saciado. Tu espíritu está hambriento de creatividad, pues tiene una urgente necesidad de expresar su belleza interior. Por lo tanto, la 39.ª Sombra se manifiesta en el mundo a través de los patrones de alimentación a nivel global. En Occidente, uno de los grandes problemas es la obesidad, mientras que

en Oriente es la malnutrición. Ambas son reflejos del poder de la 39.ª Sombra a un nivel genético colectivo. Mientras los humanos no liberemos nuestra creatividad genuina en el mundo, estaremos atrapados en uno de estos dos incómodos extremos.

NATURALEZA REPRESIVA: ATRAPADA

El fundamento de cada una de estas 64 Sombras se encuentra en su naturaleza represiva, el estado de miedo. El miedo tienes raíces aún más profundas que la ira, cuya fuente está en la naturaleza reactiva. La expresión del miedo se convierte en ira. Sin embargo, el miedo que no se expresa nos atrapa. Todas las represiones se basan en estar atrapados. La trampa más perfecta es aquella en la cual somos inconscientes de haber caído, y este es el caso de la 39.ª Sombra. Lo que está realmente atrapado es nuestra ilimitada reserva de fuerza vital y de creatividad. La mayor parte de la humanidad, de hecho, está atrapada en las más bajas frecuencias de las 64 Claves Genéticas. El miedo nos mantiene dormidos. Los que cuentan con la 39.ª Sombra en su naturaleza a menudo tienen más congelada su energía vital, encerrada en sus patrones emocionales habituales, lo que impide que su enorme potencial humano se exprese, ya que yace inerte y adormecido. Por eso el despertar humano puede albergar tanto potencial, porque cuando despertamos, nuestra fuerza vital se libera y nuestra creatividad latente brota.

NATURALEZA REACTIVA: PROVOCATIVA

La primera fase del despertar es ¡enfadarse! Eso lleva la energía de la ira a romper con capas y capas de inercia y de miedo reprimido. Al comenzar a sentir nuestro miedo, este se va convirtiendo en ira y empezamos a representarla y proyectarla sobre otras personas. Es lo que llamamos energía de la provocación. Se trata de miedo convertido en energía, pero sin un ápice de libertad en este dinamismo. Aún estamos atrapados por nuestra ira y por nuestra necesidad de exteriorizar nuestro miedo, causando dolor en otros. Las personas que son provocadoras por naturaleza, por lo general, son inconscientes de este hecho. Lo que hacen al provocar a otros es atraer la desdicha hacia ellos mismos. Este tipo de personas en realidad están buscando amor al nivel más profundo, pero lo hacen sirviéndose de un modelo que atrae la atención negativa, lo que es abusivo. La mayoría de los seres humanos estamos atrapados por las bajas frecuencias de esta 39.ª Sombra, y lo atestiguamos con cada palabra que decimos, cuya intención es la de causar dolor en el otro.

EL DON DE LA 39.ᴬ CLAVE GENÉTICA: DINAMISMO

LA PRESIÓN DE LA CREATIVIDAD

Cuando activas las frecuencias superiores de esta Clave Genética, comienzas a tener una noción de cómo la energía guía a los niños. Como sabemos, los niños parecen

tener una energía infinita que deja sin aliento a los que están a su alrededor. Muchos padres se sienten literalmente desbordados por la actividad de sus hijos mientras están despiertos. Esta es la pura energía del 39.º Don, el Dinamismo.

Es interesante darse cuenta de cómo, al hacer la transición de niño a adulto, nuestro condicionamiento personal y cultural nos lleva por delante y comenzamos a experimentar la decadencia de nuestro dinamismo natural. Hacia los siete años de edad, la mayoría de nuestros patrones inherentes ya se han asentado. Por lo tanto, es esencial que los niños tengan un montón de espacio y tiempo a su disposición durante esos primeros siete años, ya que su dinamismo natural necesita fluir sin trabas. Por supuesto, los niños requieren límites; pero al comienzo, en sus primeros siete años de vida, lo que más les hace falta a todos los críos es jugar. El juego es el ejemplo más obvio del dinamismo, es la energía básica de la vida sin ataduras. Por desgracia, en muchas culturas, especialmente en las occidentales, se envía a los niños a la escuela en algún momento de sus primeros siete años de vida, y su septenio natural, basado en el juego desestructurado, se ve interrumpido. Este temprano énfasis en el aprendizaje mental interfiere con la genética básica del niño, que necesita expresar su dinamismo más con su cuerpo que con su mente.

Una de las razones por las que las sociedades modernas insistan en el aprendizaje temprano es la confusión entre lo que significa genio y conocimiento. Hay una creencia colectiva de que la genialidad es un fenómeno extraño, algo que no sucede normalmente. Además, otra creencia colectiva sostiene que la genialidad tiene que ver con el conocimiento más que con la inteligencia. Pero la verdadera inteligencia no tiene nada que ver con la mente, aunque se pueda manifestar gracias a ella. El genio es, sencillamente, el fruto de la inteligencia natural sin interferencias. Mientras que el conocimiento se puede forzar, el genio necesita de una gran cantidad de tiempo y de espacio para desarrollarse orgánicamente. El primer septenio de la vida del niño es el tiempo de siembra natural para el posterior desarrollo de la genialidad.

El primer septenio de la vida del niño es el tiempo de siembra natural para el posterior desarrollo de la genialidad

Dicho esto, no todo son malas noticias. No importa cómo haya sido de buena o de mala tu crianza: todos los condicionamientos se pueden revertir. Sin embargo, el descondicionamiento generalmente implica un viaje de despertar en el que tendrás que elevar tu propia frecuencia a su estado original. Cuando esto sucede, tu dinamismo natural regresa, y con él la creatividad. La misma energía que es juego para el niño pequeño madura y da frutos de creatividad en el genio del adulto. Uno de los más sencillos y rápidos modos de elevar tu frecuencia es hacer aquello que amas en la vida. Si haces lo que verdaderamente amas, liberarás tu dinamismo creativo, y cuanto más creativo seas, más energía habrá disponible para ti. Esta es la simple ecuación que pasa desapercibida a tanta gente. Como sucede con el resto de las Claves Genéticas que forman parte de este anillo codónico, el Anillo de la Búsqueda, el 39.º Don crea una presión enorme en el individuo y en su entorno inmediato. Es la presión que da lugar a tanta creatividad.

La misma presión que desembocaba en provocación en las bajas frecuencias también es provocadora en las frecuencias superiores, pero aquí se trata de un hecho que

tú estimulas. En la baja frecuencia, el miedo induce al miedo y la ira estimula la ira. En la frecuencia superior del 39.° Don, el Dinamismo, puede resultar contagioso. Dondequiera que te encuentres te sentirás atraído por quien expresa su genio latente. En presencia de esa persona te sentirás capaz de mucho más y tus horizontes se expandirán de tal manera que empezarás a respirar profundamente de nuevo. Te asombrarás de lo prolífico que puede llegar a ser tu genio en términos de creatividad. Las personas en este nivel parece que nunca se quedan sin energía, ya que les guía una fuerza superior a la suya. Este es el 39.° Don en acción; tiene que ver con la acción y con la energía que no espera, sino que inicia, empuja, prende la llama y cataliza. Una persona que vive desde el 39.° Don libera un maremoto de actividad creativa allá donde va.

El otro aspecto del 39.° Don es que no conoce el miedo. Este es el verdadero espíritu del guerrero. Hay muchos grados de guerreros. Los que luchan inconscientemente porque no lo pueden evitar son incapaces de resistirse a aquello que les haya provocado para entrar en acción. Pero hay otros tipos de guerreros de vibración superior: aquellos que, al ser provocados, son capaces de gestionar, contener y dirigir su ira. Dado que esas personas están funcionando desde frecuencias superiores de consciencia, son capaces de derrotar a los que no saben contener su ira. Pero incluso más allá de este nivel, en la frecuencia síddhica, encontramos un tipo extraño de guerrero, aquel que no se puede sentir provocado por nada, porque ha visto la naturaleza de la realidad; para empezar, no hay individuos, lo que hace imposible jugar al juego del conflicto de allí en adelante.

Para concluir, podemos ver que, al nivel o frecuencia del Don, la misma energía que provocaba la violencia se convierte en acción creativa. La energía provocadora de esta Clave Genética ya no se emplea en la reacción, sino que se pone al servicio de estimular la creatividad y la libertad en los otros. La energía del 39.° Don no tiene miedo de herir los sentimientos ajenos, si eso significa librarlos de un patrón bajo de frecuencia. La presión del Dinamismo solo puede seguir creando más dinamismo. La verdadera esencia de este 39.° Don consiste, por lo tanto, en tocar el espíritu de otras personas hasta liberarlos de sus trampas y llevarlos hacia niveles de libertad y de energía superiores.

EL SIDDHI DE LA 39.ᴬ CLAVE GENÉTICA: LIBERACIÓN

EL PUNTO CRUCIAL

Quizás al leer y contemplar esta 39.ᵃ Clave Genética puedas comenzar a tener la sensación de lo que sucedería con esta misma energía en los niveles más elevados de frecuencia. Siempre hay un punto en el que el Don, de repente, da un salto cuántico hacia el Siddhi, y entonces la flor se convierte en fruto. En el caso del 39.° Don, el Dinamismo se convierte en Liberación al olvidarse por completo de sí mismo. La 39.ᵃ Clave Genética es muy individualista, y tiene que serlo para no quedar atrapada en el statu quo. La creatividad única tiene que romper con todos los patrones de condicio-

namiento para poder elevarse a los picos de la genialidad. El Anillo de la Búsqueda aporta la presión que conduce a los seres humanos a trascenderse por fin a sí mismos.

En el nivel síddhico, ocurre algo interesante cuando toda esa presión genética desemboca en una dimensión superior. La consciencia vuelve a la totalidad, lo que significa que tiene que abandonar su mayor don: la libertad individual. Y he aquí una gran ironía. Solo los que renuncian a la ilusión de la libertad individual pueden recibir este don mayor: la liberación del ser. Pocas personas son capaces de hacer la transición del genio creativo a la divinidad, porque tienen que dejar aquello que parece ser el combustible de su creatividad: su individualidad. Para el genio, abandonar la idea de individualidad es sinónimo de muerte. Pero para obtener los estados síddhicos tienes que superar el nivel del Don y abandonar la búsqueda. Esto significa que para dar un salto hacia el último nivel de cada una de las 64 Claves Genéticas tendrás que abandonar el Don que te has ganado a pulso y toda su gloria.

Solo los que renuncian a la ilusión de la libertad individual pueden recibir este don mayor: la liberación del ser

El Dinamismo, como hemos visto, se alimenta de sí mismo. Ser dinámico es crear más y más posibilidades gracias a la acción. La consecuencia del Dinamismo es que sirve a mucha gente, la cual, a su vez, eleva su vibración. Cuanto mayor es el número de personas a las que sirves, más exclusiva se vuelve tu frecuencia, hasta que un día alcanzas el punto crucial. El punto crucial no es fácil de describir, ya que no se puede predecir, ni es posible prepararse para su advenimiento. Los místicos lo han descrito generalmente como una muerte física, porque se trata de una Clave Genética física, dinámica. Tienes que clarificar todo tu ser. Todos tus planes, la creatividad, el trabajo, la intención y el servicio se tienen que rendir en un solo punto de evanescencia. La llegada de este evento es inconfundible. Te alcanza con la garantía de que lo transcenderás. No hay error en este sentido. Solo puedes atravesar el túnel de la agonía hasta que se convierta en éxtasis.

La Liberación es uno de los fenómenos más extraños. El no liberado lo percibe como una experiencia, aunque no es una experiencia, ya que no hay nadie allí para experimentarlo. Aunque la Liberación se describe como un evento, tampoco es un evento. Aunque parece suceder dentro de los parámetros del tiempo, no es así. Ocurre fuera de la línea temporal. No hay ningún sonido de los que se pueden producir mediante vibración que resuenen con este fenómeno. No hay palabras para describir la Liberación, porque no hay proceso que describir. Quizás la analogía que mejor se puede entender es la de morir.

La Liberación se representa con la bella metáfora de la muerte del guerrero. La vida del guerrero es una vida de preparación, adversidad, energía y finalmente muerte. La muerte perfecta para un guerrero se da en el campo de batalla. En las sociedades antiguas, era un gran honor para el guerrero morir en la batalla (el 38.º Siddhi es el Honor). Pero todo esto no es más que una metáfora para explicar lo que existe a un nivel superior del que generalmente captamos. Desde luego, el guerrero eres tú, el ser humano independiente. La batalla es el mundo y la guerra es la vida. El verdadero guerrero es el que desea morir por una causa de nivel superior, ya sea esta parte de la metáfora tu país, tu causa, tus hermanos y hermanas o tus hijos. La parte importante de la metáfora es que el guerrero tiene que dar su vida por otros, igual que Cristo murió en la cruz

por la humanidad. Como en todas las grandes leyendas e historias, después de que el guerrero ha ofrecido su vida a una causa superior siempre hay un renacimiento. Este renacimiento es la Liberación, y sucede solo tras grandes esfuerzos y muchas pruebas. Es el camino de la 39.ª Clave Genética, cuyo premio es la aniquilación del miedo gracias a la muerte del ser inferior o ego. Este es el verdadero significado y simbolismo del guerrero y la razón por la que todos aspiramos a ello.

Liberación puede sonar parecido a libertad, pero hay sutiles e importantes diferencias. La Libertad está representada por la 55.ª Clave Genética. De hecho, hay una conexión profunda entre las Claves Genéticas 39.ª y 55.ª. Al nivel síddhico, la resonancia de cada palabra es precisa y específica. La Liberación es una energía provocadora, pues prueba y reta a los que han llegado a ella. La persona que manifiesta el Siddhi de la Liberación se convierte en un tipo peligroso para los que están a su lado, no en el sentido físico de peligro, sino en el sentido de los patrones de la Sombra, ya que se trata de alguien que no se acerca a ti con delicadeza. Es una fuerza que penetra hasta el centro de tus patrones de baja frecuencia y te desnuda hasta el tuétano de tu verdadero ser. Son los maestros que dirigen su amor hacia las grietas más débiles de tu coraza. Del mismo modo que las bajas frecuencias de esta Clave Genética aprietan las teclas que provocan tu reacción, el sabio juego del 39.º Siddhi se servirá de cualquier técnica a su disposición para probar los límites de tu rendición. Si te tomas las cosas como algo personal, entonces es que aún te estás resistiendo a la rendición.

La 39.ª Clave Genética se relaciona con la 55.ª Clave Genética del mismo modo en que un resorte mecánico libera una energía explosiva. Cuando la búsqueda humana se ha consumido en sí misma, surge una gran necesidad de acción, y esta presión está ya presente en tu ADN. La vida está lidiando para trascender su lucha gracias a los seres humanos, y la 39.ª Sombra creará la tensión para el cambio hasta que pueda liberarse por medio de un genoma humano como el Siddhi de la Liberación. Así pues, incluso antes de la mutación de la 55.ª Clave Genética, oiremos la explosión dinámica de esta energía, la cual provoca la mutación en sí misma. Por lo tanto, veremos cómo la energía de la Liberación finalmente provoca la expresión de la Libertad.

40.ª CLAVE GENÉTICA

SIDDHI VOLUNTAD DIVINA • DON DETERMINACIÓN • SOMBRA AGOTAMIENTO

EL PODER DE LA RENDICIÓN

PAR PROGRAMADO: 37.ª CLAVE GENÉTICA
ANILLO CODÓNICO: EL ANILLO DE LA
ALQUIMIA (6.ª, 40.ª,
47.ª, 64.ª)

FISIOLOGÍA: ESTÓMAGO
AMINOÁCIDO: GLICINA

LA SOMBRA DE LA 40.ª CLAVE GENÉTICA: AGOTAMIENTO

LA ENERGÉTICA DE LA FUERZA Y DE LA VOLUNTAD

La 40.ª Clave Genética y su Sombra se refieren al uso, correcto o incorrecto, del poder de la voluntad humana. El secreto de esta Clave Genética se esconde en la diferencia entre estos dos términos: «energía» y «fuerza». Energía, en este contexto, se refiere a la vitalidad natural que fluye en tus quehaceres diarios en el mundo. Siempre que tus actos estén alineados con el universo, la energía requerida para ejecutarlos provendrá de lo más profundo de tu ser. Sin embargo, cuando tus acciones no provienen de tu verdadero manantial, sino que son forzadas, la consecuencia es que tu energía vital se agota.

La disfunción de la 40.ª Sombra está muy sutilmente conectada con la transformación de la comida y el líquido en energía por medio de la función estomacal. En las medicinas orientales más ancestrales, toda la salud del cuerpo humano se mide en términos de vitalidad, lo que se ha dado en llamar *chi*. De acuerdo con esa tradición, hay dos formas de chi: el chi prenatal, que es la herencia vital con la que has nacido y que determina tu vida actual, y el chi postnatal, que es la energía que extraes tú mismo de la comida y de la naturaleza. El modo que tienen los orientales de ver la salud se basa en conservar el chi prenatal tanto como sea posible, al mismo tiempo que se incrementa el chi postnatal. La 40.ª Sombra, el Agotamiento, se produce porque la conversión de la comida y el líquido en chi postnatal no se hace de una manera eficaz, lo que trae como consecuencia que el cuerpo tenga que recurrir a sus valiosas reservas de chi prenatal. Si vemos de manera conjunta este patrón de la Sombra con su par programado, la 37.ª Sombra, la Debilidad, podremos comprender que ambas consiguen llevar al ser humano a consumirse hasta los huesos. Como sucede con los 32 pares de la Sombras, el funcionamiento combinado de estos patrones se convierte en un círculo vicioso.

En los niveles más elevados de su frecuencia, la 40.ª Clave Genética es, en realidad, responsable de la transformación de nuestra civilización y de nuestra sociedad valiéndose de la creación de alianzas fructíferas, de la implantación de límites sólidos y del intercambio mutuamente beneficioso entre individuos, comunidades y naciones. Sin embargo, la fuerza de voluntad, como tal, es una facultad humana indudablemente muy mal entendida. Tendemos a creer que la fuerza de voluntad es algo a lo que todos los seres humanos pueden acceder en tanto que tienen fortaleza interior. Hay un proverbio en Oriente que dice que si quieres algo urgentemente, puedes hacer siempre que se cumpla, pues es solo cuestión de fuerza de voluntad. Este es el tipo de condicionamiento del que se alimenta la 40.ª Sombra.

La fuerza de voluntad empleada en la dirección equivocada se convierte en fuerza, y aunque puede que tenga éxito en su empresa, los resultados para el cuerpo físico son catastróficos y muchas veces irreversibles. Cuando uno comienza a forzar su vida fuera del camino que le es natural, surgen problemas relacionados con el estómago y la digestión. Debido a que la energía proveniente de la alimentación no se convierte adecuadamente en energía, lo que se crea es una acidificación excesiva a nivel estomacal que, con el tiempo, puede derivar en todo tipo de problemas y enfermedades más serias, que van desde la aparición de úlceras hasta la manifestación de un cáncer. Un incorrecto uso de tu poder también coloca bajo presión a tus riñones y a las glándulas suprarrenales, ya que el cuerpo comienza a luchar para suministrar energía suficiente como para poder ir en contra del flujo del universo. El resultado, a largo plazo, es envejecimiento prematuro, enfermedades y agotamiento. Para la mayoría de los seres humanos de hoy este es el modo normal de hacer las cosas. Incluso de esta manera, el cuerpo humano se presenta como un organismo duro, capaz de resistir una enorme cantidad de castigos.

Hay dos maneras en que la 40.ª Sombra te puede superar. Una es intentando forzar tu propia fuerza de voluntad sin recibir el soporte adecuado de los demás; la otra es permitiendo que los demás se aprovechen de tu débil fuerza de voluntad al ser transigente con sus exigencias. Este último escenario que he planteado aquí es muy común en el mundo de los negocios, donde la gente trabaja en puestos con poco o ningún vigor y recibe por ello sueldos precarios. El problema es que cuando tú transiges y te empeñas en realizar una función que no le deja respirar a tu dimensión espiritual, entonces la baja frecuencia refuerza tu baja autoestima y comienzas a aceptar cualquier precio como pago.

Otro modo de trabajar de la 40.ª Sombra es por la vía de la fuerza de voluntad individual. Estos individuos son personas que, desde el otro extremo de la cuerda, muestran la misma dinámica: el explotador que se aprovecha de la gente con fuerza de voluntad débil. Este tipo de gente se aísla de los demás y terminan ahogados en sus propias ambiciones y en su adicción al trabajo. La constante energía que manifiestan proviene de su vitalidad básica, lo que reduce su vibración a una baja frecuencia y cierra su corazón a la posibilidad de reconocer al otro. A pesar de ello, este tipo de personas mantienen su dirección gracias a la pura fuerza de voluntad, pero a costa de claudicar de su

humanidad. Como ya habrás observado leyendo estas líneas, el secreto más importante que guarda la Sombra de la 40.ª Clave Genética es el arte de la relajación. Para aquellos que están bajo su influencia, la relajación parece un reto imposible, y de hecho, la relajación verdadera es una de las asignaturas pendientes de la civilización actual.

La 40.ª Sombra es, en parte, responsable de otras vibraciones de baja frecuencia en los diferentes estadios de la humanidad, como, por ejemplo, la soledad o el aislamiento. Cuando trabajas haciendo algo que te encanta mientras usas armoniosamente tu energía, automáticamente activas la posibilidad de que otros te apoyen, de manera que es imposible que te sientas solo. Sin embargo, cuando te empeñas en ir contra el fluir natural propio o impides el fluir natural de otra persona, la soledad hace acto de presencia. Cuando permites que otra persona abuse de tu energía, que es la naturaleza represiva de esta Clave Genética, tu red de apoyo natural se viene abajo y te sientes como si te hubieran arrancado de la vida, cuando, en realidad, es tu propia acción o tu falta de acción la que ha generado esa situación.

Una manifestación más de esta frecuencia de la Sombra es el tipo de soledad que sobreviene cuando el individuo se aísla de los otros al negarse a aceptar su apoyo o al morder la mano de quien le alimenta. Es el típico patrón de comportamiento reactivo que porta esta 40.ª Sombra. Esta última forma de soledad es la menos obvia de todas, ya que estas personas tan voluntariosas a menudo parecen gozar de gran independencia cuando en realidad, en un nivel más inconsciente y profundo, son tan débiles y están tan aisladas como la naturaleza represiva que manifiestan. La 40.ª Sombra tiende a la negación y lo primero que refuta son sus sentimientos; las personas con esta Sombra activa a menudo niegan el hecho de que tengan sentimientos, y justamente es esa negación la que les conduce a la caída.

Cuando un ser humano se aísla del resto de su especie, se pone en una situación de gran peligro. El sutil campo cuántico que conocemos con el nombre de plano astral hace imposible que puedas separarte del resto de los seres humanos. Este tipo de negación se vuelve en contra de la propia persona que se niega a recibir apoyo y se instala profundamente en su cuerpo, que se acidifica cada vez más hasta que se corroe. La 40.ª Sombra es una de las causas más corrientes de enfermedades cancerígenas en nuestro planeta. Arraiga cada vez que una persona no se siente capaz o se resiste a afrontar y sentir la profundidad de su dolor emocional. A través de esta Clave Genética tienes que enfrentarte con el hecho de que tu salud, a todos los niveles, es responsabilidad exclusivamente tuya. Aunque otras personas puedan ofrecerte su ayuda y tomarte de la mano algunas veces, eres solo tú quien tiene que afrontar tu vida y todo lo que ella comporta.

La 40.ª Sombra es una de las causas más corrientes de enfermedades cancerígenas en nuestro planeta

NATURALEZA REPRESIVA: CONFORMISTA

Se trata de personas que carecen de límites firmes en su vida. La persona que tiene esta naturaleza se conforma con ser manipulada por otros debido a la falta de energía que siente para mantenerse por sí misma. Este hábito permisivo sobreviene al negarse

a mirar las propias necesidades individuales, patrón y estrategia que hemos aprendido durante las vivencias y percepciones que tuvimos ocasión de observar en nuestra infancia. Esta gente puede darse y darse a otros sin descanso, y, generalmente, lo hacen dándose a personas u organizaciones que, en general, no se ocupan de ellos. La 40.ª Sombra agota a las personas que no se valoran lo suficiente a sí mismas ni valoran sus energías. Cuando estas personas abandonan su patrón de negación, toman posición primeramente en su propio favor, y se pueden mantener por sí mismas, sus vidas experimentan una mejora increíble.

NATURALEZA REACTIVA: DESPECTIVA

El lado reactivo de esta Sombra tiene que ver con la negación de la rabia. Como ocurría con el miedo de la cara represiva, esta rabia tiene también sus raíces en una infancia complicada. Esta clase de negación provoca que la rabia se convierta en una manera de despreciar a los otros. Este tipo de personas pueden ser enormemente arrogantes. Se apoderan de la debilidad de los demás y sacan beneficio de ella. Tal desdeñosa actitud constante revela que este tipo de persona no es capaz de permitir que otros se le acerquen demasiado. La negación reactiva se nutre de la falta de respeto hacia los demás, y aquellos que representan esta naturaleza reactiva van gradualmente desgastando su energía al cortar los hilos de apoyo de los que podrían disfrutar. Gracias a que su poderosa fuerza se nutre de la propia rabia inconsciente, normalmente no se les nota que están agotados, pero, en su interior, la permanente necesidad de aislarse del resto de la comunidad se cobra al final también su peaje.

EL DON DE LA 40.ᴬ CLAVE GENÉTICA: DETERMINACIÓN

EL OLVIDADO ARTE DEL NO HACER

Cuando activas la vibración de la 40.ª Clave Genética y la conduces hacia una frecuencia superior, el agotamiento se convierte en algo pasado de moda. Cuando tu fortaleza vital está correctamente alineada, te das cuenta de que hay una enorme cantidad de energía disponible para ti. Las mismas fuerzas que conducían la Sombra son las que controlan el nivel del Don, pero con un resultado completamente diverso. Todo en la 40.ª Clave Genética tiene que ver con el hecho de tener límites, y para crear esos límites tienes que ser capaz de negar a otras personas el acceso a tu propia energía. Tienes que ser capaz de decir «no». El uso correcto de este tipo de aislamiento positivo te garantiza que ni tu energía ni tus recursos disminuyan. La energía que dedicamos al aislamiento, usada correctamente, se puede convertir en una maravillosa aliada de nuestra vida, porque es justamente la habilidad de definir límites personales en torno a tu energía y a tu tiempo lo que permite que florezca el Don de la Determinación.

El Don de la Determinación tiene que ver con tomarle el gusto a nutrirse a uno mismo. En última instancia tiene que ver con la profunda relajación física, ese equilibrio

maravilloso que hay entre servir al mundo y servir a tu propio goce. La verdadera Determinación no es posible a no ser que aprendas cómo relajarte. En este mundo agitado, mucha gente confunde la palabra *descanso* con la palabra *relajación*. Todos necesitamos descanso, pero necesitamos quizás aún más la relajación. El descanso permite una recarga del cuerpo físico, pero la relajación facilita que el resto de nuestros cuerpos sutiles también se recarguen. Cuando nos relajamos completamente, nuestra salud mental y emocional están tan aseguradas como nuestra salud física. El 40.° Don

El Don de la Determinación tiene que ver con tomarle el gusto a nutrirse a uno mismo

es un recordatorio genético sobre la importancia de la relajación en nuestra vida, y lo portamos cada uno de nosotros en el interior. La vida nunca fue diseñada para que se convirtiese en algo tan duro como aquello en lo que la hemos convertido los seres humanos, creando un mundo que nos obliga a derrochar nuestra fuerza de voluntad más allá de lo que es conveniente y natural. El 40.° Don sabe cómo ahorrar energía a todos los niveles; conoce la gran importancia mística del *wu wei*, el eterno arte del no hacer.

Para una persona con el Don de la Determinación, nada supone realmente un esfuerzo, porque nada se fuerza. Este tipo de gente trabaja mucho y emplea una enorme cantidad de energía; pero al contrario de lo que ocurría con la Sombra, ellos no se cansan. Saben cuándo parar y, lo que es aún más importante, saben cuándo decir no. El trabajo que está en armonía con la verdadera naturaleza de cada uno no es realmente un trabajo, y en este sentido, no necesita de la fuerza de voluntad. La Determinación significa que la fuerza de voluntad está desde el comienzo integrada en la actividad; por lo tanto, se realiza sin esfuerzo y sin ser forzada. Además de este sentido de fluidez, el 40.° Don genera un enorme respeto y apoyo por parte de los otros. A diferencia de la frecuencia de la Sombra, la gente que vive a nivel del Don no desconfía del apoyo externo, aunque tenga que mantener siempre la integridad de su propio espacio. Estas personas son muy inspiradoras como soporte para otros. A menudo se convierten en la espina dorsal de los proyectos y equipos en los que están implicados, justamente por su propia capacidad de Determinación.

El otro aspecto de este 40.° Don es una visión verdaderamente mágica que se puede aplicar a cualquier persona, sin importar su predisposición genética; algunas veces, decir que no a lo que es correcto proporciona más poder que decir sí, y en algunos casos será un poder insospechado. Las personas con el 40.° Don son puros agentes de la naturaleza: si su Determinación no les permite hacer algo u ofrecer a otro sus recursos, eso quiere decir que esa persona, en el gran esquema de las cosas, pertenece a otro lugar y que debe irse a buscar lo que necesite a ese otro sitio. Incluso cuando el otro pueda mostrarse resentido o molesto al comienzo por no recibir lo que esperaba, al final se verá que el flujo natural era el correcto para ambas partes. Decir un firme y resuelto «no» a la persona o a la cosa adecuada significa permanecer enraizado en el territorio del verdadero ser.

Determinación es mucho más que simple fuerza de voluntad; es el florecimiento de la soledad. De hecho, este Don prospera sobre todo mientras disfrutas de tu soledad. La fuente de todos tus poderes radica en tu gusto por estar solo. Esto no significa que la gente con esta clave en su perfil hologenético tenga que estar siempre sola. Significa que nunca sufren de soledad, porque su energía vital está permanente sumida en el proceso de dar a luz. Esta abundancia interior provee al aura de una fortaleza tremenda que, probablemente, atraiga la atención de muchas personas que desean entrar en contacto con ella. El 40.° Don crea un equilibrio genético en relación con su par correspondiente, el 37.° Don, la Igualdad. Mientras que el 37.° Don consiste en dar apoyo y socorro sin interrupción a otras personas, el 40.° Don equilibra esta tendencia al asegurarse de que tú también te tomes el espacio y el tiempo suficientes para tu propio goce y esparcimiento.

Cada ser humano tiene que aprender de este Don en algún momento, ya que es una fuente de equilibrio en nuestras vidas para recordarnos que nuestro verdadero poder reside en el hecho de disfrutar de nuestra soledad interior. En palabras del poeta Rilke:

> El individuo que siente su soledad, y solo él, está sujeto a las profundas leyes cósmicas. Si una persona sale al amanecer o mira hacia fuera en la noche llena de acontecimientos, si es capaz de sentir todo lo que sucede allá fuera, entonces todo lo circunstancial se aleja de ella, como si se tratara de alguien que está ya muerto, a pesar de que esté justo en el centro de la vida.

EL SIDDHI DE LA 40.ª CLAVE GENÉTICA: VOLUNTAD DIVINA

LA COMPLETA RELAJACIÓN FÍSICA

Ya en el campo de las más altas frecuencias, el Don de la Determinación se convierte en la mismísima Voluntad Divina. En muchos panteones místicos, las cualidades de la divinidad están organizadas en tres principales organismos cósmicos: la Mente Divina, el Corazón Divino y la Voluntad Divina. De los tres, la Voluntad Divina suele representar la cualidad primigenia de la que surgen las otras dos. Todo el concepto de la Voluntad Divina es una demostración de la necesidad humana de creer que existe algún tipo de fuerza benéfica que controla el universo. En otras palabras, el 40.° Siddhi está claramente relacionado con nuestra percepción de la existencia de Dios.

Las Claves Genéticas 37.ª y 40.ª son dos polaridades dentro de la genética que conforman la piedra filosofal de nuestras creencias y experiencias relativas a la existencia de un poder superior. Si miramos al 37.° Siddhi, la Ternura, podemos observar que todos los que han alcanzado la realización por la vía este Siddhi han dejado una impronta en la psique humana colectiva concerniente a la naturaleza de lo divino, y que esa impronta refleja una profunda ternura y una fuerza amorosa que lleva sobre sí todo el peso de la creación. Esa ternura se refleja en todas las mitologías y religiones del mundo, que ven la Voluntad Divina como una representación maternal o paternal. Desde esa perspectiva, los humanos somos considerados hijos de Dios. Sin embargo, cuando miras con los ojos del 40.° Siddhi, el panorama es completamente diferente; tanto, que ha causado gran confusión entre los buscadores místicos durante milenios. Los maestros que han conseguido la iluminación a través del 40.° Siddhi son los más grandes negadores de la exis-

tencia de Dios. Igual que la 40.ª Sombra niega sus propias necesidades o las de otros, el 40.º Siddhi niega que la humanidad necesite un Dios a su cabecera. Esta manifestación es una de las más poderosas del estado síddhico, ya que cuando aparece en el mundo, lo que esencialmente hace es sembrar el pánico más absoluto entre todos los buscadores humanos.

Cuando un hombre o una mujer alcanzan este estado síddhico final conocido como iluminación, una innegable energía emerge de ellos, la pura energía de la consciencia misma. Este tipo de gente habla con una fuerza innegable. La necesidad colectiva de saber que Dios existe es solo una necesidad basada en nuestros más profundos miedos, el miedo a estar solos en un mundo sin dioses. Cuando el 40.º Siddhi expresa su divinidad, irónicamente lo hace negando la existencia de cualquier tipo de separación entre lo humano y lo divino. Al hacer esto, el 40.º Siddhi fuerza a los humanos a confrontarse con uno de los grandes temas de los buscadores: que la propia búsqueda se interpone en el camino de la realización. Si alguien alcanza el estado síddhico por medio de la 40.ª Clave Genética, lo habrá hecho a pesar del propio Dios. Este es el camino de la negación mística de la necesidad de ser ayudados por un Dios. Esta gente, lejos de seguir otras enseñanzas o maestros, prosigue su propio camino en completa soledad. Cuando consiguen el estado más elevado de consciencia a menudo se refieren a él negándolo.

Cuando el 40.º Siddhi se expresa a través de una persona, esta podría decir que no hay camino hacia Dios, porque no hay Dios fuera de tu propia soledad. Podría decir que todas las prácticas divinas y métodos de búsqueda de Dios son inútiles. Ni siquiera te hablará de su estado como si se tratara de algo *místico* o espiritual. Este tipo de gente rechaza de plano cualquier noción de espiritualidad o divinidad. Debido a sus posiciones radicales, tales maestros no son generalmente muy populares entre las masas, ni siquiera entre los propios buscadores; pero la vibración que hay tras sus palabras es innegable para todos los que se aproximan a ellos. El 40.º Siddhi derrama un aura de soledad espléndida y despliega una exquisita independencia de las necesidades normales de un ser humano. Sus palabras son simples, lógicas, penetrantes y algunas veces muy impactantes. Así es como la consciencia se sirve de la negación para llevar a otros hacia una autenticidad más profunda, destruyendo todas las esperanzas humanas de alcanzar un estado semejante a la idea que tenemos de un Dios. Curiosamente, solo cuando te has desconectado de todos tus deseos llegas a estar lo suficientemente vacío como para experimentar ese estado. Se trata de enseñanzas muy paradójicas.

Desde ese punto de vista, eres absolutamente libre de hacer todo lo que desees en la vida y, al mismo tiempo, nada de lo que haces está en tus manos

Como puedes ver, el Siddhi de la Voluntad Divina es un acertijo con paradoja. Para los que son ajenos al estado síddhico, la Voluntad Divina parece ser un concepto poderoso: hay una razón detrás de cada cosa y finalmente todo queda en manos de una fuerza superior. Para el que está inmerso en este 40.º Siddhi, la paradoja es maravillosa: Dios solo puede visitarte cuando tú no estás ahí. Cuando la experiencia sucede, la paradoja se revela en todo su esplendor; cada ser humano es un asentamiento para la Voluntad Divina y, sin embargo, nada existe fuera de la humanidad. Desde este punto de vista, eres absolutamente libre de hacer todo lo que desees en la vida y, al mismo tiempo, nada de lo que haces está en tus manos.

En el interior de este Siddhi se esconde también el misterio del libre albedrío y el estado que los místicos suelen llamar «consciencia sin elección». Ni siquiera el concepto tiene sentido a un nivel síddhico, porque en ese estado de consciencia no hay *nadie* para hacer o no hacer elecciones. Estos son los juegos que le gusta jugar al 40.º Siddhi y estos son también los horrores con los que lucha la 40.ª Sombra. El 40.º Siddhi ha sido responsable de lo que hemos dado en llamar «aproximación negativa» a la realización, mientras que su par programado, el 37.º Siddhi, la Ternura, representa el camino del verdadero buscador de Dios. Ambos caminos han abierto graves heridas en la línea argumental de la historia genética de la humanidad, y ambos caminos tendrán que ser, en algún momento, transcendidos y abandonados para que pueda florecer el verdadero estado de realización.

A pesar de sus paradojas, el 40.º Siddhi se considera una de las grandes piezas del ajedrez místico en la evolución humana. En la enseñanza conocida como los Siete Sellos (que se detalla en la 22.ª Clave Genética), el 40.º Siddhi representa un código del ADN humano que puede transformar a la humanidad en el plano físico. A nivel individual, el 40.º Siddhi contiene la llave de la relajación completa, de manera que cada molécula de ADN dentro de tu cuerpo funciona a la frecuencia óptima. Para que ello suceda se requiere un enorme proceso de liberación kármica, que es el trabajo del Anillo codónico conocido con el nombre de Anillo de la Alquimia. Las cuatro Claves Genéticas de este Anillo poseen el poder de cambiar tu ADN de modo que no haya más interferencias en tu cuerpo físico. Como podrás comprender después de leer la 22.ª Clave Genética, eso significa que tus cuerpos sutiles superiores se pueden manifestar directamente a través de tu cuerpo físico. Este es el verdadero significado de la relajación física completa: un estado que está más allá de la mera comprensión mental y en línea con la manifestación directa de la Voluntad Divina.

41.ª CLAVE GENÉTICA

LA EMANACIÓN PRIMIGENIA

Par programado: 31.ª Clave Genética	Fisiología: suprarrenales
Anillo codónico: El Anillo del Origen	Aminoácido: metionina
(41.ª)	(iniciador)

LA SOMBRA DE LA 41.ª CLAVE GENÉTICA: FANTASÍA

La rueda genética del Samsara

La 41.ª Clave Genética y sus diferentes niveles de frecuencia conforman un arquetipo verdaderamente excepcional. Él soporta por sí mismo una importantísima función dentro de la matriz genética humana, relativa a lo que en genética se conoce *como codón de inicio*, y a través de esta extraordinaria Clave Genética vamos a poder entender qué significa esto.

Más abajo aparece un ejemplo de una sección del código genético transcrito en forma de letras. El código genético está formado por una combinación de solo cuatro letras: *a, t, c* y *g*. Estas letras se llaman *bases* y representan los bloques de construcción básicos del código genético completo. Ocultas en estos miles de millones de letras están las instrucciones específicas que debe seguir el cuerpo. Al ir descifrando el código de la vida, los científicos descubrieron que había lugares dentro de la secuencia donde el cuerpo siempre parecía saber cómo comenzar a construir. Descubrieron que si el cuerpo advierte las letras **atg** en una secuencia, siempre actúa con las instrucciones que siguen. Por esta razón se le conoce como codón de inicio, porque opera como si se tratase de la puerta principal de entrada al código mismo.

caattgtcatacgacttgcagtgagcgtaggagcacgtccaggaactcc
tcagcagcgcctccttcagctccacagccagacgccctcagacagcaaag
*cctacccccgcgccgcgccctgcccgccgctgcg**atg**ctcgcccgcgccc*
tgctgctgtgcgcggtcctggcgctcagccatacaggtgagtacctggcg
ccgcgcaccggggactccggttccacgcacccgggcagagtttccgctct

Gracias a esta descripción podemos comprender cuán importante es la 41.ª Clave Genética, ya que, como arquetipo genético de funcionamiento en la consciencia humana, su mensaje es de tremenda importancia para todos nosotros.

Al nivel de la consciencia de la Sombra, la 41.ª Clave Genética se centra en los temas de la fantasía y los sueños. Estar al servicio de la Sombra de la Fantasía es como sostener la llave de todos los sueños en tu mano pero sin meterla nunca en el candado de la cerradura. Tanto si tienes esta 41.ª Sombra en tu perfil hologenético como si no, sin duda vas a sentir su influencia, pues, como ocurre con todas las Sombras, ejerce su gran poder a través de la frecuencia colectiva del planeta. Debido a la 41.ª Sombra, nuestro planeta está poblado de personas que sueñan con una vida mejor pero que, por una razón o por otra, se sienten incapaces de convertir sus sueños en realidad.

La 41.ª Sombra crea una presión continua en los humanos: la presión por evolucionar. Cuando esta presión se distorsiona en el nivel de la baja frecuencia, que es el actual estado de la humanidad, la distorsión se percibe como el apremio por sentirse feliz. Así es como comienza lo que los antiguos llamaron «la rueda del Samsara»: un ciclo sin fin de sufrimiento en el cual los seres humanos se sienten atrapados por la necesidad de satisfacer sus deseos. Con la distorsión masiva de la 41.ª Sombra, la comunidad humana ha malinterpretado las instrucciones que nos han sido entregadas en el ADN colectivo. Y todo comienza aquí, en esta Clave Genética. El deseo en sí mismo no es el problema, pero sí lo es que el deseo (la 30.ª Sombra) venga después de la Fantasía. La Fantasía es la mecha que prende el combustible del deseo.

Entonces, ¿cómo hemos malinterpretado un código tan vital de nuestra naturaleza? ¿Hay algo que podamos hacer al respecto? Como veremos, hay muchas respuestas en el nivel de las frecuencias superiores de esta misma Clave Genética. Por el momento, intentemos ver cómo funciona esta Sombra y cómo impide efectivamente el florecimiento de la consciencia humana. La clave del problema, como siempre, está en nuestra mente. La presión evolutiva que surge en el ser humano lleva dentro de sí nuestra historia genética completa, es decir, el proceso evolutivo desde la ameba al *Homo sapiens*. Alrededor de la mitad de nuestro código genético deriva de otros organismos pertenecientes a los primeros momentos de la evolución.

Alrededor de la mitad de nuestro código genético deriva de otros organismos pertenecientes a los primeros momentos de la evolución

Toda esta historia trae consigo un peso enorme, ya que en un sentido nos empuja hacia atrás, pero en otro nos incita hacia el deseo de liberarnos. Encarar la presión de todo este pasado en nuestro interior implica un enorme coraje, y mientras la vas soltando, te entran ganas de salir corriendo y de perderla de vista como sea.

Debido al *peso ancestral* soportado por esta Sombra, tiene una fuerte conexión con el apetito y la energía humanos. Esta presión profundamente incómoda que llega directamente de la 41.ª Sombra despierta en nosotros el ansia por un futuro mejor. Esta misma señal está conectada con comer, con no comer y con la depresión. La distorsión de la 41.ª Sombra nos puede conducir a todo tipo de problemas de peso o energéticos, desde la fatiga crónica a la hiperactividad. Todos esos temas están arraigados básicamente en la mente y en su capacidad o incapacidad de fantasear sobre el futuro. Esta Sombra

se arrastra constantemente entre el sueño de la saciedad y la urgencia por vaciarse. Cuando en el calibrador se lee «vacío», fantaseas ya con estar repleto. Dependiendo de la mente individual y de su condicionamiento, esto se puede traducir en términos de soñar con tu alma gemela perfecta, tener montones de dinero o devorar una tableta de chocolate. A la inversa, cuando el calibrador lee «lleno», puedes naufragar en la pesadez, te sientes aplastado por tu pasado y de ahí surge la premura por realizar una purga.

La Sombra de la Fantasía te impide sentirte completo, porque la mente no descansa en el ahora, sino que oscila entre los sueños del futuro y la revisión del pasado. Sin embargo, el mayor problema de esta Sombra es que te impide consumar tus sueños. Te conviertes en un adicto a la esperanza de que el sueño venga a tu mente, más que en despegar en la dirección a la que apunta tu sueño. Esta es la razón más común por la que la gente vive de las fantasías que le ha aportado su ámbito cultural: películas o realidades alternativas creadas por la tecnología y por internet que se han convertido en la última gran fantasía adictiva para la humanidad.

La 41.ª Clave Genética está también relacionada con los temas de liderazgo. El líder que sabe cómo manipular la fantasía colectiva puede tener un enorme impacto en los otros. El par programado de la 41.ª Clave Genética es la 31.ª, cuya Sombra correspondiente es la Arrogancia. El tema del liderazgo de la 31.ª Clave Genética se desfigura al nivel de la Sombra en forma de falsa humildad, que en realidad es lo mismo que la arrogancia. Los verdaderos líderes tienen que superar el miedo intenso a la humillación, porque cuando la 41.ª Clave Genética declare sus sueños en voz alta y se mantenga firme, se arriesgarán a ser malinterpretados con facilidad. Los que traen al mundo lo nuevo tienen que afrontar siempre este reto.

En conclusión, la Sombra de la Fantasía pone de manifiesto el gran maya o la gran ilusión en la que viven la mayoría de los seres humanos. Como una pulsión primaria por evolucionar que es, desencadena un *falso comienzo* en el nivel mental de tu vida y, por lo tanto, cortocircuita tu habilidad natural para vivir el momento presente. La Fantasía per se es algo precioso, pero si te impide vivir de verdad se convierte en un escaparse de la vida para perderse en la mente. Una vez que quedas atrapado en esos patrones mentales, adictivos, es muy difícil reconocerlos y romper con ellos. Sin embargo, en cada vuelta de la rueda de la fantasía, el código te da una oportunidad de que lo interpretes correctamente. Cuando esto sucede, te comprometes con el verdadero codón de inicio y no ya con su sombra. En vez de reengancharte en el círculo vicioso de fantasía y esperanza, podrás desbloquear y manifestar tu propósito superior en el mundo.

NATURALEZA REPRESIVA: SOÑADORA

La naturaleza represiva de la 41.ª Sombra tiene que ver con escaparse de la vida por la vía de la ensoñación. Estas personas tienen una actividad marcada por la fantasía. No viven en el mundo real y cualquier cosa que escuchan la interpretan según su quimera. No quieren realizar sus sueños, sino que son adictas a los mundos internos que han creado sus mentes. Permanecen gobernadas por un miedo profundo que no les permite tener relaciones humanas adecuadas. Su ensoñación se manifiesta con frecuencia como un tipo de letargo que da lugar a un colapso gradual de los sistemas energéticos

del cuerpo físico, en especial los sistemas vascular y digestivo. El único modo en que estas personas son capaces de cortar por lo sano con sus ciclos mentales es comenzar a manifestar sus fantasías en el plano material.

NATURALEZA REACTIVA: HIPERACTIVA

La cara reactiva de esta Sombra es una energía de puro manojo de nervios. Estas personas están siempre superadas por las circunstancias y arrastradas a propulsión por sus fantasías. Este tipo de naturaleza termina inevitablemente quemada, ya que el poder de la visión que están intentando manifestar en el mundo supera las limitaciones del plano material. Su insaciable apetito los conduce hacia problemas más y más profundos, que van minando su sistema nervioso con una presión enorme. El colapso de este tipo de naturaleza reactiva es inevitable y a menudo resulta muy dramática y destructiva para todos los implicados. La esperanza para estas personas llega cuando son capaces de permitir que otras entren en su vida interior y cuando renuncian a la obsesión de manifestar sus fantasías exactamente igual que fueron diseñadas por su mente.

EL DON DE LA 41.ᴬ CLAVE GENÉTICA: PREMONICIÓN

EL ANILLO DEL ORIGEN

Cómo vimos en la 41.ª Sombra, esta Clave Genética representa la presión básica por evolucionar: buscar nuevos alimentos y nuevas experiencias. Este impulso evolutivo es el secreto del 41.ᵉʳ Don, la Premonición. Hay un fenómeno muy interesante que sucede cuanto más elevas la frecuencia que traspasa tu ADN en todas direcciones, y consiste en que te vuelves más y más sensible a las propiedades ocultas del mundo que te rodea. Una de las primeras cosas de las que te comienzas a dar cuenta es de la presencia de los campos morfogenéticos. Rupert Sheldrake fue el primero en postular la hipótesis de los campos morfogenéticos, pero muchas culturas antiguas ya han hablado de ese mismo concepto en otros términos a lo largo de la historia. Un campo morfogenético es, básicamente, una red de energía invisible que comunica información concreta más allá del tiempo y del espacio. Dependiendo de tu sensibilidad, puedes acceder a información del pasado o del futuro de un campo morfogenético dado.

El 41.ᵉʳ Don es muy especial. Cuando las frecuencias más elevadas comienzan a operar a través de este Don, accedes a información muy específica del campo morfogenético. Cada una de las 64 Claves Genéticas opera sobre un campo morfogenético en particular. Por ejemplo, su par programado es el 31.ᵉʳ Don, el Liderazgo, que se armoniza con todos los líderes de alta frecuencia de este planeta, incluyendo los líderes inspiradores de nuestro pasado colectivo. Cada Clave Genética toma fortaleza y poder de aquellos que estuvieron aquí antes que nosotros, y, al mismo tiempo, también sintoniza con los que aún están por nacer. Eso explica por qué ciertas personas parecen tener premoniciones sobre el futuro. Ambos Dones, la Premonición (41.°) y el Liderazgo (31.°), ope-

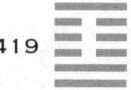

ran conjuntamente y se refuerzan el uno al otro. Los líderes más grandes son aquellos que crean sobre las fuerzas del pasado y se anticipan a lo que está por venir. Asimismo, las personas con el Don de la Premonición son considerados líderes naturales.

El 41.er Don tiene un solo fin y está siempre y totalmente en armonía con la siguiente rejilla energética evolutiva que esté esperando descender al mundo de la forma. Tras ellos se esconden las huellas de la evolución en sí misma. La huella que se elija dependerá del nivel de frecuencia de la persona, así como de su condicionamiento cultural y geográfico. Tomamos diferentes huellas de diferentes lugares y, cuanto más se eleve nuestra frecuencia, más detalles seremos capaces de ver. Las premoniciones a veces tienen lugar en personas que reciben una repentina descarga de frecuencias de un shock, o mientras están en un determinado lugar con un fuerte campo morfogenético. La mayoría de los fenómenos ocultos son el resultado de repentinas explosiones electromagnéticas debidas a la 41.ª Clave Genética. Estos impulsos a menudo se malinterpretan, sobre todo si la explosión se extingue rápidamente y la frecuencia de la Sombra recupera el control sobre el vehículo. La mente dibuja su propia fantasía sobre lo que acaba de experimentar y las personas pueden interpretar esas sensaciones e impresiones de muy diversos modos, desde la visión de fantasmas al recuerdo de vidas pasadas.

Si eres capaz de mantenerte a una frecuencia elevada con el 41.er Don, podrás también, literalmente, *descargar* todo tipo de preciosas informaciones del campo morfogenético. Toda la genialidad emerge de este campo. Mozart es un ejemplo estupendo de hombre con una fortísima activación de este 41.er Don. Su habilidad de *leer* las partituras completas de todos sus excelentes trabajos desde el campo morfogenético está bien documentada, aunque puede que hasta ahora no se haya descrito de este modo. Mozart nació en un mundo regido por la música y su propio padre, que era uno de los maestros musicales del momento, lo guio con disciplina en ese sentido. No es de sorprender que Mozart se diera cuenta del campo morfogenético musical en expansión de su era, el que ahora conocemos como estilo clásico. Él anticipó su desarrollo y lo manifestó en el plano material, que es justo donde estriba la diferencia entre el 41.er Don y su Sombra. Es la diferencia entre el genio y el no genio, ya que el genio manifiesta, mientras que el no genio solo sueña.

Es la diferencia entre el genio y el no genio, ya que el genio manifiesta, mientras que el no genio, solo sueña

Dado que el codón inicial y su aminoácido correspondiente, la metionina, codifican solo en la 41.ª Clave Genética, esta ocupa un lugar destacado dentro del sistema de anillos químicos conocido como el Codón de los Anillos. Los 21 Anillos Codónicos están tejidos entre sí como cadenas genéticas que transmiten fractalmente información biológica entre ellos. Este método de transmitir la información significa que el cuerpo puede operar como un bioordenador cuántico, organizando múltiples niveles de información como respuesta a los estímulos, tanto internos como externos, del entorno. En este sistema de anillos interconectados, los 20 aminoácidos se pueden combinar y recombinar hasta crear todo tipo de químicas en el cuerpo. En el propio corazón de la matriz de anillos anida la 41.ª Clave Genética —el Anillo del Origen— que late con el código fuente que luego transmite a las redes de trabajo de los demás anillos codónicos. Aunque podemos ver el ADN como una doble hélice con cuatro bases encade-

nadas a lo largo de una línea de código, en realidad funciona como un todo con el cuerpo, de manera no lineal.

Las implicaciones de lo dicho anteriormente son asombrosas. Cada codón inicial, dentro de cada célula de tu cuerpo, está electromagnéticamente conectado con todos los demás. Esta es la base del cuerpo holográfico que, a su vez, está conectado electromagnéticamente con el universo holográfico. Cada impulso que se da dentro de ti se comunica, por lo tanto, con el todo, del mismo modo que cada impulso en el todo se refleja químicamente en tu ADN. Una vez que descubres el truco para influir en tu ADN, puedes, literalmente, reprogramar cada célula de tu cuerpo. Sin embargo, para activar la secreta fórmula alquímica que acompaña los más altos estados de consciencia dentro de tu cuerpo has de aprender primero a superar toda la inercia de la humanidad. Este es el dominio del Siddhi de la 41.ª Clave Genética.

EL SIDDHI DE LA 41.ª CLAVE GENÉTICA: EMANACIÓN

URÓBOROS

Al examinar la 41.ª Clave Genética, nos hemos dado cuenta de que en el cuerpo físico se observa un espejo holográfico del universo cuya fuente es justamente esta Clave Genética. Cuando extendemos este modelo a nivel macrocósmico y lo elevamos hasta su máxima frecuencia, alcanzamos una cota que al mismo tiempo es espectacular y aterradora. La cuestión es: ¿a qué se parece este codón inicial y qué significa llegar a la fuente de todo lo que es? Como fuente del ser, el 41.er Siddhi es el Siddhi de la Emanación. Emanación es una palabra usada por la antigua metafísica y por los sistemas místicos como un término para comprender algo que, en realidad, es inalcanzable. Uno de los sistemas místicos más conocidos es la Cábala, cuyo dogma principal es un mapa conocido como *la doctrina de la emanación*.

En resumen, la doctrina de la emanación apunta hacia un modelo fractal del universo en el que todo emerge de un modo infinito, como una imagen reflejada de sí mismo. Los cabalistas usan la simbología de las diez esferas o *sefirah*, cada una de las cuales (*sefirot*, en singular) emana de otra, para representar los diversos niveles del espíritu que descienden sobre la materia. La fuente primigenia, conocida como *Ain Sefirot*, representa lo innombrable, lo inconcebible, una luz de poder ilimitado de la que emana todo lo demás.

Aunque la Cábala es un modelo asombroso del universo con muchos usos y dimensiones, no deja de tener algunos puntos débiles, porque todos los modelos son imperfectos debido a las limitaciones del lenguaje. Ningún lenguaje puede aproximarse al verdadero y profundo significado de la palabra *Emanación*, pues es un término que contiene el concepto del infinito en sí mismo.

En chino antiguo este 41.er hexagrama del I Ching se llamaba «Decrecimiento», algo bastante profundo, porque el 41.er Siddhi no es otra cosa que un agujero negro que te hace pedazos cuando te aproximas a él. Te succiona al nivel del lenguaje, del tiempo

e incluso del espacio. Reduce todo a la nada. Representa la fuente de todo, una fuente que se ha llamado de muy diversas maneras en las diferentes tradiciones, dado que el hombre ha intentado siempre comprenderla. Lo realmente fascinante de este 41.er Siddhi es que es la fuente que subyace a todos los estados síddhicos. No importa qué tipo de manifestación traigamos en nuestra genética, cualquier estado síddhico está indefectiblemente ligado a este Siddhi, que no es un Siddhi, en realidad. En muchos sentidos, este es un Siddhi sin nombre, pero lo podemos llamar Emanación porque no tenemos otro modo de aproximarnos a él.

Otro aspecto interesante que nace de la contemplación profunda de este 41.er Siddhi es que en algún profundo lugar de tu ADN yace un código cuyo único propósito es catalizar ese estado que hemos llamado iluminación. En algunos vehículos, el cuerpo lleva un paquete específico secreto de instrucciones genéticas y cataliza el proceso neurológico de la iluminación. Puede ser un poco chocante para muchos buscadores saber que la iluminación no viene dada por lo que estén haciendo a nivel externo, pero en el holograma del universo, la iluminación es un no evento espontáneo e «informal». Se podría decir que la Gracia cataliza el proceso de iluminación, pero lo cierto es que se trata de un proceso químico que nadie sabe por qué, cuándo o a quién le sucederá. Es una emanación que, simplemente, irrumpe desde una fuente desconocida.

En el holograma del universo, la iluminación es un no evento espontáneo e «informal»

Los cuerpos que han pasado por el proceso de la verdadera iluminación no pueden saber cómo sucedió, ni tampoco pueden saber a quién le ha sucedido, porque nadie permanece presente para experimentar nada. Este Siddhi cataliza la muerte de la experiencia en sí misma, lo que es imposible de comprender si estás fuera de ese estado. Desde este estado no hay ningún plan subyacente; cualquier manifestación de los llamados estados alterados de consciencia carece de significado. La dicha, el éxtasis y el mismísimo Dios son insignificantes. Los otros 63 estados síddhicos carecen de significado, pues no son más que expresiones sutiles de la Emanación primigenia. Desde el punto de vista del 41.er Siddhi todo se reduce a mera psicología, razón por la cual esta Clave Genética puede resultar tan aterradora para muchos seres humanos. Se mofa de todos tus esfuerzos, de la meditación, de la moralidad y de todos los sistemas que intentan comprender la vida. No hay un *cómo* en este Siddhi, lo que es una idea aterradora para nosotros, porque eso significa que no podemos hacer absolutamente nada para catalizar el estado de iluminación, que, en resumidas cuentas, significa que somos totalmente inútiles.

Aquellos en los que se manifiesta este 41.er Siddhi se enfrentan a un terrible dilema. Si hablan, saben que lo hacen con un plan. Si no hablan, la gente lo interpretará como otro plan distinto. Estas personas están en cualquier caso atrapadas. Saben que su estado no se puede comunicar y que no hay nada que ellos puedan decir a nadie. De hecho, cualquier cosa que digan podría ser malinterpretada. Pero hay que destacar algo sobre estas personas, y es que su *estado* abre un apetito enorme en los otros. En cierta manera estas personas han salido del giro de rueda del Samsara y, al hacerlo, la presión para evolucionar simplemente ha desaparecido; ya no hay ninguna consciencia que evolucionar. Toda evolución no es otra cosa que una creación más de nuestra imaginación y pertenece al propio dominio del Samsara. Incluso este 41.ᵉʳ Siddhi es devorado por el gran vacío del que emanó, como un gran giro final representado por la eterna serpiente de la consciencia, el Uróboros, a la que vemos incesantemente devorando su propia cola.

42.ª CLAVE GENÉTICA

GENÉTICA

DEJAR IR LA VIDA Y LA MUERTE

PAR PROGRAMADO: 32.ª CLAVE GENÉTICA
ANILLO CODÓNICO: EL ANILLO DE LA VIDA Y
LA MUERTE (3.ª, 20.ª,
23.ª, 24.ª, 27.ª, 42.ª)

FISIOLOGÍA: PLEXO SACRO
AMINOÁCIDO: LEUCINA

LA SOMBRA DE LA 42.ª CLAVE GENÉTICA: EXPECTATIVA

ESPERAR EN LA ESTACIÓN DE LA EXPECTATIVA

Casi todos los seres humanos están esperando en la Estación de la Expectativa. La expectativa es el marchamo más característico de la humanidad. Es el sueño de que el futuro trae consigo la promesa de un tiempo mejor que el ahora. En algún lugar de nuestro interior, todos estamos esperando que nuestra vida mejore cuando llegue ese día en que, ¡finalmente!, todo será como habíamos soñado. Es decir, de alguna manera recibiremos todo el dinero que necesitamos, nuestra vida amorosa será perfecta y seremos absolutamente libres para hacer lo que nos venga en gana. Pero no ahora, porque tenemos unas cuantas cosas que hacer antes de poder ser verdaderamente felices. Y así es como seguimos adelante, posponiendo y posponiendo, hasta que nos hacemos viejos y, claro, ya es demasiado tarde. Lo cierto es que nunca es demasiado tarde para entrar en el espacio del ahora. Solo tienes que ver la futilidad de tus expectativas personales. Si lo puedes hacer con total y absoluta honestidad, descubrirás uno de los secretos del ser humano para ser feliz.

La 42.ª Sombra es un aspecto de nuestra genética, responsable de mantenerte siempre esperando en la Estación de la Expectativa, y lo hace enredando tus deseos con tu mente. Cuando leas la 30.ª Clave Genética aprenderás más sobre el deseo y verás que, por sí mismo, no es tu enemigo y que mientras se trate de un deseo puro te puede llevar hacia grandes cimas. Sin embargo, en el momento en que el deseo se empiece a enredar con las proyecciones de tu mente, todo terminará en descontento.

La 42.ª Sombra es una de las que habita en la raíz de todos los miedos mentales humanos, porque dicha Sombra tiene que ver con la muerte. Esta Clave Genética nos

programa literalmente para morir, pues existe en cada célula viva como el diseño intrínseco que catalizará la decadencia. Dado que nuestro neocórtex percibe la vida como el paso del tiempo, esa Sombra se convierte en la fuente de ansiedad, porque el tiempo pasa. La noción de tiempo y tu respuesta o reacción a ella tiene, por lo tanto, mucho que ver con esta 42.ᵃ Clave Genética, que cierra todos los ciclos de vida naturales y, en particular, el de los septenios de crecimiento y decaimiento. Los septenios ya los habían observado diferentes culturas del mundo, desde hace miles de años. Sin embargo, el más poderoso de los ciclos de siete años es el que parece gobernar la regeneración celular del cuerpo humano. Hay un antiguo dicho que aprendemos en la escuela que afirma que cada siete años tenemos un cuerpo nuevo, ya que la mayoría de las células habrán sido reemplazadas; y eso significa que cada septenio accedemos a un tipo de portal en el que algo debe morir para que un nuevo orden pueda comenzar. El modo en que sucede esa transición es asunto del Don o de la Sombra de esta Clave Genética. Es una de las seis que forman el complejo grupo codónico del ADN conocido como Anillo de la Vida y la Muerte. En todos los ciclos de mutación celular, física, la vida se programa para seguir el proceso arquetípico que representan estas seis Claves Genéticas. Toda la vida celular comienza con la 3.ᵃ Clave Genética y termina con la 42.ᵃ. La 3.ᵃ Clave Genética capta la esencia del comienzo de la vida a través del Don de la Innovación y del Siddhi de la Inocencia. Todo en la vida tiene que innovar y adaptarse, comenzando desde la inocencia y ganando en experiencia. En la 42.ᵃ Clave Genética, la vida termina con el Don del Desprendimiento y el Siddhi de la Celebración. Por lo tanto, la esencia espiritual se desprende de la forma mientras que los seres humanos nos desprendemos de los que han muerto. Al nivel más elevado, cada muerte es una razón para la Celebración, como veremos cuando lleguemos a explorar las más altas frecuencias de esta Clave Genética.

Mediante esta Sombra, la vida humana se ha programado para girar en torno a las expectativas sobre tu vida y la de los que te rodean. Las expectativas no se deberían ver como algo negativo per se. Depende de cómo reacciones a tus propias expectativas y en qué medida confíes en la vida. Siempre que sientas que las circunstancias están fuera de tu control, puedes ver inmediatamente cómo estás de apegado o desapegado a ese asunto. Cada vez que te identificas con una expectativa abonas el terreno para la desilusión. En realidad, es posible sostener una expectativa sin estar apegado a ella, lo que ocurre naturalmente con el 42.° Don, el Desprendimiento. Si eres capaz de expandir tu consciencia y elevar la frecuencia de esta Sombra, recordarás que tú no eres más que una mera parte del gran ciclo natural y de que todos los eventos encajan en un cuadro más amplio. Como aprendemos en la vida, a menudo muchas contrariedades se convierten en enormes bendiciones.

Tanto si tus expectativas son optimistas como si son pesimistas, estrechan tu campo de visión y clausuran el potencial ilimitado que existe en cada momento presente

El par programado de la 42.ᵃ Sombra es la 32.ᵃ Sombra, el Fracaso. Es fácil ver cómo estas dos Sombras se refuerzan genéticamente la una a la otra hasta llevarte a la percepción del fracaso. De hecho, en el momento en que piensas en términos de éxito y de fracaso, ya has fracasado, porque te has convertido en víctima de la expectativa.

Parece mentira que una palabra que suena tan inocente como *expectativa* pueda aportar tanto caos nuestras vidas. La mente solo advierte lo que tú programas para que ella vea, lo que significa que está cocreando tu realidad e influyendo en el flujo de los eventos que suceden a tu alrededor. Si esperas que ocurra algo malo, puede que no estés dándote cuenta de todo lo bueno que está ocurriendo a tu alrededor, lo que significa que no puedes ni aprovecharlo ni disfrutar de ello. Por la misma regla, si estás esperando que suceda algo maravilloso y no sucede, te estarás perdiendo el potencial que tiene lo que sí está pasando ante tus ojos. Tus expectativas te sacan del momento presente con una eficacia tal que pierdes el lugar que ocupas en el flujo superior del cosmos. Tanto si tus expectativas son optimistas como si son pesimistas, estrechan tu campo de visión y anulan el potencial ilimitado que existe en cada momento presente.

NATURALEZA REPRESIVA: AVARA

Cuando la expectativa se manifiesta en su naturaleza represiva, se convierte en la incapacidad de soltar y continúa la tendencia de acaparar la vida. Estas personas no quieren que las cosas terminen y hacen lo que sea para que se mantengan. Este es el miedo al cambio que está tan profundamente arraigado. Obviamente, para que algo nuevo pueda nacer, todo en la vida tiene que finalizar. Existen diferentes formas de resistirse al cambio en la vida, como permanecer joven, no dejar que tus seres queridos sigan su propio camino, quedarte enganchado en algún aspecto del pasado, etc. Sin embargo, ese «enganche» lo que consigue en realidad es que las personas se marchiten. Cuando no abrazamos el cambio y permitimos que las cosas mueran y decaigan de forma natural, estamos impidiendo que la vida se renueve a sí misma y, por lo tanto, minando nuestra energía, nuestra salud y nuestro vigor.

NATURALEZA REACTIVA: EXCÉNTRICA

La naturaleza reactiva se siente incapaz de completar ninguna cosa. Es la otra manera que tiene la expectativa de minarnos sutilmente. Este tipo de personas evitan la desilusión por la vía de no asumir ningún tipo de compromiso. Van de una cosa a otra, sin permitir que los ciclos de vida naturales se completen a sí mismos. El problema se da si estas personas se quedan atrapadas en los mismos patrones caducos.

Al romper un ciclo antes de que llegue a su fin natural, lo único que tienen que hacer es comenzar el mismo ciclo otra vez, pero de una forma diferente. No importa lo que hagan para escapar de los patrones negativos; estos siempre volverán a aparecen en sus vidas de una u otra manera, lo cual puede dar como resultado un desastre en lo concerniente a sus relaciones personales y a las finanzas. Las personas que son excéntricas encuentran en estos dos ámbitos serios escollos que no les permite fluir en ellos. Son víctimas inconscientes de sus propias expectativas, ya sean pesimistas u optimistas.

EL DON DE LA 42.ᴬ CLAVE GENÉTICA: DESPRENDIMIENTO

EL LECTOR Y EL ESCRITOR

El Desprendimiento o desapego, uno de los grandes propósitos del budismo, es un concepto de difícil comprensión y un verdadero reto para los occidentales, pues, de entrada, parece ser una filosofía antimaterialista que niega cualquier sentido de zambullida verdadera en el mundo de los sentidos. Sin embargo, el Don del Desprendimiento, cuando se comprende en su totalidad, te permite gozar de la mayor libertad para explorar la vida en todas sus facetas. A pesar de cómo te pueda sonar esta palabra, ser desprendido no tiene nada que ver con no sentir. De hecho, si estás realmente desapegado, sientes con más intensidad que los otros, puesto que no has permitido a la expectativa, positiva o negativa, constreñir el evento que estás experimentando. Desde el desprendimiento puedes incluso disfrutar de la experiencia de estar desapegado.

El desprendimiento sucede de forma opuesta a lo que quizás podrías pensar. El verdadero desprendimiento no se puede forzar a base de ser disciplinado. Cualquier intento de forzar el Desprendimiento sencillamente crea más apego. Esta es la razón por la que en los largos celibatos los monjes pecan por culpa de la sexualidad. No puedes aplastar un impulso natural indefinidamente. Con el verdadero desprendimiento uno abre el paso a absolutamente todos los sentimientos posibles. Esto no significa que no se deba actuar al respecto, sino que se debe abrazar, permitir y aceptar. Oscar Wilde decía que él podía resistirse a todo excepto a la tentación, y esta es la esencia del Desprendimiento: no resistir a la tentación, sino bucear en ella vigorosamente, tanto si se trata de una experiencia interna como si se trata de una vivencia exterior.

El desprendimiento presupone un gran amor y confianza en la vida. Se trata más de trabajar con las expectativas que de ser víctima de ellas. El desprendimiento surge naturalmente, motu proprio, cuando te entregas y confías en la vida. El 42.° Don te permite confiar en el flujo y reflujo de los eventos que te rodean y aceptar el crecimiento y la decadencia de nuestros cuerpos y de nuestras vidas. El Don ve la vida como una serie o tapiz de historias interconectadas las unas con las otras de manera intrincada. Incluso cuando no puedes ver inmediatamente el resultado de una situación dada, sabes que está conectada con una situación previa y que sirve de puente para otra situación en el futuro. Con esta perspectiva de desprendimiento puedes empezar a sentir que tu vida es más bien un libro y que, aunque tú eres el héroe o la heroína que escribe la historia mientras va sucediendo, también eres el lector, absorto y fascinado, que nunca se pierde ni en las palabras ni en los detalles.

La perspectiva del desprendimiento del 42.° Don te permite soltar tus expectativas rápidamente, mientras la vida continúa con su propio curso en lugar del tuyo. También significa que puedes ver con más claridad los lugares donde todavía estés ejerciendo algún control. Te das cuenta de que si no sueltas rápidamente, las aguas emocionales y mentales te van a llegar a la altura de la cabeza y a ahogarte en los torrentes de las propias quejas, ansiedad y lamentos sobre ti mismo. El Don del Desprendimiento representa el proceso de separación entre las emociones y la mente, y tiene lugar mientras la frecuencia se eleva

a través de esta Clave Genética naturalmente. Con el desprendimiento llega la comprensión y la sanación. Hay un gran discernimiento y libertad esperando a cada ser humano que se rinda interiormente a su vida tal y como es. Aprendes a aceptar tu propia mortalidad y el intrincado flujo de eventos que suceden a tu alrededor. Con desprendimiento te vuelves uno con el centro de tu ser.

El Don del Desprendimiento representa el proceso de dejar ir el control sobre tu vida física, mental y emocionalmente

Descubres el Don del Desprendimiento al sucumbir a tu propia humanidad y a la cotidianeidad de la vida. Cuando aprecias la vida con tus sentidos, permites que el aire entre bien dentro de tus pulmones y no te opones al sufrimiento o a la adversidad. El Don del Desprendimiento representa el proceso de dejar ir el control sobre tu vida física, mental y emocionalmente. Es un maravilloso abandonarse que recorre cada vez más profundamente tu ADN mientras que vas renunciando a todas tus expectativas sobre la vida, las cuales pasan a un segundo plano. Cuanto más aceptas lo que eres, más desprendido te vuelves y más se simplifica tu vida.

EL SIDDHI DE LA 42.ª CLAVE GENÉTICA: CELEBRACIÓN

LA CULMINACIÓN

El 42.º Siddhi tiene que ver con la trascendencia de la muerte. Son los sabios que enseñan humanidad valiéndose de la ilusión de la muerte. No nos enseñan con el conocimiento, sino a través de sus actitudes. Se trata de un estado más allá del desprendimiento. El desprendimiento no puede alcanzar directamente el centro de la existencia porque se alimenta de la dualidad, que significa observar y ser observado. Cuando el 42.º Siddhi explota, ¡y vaya si lo hace!, el observador se convierte en lo observado. La consciencia retorna definitivamente a su fuente, la consciencia pura.

Con el 42.º Siddhi solo hay una manifestación posible: el estado de Celebración. Cada cosa se experimenta como si se tratase de la muerte, como si se viviese desde el desprendimiento, pero la diferencia en este estado es que algo, en algún profundo lugar del vehículo humano, comienza a reírse. Esta risa sacude a todo el vehículo, ya que emerge desde la misma fuente de la creación. El 42.º Siddhi comprende la culminación de lo que significa ser humano. Cuando uno entra por la puerta de la muerte hasta el fondo, descubre la insignificancia de la existencia, y conforme esa gran verdad comienza a calar en él, desde dentro hacia afuera, va literalmente matando cada aspecto de su propia identificación con lo que él mismo cree ser.

La ironía del centro de la creación solo se puede experimentar de manera directa. Vive en el corazón de cada célula de tu cuerpo. Estás en constante estado de muerte: cada célula de tu cuerpo empieza a morir desde el momento en que ha sido creada. Por lo tanto, en esencia, tú no eres un ser humano vivo en absoluto, tú no eres más que un medio por el cual la materia se transforma en energía eternamente. Cuando tu consciencia cese de identificarse con todo este movimiento y descanse por fin, sobrevendrá

su desaparición. Es algo así como sentarse junto al río y seguir las ondas y remolinos con tu mirada hasta que desaparecen de tu vista. Si dejas de mirar el río y lo contemplas solo con la mirada desenfocada, vas a experimentar curiosamente la eternidad. El río, de repente, deja de tener una dirección, solo viene y va desde cualquier parte de tu ser. Este movimiento de vida, que no es realmente un movimiento, se llama Celebración. No sabes si algo está naciendo o está muriendo. Se trata de una pulsación infintia, mientras el río se ríe de la insignificancia de todo.

La transición desde la Sombra al Siddhi, desde la Expectativa a la Celebración, no ocurre de una vez. El proceso de desprendimiento va surgiendo con el tiempo, mientras que vas aceptando tus patrones de la Sombra como lo que en realidad son: una ilusión. Incluso aunque pueda parecerte que estás haciendo progresos entre un estado y otro, en realidad nada ha sucedido. La consciencia está simplemente jugando consigo misma. En cierto sentido, se trata de un juego serio. La consciencia disfruta de la seriedad de estar inmersa en una aventura, de ser un héroe o una heroína del drama de la vida. Sin embargo, cuando se experimenta el estado síddhico, llega con él una enorme toma de consciencia: has estado siempre dormido. Incluso si pensaste que estabas evolucionando y que estabas haciendo realmente algún progreso con el desprendimiento, aun así estabas dormido. No se puede estar medio despierto. O estás dormido o estás despierto. En los círculos espirituales, usamos a menudo la palabra *despertando*, porque creemos que se trata de un estado progresivo que te lleva de un nivel de frecuencia a otro; pero en realidad se trata de un hecho repentino. Ni siquiera se trata de un evento, sino del fin de todos los eventos.

El 42.º Siddhi se parece a alguien que, de repente, capta la gracia de un chiste. Hasta ese momento, todo el argumento del chiste no era más que un paquete de información que conducía a una percepción final. Y como con todos los buenos chistes, lo único que puedes hacer es reírte, porque, en cierto sentido, has tenido a tu ser engañado. El espejo físico de la verdad se puede encontrar en el ADN humano. La hélice del ADN usa las formas humanas para perfilarse continuamente y reinventarse a sí misma. Es como una serpiente cósmica que cambia de piel sin cesar. Nuestros cuerpos son esas pieles. No puedes escapar de esa verdad; las cadenas del ADN no se pueden romper. Es, más bien, como si te deslizaras casi por error por la red y de repente vieras la broma: ¡que nosotros no somos esas pieles! Resulta que nosotros somos la serpiente eterna, impredecible, fluida y juguetona.

Aquel en el que se haya desplegado la realización de este Siddhi siempre se reirá, y todo lo que desea es compartir con otros su risa. No saben cómo o por qué les ha pasado eso y no saben si a otros les puede suceder lo mismo que a ellos. El estado síddhico ocurre fuera de la mente humana y silencia todo tipo de ruido. No hay práctica alguna que asegure que ocurrirá; no hay nada que uno pueda hacer para catalizar este estado. Simplemente sucede de acuerdo con el destino, que hace enfadarse a aquellos a los que aún no les ha ocurrido. Por eso no hay otra cosa que hacer más que celebrar; ¿qué otra cosa se puede hacer? La Celebración es la manifestación directa del verdadero despertar, arraigado como está en la inutilidad de lo que significa estar vivo y muriendo dentro de un cuerpo humano.

La Celebración es la manifestación directa del verdadero despertar

43.ª CLAVE GENÉTICA

SIDDHI EPIFANÍA • DON REVELACIÓN • SOMBRA SORDERA

PROGRESO

PAR PROGRAMADO: 23.ª CLAVE GENÉTICA
ANILLO CODÓNICO: EL ANILLO DEL DESTINO (34.ª, 43.ª)

FISIOLOGÍA: OÍDO INTERNO
AMINOÁCIDO: ASPARAGINA

LA SOMBRA DE LA 43.ª CLAVE GENÉTICA: SORDERA

SUPERVIVENCIA. SERVICIO. RENDICIÓN

Hay un proceso natural, codificado, en el interior de cada ser humano que comporta esencialmente tres estadios: supervivencia, servicio y rendición. Son tres estadios arquetípicos, coincidentes con los tres niveles o bandas que conforman el espectro humano de consciencia sobre el que se construye el libro de las 64 Claves Genéticas. En la frecuencia de la Sombra se opera siempre desde el modelo de supervivencia genético, que está anclado y codificado, a su vez, por la frecuencia del miedo. En el nivel del Don, te incorporas a un género de servicio en el que la transformación ya ha tenido lugar interiormente, lo que te permite operar en un modo más eficiente con la totalidad. El estadio final implica una transformación total, ya que tu consciencia individual se rinde y tu ADN se puede permitir funcionar, por fin, sin ninguna interferencia. Lo común a cada uno de esos tres estadios es la transformación como proceso en sí mismo. En cada nivel ocurren saltos de consciencia. Tendemos a atravesar largos períodos en los que parece que poco o nada cambia en nosotros y, de repente, en un tris, sucede algo o vivimos una experiencia que cambia nuestra vida desde ese momento en adelante.

Estos eventos transformativos no se pueden profetizar en la vida, como tampoco pueden predecirse sus efectos sobre nosotros. Tal y como atestiguan los más sabios y antiguos textos, la única certeza en la vida es la del propio cambio. En la consciencia de la Sombra, el cambio es lo que quieres, pero el verdadero cambio se te niega: justo porque tú quieres cambiar, no se da el cambio. La 43.ª Sombra, la Sordera, es la que te impide oír las más sencillas verdades. En este sentido, la sordera es la incapacidad de oír lo que está sucediendo dentro de ti. Dado que la frecuencia de la Sombra es un campo

de miedo creado por los humanos, no puedes oír la verdad internamente debido al ruido generado por el aura subacústica de la humanidad. La 43.ª Clave Genética tiene que ver con lo acústico y con la escucha interior. El Don de la Revelación requiere de un entorno interior en calma y, dado que las bajas frecuencias son tan ensordecedoras, es muy raro encontrar un ser humano con un aura limpia y relajada. Una revelación clara de las altas frecuencias puede cambiarnos la vida por completo, porque la verdadera revelación es una mutación en la estructura del ADN. La Sombra de la 43.ª Clave Genética bloquea estos eventos interiores, porque sintoniza a la persona con las más bajas frecuencias del planeta, que son el puro ruido.

La 43.ª Clave Genética tiene que ver con las sorpresas y no revelará sus secretos a una mente tensa. El pulso de la vida sigue un ritmo muy enfocado que periódicamente sufre de fluctuaciones inesperadas. Y es tan certero este ritmo, que podemos observarlo en el movimiento de las galaxias e incluso en el funcionamiento minucioso del mundo subatómico. Podemos verlo en todos lados, pero si miramos lo suficientemente lejos podremos observar también las anomalías que rompen el modelo. Esta es la razón por la que, por ejemplo, la ciencia ha sido incapaz de explicar todo el universo, porque el umbral de entrada siempre está cambiando. La mente humana se siente infeliz en un universo de incertidumbres. Al ser un aspecto más del universo, nuestros propios cuerpos están sujetos a las mismas fluctuaciones, que llamamos, por lo general, «humores». En la frecuencia de la Sombra, los individuos se niegan a aceptar que no puedan controlar su funcionamiento interior y sus humores. Nos pasamos la vida entera tratando de crear ilusiones de seguridad y de estabilidad. La mayoría del mundo todavía existe solo a un nivel de subsistencia tal que no se puede permitir estar preocupado por cómo se siente; sencillamente están muy ocupados en los temas de supervivencia. Pero en aquellas sociedades que se han liberado de las frecuencias originarias de supervivencia, el miedo todavía persiste. Y, siguiendo en esta línea, podríamos decir que pasamos de ser guerreros a ser seres preocupados.

La 43.ª Clave Genética está vinculada con el progreso de la consciencia en la forma, que se mide a través de la evaluación de la eficiencia en que funciona esa determinada forma. En las sociedades desarrolladas, por ejemplo, son los adelantos tecnológicos los que permiten un nivel elevado de eficiencia y de autonomía; pero esos progresos no garantizan siempre y fehacientemente ni que esas sociedades sean más felices ni que tales avances lleguen a difundirse en todas las civilizaciones humanas. Darse cuenta de ello constituye un estadio vital de la evolución humana.

El miedo que gobierna la frecuencia de la Sombra tiene un modo concreto de autorreferencia, y ese termómetro es cómo se siente nuestro cuerpo, lo que genera un gran dilema en nosotros, porque nos sitúa en la búsqueda de la felicidad. Lo que los humanos llamamos corrientemente felicidad no es más que uno de los aspectos de nuestra química natural, que a veces experimentamos y a veces no experimentamos. Una buena parte del tiempo no nos sentimos felices simplemente porque estamos intentando generar felicidad para el futuro. La sociedad moderna está bloqueada en la idea de crear un sentido externo de seguridad. Asumimos que la felicidad llega de la mano de la seguridad financiera o matrimonial, cuando de hecho no depende de ningún factor externo. El verdadero propósito de la 43.ª Sombra, contemplada a nivel colectivo, genético, consiste en crear una sociedad más eficiente que alcance un desarrollo tal que ningún factor externo pueda hipotecar nuestra felicidad interna y natural. El hecho de hacer oídos sordos a nuestros miedos puede conducirnos finalmente a enfrentarlos uno a uno. Este es el poder de la frecuencia de la Sombra de esta Clave Genética como potencial fuerza evolutiva.

La Sombra de la 43.ª Clave Genética impacta de una manera puramente individual en las personas: el individuo está tan interesado en quitarse de encima sus propias incertidumbres que se empeña en encontrar la relación perfecta o en hacer dinero en una cantidad suficiente para poder relajarse, o en cambiar su cuerpo o estilo de vida para sentirse, por fin, mejor consigo mismo. La sociedad moderna se ha constituido sobre la desesperación individual, para escaparse del sentir. En realidad no estamos sordos en absoluto, simplemente estamos demasiado ocupados y preocupados como para oír, o demasiado atareados *sabiendo lo que estamos haciendo* como para escuchar. Nuestra contradicción estriba en que intentamos escapar de la espiral del *no sentirse satisfecho*, y al hacerlo, lo que de verdad sucede es que permanecemos en esa misma espiral de insatisfacción. Todo lo que intentes hacer en aras de conseguir satisfacción tendrá el efecto de complicarte la vida cada vez más. No hay que olvidar que el par programado de esta Clave Genética es la 23.ª Sombra, la Complejidad.

Tu capacidad de escucha funciona bien; lo que ocurre es que está totalmente obturada por el ruido interior de tu mente. En nuestro mundo actual, se supone que cada uno ha de saber qué hacer en la vida, bajo la creencia de que todo tiene que estar asegurado. La verdad es que nada es seguro y, en lo más profundo de tu ser, los mensajes de tu cuerpo vuelven una y otra vez para recordarte esta verdad, da igual cuánto mejores y refines tu estilo de vida.

El nombre original en chino para este 43.er hexagrama es «Progreso», y, como hemos visto, la vida tiene que ver con la sucesión de progresos esporádicos. Conforme te vayas elevando en la jerarquía planetaria, te darás cuenta de que ninguna cantidad de libertad individual o de bienestar podrían llenar tu vacío interior. Solo cuando afrontes este hecho podrás realizar el primer avance. Este avance o progreso sucederá cuando comiences a aceptar que, en realidad, no te estás sintiendo cómodo en este tipo de mundo. Ningún individuo se puede sentir cómodo en la sociedad, porque si bien la sociedad tiende a ser consistente y relativamente estable, el individuo no es ninguna de ambas cosas. Para precipitar este gran progreso de la consciencia tienes que mirar honestamente a uno de tus miedos más profundos: el miedo a ser rechazado por la sociedad. Dentro de cada individuo hay un espíritu de rebelión pulsante, y es este espíritu el que comienza a desperezarse cuando te percatas de cuán sordo has estado a esa voz rebelde, mientras sí atendías las voces de lo que la sociedad, la cultura y la historia esperaban de ti.

Te darás cuenta de que ninguna cantidad de libertad individual o de bienestar podrían llenar tu vacío interior

NATURALEZA REPRESIVA: PREOCUPADA

Los dos aspectos de la 43.ª Sombra tienen que ver con el ruido. Este aspecto represivo se basa en el ruido interno, en la tendencia humana a preocuparse. La preocupación se sustenta en una mente que da vueltas en círculo, intentando imaginarse escenarios para escapar de la preocupación. Nos presiona para realizar todo tipo de actividades, que esperamos terminen con esa preocupación. Pero lo cierto es que, una vez que la actividad ha terminado, en el vacío que deja aparece una nueva preocupación para llenarlo, perpetuándose una espiral mental de gran incomodidad. Toda preocupación está basada en un miedo y, en el caso de la Sombra represiva de la 43.ª Clave Genética, se trata del miedo a no encajar en el mundo, a estar fuera de juego. Este miedo es un miedo puro en su esencia, pero cuando lo reprimimos, se convierte en un monstruo que nos conduce una y otra vez a intentar acabar con un sentimiento gracias a un logro externo. Solamente cuando nos enfrentamos cara a cara con ese miedo, nos damos cuenta de la cantidad de potencial creativo que albergaba nuestro rebelde interior.

NATURALEZA REACTIVA: RUIDOSA

El aspecto reactivo de esta sombra se manifiesta externamente como ruido, o como la tendencia humana a hablar por hablar. Se trata de personas que no hablan para comunicar algo, pues ni siquiera están interesadas en lo que los otros tengan que decir. Simplemente, y de un modo totalmente inconsciente, lo que intentan es deshacerse de la posibilidad de escuchar ese sentimiento interior que les indica lo miserables que se sienten. A este hecho debe añadirse que este tipo de personas tienen una gran necesidad de ser aceptadas y comprendidas por los demás. Sin embargo, al no escucharse a sí mismos, resultan con frecuencia inoportunos. En vez de conseguir aceptación, este tipo de gente se siente, por lo general, incomprendida y, en muchos casos, rechazada. Esta dinámica no consigue otra cosa que hacerlos más fuertes en sus férreos puntos de vista y, por lo tanto, más paranoicos y disgustados por ser tan incomprendidos. Llevada al extremo, este tipo de naturaleza termina sintiéndose tan condenada al ostracismo que vuelca su rabia en los más cercanos o en la sociedad en general.

EL DON DE LA 43.ᴬ CLAVE GENÉTICA: REVELACIÓN

EL REBELDE CREATIVO

Gracias al 43.ᵉʳ Don nace el espíritu de rebeldía. Cada ser humano nace para ser un rebelde, es decir, para llenar un espacio en el mundo que no puede ser habitado por ningún otro. La maravilla del ser humano es esta genialidad impredecible, espontánea, clara. Como individuos, cuando despertamos a nuestro verdadero potencial creativo advertimos que lo que permanecía oculto en nuestro ADN comienza a emerger y nos empuja más allá de la frecuencia de supervivencia. Así es como entramos en el estadio del servicio. Cuando pensamos en la palabra *servicio* puede que tengamos alguna idea preconcebida sobre su significado y su marco de referencia. Sin embargo, servicio a la totalidad no es lo mismo que servicio a la sociedad. El concepto de servicio que lleva consigo el 43.er Don es el de la rebelión. Sin una pasión creativa y la revelación del mensaje individual que portamos, la vida no sería solamente estúpida, sino que probablemente se terminaría inmediatamente. Sin la espontaneidad, lo inesperado y lo peligroso, lo cierto es que no se puede evolucionar.

Una sociedad atrapada en la frecuencia de la Sombra no ama los espíritus rebeldes en absoluto, pues al rebelde no se le puede controlar y parece que su presencia amenaza la propia seguridad que otros humanos han construido con tanto tiempo y esfuerzo. La naturaleza del espíritu humano individual es novelesca: en realidad todos tenemos un espíritu de poetas, de piratas y de amantes. Estamos en contra de las categorizaciones y de los estereotipos fijos para calzarnos los roles impuestos por la sociedad. Por lo tanto, es bastante irónico que, aunque dentro de cada ser humano viva un héroe o heroína en potencia, hayamos creado un mundo en el que este tipo de espíritus son catalogados como antisociales. Adoramos a estos héroes, pero lo hacemos a una distancia prudencial de protección, de manera que la contribución creativa del despertar individual no pueda servir a la sociedad de un modo directo. Sirve a otros individuos para que se inspiren en ellos y se lancen a tomar el riesgo que supone descubrir la genialidad única, latente, que duerme en cada uno de ellos. En última instancia, se trata de un tipo de servicio que revierte en la totalidad, porque agita el sistema constantemente, y todos los sistemas necesitan regularmente un poco de agitación, pues de otro modo se congelan y se estancan.

La naturaleza del espíritu humano individual es novelesca: en realidad todos tenemos un espíritu de poetas, de piratas y de amantes

Al nivel de frecuencia del Don, la misma limitación de la baja frecuencia, la Sordera, se convierte en un gran aliado, pues en vez de dejar de escucharte a ti mismo comienzas a hacer oídos sordos al statu quo. Esta es la primera ley del rebelde: confiar en su propia voz interior, sin importarle las consecuencias. Este es el verdadero significado del Don de la Revelación, una revelación que no convierte al rebelde en una fuerza destructiva, ni en un reaccionario que vuelca sus frustraciones hacia afuera, o que desperdicia su tiempo condenando y culpando a los demás (que es el juego de la frecuencia de la Sombra). El rebelde que resulta del despertar del 43.er Don es inmensamente creativo. Él o ella sencillamente cortan un nuevo patrón, un nuevo camino, sin importarles hacia dónde les llevará. Esta es la sordera del rebelde: olvidar el futuro por completo y simplemente dejarse guiar por la revelación interior. La verdadera Revelación se deleita con la Simplicidad (que es el 23.er Don), lo que trae como resultado más eficiencia.

El 43.er Don refleja todo en ti. No te puedes permitir confiar en ninguna fuente externa por mucho que reivindique sabiduría y conocimiento. No se trata de que renuncies a escuchar ese tipo de cosas, sino que dejes de estar influido por ellas. Solo cuando confíes en tu verdad esencial se podrá manifestarse el progreso desde lo más profundo de tus células, desde el mismo ADN. Dado que este 43.er Don se arraiga en el campo acústico, la revelación no se ve, sino que se «oye» a un nivel subacústico, y se experimenta como un flujo de conocimiento al interior de las células de tu cuerpo.

El proceso de revelación es una experiencia muy transformadora, pues toca lo más esencial de tu naturaleza. No la puedes provocar; la única manera que tienes de experimentar la revelación es gracias a lo inesperado, así que deja de buscarla. Se parece bastante al proceso de escribir una canción o una pieza poética: cuanto más lo intentas, más difícil se vuelve. La revelación sucede en su propio tiempo y a su propio modo. Una vez que acontece, comienzas a sentir una gran libertad interior, porque cada revelación abre ante ti una experiencia más amplia del despertar humano.

En la cultura japonesa, una de las palabras clave para describir la revelación es *satori*, que implica un progreso repentino, originado en el interior. Ningún maestro o sistema te puede llevar a vivir una experiencia de satori, que muy frecuentemente se da con solo relajarte cada vez más en tu naturaleza primigenia, interna. Cuanto más habituales se vuelvan esas revelaciones o satori, más comenzará a extenderse y a bañar tu espíritu un profundo espíritu de confianza, como si el misterio de la vida se estuviera desvelando directamente en tu interior. Empiezas a darte cuenta de que, aunque no puedes crear estos progresos, puedes expandir el ambiente en el que parecen suceder. Este contexto es el de una profunda relajación y soledad. Tal tipo de soledad no significa que tengas que separarte del mundo, sino que puedes usar la misma sordera de la correspondiente Sombra de esta Clave Genética como filtro para todo aquello que no sea esencial y bello en tu vida. Te convertirás en un ser más contemplativo y tu andadura por la Tierra se volverá más un deambular que en un mero seguimiento de la señalización externa. En este camino, tu consciencia se enfocará en lo interior sin perder nada de su mundanidad, convirtiéndote en un ser único y, al mismo tiempo, integrado y accesible.

La 43.ᵃ Clave Genética está ligada en tu ADN a la 34.ᵃ, con la que configura la pareja química que da origen al anillo codónico conocido como el Anillo del Destino. El destino humano está atrapado entre las dos polaridades que representan este par de Claves Genéticas. La 34.ᵃ representa la urgencia por evolucionar y convertirse en más, mientras que la 43.ᵃ representa la pulsión divina por involucrarse y bucear en el mundo de la forma. El secreto de este anillo codónico es la sincronización, que, a lo largo de la historia, ha susurrado grandes verdades en los oídos de aquellos *La vida es un misterio* cuya visión interior se ha desarrollado lo suficiente como para *en el que la oportunidad* poder oírlas. La vida es un misterio en el que la oportunidad y el *y el amor danzan juntos* amor danzan juntos. Cuanto más permites que el amor entre en tu vida, más oportunidades aparecen que trabajan a tu favor. Cuando amas total e incondicionalmente, hasta las oportunidades se muestran como una ilusión, y la geometría cósmica o *cosmometría* que las sostiene se revela más allá de todas las cosas. Solo entonces tu sincronización se vuelve perfecta y lo que parecía ser aleatorio se empieza a comprender como un aspecto del universo holográfico desplegando su mitología en tu vida. El destino está gobernado por la combinación de fortaleza humana y visión interior. Solo al nivel del Siddhi se puede trascender completamente la fuerza del destino.

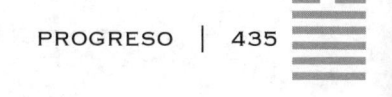

EL SIDDHI DE LA 43.ᴬ CLAVE GENÉTICA: EPIFANÍA

LA ESTRELLA Y LOS MAGOS

Somos testigos de cómo la evolución en nuestro planeta nos está dirigiendo continuamente hacia un espacio de creciente libertad individual. Nuestros avances tecnológicos nos han convertido en seres tan eficientes que cada vez más gente dispone de tiempo para reflexionar, de verdad, sobre el significado de esta vida. Este estadio de nuestra evolución no puede hacer más que acrecentarse con el fin de que la especie humana esté lista para saltos cuánticos de naturaleza cada vez más espiritual, ya que la naturaleza del Don de la Revelación se convertirá en un lugar común en la vida de todos. Mientras el espíritu de rebelión humano se aviva, tu ADN se sintoniza con frecuencias cada vez más altas y refinadas. Esto significa que la era de la verdad individual tomará el relevo de una era basada en la necesidad de medias verdades a nivel colectivo, y que se instituyó con la idea de escapar de la inseguridad. Este trabajo con las 64 Claves Genéticas es un primer ejemplo del amanecer de esta nueva era, ya que describe cada uno de esos códigos de consciencia con sus instrucciones concretas. Por lo tanto, no clama por sostener ninguna verdad, ya que la verdad se encuentra en cada uno de nosotros. Cuando se ve, se lee o se escucha, puede incluso catalizar un proceso de reconocimiento en tu propio ADN. En este sentido hay que entender que la verdadera revelación solamente llega cuando todas las instrucciones exteriores han desaparecido.

Como aprendimos al comienzo de esta Clave Genética, todos los seres humanos atravesamos tres estadios naturales de evolución: supervivencia, a nivel de la Sombra; servicio, a nivel del Don, y por fin, rendición, a nivel del Siddhi. El 43.ᵉʳ Siddhi es el de la Epifanía, la representación final del progreso de la consciencia hasta el máximo nivel posible para un ser humano. A pesar de que este concepto provenga de la tradición cristiana, el término *epifanía* deriva de griego antiguo y significa «manifestación interior». Uno de los significados del término está relacionado con la manifestación del ser divino, por lo que se lo ha asociado al reconocimiento de la naturaleza divina del niño Jesús. El Siddhi de la Epifanía es una rendición interior o *abandono* que se da en algunos seres humanos. Cuando sucede, esos humanos cesan en su identificación consigo mismos y comienzan a ser la manifestación de la divinidad. Hay una gran diferencia entre ser la manifestación de la divinidad y ser la manifestación de un ser divino. La epifanía no exalta especialmente un ser divino en concreto; la epifanía es la manifestación de que lo único que hay es la pura consciencia.

En muchos sentidos, la Epifanía del 43.ᵉʳ Siddhi sería una gran decepción si se pudiera sobrevivir al hecho de estar decepcionado, ya que representa la repentina revelación, desde tu interior, de que has estado malgastando tu tiempo en la búsqueda de un Dios externo o de un Dios interno. La iluminación de Buda es un hermoso ejemplo de Epifanía, cuando, después de tantos años de búsqueda y meditación, simplemente se sintió tan cansado que tiró la toalla. Solo al tirar la toalla, en ese gesto de profunda rendición, experimentó su repentina epifanía: el reconocerse como un humano común en busca de algo que ya era. Incluso aunque al escuchar esto parezca que tiene sentido

para ti, seguirás sin poder hacer nada para provocar tu propia epifanía, pues esta llega solo de manera inesperada. Cada persona que experimenta el Siddhi de la Epifanía lo hace de un modo diferente. Buda tuvo incluso que llegar a tirar la toalla, pero cada persona experimenta su epifanía de manera diferente. Por ejemplo, se cuenta una historia de una chamana esquimal, de nombre Uvavnuk, que experimentó su epifanía mientras hacía pis, en una noche estrellada. Nadie puede saber cómo, cuándo o a quién le va a llegar su epifanía, y eso es un maravilloso misterio.

Aunque la epifanía esté asociada con el simbolismo cristiano, también se refiere al reconocimiento de Cristo gracias a los tres Magos que le ofrecieron sus dones. Esta atractiva historia de los tres sabios que llegaron de Oriente y siguieron la estrella del nacimiento de Jesús está llena de misterios arquetípicos. Si pudiéramos entender la leyenda de la Epifanía cristiana como un código interno, mítico, podríamos también notar que contiene una gran verdad oculta, relativa al paso final de la evolución humana. Los tres Magos y sus regalos podrían ser interpretados como muchas cosas, ya que la mayoría de los mitos esotéricos se fundan en la triple naturaleza de la divinidad. Lo que nosotros vemos es la unión de esta triple naturaleza en torno al niño Jesús, reunidos por una fuerza celestial, la estrella. La estrella puede interpretarse como un signo del destino o del movimiento de las esferas que va más allá de nuestra comprensión humana. Los Magos y sus regalos se pueden interpretar como tres aspectos diversos (o tres niveles) de nuestro ser, reunidos y unificados por el Cristo.

El 43.ᵉʳ Siddhi es especial en otro sentido, ya que es una de las siete Claves Genéticas que abren las puertas a la Gracia para que esta pueda entrar en el mundo de la forma. En la 22.ᵃ Clave Genética nos referimos a la apertura de los Siete Sellos Sagrados, los códigos específicos del ADN humano, cuyo propósito original es sanar un aspecto determinado y vital de la herida humana. El 43.ᵉʳ Siddhi representa la apertura del Cuarto Sello, que libera el gran miedo de los humanos a ser rechazados y que expande el corazón de todos los individuos. Este Siddhi tiene un destino poderoso dentro del genoma humano: crear saltos cuánticos en masa dentro del linaje genético y abrir de este modo las fronteras y límites que separan comunidades y países. Por último, la Epifanía es una explosión en el corazón humano, una apertura y aceptación de los otros, así como el Divino espíritu de la amistad que está en el núcleo de todo ser humano.

Al nivel individual, el 43.ᵉʳ Siddhi es y se mantendrá siempre como algo único en cada persona que lo encarne. La encarnación del Siddhi permite ver más allá de los trabajos del universo y de la mente humana. Es el único progreso que no puedes anticipar o imaginar, porque termina con todo lo que creías saber del mundo. Hay una enorme cantidad de risa almacenada en este Siddhi, ya que la Epifanía te acorrala en medio de

Con el 43.ᵉʳ Siddhi, la única cosa que sabes es que no sabes absolutamente nada

la paradoja más grande de todos los tiempos: que eres lo que eres, y que nada se puede añadir o quitar a tu naturaleza, a pesar de tus experiencias. Cuando el 43.ᵉʳ Siddhi se manifiesta en el mundo, representa a menudo el papel del loco, en el más profundo y místico significado del término. Se trata de personas que saben que nada de lo que hagan o digan tiene importancia o relevancia alguna, así que simplemente actúan como les gusta y dicen lo que quieren. Como consecuencia de ello, esa casta de seres despiertos rompe inevitablemente con todas las

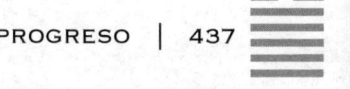

reglas de cómo debería ser y comportarse un ser iluminado. Tanto es así que están siempre bromeando consigo mismos. Con el 43.er Siddhi, la única cosa que sabes es que no sabes absolutamente nada. Comprenderlo es tan delicioso que simplemente no serás capaz de detener la maravilla y la belleza que supone, así que deberás hacer oídos sordos a todo, excepto a lo Divino.

44.ª CLAVE GENÉTICA

SIDDHI SINARQUÍA • DON COOPERACIÓN • SOMBRA INTERFERENCIA

RELACIONES KÁRMICAS

PAR PROGRAMADO: 24.ª CLAVE GENÉTICA
ANILLO CODÓNICO: EL ANILLO DE LOS
                ILLUMINATI (44.ª, 50.ª)

FISIOLOGÍA: SISTEMA
        INMUNE
AMINOÁCIDO: ÁCIDO
        GLUTÁMICO

LA SOMBRA DE LA 44.ª CLAVE GENÉTICA: INTERFERENCIA

FRACTALES HUMANOS

La 44.ª Clave Genética y su espectro de frecuencia se refieren a un tema poco comprendido y que en realidad sustenta tanto la estructura de las sociedades humanas como la ciencia de la encarnación. Este tema, que introduciremos brevemente gracias a esta Clave Genética, es la existencia y la naturaleza de los fractales humanos. El término *fractal* se refiere a un fenómeno que se da en los sistemas naturales donde se encuentran patrones que se repiten a sí mismos hasta el infinito, de manera holográfica. Cuanto más aumentas una imagen fractal, más patrones semejantes a ella misma encontrarás escondidos en su interior. El término *fractal humano* es una extensión de esa misma noción dirigida hacia el campo de las relaciones humanas, lo que nos lleva a pensar en una red invisible de patrones que reúne en su entramado a ciertos grupos de seres humanos. En las enseñanzas clásicas indias, las ligaduras entre este tipo de grupos se llaman *lazos kármicos*. En el lenguaje de los fractales humanos, cada persona que encuentras en tu vida es parte del patrón fractal, global, de tu destino.

Cuando miras imágenes fractales, en particular aquellas generadas por ordenador, puedes notar que la geometría fractal sigue ciertas líneas y patrones holográficos. No importa a qué punto del fractal dirijas tu atención, pues en todos ellos vas a encontrar patrones repetidos hasta el infinito en su espacio interior. Como contraparte genética de la geometría cósmica, las relaciones humanas fractales siguen patrones similares. Siempre vas a sentirte atraído por aquellas geometrías relacionales que te enseñan exactamente lo que necesitas saber para poder evolucionar hacia el siguiente estado de consciencia. Gracias a la Hologenética, el sistema de perfiles astrológicos tras estas 64 Claves

Genéticas, puedes seguir la pista de estas relaciones fractales a lo largo de toda tu vida. Si miras en tu perfil hologenético, descubrirás cómo se repiten los mismos temas, lo que quiere decir que toda esa gente de tu vida, especialmente los más cercanos a ti, portan consigo el secreto de tu destino y del propósito superior de tu existencia.

Mientras vayas aprendiendo de cada relación de tu vida con el pasar del tiempo, irás perfeccionando las lecciones que cada uno de los fractales te facilita. Todo tu perfil hologenético eleva así su tono y comienzas a atraer a tu vida fractales de más alta frecuencia. Un fractal humano de frecuencia superior trae consigo nuevas personas a tu vida, la mayoría de las cuales están funcionando a frecuencia mucho más transcendente. Una señal clara de que estás atrayendo frecuencias fractales superiores a tu vida es la devoción. Tus relaciones comienzan a traer consigo esa cualidad de entrega. Si no aprendes la lección que traía consigo una cierta relación —incluso si la has dejado—, el patrón volverá a repetirse en tu vida y llegará de la mano de otra persona. Mediante la 44.ᵃ Clave Genética aprendemos que todas las relaciones nos conducen hacia otros seres, lo que está ligado al tema del karma ancestral y de la encarnación.

La lengua china antigua llamaba a este 44.° hexagrama «Ir al encuentro», nombre muy apropiado, ya que la 44.ᵃ Clave Genética se refiere a cómo, por qué y cuándo nos encontramos unos con otros, así como al resultado de esas dinámicas grupales o familiares. Los fractales humanos parece que operan a diferentes niveles: relaciones, familia, comunidades locales e incluso a nivel de todo el linaje génico tribal. Pero para entender realmente los fractales humanos tienes que mirar la vida tanto desde el punto de vista holístico como desde el punto de vista holográfico. Si vemos a los seres humanos agrupados como las células dentro de un organismo, podemos decir que algunas células se combinan en diversos lugares del cuerpo, en momentos diferentes y por varios motivos. En otras palabras, hay una especie de plan maestro que coreografía el movimiento y las migraciones humanas. Incluso cuando parece que decidimos mediante el libre albedrío, en realidad se trata del plan maestro operando a través de nosotros.

La 44.ᵃ Sombra trabaja como un virus dentro del sistema que hemos llamado «plan maestro», lo que provoca que la coreografía colectiva se represente fuera de la sincronía natural del programa. El resultado de ello son interferencias a nivel local y a nivel universal: las familias disfuncionales, los negocios que traen más desequilibrio al mundo, los gobiernos basados en el modelo de liderazgo menos apropiado y las relaciones que no son nunca fáciles. El resultado global de todo esto es el caos que tenemos ahora ante nuestros ojos. Sin embargo, hay algo vital que entender, y es que el plan maestro no se equivoca nunca. Si parece que está haciendo algo caótico, es para diagnosticar el problema, localizar el virus y reiniciar el sistema por completo.

Y esto es justo lo que comienza a suceder a nivel planetario. El plan maestro está empezando a evaluar y a eliminar patrones de interferencia, empezando por los componentes más pequeños: los individuos. El actual estado de nuestro planeta no puede arreglarse desde arriba hacia abajo. Si el programa está fallando de un modo tan estrepitoso, hay que reparar el nivel básico; es decir, reiniciar los componentes básicos, que son los individuos, y después pasar al nivel de las relaciones. En el momento en que comiences a ver aparecer en el mundo relaciones sin interferencias, sabrás que el corazón de la humanidad se está reconstruyendo desde sus fundamentos. Cuando tienes una re-

lación clara, ensamblar el resto del fractal es una tarea relativamente sencilla. Cada fractal humano libre comienza con un binario: una relación de integración en su interior. Se trata de la impronta universal humana, simbolizada por el padre y la madre de una familia, aunque la relación básica de este fractal no necesita que el padre y la madre pertenezcan a sexos opuestos.

Juntamente con la sombra del par programado, la 24.ª Sombra, la Adicción, la Sombra de la Interferencia representa un poderosísimo virus que mantiene a la gente alejada de las relaciones saludables y amorosas. Esta 44.ª Sombra trae consigo un enorme bagaje genético del pasado. Mucha gente interpreta este tipo de relaciones como kármicas, ya que los lazos parecen ser muy fuertes y las lecciones que traen son retos enormes. Pero puede que sean más bien transgenéticas y no tan karmáticas. En otras palabras, estas relaciones abarcan dos fractales separados o dos linajes génicos. La Sombra de la Adicción se asegura de que incluso si ya has dejado ese tipo de relación te embarques rápidamente en otra, un poco después, del mismo mecanismo fractal. La razón real de este tipo de relaciones es que sirven para liberar espacios en la memoria ancestral. Los patrones de interferencia que han sido transferidos en tu ADN se tienen que resolver para que el fractal en cuestión quede limpio. Las parejas y los compañeros comprometidos activamente en la tarea de clarificar esta disfunción genética colectiva son los pioneros de una nueva era. Sin embargo, para la mayoría de los habitantes del planeta la disfunción es la norma, y hasta que las dos partes de una relación no puedan hacerse cargo del patrón de interferencia de todo su fractal entero, el fractal seguirá siendo disfuncional

Los patrones de interferencia que han sido transferidos en tu ADN se tienen que resolver para que el fractal en cuestión quede limpio

NATURALEZA REPRESIVA: SUSPICAZ

La naturaleza individual y represiva de la 44.ª Sombra se basa en una suspicacia a la vez heredada y condicionada. Se trata de una respuesta fundada en el miedo que se experimenta desde la más tierna infancia y que contaminará, en adelante, todas las relaciones. Se da en personas que tuvieron una relación desastrosa y que se cierran por miedo a que el mismo desastre vuelva a suceder. Aunque puede que no lo demuestren, este miedo les vuelve suspicaces hacia todo tipo de relaciones. Normalmente son seres que trabajan y viven con otros pero de forma sutil mantienen las distancias. Se sienten perseguidos por su pasado y se defienden con rigidez de la posibilidad de vivir una experiencia dolorosa o amorosa nuevamente.

NATURALEZA REACTIVA: INGENUA

La cara reactiva de la 44.ª Sombra es una maestra del juicio erróneo. Estas personas no se amilanan, como ocurre con la sombra represiva, sino que reproducen los mismos errores, una y otra vez, en sus relaciones. El 44.º Don tiene un afinado instinto para reconocer a las personas, pero si la frecuencia básica de tu vehículo opera por debajo de los niveles óptimos, entonces tus instintos fallan. Por esta razón, los individuos con la

naturaleza reactiva se asocian una y otra vez con personas que no los respetan, que les dan la espalda o, en el ámbito de los negocios, con aquellos que agotan los recursos o que son incompetentes. El ejemplo clásico es aquel que está siempre rompiendo relaciones con un determinado tipo de gente para volver a descubrir el mismo patrón con la siguiente persona que encuentra. Lo que sucede es que sus instintos no pueden operar fuera de su propio fractal, así que crean alianzas humanas que están cargadas de dificultades.

EL DON DE LA 44.ᴬ CLAVE GENÉTICA: COOPERACIÓN

CUERPOS Y LINAJES

Con la elevación de la frecuencia de esta Clave Genética al nivel del Don nace la Cooperación. Se trata de un Don fascinante, porque a un nivel muy profundo está relacionado con el sentido olfativo humano. Varias investigaciones se han adentrado en las increíbles habilidades del sentido olfativo de muchos mamíferos, pero la mayoría de las personas no son conscientes de cómo opera este sentido en los humanos a altas frecuencias. Se trata de personas cuya genialidad reside en su capacidad de *leer* a otras personas. Te pueden evaluar al primer golpe de vista. No se trata de un Don auditivo, como es el 57.º Don, la Intuición, el cual, por ejemplo, puede interpretarte con solo oír tu voz al otro lado del hilo telefónico. El 44.º Don requiere de una proximidad física para que las capacidades superiores del sentido olfativo se pongan en marcha de una manera efectiva. Es decir, tienes que ser capaz de oler a otro para poder interpretar su verdadera naturaleza.

Se trata de personas cuya genialidad reside en su capacidad de leer a otras personas

La gente con el 44.º Don usa su sentido del olfato más allá del mero hecho de sentir con su nariz un determinado olor. Este tipo de personas olfatean con todo su sistema inmune y con cada poro de su piel. Pueden detectar olores imperceptibles, como las feromonas, e incluso señales hormonales sutiles de aquellos con los que se encuentran. A un nivel aún más profundo, este Don tiene que ver con quien está alineado con su propio fractal. Una vez que hayas alcanzado una frecuencia suficientemente elevada, podrás burlar la interferencia colectiva de la 44.ª Sombra y comenzar a detectar la esencia de tus verdaderos aliados en la vida. No solo reconocerás a la gente que es adecuada para ti, sino que comenzarás a moverte por el mundo de manera diferente cuando tu instinto superior comience a funcionar correctamente. Para el 44.º Don la vida se ocupa de reconocer los aromas sutiles. Cuando sigues cada aroma en tu vida, estás siguiendo tu fractal superior, y así es como se puede experimentar el milagro de la verdadera cooperación.

Para comprender verdaderamente el Don de la Cooperación también se necesita comprender algún aspecto del mecanismo de la encarnación. El 44.º Don puede olfatear su propia encarnación superior y el propósito de su vida en los que lo rodean, que es

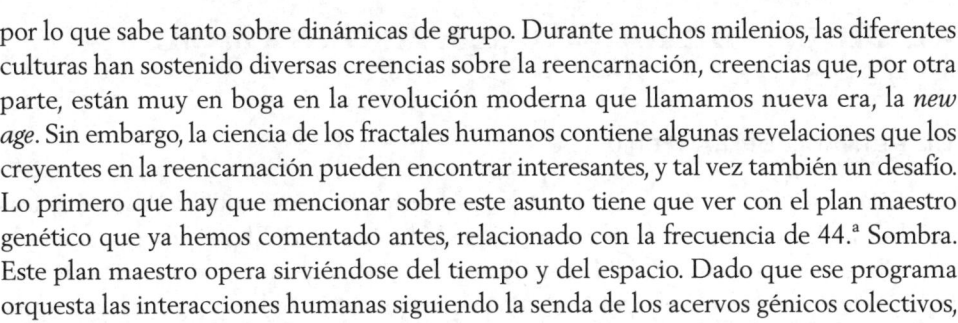

por lo que sabe tanto sobre dinámicas de grupo. Durante muchos milenios, las diferentes culturas han sostenido diversas creencias sobre la reencarnación, creencias que, por otra parte, están muy en boga en la revolución moderna que llamamos nueva era, la *new age*. Sin embargo, la ciencia de los fractales humanos contiene algunas revelaciones que los creyentes en la reencarnación pueden encontrar interesantes, y tal vez también un desafío. Lo primero que hay que mencionar sobre este asunto tiene que ver con el plan maestro genético que ya hemos comentado antes, relacionado con la frecuencia de 44.ª Sombra. Este plan maestro opera sirviéndose del tiempo y del espacio. Dado que ese programa orquesta las interacciones humanas siguiendo la senda de los acervos génicos colectivos, en el nivel de consciencia más puro se puede decir que lo único que se reencarna es la línea fractal en sí misma.

Por lo tanto, es posible ver la encarnación desde un montón de dimensiones diferentes. Cuando estudias y contemplas las profundidades de la 22.ª Clave Genética, comprendes las capas sutiles del aura humana conocidas como el Corpus Christi, el cuerpo del arcoíris. Cuando miras la encarnación desde el punto de vista del cuerpo causal, que en muchas tradiciones se conoce como alma, puedes contemplar cómo esos aspectos tan sutiles de la consciencia retornan una y otra vez hasta que, gradualmente, se vuelven más y más luminosos y lúcidos. El cuerpo causal, que vibra a una frecuencia muy exclusiva, viaja también con los cuerpos causales de otros más allá del tiempo y del espacio, en una especie de danza cósmica relacional. Esos linajes fractales evolutivos se han interpretado hasta ahora a la luz de las antiguas leyes del karma. Sin embargo, cuando se observan desde una dimensión superior, hay solo una consciencia que sostiene toda la creación y que no puede dividirse. Por lo tanto, esos cuerpos causales que viajan con nosotros en el mismo vagón durante eones —tus amigos más cercanos, tu familia, tus esposos, esposas, amantes e incluso tus enemigos— son todos ellos aspectos de un cuerpo único que se continúa dividiendo para representar la maravillosa historia evolutiva.

Contemplada desde esta dimensión superior, la noción de alma individual que sobrevive a la muerte y viaja más allá de ella no es más que un compendio de cómo la consciencia usa los linajes fractales para encarnarse. Solo la consciencia misma sobrevive a la muerte. Pero la memoria ancestral se almacena en nuestra sangre y se transfiere, de generación en generación, a través del ADN hasta las líneas fractales consanguíneas. Cuando alguna persona recuerda su vida pasada, lo que está haciendo es leer su linaje fractal e identificarse con un aspecto arquetípico de aquel. Ciertas personas son capaces de recordar detalles asombrosos sobre esas vidas pasadas, pero de nuevo eso es solo un aspecto del 44.° Don, cuyo único propósito es evocar a las personas que resuenan con su linaje fractal. En el cuerpo superior, nuestras células hacen negocios juntas. Llevando esta imagen un poco más lejos, si fueras capaz de congregar en tu entorno tu verdadero fractal, entonces las dinámicas de ese equipo serían más que increíbles. Habría una total confianza dentro del grupo o un amor total en la familia. El mundo no ha visto aún muchos ejemplos del arquetipo del 44.° Don de la Cooperación. La gente con este Don tiene un truco para las dinámicas de grupo, así como la facultad de reconocer a las personas; pero tienen aún que vérselas con los patrones de interferencia tan destructivos del resto de la humanidad. Sin embargo, como veremos en el 44.° Siddhi, todo eso está a punto de cambiar.

EL SIDDHI DE LA 44.ᴬ CLAVE GENÉTICA: SINARQUÍA

EL REINADO DE LA REINA

El 44.º Siddhi es muy notable. Afecta al entendimiento total de las mecánicas del destino humano y a la historia entera de la humanidad. El par programado es la 24.ª Clave Genética, cuyo Siddhi es el Silencio, la llave para comprender cómo funciona todo. Podemos decir que el significado de la sinarquía es justo lo opuesto a la anarquía. El prefijo *sin* significa actuar concertadamente, mientras que *arquía* significa gobierno. Por lo tanto, el significado literal de este término apunta hacia el concepto del gobierno colectivo. Históricamente, la noción de sinarquía ha sido objeto de abusos enormes desde el mundo de la política, hasta tal punto que tanto el comunismo como el fascismo hitleriano han reclamado para sí la propiedad de este término. Si nos queremos acercar un poco más a las verdaderas implicaciones de este concepto, debemos comprender el uso que del término han hecho diversas escuelas de pensamiento ocultistas. Algunos escritores ocultistas han definido sinarquía como la representación de un mundo guiado por una sociedad secreta de maestros. Esta 44.ª Clave Genética, juntamente con la 50.ª, forman el anillo codónico conocido como el Anillo de los Illuminati. Dado que el Siddhi de la 50.ª Clave Genética activa los niveles más elevados de la armonía, podemos darnos cuenta de cuán profundamente entretejido está este arquetipo genético con la mitología humana ancestral.

El mito de las sociedades secretas ha estado de moda, intermitentemente, durante los últimos siglos. Con el advenimiento del movimiento conocido como Nueva Era se ha puesto de moda con mucha más fuerza. Así, han aparecido un montón de libros que postulan la existencia de una secta oculta de Illuminati que se reúnen en secreto y controlan los eventos que suceden en el mundo. Esta teoría de la conspiración tiene sus raíces en la tradición esotérica que habla de un centro de poder oculto en el mundo, conocido con el nombre de Shambala, Monte Meru o Agartha, desde el cual un círculo secreto de maestros ascendidos o de seres celestiales gobierna el mundo de la forma desde un nivel superior. Todos estos mitos e historias tienen su espacio, pero se trata de distorsiones inocentes del 44.º Siddhi, la Sinarquía. La verdadera Sinarquía requiere comprender los fractales humanos con el fin de alcanzar ampliamente su visión.

Quizás el mejor lugar para comenzar esta exploración del concepto de Sinarquía es el reino de los insectos. Hay dos grupos de insectos conocidos, las abejas y las hormigas, que están regidos por sistema de gobiernos sinárquicos. Las abejas nos sirven mejor para explicar el concepto. Muchas antiguas tradiciones esotéricas hablan de un gran ser —el Rey del Mundo, algunas veces nombrado como Melquisedec o Sanat Kumara— sentado al centro de la creación y gobernando la vida de nuestro sistema planetario. De similares características es la energía de la abeja reina en la sinarquía de la abejas. En una colmena, todas las abejas sirven a la reina y su sinarquía se divide en dos niveles diferentes: obreras y zánganos. Una colmena entera parece estar imbuida de un solo espíritu, dentro del cual la reina mantiene simbólica y químicamente el enfoque y la di-

rección de cada uno de los miembros. Si la abeja reina muere, la colmena entra en el caos y también se extingue.

Cuando el 44.º Siddhi se presenta en un ser humano, este puede ver el tapiz completo de interacciones humanas, sin límites de tiempo ni de espacio. De hecho, no solo puede verlo, sino que puede disolverse en él. La consciencia es capaz de viajar hacia atrás en cualquier linaje del cosmos gracias a este tipo de personas. Dado que sus vehículos no se resisten, sus consciencias se propagan descendiendo por los brazos fractales tanto del pasado como del futuro del universo. El secreto de todo esto es el Silencio. Un ser de este tipo tiene que entrar en el silencio para poder escuchar el movimiento de cada célula de la gran colmena del ser. Sin embargo, este 44.º Siddhi va mucho más allá de solo entender los secretos del destino humano y los modelos fractales de tiempo. Iluminarse a través de este 44.º Siddhi presupone que has de ocupar un lugar en el orden fractal conocido como *fractal base*.

Si fueses capaz de seguir todos los patrones humanos de vuelta hasta la fuente, hasta el momento del Big Bang, podrías llegar a lo que se conoce como los Tres Códigos Fuente. Cuando se produjo la explosión del Big Bang, la consciencia se encapsuló en la materia en un patrón trinario básico. Para decirlo de otro modo, la energía comprimida explotó en tres líneas fractales primarias llamadas los Tres Códigos de Fuente. Ese árbol fractal que se ramificó por todo el universo es bien conocido en la teoría del caos. Estas tres ramas, como tres brazos de un pulpo, comenzaron a girar en espiral hacia afuera, convirtiéndose en fractales cada vez más complejos que paulatinamente se fusionaron para formar los rudimentos de nuestro universo material. Cada ser humano vivo hoy sobre la Tierra tiene dentro de sí un fragmento fractal que pertenece o resuena con uno de esos tres códigos originales. Este modelo trinario original o *trinidad* se ha convertido, con el tiempo, en la base de casi todos los más importantes sistemas místicos o religiones del mundo.

Cada programa informático tiene lo que se denomina un código fuente. El código fuente consiste en un código secreto, escrito y oculto en el programa, que permite el acceso a la matriz de programación principal. El único camino por el que puedes influir en el programa original es por medio de este código, si es que tienes acceso a él. En el caso del universo, estos tres códigos fuente y el 44.º Siddhi nos permiten acceder a cualquiera de ellos. Por otra parte, encontramos puntos concretos escritos en el programa maestro de lo que llamamos historia de la humanidad de todos los modelos fractales de nuestro universo, que nos dicen que el programa cambiará. Dicho de otro modo, la Sinarquía tiene un diseño integrado para evolucionar más allá de sí misma. Si consideramos de nuevo la sinarquía de las abejas, podemos ver que existen ciertos tipos de jerarquía, pero de un modelo jerárquico no lineal, sino circular. Nadie en la sinarquía está por encima de otro, porque en todo momento hay consciencia de la unidad inherente al grupo. Cada unidad encaja perfectamente en la geometría completa y, si no hay resistencia en las formas individuales, la totalidad puede funcionar como tal. En este amplio tapiz hay centros de fortaleza conocidos como fractales base. Los *fractales base* son lo que llamamos seres Illuminati o maestros. Cada vez que un fractal base se ilumina, la rama entera de ese fractal comienza lentamente a despertarse. Por eso se dice que ciertos seres o avatares vienen a la Tierra para tomar sobre sí mismos los pecados de la multitud. Esto se refiere al despertar de los fractales base y al efecto dominó que activan a lo largo de su cadena genética ancestral.

Los seres que manifiestan el 44.° Siddhi ocupan un vehículo específico cuya mutación causa, en su momento, una reacción en cadena en toda la humanidad. Si lo reducimos a lo esencial, el concepto de sinarquía no tiene nada de glamuroso. La iluminación de un fractal base humano representa la activación de un código previamente durmiente dentro de todo el programa. Cuando se activa el programa, se erradica con él el virus, que es la herida genética correspondiente a ese linaje, representado por la frecuencia de la Sombra. La iluminación de un fractal base significa substancialmente la muerte de la ilusión de individualidad. En el momento en que abandona su idea de independencia, se convierte en un conductor perfecto para que la consciencia se expanda por todo su linaje. Hay un número finito de fractales base —144.000, para ser precisos—, razón por la que este número se ha asociado durante mucho tiempo con la idea de una sociedad secreta de seres cuyo papel fundamental es despertar este planeta a la vida consciente.

Al tiempo que el universo se va despertando, la interferencia se va clarificando gradualmente, y la sinarquía, que se encontraba sumergida, emerge

Para terminar, una última revelación concerniente a la Sinarquía nos dice que ha existido desde el comienzo de los tiempos pero que ha estado distorsionada por los patrones de interferencia, que también han estado ahí desde el albor de los tiempos. Esta distorsión o herida sagrada se enrosca literalmente en las ramas de cada linaje fractal. Es la razón del sufrimiento humano, y también es la razón de eso que llamamos evolución.

Al tiempo que el universo se va despertando, la interferencia se va clarificando gradualmente, y la sinarquía, que se encontraba sumergida, emerge. Está escrito en nuestro destino que despertaremos a la naturaleza sinárquica de nuestra especie; sin embargo, la gran ironía es que cuando llegue la era de la Sinarquía, *nosotros* habremos desaparecido como individuos.

45.ª CLAVE GENÉTICA

SIDDHI COMUNIÓN • DON SINERGIA • SOMBRA DOMINACIÓN

COMUNIÓN CÓSMICA

PAR PROGRAMADO: 26.ª CLAVE GENÉTICA   FISIOLOGÍA: TIROIDES

ANILLO CODÓNICO: EL ANILLO DE LA   AMINOÁCIDO: CISTEÍNA

PROSPERIDAD (16.ª, 45.ª)

LA SOMBRA DE LA 45.ª CLAVE GENÉTICA: DOMINACIÓN

LA CASA DE LOS DOMINÓS

Si reflexionas sobre cuál es la razón central de la mayoría de los problemas del planeta, te darás cuenta de que la comida es el único tema que está en el centro de todos los debates. Dado que los seres humanos han de alimentarse para sobrevivir, la comida se convierte en el símbolo del verdadero poder. Todo lo demás proviene de este hecho. En el mundo moderno actual, la comida viene representada por el dinero. Si tienes dinero, puedes sobrevivir. Sin embargo, si de repente te colocan en la parte más salvaje del norte de Alaska, tu dinero perderá todo su significado, lo que demuestra que ese dinero, en realidad, es una fachada que esconde un tema más profundo: el que controla los recursos alimentarios tiene el poder. El nombre chino antiguo para este hexagrama 45.º es «La recolección» o «La reunión», que como todos aquellos nombres arcaicos contiene muchos niveles de sabiduría. En períodos evolutivos tempranos, los humanos descubrieron que permaneciendo juntos se incrementaban sus posibilidades de supervivencia. Cuando los cazadores trabajaban en equipo tenían más oportunidades de atrapar una presa. Por lo tanto, nuestra civilización ha surgido de esta reunión en torno a la comida.

Una de las fases más tempranas de nuestra evolución fue la de los cazadores y recolectores. Estas primeras gentes eran puramente nómadas; se movían de un lugar a otro, recolectando y rebuscando comida, al mismo tiempo que mataban animales salvajes por el camino. Un salto evolutivo tuvo lugar en el momento en el cual los seres humanos descubrieron que, al permanecer en un lugar, podían cultivar cereales y domesticar animales, lo que se traducía en una vida mucho más segura. El cambio que trajo este estilo de vida agrario más eficiente, basado en el control del territorio gracias a la producción y distribución de comida, fue la variación crucial que dio paso a nuestras modernas sociedades y naciones. Con ese cambio llegó otro desarrollo humano: el de la civilización jerarquizada. Al multiplicarse los grupos tribales, las jerarquías naturales se desarrollaron tanto alrededor de las redes de trabajo de los mayores como en torno a un solo líder *alfa*. En una sociedad jerárquica, los miembros individuales dejaron de ser iguales entre sí. El poder se distribuía de acuerdo con otras necesidades, como podían ser la utilidad o la habilidad, o bien se heredaba, gracias al patrimonio. Este modelo jerárquico básico todavía está en pie, aunque en Occidente los temas de la comida y el territorio han sido reemplazados por los del dinero y la salud.

La 45.ª Sombra, la Dominación, brota del centro de esta tendencia evolutiva para operar desde las jerarquías. Así es como está programado nuestro cerebro incluso cuando, como en este momento, nos muestre que está muy pasado de moda. De hecho, nuestras tecnologías modernas y nuestras infraestructuras podrían permitirnos vivir en un mundo sin jerarquías. Es nuestro sueño utópico. Sin embargo, el ADN humano no se ha actualizado aún, de modo que el modelo de pensamiento basado en el miedo todavía prevalece. Seguimos siendo víctimas de la Sombra de la Dominación, porque aún vivimos para nosotros mismos en vez de para los demás. La supervivencia se limita a lo inmediato o a la familia más próxima, de existir esta. Como sabemos, mediante la 7.ª Clave Genética, la humanidad está predispuesta a crear la jerarquía, porque algunos de nosotros estamos programados para convertirnos en líderes y para ser reconocidos por los otros como tales. Estas son las bases del concepto de macho *alfa* en el mundo animal. Sin embargo, este aislamiento dentro de la consanguineidad familiar es el límite más básico con el que los seres humanos tenemos que romper si queremos que un nuevo modo de pensamiento y una nueva forma de vivir emerjan en este mundo. Incluso en nuestros negocios actuales, que ponen tanto énfasis en el trabajo en equipo y en la cultura corporativa, el compromiso primigenio sigue siendo alimentarse uno mismo y la propia familia. El pensamiento tribal todavía domina sobre el colectivo, y las lealtades familiares superan a los compromisos colectivos.

Justo ahí es donde está el miedo de la 45.ª Sombra, que no permite a los seres humanos transcender los lazos de sangre familiares. Nuestra lealtad está, primeramente, confinada a nuestra familia inmediata. Naturalmente, no siempre es el caso, ya que la mutación global está sucediendo en la actualidad, y, con ella, se está abriendo nuestra percepción a un nuevo paradigma más allá de las lealtades familiares. Especialmente en Occidente estamos siendo testigos de la desaparición gradual del modelo tradicional de familia, con su jerarquía patriarcal intrínseca. Para la mayoría de las personas esto supone atravesar un tiempo de mucho temor, ya que aquel modelo familiar de vida ha sido la norma durante muchas generaciones.

La necesidad humana de encontrar un lugar seguro en la cadena jerárquica se basa en la dominación. Es decir, siempre tienes que empujar a algún otro hacia abajo para poder medrar tú. Ese es un sistema basado en el miedo y enfocado en la opresión y la deshonra de otros seres humanos. También es la esencia de nuestro modelo de negocio actual, aun cuando la mayoría de los que participan en ese modelo de negocio lo hagan a nivel inconsciente. El par programado para esta 45.ª Sombra es la 26.ª Sombra, el

Orgullo. Aquellos que disfrutan sintiéndose importantes no quieren soltar la ilusión de su autoridad.

El sistema que hemos creado nos mantiene trabajando en la jerarquía, porque la jerarquía nos alimenta. ¡Tienes que pagar tasas y prestamos hipotecarios, *además* de trabajar para el sistema! Es importante comprender que ningún individuo tiene la culpa, ni siquiera esos pocos multimillonarios que parece que gobiernan el mundo de las grandes corporaciones multinacionales. Ni siquiera los políticos tienen la culpa, como nos gustaría pensar. Tenemos que echar la culpa a nuestros genes, ya que debido a su miedo más ancestral a no tener lo suficiente hemos creado toda esta civilización tal y como es. Cada individuo humano es un participante inconsciente en el mundo que nos rodea. Nadie se escapa de la jerarquía, a no ser que decida revertir la evolución y volver a la raíces, a los tiempos de los cazadores y recolectores. Por lo tanto, ¿hacia dónde nos dirigimos?

Vivimos en una época de incómoda transición. Mientras el sistema de familia con base tribal está comenzando a derrumbarse a nuestro alrededor, y mientras nuestros viejos valores dejan de tener poder o significado, nosotros nos quedamos con un sentimiento de profunda inestabilidad social. Al mismo tiempo, la urgencia ancestral de dominar persiste y ha encontrado todo un nuevo campo de acción: las finanzas a nivel global. Ahora nuestra lucha jerárquica gira en torno al dinero. Todo —salud, educación, alimentación y gobierno— se basa en el dinero y no hay nada que podamos hacer al respecto. Esto no quiere decir que no podamos hacer una revolución y mejorar el modo en que funcionaba el viejo sistema. Esto es precisamente lo que está sucediendo y lo que se necesita. Sin embargo, en última instancia, cualquier sistema que se haya construido sobre los fundamentos del miedo se derrumbará por su propia naturaleza. Estamos viviendo en un castillo de naipes. La consciencia, que está llegando con rapidez a la humanidad, un día podrá prescindir de la necesidad de cualquier tipo de sistema ideado por el cerebro humano. En el momento en que eso suceda, todo el concepto de jerarquía se habrá disuelto para siempre.

En última instancia, cualquier sistema que se haya construido sobre los fundamentos del miedo se derrumbará por su propia naturaleza

NATURALEZA REPRESIVA: OBEDIENTE

La cara represiva de la 45.ª Sombra la constituyen todas esas personas que inclinan su cabeza ante la autoridad. Esas personas permiten que sus espíritus sean dominados por aquellos que están en una posición superior a la suya en la jerarquía. Este tipo de obediencia compromete su libertad para que el barco no se agite demasiado. Dado que se trata de un miedo anclado en el subconsciente, este tipo de naturaleza acepta que no va a llegar nada bueno si se resiste o reta a otro de nivel jerárquico superior. Por desgracia, la mayoría de los seres humanos pertenecen a esta categoría, aunque sea a un nivel inconsciente. La mayoría de nosotros somos piezas disponibles en este juego global de ajedrez donde el espíritu individual se ve fácilmente manipulado por los que están a la cabeza de la jerarquía.

NATURALEZA REACTIVA: PRETENCIOSA

En vez de inclinar la cabeza ante la autoridad, la cara reactiva de esta Sombra entra en acción porque se obsesiona con escalar en la jerarquía y, por lo tanto, tiene que desbancar a otros muchos en su veloz carrera hacia la cima. Se trata de personas pretenciosas que asumen posiciones de poder sobre otros y se aseguran de que aquellos permanezcan en el papel de obedientes para poder mantener el control. Ambas caras de esta 45.ª Sombra están, por lo tanto, atrapadas en el juego de la jerarquía, una en el papel de víctima y la otra en el de perpetrador. El único modo real de escapar de todo el juego de la jerarquía es tomar una postura frente al propio sistema, pero no desde la reacción o desde la rabia. Para dejar atrás una naturaleza represiva o reactiva es necesario afrontar un gran riesgo y romper el patrón de interacción propio con la familia, los negocios, el gobierno y la sociedad. Uno tiene que levantarse como modelo original de vida, de un nuevo tipo de sistema en el que el espíritu individual se respete por encima de cualquier otra cosa.

EL DON DE LA 45.ᴬ CLAVE GENÉTICA: SINERGIA

DE LA JERARQUÍA A LA HETERARQUÍA*

Más allá de la jerarquía subsiste una concepción mucho más expansiva. Se conoce con el nombre de *heterarquía*. Heterarquía es un nivel de autoorganización que ya existe como extensión de muchas jerarquías. Donde la jerarquía demanda un flujo informativo que es básicamente vertical, la heterarquía distribuye la información horizontalmente. En una jerarquía el flujo de autoridad e información siempre depende del permiso o de la aprobación de otro de nivel superior. En la heterarquía, sin embargo, la responsabilidad y la toma de decisiones se distribuyen igualmente por todo el sistema. El flujo de información procesado por un sistema heterárquico es más efectivo que en el jerárquico. A menudo se ha comparado con el modo en que operan las conexiones neuronales en el cerebro humano. La heterarquía se basa en la Sinergia, el Don de la 45.ª Clave Genética. Al contrario que la jerarquía, esta reconoce la necesidad de fortalecimiento tanto del individuo como del grupo, lo que desencadena que opere en una frecuencia bastante más elevada que la del modelo jerárquico.

En el mundo de los negocios se pone mucho más énfasis en el modelo heterárquico, aunque todavía convive con el modelo jerárquico existente. Un ejemplo de ello podría ser todo un departamento de una empresa que opera con la mínima interferencia por

---

* *Heterarquía* es un término que no existe en el diccionario de la RAE al momento de publicar este libro. En el idioma inglés *[heterarchy]* existe solo desde el año 1945. La capacidad de la lengua inglesa para crear e introducir nuevos términos o conceptos sociológicos, económicos y psicológicos es muy superior a la de la lengua española. Nos hemos permitido adelantarnos en el tiempo al proceso oficial de incorporación del término al diccionario oficial de la RAE y ofrecer aquí una palabra nueva, traducción literal de la inglesa, basándonos en su etimología griega. De otra manera sería imposible trasladar al español el contenido de esta 45.ª Clave Genética. *(N. de la T.)*

parte de los que tiene por encima y que demuestra ser muy capaz y responsable. El 45.º Don de la Sinergia requiere un salto en la fe y el abandono del modelo donde el pensamiento y el control están en manos de una sola persona, lo que se basa siempre en el miedo. En muchos sentidos se parece al modelo ideal —la base de la democracia—, el cual dice que la toma de decisiones debería realizarse a nivel colectivo. En el mundo de los negocios, la sinergia y la heterarquía quieren ir aún más lejos y alcanzar las redes de trabajo en las que los negocios que competían en el pasado se unan ahora y se interrelacionen con el fin de movilizar mucha más energía en todo el sistema. Este abandono del modelo territorial de pensamiento basado en el miedo ancestral también significa que, en un modelo heterárquico de negocio, se comparten los clientes y los compradores entre los diversos negocios que componen la red de trabajo. Sin embargo, esto también significa que los que mantienen las posiciones de poder y de autoridad tienen que arriesgarse a soltar su posición.

Para alguien que se encuentra en una situación de verdadero poder, arriesgarse a entregar totalmente su autoridad a otro se convierte en un acto de pura alquimia, que es justamente de lo que se trata este 45.º Don. Cuando un sacrificio y un fortalecimiento de este tipo se realizan dentro de un grupo adecuado, la recompensa puede ser fenomenal. Incluso cuando al comienzo parezca que un negocio pierde dinero al encarar este modelo respecto de otros negocios que siguen el modelo jerárquico, la cantidad de sinergia y de fondo comercial que se genera en la red de trabajo humana se incrementará de manera exponencial. En vez de recibir la guía desde las alturas, este nuevo modelo de negocio puede permitirse descubrir su propio modelo de autoorganización inteligente. El 45.º Don se interesa en el largo plazo, de manera que el verdadero poder se basa en esta energía fractal de los activos positivos, no en la rentabilidad en sí misma. El fondo de comercio generado tiene un alcance en el mercado exterior, al que llega en forma de diversas espirales de energía, las cuales causan estragos en el mundo debido a las sincronicidades y al boca a boca. El resultado es que cada vez hay más gente interesada en el negocio y en sus productos. La conclusión de este 45.º Don es que a largo plazo resulta más eficiente trabajar en equipo, en sinergia, en vez de desperdiciar la energía en la competición.

El verdadero poder se basa en esta energía fractal de los activos positivos, no en la rentabilidad en sí misma

El 45.º Don mostrará, sobre todo, su influencia en el mundo moderno financiero, ya que sus raíces se hunden, sobre todo, en el control y la distribución de alimento y de recursos. Una vez que el cambio de consciencia humana que se avecina se enraíce en nosotros, la naturaleza de las finanzas modernas podrá cambiar para dejar de servir al individuo y pasar a ser de utilidad para la colectividad. Gracias al 45.º Don terminarán la pobreza y el hambre en el mundo. Las Claves Genéticas 16.ª (cuyo Don es la Versatilidad) y 45.ª forman el Anillo de la Prosperidad, una frecuencia elevada cuyo fin es generar una abundancia expansiva que inunde todos los linajes genéticos. Estas dos Claves Genéticas apuntan hacia una visión donde cuanto más diversificamos nuestros recursos y cuanto más los combinamos, más exitosos y eficientes se vuelven. En el modelo jerárquico actual de negocio, el trabajo en red todavía se manifiesta en su forma más torpe, en que una empresa compra otra empresa y la integra en una jerarquía preexis-

tente en aras de mantener el control sobre ella. Solo por la vía del altruismo y la cesión incondicional de responsabilidad y autoridad podrá comenzar a hacerse espacio el verdadero poder en una red de trabajo u organización. Tienes, primero, que reunir a tu alrededor a la gente en la que confías y darles, después, la libertad de desarrollar sus dones sin interferir.

El 45.° Don también está muy conectado con la educación. Para que el mundo de la pobreza termine hay que potenciar la capacidad de las personas, más que rescatarlas. Esto quiere decir que hay que educarlos para que se conviertan en autosuficientes a todos los niveles. Tienen que usar la tecnología que les permita autoproveerse. La misma verdad se aplica también en el campo de la energía global: tenemos que aprender a utilizar el 16.° Don, la Versatilidad, para extraer energía de un espectro más amplio de recursos, en vez de extraerla solo de un único bien, como es el caso, por ejemplo, de los combustibles fósiles. La sinergia implica compartir recursos mundiales en vez de comerciar con dichos recursos. En un nivel sutil, la mayoría del comercio se basa en el temor. Cuando se libere la energía de los activos positivos y la soberanía gracias al 45.° Don, el propósito del dinero empezará a cambiar poco a poco por completo.

La clave de la influencia del 45.° Don se manifestará en el ámbito de la familia. En Occidente ya podemos observar el fin del modelo de unidad familiar tradicional. De hecho, lo que está decayendo no son los valores familiares, sino la política familiar. En nuestro modelo mundial actual, la familia y los negocios están directamente enfrentados. Los negocios de hoy tienden a dividir el núcleo familiar, ya que uno o ambos progenitores tiene que dejar a los niños desde temprana edad en un centro educativo o al cuidado de otros. En el futuro, los negocios tendrán que tener en consideración, como una de sus principales prioridades, convertirse en los guardianes de las familias saludables. Tal y como se ven y se promueven los negocios desde el 45.° Don, las futuras empresas no tendrán ya que ver con la idea de negocios familiares, sino con una familia *de* negocios que trabajan en red conjuntamente. En este sentido, diferentes clanes y fractales de seres humanos ser reunirán en torno a un modelo de negocio heterárquico, lo que podría también dar lugar al nacimiento de una red de trabajo educativo y de soporte para padres e hijos, en vez de tener que enviar a los niños a un tipo de institución que solo los aliena y los homogeneiza. Estos niños podrán así interrelacionarse con otras familias, como si de un juego se tratase, mientras crecen; el medio es orientarlos hacia una gran variedad de negocios creativos. De esta manera, la educación, las finanzas y la familia comienzan a fusionarse en una sola red unificada donde todos se apoyan.

Esta no es más que la visión inicial y los retos que se pueden afrontar gracias a la elevación de la frecuencia del Don de la Sinergia. La Sinergia conlleva un modo totalmente nuevo de pensar, ajeno a nuestra cultura actual, que en este momento es un reto inconcebible para la consciencia de la mayoría.

EL SIDDHI DE LA 45.ᴬ CLAVE GENÉTICA: COMUNIÓN

EL FINAL DEL DINERO

Cuando comenzamos a hablar, en el nivel de la 45.ª Sombra, lo hicimos sobre el tema del alimento como un hecho prioritario, y terminamos con el mismo asunto, pero en su frecuencia más elevada. La noción tradicional de comunión se basa en el rito cristiano de compartir el pan y el vino en recuerdo de la última cena de Jesucristo. Hay un gran misterio en lo que respecta al verdadero significado de la comunión. En realidad, los gestos de Jesucristo durante la última cena son profundamente simbólicos y nos muestran la gran revelación que contiene este 45.° Siddhi. En un primer nivel, el pan representa el dinero y el vino representa la unificación de todos los seres humanos gracias al ADN: nuestra sangre. Beber el vino significa, a nivel simbólico, la activación de niveles de consciencia humanos extáticos y la trascendencia de la individualidad. Estos dos temas —la sangre y el dinero— son el núcleo del simbolismo promulgado en la Sagrada Comunión. Al nivel de frecuencia síddhico, los seres humanos reconocerán su unicidad en el plano material cuando el dinero se transcienda. Los seres humanos son la verdadera moneda única y el dinero es nuestro principal medio de interacción, ya que refleja directamente nuestra propia frecuencia. Si actúas desde una frecuencia basada en el miedo, tratarás de mantener siempre el control de tu vida a través del dinero. Sin embargo, el dinero también nos ofrece a todos y cada uno de nosotros la oportunidad de probar la ley universal. Si confías en la energía de la benevolencia sobre todas las cosas, podrás alterar el modo en el que se mueve el dinero, saliendo y entrando de tu vida.

Cuando Jesucristo dice «Este es mi cuerpo», está hablando del nivel colectivo. La humanidad es un cuerpo colectivo que está unido mediante linajes de sangre de una genealogía ancestral común. Desde el punto de vista del 45.° Siddhi, cada uno de nosotros somos alimento para otros. El dinero es la clave para la puesta en escena de esta revelación. Ya hemos visto cómo, al nivel de frecuencia del Don, la redistribución del dinero dentro de la economía mundial debe cambiar para servir a un propósito más elevado. Esto se pone de relieve gracias a un modelo heterárquico basado en la sinergia de grupo. Sin embargo, al nivel síddhico, la comunión representa la desaparición total del dinero, porque representa la consciencia original y completa de la humanidad. Hemos visto que la mayoría del comercio está basado en un miedo subyacente, en una versión condicionada del dar. El dar incondicional niega la necesidad de dinero por completo.

En el 45.° Siddhi, todas las diferentes hebras del ADN humano por fin se unen. Es el punto de reunión cósmico de la consciencia superior. También es el lugar donde lo individual, la familia y lo colectivo emergen. El modo en el que sucede esta acontecimiento es el modelo final de organización humana y divina, la sinarquía. En la matriz genética humana hay muchos agujeros espacio-temporales que interconectan las diferentes Claves Genéticas en modos muy diversos: mediante puentes magnéticos y polaridades, además de los enlaces por codones químicos. Aquí se observa una conexión secuencial entre las Claves Genéticas, tal y como se presentaban en el I Ching original

chino. Hay fuertes vínculos arquetípicos entre las Claves Genéticas consecutivas o previas a otra. Estos vínculos arquetípicos se iban contando como una historia lineal, al tiempo que se iban aprendiendo los diferentes hexagramas del I Ching. En este caso, podemos ver cómo el 44.º Siddhi, la Sinarquía, enlaza con el 45.º Siddhi, la Comunión. Además podemos ver cómo el 46.º Siddhi, el Éxtasis, el siguiente en la secuencia lineal, recuerda el apasionado estado que genera el símbolo del vino sagrado.

En el viaje de consciencia por esta 45.ª Clave Genética, hemos visto cómo la jerarquía dejaba paso a la heterarquía, y ahora vemos su fusión y trascendencia manifestándose a través de la sinarquía. La sinarquía, tal y como se esboza y describe en el 44.º Siddhi, es la formación divina subyacente de la consciencia humana cuando está libre de identificación. El problema de la heterarquía como modelo propio es que, sin un punto de enfoque común, podría llegar a crear sinergia entre todos los aspectos en un determinado sistema, pero no podría percibir nada más allá de él. Cuando la heterarquía y la jerarquía se funden, se trascienden, y el resultado es la sinarquía. En una hermosa imagen, podríamos decir que la jerarquía, en realidad, es el principio organizador incumplido que conduce a la sinarquía. Es decir, cuando la humanidad haya alcanzado el estado místico de la Comunión, descubrirá que está organizado dentro de un gran patrón fractal de geometrías humanas dispuestas en innumerables ramas y ruedas humanas. Esta es *La Sinarquía*, y hay que entender, por lo tanto, que se trata de un concepto difícil de describir en palabras.

La Sinarquía es el modelo global de la humanidad cuando opera como una consciencia única. Es la mecánica que resulta del estado místico de Comunión, de la misma manera que la comunión de Cristo se representa con un grupo de doce con el místico número 13 en el centro, de manera que la Sinarquía de todos los seres humanos se construye de otras tantas familias fractales. Cada uno de estos 12 seres tiene *su* propio círculo interno, y así se siguen mostrando los fractales. Cada ser que ocupa una posición crucial o esencial en la Sinarquía es, por lo tanto, un activista de la comunión, ya que sus actos, palabras, gestos y visiones emanan de la humanidad y regresan directamente a ella, que es la esencia constituyente de la Sinarquía. El mismo Jesucristo es el ejemplo divino de *fractal esencial:* un cauce de la benevolencia que se sacrifica a sí mismo en nombre y en beneficio de una comunidad mayor. Cuando cada uno de nosotros seguimos este ejemplo, nos aproximamos a probar algo del cuerpo superior de la humanidad y activamos el misterio de la Sagrada Comunión en nuestras vidas.

Los líderes en la sinarquía no son líderes en el sentido normal que damos hoy a este término, porque no se trata de individuos aislados, sino de grupos humanos que operan desde una consciencia única. En muchos sentidos, la sinarquía se puede enlazar con la red interconectada de neuronas y la sinapsis del cerebro humano. Precisamente esto es lo que está pasando en la humanidad ahora mismo, mientras que las frecuencias relativas a la 45.ª Clave Genética están entrando en juego cada vez más. Estamos descubriendo a cada momento niveles superiores de autoorganización. La gran broma cósmica, sin embargo, consiste en que nosotros estamos *descubriendo* esos patrones, no creándolos conscientemente. Es decir, la sinarquía ya existe como una huella genética dentro de la jerarquía, que es la 45.ª Sombra. Cuando el miedo vaya abandonando el genoma humano podremos descubrir que ya estamos organizados como una sinarquía.

Sin embargo, se trata de un proceso paulatino de descubrimientos, limitado por nuestro proceso mental basado en el tiempo. Para los que han alcanzado el nivel de consciencia síddhico, el tiempo como concepto ya no existe. Mediante la consciencia crística, el reino de los cielos está con nosotros en cualquier momento.

En la extensa transmisión de la 22.ª Clave Genética, podemos encontrar el esqueleto de una futura escuela de misterio a la que se ha dado en llamar concretamente Sinarquía. En el centro de ella descansa una enseñanza secreta conocida como Los Nueve Portales de Iniciación Planetaria. Estas iniciaciones siguen los pasos de la consciencia humana conforme va evolucionando en la forma genética, e incluso más allá de ella. Dentro de este sistema, la iniciación que representa el cénit total de la consciencia humana es la Sexta Iniciación, la Comunión. Como señala el 22.º Siddhi:

> La Iniciación de la Comunión también comparte su nombre con el 45.º Siddhi, que describe el gran misterio de tomar el sagrado sacramento. La Comunión significa la ingesta de la consciencia divina, directamente, delante del altar del templo. Al entrar en este campo de frecuencia, estamos transcendiendo cualquier idea de separación de los demás. El símbolo es la sangre de Cristo, que marca la ruptura final con los residuos kármicos que quedaban en nuestro ADN. Para que la Gracia de Cristo se apodere de ti, tienes que desear hacer este último sacrificio: dejar tus cuerpos inferiores y sus deseos, sentimientos, recuerdos, sueños y conocimientos, para permitir que se apodere de ti el ser más grande que ha estado siempre esperando a tu lado. Entrar en esta gran Iniciación es morir al segundo aspecto de la Sagrada Trinidad, el Cristo.

En un futuro lejano, al menos considerando nuestro enfoque y nuestro nivel de consciencia actuales, el 45.º Siddhi florecerá en toda la humanidad. Con él no solo acabará el dinero, sino que también terminará el tiempo del alimento. Conforme nuestra frecuencia colectiva modifique nuestra biología corporal, el cuerpo de la humanidad evolucionará hasta poder vivir de las frecuencias de la luz, como queda reflejado en los Siddhis 6.º y 47.º y como también está programado que suceda en el futuro por medio del anillo codónico conocido como Anillo de la Alquimia. La mutación de nuestra biología preconiza el fin de la humanidad tal y como la conocemos, lo que sucederá mientras nos sintetizamos en una comunión aún mayor con el cosmos contemplado como un todo.

46.ª CLAVE GENÉTICA

SIDDHI ÉXTASIS • DON DELEITE • SOMBRA SERIEDAD

LA CIENCIA DE LA SUERTE

PAR PROGRAMADO: 25.ª CLAVE GENÉTICA

ANILLO CODÓNICO: EL ANILLO DE LA MATERIA
(18.ª, 46.ª, 48.ª, 57.ª)

FISIOLOGÍA: SANGRE

AMINOÁCIDO: ALANINA

LA SOMBRA DE LA 46.ª CLAVE GENÉTICA: SERIEDAD

EL HACEDOR DE LLUVIA

A veces, el mejor modo de describir algo es a través de una historia. De hecho, no es tanto una historia como la descripción de un antiguo arquetipo. Se basa en el hacedor de lluvia, un chamán cuyo único don consiste en influir en los modelos del tiempo locales y en provocar la lluvia a través de palabras mágicas. En la antigüedad (y aún en la actualidad, en muchos lugares) cuando una región experimenta un largo período de sequía, los habitantes locales van en busca del hacedor de lluvia.

En nuestra historia, el hacedor de lluvia es un anciano al que se le ofrece cualquier cosa que necesite cuando llega a un pueblo. Después de todo, el futuro de sus habitantes y de sus familias depende de su éxito. Sin la lluvia, las cosechas no crecerán y no habrá nada para comer. Sin embargo, el hacedor de lluvia dice que todo lo que él necesita es una choza para dormir y algo de soledad durante unos días; que nadie le moleste. Sabiendo que cada uno de sus movimientos va a ser escrutado por el curioso vecindario, el viejo comienza a montar su parafernalia, sea la que sea: quizás algún artilugio extraño o una serie de ofrendas a los dioses más indicados para el caso. Algunos hacedores de lluvia simplemente desaparecen en su choza y esperan, sin hacer aparentemente nada.

Después de unos días, si el hacedor de lluvia es genuino, lloverá. Los vecinos lo colmarán de bendiciones a él y a sus poderes mágicos. Su reputación crecerá porque, allá donde va, llueve. Sin embargo, a pesar de su reconocida fama de hacedor de lluvia, nuestro anciano tiene un secreto que solo él conoce. Él sabe que no tiene poderes especiales sobre el clima. Su secreto es que ha descubierto su verdadero propósito en la vida: es un hacedor de lluvia y dondequiera que vaya llueve. No es que él provoque la lluvia, es que, sencillamente, se alinea con los lugares donde va a llover. Por eso solo tiene que presentarse allí donde le apetezca ir.

Esta sencilla historia encierra en sí misma toda la maravilla que supone la 46.ª Clave Genética y también la quintaesencia del verdadero significado de todo este trabajo. Oculto en tu ADN está el propósito superior de la vida, y cuando encuentras ese propósito, el espíritu de la Divina Gracia pondrá en tus manos todo lo que necesitas.

La Sombra arquetípica de la 46.ª Clave Genética es la Seriedad. La Seriedad es una de las enfermedades más extendidas en todo el planeta y la primera causa de la mala suerte. Cuando vives tu vida desde esta Sombra, llevas siempre encima una nube negra allá donde vas. Parece que llueve cuando no quieres, porque estás fuera de sincronía con la totalidad. Tú creas los obstáculos cuando te conviertes en alguien demasiado enfocado en el futuro o en el pasado. La seriedad consiste en preocuparse o esperar o desear que la vida sea algo diferente a lo que es ahora. La seriedad se lleva por delante la vida y el amor, y los convierte en temas de control y separación.

La 46.ª Clave Genética gobierna tus relaciones y tu cuerpo físico. Es una parte del grupo codónico conocido como Anillo de la Materia, que programa el proceso evolutivo de la encarnación entre el momento de la concepción y los 21 años. En concreto, esta 46.ª Clave Genética se refiere a tu primer ciclo de siete años, en el que tus patrones de la Sombra están cableando tu estructura física: tu postura, tus patrones respiratorios y tus relaciones físicas con el mundo a través del tacto. Encarnarse totalmente en el plano físico le cuesta a un niño siete años. Algunos genes se conectan y otros se desconectan durante este período. Por lo tanto, todos los patrones futuros de tu salud física establecen sus raíces en estos siete primeros años de vida.

Sin importar qué circunstancias físicas tuvieras durante este período, tu vida futura se modeló desde el campo de frecuencia de aquellos que estuvieron a tu alrededor y de cómo se manejaron en su vida. El don más grande que uno puede dar a sus hijos es una crianza amorosa, táctil y virtuosa. Esto coloca sobre los padres una gran responsabilidad, pues son los padres, los cuidadores y los profesores quienes crean el aura viva en la que el niño se encarna. Cuando el niño aprende a través de su aura física que la vida es segura y amorosa, su cuerpo se relaja en la armonía natural interna. De lo que la mayoría de la gente no se da cuenta es de que es el cuerpo quien debe sentirse seguro, no la mente. Casi todos los problemas de salud humanos tienen su origen impreso en esos primeros años de vida. Si tienes un problema de salud actualmente en tu vida es porque, en algún momento de tus primeros siete años, tu cuerpo dejó de sentirse seguro y algo dentro de tu ADN, ya sea un gen o un grupo de ellos, se conectó o se desconectó. Este temprano cableado psicológico alimenta la Sombra de la Seriedad. Cuando los padres son incapaces de confiar en sí mismos, se vuelven demasiado serios en la vida y transmiten esta frecuencia al aura de los críos.

Vivir sin el conocimiento o la memoria del amor de los planos superiores significa que solo te puedes tomar la vida demasiado en serio

Así, mientras el 46.º Siddhi te permite entrar en el espacio del Éxtasis, la 46.ª Sombra te demanda que te quedes a vivir en el espacio de la agonía. En las bajas frecuencias, vives como si estuvieras sumergido en la materia, incapaz de acceder a la alegría y la belleza del espíritu. Vivir sin el conocimiento o la memoria del amor de los planos superiores sig-

nifica que *solo* te puedes tomar la vida demasiado en serio. También están aquellos que se toman el camino espiritual demasiado en serio, y, no importa lo impresionantes que puedan parecer sus logros, verás en sus caras la falta de un resplandor verdadero, resultado de vivir una vida más ligera y más despreocupada.

Como hemos visto, la 46.ª Sombra programa cómo se siente tu cuerpo, que es similar a cómo se sentían tus padres en relación con los suyos. A no ser que tus padres estuvieran bien anclados en el espíritu del amor por sí mismos, no pudieron ayudarte, sino más bien transferirte su seriedad desde que eras un niño. La paternidad de baja frecuencia tiene siempre que ver con condicionar a través del control, ya sea de forma consciente o inconsciente. Queremos que nuestros hijos sean felices, pero no sabemos cómo serlo nosotros. De hecho, la libertad y la espontaneidad de nuestros niños es un constante recuerdo de nuestros más profundos condicionamientos y de la infelicidad. Por ello los padres modernos sienten que es tan difícil ser padres; se han olvidado de ser felices desde lo más profundo de su cuerpo. En verdad, han olvidado cómo se juega.

La fórmula para una vida maravillosa es muy simple: camina ligero y no te preocupes mucho. La vida te llevará allí donde tengas que ir. Pero los humanos tendemos a vivir desde nuestras mentes más que desde el momento presente, y nuestras mentes viven siempre dentro del concepto del tiempo. Estamos codificados genéticamente para ser muy serios, porque la pareja de la 46.ª Sombra es la 25.ª Sombra, la Constricción, cuya manifestación represiva es la Ignorancia. La ignorancia no es una bendición, a pesar de lo que afirme el dicho popular. Solo manifestamos ignorancia cuando nos volvemos muy serios sobre nuestras vidas. No confiamos en la vida, sino que tratamos de tomar el control consciente sobre los eventos que nos suceden. Es nuestra ignorancia acerca de lo sencilla que en verdad es la vida lo que nos impide disfrutar de los beneficios del 46.° Don, que, como aprenderemos, son diversos.

NATURALEZA REPRESIVA: FRÍGIDA

Todas las naturalezas represivas son, en un sentido o en otro, formas de congelamiento. La frigidez no se usa aquí en el sentido sexual del término, sino en un contexto más amplio, para describir el congelamiento de la propia sensualidad. Estas personas, por el miedo a sus propios cuerpos, se esconden de la vida. Si no te gusta tu cuerpo, tu vida se vuelve amarga. Muchas personas se pierden el punto de conectar con la jugosidad de la vida. Lo puedes ver reflejado en sus estilos de vida, sus ropas y, en particular, en sus caras, que expresan sus miedos con una expresión permanentemente contraída. Cuando estas personas comienzan a disfrutar la belleza del ser en sus cuerpos y se preocupan menos de su apariencia, liberan la calidez interior que estaba enterrada bien adentro, y todo su ser comienza a derretirse.

NATURALEZA REACTIVA: FRÍVOLA

La frivolidad es una reacción desproporcionada de la seriedad. Estas personas intentan realmente disfrutar de la vida, y, en lo externo, parece que no se toman nada en serio. Sin embargo, si rascas en la superficie de una persona así, pronto te darás cuenta de que, en

realidad, posee emocionalmente alta reactividad y que acumula una enorme cantidad de rabia. Esa ira explotará, tarde o temprano, porque estas personas han invertido mucho en parecer desenfadadas, joviales y despreocupadas. Cuando la fachada se rompe —lo que sucede generalmente cuando uno es honesto con ellas—, demuestran que se toman la vida con una seriedad mortal. Como patrón, la frivolidad se escapa de la verdad y tales naturalezas a menudo lo reflejan en sus relaciones, que son cortas y cuantiosas.

EL DON DE LA 46.ᴬ CLAVE GENÉTICA: DELEITE

«EL ANILLO DEL NO IMPORTA»

Escapar de la baja frecuencia de la Seriedad es fácil gracias a una sola y simple cualidad: la aceptación. La Aceptación, el 25.° Don, es el par programado del 46.° Don, el Deleite. Estos dos dones crecen el uno junto al otro. Para aceptar algo de ti mismo, primero tienes que salir de tu ignorancia y apropiarte de ella. Aceptación es igual que ser propietario de algo, lo que te lleva al Deleite. Deleite es la sensación de libertad que emerge de la apreciación de la riqueza que supone el estar vivo. Este Don tiene que ver con sentirse vivo en el mundo de la materia.

Resulta curioso que la palabra inglesa para la materia *(matter)* esté relacionada con la expresión *it matters* o *it does not matter* («eso importa» o «eso no importa»), porque exactamente en eso se basa el Don del Deleite, en una compresión inherente de que no hay nada que importe excepto la vida y el amor. Por lo tanto, a una frecuencia más elevada, el Anillo codónico de la Materia podría también observarse como ¡el Anillo de la No Materia! A frecuencias más elevadas, tu actitud se hace mucho más ligera, ya que sigues el flujo de la vida. No importa cuáles sean tus circunstancias, puedes aceptarlas y reconocerlas como parte de la gracia. Es decir, cuando se te muestra algo en la vida, una vez que lo has visto y que lo has dejado ir, tienes más energía disponible para ser deleitado por ella. Comprender esta Clave Genética es central para la comprensión de los 64 arquetipos. Tienes que aproximarte a esta transmisión suavemente, permitiéndole que muestre su camino mágico por el laberinto de tu ADN. Si te lo tomas poco en serio y permaneces con el corazón y la mente abiertos, podrás experimentar el deleite por ti mismo, ya que se extenderá a lo largo y ancho de tu vida.

Cada uno de los 64 Dones representa un tipo diferente de genialidad, y la gente con el 46.° Don en su perfil hologenético se mueve con una suavidad increíble por el mundo. Parece que están dotados para encontrarse en el momento justo en el sitio adecuado, y los demás suelen verlos como gente que porta suerte. Sin embargo, poca gente entiende realmente este tipo de suerte. Como sucedía con el hacedor de lluvia en la historia anterior, la suerte es lo que sucede cuando uno deja de intervenir en la vida. La suerte es el modo natural de decirte que estás en armonía con el todo. El 46.° Don es también el don de las sincronicidades, el de permitir que la buena suerte te ocurra, y eso solo puede suceder cuando tu actitud se hace más ligera y menos mezquina.

La suerte es lo que sucede cuando uno deja de intervenir en la vida

Cuando encuentres a una persona cuya frecuencia haya alcanzado el nivel de su Don, verás que siempre habrá algo notable en ellos. En el caso de los que han alcanzado el 46.º Don, se trata de la habilidad para dejar ir el pasado y surfear el momento presente. Se trata de personas que no tienen preocupaciones en la vida, lo que crea a su alrededor un magnetismo tangible. Tienen un misterioso y muy profundo atractivo a nivel físico, ya que la vida misma se amplifica a través de ellos. Sobre todo, son suaves y sensuales. La energía del deleite está vinculada con una profunda sensualidad proveniente de sentirse cómodo en el propio cuerpo. Este sentirse cómodo no tiene que ver con la apariencia física que tengan: da lo mismo que sean gordos, flacos, feos o guapos. Viene de amar la vida más que otra cosa en el mundo.

La 46.ª Clave Genética también contiene el germen del éxito material o del fracaso. Este secreto tan codiciado se basa en el principio de las sincronicidades, la ley que reúne todos los objetos en movimiento libre dentro de las coordenadas espacio-temporales. *Movimiento libre* aquí quiere decir libre de autoaceptación. Cuando te mueves por la vida libremente, con actitud de deleite y apertura, todo lo que sucede es lo correcto. Si puedes comprender su alcance o no en el mismo momento en que sucede es lo de menos. El éxito solo se puede comprender claramente a posteriori. Si tu actitud permanece en los límites de la apertura y de la aceptación, verás que el universo trabaja a tu favor. Pongamos por caso que te has pasado la mitad de tu vida entrenando con el objetivo de ganar la medalla de oro de los Juegos Olímpicos, pero que te pones enfermo el día antes de la competición y no puedes participar. Te enamoras de la enfermera que te cuida en el hospital, te casas y vives feliz con ella durante el resto de tu vida. El quid de la cuestión es que, si no hubieras perdido tu medalla de oro, no habrías encontrado el verdadero propósito de tu vida. En el nivel del Don, tienes que reconsiderar todas las definiciones estandarizadas sobre lo que son el éxito y el fracaso.

Las sincronicidades son un campo de energía disponible para cualquier persona, no solo para los que tienen la 46.ª Clave Genética activada en su perfil. El único prerrequisito para entrar en el mundo de las sincronicidades es deleitarse. Es decir, tienes que permanecer abierto a las sorpresas, abandonar la idea de que la vida te tiene que llevar hacia algún lugar concreto y confiar en una fuerza que está más allá de tu control. El deleite invoca a la gracia. Se trata de disfrutar del camino, lo que no significa que no tengas que tener objetivos en tu vida o que tengas que acabar siendo un tipo de vagabundo errante. Para hacer que tus sueños se conviertan en realidad, solo tienes que recordar una cosa: ¡deja de ser tan serio!

EL SIDDHI DE LA 46.ª CLAVE GENÉTICA: ÉXTASIS

EL ORGÁSMICO ESPACIO INTERIOR

El 46.º Siddhi es uno de esos Siddhis que se convierten en un reto a la hora de traducirlo en palabras. La mayoría de las personas no toman el éxtasis en consideración cuando piensan en sí mismos o en sus propias vidas. De hecho, este bloqueo mental es

el que te mantiene alejado de la frecuencia del éxtasis, que es la trampa que pueden encerrar las palabras con las que expresar los Siddhis. Si puedes abrir tu corazón para recibir las frecuencias que representan, estas frecuencias comienzan a encontrarte. Los estados síddhicos son, todos ellos, cuestión de magnetismo. Tienes que expandirte lo suficiente como para convertirte en un polo del campo energético, es decir, convertirte en un polo negativo atrayente. Justamente esto somos los humanos: discos receptores de las frecuencias universales. Si puedes expandir tu consciencia lo suficientemente lejos, entonces las frecuencias más elevadas descenderán sobre ti.

El Éxtasis es la frecuencia más elevada de la 46.ª Clave Genética, que sucede solo a través del corazón. De hecho, es la verdadera naturaleza de la humanidad. A este nivel de consciencia, que en realidad está más allá de todo nivel, darte cuenta de que el éxtasis es tu propia naturaleza es tan fuerte que acalla tu mente, a la cual ya no necesitarás más en adelante. Quizás pienses que es imposible para una persona *normal* vivir en un estado de éxtasis y ser funcional en el mundo, lo que no es en absoluto cierto. El éxtasis es el estado natural que se hace presente cada vez que tu mente alcanza un momento de profundo descanso. Es decir, tan pronto como la mente sea requerida en el mundo, el estado de éxtasis pasará a un segundo plano y la actividad pasará a colocarse en primera línea. Después, cuando hayas completado tu acción, el estado de éxtasis volverá al primer plano. En ese estado, tu mente será tan silenciosa como lo determine tu camino vital.

La persona que manifiesta este Siddhi no puede pasar desapercibida en el mundo. Hay Siddhis que pueden permanecer ocultos a la consciencia de la mayoría, pero el 46.° Siddhi no está entre ellos. El *jacuzzi* de amor que se arremolina en derredor suyo es tan tangible que lo pueden sentir incluso los que vibran en las frecuencias más densas. Si has desarrollado lo suficiente tu propia frecuencia, podrás sentir físicamente el aura de esa persona incluso a kilómetros de distancia. La gente que manifestaba el Siddhi del éxtasis en el pasado ha dejado su huella en los lugares donde ha vivido, aunque lo hiciera cientos o miles de años antes. No se trata de que este 46.° Siddhi sea más poderoso que otros Siddhis, porque en esencia son todos lo mismo, sino que esta manifestación de la consciencia divina se encuentra muy cercana al mundo físico y florece con fuerza en el cuerpo físico.

El propósito del Anillo de la Materia es que la materia sea totalmente penetrada por el espíritu. Cuando esto sucede, el resultado es un éxtasis orgánico. Los niños que han venido al mundo rodeados por la energía del deleite son niños que no abandonan nunca ese estado de éxtasis. El éxtasis también llega en forma de olas, en orgasmos que viajan por la *noosfera* o el campo cuántico universal en el que estamos viviendo. Cuanta más gente experimente esta energía orgásmica apoderándose de ellos desde sus cuerpos superiores, más se transformará nuestro planeta. Un día muy cercano, comunidades enteras alrededor del mundo experimentarán despertares grupales de manera orgásmica. La energía orgásmica podrá pasar como una ola a través de las líneas fractales de la humanidad.

El trabajo más importante que está por hacerse en este planeta es jugar. Cuando nos volvemos realmente juguetones perfilamos con un nuevo estilo la naturaleza de nuestra realidad colectiva. Esta es la gran verdad del 46.° Siddhi y de su enorme im-

portancia en el mundo actual, desmedidamente serio. Solo el éxtasis puede silenciar la mente; solo el éxtasis puede resolver los problemas del mundo; solo el éxtasis puede traer al mundo paz y amor universales.

Aquellos que han permitido que el 46.º Siddhi les superara están tan rebosantes de su propio éxtasis que raramente han sido capaces de poner en palabras sus experiencias. Y aquellos que han encontrado las palabras solo han podido hacerlo en un estilo poético, que es el lenguaje del amor. Esos hombres y mujeres, los extáticos, no siempre han visto necesario escaparse del mundo, sino que han encontrado su amor en el mundo, en la vida ordinaria. Estas personas no se preocupan de lo que les pasa, porque el corazón no hace las distinciones que la mente sí mantiene. Tal y como la golondrina se lanza hacia los cielos, así el corazón se abalanza sobre la vida, jugando y deleitándose en cada momento del día y en cada una de las experiencias con las que se topa. El corazón no se preocupa lo más mínimo del éxito o del fracaso, del pasado o del futuro, de la vida o de la muerte. Solo sabe que ahora mismo está vivo y palpitante, y que la realización inunda de dulzura el ser con el dulce vino del éxtasis.

Solo el éxtasis puede silenciar la mente; solo el éxtasis puede resolver los problemas del mundo; solo el éxtasis puede traer al mundo paz y amor universales

Tu habilidad para sintonizar con la naturaleza del éxtasis en tu cuerpo depende de la capacidad que tengas para soltar la mente y abrir el corazón. Depende de lo agradecido que te sientas hacia la existencia por otorgarte este cuerpo y la experiencia de estar vivo. Si has sentido este éxtasis, aunque solo sea una vez en tu vida, entonces lo puedes recrear cuantas veces quieras. Incluso si no lo has experimentado, puedes abrirte a ello. Lo tienes dentro de ti justo en el momento en que estás leyendo estas líneas, y se va a quedar contigo siempre, esperando silenciosamente en los ventrículos de tu corazón físico. Lo único que tienes que hacer es invitarlo a regresar a tu vida.

47.ª CLAVE GENÉTICA

SIDDHI TRANSFIGURACIÓN • DON TRANSMUTACIÓN • SOMBRA OPRESIÓN

TRANSMUTAR EL PASADO

PAR PROGRAMADO: 22.ª CLAVE GENÉTICA
ANILLO CODÓNICO: EL ANILLO DE LA
             ALQUIMIA (6.ª, 40.ª,
             47.ª, 64.ª)

FISIOLOGÍA: NEOCÓRTEX
AMINOÁCIDO: GLICINA

LA SOMBRA DE LA 47.ª CLAVE GENÉTICA: OPRESIÓN

EL ESPEJO MÁGICO

La 47.ª Sombra ofrece al ser humano una de las claves más importantes para desvelar el misterio del sufrimiento. En esta 47.ª Clave Genética se esconde un enorme reservorio de oscuridad bajo la forma de una herencia ancestral hecha de angustia. La 47.ª Sombra no es otra cosa que el almacén de karma. Lo que definimos como *karma* se refiere, en realidad, a la memoria, pero no a la memoria en el sentido en que solemos usar el término. La memoria de la 47.ª Sombra es la memoria genética que portamos en nuestra sangre. Sin embargo, no es una memoria legible que se pueda descifrar a través de una secuencia lógica. En genética, la 47.ª Sombra es lo que se conoce como «ADN no codificado», más comúnmente denominado «ADN basura»: una serie de firmas químicas y artefactos evolutivos que nos han llegado a través de legado colectivo ancestral de nuestras líneas de sangre. Aunque no se ha encontrado ninguna función adscrita todavía a este ADN, la realidad es que se trata del 98 por ciento del material de nuestro genoma. Este almacén ancestral sirve, por supuesto, a un enorme propósito que todavía la ciencia no ha llegado a atisbar: es la turbina de la propia evolución humana. La razón oculta y la función de este ADN basura se revelan por completo a través de esta 47.ª Clave Genética.

La razón por la que la ciencia aún no ha decodificado la 47.ª Sombra estriba en que la historia no es lineal, sino aleatoria, y los patrones aleatorios no se pueden resolver con métodos lógicos. Los patrones aleatorios solo se pueden resolver o analizar a través de geometría fractal, capaz de leer patrones caóticos mediante el uso de leyes holísticas. El hecho es que cada ser humano es portador de toda la memoria evolutiva de la hu-

manidad en su cuerpo, lo que también significa que somos inconscientemente guiados por esa memoria. Cuando una persona encuentra el camino para acceder a su inconsciente, está accediendo también al inconsciente colectivo. Si no están mental y espiritualmente preparados para este evento, pueden quedar profundamente tocados o alucinados. El único lenguaje que puede comprenderse en este mundo es el lenguaje de los arquetipos, un lenguaje como el que se usa en psicología junguiana, en el simbolismo arcano de los alquimistas o en el antiguo lenguaje totémico del chamán. El lenguaje de los arquetipos, sobre el que también está basado el lenguaje de las 64 Claves Genéticas, permite a los humanos mirar en la cara oculta de su naturaleza, dar un paso en el peligroso inframundo chamánico del inconsciente colectivo, sin identificarse con lo que allí se ve.

Cuando el chamán o la chamana van dentro del inframundo del inconsciente, usan el lenguaje de su propio tótem para navegar en este universo. Al hacerlo puede intuitivamente localizar los aspectos específicos de la sombra genética, única, de una persona y sacarlos a la luz. Que estos aspectos se interpreten como demonios, animales, o cualquier otra cosa, es irrelevante. Lo que importa es que aquellos aspectos representan los miedos específicos de un individuo concreto. El verdadero psicoanalista trabaja en el mismo sentido. En vez de intentar encontrar razones para nuestras psicosis o miedos en nuestra infancia, él o ella entiende que son aspectos arquetípicos de un solo miedo, universal y primal. Cada uno de nosotros llega a este mundo con ciertos arquetipos primigenios que representan nuestros miedos, y además de esto, el guion vital nos pone delante otros arquetipos para dirigirnos mientras proseguimos nuestro destino en el mundo. La 47.ª Sombra es un portal de acceso a través del cual fluyen estos miedos recónditos y alcanzan el nivel de la consciencia. Esta es la razón por la que el antiguo hexagrama chino para esta Clave Genética se llama «Opresión», ya que ese tipo de temores se convierten en grandes escollos en nuestra vida, a no ser que los encaremos directamente.

Muy poca gente confronta con ganas durante su vida las Sombras arquetípicas que porta. No quieren mirar adentro del cubil de la 47.ª Sombra, porque cuanto más profundamente miran, más profunda parece ser la madriguera. Por eso viven simplemente en la negación o en la reacción a esos patrones de miedo inconscientes, sin darse cuenta de que sus vidas externas son un reflejo directo de esta represión. Para mirar de verdad en profundidad en nuestros miedos hay que sufrir una transmutación mayor a nivel síddhico: una transmutación que finalmente se convierta en cósmica e incluso mítica, como más adelante veremos. Pero las transmutaciones no son negocios cómodos para las personas en el nivel de consciencia de la Sombra, porque exigen atravesar un proceso alquímico en el que tienes que abandonar todas las definiciones de lo que eres y de quién eres. De lo que no nos damos cuenta los humanos es de que el grial que buscamos se esconde justo bajo nuestros miedos. Lo que más te aterroriza es lo que mejor te está mostrando el camino hacia tu evolución superior. Esta es la razón por la que todas las corrientes religiosas se fundan sobre la dualidad del dios y del demonio. Pero al mantener al demonio separado de dios, lo que estamos negando es nuestra

Lo que más te aterroriza es lo que mejor te está mostrando el camino hacia tu evolución superior

propia naturaleza, la que nos permitiría experimentar directamente lo Divino. El demonio no es otra cosa que nuestro miedo manifestado en el mundo.

El par programado de la 47.ª Sombra es la 22.ª Sombra, el Desprecio. La negación de tu propia Sombra no es solamente una manera de deshonrarte a ti mismo, sino a la propia Vida. Si no puedes honrarte a ti mismo, entonces no podrás tampoco honrar a los otros. Esto significa que escuchas al otro a través de tu propia agenda, es decir, que escuchas solo aquello que quieres escuchar. Con cuidado eliminas todo el ADN basura que no quieres mirar y que hay dentro de tu ser. Todo este proceso entre las dos Sombras crea un circuito cerrado de biorretroalimentación que oculta cada vez más las memorias reprimidas. Al hacer esto estamos literalmente reforzando nuestros patrones autolimitativos. Los antiguos se refieren a este hecho como acumulación de karma, lo que ha llevado a la creencia de que uno puede librarse de este karma negativo mediante la realización de buenas acciones para así acumular karma positivo. Sin embargo, esas prácticas no conducen a una verdadera liberación de las Sombras inconscientes, que, por el contrario, quedan reprimidas y a la espera de ser algún día aceptadas. Religiones como el catolicismo encontraron el modo de aliviar la opresión a través de la confesión. Pero la confesión simplemente coloca la responsabilidad sobre tus Sombras en una verbalización hacia el exterior, en vez de en la asunción de responsabilidad por tu propio proceso interior. Lo que hacemos entonces no es otra cosa que suprimir enérgicamente la necesidad que tiene la vida de transmutarse a sí misma.

En la 47.ª Sombra subyace un asunto: a no ser que encares tus propios arquetipos particulares, no podrás abrir el portal de la Transmutación interna que trae consigo el 47.º Don. Si no miras a la cara los aspectos de la adversidad y te das cuenta de que es la manifestación de tu propio arquetipo, pierdes la gran oportunidad y también el propósito de tu vida. La mayoría del mundo está todavía esperando a comenzar este proceso. La mayoría de los que han comenzado se han quedado atrapados en algún sistema o sistemas terapéuticos que les quitan el peso de su responsabilidad, en vez de acompañarles en el proceso. Encarar tus Sombras es un asunto solitario y sucede durante el curso natural de tu vida. Es justo lo que tienes delante de tus narices lo que estás tratando de evitar al máximo. No tenderá a concretarse, no lo podrás resolver con la mente y volverá a ponerse delante de tus narices, una y otra vez. No se puede obviar ni transferir a otra persona. Tu sufrimiento es un espejo mágico; es cosa tuya si decides aceptarlo y apreciarlo, o no. Solamente podrá mostrarte su magia cuando por fin dejes de intentar evitarlo.

NATURALEZA REPRESIVA: DESESPERANZADA

Para aquellos que encarnan la naturaleza represiva, la 47.ª Sombra provoca un tipo de colapso mental. Es la presión interior en la que la mente se siente sobrepasada por la propia vida. Dado que el patrón de opresión no muestra signos de querer abrirse, estas personas dejan de vivir, de alguna manera. Se someten a la presión y la aceptan como algo normal. En otras palabras: abandonan la idea de poder tener una vida mejor. Este tipo de personas llevan vidas de transigencia muda, candadas en un circuito cerrado y sellado, presas de incapacidad o de falta de voluntad para enfrentar sus miedos.

NATURALEZA REACTIVA: DOGMÁTICA

Los que presentan el temperamento reactivo externalizan su opresión proyectándola en otros. Estas personas usan sus mentes para controlar su entorno, convirtiendo sus puntos de vista en dogmas. Debido al trasfondo de miedo que llevan, tratan de consolidar sus patrones mentales para obtener una ilusión de seguridad. Tanto si el dogma es religioso como científico, ellos lo solidifican y así la posibilidad de cambio queda reducida solo a un estado de colapso. Este tipo de naturaleza encuentra muy difícil relacionarse con otros, a no ser que aquellos encajen en sus puntos de vista dogmáticos. Por otro lado, ven a cualquier tipo de libre pensador, mente independiente o espíritu libre como una tremenda amenaza.

EL DON DE LA 47.ᵃ CLAVE GENÉTICA: TRANSMUTACIÓN

EL ARTE MAJESTUOSO

A través del Don de la Transmutación de la 47.ᵃ Clave Genética se revela el verdadero propósito oculto en tu ADN basura. Más allá de lo que el lado izquierdo del cerebro científico malinterpreta como caos, se esconde uno de los más grandes secretos de la creación. Lo que los genetistas saben es que toda la vida evoluciona a través del proceso conocido como mutación: un proceso orgánico, aleatorio, en el que se generan errores al copiar cadenas largas de genes. Hasta que las partículas físicas entraron en juego, la palabra *transmutación* se asociaba solamente con la antigua ciencia de la alquimia. La transmutación involucra el cambio completo de un elemento en otro, lo que implica un proceso radiactivo de nivel atómico. Deberíamos decir que, en realidad, la mutación es un proceso de cambio gradual que puede, o no, dar como resultado la transmutación.

Los seres humanos son una ola ondulante de consciencia sin identidad fija. Estamos programados para encarar continuamente nuestras limitaciones y disolvernos en algo diferente

Cuando un ser humano encara sus propias Sombras, abre la puerta al proceso de Transmutación. En el vasto programa oculto en nuestro ADN no codificado están los códigos o secuencias de toda la historia en la Tierra. Estos códigos están mezclados y enredados los unos con los otros de una forma que hoy nos resulta indescifrable, dados los actuales métodos de reconocimiento de patrones. Sin embargo, estos códigos crean una enorme tumefacción en el individuo, una presión para que el guion universal de la vida continúe a través de ti, de tu vida. Esta es la razón por la que cada ser humano tiene un innato sentido de cuál es su propio destino. Que vivas o no ese destino durante el resto de tu vida depende de la voluntad que tengas para rendirte a la presión de esta enorme fuerza inconsciente que portas dentro de ti. Es la fuerza de la Transmutación, deseosa de que te superes a ti mismo. Si entras y te permites ser guiado por el más recóndito de tus miedos, el miedo a morir, entonces descubrirás el Don de

la Transmutación. Los seres humanos son una ola ondulante de consciencia sin identidad fija. Estamos programados para encarar continuamente nuestras limitaciones y disolvernos en algo diferente. Para la mayoría de los seres humanos que se sienten seguros en la ilusión de la separación, este es el mayor de todos los miedos.

Al tratarse de uno de los ingredientes fundamentales de la familia química conocida como el Anillo de la Alquimia, este 47.º Don de la Transmutación es peligroso. Los antiguos alquimistas descubrieron los arquetipos de transmutación y les dieron un nombre, a menudo basado en colores diferentes, como código simbólico para explicar los distintos estadios del proceso. Aunque la mayoría de esas personas pensaban erróneamente que la alquimia era una práctica física que podía transformar cualquier metal en oro, pocos de ellos llegaron a comprender lo que es en realidad la Alquimia. Alquimia, el Arte Real, es el destino natural de los seres humanos que viven su vida con totalidad, abrazando todo y no dejando nada tras de sí. Es el arte de vivir peligrosamente. Esto no significa que tengas necesariamente que tomar riesgos externos; el peligro aquí estriba en la ilusión de que haya algo que en ti no cambia. El verdadero humano es indefinible, porque está constantemente más allá de las definiciones. La Alquimia es la Vida, y la Transmutación lo que conduce a los humanos a la persecución constante de sus sueños más libres. Estar en el proceso de transmutación es estar verdaderamente vivo.

El proceso de transformación lo han descrito perfectamente los alquimistas: consiste en un sinfín de pequeñas y, a menudo, indescifrables mutaciones que conducen a un número finito de transmutaciones. Esas transmutaciones son formidables puntos de cambio en tu vida. Trasmutar es realizar un salto cuántico y entrar en una nueva dimensión. Si sigues el código oculto en tu ADN, experimentarás esos cambios dimensionales tanto en tu vida interna como externa. Muchas culturas, mitologías y sistemas místicos han descrito este proceso de evolución espiritual, porque se trata de un proceso universal. El único prerrequisito para que el proceso continúe es la rendición continua ante tus miedos. En el momento en que un miedo se ha abrazado, se revela otro, de modo que tu vida te conduce a encarar un nuevo miedo. Cada uno de nosotros tenemos que destapar nuestra caja de Pandora y, al hacerlo, descubriremos las capas de opresión que traemos con nosotros. Mientras que estas capas se vayan disolviendo, una por una, irás descartando una a una también las ilusiones que estaban impidiendo la disolución de tu ego.

En este proceso de Transmutación continuado, vas cambiando gradualmente mientras navegas en el ADN basura, y al hacerlo, comienzas a ver tu vida en un nivel de realidad mucho más amplio. El único modo de leer esos códigos es vivirlos y, mientras lo haces, ellos te van revelando y desvelando su verdadero propósito: llevarte de vuelta a la misma fuente de consciencia de la que provienes. Aquellos que portan el 47.º Don en su perfil hologenético son personas muy conscientes de su proceso alquímico como seres humanos. El único camino para trascender el sufrimiento es penetrarlo aún más, abrazando cada sentimiento y cada situación que llegue. Es un camino de inmersión profunda en los flujos de la vida. Es el camino de la rendición.

EL SIDDHI DE LA 47.ᴬ CLAVE GENÉTICA: TRANSFIGURACIÓN

EL VERDADERO SIGNIFICADO DE LA CRUCIFIXIÓN

El 47.° Siddhi representa la culminación de la 47.ª Clave Genética en la forma humana. La transmutación en realidad no termina nunca. Simplemente amplía su armazón, y esto es justo lo que sucede a través del 47.° Siddhi de la Transfiguración. La palabra *transfiguración* está asociada casi por completo a la ascensión y resurrección de Cristo. La vida de Jesús Cristo es, de hecho, la promulgación mítica perfecta de todos los estados alquímicos de transmutación que llevan al estado final de transfiguración. Si pudiéramos escapar del dogma infinito de opiniones que rodean la figura de Jesucristo y simplemente comprender su vida a un nivel simbólico, podríamos observar el gran secreto de la vida humana. La vida de Cristo representa, simbólicamente, la vida de cada ser humano cuando no retiene nada y abraza todo.

Podemos encontrar descripciones de transfiguraciones similares a aquella en todo el mundo. Los tibetanos, sobre todo, tienen muchos recuerdos de personas que han alcanzado el Cuerpo del Arcoíris. Los antiguos taoístas de China también tienen recuerdos de maestros que muchos siglos atrás alcanzaron el estado de transfiguración. Este 47.° Siddhi revela el propósito último de ADN no codificado que llevamos dentro de nuestro cuerpo, el cual, en realidad, codifica un proceso que se da internamente. La fuerza de la transmutación te desnuda emocional y mentalmente hasta tal punto que alcanza la materia física que es tu cuerpo. El poder del mito se despliega y hasta las mismas células de tu organismo comienzan a transmutarse en las puras frecuencias de luz de las que están hechas. Los elementos que configuran tu cuerpo están hechos de polvo de estrellas, y por eso te convertirás en una estrella, en tu propia mini-supernova. Este es el estado final descrito por los alquimistas, la *unión mística* o sagrado matrimonio en el que todos tus elementos constituyentes se disuelven hasta formar otro, y en el que de tu materia básica surge un ser simbólico de oro.

Como todos los estados síddhicos, la transfiguración no es un fenómeno común. Puedes ver cuán poderosa es su influencia si observas el alcance que tuvo en todo el mundo tras la muerte de Jesús. Otras culturas donde han sucedido estos hechos han sido muy estrechas de miras, así que su popularidad se ha convertido en leyenda. Podríamos preguntarnos por qué no ha sucedido en algún otro lugar, en fechas recientes, una transmutación, justo ahora que podría ser ampliamente comentada y hasta filmada. La respuesta a esta cuestión duerme en los códigos de nuestros cuerpos. Lo que es cierto es que ocurrirá de nuevo y probablemente a una escala enorme, jamás pensada. La humanidad está a las puertas de una de sus más grandes transmutaciones como especie, ya que estamos atravesando el tiempo simbólico de la crucifixión, que es el que precede a la transfiguración. Nuestra crucifixión significa que todo lo viejo ha de dejar el mundo, mientras la nueva luz emerge. Lo que se va a sacrificar en los próximos siglos es nuestro mundo moderno y la mayoría de sus trampas. Como sucede en todas las transmutaciones, se trata de un tiempo de grandes dudas, grandes miedos y gran excitación.

A nivel cósmico, la transfiguración no termina. La totalidad de nuestro planeta —la humanidad, todas las criaturas y la Tierra misma— será por fin transfigurado. La transfiguración a nivel social tiene que incluir el organismo planetario entero, porque a pesar de nuestras perspectivas actuales, somos la mente y los ojos de la Tierra y en ningún caso estamos separados de ella. Vendrá un tiempo en que todos los elementos que configuran nuestro planeta vibren a una frecuencia tan alta que el mundo, tal y como lo conocemos, desaparecerá dentro de un campo vibratorio luminoso.

La totalidad de nuestro planeta —la humanidad, todas las criaturas y la Tierra misma— será por fin transfigurado

Antes de este evento fantástico, sin precedentes, que se dará en un futuro lejano si tomamos como medida el tiempo tal y como lo calculamos hoy, los fenómenos individuales de transfiguración se volverán cada vez más comunes. Esto se debe a la activación del Siddhi de la Gracia, de la 22.ª Clave Genética, que es el par programado del 47.º Siddhi. Estos dos Siddhis operan como uno solo, lo que significa que si un individuo alcanza el estado de Transfiguración, estará tocado por la Gracia Divina. Nadie puede decir cuándo, dónde o a quién le tocará la Gracia, pero se trata de un aspecto del principio de la Divinidad Femenina, que es una parte del actual ciclo de encarnaciones. La Divina Gracia puede solamente tocar a los que trabajan a través del 47.º Siddhi, porque estos individuos tienen que tomar en sus manos el karma colectivo de toda la humanidad. Esta es la gran transmutación final que promulga la crucifixión. La crucifixión representa el descendimiento individual a los infiernos, el inframundo del inconsciente colectivo y la inmersión completa en el dolor ancestral y en el sufrimiento de todos los seres humanos. Se trata de encarar el miedo colectivo de la humanidad, que se encuentra en el mismo núcleo de cada ADN humano. Quien alcanza este nivel de autosacrificio atrae hacia sí la Divina Gracia del Espíritu Santo, hecho que precede y permite la resurrección y la transfiguración final.

48.ª CLAVE GENÉTICA

SIDDHI SABIDURÍA • DON TALENTO • SOMBRA INADECUACIÓN

EL MILAGRO DE LA INCERTIDUMBRE

PAR PROGRAMADO: 21.ª CLAVE GENÉTICA
ANILLO CODÓNICO: EL ANILLO DE LA MATERIA
(18.ª, 46.ª, 48.ª, 57.ª)

FISIOLOGÍA: SISTEMA
LINFÁTICO (BAZO)
AMINOÁCIDO: ALANINA

LA SOMBRA DE LA 48.ª CLAVE GENÉTICA: INADECUACIÓN

EQ E IQ

No hay un lugar más oscuro en todo el ADN humano que la 48.ª Sombra. Esta Sombra da lugar a uno de los miedos humanos más intensos: el miedo a ser inadecuado. Los seres humanos, como regla general, no tienen ni idea de sus verdaderas capacidades. Si miramos alrededor vemos ejemplos concretos de hombres y mujeres que han desarrollado destacados dones y que incluso han llegado a experimentar lo milagroso. Sin embargo, la humanidad, tal y como es hoy, aún no se ha despertado de sus sueños más oscuros. Nos encontramos en la cúspide de un momento de enorme cambio evolutivo donde cada uno de nosotros tiene que mirar bien dentro de sus miedos básicos si queremos dar el gran salto que tenemos por delante.

Solo es posible ver el potencial de esta 48.ª Clave Genética en tiempos de profunda crisis colectiva, pues parece que solo por medio de una crisis colectiva se hace posible impulsar a todos los humanos a la vez en algún sentido. Ejemplos de ello son los tiempos de guerra, que a menudo tienen la capacidad de activar las frecuencias superiores de esta Clave Genética al permitir a grupos de personas operar como una sola entidad, superando grandes situaciones y realizando hazañas increíbles, raramente vistas en tiempos de paz.

Este fenómeno dice mucho sobre la naturaleza de la 48.ª Clave Genética, que, en su origen, goza de un poder arraigado en la comunión y el servicio. Dado que la humanidad está encarando ahora la mayor de sus crisis, la destrucción de nuestro propio entorno, el potencial de esta 48.ª Clave Genética nos está empujando con fuerza a entrar bien dentro de nuestra alma en busca de soluciones prácticas y colectivas. En los pró-

ximos años vamos a tener que comprender esta 48.ª Clave Genética y el control que tiene su Sombra sobre nosotros.

Debido al papel que representa en el grupo codónico conocido como Anillo de la Materia, la 48.ª es una de las cuatro Claves Genéticas que gobiernan los ciclos de desarrollo en la etapa de nuestra infancia. La 48.ª Clave Genética se imprime en nosotros durante el segundo septenio de nuestra vida, es decir, entre los siete y los catorce años. Este segundo septenio forja nuestro desarrollo emocional y puede explicarnos con exactitud de dónde proceden nuestros sentimientos de inadecuación. Cuando nos encarnamos en nuestro cuerpo astral o emocional, los patrones emocionales prevalentes de nuestros padres y del mundo en general se imprimen de manera imperceptible en nuestra aura. La 48.ª Sombra se filtra en nuestros genes para debilitarnos, valiéndose de una profunda sensación de inadecuación emocional. Cuando atravesamos la tierna edad de la pubertad, los condicionamientos de la sociedad nos envían mensajes confusos y contradictorios sobre cómo manejar nuestras emociones y nuestra sexualidad. La mayoría de la gente desconoce lo profunda y delicada que es esta etapa para el desarrollo de los infantes, la mayor parte de los cuales quedan abandonados a su propio destino. El resultado de ello es que solo unos pocos salen indemnes de esta etapa.

Hasta hace bastante poco, las emociones eran vistas como algo que debilitaba la inteligencia, la cual se comprendía solo equiparándola al pensamiento racional. Afortunadamente, la inteligencia emocional, también conocida como EQ, está siendo reconocida cada vez más y por más personas. El hecho es que tu EQ es el contrapeso perfecto de tu IQ, y que y juntas dan lugar a un individuo inteligente, bien perfilado. La mayoría de la gente nunca ha aprendido a tomar plena responsabilidad por sus emociones. Están atrapados en el drama de proyectar sus estados emocionales en terceras personas. La 48.ª Sombra es responsable de crear este tipo de generaciones emocionalmente analfabetas. Si no sabemos cómo gestionar los estados emocionales con íntegra ecuanimidad y claridad, nunca entraremos en la edad adulta, sino que nos quedaremos atrapados en algún nivel en la infancia.

Si no sabemos cómo gestionar los estados emocionales con íntegra ecuanimidad y claridad, nunca entraremos en la edad adulta, sino que nos quedaremos atrapados en algún nivel en la infancia

La frecuencia que libera la 48.ª Sombra en las células de tu cuerpo emerge como una profunda incertidumbre sobre el futuro y tu habilidad para gestionarlo. Cuando se empareja con la 21.ª Sombra, el Control, su par programado, juntas programan a los seres humanos para que intenten controlar todas las áreas de su vida. Creamos una falsa realidad basada en detalles, líneas de tiempo y sistemas, todo para hacernos sentir más seguros. La ironía es que nada externo nos puede arrebatar este profundo miedo a ser inadecuados. Cada lado oscuro de esta Sombra se refiere a la manipulación de este miedo, como una manera de controlar a otros. El sentido de vacuidad experimentado en el nivel de la frecuencia de la Sombra conduce a los seres humanos a intentar llenarlo con la adquisición de conocimiento. Pero el conocimiento no puede llevarse el miedo por delante. El conocimiento tiene una cara de luz y una de sombra. Mientras el lado luminoso transforma el conocimiento en Sabiduría (su contrapeso de

nivel superior), el lado oscuro se vuelve adicto al conocimiento como manera de distracción para obtener un falso sentido de seguridad.

Los seres humanos se han convertido en adeptos a vender el sueño de la seguridad, y el miedo de las masas se lo ha comprado. Todos los sistemas de conocimiento basados en la lógica prometen seguridad. Cuanto más complejo sea el sistema, más personas tenderán a creer en él, cosa que sucede a menudo con la ciencia moderna. El problema no está en la ciencia en sí misma, que es una maravillosa herramienta cuando se usa para la misión de alcanzar el espíritu de la verdad. El problema, a menudo, son los *científicos*, que usan sus descubrimientos y teorías para reforzar sus currículos personales y sus carencias emocionales. Estas personas ofrecen una pantalla de seguridad ilusoria que oculta la realidad, mientras pretenden explicar el universo en que vivimos.

La 48.ª Clave Genética sencillamente está más allá de la comprensión humana. Es un portal hacia el infinito y ¡no hay nada como el infinito para aumentar el espectro de la inadecuación en la mente humana! El nombre original chino para el arquetipo del I Ching correspondiente es «El pozo». Cuando te ves en el pozo, no tienes idea de lo profundo que es o de lo que reposa en su fondo. La 48.ª Sombra es un agujero negro, sin fondo. Es el miedo originario de lo femenino y fue recreado en forma de arquetipo durante la caza de brujas que tuvo lugar en toda Europa en la Edad Media. De la 48.ª Sombra ha nacido la paranoia humana: los hombres de negro, los extraterrestres, dioses o gobiernos que parecen estar manipulando nuestras vidas. Es el miedo a que cualquier otro pueda estar en posesión de un conocimiento que nos controle. Claro que la verdadera fuente del miedo está dentro, pero esto no impide que los seres humanos sigan proyectándolo hacia fuera y sobre todo tipo de personas y fenómenos.

La ciencia moderna es solo uno de los campos que nos promete seguridad para nuestros miedos más profundos. Las religiones estructuradas, los sistemas económicos y educativos, todos ellos también intentan crear la sensación de seguridad colectiva para la gente de nuestro planeta. Mientras que mantengas a la gente distraída en algún tipo de sistema, parecerá que el miedo profundo se traslada a un segundo plano. Otra gran manifestación de la 48.ª Sombra es la urgencia por crear cada vez más bienestar. Esta urgencia también está basada en nuestro miedo a sentirnos inadecuados. El Anillo de la Materia nos programa para intentar escapar del miedo a través del mundo de lo material, en vez de volver la mirada a la fuente de incomodidad en sí misma. Sin embargo, por más cantidad de bienestar material que podamos acumular, no nos podremos sentir seguros, ya que el propio miedo está enraizado en la estructura física de nuestro ADN.

Además, los humanos somos parte del misterio del universo y hay lugares donde la mente no está destinada a viajar. Cada ser humano, en algún momento, deberá mirar en su interior en busca de su miedo más profundo: el miedo al vacío. Cuando reunamos el coraje y demos el salto, descubriremos algo maravilloso. El vacío no está deshabitado y frío, sino que es cálido, amoroso y lleno de luz y maravillas.

NATURALEZA REPRESIVA: DESABRIDA

Hay dos tipos de personas en la frecuencia colectiva de la Sombra: los que agachan la cabeza y se dan por vencidos ante sus miedos (represiva) y los que proyectan sus

miedos hacia el exterior en otros (reactiva). La naturaleza represiva de la 48.ᵃ Sombra conforma la consciencia desabrida de masa. Se trata de borregos cuyos miedos permanecen enterrados bajo la superficie por el tipo de sistema que sea. La mayoría de las personas de nuestro planeta forman parte de esta categoría. Esta consciencia de baja frecuencia tiene demasiado miedo para mirar en el temor que hay alojado en su cuerpo, así que se asienta en los patrones fijos que les ofrece su sociedad. Desde luego, la vida organiza eventos en la existencia de todas las personas que los fuerzan a encarar sus propios miedos. Sin embargo, a no ser que tales eventos precipiten un despertar mayor, la naturaleza represiva tenderá a enterrar la cabeza todavía más profundamente en la arena una vez que pase dicho período.

NATURALEZA REACTIVA: DESAPRENSIVA

La otra cara de la 48.ᵃ Sombra se puede ver en aquellos que alimentan el sentido general de inadecuación en otros. Se trata de personas cuya rabia no les permite admitir que también tienen miedo, y por lo tanto, se vuelven víctimas del sistema en un sentido totalmente diferente. Estas personas utilizan su conocimiento para manipular el miedo de los otros mientras se ocultan tras el propio sistema. Mantienen a raya su propio miedo gracias a mostrarlo hacia afuera, e incrementan el nivel general de miedo con sus acciones desaprensivas. Este comportamiento refuerza mucho el nivel general de miedo con este tipo de acciones. Gracias a esa gente la humanidad está presa de una paranoia generalizada. Sabemos que hay personas en posiciones de poder, en todo el sistema, que no se preocupan en absoluto de los demás, pero como no siempre los podemos identificar, tenemos la sensación de que toda la sociedad es un sistema impersonal que está más allá de nuestro control.

EL DON DE LA 48.ᴬ CLAVE GENÉTICA: TALENTO

LA LUZ EN EL FONDO DEL POZO

La 48.ᵃ Clave Genética comporta una gran esperanza para la humanidad que supera a la oscuridad y al miedo que también transporta. Esta esperanza está, sobre todo, en manos de los padres. Ya hemos visto que la 48.ᵃ Clave Genética gobierna nuestro desarrollo emocional durante la infancia. Todos los asuntos emocionales se originaron en esa fase, por lo que es extremadamente importante que el niño entre los siete y los catorce años goce de un entorno emocional estable en el que pueda desarrollarse. Dado que el cuerpo astral o emocional es una capa sutil del aura humana, la primera impronta que recibe es la de los cuerpos astrales de sus padres. Si los padres de un niño no han superado la frecuencia de la Sombra en su ADN, los patrones de disfuncionalidad emocional se imprimirán en el cuerpo astral del niño. La mayoría de los adolescentes son heridos por los cuerpos sutiles de sus padres también antes de alcanzar la edad adolescente. En psicología tendemos a pensar en el condicionamiento como un hecho com-

portamental, y lo es, pero sucede a un nivel mucho más sutil de lo que la mayoría de los psicólogos reconocen. Cuando a la edad de catorce años te encuentras en el momento fundamental de tu pubertad, o sales bien parado sintiéndote estable internamente, conectado con tu sabiduría natural y con tu inteligencia emocional, o bien te sientes muy fuera de juego, inadecuado, que es el sentimiento que caracteriza la etapa adolescente.

Sin embargo, hay luz en el fondo del pozo. Cuando los padres sanan sus temas emocionales y elevan la frecuencia de su ADN, transfieren a los hijos patrones emocionales sanos y estos, a su vez, se los pasarán a sus hijos. En los últimos cincuenta años este patrón se ha ido haciendo cada vez más saludable entre los adultos del mundo. No hay un papel de mayor relevancia ni servicio más primordial a la humanidad que el de ser padres. No es solo el camino más rápido para tu propia sanación, sino que también es el camino más rápido para sanar el mundo. Cada adulto íntegro es un recurso importante en la sanación del planeta, porque son personas que no temen a sus verdaderos miedos y sentimientos. El cuerpo astral de todo nuestro planeta está viviendo un proceso de sanación gracias al número de personas que están, cada vez más, operando al nivel de frecuencia del Don.

El secreto para poder ir más allá del alcance de la 48.ª Sombra se reduce a una sola palabra: confianza. Cuando comienzas a confiar en la vida a una escala superior, el pozo comienza a revelar algunos de sus secretos. La vida te invita a empezar a confiar en la propia frecuencia de la Sombra, lo que significa que has de penetrar tus miedos. Dado que la 48.ª Sombra es una vibración de miedo recóndita, muy anclada en el cuerpo físico, puede resultar muy incómoda. No se trata de un miedo que viene y va, sino que está siempre ahí, fijo y centrado en ti. Al entrar en el campo del miedo, lo que haces en realidad es reducir tu ansiedad mental, aunque no puedas borrar ese miedo. Se trata de un proceso con el cual, poco a poco, aprendes a dejar de temer al miedo. En vez de esconderte de la oscuridad que hay en ti, lo que haces es finalmente lanzar un cubo dentro del pozo y luego subirlo para ver lo que contiene. Y lo que contiene es una sorpresa maravillosa. Del pozo salen todo tipo de soluciones para todo tipo de desafíos en el mundo que te rodea. Te sorprenderá la cantidad de luz que puede surgir desde un lugar tan oscuro. Esta es la esencia del Don del Talento.

Cuando aprendes a confiar en que la respuesta emergerá en el momento adecuado de tu vida, tus sensaciones de miedo y ansiedad comienzan a atenuarse gradualmente. Lo maravilloso del Don del Talento es que resulta autogratificante. Cada vez que el cubo sale del pozo, contiene exactamente lo que necesitas para ese momento en particular. En este sentido, la confianza conduce a una confianza aún más profunda, lo que reforzará tu seguridad interna con la repetición. Gradualmente se comprobará que tu miedo a ser inadecuado es solo una ilusión. No importa en qué estés proyectando tus miedos ocultos —podría ser tu miedo a estar solo, tu miedo a no tener suficiente dinero o tu miedo a no tener tiempo—, porque en lo más profundo de tu ser existe un recurso ilimitado y autosostenible que siempre va a aportar una solución a tu miedo imaginario. Estas soluciones llegan a ti siempre que te abres al miedo, sin reacción, mostrándote vulnerable

Gracias a este «no saber» te será entregada la perla, así que no debes ni reaccionar, ni reprimir tu miedo, simplemente contenerlo, sentarte con él

e ignorante. Gracias a este «no saber» te será entregada la perla, así que no debes ni reaccionar ni reprimir tu miedo, simplemente contenerlo, sentarte con él.

Este estado de rendición, al no conocer de antemano las respuestas, es tremendamente poderoso en su honestidad. Consiste en confiar en el gran campo energético que está detrás de tu sensibilidad normal. El campo energético siempre está ahí, pero tu cuerpo suele reaccionar de acuerdo con su programación condicionada, es decir, la que le dicta la conciencia colectiva del miedo en la frecuencia de la Sombra. Conforme aprendes a confiar en el no saber, la vida se resuelve a sí misma, sin esfuerzo y de manera hermosa, mientras sucede un proceso natural de deacondicionamiento dentro de ti. En términos generales, este proceso dura un mínimo de siete años, que es el tiempo que necesita el cuerpo para aprender o desaprender patrones a nivel celular. Tus recursos reales en la vida son tus dones y talentos, los dones inherentes cableados en tu ADN. La guinda del pastel es que tu talento desata una gran marea de creatividad interior, lo que proporciona respuestas extremadamente elegantes para todo tipo de preguntas y problemas en tu vida. El campo de energía del que hemos hablado es nada menos que el patrón de la vida contemplada como un todo. Cuando comienzas a confiar en la vida y en el lugar que ocupas en su gran tejido, tus dones naturales emergen de manera espontánea. Empiezas a darte cuenta de que eres capaz de mucho más de lo que nunca habías soñado. Cuando te mueves al ritmo de la vida, ella te revela su propio calendario, que siempre es perfecto. Puede que no siempre case con tus planes mentales, es decir, cómo debería o cómo no debería de ser tu vida, pero te dejará siempre una sensación de estar completamente satisfecho.

Cada ser humano está diseñado para prosperar, porque la vida, en sí misma, es próspera. La prosperidad es un fenómeno totalmente diferente del bienestar. Para prosperar, todo lo que necesita un ser humano es algo más que lo suficiente, mientras que bienestar significa tener mucho más que lo suficiente. El bienestar, en esta definición, surge de la necesidad de seguridad, que como ya hemos visto es una ilusión basada en la frecuencia del miedo en el nivel de la Sombra. Cualquiera que sea tu destino, la vida pondrá a tu disposición un poco más de lo que necesites. Para algunos esto significa muy poco; para otros, una cantidad enorme, porque diferentes seres humanos viven a diferentes ritmos humanos. Se puede decir que uno está satisfecho en la vida cuando encuentra exactamente el apoyo que necesita, siempre que lo necesita, pero no cuando acapara para intentar crear una falsa seguridad.

Otro aspecto vital del Don del Talento es su poder integrador. Todos tus talentos interiores y recursos están diseñados con el fin de servir a un plan intrínseco que esté al servicio del todo. En este sentido, todo verdadero talento es holístico. Tu pozo interior existe solo con el fin de servir a los otros. Son ellos los que van y lanzan el cubo al pozo y sacan a flote *tus* recursos. Metafóricamente, todos los seres humanos están diseñados para saciar la sed del otro, lo que significa que tienes que interactuar honestamente para poder prosperar. Al servir a la totalidad te sirves a ti mismo de la manera más eficiente posible. Esta es la razón por la que el talento tiene el poder de unir hasta los enemigos más feroces. Cuando los seres humanos comparten sus recursos, se vuelven verdaderamente poderosos. Lo vemos en el nivel de la frecuencia de la Sombra, en el caso de seres humanos que se unen en tiempos de guerra o de crisis común. Cuando se comience

a elevar gradualmente la conciencia de masa, comenzaremos a crear nuevos modos de hacer negocios en el mundo. En el futuro veremos expandirse una cultura basada en el servicio humano más que en la codicia, y mientras que esta nueva cultura comienza a emerger, la humanidad arrancará a funcionar como una entidad única, en perfecta armonía con el ritmo universal superior.

Una visión final que emerge de este 48.° Don se refiere a cómo los seres humanos entienden actualmente la energía. Hemos creado un mundo moderno basado en el dinamismo de la explosión. El motor de combustión interna es la invención responsable de la mayor curva de crecimiento en la historia humana. Encaramos hoy una crisis energética, al tiempo que comienzan a disminuir tanto el umbral del pico de la producción de petróleo como nuestras reservas de crudo y de combustibles fósiles. Según se vaya despertando el 48.° Don en la humanidad, será posible otro avance: el aprovechamiento de la energía a través de la dinámica de implosión. Hemos visto que el arquetipo natural de esta 48.ª Clave Genética es femenino e introspectivo, en vez de masculino y enfocado en lo exterior. Hay todo un nuevo campo de comprensión esperando brotar en el universo de las leyes físicas, y cuando comencemos a ver el mundo de manera diferente, encontraremos también modos de liberar la energía sin necesidad de la ignición. Lo más probable es que un avance así nos traiga una nueva comprensión de la fuerza de la gravedad. Cuando aprendemos a ver con los ojos del 48.° Don, desciframos el secreto de la energía libre, el recurso infinito en el núcleo de la creación. Este es el avance que anunciará, de verdad, una nueva era global, ya que resolverá todas nuestras necesidades de energía sencilla y rápidamente, y hará que cada casa o comunidad sea limpia y autosuficiente.

EL SIDDHI DE LA 48.ª CLAVE GENÉTICA: SABIDURÍA

MÁS ALLÁ DEL SER Y NO SER

El Siddhi de la Sabiduría es uno de los grades Siddhis. La sabiduría ha sido reverenciada y perseguida por todas las culturas desde el comienzo de los tiempos. Existen muchas definiciones de sabiduría, la mayoría de ellas basadas en la noción de algún tipo de conocimiento interior que te permite ver más allá de los confines de lo que se considera conocimiento *normal*. Colectivamente, las 64 Claves Genéticas representan una enciclopedia de los 64 arquetipos o códigos del continuo humano. A nivel síddhico, sin embargo, este continuo diferenciado deja de existir. Cada Siddhi emplea su propio lenguaje paradójico para abordar lo que se encuentra más allá de las palabras. En este contexto, el 48.° Siddhi es un gran arquetipo que está más allá de sí mismo. Es algo a lo que aspiran todos los seres humanos y, al mismo tiempo, es algo que nos aterroriza. El 48.° Siddhi abre el vacío en nuestro interior, que para un ser humano consiste en el estado primigenio de no saber.

Es una paradoja deliciosa y exasperante que la sabiduría llegue del no saber más que del saber. Conocer (conocimiento) es algo que siempre podemos adquirir de la ex-

periencia y de la vida. Conocer exige mucho esfuerzo y ejercicio, mientras que saber es algo que ya está dentro de ti. La sabiduría tiene que ver con estar inseguro y sin garantías. Hay una gran diferencia entre estar inseguro y estar *sin garantías*. Estar inseguro es estar atrapado por el temor y, por lo tanto, embarcado en un viaje ilusorio que promete la redención final, pero que nunca puede conseguirse. El viaje es el viaje humano, que se descubre como carente de significado. No hay soluciones simples, porque, para empezar, no hay problemas. Por otro lado, estar *sin garantías* consiste en abrazar la urgencia de escapar del miedo de cualquier manera posible. Es darse cuenta de que tu propio cuerpo no tiene miedo a morir, porque es absolutamente natural para tu cuerpo que le llegue el momento de la muerte. Ni tampoco es la mente la que tiene miedo de morir, ya que la mente no es más que un aspecto del funcionamiento de tu cuerpo. Entonces ¿qué hay dentro del ser humano que teme morir?

La respuesta a esta pregunta es la fuente de la verdadera sabiduría y la solución final a todos nuestros problemas y cuestiones humanas. Solo la vida puede responder a esta pregunta. No hay palabras que puedan describir la gran ilusión que es nuestra existencia. Cuando el cuerpo muere, sus elementos constitutivos regresan a la gran red de la vida y continúan reciclándose indefinidamente por el universo. Entonces ¿qué queda de ti? La respuesta a todas estas preguntas es otra pregunta, y no importa cuál sea la pregunta, lo que llega de vuelta es siempre lo mismo: ¿qué somos nosotros?, ¿quién eres tú?, ¿quién soy yo? No hay ni yo, ni nosotros, ni tú. No tener garantías es tener muchas más garantías de lo que puedas imaginar. No tener garantías es rendirse a todas las preguntas internas y devolvérselas al infinito. Existe una maravillosa historia sobre el gran sabio hindú Bodhidharma, que se presentó ante el emperador chino con un zapato sobre la cabeza. Cuando el emperador le preguntó por el significado del zapato, respondió que quería que el emperador supiera, desde ese momento, con qué tipo de persona estaba tratando. Esta historia simboliza la falta de garantías de la verdadera sabiduría. No se puede llegar a comprender con la mente.

Desde tiempos inmemoriales, los humanos han llegado a entender intuitivamente que la naturaleza de la sabiduría es femenina. Las grandes Diosas de tantas culturas son el resultado de esta comprensión. Pero la sabiduría en sí misma está más allá de las polaridades. La naturaleza de lo femenino solo señala el camino hacia la encarnación de la sabiduría. Las imágenes que hemos utilizado para describir la sabiduría son, por lo tanto, de naturaleza femenina: el agua, la oscuridad, las fuentes y las llanuras son algunos ejemplos de ello. El agua es uno de los grandes símbolos naturales de la sabiduría, debido a lo paradójico de su naturaleza: está vacía y llena al mismo tiempo, es débil y fuerte, resistente y flexible. Además, el vaso que la contiene determina su forma y, una vez que el vaso desaparece, se disipa, pero perdura. Alguien verdaderamente sabio se parece en todo al agua: es sabio porque no sabe que es sabio; es poderoso porque no se preocupa de tener poder, y no tiene miedo porque en realidad no existe.

Es sabio porque no sabe que es sabio; es poderoso porque no se preocupa de tener poder, y no tiene miedo porque en realidad no existe

La pregunta de todos los buscadores de sabiduría es cómo obtenerla. La pregunta está en el meollo de todos los misterios y de todas las grandes ciencias y religiones. La

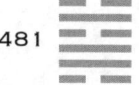

ciencia moderna sigue intentando encontrar una teoría unificada y única que resuelva todas las preguntas sobre el universo. La humanidad no se ha dado cuenta todavía de que la respuesta a esta pregunta no resolverá el universo, sino que ¡lo disolverá! La respuesta está incluida en la misma pregunta, ya que está dentro del individuo. La única verdadera manifestación de sabiduría es la total naturalidad. Cuando este Siddhi se despierta en un individuo (expresión que ya es paradójica en sí misma), el individuo cesa de existir y se convierte en un aspecto de la totalidad que funciona espontánea e inocentemente. La ironía está en que esto es exactamente lo que era el individuo antes de que la sabiduría sucediera. En otras palabras: la sabiduría no cambia nada en nuestro interior; ¡el darse cuenta de ello es lo que trae la sabiduría!

No hay nada más sabio en toda la humanidad que el cuerpo físico. Cuando un ser humano descubre este secreto comienza a destapar la fuente de la sabiduría universal. La sabiduría está basada en la total confianza en tu cuerpo. Con los ojos de la sabiduría, todo lo que hay dentro de la esfera de la experiencia humana se puede reducir a una simple sensación física, incluso el pensamiento. Hay que permitir al cuerpo que sienta lo que siente, que piense como piensa y que actúe como actúa. No hay error en la sabiduría del cuerpo. La raíz de todos los dilemas humanos está basada en la falsa creencia de que hay un modo de estar en armonía y otro de estar en desarmonía. Armonía es lo único que hay, y no hay otra cosa más que sabiduría. Tenemos que darnos cuenta, mediante las experiencias que vive nuestro cuerpo, de que nuestros actos, pensamientos y movimientos emergen de la totalidad y no de una fuente independiente. No solo no existe la posibilidad de tomar una decisión personal, sino que no hay *elector*, así que el mismo concepto de libertad o determinismo queda fuera de juego.

Comenzamos viendo, en el 48.° Don, lo inadecuados que podemos llegar a sentirnos los seres humanos con los múltiples retos que se nos presentan en la vida. Estamos diseñados para sentir esa inadecuación, porque así comienza nuestro trayecto. Hasta en esta inadecuación hay sabiduría, porque se siente en el cuerpo. La ansiedad mental es solo un aspecto de la sabiduría corporal, como lo son los deseos, las fantasías, la ira, el desprecio o la lujuria. Todo comienza en el cuerpo y termina en el cuerpo. Si se permiten todos los sentimientos y se viven con totalidad y confianza, esa vibración profunda, interna, de miedo en nosotros, un día se desvanecerá. El miedo, en realidad, es miedo al miedo, y cuando se les mira directamente a los ojos, todos los miedos quedan reducidos simplemente a sensaciones corporales que continuamente aparecen y desaparecen. En este estado de profunda sabiduría no puedes hacer distinción entre las sensaciones físicas. El sentimiento de dicha intensa no es diferente del de la lujuria o del dolor físico. El cuerpo, simplemente, sigue su propia sabiduría, y esta sabiduría disuelve lo que se identifica con las sensaciones. Como dijimos más arriba, lo que deja tras de sí el 48.° Siddhi es un ser humano totalmente ordinario.

49.ª CLAVE GENÉTICA

SIDDHI RENACIMIENTO • DON REVOLUCIÓN • SOMBRA REACCIÓN

CAMBIAR EL MUNDO DESDE DENTRO

PAR PROGRAMADO: 4.ª CLAVE GENÉTICA

ANILLO CODÓNICO: EL ANILLO DEL

VÓRTICE (49.ª, 55.ª)

FISIOLOGÍA: PLEXO SOLAR

AMINOÁCIDO: HISTIDINA

LA SOMBRA DE LA 49.ª CLAVE GENÉTICA: REACCIÓN

COSECHAR TEMPESTADES

Aquí, en la 49.ª Sombra, nos topamos con el catalizador genético durmiente del proceso que detona nuestra ascensión colectiva hacia una consciencia superior. En la mayoría de los seres humanos ese disparador está latente, asegurándose así de que la frecuencia que nos conduce siga siendo consistente y estable, es decir, ¡que permanezcamos dormidos! Para que un humano pueda comenzar a despertar a una realidad de nivel superior, se ha de activar este detonador o catalizador que está integrado en la 49.ª Sombra. Cuando esto ocurre, los primeros estadios de la evolución comienzan a sentirse internamente como un cambio agudo en los patrones emocionales. Cuando miremos en profundidad en esta 49.ª Clave Genética veremos más sobre el inicio del proceso; pero antes de llegar a ese punto, primero tenemos que comprender qué es lo que nos impide evolucionar y lo extendido que está este fenómeno.

La 49.ª Sombra, la Reacción, es una de las más poderosas de las 64 Sombras en lo relativo a cómo gobierna el comportamiento humano. A no ser que haya algún destello de consciencia sobre esta Sombra, las emociones en bruto controlarán toda tu vida y las decisiones que tomes sobre ella. Durante muchos ciclos generacionales, esta parte de nuestro ADN se ha ido desarrollando lenta y difícilmente. En su forma más burda se manifiesta como la habilidad para desconectarse de las emociones de los demás, aunque, como hemos aprendido de las frecuencias superiores, la noción de estar separado de las emociones ajenas es una de las ilusiones más grandes de los seres humanos. Su propósito ancestral era permitirnos matar a otro, ya fuese otra criatura o un humano. Hasta hace relativamente poco necesitábamos matar animales para sobrevivir. La supervivencia hu-

mana estaba basada, sobre todo, en la eficiencia, y eso quería decir que la forma más rápida de alimentarse, especialmente en las primeras culturas nómadas, era matar cualquier animal que estuviera en el entorno. Sin embargo, cuando nos asentamos en comunidades y desarrollamos un estilo de vida más agrícola, encontramos otros medios para alimentarnos que nos ofrecían más seguridad y a largo plazo. En nuestros días es totalmente posible para un ser humano sobrevivir indefinidamente con una dieta puramente vegetariana. Con el asentamiento en comunidades y tribus creadas alrededor de un estilo de vida agrícola, la 49.ª Clave Genética continúa evolucionando. En muchos sentidos este estilo de vida nos ha hecho más sensibles hacia nuestro entorno y hacia los demás. Sin embargo, esta Clave Genética ha evolucionado solo hasta cierto punto. Cuanto más tribal sea una comunidad, más miedo por la seguridad existirá en ella. El linaje genético tribal, por diseño, es autosustentable y se siente amenazado por otros acervos genéticos. La cara más oscura de la 49.ª Sombra es la propensión a matar seres humanos que parecen amenazarnos. Cuanto más tribal es tu mentalidad, más fácil es sentirte separado emocionalmente de los otros. Por lo tanto, lo que vemos emerger desde esta Sombra es la tendencia humana a ver al extranjero como inhumano para así tener una buena excusa y matarlo. A día de hoy, parte del mundo se ha desarrollado superando la mentalidad genética tribal, pero la mayoría aún no lo ha hecho. La guerra que se mantiene hoy en el escenario mundial —entre la conciencia global emergente y las viejas costumbres tribales tradicionales— es, en gran parte, debida a la mutación colectiva que tiene lugar en la 49.ª Clave Genética. Existen los que son sensibles a la vida y aquellos que no lo son, y la brecha entre ambas agrupaciones genéticas se está haciendo cada vez más ancha. Es importante ver claramente que hay insensibles en ambos lados de la trinchera; es decir, que la consciencia global puede ser muy insensible a lo tribal y viceversa.

Los temas sociales, políticos y económicos ligados a esta 49.ª Sombra son tremendamente complejos. Una de las razones es que esta Sombra también es responsable de nuestras creencias espirituales ancestrales y de nuestras costumbres. De nuestra habilidad para matar ha nacido la necesidad básica de espiritualidad. Los mismos principios, tótems y tabúes de nuestras sociedades tribales han evolucionado a través de la vía por la que justificamos la matanza de los otros. Todos estos temas surgen de nuestra reacción al otro. La Reacción es la clave. Una tribu reacciona a otra desde su identidad emocional, tribal, y el resultado es la guerra. La reacción es un reflejo tribal antiguo que todavía domina el mundo de la consciencia. Incluso aquellos que dirigen los poderosos gobiernos de Occidente responden todavía con estos reflejos emocionales tribales. En su origen, toda reacción proviene de una creencia subjetiva y unilateral fundada en la asunción de la existencia de un dios y un demonio. Mientras percibas a tu propia gente como a dios y al resto como si fueran demonios, permanecerás en la prisión de la 49.ª Sombra.

La 49.ª Sombra y su espectro de frecuencias se refieren directamente, desde el punto de vista genético, a la imprescindible 55.ª Clave Genética. Estas dos Claves Genéticas comparten el mismo anillo codónico, conocido con el nombre de Anillo del Vórtice,

> *Mientras percibas a tu propia gente como a dios y al resto como si fueran demonios, permanecerás en la prisión de la 49.ª Sombra*

que vincula fuertemente a ambas a nivel químico. Para comprender el poderoso proceso transformativo que tiene lugar actualmente en este aspecto del ADN humano, uno también debe comprender estas dos Claves Genéticas. La mutación que sucede gracias a la 55.ª Clave Genética se está manifestando en lo individual, mientras que la energía que corre por la 49.ª Sombra está dando lugar a una revolución económica, política y social. En este sentido, es mucho más fácil para nosotros observar los resultados de la mutación a través de la 49.ª Sombra que a través de la 55.ª. La primera se puede ver en los cambios y en las crisis de nuestras comunidades, en los titulares de la prensa mundial, mientras que la segunda es la revolución interna y silenciosa que debes experimentar en tu propia vida como individuo.

Puedes observar la naturaleza mutante de la 49.ª Sombra más claramente en tus relaciones. Todas las relaciones nos conectan con la consciencia tribal del planeta. Si quieres comprender lo que está ocurriendo en este aspecto dentro del mundo de la consciencia, no hace falta que mires mucho más allá de tus propias relaciones. La 49.ª Sombra es la Sombra de la Reacción, y la reacción no puede suceder sin una relación. Es la respuesta instintiva a un estímulo interno. El fundamento de la 49.ª Sombra es la relación de pareja, ya estés legalmente casado o no. Lo que importa es que exista una relación de pareja, íntima, a nivel emocional y sexual.

El combustible que alimenta la Reacción es el miedo al rechazo

El poder de la 49.ª Sombra se puede advertir más claramente a nivel individual, gracias a los patrones de reacción constantes que tienen lugar entre los sexos, incluso en parejas del mismo sexo. Esos patrones son intrínsecos a la matriz de la relación, pues de otro modo no habría ningún fuego sexual que prender en las primeras fases del encuentro. El combustible que alimenta la Reacción es el miedo al rechazo. El miedo gobierna todos los patrones emocionales y sexuales a un nivel subconsciente. Cuanto más sensible eres, más cerca está el miedo de la superficie, lo que puede ser tanto una bendición como una maldición. Si tienes algún nivel de consciencia, podrías ser capaz de ver tus propios patrones reactivos en acción cada vez que estás en desacuerdo con tu pareja. Con mucha consciencia podrías llegar a no reaccionar en absoluto mientras sientes la carga emocional surcando los circuitos de tu cuerpo.

A nivel genético, la unidad se nota gracias a la conexión con nuestra familia en sentido amplio, con nuestra comunidad o con nuestro Dios. Uno de nuestros mayores miedos es el miedo a que se rompa esta idea de unidad, lo que es un reflejo de la memoria inconsciente de haber sido separados de nuestra madre en el momento del nacimiento y que es la memoria de rechazo más profunda. Todos los patrones de reacción inconscientes se alimentan de estos miedos, y es fácil notar cómo te conducen a la 4.ª Sombra, la Intolerancia, el par programado de la 49.ª Sombra. La Intolerancia conduce a la Reacción, y viceversa, porque no podemos manejar la amplitud de nuestro miedo emocional cuando otro lo detona. Esta 49.ª Sombra es el vestigio de una edad en la que las comunidades vivían separadas las unas de las otras e inmersas en el miedo a la supervivencia. Naturalmente, en la mayoría de las partes del mundo, este modelo sigue operativo y vigente hoy. Sin embargo, lo que estamos presenciando ahora es la emergencia de una forma temprana de consciencia global que se convertirá, en su momento, en algo cada vez más sofisticado e integrador. Más allá de la diversidad de nuestros grupos tribales, somos una sola gran tribu mundial, genéticamente vinculada a la única *Eva* mitocondrial. Cuando nuestra consciencia penetre hasta el fondo ese nivel, veremos suceder un fenómeno destacable: la emergencia de la visión colectiva juntamente con la visión tribal.

A nivel individual, la actual mutación que está teniendo lugar por medio de la 49.ᵃ Sombra está cambiando el aspecto de las relaciones humanas. Siempre se ha dicho que nuestras relaciones son un espejo, pero no siempre se entiende qué significa ser un espejo del mundo. Conforme el nuevo centro de consciencia del plexo solar comience a abrir sus primeros pétalos, nosotros comenzaremos a cerrar los antiguos patrones de reacción y sus huellas. Estamos aprendiendo a no reaccionar a nuestro miedo a ser rechazados, y este miedo está perdiendo poder sobre nosotros. La nueva consciencia que está llegando nos otorga el conocimiento físico y emocional de estar interconectados a través del campo áurico y de que no hay posibilidad de rechazo o abandono. Nuestra sensibilidad se refinará muchísimo, y este hecho lo cambiará todo en nuestras sociedades y nuestras vidas privadas, pero sobre todo en nuestras relaciones interpersonales. Una vez que el detonante del despertar implícito en la 49.ᵃ Sombra se haya activado, cosa que ya está sucediendo, el proceso precipitará una reacción en cadena, un vórtice genético que hará temblar la piedra angular de las civilizaciones humanas desde la base.

NATURALEZA REPRESIVA: INERTE

El aspecto represivo de la Sombra de la Reacción consiste en no reaccionar en absoluto. En muchas personas, gracias al condicionamiento desde su infancia temprana o de algún evento que les causó un shock, se restringe el funcionamiento emocional, lo que da lugar a un cierre o disminución de la química emocional. Esto se manifiesta como una especie de inercia emocional o aridez en la que se entierra el intenso miedo al rechazo, que parece que no existiera. Se trata de personas cuyas vidas emocionales pueden parecer las más estables del mundo, pero carecen de *salsa*. Su sexualidad se ha secado y no queda ni rastro de fuego en ellas. Todo el entusiasmo emocional quedó comprometido en aras de una falsa armonía. Muchas relaciones siguen este patrón seguro en el cual las partes no se comunican entre sí; al menos no en profundidad y sin exponer nunca su vulnerabilidad. Tales relaciones existen solamente en la superficie de la vida y ocultan una enorme decepción, raramente admitida.

NATURALEZA REACTIVA: RECHAZANTE

Todas las naturalezas se basan esencialmente en el miedo al rechazo. Este aspecto de la 49.ᵃ Sombra rechaza antes de sentir el rechazo. Son personas que empujan a los demás lejos de sí ante el primer conato de acercamiento. Cuando sus relaciones se vuelven más íntimas, el miedo crece, así que terminan sus relaciones antes ser heridos. Por lo tanto, a menudo terminan solos y prefieren no asumir el riesgo de la herida. Desde luego, les guste o no, al elegir vivir sus vidas solos estas personas no llegarán nunca a sentir una verdadera satisfacción, porque por diseño están avocadas a entrar en algún tipo de relación comprometida. La única relación estable que dichas personas podrían

mantener podría ser una en la que ambas partes rara vez se vean. Incluso pueden vivir juntos, pero hacerlo sin tener realmente nada que comunicarse.

EL DON DE LA 49.ª CLAVE GENÉTICA: REVOLUCIÓN

LA REVOLUCIÓN SILENCIOSA

Cuando las frecuencias superiores penetran en la 49.ª Sombra, entramos en un tiempo de cambio y turbulencias sin precedentes. Este es el Don de la Revolución. La 49.ª Sombra será el primer aspecto de la Sombra que mutará directamente a nivel genético. Las implicaciones son inmensas, porque cuantos menos humanos sean víctimas de sus reacciones emocionales, más comenzará la violencia a decrecer velozmente en todo el mundo. Hay que considerar también el impacto medioambiental de esta mutación que se está dando en todas las culturas. Los hombres y las mujeres de paz están penetrando en unas razas y en otras hoy más que nunca. La revolución es mundial: nos continuará impactando como individuos por la vía de nuestras relaciones, lo que como resultado impactará en nuestras familias, comunidades, nacionalidades, y en nuestra propia identidad como especie.

La Revolución sucede dondequiera que la energía que estaba estancada se eleva al nivel de la consciencia del Don, resultado directo de reconocer que estás enfermo. Dado el potencial de violencia e intolerancia de la 49.ª Sombra, puedes estar seguro de que no te dejará escapar de ella sin algo de lucha. Hay una revolución genética en marcha ahora mismo, y una de las primeras cosas que hará es tirar por la borda el antiguo material genético. Una manera de interpretarlo sería que todo lo que tenga que ver con la 49.ª Sombra saldrá a la superficie. Cuando contemplamos la humanidad desde el punto de vista genético, nos podemos permitir una mirada objetiva, sin interferencias de condicionamientos o prejuicios. Esto quiere decir que podemos mirar lo que está sucediendo en el mundo y comprender por qué está ocurriendo. Esta comprensión (que viene del par programado, la 4.ª Clave Genética) nos permite superar nuestra tendencia a la reacción. Sin embargo, hay una fuerza latente muy poderosa en la 49.ª Clave Genética que puede seguir buscando una válvula de escape. La misma energía que nos lleva a matar en la baja frecuencia mantiene su capacidad destructiva en la frecuencia superior. En la alta frecuencia su propósito consiste en la destrucción de todo lo que tiene que ver con la frecuencia inferior, que es el arquetipo ideal de la Revolución.

A nivel político y social, las revoluciones incluyen en sí un sueño, que consiste en implementar alguna forma de cambio de gobierno radical. Desgraciadamente y sin excepción, esto tiene que ver con la destrucción de todo lo anterior, por lo que generalmente también se destruyen las cosas buenas que tenía el viejo sistema. El propósito del 49.º Don es aportar al mundo esta brillante nueva energía y su consciencia, no tanto al nivel individual, pues este es el papel del 55.º Don, como a nivel colectivo y cultural. Juntamente con el 49.º Don llega el gran deseo de reformar la falta de operatividad que sufre la sociedad. La gente que se halla muy influida por este Don está frecuentemente

implicada en algún modo de reforma social interracial. El 49.º Don no produce el tipo de revolución que hemos podido ver hasta ahora en la historia, ya que da lugar a revolucionarios, no a reaccionarios. Su necesidad perentoria de mejorar el mundo está anclada en una profunda comprensión *del* mundo.

La gente que tiene activada la 49.ª Clave Genética en su perfil hologenético tiene una penetrante comprensión de las limitaciones impuestas por la civilización, debido a nuestra incapacidad emocional de mirar más allá de las creencias tribales. Su papel es apoyar el derrumbamiento de aquellas viejas configuraciones basadas en el miedo y en el territorio. Sin embargo, mientras este Don tiene como finalidad derrumbar los arcaicos modos de hacer, también comprende que ciertos aspectos del pasado se pueden mantener intactos y seguir apoyando su realización. El 49.º Don es un poder que ya está comenzando a fluir en la consciencia de muchas personas por todo el mundo. La diferencia entre los reaccionarios y los verdaderos revolucionarios se nota fácilmente. Los reaccionarios basan sus reformas en la ira y el miedo, mientras que los agentes del 49.º Don no son víctimas de sus viejos prejuicios emocionales. No provocan reacciones posteriores, sino que resuelven los conflictos y, al mismo tiempo, implementan cambios radicales e ideas basadas en una visión grande del futuro. La naturaleza de la frecuencia del Don está más allá del miedo y, por ello, anclada en una profunda buena voluntad hacia todas las criaturas.

La naturaleza de la frecuencia del Don está más allá del miedo y, por ello, anclada en una profunda buena voluntad hacia todas las criaturas

El 49.º Don comprende cómo funciona el sistema actual, lo que significa que también comprende el tiempo que llevará cambiarlo. La visión que aporta este Don es una impronta que brota del inconsciente colectivo, y esa verdad tan mística es lo que une a todos los que trabajan al nivel del Don. Cuando cada vez más gente eleve su frecuencia llanamente, o bien cuando nazcan los vehículos genéticos futuros (en los que la 49.ª Sombra haya sido ya neutralizada desde el nacimiento), la cultura del mundo comenzará a ver el perfil de esas reformas expandiéndose dentro de nuestras sociedades. Sin embargo, esta parte de nuestro ADN mundial es probablemente hoy uno de los campos de batalla más volátiles para la mutación global que ya está en marcha. Hay tanto miedo almacenado en nuestro ADN que al final todo tendrá que salir a la luz. En nuestra concepción escalada del tiempo puede que pasen bastantes estaciones antes de que la cultura mundial comience a encontrar una sensación de calma; pero si miramos la situación desde un punto de vista genético, este cambio se producirá en un abrir y cerrar de ojos.

EL SIDDHI DE LA 49.ᴬ CLAVE GENÉTICA: RENACIMIENTO

LA SELECCIÓN DE LA ESPECIE

El 49.º Siddhi representa un enorme salto de consciencia, porque provoca un estado de divorcio místico. El cambio de perspectiva desde la 49.ª Sombra al correspondiente Don es grande, pero el cambio dimensional entre el 49.º Don y el Siddhi correspon-

diente es algo similar a dar un salto en el hiperespacio. La misma configuración energética de tu ADN, que te permitía matar, en realidad lleva consigo el estímulo que dará luz verde a nuestra liberación total. En esta conexión química clave entre los Siddhis 55.° y 49.° se genera el renacimiento de la libertad o la libertad de renacer. Estas dos Claves Genéticas están ligadas en el llamado Anillo del Vórtice. El 49.° Siddhi es el que reconstruirá nuestro mundo cuando el don correspondiente lo haya desmantelado. Para entender cómo funciona esto hay que entender la limitación del estado de consciencia del Don de la Revolución, todavía programado para moverse en círculos. Una vez que hayamos escapado a la vibración del miedo, nuestro mundo será sin duda diferente. Mejorará tanto y tan rápido que hasta se podría llegar a marear al propio tiempo.

Pero secretos aún más profundos esperan agazapados en nuestro ADN y su semilla está ya dentro de ti, aquí y ahora mismo, como el caso del secreto que se oculta en la expresión *divorcio místico*. Las revoluciones, como su propio nombre indica, giran. Después del siguiente cambio de consciencia, la humanidad se establecerá sobre un nuevo modelo y sobre un ciclo totalmente nuevo. El proceso de selección genético que ya está comenzando proseguirá en otras muchas generaciones. Para que una nueva mutación se mantenga en la humanidad se tiene que dar un proceso inmensamente complejo. En genética, algunos genes parecen tener un efecto inequívoco sobre nuestro comportamiento o *fenotipo*, mientras que otros no lo tienen. A esos genes se les conoce con el nombre de *genes penetrantes*. La *penetración* de una mutación en el codón de los Siddhis 49.° y 55.° será profunda y los patrones de comportamiento cambiarán radicalmente. Sin embargo, la razón por la que una mutación se extiende por todo el acervo genético de una sola especie se ve limitada por muchos factores, entre ellos la presencia de los genes recesivos que ralentizan la difusión de la mutación.

Este hecho nos sugiere que una mutación de este calibre es bastante improbable que alcance a la totalidad de la especie humana; lo más probable es que divida a la humanidad en dos especies. Para explicarlo con una analogía podría ser interesante imaginar el mundo de hace 40.000 años, poblado por dos ramas muy diferentes de homínidos, el hombre de Neandertal y el hombre de Cromañón. El Hombre de Cromañón dio lugar a las formas más tempranas del *Homo sapiens*, mientras que los neandertales son, de lejos, la rama más antigua de la especie, que vivió hace 350.000 años. Por razones desconocidas, la especie más antigua, la raza Neandertal, se extinguió. El 49.° Siddhi se refiere a un arquetipo que forma parte de toda la evolución humana: el Renacimiento. Es decir, en la cadena evolutiva, de tanto en tanto, nace una nueva especie de otra más vieja. En paleontología se llama Teoría de Eva o hipótesis del origen único. Sin embargo, a pesar de sus orígenes, la nueva especie —como el fénix mítico— no tiene nada en común con su pariente. Se forja desde el material genético de la antigua forma, pero toma una dirección totalmente nueva, que es lo que sucede en el corazón de este 49.° Siddhi y que es lo que significa también la expresión *divorcio místico*. Las revoluciones siguen dando vueltas en un determinado nivel de frecuencia, pero la evolución es una espiral que requiere saltos cuánticos repentinos. Así es como la Revolución da origen al Renacimiento.

Hemos visto que el 49.° Don está muy conectado con la infraestructura sociopolítica de nuestra civilización, y el Siddhi correspondiente nos amplía el enfoque so-

bre esos aspectos. La primera imagen es que el mundo, en su forma actual, no se puede arreglar, sea como sea de profunda la revolución o el alcance que tenga. Las bases de nuestra sociedad moderna se fundamentan sobre una especie que, hasta ahora, ha tomado sus decisiones basándose en el miedo. En este sentido, toda la civilización está podrida de raíz. La única manera de crear un nuevo futuro es comenzar desde cero. El 49.° Siddhi es severo con respecto a esto, pero fija su mirada sobre un objetivo lejano, y esa meta puede lograrse solo con un nuevo comienzo, con un renacimiento. Conforme este Siddhi se vaya despertando, una nueva civilización se irá construyendo mientras que la antigua continúa desmoronándose. Los dos tipos de seres humanos coexistirán y vivirán desde conciencias totalmente diferentes. El antiguo fractal genético vivirá todavía desde el miedo, así que mirarán con temor los cambios que vean a su alrededor, algo que ya puede verse hoy, en su forma más precoz, afirmándose por todo el mundo.

Si todo esto fuese así, cabría preguntarse: ¿qué podemos hacer como individuos? Si un Renacimiento así está a punto de ocurrir y si el futuro está predeterminado ya genéticamente por un impulso evolutivo colectivo, entonces ¿importa algo lo que cada uno de nosotros hagamos al respecto? Si ni siquiera el más revolucionario de los impulsos puede arreglar el mundo actual, entonces ¿cuál es el propósito de seguir nuestros Dones? En muchos sentidos, este es uno de los mayores interrogantes planteados en este libro.

La respuesta es tan simple como intensa. Este salto evolutivo hacia un modo totalmente nuevo de funcionamiento depende de que nosotros sigamos nuestros Dones. Si no podemos crear la vibración de la nueva Revolución en todos los niveles de nuestra sociedad, entonces el renacimiento que sucede en el punto máximo de la consciencia vinculado con la esfera de los Siddhis no tiene lugar. El Renacimiento es el florecimiento orgánico de la Revolución. El hecho de que no podamos arreglar el mundo tal y como está no significa que no podamos hacer del mundo un lugar mejor. Nuestra visión de un futuro perfecto es, precisamente, lo que crea la frecuencia de cambio necesaria que disparará la selección natural de la especie. *Sucederá* porque *tiene que* suceder, pero también tenemos que hacer que suceda. Esta es la paradoja.

Asimismo, hay una fuerza evolutiva empujando hacia arriba desde el interior de la materia; también hay una fuerza involutiva trabajando de arriba hacia abajo, desde los reinos del espíritu hacia el plano material. Estas fuerzas involutivas las podemos ver claramente en el par programado del 49.° Siddhi, que es el 4.° Siddhi, el Olvido. El Olvido es una frecuencia energética que trabaja de arriba hacia abajo en la forma, trayendo claridad y ligereza a todo lo que toca en su camino. Esta limpieza genética hace posible el renacimiento de una especie. La esfera entera de los Siddhis es la esfera del Renacimiento. No se puede alcanzar un estado de consciencia síddhico sin haber renacido totalmente. El estado síddhico requiere un divorcio tanto mítico como genético de lo anterior. Esta es la razón por la que los que han alcanzado esos estados se consideran anomalías genéticas durante ese estado evolutivo. Son raros florecimientos de la consciencia que suceden como ejemplo; son los ecos tempranos de lo que será nuestra futura

No se puede alcanzar un estado de consciencia síddhico sin haber renacido totalmente

función, allá cuando las altas frecuencias desciendan sobre la forma humana. Fuerzan al ADN físico a mutar prematuramente para que la forma humana pueda recibir la consciencia futura. Ese es su potencial. Dado que estás leyendo estás palabras, tú eres, en potencia, uno de esos florecimientos tempranos. ¿No es algo hermoso sobre lo que reflexionar?

50.ª CLAVE GENÉTICA

SIDDHI ARMONÍA • DON EQUILIBRIO • SOMBRA CORRUPCIÓN

EL ORDEN CÓSMICO

PAR PROGRAMADO: 3.ª CLAVE GENÉTICA
ANILLO CODÓNICO: EL ANILLO DE LOS
ILLUMINATI (44.ª, 50.ª)

FISIOLOGÍA: SISTEMA
INMUNE
AMINOÁCIDO: ÁCIDO
GLUTÁMICO

LA SOMBRA DE LA 50.ª CLAVE GENÉTICA: CORRUPCIÓN

PERDIDOS EN LA TRANSCRIPCIÓN

Tal y como reza el famoso axioma «como es arriba, es abajo», durante milenios todas las culturas ancestrales de sabiduría sobre la Tierra han sugerido una increíble posibilidad: que el microcosmos refleje exactamente el macrocosmos, y viceversa. Si esto fuera verdad, lo que a la luz de una mente holística podría parecer lógico, en el interior de cada ser humano podríamos encontrar las respuestas a toda la existencia. Hasta las propias Claves Genéticas en sí mismas están fundadas sobre tal sugerencia: que a través de estos 64 bloques de construcción genética del ADN se puede descubrir un código arquetípico que explica quiénes somos y hacia dónde vamos como especie, tanto a nivel individual como a nivel colectivo. De esta proposición se deriva que ciertos arquetipos del genoma humano tienen también fuertes conexiones con otros aspectos genéticos que gobiernan el proceso interior a través del cual la vida se crea y se perpetúa. La 50.ª Sombra se basa, sobre todo, en el arquetipo que copia los procesos y lo que se conoce en la terminología genética específica como transcripción.

La 50.ª Sombra es la Corrupción. Cuando pensamos en corrupción, nuestra mente viaja a menudo hacia los ámbitos de la corrupción política y social, donde los que detentan puestos de poder hacen mal uso y abuso del mismo con fines puramente personales. Si examinamos la naturaleza de la 50.ª Sombra, necesitamos, sin embargo, considerar la palabra *corrupción* en otro contexto: el de la corrupción de datos. Corrupción de datos es una expresión del vocabulario informático que, por ejemplo, denota un error o incorrección durante la transmisión de datos en un ordenador. Por eso, aunque la 50.ª Sombra tiene que ver con los valores sociales de los seres humanos, poder observar

el proceso de corrupción en un marco más impersonal nos permite comprender el concepto a un nivel más profundo y también más objetivo.

En la vida hay leyes naturales que gobiernan a los seres humanos. Un ejemplo es nuestra tendencia a operar en jerarquías, comportamiento que proviene de las costumbres de nuestros ancestros mamíferos. Además de estas leyes naturales, hay otras leyes creadas por el hombre que intentan mantener un cierto nivel de orden en nuestras sociedades. Esto sucede porque todavía operamos desde una conciencia jerárquica que necesita de esas leyes para gobernar la jerarquía. Sin embargo, las jerarquías sociales crean un clima de profunda división entre los seres humanos, ya que de ellas surge la comparación, que se transforma irremediablemente en codicia, deseo, celos y, para terminar, en corrupción social. La tendencia humana a operar dentro de jerarquías deriva de nuestra necesidad de competir unos con otros, costumbre que procede de la parte más antigua de nuestro cerebro y que favorece la supervivencia individual, o mejor dicho, la supervivencia tribal. La frecuencia de la Sombra surge de estos aspectos arcaicos de la consciencia humana que están basados en el miedo. Sin embargo, existen otras posibilidades, ya que el cerebro humano continúa, por suerte, evolucionando. Al nivel de la frecuencia del Don, esta Clave Genética observa una realidad completamente nueva en el campo de la interacción humana que está atravesando sus primeros momentos de gestación, haciéndose visible en nuestro entorno.

Los datos que son procesados en la frecuencia de la Sombra por el cerebro humano se traducen con la clave del miedo, lo que provoca una corrupción de dichos datos conducente a la manifestación sesgada de la realidad en el mundo. En genética, la 50.ª Sombra tiene mucho que ver con el modo en que el ARN copia el ADN. El ARN es una sustancia similar al ADN cuyo papel consiste en transcribir aspectos de tu código genético de manera que puedan formarse nuevas proteínas. En otras palabras, el ARN es un mensajero que lee y copia las instrucciones para la vida. En el proceso conocido como transcripción, los mensajes pueden ser primero malinterpretados y después traducidos. Esto es justamente lo que sucede dentro de la sociedad humana: el miedo causa una incorrecta interpretación, que provoca una reacción en una de las partes, que a su vez desencadena una detonación del mismo tipo de miedo y una contrarreacción en la otra parte. El resultado es el Caos, la Sombra del par programado de la 3.ª Clave Genética.

El antiguo nombre chino para el hexagrama 50.º del I Ching se traduce, en general, como «El Orden Cósmico» y su símbolo es el caldero. Los sabios de la antigüedad sin duda comprendieron el papel de este arquetipo de la 50.ª Sombra y sus más altas frecuencias. Cuando la frecuencia concerniente a una sociedad decrece, el caos y la corrupción son las reglas del juego. Hay muchos ejemplos de sociedades aisladas y grupos tribales que viven en una alta frecuencia y que disfrutan de una pacífica existencia. Sin embargo los problemas nacen cuando diferentes razas, familias y clientes convergen y tratan de vivir en el mismo territorio. Sucede entonces que el viejo cerebro miedoso comienza, una vez más, a actuar, y lo hace malinterpretando y corrompiendo los datos. La Corrupción se puede comprender, por lo tanto, como el síntoma de una realidad colectivamente creada. La corrupción requiere

Cuando la frecuencia concerniente a una sociedad decrece, el caos y la corrupción son las reglas del juego

de una jerarquía para existir, y la corrupción no es otra cosa que una baja frecuencia intentando mantener el orden dentro de la comunidad. En general, cada vez que se crea una ley hay que tener en cuenta que se crea también un rebelde.

Tal y como hemos visto en la metáfora del ADN y del ARN, todo el tema de la corrupción surge de la traducción equivocada de una ley natural. El 50.° Don, a un nivel superior, contiene la huella digital de la armonía humana, pero con el proceso de transcripción defectuosa que surge de la antigua parte de nuestro cerebro, este equilibrio resulta imposible. Este proceso se puede comprender aún mejor a través de la 44.ª Sombra, la Interferencia, que juntamente con la 50.ª forma un puente químico en nuestro ADN, un codón conocido con el nombre de Anillo de los Illuminati. La 44.ª Sombra plantea un modelo de interferencia que conduce, sin más, a la mala interpretación social. Es fácil advertir que esta 50.ª Sombra está profundamente entretejida en la complejidad del mundo actual que nos circunda. Debido a la enorme velocidad a la que ha evolucionado la tecnología, diferentes razas, con diferentes leyes y creencias, han sido arrojadas al caldero colectivo. A pesar de la velocidad de nuestra revolución tecnológica, la consciencia de la vieja jerarquía todavía prevalece hoy en la mayoría de las culturas y de los continentes, lo que ha dado lugar a un tipo de jerarquía internacional dirigida por los países más acomodados. En la frecuencia de la Sombra, esta elite jerárquica se percibe, a menudo, como un gobierno secreto empeñado en controlar el mundo, un tipo de oscuro círculo de Illuminati en tono conspirativo.

El mundo que vemos reflejado en los titulares de la actualidad es, en realidad, un mundo que está luchando para ir más allá de la 50.ª Sombra. La Corrupción es moneda de uso corriente en los sistemas socio-políticos y económicos de todo el planeta. Los países más desarrollados están intentando mantener un equilibrio global a través del control jerárquico, mientras que al mismo tiempo son guiados por la misma corrupción de la que son objeto. Casi en cualquier lugar donde pongas tu mirada vas a encontrar trabajando a la 50.ª Sombra bajo la sombrilla del miedo. Sin embargo, como los humanos puede que un día lleguemos a aprender, la corrupción no se puede abordar a través de la clasificación de individuos, grupos o países aislados, pues para restaurar el equilibrio en el planeta se debe ir más allá de la corrupción en sí misma. La corrupción no es más que la consecuencia de una visión muy defectuosa del mundo, y hasta que alguno se atreva a abordar el meollo del problema, que es la jerarquía en sí misma, la corrupción continuará floreciendo sin freno.

NATURALEZA REPRESIVA: SOBRECARGADA

La 50.ª Sombra, la Corrupción, crea dos tipos de seres humanos: unos que son víctimas de la jerarquía, ya sea a través de la reacción o de la sumisión, y otros que sacan partido de ella para su provecho personal. Los que se supeditan a la jerarquía son los que la temen, y en estas personas el miedo crea represión. Este tipo de gente está sobrepasada por el peso del mundo y sienten la responsabilidad de proteger a los más cercanos. Son víctimas de la propia jerarquía y se trata de la gran mayoría de aquellos que están atrapados en el sistema. Suelen vivir sus vidas comprometiendo sus sueños ante lo que ellos perciben como sus responsabilidades sociales, incapaces de escapar del sistema o porque no desean salir de él. Esta baja frecuencia crea un estancamiento, ya que en los sueños es donde reside su creatividad. Solamente encarar el miedo profundo puede forzar a su creatividad a conducirlos hasta encontrar formas de trascender el sistema.

NATURALEZA REACTIVA: IRRESPONSABLE

Aquellos que toman ventaja de la jerarquía son aún más víctimas del sistema que aquellos de los que se aprovechan. En este tipo de gente el miedo emerge como ira inconsciente, y se puede expresar, o bien hacia los niveles superiores de la jerarquía, o bien hacia los que están por debajo. Se trata de personas irresponsables, en el sentido de que sienten que no son responsables de las consecuencias de sus actos. Son los creadores de imperios, los industriales, los hombres de negocios competitivos y las mujeres que están obsesionadas solamente con acumular bienes y mantener o elevar el estatus. También están, por supuesto, los rebeldes, los criminales, los funcionarios corruptos presentes en todos los niveles de la sociedad. Colectivamente, estas personas son la expresión de la fealdad inherente a todas las jerarquías, incluso si viven sus vidas de manera inconsciente.

EL DON DE LA 50.ª CLAVE GENÉTICA: EQUILIBRIO

LA NATURALEZA DE LA INTELIGENCIA AUTOORGANIZADA

Comprender el 50.º Don es tanto como vislumbrar el despertar de una enorme esperanza para la humanidad en los años venideros. En la 50.ª Sombra duerme un indicio de esta esperanza bajo la forma de un nuevo modelo social que surja más allá del concepto de jerarquía. Si con el pasar de los datos a través del cerebro humano se produce una corrupción de los mismos por medio de la 50.ª Sombra, entonces deberíamos hacernos una pregunta: ¿cómo es la codificación que no está dañada? La respuesta es que en cada ser humano hay un código inherente para crear estadios de armonía, tanto a nivel individual como a nivel colectivo. En el 50.º Don se encuentra el punto medio de apoyo sobre el cual se equilibra nuestra calidad de vida y también las posibilidades futuras de contribuir a un mundo pacífico a nivel colectivo, mientras que a nivel individual este 50.º Don posee la llave de la profunda paz interior.

En realidad, ninguna Clave Genética se puede comprender profundamente sin entender el resto de ellas, por lo cual es muy importante conocer bien la esencia de cada una. Una simple molécula de ADN contiene en sí misma todos y cada uno de los 64 Dones en su forma química de arquetipo, de manera que cada uno de ellos resuena con tu propio ser a un determinado nivel. Es interesante darse cuenta de la relación existente entre el Don del Equilibrio de la 50.ª Clave Genética y el correspondiente Don de la Intimidad de la 59.ª. En cierta medida podemos afirmar que el 50.º Don aporta el anteproyecto del Equilibrio, mientras que el 59.º Don se ocupa de desarrollar ese anteproyecto. En el nivel de la Sombra también se puede seguir la pista de la conexión que

existe entre la Deshonestidad, que es la 59.ª Sombra, y la 50.ª Sombra, la Corrupción. La Intimidad es la clave para manifestar equilibrio en el mundo, y se refiere a la honestidad en la interacción con los otros. Una honestidad cuyo principal papel es el de crear una aura grupal, bien limpia, en la que todo tipo de agendas secretas se pongan sobre la mesa, pues sin esta claridad será imposible adquirir un verdadero equilibrio alguna vez.

Carl Jung decía: «La vida no vivida por los padres tiene un impacto muy fuerte a nivel psicológico en sus hijos y en el medio ambiente». En lo que respecta al 50.º Don esta afirmación es especialmente relevante, puesto que tiene mucho que ver con el modo en que los sistemas de valores han ido pasando de mano en mano, de generación en generación. Los secretos reprimidos, las emociones subyacentes entre los padres, brotarán a través de la vida de los niños y crearán un ambiente de desasosiego, a no ser que ambos padres de la criatura puedan tomar en sus manos la responsabilidad de gestionarlo por sí mismos. Obviamente, la mayoría de los padres hacen justo lo contrario y asumen que es el niño el que necesita arreglar algo, que necesita ayuda o que ha de ser más disciplinado, en vez de aplicarse la teoría a sus propias vidas. Después de esta fase de crecimiento, el comportamiento ha hecho mella en el niño y puede que necesite alguna forma de profunda comprensión para desprenderse de la carga emocional que ha ido acarreando inconscientemente sobre sus hombros. Por eso, a través de la contemplación de los comportamientos de los hijos menores de siete años como espejo de los padres, se nos presenta una oportunidad de oro que puede permitir limpiar el aura de la familia, de nuestra relación, y traer además un equilibrio afianzado a la familia.

La misma ley se puede aplicar a sistemas o grupos de mayor tamaño, como empresas, agrupaciones y todo tipo de comunidades. En las altas frecuencias, la 50.ª Clave Genética crea poderosas oleadas y corrientes electromagnéticas que tienen un efecto extraordinario, capaz de armonizar grupos y comunidades. Siempre que encontramos una persona con el Don del Equilibrio podemos decir de ella que es un pilar para el equilibrio del colectivo, ya sea una familia, un negocio o incluso toda una raza. Las personas que tienen el Don de la 50.ª Clave Genética como una de sus principales claves tienen también una importante responsabilidad con el mundo. El caldero del 50.º Don representa los valores sociales de una comunidad particular o de una familia, lo que quiere decir que el 50.º Don tiene la función de estabilizar los ingredientes del puchero para poder propiciar un estado de moderación. Estas personas son como los cocineros, que saben exactamente cómo leer las necesidades y requerimientos de

Las personas que encarnan este Don pueden infundir armonía en un grupo sin tan siquiera proponérselo

cualquier grupo y ajustar los ingredientes de acuerdo con esas premisas. Aunque este don parezca complejo, y podría parecer que se necesitaran grandes habilidades en las relaciones personales, lo cierto es que las personas que encarnan este Don pueden infundir armonía en un grupo sin tan siquiera proponérselo. Su verdadero poder está en las altas frecuencias que atraviesan su aura.

Ya hemos visto que el 50.º Don aporta un tipo de proyecto encaminado a crear equilibrio social, lo que significa que estamos ante un arquetipo profundamente complejo. Mantener el equilibrio social significa ocuparse, al mismo tiempo de las necesi-

dades de los individuos y también de las del colectivo como la suma de una sola realidad. En este sentido, la visión que aporta el 50.º Don es la heterarquía, un modelo social que está más allá de la jerarquía y sobre el que nos hemos extendido ampliamente en la 45.ᵃ Clave Genética. En pocas palabras, la heterarquía se basa en el principio de que si un individuo no está en equilibrio, el colectivo no tiene la posibilidad de encontrar el equilibrio. La heterarquía, por lo tanto, sitúa la necesidad del equilibrio individual como condición prioritaria para cualquier otro nivel de equilibrio, y se manifiesta a través de acciones encaminadas a impulsar el proceso creativo individual transmitiendo a cada sujeto el don de la confianza en sí mismo. Porque cuando el individuo confía y toma en sus propias manos la responsabilidad de su vida surge un campo de energía constructiva dentro de la comunidad a la que pertenece.

Además, con el modelo heterárquico, el par genético programado de la 50.ᵃ Clave Genética y el codón grupal entran fuertemente en juego. El 3.ᵉʳ Don, la Innovación, engendra un espíritu juguetón y de libertad creadora que permite a la heterarquía fortalecerse a sí misma. Solamente cuando los individuos confían en su propia libertad, la comunidad puede comenzar a emanar un aura saludable. La 3.ᵃ Clave Genética gobierna, en realidad, la mutación celular en el cuerpo físico. En el ámbito social, se puede traducir en el fortalecimiento y la armonización de todo un grupo, célula por célula. El equilibrio comunitario se alcanza también a través de la 44.ᵃ Clave Genética y su Don de la Cooperación que, juntamente con el 50.º Don, forman las bases del modelo heterárquico. El verdadero equilibrio y la cooperación son siempre un fenómeno de autoorganización que no puede desarrollarse con éxito si hay control exterior. Aquí es donde estriba el gran secreto de la futura armonía colectiva de la cual disfrutaremos los humanos y a la que solo podremos llegar alcanzando individualmente la libertad; asimismo disfrutaremos de tener confianza en la autoorganización inteligente que surgirá desde esa libertad.

EL SIDDHI DE LA 50.ᵃ CLAVE GENÉTICA: ARMONÍA

LA CONGREGACIÓN DE LOS ILLUMINATI

El 50.º Siddhi es la culminación natural del proceso que tiene lugar dentro del propio 50.º Don y que consiste en crear equilibrio dentro de un movimiento constante que toma siempre en consideración el balance de los opuestos. Con el tiempo, el movimiento oscilatorio de uno a otro se hace cada vez más pequeño, hasta que al final se consigue el equilibrio perfecto. Se trata de la verdadera armonía, un código vibracional que lleva a todos los elementos de un sistema a estar en resonancia perfecta y permanente. Puede ser que el equilibrio se pierda, pero la armonía es constante e infinita. La armonía es la verdadera naturaleza del Universo y de todo lo que este contiene; es un campo preexistente que no puede crearse, pero al que podemos entrar a disfrutar. En el nivel del Don, la consciencia pue-

Puede ser que el equilibrio se pierda, pero la armonía es constante e infinita

de experimentar equilibrio individual, a través de reconocer que forma parte de un equilibrio social más amplio. Sentirse realmente parte de un grupo más grande nos induce un estado de equilibrio interno muy profundo a nivel celular. Sin embargo, en el plano síddhico, esta sensación de equilibrio llega aún más lejos.

El 50.° Siddhi provoca experiencias que armonizan la consciencia humana con la consciencia celestial o universal. Para experimentar la verdadera armonía en el cuerpo físico primero tienes que haber disuelto cualquier sentido de separación, pues solamente entonces te podrás disolver en la que se ha dado en llamar «armonía de las esferas» y alcanzarás a comprender en profundidad el significado más elevado del símbolo del caldero. En muchas culturas el caldero ha servido como símbolo o metáfora para representar el vehículo que puede recibir y acoger niveles de consciencia superiores. A nivel síddhico todos los desequilibrios de los cuerpos sutiles han de ser destruidos para que el caldero del cuerpo físico pueda llegar a vaciarse. Cuando esto sucede en el ADN de un ser humano, el cuerpo comienza a ser una cámara de resonancia para las más altas frecuencias. Este tipo de frecuencias, en realidad, tienen el poder de disolver el cuerpo físico, de manera que el caldero comienza a experimentarse como el universo mismo. En algunas culturas el caldero se ha representado como un gran tambor, y los movimientos de los cuerpos planetarios y estelares como los ritmos que se benefician de los sonidos de este tambor.

También a través de este 50.° Siddhi podemos comprender la naturaleza subyacente de la sociedad humana, lo que nos convierte a cada uno de nosotros en elementos musicales. Desde el nivel del 50.° Siddhi todo se experimenta como música: la vida de cada individuo no es otra cosa que notas tejidas sobre el pentagrama universal que, gradualmente, se van revelando más y más dulces al oído, al tiempo que la evolución va desvelando armonías cada vez más penetrantes. Un nivel superior de armonía social se va destapando a sí mismo paulatinamente, mientras que los seres humanos se abren camino más allá del dominio de la consciencia de la Sombra y se dan cuenta del proyecto armónico que subyace a toda la civilización humana. Una vez que integramos todos estos aspectos, también comienzan a revelarse los matices de los que hemos hablado al presentar el 44.° Siddhi, relacionados con el concepto de la Divina Sinarquía. Cuando se despierte este codón en nuestro genoma humano, nos percataremos de las geometrías armónicas en las evoluciones superiores. Los cuerpos sutiles superiores de la humanidad están diseñados para autoorganizarse en potentes y coherentes formaciones de seres despiertos. Así es como funciona el Anillo de los Illuminati.

Los cuerpos sutiles superiores de la humanidad están diseñados para autoorganizarse en potentes y coherentes formaciones de seres despiertos

La humanidad siempre ha percibido la presencia de los Illuminati, de *los elegidos*, a los que ha elevado al nivel de leyenda, de sueño y hasta de las teorías de la conspiración. Sin embargo, los Illuminati representan un ideal generalmente malinterpretado, pues se les ha considerado seres provenientes de niveles de evolución superior, de naturaleza celestial, o seres ascendidos, cuando esos Illuminati no son otros que nosotros mismos en potencia: son la personificación de nuestra naturaleza superior. Mientras que tus cuerpos más sutiles y elevados van transmutando tus más bajos instintos y emociones,

entras en el campo de frecuencia de la armonía más elevada. Este campo te eleva hacia él y, de forma gradual, va transformando tu ADN a nivel celular hasta llevarlo a los más altos niveles de funcionamiento. Estamos viviendo el tiempo de la congregación de los Illuminati, un tiempo de cambio planetario sin precedentes en el que el despertar se amplifica progresivamente cuando los cuerpos elevados de los individuos entran en un nivel de armonía comunal intensificada, que acelera la frecuencia de toda la humanidad. Por último, todos los seres humanos pasarán a engrosar las filas de los Illuminati, de manera que, por fin, puedan experimentarse como un campo cósmico de energía unificada.

Cuando comienza a abrirse el 50.º Siddhi en un ser humano, una corriente todopoderosa de armonía comienza a salpicar a todas las personas con las que se relaciona. De esta manera, por ejemplo, temas oscuros y profundos salen a la luz para que se pueda dar el equilibrio social. Cuando este Siddhi sucede en un ser humano, el Don se dispara en todos los que están a su alrededor, porque el poder celestial de la frecuencia extiende la consciencia hasta los niveles más bajos de manifestación, es decir, hasta el nivel de la Sombra. A través de esta 50.ª Clave Genética, la humanidad está destinada a alcanzar la armonía cósmica, si bien es cierto que alcanzar este concepto requiere un período de equilibrio previo, hasta que las escalas activen las frecuencias superiores, que es lo que conocemos como la armonía superior de la unidad con Dios.

El 50.º Siddhi aún guarda en sí otro secreto que es la base de todas las transformaciones y que tiene una especial relevancia para la mutación celular en el ADN de todas las especies, por lo que esta 50.ª Clave Genética representa la punta de lanza de todos los procesos transmutacionales. Su presencia significa siempre un salto cuántico desde un estado a otro, por lo que las personas que portan esta Clave Genética en algún lugar de su perfil hologenético están dotadas para catalizar cambios de consciencia relevantes en los que tienen a su alrededor. Un solo testimonio de este Siddhi representa una revolución en la totalidad de la evolución humana. Debido a su relación con el par genético correspondiente, el 3.ᵉʳ Siddhi, cada vez que el 50.º Siddhi aparece en el mundo es el signo de que una mutación celular va a suceder en la humanidad. Una manera de predecir este tipo de cambio es buscar si está sucediendo un incremento del tipo de organizaciones sociales heterárquicas (grupos de personas que se autoenriquecen trabajando juntas, creativamente, sin la limitación de la estructura jerárquica). Estos son signos tempranos de que el 50.º Siddhi ha hecho ya su aparición en el mundo. Hay que recordar que el nombre original chino para el hexagrama 50.º del I Ching era «El Orden Cósmico», y ese es justo el regalo que aporta el 50.º Siddhi a la humanidad.

Todos los humanos deberían tomar nota de los mensajes contenidos en el 50.º Siddhi, que, juntamente con el 6.º Siddhi, la Paz, es una de las verdaderas llaves maestras que gobiernan y protegen el destino de la humanidad. Bajo la cáscara de tu vida externa prevalece la armonía, incluso en los momentos en los que no eres capaz de verla o de sentirla. Tu proyecto de despertar está bien seguro si lo dejas en manos del 50.º Siddhi, puesto que las profundas leyes del cosmos, sintetizadas por este 50.º Siddhi, gobiernan todo lo que los humanos realizamos en el mundo: desde los más nobles sacrificios hasta los más reprobables actos. Seas quien seas, tus actos te llevan siempre hacia la Divina armonía a lo largo del sendero de tu vida. Para la mayor parte de nosotros siempre habrá

momentos en los que el eco de esta gran armonía resonará muy dentro de nosotros. Para algunos, la Armonía se convertirá en un hábito, nacido del amor por la libertad y la visión de cooperación. Si hay algo que se puede decir de este 50.º Siddhi es que, conforme vaya creciendo su poder, será capaz de orquestar grupos y comunidades de seres humanos en una bella sinfonía en la que todos nos convertimos en instrumentos y donde la propia consciencia es la música que se interpretará a través de nosotros.

51.ª CLAVE GENÉTICA

DE LA INICIATIVA A LA INICIACIÓN

PAR PROGRAMADO: 57.ª CLAVE GENÉTICA

ANILLO CODÓNICO: EL ANILLO DE LA
HUMANIDAD (10.ª, 17.ª,
21.ª, 25.ª, 38.ª, 51.ª)

FISIOLOGÍA: VESÍCULA
BILIAR

AMINOÁCIDO: ARGININA

LA SOMBRA DE LA 51.ª CLAVE GENÉTICA: AGITACIÓN

EL PORTAL DE LOS MIEDOS

La 51.ª Clave Genética y su espectro de frecuencias contienen algunos secretos sorprendentes en relación al comportamiento humano, así como la guía para conducirte hacia el proceso o experiencia que solemos denominar despertar. Una de las características humanas más reconocibles de nuestra genética es la competitividad. Hasta que no alcancen el nivel de frecuencia superior del 51.er Siddhi, los seres humanos están abocados a competir los unos con los otros. Dependiendo de cómo se canalice dicha energía nos puede conducir hacia la unidad o hacia la división. Juntamente con la 57.ª Sombra, la Inquietud, la Sombra de la Agitación crea una gran inseguridad e incomodidad en los humanos. Hasta que no puedas elevar tu frecuencia al nivel de las frecuencias superiores del Don o más allá, seguirás sintiendo de alguna manera esa sensación de agitación en tu interior.

La razón para que esta 51.ª Sombra produzca tantas molestias en el campo energético humano es bastante sencilla, ya que la vida está más allá de nuestra capacidad de control. Eventos impredecibles sucederán de vez en cuando en nuestra vida y cambiarán radicalmente nuestro destino. En la frecuencia de la Sombra, la aleatoriedad que percibimos en la vida crea una profunda inseguridad en los seres humanos, porque desde ese miedo subyacente parecerá que te puede pasar algo desfavorable en cualquier momento. Esta inseguridad se acrecienta mediante pruebas directas, conforme somos testigos de lo que le sucede a los que nos rodean. Por ejemplo, en Londres, durante los bombardeos de la segunda guerra mundial, las bombas cayeron al azar durante toda la noche. La mayoría de las calles de Londres fueron castigadas en un momento u otro y

familias enteras murieron al instante, mientras que las propiedades vecinas resultaban indemnes. En la vida, la cuestión de *en qué casa va a caer* anega las mentes de todos los seres humanos. Al ver lo que les sucede a otros se genera el miedo inconsciente de lo que nos podría pasar a nosotros a continuación.

Las conmociones o shocks son parte de la vida humana, pero en el nivel de la Sombra, donde reina el miedo, la posibilidad y el temor a sufrir un shock nos enerva continuamente. El distintivo de todas las frecuencias de la Sombra es una profunda falta de confianza en la vida misma. Confiar en la vida misma no es un hecho emocional o intelectual; en realidad es algo puramente físico. La confianza es algo que sentimos, o no, en las células de nuestro cuerpo. Sin confianza, los seres humanos permanecen en estado de agitación: tendemos a estar nerviosos, estresados, acelerados. Lo mismo rehuimos la vida por temor que corremos hacia ella, víctimas de la ira o del pánico. Tu frecuencia determina cómo miras al shock, así como el modo en que lo manejas físicamente y emocionalmente cuando viene. En una frecuencia superior, los shocks son como agujeros de gusano hacia una dimensión de potencial superior. El shock reta directamente los pilares de tu realidad y tu apego a esa realidad. En este sentido, el verdadero rol del shock es el de machacar tu sentido de separación de la vida y liberarte de la falsa seguridad de la consciencia de la Sombra.

> *El distintivo de todas las frecuencias de la Sombra es una profunda falta de confianza en la vida misma*

La 51.ª Sombra enfoca toda su energía en tratar de escaparse de lo inevitable. Vive el shock definitivo: afrontar la muerte física, y, al negar la muerte, lo que hace es estrangular la vida. Solamente quien ha abrazado la certidumbre de la muerte está realmente vivo. Sin la perspectiva de la muerte la vida pierde su verdadero valor, lo cual es precisamente lo que desensibiliza a los seres humanos. Dado que la 51.ª Clave Genética también es la responsable del espíritu competitivo, reparamos en que los seres humanos luchan solo por ellos mismos y por su propio beneficio, sin ningún sentido de propósito superior. La competitividad de la 51.ª Sombra tiene que ver con la necesidad de ser el primero, no en el sentido de mejorarte, sino en el sentido de sentirte superior a los otros. El espíritu competitivo humano puede ser algo muy feo en la frecuencia de la Sombra, porque puede dejar a muchos otros en la cuneta en su incesante empuje hacia arriba. Literalmente considera a todos los demás como un medio de ascenso y, en ese sentido, usa a otras personas con el único propósito de su propio avance. Por eso, la superioridad es un débil intento de disipar lo inevitable. Todos aquellos que han llegado a la cima de la jerarquía, a lo largo de la historia, con el tiempo conocen la humildad gracias a la muerte.

Esta 51.ª Clave Genética es un arquetipo genético bastante especial y único, por el hecho de representar un portal. Hacia dónde conduzca este portal depende por completo de la frecuencia a la que programes tu vehículo genético. Hay una ingente cantidad de energía en el estado de agitación de la 51.ª Sombra. Sin el sentido de un propósito interior o dirección, se puede convertir en una Clave Genética peligrosa. La agitación no te abandona nunca, sino que continuamente te presiona para hacer algo con el fin de conseguir algún tipo de reacción. Hará algo para aliviar su energía eléctrica, su falta de reposo, lo que podría dar lugar a todo tipo de actos de locura y temeridades, hechas

con el único objetivo de aliviar la agitación. La 51.ª Sombra puede llevar a las personas a hacer cosas que otros no hubieran podido imaginar. Esto conduce a un fenómeno extraño que les puede ocurrir a aquellas personas que están muy influidas por esta Sombra, y es que pueden dejar de experimentar el miedo absolutamente. Sin embargo, esta falta de miedo no es en realidad tal, pues no se basa en la confianza y sucede cuando el estado de agitación se hace tan fuerte que quiere autoextinguirse y, al hacerlo, se desconecta del cuerpo.

La 51.ª Sombra impacta sobre la colectividad gracias a individuos atípicos y a menudo peligrosos. Cualquier persona muy influida por esta 51.ª Sombra está en peligro de caer en un estado de depresión profunda o de convertirse en un peligro para el mundo. Muchas de esas personas tienen poco o ningún respeto por la vida, de manera que pierden toda la esperanza o actúan de algún modo extremo debido a su sentido de futilidad. Esas personas son los agentes del shock en el mundo, los que cargan las tintas sobre el miedo de la conciencia de masa, haciendo sentir que nada ni ningún lugar es seguro. El miedo a que en cualquier momento pueda pasar algo terrible se ve fuertemente apoyado por los medios de comunicación y su constante cobertura de eventos de este tipo. Es interesante destacar que los pocos individuos que viven en el extremo de esta Sombra pueden ejercer una influencia muy grande sobre el resto del mundo. Como hemos dicho, la 51.ª Sombra es un portal, y en la frecuencia de la Sombra ese portal conduce a la percepción del mundo a través de las exclusivas lentes del miedo.

NATURALEZA REPRESIVA: COBARDE

La 51.ª Sombra, cuando se refleja gracias a la naturaleza introvertida, se manifiesta como un tipo de cobardía. Se trata de personas que constantemente pierden la esperanza en la vida y en lugar de arremeter contra ella, como hace la naturaleza reactiva, lentamente se cierran y se retraen sobre sí mismas. Pueden ser personas altamente depresivas, con poco o ningún entusiasmo por nada en la vida. La cobardía se basa aquí en la represión de la naturaleza poderosa. Son gente que, sin más, deja que el miedo controle su vida incluso cuando tienen en su mano el poder salir de esa jaula. El verdadero miedo consiste en encarar el propio temor. Curiosamente, al encarar el miedo uno se da cuenta de que no era más que una ilusión. Sin embargo, ese tipo de naturalezas raramente encuentran por sí solas el coraje de romper esta ilusión y eligen, sin embargo, seguirse regodeando en un ciclo interminable de autolamento. Para salir de ese ciclo de depresión necesitan despertar al hecho de que solo ellos pueden salvarse a sí mismos.

NATURALEZA REACTIVA: HOSTIL

La versión extrovertida de esta Sombra se manifiesta en forma de hostilidad. La hostilidad es el resultado de una combinación peligrosa de rabia sin temor y de una intensa sensación de la futilidad de la vida. Estas naturalezas originan diversos niveles de shock en el mundo. A nivel emocional no tienen un sentido de respeto real por los seres humanos. Tienden a enfocarse en algún ámbito de la sociedad donde la competición sea digna de alabanza, y esos campos pueden ser los deportes o los negocios, por ejemplo.

En general, se lanzan a situaciones peligrosas o de alto riesgo donde incluso pueden morir. Con la naturaleza reactiva, el sentido de agitación profundo que está en la base de esta 51.ª Clave Genética se proyecta sobre otros. Por lo tanto, estas personas también provocan hostilidad en terceros, pero sin una intención concreta. Simplemente lo hacen porque no pueden ayudarse a sí mismos y nada les importa. El único modo que tienen de romper ese patrón es canalizando su agitación en algún proyecto creativo que les conduzca, por fin, a sentirse realizados.

EL DON DE LA 51.ª CLAVE GENÉTICA: INICIATIVA

LA CONMOVEDORA BUENA SUERTE

Así como el portal de la 51.ª Sombra conducía al infierno, el portal del 51.er Don conduce al lugar del fortalecimiento personal y de la genialidad. El 51.er Don se hace vivo allí donde el espíritu de la competición humana se ponga al servicio de la creatividad. Cada vez que tengas el coraje de seguir tus propios juicios creativos de manera independiente, habrás dado un paso en dirección al 51.er portal, la Iniciativa. Este 51.er Don es una llave de la matriz genética humana, porque contiene el código de activación de la independencia individual. Actuar conforme a tu iniciativa significa salirse del camino trillado y seguir los dictados de tu propio ser interior. No hay seguridad cuando sigues tu propio destino por esta vía, pues supone un salto enorme en un camino que ningún otro ha recorrido antes. La conciencia de masa se muestra a su vez temerosa y fascinada por los que siguen su propia senda en la vida. El camino colectivo es el de la seguridad, pero el camino individual es misterioso y está plagado de incertidumbres. Como veremos, se trata del único camino hacia el verdadero despertar. No es posible para un ser humano despertar si no toma primero una posición de independencia creativa.

No es posible para un ser humano despertar si no toma primero una posición de independencia creativa

Los que entran a través del portal del 51.er Don están dando deliberadamente la espalda a todo lo anterior a ellos. Están cerrando el libro de todas la enseñanzas y sabidurías anteriores y van a salir a descubrir lo que es *su* propia verdad individual, no las de los otros. Este es un camino místico, un camino que, a menudo, se compara alegóricamente con el viaje al inframundo, en el cual el viajero tiene que enfrentarse a muchos retos y pruebas. Se trata de un camino que también puede conducirte a casa, un camino dirigido por el corazón hacia el corazón mismo. De la misma manera que los Dones 38.º y 39.º son arquetipos del guerrero, el 51.º también lo es. Sin embargo, aquí se trata de un tipo de guerrero diferente. No tiene nada que ver con pelear por los miedos colectivos y poco tiene que ver con el Honor. Aquí se trata de la batalla con nuestros propios miedos, y, a diferencia de aquellas otras dos Claves Genéticas, esta cruzada no implica una disputa, sino un salto. El salto del 51.er Don nos lleva al ser superior. Consiste en el shock que supone despertar en el salto desde un nivel del ser a otro.

El 51.er Don es la máxima expresión del espíritu competitivo humano. A este nivel ya no compites más con otros, sino contigo mismo. Incluso en el campo de la competición —ya sea financiera, política o recreativa— usas a los otros como espejos para reflejar tu nivel de excelencia y no para desbancarlos de manera que tú puedas destacar sobre ellos. En el deporte, por ejemplo, el 51.er Don encontrará su propio genio innato y la fortaleza gracias a darse cuenta de su *diferencia* con los demás. Este 51.er Don supone marcar tu diferencia con los demás sin entrar en competición con juegos ajenos. Cuando eres verdaderamente tú mismo liberas la fuerza mágica del genio que te pertenece a ti y no a otro. Tomar la propia iniciativa es hacer caso omiso de todo lo que has aprendido o escuchado antes. No hay otro camino distinto de este para alcanzar la verdadera genialidad. Es un camino a través del miedo y el miedo no se puede soslayar. El contexto específico en el cual se presenta el miedo es el temor más profundo y perfecto para esa persona. Sea cual sea tu miedo más profundo, te encontrarás aquí con él, en el 51.º Don, y aquí lo trascenderás.

La 51.er Clave Genética es un componente clave de la familia genética conocida como el Anillo de la Humanidad. La iniciativa creativa es el camino de cada espíritu humano. Cada uno de nosotros, en un cierto momento de su vida, deja la manada y se encamina sin mapas hacia el terreno salvaje de su corazón. Este el verdadero destino de la humanidad. La vitalidad y el coraje de tomar la iniciativa provocan poderosas respuestas en el campo cuántico. Por lo tanto, cuanto más crees en ti mismo y más actúas según esta creencia, más te apoya la vida. Superar tu propia sensación de falta de valía y dar un paso más allá de la competición significa abrazar la magia de las dimensiones superiores. Los que toman la iniciativa atraen a su camino las energías de la buena suerte y la sincronicidad. En este sentido, la 51.ª Clave Genética siempre premia tu perseverancia cuando confías en tu propio corazón. ¡Sufrirás el shock de la buena suerte!

Las personas con el Don de la Iniciativa son las primeras en hacer algo en el mundo. Aunque en el pasado hayan sido seguidores de otros, cuando dan el salto solo seguirán su propio camino. En este sentido, los individuos se han mantenido a lo largo de la historia unos al lado de los otros, hombro con hombro, manteniendo el espíritu humano en evolución. Así como la 51.ª Sombra crea agentes del shock de baja frecuencia, el 51.er Don crea agentes que provocan el shock positivo en el mundo. Estas personas llegan para despertar la consciencia colectiva y sacarla del modelo basado en el miedo. Allí donde los individuos están perdidos, la gente con el 51.er Don los desafiará a seguir su propia senda. Es importante comprender que la gente con el 51.º Don no son líderes: son iniciadores. Vienen para catalizar nuevos procesos en la humanidad o llevan vidas tan únicas y corajudas que sirven a otros de inspiración para lanzarse a hacer lo mismo.

Este 51.er Don tiene un papel particular que representar en el mundo del comercio, que es el de proporcionar el impulso competitivo en las organizaciones. En grupos grandes u organizaciones, cada una de las 64 Claves Genéticas desarrolla un papel diferente. El 51.er Don opera en toda la cultura del negocio, no solo en el plano del logro individual. Cuantas más personas haya con esta activación genética en una empresa, más competitivo será el espíritu de la compañía. La mayoría de la gente está condenada a vivir desde la frecuencia de la Sombra el resto de su vida, lo cual es probable que, como resultado, dé lugar a una empresa altamente competitiva y genere una sensación de agitación colectiva que sufran todos los empleados, especialmente los miembros de los equipos de gestión. Sin embargo, cuando aprendemos de las 64 Claves Genéticas, nos damos cuenta de que el secreto no está en la cantidad, sino en la calidad. Por lo tanto, una sola persona que manifieste el 51.ᵉʳ Don puede dar un giro de 180° a una organización entera valiéndose del campo morfogenético de esa compañía. La presencia de una persona así en una posición fundamental puede propulsar a la organización hacia un nivel totalmente nuevo de funcionamiento en el que se valore a los individuos por sí mismos, en vez de controlarlos o mantenerlos subyugados.

EL SIDDHI DE LA 51.ᴬ CLAVE GENÉTICA: DESPERTAR

El estallido de la renuncia

El fenómeno del despertar ha cautivado a los seres humanos durante milenios. Nos quedamos embelesados al ver que ciertas personas parecen haber pasado por experiencias que los han alterado para siempre y los han puesto en contacto con una realidad que nosotros no podemos ver, sino solo imaginar. Por supuesto, hay muchas interpretaciones de la palabra *despertar* en los salones de la espiritualidad. Muchos piensan que existen grados y niveles del despertar. La mayoría de las nuevas interpretaciones sobre el despertar perciben la consciencia como una escalera por la que se puede ir ascendiendo, peldaño a peldaño. Hasta este mismo trabajo de las 64 Claves Genéticas presenta la evolución de la consciencia como un modelo de elevación de la frecuencia energética en tu material genético, que da como resultado cambios en el sistema operativo de tu cuerpo y en tu despertar. También hay una enorme cantidad de salvedades a nivel espiritual provenientes de las bocas de los auténticos maestros y de los falsos profetas. Para agregar una capa de historia a este comentario, la humanidad está actualmente en una de las encrucijadas más evidentes de nuestra evolución genética y espiritual. En momentos como este, aparecen voces de todos los colores: las voces que anuncian la ruina y las voces que anuncian la esperanza, cada una declarando su verdad.

Este 51.ᵉʳ Siddhi deja de lado todos esos requerimientos y sistemas. Hace que todo sea simple y sencillo. Para el 51.ᵉʳ Siddhi hay solo dos estados de consciencia: despierto o dormido. Desde el interior del estado síddhico, la división entre despierto y dormido es solo una cuestión de retórica, pero que también se hace tangible en el plano material. Algo le ocurre a una persona antes de entrar en un estado de síddhico, algo imprevisible y sin causa, algo trascendental. No se puede explicar con palabras lo que acontece cuando uno entra en un estado síddhico. Hay cosas que seguirán siendo un misterio incluso para la ciencia. Puede que haya ciencias del despertar antes del despertar, pero no hay ciencias tras el despertar. He aquí la paradoja. El 51.ᵉʳ Siddhi está más allá de la jerga y de los sistemas espirituales. Tiene un lenguaje propio, simple y chocante. Te dice que, hasta que no despiertes, estás dormido. No hay niveles en el despertar. Para el 51.ᵉʳ Siddhi, cualquier ordenación de niveles de consciencia es absurdo; ¡lo hacen solo los que están dormidos, y escalonan los patrones *de* su sueño!

Entonces, ¿qué es el despertar y cómo sabemos si uno está despierto o no? Esta es la gran pregunta del mundo de los durmientes. Si le preguntaras lo mismo a alguien que ha despertado, probablemente te contestaría que no importa y que cuando despiertes sabrás por qué no importa; ese tipo de asuntos solo importan a los que no están despiertos. El hecho es que el despertar te hace diferente, no en lo relativo a tu consciencia profunda, sino en términos de tu vehículo genético físico y su funcionamiento. Por la misma razón podrías argumentar que el despertar es algo que se podría manipular genéticamente por la ciencia del futuro. En teoría, quizá sea posible. Sin embargo, mientras que los seres humanos estén dormidos no van a malgastar sus valiosos recursos en este tipo de aspiraciones espirituales. Las frecuencias inferiores se afirman en el interés por uno mismo y el despertar no va nunca en esa dirección. Además, el despertar es un proceso evolutivo enormemente delicado. No es el resultado del esfuerzo individual, sino de un salto evolutivo espontáneo que ha sido posible gracias a un amplio espectro de energías evolutivas operando en todo el universo. En resumen, el despertar es un misterio que, por su propia naturaleza, impide que alguna vez pueda ser resuelto o replicado.

Desde nuestro intenso sueño estamos desesperados por comprender este fenómeno del despertar. Sin embargo, en el lenguaje del 51.er Siddhi, es un misterio que no cederá a la presión. Podemos preguntarnos si hay indicios que muestren si una persona está cerca del despertar, y claro que hemos intentado crear rutas hacia el despertar. Pero no hay signos. ¡El despertar le ha sucedido por igual a gente estupenda que a gente inaguantable! Tampoco hay caminos, a pesar incluso de que los seres despiertos nos lo han dicho o lo han establecido. Estar despierto es una gran encrucijada. No importa lo que digas, que va ser malinterpretado, así que al final simplemente dices lo que dices y confías en la vibración que porta el mensaje. El despertar también es fácil de falsificar. Cualquier persona con un aura poderosa puede proclamar que está despierta o incluso creer que *está* despierta. La experiencia mística también se puede confundir con el despertar. Hay muchos tipos de encuentros místicos y estados visionarios que les suceden todo el tiempo a los seres humanos, pero el despertar es algo totalmente diferente a todos estos fenómenos. La mayoría de los grandes visionarios místicos, e incluso las grandes revelaciones o sistemas que nos han llegado a través de ellos, aún no alcanzan el verdadero campo del despertar.

El verdadero despertar sencillamente ve a través de todo y no tiene nada que ver en absoluto con el comportamiento ni con la experiencia. Tampoco el despertar es algo que viene y se va. Cuando alcanzas alguno de los 64 Siddhis descritos en este libro, empiezas a tener una noción de lo diferentes que son los patrones de comportamiento del despertar. El 51.er Siddhi es el suelo bajo los pies de cada uno de estos Siddhis, y nadie puede alcanzar aquellos estados sin sufrir un verdadero despertar. Dicho en pocas palabras: despertar es la disolución permanente del ser separado y se produce gracias a una mutación dentro del cuerpo físico. Ningún tipo de meditación o práctica espiritual puede provocar esta mutación; aunque esas prácticas se hayan realizado antes del despertar no serán la causa del despertar. No es posible influir en esta mutación, ya que no tiene nada que ver con la experiencia o con el comportamiento. Esta es la mayor ilusión espiritual de todas.

Los seres humanos no aceptan fácilmente un no por respuesta. Nos parece que tenemos que *hacer* algo. Sin embargo, esta es un área en la que no puedes hacer nada excepto ser tú mismo. El despertar ocurre a los que son ellos mismos tanto y de tal manera que *no* tienen elección: simplemente ocurre. Lo irónico es que no puedes jugar a ser tú mismo, porque es, sencillamente, un don innato en ti. Puedes ver cómo la Sombra de la Agitación se infiltra en esta Clave Genética hasta su máximo nivel. Incluso cuando estás despierto, ¡aún puedes ver la agitación espiritual que tu presencia provoca en otros! El hecho es que el estado síddhico es un salto a todos los niveles, y es un salto en el vacío. Nada puede prepararte para ese salto y nada concreto precede al salto. Tampoco es un salto que tú *puedas dar*. Es más un salto que te lleva consigo por delante.

El 51.ᵉʳ Siddhi contiene otros muchos secretos, entre los cuales están los secretos de la iniciación. El universo que habitamos está iniciando constantemente todas las formas. El mundo de la forma está impactando continuamente en sí mismo: los átomos colisionan con los átomos, los asteroides con los asteroides, los humanos colisionan con otros humanos en sus relaciones. Es el juego de la penetración, en el cual todo está intentando penetrar en todo lo demás. Cada penetración es, en algún sentido, un shock, y la consecuencia una mutación o transformación de algún tipo. La muerte misma es la transformación de una forma que regresa a su forma primigenia. Tras el despertar, las formas siguen siendo formas, de modo que siempre corres algún tipo de riesgo de impacto o shock. Esos shocks son, en verdad, iniciaciones en las que se sacuden los límites de tu mundo. Después del despertar, todas las formas se experimentan interpenetrándose las unas a las otras, de modo que ya no hay más shocks o impactos. No hay una localización del despertar en el cuerpo para que suceda un shock. La iniciación siempre requiere un entorno y el despertar pone punto final al mismo concepto de entorno.

Como hemos visto, hay una grandísima confusión relativa al concepto de despertar. Es una mutación permanente al nivel físico que da como resultado un cambio fundamental en el aparato perceptivo del cuerpo. Los antiguos chinos representaron este hexagrama 51.º mediante el símbolo del trueno, cuyo estruendo nos toma por sorpresa.

El despertar es siempre una sorpresa. Llega una vez nada más, y cuando lo hace se queda para siempre

El despertar es siempre una sorpresa. Llega una vez nada más, y cuando lo hace se queda para siempre. Una vez que despiertas, ya no vuelves a estar dormido. El clamor de esta Clave Genética es el clamor de la vida misma: el clamor de tu renuncia. El despierto se convierte en un vehículo que solo sabe cómo renunciar a sí mismo, donde ni una fricción evita que la vida fluya a través de él. Esta renuncia es amor, pero se puede o no manifestar como amor afectuoso. En realidad, es amor universal, cósmico.

Hay una cosa más que decir sobre este 51.ᵉʳ Siddhi, que es de enorme importancia en este momento de nuestra evolución. Hasta ahora solo hemos considerado la dimensión de este Siddhi a nivel individual, pero también opera a niveles mucho más amplios. Como aspecto del Anillo de la Humanidad, esta Clave Genética se encarga de que un día toda la humanidad despierte. Por lo tanto, en el momento en que este Siddhi se active, se despertarán linajes genéticos enteros. Llegará un tiempo en el que las relaciones despertarán, y luego las familias, y después comunidades enteras, hasta que, finalmente,

el trueno se oiga en todo el genoma humano. En ese estadio, la misma humanidad se despertará como un ser cósmico único y verá su propia y verdadera naturaleza. Como sucedía con el despertar individual, no será un fenómeno gradual, aunque pueda parecerlo. Se trata de un shock repentino e inesperado de despertar, que viene precedido por una cadena reactiva de mutaciones en las células de tu ADN. Cuando la humanidad despierte, se conectará con la eternidad. El momento en que la humanidad abra los ojos por primera vez será, sin duda, el evento más importante de la historia misma del despertar.

52.ª CLAVE GENÉTICA

SIDDHI QUIETUD • DON CONTENCIÓN • SOMBRA TENSIÓN

EL PUNTO DE REPOSO

PAR PROGRAMADO: 58.ª CLAVE GENÉTICA
ANILLO CODÓNICO: EL ANILLO DE LA
BÚSQUEDA (15.ª, 39.ª,
52.ª, 53.ª, 54.ª, 58.ª)

FISIOLOGÍA: PERINEO
AMINOÁCIDO: SERINA

LA SOMBRA DE LA 52.ª CLAVE GENÉTICA: TENSIÓN

EL FENOTIPO DEL MIEDO

La 52.ª Sombra es responsable de uno de los grandes fenómenos del mundo moderno: la tensión, el estrés. La tensión opera a muy diversos niveles, aunque su impacto principal se siente en el plano físico, en el cuerpo. Esta 52.ª Sombra y su par programado, la 58.ª Sombra, la Insatisfacción, representan el programa binario más contundente de nuestra genética que mina la salud humana. Esto es especialmente cierto a nivel colectivo. Por esa razón, necesitamos comprender algo muy importante sobre la tensión: es una presión colectiva y no una presión personal. Es un campo energético generado por cada ser humano vivo, más que un problema personal de cada individuo. Esto significa que la tensión está también muy conectada con nuestro medio ambiente y con aquello que nos rodea.

Nuestro medio ambiente está formado, en realidad, por los límites del aura humana. Un aura humana media se puede extender hasta la mitad de una habitación de tamaño mediano, lo que en términos generales significa que cuando estás en una habitación con otros, estás compartiendo sus auras. Cuantas más personas estén en tu misma área, más grande será el campo colectivo áurico. En áreas densamente pobladas, como las ciudades y las metrópolis, es virtualmente imposible escaparse del aura colectiva de los otros, incluso en el santuario de tu propio hogar. En las zonas más rurales del planeta, la presión del aura local es mucho menor y el nivel de tensión, por lo tanto, también lo es. Sin embargo, debido a la enorme población que existe ahora mismo en nuestro planeta, no es posible escapar por completo al vasto campo de energía colectiva de la humanidad. Millones de auras entrelazadas entre sí conforman la gran envoltura que cubre nuestro

mundo. Esta envoltura o «piel» es la que nos impide a los humanos la posibilidad de ver y experimentar la unidad de la consciencia. Se trata del constructo conocido en Oriente con el nombre de *maya*, que significa la gran ilusión.

El ADN humano es una sustancia fascinante. Los códigos químicos contenidos en él, a pesar de estar cerrados desde el momento del nacimiento, son altamente sensibles a la vibración de los campos de energía. Los genetistas denominan *genotipo* a la información genética de un individuo, mientras que se refieren a *fenotipo* para describir la manifestación de esa información. Así que, hasta cierto punto, la frecuencia energética que pasa a través del genotipo determina las manifestaciones del fenotipo. Esto significa que tu entorno te afecta enormemente en el ámbito de sentimientos y de comportamientos, y, lo que es más importante, influye sobre quién piensas tú que eres. En el nivel más sutil, tu entorno lo constituye la vibración del mundo subatómico. En realidad, la frecuencia con la que estás sintonizado es la que determina el entorno, sin importar el punto geográfico en que habites. En el caso de la 52.ª Sombra, el gran fenotipo colectivo de la humanidad se establece gracias al miedo, lo que como consecuencia crea un ambiente que coloca al cuerpo físico bajo una enorme tensión.

El único modo de escapar de este campo de programación colectiva consiste en elevarse a nivel energético sobre él, cosa que no es una tarea sencilla. Tienes que conseguir, de algún modo, elevar la frecuencia energética viajando más allá de tu genotipo. Cuando sucede esto, el fenotipo —el modo en que se expresa y se experimenta tu naturaleza— también cambiará. La mayoría de los seres humanos pueden alcanzar este campo de energía por algún breve período y después volver a caer en el estrés habitual. Es extremadamente extraño encontrar a alguien que haya abandonado el campo de la tensión de forma permanente. El secreto reside en cambiar tu entorno interior —tus sentimientos y tus pensamientos—, cambiando así lo que ves y lo que oyes. Si todo lo que oyes es ruido y todo lo que ves es caos, entonces esos elementos serán los que determine tu experiencia. Sin embargo, si anclas tu ser en la frecuencia superior, podrás experimentar la vida como si vivieras en un mundo completamente diferente.

La tensión es un estado de estrés físico que se logra al mantener la frecuencia a bajo nivel. Una de las claves de la tensión es la incapacidad de huir de la ansiedad mental. Le das el poder a la mente para tomar decisiones que esperas terminen con la tensión. Sin embargo, esta técnica suele acabar en un desastre, pues la actividad mental es, en sí misma, una manifestación de la tensión. El clásico bucle biológico de retroalimentación refuerza el mismo estado del que estás intentando escapar. Esta 52.ª Sombra está íntimamente conectada con la función de tus glándulas suprarrenales y la clásica «lucha por la lucha» como respuesta de los seres humanos. (La actividad de tu sistema endocrino está directamente relacionada con la frecuencia que circula en tu genotipo y, como veremos al llegar al 52.º Siddhi, el sistema glandular humano es más que un productor de hormonas como la adrenalina, cuyo sentido es el de responder al instinto de supervivencia y al miedo).

Una de las claves para comprender la 52.ª Sombra se encuentra en el nombre del 52.º Don: la Contención. La baja frecuencia que se expresa a través de la 52.ª Sombra se basa en la incapacidad de poner bajo control las reacciones ante el miedo. En muchas ocasiones el miedo que indica esta Clave Genética es tan hondo y arraigado, tan incons-

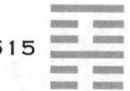

ciente, que difícilmente te percatarás de su existencia. No obstante, este miedo invade tu entorno, y tu reacción contra él provoca dos tipos de respuesta: el colapso o la huida. En la conexión química con el sistema adrenal, podemos entender que esta Sombra está implicada en la actividad física o en la falta de actividad física, que son las dos formas de manifestación de la tensión. En lo que respecta a la 52.ª Sombra, hay dos tipos de personas: los inquietos y los inmóviles. En nuestro mundo actual tendemos a pensar que la tensión se muestra en comportamientos caóticos, frenéticos, de energía y movimiento, pero lo cierto es que el estrés tiene también su cara reactiva.

En lo que respecta a la 52.ª Sombra, hay dos tipos de personas: los inquietos y los inmóviles

El ritmo natural de la vida sigue patrones temporales; la vida sabe cuándo trabajar y cuándo descansar. Sin embargo, el poder colectivo de la 52.ª Sombra mantiene a los seres humanos apartados de este fluir natural, y la frecuencia de la Sombra de la 52.ª Clave Genética destaca ambas manifestaciones extremas. Se puede ver claramente cómo funciona en nuestro mundo actual. Occidente tiende al extremo de la actividad sin descanso, a la expansión y al crecimiento con poco a nada de visión o propósito colectivo, mientras que Oriente se ha mantenido tradicionalmente en el extremo contrario en lo que respecta a la actividad y al crecimiento, especialmente en los ámbitos de la religión y de la espiritualidad. Incluso aunque hoy presenciemos una inversión de roles —Oriente se está convirtiendo en Occidente, y viceversa—, el sustrato de fenotipo de toda la humanidad se mantiene gracias al miedo y a las dos polaridades de esta Sombra, que se manifiestan continuamente. Hasta que los seres humanos no experimenten la unidad con toda la creación solo podrán engendrar y ser llevados por esta tensión subterránea: la manifestación física de nuestro miedo oculto más profundo.

NATURALEZA REPRESIVA: COLAPSADA

La naturaleza represiva tiende a colapsarse física, emocional y mentalmente bajo la presión de la tensión creada por la 52.ª Sombra. Estas personas realmente nunca despegan. El Don de la Contención permanece bloqueado por la Sombra, que impide su manifestación, lo que conduce a una poderosa sensación de estar atascado. Esa percepción pueden persuadir al cuerpo de entrar en estados intensos de depresión y apatía. Al abandonarse a sí mismos, el sistema adrenal de esta gente se puede atrofiar e incluso dejarlos imposibilitados a algún nivel físico. Una vez que uno ha caído en esos estados, escapar de ellos resulta difícil. Hay una fuerte necesidad genética de ayudar a otros en el 52.º Don, y cuando uno se compromete con ese requerimiento puede notar cómo retorna la fuerza de la vida a ellos gradualmente.

NATURALEZA REACTIVA: AGITADA

Estas son personas incapaces de reposar. Las naturalezas reactivas tratan de escaparse de sus miedos a través de la actividad. Sin embargo, esas personas enmascaran sus miedos proyectándolos como una frustración o enfado que descargan sobre otros. La inquietud es un aspecto de la tensión relacionado con la sobreestimulación de las glán-

dulas suprarrenales, que producen más energía de la que uno necesita. Sin embargo, la secreción permanente de adrenalina en el cuerpo causa daños graves con el tiempo, por lo que podemos decir que este tipo de personas se queman en vida. El secreto para ellas está en observar sus dinámicas mentales y descubrir el miedo intenso que los domina. Gracias a este reconocimiento y aceptación del miedo podrán, poco a poco, reducir el control que tienen sobre ellos para poder activar el Don de la Contención.

EL DON DE LA 52.ᴬ CLAVE GENÉTICA: CONTENCIÓN

EL TORQUE ECOLÓGICO

Muchas personas tienden a menospreciar el 52.º Don por cómo suena. *Contención* no es una palabra que suene excitante o dinámica. Sin embargo, es uno de los Dones más importantes de todo el genoma humano. Este Don, como el resto de ellos, tiene que ver con llevar al punto de equilibrio dos extremos de energía: en este caso, las energías de la actividad y de la pasividad. De hecho, no hay otra Clave Genética más importante que esta 52.ª en toda la vida humana, pues determina la fuente original de toda la actividad que sucede en el mundo. Si comienzas algo con miedo, entonces el miedo será la semilla que infectará cada aspecto en la expansión de esa actividad. Incluso aunque las más pequeñas acciones humanas pueden conducir a la creación de grandes empresas, si la semilla del miedo está presente al comienzo de su creación, entonces, como si de un virus se tratara, proliferará en la estructura hasta que finalmente esta se venga abajo.

El 52.º Don contiene el secreto de la ecología. Todo esfuerzo requiere de una profunda compresión de lo que es la contención, un fenómeno natural en todos los sistemas humanos. Si un sistema quiere durar, necesita aprender a nutrirse mientras crece. Si desea proliferar, debe aprender a diversificarse y a tomar buena variedad de sustancias nutritivas. Sin embargo, si lo que pretende un sistema es tener verdadero éxito ha de tener claro, desde el inicio de su camino, que tiene que servir a algo mayor que él mismo. El 52.º Don requiere de una buena dosis de paciencia y la comprensión de que cada elemento de la naturaleza se mueve a su propia velocidad. Especialmente en los comienzos, parece que las cosas se mueven con lentitud. Cuando intentamos acelerar una idea estamos violentando la tierra en la que ha sido sembrada. Observando esto se comprende fácilmente cómo nos convertimos los humanos en víctimas de la tensión.

El 52.º Don, si bien es divino, tiene que ver con las organizaciones humanas. En su nivel más profundo contiene la semilla de lo que podría ser la perfecta organización unitaria de todos los seres humanos. Por el momento, este Don tiene que ver con la medida de nuestra confianza en la vida. Al comenzar algo, primero debemos tener una intención clara. Cuanto menos egoísta sea tu intención, más poder tendrá. Si comienzas con la intención correcta, todo fluirá, pero tienes que resistirte a la tentación de interferir en el proceso con tu miedo. La intención es la semilla, y la semilla contiene todo lo ne-

cesario, en lo que se refiere a ingredientes y propiedades necesarias para llevar adelante su misión. La semilla contiene incluso las fragancias concretas que atraerán a los aliados correctos en el momento justo. Lo cierto es que cuanto más poder implícito tenga, más tardará en germinar. La semilla de un tejo y la de un girasol tienen un tamaño idéntico. Sin embargo, mientras que el girasol llega a su máximo desarrollo en unos meses, el tejo tiene una complejidad mayor, comienza a un ritmo diferente y sigue su propio reloj biológico. Puede que necesite diez años para alcanzar solo la altura de un girasol, pero puede vivir hasta 5.000 años. Y lo mismo sucede con todas las ideas y las acciones humanas.

Cuanto menos egoísta sea tu intención, más poder tendrá

Cada ser humano vivo contiene esa intención: es la semilla de su destino individual. Para tener claras tus intenciones debes preguntarte a ti mismo: ¿cómo podría ser de la máxima utilidad a la humanidad? Y después debes experimentar la respuesta. Los humanos, aunque no podamos ver los detalles del camino por adelantado, tenemos que confiar en la dirección por la que la vida nos lleva, aunque a veces parezca no tener sentido. Este es el poder de la Contención: permitir que tu vida se vaya mostrando sin presión y sin urgencia.

Vimos en el análisis de la 52.ª Sombra que otro aspecto de esta Clave Genética es la creencia o el sentimiento de que estamos atascados. Solo te puedes sentir atascado si pierdes el contacto con tu centro más profundo. Mientras que permanezcas en contacto con la semilla de tu verdadera intención, podrás experimentar la pausa que está sucediendo fuera, en vez de sentirte atascado. Bien dentro de la semilla, y también en la planta, están comenzando a nacer nuevos brotes. Normalmente en ese estadio los seres humanos se convierten en máquinas sin descanso e intentan forzar la dirección, dañando los delicados brotes que conformarán la siguiente fase evolutiva de su intención. Paradójicamente es durante los momentos de pausa externa cuando toda la energía parece haber llegado al punto que facilita máximo crecimiento.

La energía almacenada y el potencial de un solo ser humano son infinitos en sus proporciones. Sin embargo, este potencial se debe gestionar con sostenibilidad y hay que permitirle que crezca y que se expanda orgánicamente. A propósito de esto, el Don de la Contención tiene que ver con no interferir. Cuando aplicas a tu propia vida esta máxima, tienes que aceptar que tu vida es parte de una corriente mayor que no puedes ver y, por lo tanto, que hay ocasiones en las que te sentirás muy contenido. La aceptación de esta contención y su manifestación en forma de paciencia son un don muy poderoso. Hay un ejemplo de paralelismo con el desarrollo vital de un niño. Los niños contienen la semilla de su propio futuro, y si se les permite desarrollarse a su propio ritmo y a su propio modo, sin muchas interferencias, finalmente florecerán. Cada progenitor tiene que encontrar el delicado equilibrio entre marcar sanos límites y confiar en la fuerza de la vida que se mueve a través del crío.

Gracias a la contención, el poder humano puede canalizarse de un modo creativo. La 52.ª Clave Genética es un miembro de la familia codónica conocida como el Anillo de la Búsqueda. A través de la ruta por las seis Claves Genéticas de este codón, vas a percatarte de que todas ellas se refieren a la tensión. Es la tensión interna la que guía la evolución. Hay una vasta cantidad de fuerza vital esperando brotar en todos los seres

humanos desde este aspecto del ADN. Si echas un vistazo a los nombres de los Dones de este Anillo codónico, te harás una idea del poder que se acumula dentro de ti: Magnetismo (15), Dinamismo (39), Contención (52), Expansión (53), Aspiración (54) y Vitalidad (58). El 52.º Don, la Contención, es el único de ellos que tiene toda la tensión bajo control. Es de enorme importancia a la hora de regular tu vida y de mantener un grado de ritmo interno y de estructura. Esta Clave Genética es la que genera el torque que permite a los sistemas girar y evolucionar.

EL SIDDHI DE LA 52.ᴬ CLAVE GENÉTICA: QUIETUD

LA QUIETUD DE LA OLA

En los niveles superiores de esta frecuencia sucede un fenómeno interesante que nos puede ayudar a entender por qué el estado síddhico trasciende todos los niveles de frecuencia de una vez. Si tienes en cuenta lo que es la frecuencia —la oscilación de ondas de energía a diferentes velocidades e intervalos—, verás que sucede una paradoja cuando tomas la frecuencia de ambos extremos. Las ondas de energía que están oscilando a frecuencias más bajas podrían llegar a pararse y, en esa pausa, experimentar el vacío. En el otro lado del espectro, las ondas de energía vibrando a frecuencias más elevadas se aproximarían tanto que surgiría otro tipo de vacío. Este vacío representa el estado síddhico. Obviamente hay muchas palabras para describir este estado: Amor Universal, Dicha o, en el caso del 52.º Siddhi, Quietud.

El Siddhi de la Quietud nos puede ayudar mucho a entender conceptualmente qué es trascender la frecuencia. Paradójicamente, los dos extremos del espectro nos conducen al mismo estado y en ambos extremos experimentamos la Quietud. Muchos sistemas espirituales y grandes maestros se han referido a la iluminación final como el estado de vacuidad o la nada. Buda se expresó particularmente a través de esta terminología. De hecho, el 52.º Siddhi tiene el aroma del Buda. El chino antiguo nombraba al hexagrama 52.º del I Ching como «El aquietamiento de la montaña», imagen que nos lleva a recordar el perfil del Buda, sentando en absoluta quietud bajo el árbol bodhi (*Ficus religiosa*), esperando que todos los fenómenos se disolvieran y que la verdadera realidad de la iluminación saliera a la luz.

Cuando un ser humano alcanza la iluminación a través del 52.º Siddhi, sucede algo intrigante: dado que todas las frecuencias y todos los patrones de energía se experimentan como en estado de parón, te encuentras de repente sentado en el centro de la creación. Todos los fenómenos pasan a ser experimentados como ruedas girando a tu alrededor, mientras que tú te has convertido en el centro mismo de la quietud en toda la existencia. Esta capa de miedo y de tensión creada por el aura del mundo ya no podrá tocarte, puesto que ocupas un espacio que está fuera de toda vibración. Por eso los místicos usan términos tales como «el espacio sin espacio» para describir ese estado. Juntamente con la Quietud llega la experiencia del 58.º Siddhi, el Éxtasis, el par programado del 52.º Siddhi.

Estos dos grandes Siddhis, el 52.º y el 58.º, reflejan uno de los grandes conceptos universales de la geometría y de la física: el torus. El torus es una figura geométrica multidimensional que se encuentra en el corazón del espacio-tiempo. El torus demuestra las leyes universales de la energía dinámica, basadas en el torque y en las fuerzas que operan en espiral. En un extremo del torus está el agujero negro, representado por el polo YIN, que succiona, contrae y engulle toda la energía y la materia dentro de sí. En el otro extremo del torus está el agujero blanco, que representa el polo YANG, el cual libera, crea y expande toda la energía y la materia hacia afuera, para crear el espacio y el tiempo. El torus es una magnífica figura que articula las fuerzas centrífugas y centrípetas, reuniendo en el mismo sistema las dinámicas implosivas y explosivas. En el ADN humano, el torus se experimenta de un modo directo a través del estado de iluminación, que une la quietud (el agujero negro) con la dicha absoluta (el agujero blanco).

La experimentación de la felicidad absoluta proviene de una funcionalidad más elevada de tu genética. El sistema endocrino humano es, sencillamente, un factor alquímico en el que se combinan y se crean la química y las hormonas. Como vimos en la 52.ª Sombra, la función glandular del cuerpo secreta la hormona de la adrenalina cada vez que esta Sombra se activa por el miedo. Las personas que viven dentro del campo ilusorio de las bajas frecuencias son realmente adictas a la hormona del miedo que lo crea. Sin embargo, al nivel de frecuencia síddhico (es decir, al nivel de la no frecuencia), el cuerpo crea hormonas y neurotransmisores muy enrarecidos. Cada Siddhi tiene una sección glandular única y, en el caso del 52.º Siddhi, la hormona se segrega y el estado de plenitud y quietud se extiende por todo el cuerpo.

Durante milenios los humanos se han esforzado en buscar esas secreciones mágicas y las han mitificado en forma de elixires y panaceas que se pueden crear químicamente. En tiempos más recientes, se han creado algunas sustancias y drogas para imitar o para activar ese tipo de secreciones hormonales, un ejemplo de las cuales es la sustancia conocida como éxtasis. Lo que necesitamos comprender es que el proceso de mutación que conduce a una secreción hormonal de este calibre es un delicadísimo proceso orgánico que viene provocado por un proceso todavía más sutil a nivel energético. Cuando este proceso ha pasado por muchos estados orgánicos sin interferencia, el cuerpo crea una contraparte física para el proceso sutil que ya ha tenido lugar. En el caso del 52.º Siddhi, la experiencia del tiempo todavía se refleja a través de un neurotransmisor que, efectivamente, para en seco el pensamiento cuando la consciencia ya no se necesita para la comunicación.

Si ya has leído la 55.ª Clave Genética, te habrás enterado allí de un fenómeno colectivo que podría suceder pronto en el mundo y que conocemos como «la ola de quietud». Este fenómeno será el resultado de una mutación genética física que, según las predicciones, comenzará a penetrar en la humanidad aproximadamente en el año 2027. Esta mutación disparará un proceso secuencial relacionado con el florecimiento de las 64 Claves Genéticas a nivel colectivo, y expandirá la emergencia de los Dones y Siddhis por el mundo. La expresión *ola de quietud* se refiere a la serenidad del campo de energía emocional, caótica, que actualmente domina nuestro planeta. Uno de los Siddhis que podremos ver ingresar en el mundo cada vez más será este 52.º Siddhi. Recuerda que la 52.ª Clave Genética es una semilla arquetípica y que se refiere a la expansión de la intención individual de servicio. Dado que todos los Siddhis son, por naturaleza, colectivos, el 52.º Siddhi también contiene la semilla de un nuevo gran comienzo con la intención original y el sueño del género humano: darse cuenta de que su sitio es el punto de quietud que se encuentra en el corazón mismo de la creación.

El 52.º Siddhi contiene en sí el poder de enfocar la humanidad hacia un patrón unificado. Emana un campo colectivo de energía capaz de apaciguar el sistema emocional humano. La 52.ª Sombra, la Tensión, va totalmente ligada al concepto de tiempo. La mayor parte del estrés tensional procede de percibir que el tiempo se mueve tan rápido que la persona entra en pánico y trata de atrapar dicho tiempo. El aura de un solo ser humano que manifiesta este 52.º Siddhi es capaz, literalmente, de parar los pensamientos de todo su vecindario. Es un Siddhi que incrementa la longitud de onda de las partículas subatómicas y, al hacerlo, ralentiza la percepción del tiempo. Cada Siddhi inunda con su esencia el campo energético de la humanidad, por lo que la presencia, aunque sea de solo unos pocos seres de este nivel de consciencia en el planeta, cambiará el modo en que operan las emociones humanas. El tipo de influjo que aporta la Quietud a nuestra aura planetaria hará posible que muchos millones de personas puedan seguir su destino correcto y ponerse al máximo servicio de la totalidad.

53.ª CLAVE GENÉTICA

SIDDHI SUPERABUNDANCIA • DON EXPANSIÓN • SOMBRA INMADUREZ

EVOLUCIONAR MÁS ALLÁ DE LA EVOLUCIÓN

PAR PROGRAMADO: 54.ª CLAVE GENÉTICA
ANILLO CODÓNICO: EL ANILLO DE LA
                 BÚSQUEDA (15.ª, 39.ª,
                 52.ª, 53.ª, 54.ª, 58.ª)

FISIOLOGÍA: DIAFRAGMA
         UROGENITAL
AMINOÁCIDO: SERINA

LA SOMBRA DE LA 53.ª CLAVE GENÉTICA: INMADUREZ

EL FALSO CULTO AL INDIVIDUO

Existe un viejo dicho británico, muy extendido, que viene a decir: «Empieza como quieras que se desarrolle el proceso». Es un cliché y también es un pedazo de sabiduría que viene muy a cuento de la 53.ª Sombra, referida a la energía inherente a todos los comienzos. Antes de empezar algo nuevo en tu vida te preguntas: «¿Cuál es la verdadera esencia de este comienzo?». La mayoría de las personas no se dan cuenta de que casi todos los comienzos entrañan sutiles trazas de miedo. Si estas trazas de miedo están presentes en la raíz de tu empresa, estarás también plantando involuntariamente las semillas de su eventual desaparición. En la frecuencia de la Sombra, el miedo es un yugo interno, inextricablemente ligado a la intención humana, y la intención es la flecha con la que se carga la dirección de tus acciones. No importa el trabajo que inviertas en algo, si la flecha está doblada no podrá nunca alcanzar de plano el objetivo marcado que estabas intentando. En el contexto de esta Clave Genética, lo que llamamos *inmadurez* no es más que la tendencia humana a seguir colocando flechas con puntas dobladas en la delantera. Por esta razón, y sin importar lo bien que lo estés haciendo, tus acciones al nivel bajo de frecuencia solo podrán arrastrarte hacia una falta de armonía aún mayor.

Dado que la 53.ª Sombra está muy vinculada a su par programado, la 54.ª Sombra, la Avaricia, la expresión más común de la inmadurez se relaciona a menudo con el poder y el dinero. Por lo tanto, en el mundo del comercio encontramos el miedo en la fundación de casi todos los negocios, incluso en los que se suponen basados en el servicio. El mundo todavía no ha visto realmente lo que puede suceder cuando un negocio pone el servicio por delante de la supervivencia, aunque ya hay algunos ejemplos tempranos que se pueden observar. En los negocios humanos que se dan en la frecuencia de la Sombra, el crecimiento se ensalza por encima de cualquier otro aspecto, sabiendo que demasiado crecimiento es insostenible y dañino para el entorno. Sin embargo, la 53.ª Sombra no tiene que ver solo con los negocios. Es también un reflejo genético en la raíz de toda nuestra civilización. El reflejo de esta sombra en nuestro interior nos impide comprender las grandes leyes de la naturaleza, la primera de las cuales es la abundancia. Cuando a la naturaleza se la deja hacer a su modo, florece sin perder el contacto con el resto del cuadro. En la naturaleza, si una especie se vuelve demasiado prolífica, una fuerza de contrapeso responde a ese exceso y restaura el equilibrio. El hombre también es parte de la naturaleza y está sujeto a las mismas leyes naturales, aunque nos comportemos como si estuviéramos al margen de ellas.

La 53.ª Clave Genética es una de las seis fuerzas de presión internas del Anillo codónico de la Búsqueda y, por lo tanto, responsable de una enorme cantidad de estrés en la frecuencia de la Sombra. El estrés que causa en nuestro mundo moderno se refleja directamente en el deseo de hacernos ricos en el mundo material. Una riqueza individual enorme es insostenible, a no ser que tenga un propósito superior que lo requiera. Ten en cuenta que hay una gran diferencia entre lo que es prosperidad y lo que es riqueza. La riqueza consiste en apilar dinero partiendo de razones como el miedo o la codicia, mientras que la prosperidad es un flujo que se expande y se contrae con ritmos universales. La prosperidad se autoajusta automáticamente a las necesidades de un propósito superior. La riqueza no es, de ninguna manera, sinónimo de plenitud. De hecho, en general conduce a lo opuesto. La esencia del Anillo de la Búsqueda es sacarte de la inmadurez mostrándote la verdadera naturaleza de tu deseo: la codicia y el miedo. Así aprendemos a tiempo que la plenitud que buscamos es más interior que exterior.

La Sombra de la Inmadurez está enraizada en la tendencia humana de vernos como algo separado de la naturaleza. La mente humana tiene una dificultad enorme en verse a sí misma como parte de un organismo colectivo que está totalmente integrado con la naturaleza y con la tierra. Si uno de nosotros comete un acto egoísta o basado en el miedo, lo que sucede es que ese acto refuerza ese sentimiento en la totalidad, lo que a su vez fortalece su vibración en todo el mundo. Eso es la Inmadurez, un aspecto del todo que todavía no se ha dado cuenta de que *es* el todo. Sin embargo, los seres humanos siempre han sentido el equilibrio inherente de las fuerzas que entretejen la creación, lo que se refleja, por ejemplo, en la doctrina budista o hinduista del karma, la ley que dice que cada causa provoca un efecto que influye directamente en tu propio futuro. Un descuido común en la interpretación de esta ley es que también influimos como colectivo humano sobre el futuro, no solo como individuos.

Para que los seres humanos evolucionen, atravesamos una fase de nuestro desarrollo en la que aprendemos que somos un organismo simple, unificado, gracias a ser testigos del daño que hemos infringido a ese organismo. Somos como el niño que empuja a su madre hasta que la madre lo disciplina. Tenemos que dejar ir nuestro miedo original antes que nada. Incluso nuestro anhelo espiritual de proyectarnos mentalmente más allá de esta vida de nuevo en forma de un alma reencarnada o un ser espiritual separado está basado sutilmente en nuestro miedo a disolvernos en la consciencia pura otra vez. Este modelo fractal de la evolución se mueve siempre hacia adelante; no así nuestro

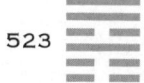

apego a él. La muerte se pone limpiamente al servicio del apego a nuestra individualidad, aunque durante milenios la humanidad se ha mostrado temerosa de ver lo que es en realidad. Además sentimos la continuidad de la vida, pero también insistimos en proyectar nuestra individualidad en ella. Hemos creado una gran cultura basada en lo individual, aunque lo individual, en sí mismo, no es más que una ilusión.

> *Hemos creado una gran cultura basada en lo individual, aunque lo individual, en sí mismo, no es más que una ilusión*

¿Por qué los seres humanos no aceptamos nuestra mortalidad? La respuesta es muy simple: la vida parecería demasiado aterradora. La vida no tiene moralidad. La vida no contempla el concepto de justicia individual. En el nivel de lo absoluto no hay un alma *individual* que sobreviva a la muerte, aunque la existencia de la reencarnación de un cuerpo causal superior es una verdad relativa en el marco del maya (véase la 22.ª Clave Genética). Cualquier experiencia mística que experimentamos por debajo del nivel de la consciencia pura es una sutil proyección de nuestra necesidad individual de seguir existiendo. De hecho, la 53.ª Sombra, la Inmadurez, es quien construye todas esas ilusiones mentales. La vida es simple y pura, y no necesita de nuestras proyecciones. Solo existe la continuidad de la consciencia, que sigue sus estirpes, sus líneas fractales y su mitología evolutiva colectiva. Esas verdades a menudo son chocantes para la mente y para sus complejos sistemas de creencias y proyecciones basados en el miedo.

Mediante estas dos Sombras, la Avaricia y la Inmadurez, la humanidad por fin despertará a su verdadera naturaleza como organismo único. Como un niño, un día podremos llegar a crecer más allá de nuestra obsesión de alcanzar la madurez. El nombre chino original para este 53.er hexagrama del I Ching es «El desarrollo», y eso es lo que lo define. Como un niño, la humanidad es un organismo que está autoobsesionado por advertir las consecuencias de sus acciones. Aunque todavía somos inmaduros, en nuestro ADN está escrito que paulatinamente iremos descubriendo que nuestros actos tienen consecuencias, aunque de esas consecuencias se vayan a dar cuenta nuestras generaciones futuras. Por ello, a los individuos que solemos juzgar como demonios es necesario que los miremos a la luz de la inmadurez, de la cual son totalmente víctimas. Nuestro deseo de castigar a cualquier individuo puede parecer algo natural en el nivel de frecuencia de la Sombra, pero representa un nivel de autoengaño cuando lo vemos desde el punto de vista del organismo colectivo que somos. En vez de castigarse a sí mismo, nuestro organismo tiene que aprender a comprenderse mejor a sí mismo.

Entonces ¿qué significa la 53.ª Sombra para ti, como individuo? Significa que el Buda dijo una cosa totalmente cierta: que todo está constantemente muriendo y empezando, una y otra vez. Haces gala de tu inmadurez cuando intentas imponer una doctrina o visión externa a la vida. Todo lo que haces desde la frecuencia de la Sombra está fundado en el miedo a la no existencia. Como mala hierba, introduce sutilmente en tu psique este temor; así, este miedo impide a la consciencia penetrar completamente en tu forma. La gracia de la 53.ª Sombra está en mostrar que eres inmaduro hasta que empiezas a entender cuán profundamente enraizadas están en el miedo tus acciones, pensamientos y palabras. Cuando llegas a comprender esta visión amplia y arrolladora, tu corazón se comenzará de nuevo a abrir y a confiar en la vida tal y como es: sin ninguna opinión, ningún juicio, ningún accesorio y, sobre todo, sin miedo.

NATURALEZA REPRESIVA: SOLEMNE

Cuando la increíble energía vital para comenzar nuevas cosas se reprime, nace el ser humano solemne. Esas personas se suelen quedar atrapadas en una única actividad toda su vida. Hay un hondo sentido de tristeza en ellos, ya que piensan que podrían colapsarse en cualquier momento, lo que conlleva una enorme presión para ser serios en la vida, alimentados por un vasto reservorio de miedo inconsciente. A estas personas también les resulta imposible aceptar nuevas cosas. Intentan tomar el control manteniendo todo exactamente como está. Tales personas no se enfrentan nada bien al cambio, el cual tiende a transportarlos incluso más dentro de sí mismos, justo allí donde ellos han levantado muros para aislarse del mundo. A menudo, estas personas terminan sus vidas rodeadas de una gran pena.

NATURALEZA REACTIVA: VELEIDOSA

La cara reactiva de la 53.ª Sombra nunca está lo suficientemente quieta para permitir que una persona evolucione. Por el contrario, estas personas saltan de una cosa a otra, sin solución de continuidad. Siempre están empezando algo nuevo, pero sin ningún sentido de compromiso para llevarlo adelante. La única razón para que ese tipo de gente comience algo nuevo es escapar de su mayor miedo: quedarse atrapado en un ciclo en el cual deban enfrentarse consigo mismos. Curiosamente, se quedan atrapados en el ciclo repetitivo de los comienzos que no llevan a ninguna parte. Las vidas de estas personas pueden parecer muchas veces excitantes, pero carecen de una profundidad y plenitud reales. La naturaleza reactiva tiene que ver siempre con la expresión inconsciente del propio miedo en forma de rabia. Dado que esa gente no es honesta con quienes en realidad son, lanzan reacciones iracundas allá donde van como modo de justificar su tendencia veleidosa.

EL DON DE LA 53.ᴬ CLAVE GENÉTICA: EXPANSIÓN

LA TEORÍA DE LA SIMPLICIDAD

Desde la lectura y contemplación de la 53.ª Sombra quizás puedas darte cuenta de cuán espiritual es esta Clave Genética en realidad. Lo que sí representa es la fuerza vital de la evolución mientras que la consciencia penetra más y más profundamente en la materia de la vida. La vida misma conoce solo la expansión. Incluso cuando elige contraerse, lo hace solo para expandirse más, en una dirección nueva o diferente. Desde el punto de vista de la frecuencia del 53.ᵉʳ Don, todo lo que existe es este impulso perpetuo, evolutivo, de expansión. Consecuentemente, la humanidad está destinada a expandirse un día más allá de sí misma. Desde luego es posible que la humanidad pueda destruirse a sí misma, pero incluso si así sucediera, lo haría para que la vida se expandiera en una nueva dirección. Todo lo que está por venir es la ley de este 53.ᵉʳ Don, que es la base de la ley de causa y efecto.

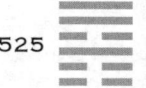

La verdadera Expansión siempre implica evolución. Para la persona que ha abrazado la alta frecuencia del 53.ᵉʳ Don, expansión es todo lo que hay. Sus esfuerzos superan regularmente su propia forma, del mismo modo que la vida sobrepasa de manera regular las formas que habita. En el mundo de los negocios hay organizaciones que solo se expanden y las hay que se expanden y que evolucionan. En los negocios, la sobreexpansión es un síntoma de que la consciencia de la Sombra está haciendo su trabajo. Cuando te expandes demasiado en una sola dirección, los principios universales causarán el efecto contrario, es decir, la contracción. Así es como finalmente se destruyen empresas y monopolios. La verdadera expansión abraza también la noción de crecimiento fractal. El crecimiento fractal en los negocios solo ocurre cuando las personas implicadas en ellos, que representan la consciencia de la organización, también evolucionan. El verdadero crecimiento se expande más allá de su zona de confort, es decir, está continuamente transcendiendo el último nivel. Cuando se permite que suceda algo así, los negocios crecen en muchas direcciones simultáneamente, no solo en una.

La evolución sigue lo que la ciencia moderna llama Teoría de la Complejidad, la teoría que dice que cuando los sistemas vivientes evolucionan se hacen más y más complejos. También es verdad que cuantos más elementos integres en un sistema, más complejo parece volverse. Sin embargo, el sistema no se hace menos eficiente solo porque a la mente le parezca complejo. De hecho, la evolución demanda que los sistemas se hagan cada vez más eficientes, y la eficacia se basa en la simplicidad más que en la complejidad. La síntesis solo aparenta ser compleja cuando permanece bloqueada en el nivel de frecuencia más bajo y trata de comprenderlo solo a nivel intelectual. El Don de la Expansión demanda que los individuos trasciendan sus opiniones personales, sus visiones, y que intenten comprender lo que está sucediendo. Comporta una enorme confianza permitir que tu vida se expanda de verdad, porque a la mente le parece que se vuelve más compleja, cuando, de hecho, lo que pasa es que está avanzando hacia una síntesis cada vez mayor. En un momento determinado de tu expansión, tu propio nivel de consciencia da saltos que te permiten comprender la síntesis. Hasta que no llegan esos saltos, solamente tienes que confiar y mantenerte en el proceso.

Por otro lado, la frecuencia de la Sombra, guiada por la codicia, desea la expansión pero sin tener que expandirse ella misma, que es la razón por la que la verdadera expansión en realidad es algo relativamente tan raro. La expansión es un proceso de trascendencia e inclusión. Lo maravilloso de la expansión es que cada nuevo nivel de integración se consolida sobre los niveles anteriores, los cuales quedan también incluidos en la misma síntesis. Esta visión se puede aplicar a cualquier aspecto de la vida, desde la ciencia computacional a los negocios o la espiritualidad. La expansión sucede cuando a la consciencia se le permite penetrar en la forma más profundamente. Todo tiene que ver con la penetración: cuanto más te expandes, más imprecisa se vuelve la forma, de manera que comienzas a vislumbrar la consciencia que la sustenta. Desde luego, la expansión definitiva es la de la propia consciencia humana, la cual sostiene todas las demás formas de expansión.

En un ser humano, la expansión de la frecuencia puede ocurrir solo por un camino: el del corazón. El 53.ᵉʳ Don se puede explicar de manera muy hermosa sirviéndonos del concepto hindú de *bhakti* o energía devocional. Este bhakti en el corazón de la evo-

lución está continuamente sobrepasando su propia forma. La frecuencia del Don abre la puerta para trascender la mente. Cuando permites que tu consciencia se expanda, el corazón se abre. Desde el nivel de consciencia del Don, todo lo que ves es el nacimiento del impulso evolutivo que vive y que parece morir. No hay diferencia entre la consciencia que habita el árbol y la consciencia que habita a los seres humanos. La única diferencia es el sistema operativo de cada uno de ellos. El árbol experimenta la vida a través de su tronco, sus raíces y sus hojas, mientras que nosotros, los humanos, experimentamos la vida a través de nuestros cuerpos y mentes. Visto así, toda la vida sigue el mismo camino hacia una evolución superior. La muerte no es una contracción, como podríamos percibir, sino un tipo de expansión hacia dentro.

En un ser humano, la expansión de la frecuencia puede ocurrir solo por un camino: el del corazón

Por lo tanto, todo lo que podríamos decir acerca de la Sombra de la Inmadurez es que todavía no ha tomado consciencia del entorno. Como un niño que aún no es consciente de sí mismo, no sabe cómo afecta esto al mundo. La autoconsciencia *es* madurez, y solo cuando la humanidad se haga autoconsciente de ser un organismo unificado podrá desarrollarse y crecer. El secreto de este 53.ᵉʳ Don consiste en que da lugar al bhakti: la energía de la vida misma en permanente expansión, trascendencia e inclusión. Requiere que te permitas a ti mismo que la vida te aparte a un lado, que dejes todas las definiciones sobre quién eres y adónde crees que vas. Una vez que haces este cambio en tu corazón, encontrarás que tu vida se simplifica bastante. Activas las frecuencias de la prosperidad verdadera al alinearte con el impulso evolutivo, y, al rendirte de este modo, te estarás expandiendo y completando. Esta es la naturaleza de la Teoría de la Simplicidad, con una excepción respeto de la Teoría de la Complejidad: que no es en absoluto una teoría, sino una ley universal que se demuestra a sí misma.

EL SIDDHI DE LA 53.ᴬ CLAVE GENÉTICA: SUPERABUNDANCIA

EL FINAL DE LA EVOLUCIÓN

El 53.ᵉʳ Siddhi da pie a uno de los más grandes malentendidos en la historia de la espiritualidad: el del renacimiento y el karma. En las tradiciones místicas orientales es una creencia extendida que el alma nace, muere y después renace en otro cuerpo, en un ciclo que se repite una y otra vez. A través de la acumulación de buenas acciones, el alma individual finalmente logra trascender el karma y se libera o ilumina. Alcanzado ese punto de iluminación, ya no vuelve a reencarnarse, sino que regresa a su fuente eterna. Este es el dogma básico de la reencarnación o transmigración del alma. Dicho en palabras de Buda:

> Como no hay ningún yo, no hay transmigración del yo;
> pero hay acciones y existe el efecto continuo de las acciones.
> Hay renacimiento del karma; hay reencarnación.

Este renacimiento, esta reencarnación, esta reaparición de las estructuras es continua y depende de la ley de causa y efecto.

De las palabras de Buda se desprende que ha habido una enorme malinterpretación a lo largo de los siglos. Aquí deja claro que no hay ningún yo individual o alma que renazca, sino que lo que se reencarna es el karma de las acciones. Esto significa que no existe eso que llamamos *karma individual*. Tus acciones van a parar al inconsciente colectivo y allí provocan efectos contrarios en espejo. Todas las acciones de carácter egoísta refuerzan la frecuencia de la Sombra colectiva, y todas las acciones que aportan síntesis fortalecen las frecuencias elevadas también a nivel colectivo. Este proceso de reencarnación se explora a fondo en el 24.º Siddhi, el Silencio. La gran verdad que llega con el 53.er Siddhi es que la vida consiste en interminables principios, pero que no hay fin. Ese es el verdadero significado de la Superabundancia. La vida va creando nuevas formas, cuyas acciones determinan la naturaleza y el destino de las formas futuras. No hay continuidad entre las formas per se, sino a través del mecanismo genético que las origina. Lo que continúa y lo que es superabundante es la consciencia misma, ya que penetra sin fin en lo colectivo y escribe la historia de la evolución.

En este contexto, el Siddhi de la Superabundancia quizás no sea tan glamuroso como parece. La abundancia material es más posible al nivel de la frecuencia del Don, ya que en ese nivel todavía hay un interés básico en tu destino personal y en el destino de los otros. La energía bhakti —la de dar a los demás— crea un enorme aumento en el campo de energía colectiva y provoca que todo tipo de energías beneficiosas regresen a ti. En este sentido, se podría decir que el 53.er Don oculta el último secreto de la abundancia material. Sin embargo, a nivel síddhico, tu identificación con el cuerpo, el destino y el yo se disuelven totalmente, dejándote en un estado místico de puro vacío y de total disponibilidad. De hecho, la Superabundancia, en muchos sentidos, está más cerca del concepto de vacío. Es un lugar donde no hay expansión posterior, porque no hay evolución. Si estás identificado con la forma del mundo, estás identificado con la mutación, porque toda la vida está programada para evolucionar.

Para el que se ha despertado a través de la mirada del 53.er Siddhi, la humanidad es al mismo tiempo un ser y un devenir. La forma evoluciona eternamente y se expande, pero la consciencia no cambia nunca. Nosotros, los humanos, hemos cometido aquí un error básico: nos hemos identificado con el instrumento de nuestra consciencia individual, que se expande de acuerdo con las leyes de la evolución. Estamos entrando en una nueva fase evolutiva, justamente ahora, en la cual la consciencia humana parece estar lista para dar un gran salto cuántico evolutivo en términos de expansión. Pero incluso si la consciencia individual se expande, la *consciencia* no lo hará. No puede expandirse, dado que ya está en todas partes y en todo, y en *todo momento*. Esa es la verdad crucial que tenemos que comprender. Más allá de la forma, la consciencia no cambia, ni evoluciona, ni se expande, ni se contrae. Simplemente es.

Más allá de la forma, la consciencia no cambia, ni evoluciona, ni se expande, ni se contrae. Simplemente es

La Superabundancia se refiere a un concepto más allá de la abundancia: un espacio en el que la vida es testigo impasible de la vida. Al nivel del Don, cabalgas las corrientes de la evolución, lo que siempre resulta excitante y amenazante, porque estás sentado en el filo de la consciencia. Al nivel síddhico, sin embargo, la responsabilidad y la excitación desaparecen. No hay ningún filo, ya que todo se experimenta como un juego del tiempo y del espacio. No hay más comentarios personales: ni interés en el destino, ni en la evolución, ni en la expansión, ya que esos conceptos se ven como realmente son: lugares de identificación que ocultan la verdad. Aquí, en el 53.ᵉʳ Siddhi, encontramos el significado alegórico del renacimiento. No puedes volver a nacer, porque te das cuenta de que ¡no has nacido nunca! La mente ya no sigue el arco de la evolución, sino que descansa, por fin, en su verdadera naturaleza, que es la superabundancia del ser.

Las personas a las que alcanza el 53.ᵉʳ Siddhi invalidan los comienzos, o invalidan los finales. De cualquier manera en que lo mires, acaban con la paradoja humana de los ciclos. La superabundancia es un espacio más allá de la frecuencia, pero solo la podemos describir como una frecuencia muy alta en la que no queda nada por hacer en el mundo. El 53.ᵉʳ Siddhi representa el estado más allá y más acá de la consciencia individual, conocido con el nombre de consciencia pura. Por lo tanto, se puede decir que la consciencia en acción se manifiesta como expansión y evolución, mientras que la consciencia que reposa es la verdadera naturaleza subyacente a todos y a todo. Las personas en las que se activa el 53.ᵉʳ Siddhi sin duda fueron alguna vez buscadores, ya que esta Clave Genética tiene que ver con la expansión gradual de la consciencia individual. Sin embargo, en un momento dado tienes que abandonar tu búsqueda, pues la consciencia individual interior se expande más allá de la forma. Hasta ese momento la expansión había sido gradual, aunque a menudo daba pequeños saltos o hacía incursiones en los estados superiores. En este estadio final, el estadio conocido como realización o iluminación, sucede el gran y último salto: el estremecedor salto en la pura consciencia y el final de la evolución en sí misma.

54.ª CLAVE GENÉTICA

SIDDHI ASCENSIÓN • DON ASPIRACIÓN • SOMBRA AVARICIA

EL SENDERO DE LA SERPIENTE

PAR PROGRAMADO: 53.ª CLAVE GENÉTICA

ANILLO CODÓNICO: EL ANILLO DE LA
BÚSQUEDA (15.ª, 39.ª,
52.ª, 53.ª, 54.ª, 58.ª)

FISIOLOGÍA: COXIS

AMINOÁCIDO: SERINA

LA SOMBRA DE LA 54.ª CLAVE GENÉTICA: AVARICIA

POR AMOR Y DINERO

La 54.ª Sombra es una de las presiones más fuertes que sufre la humanidad. Es la presión de querer más, lo que en la frecuencia de la Sombra de esta Clave Genética se convierte en una avaricia ciega. No hay nada de malo o de errado en la avaricia. Se trata solamente de un aspecto de la naturaleza humana que, como tal, tiene un propósito evolutivo. El propósito de la avaricia es presionar a las diferentes tribus humanas, a nivel grupal e individual, para que sean exitosas en el plano material. Si te fijas en cualquier país del primer mundo, te puedes dar cuenta de cómo la avaricia ha impulsado el avance de nuestras civilizaciones. La energía primigenia que hay tras la 54.ª Sombra era esencial para la supervivencia e, indudablemente, la podemos seguir viendo operar en el mundo en desarrollo, donde la supervivencia se relaciona, muy a menudo, con el lugar de la jerarquía donde estás situado desde el punto de vista económico. Es obvio que también puedes notar cómo tiende la avaricia a enfocarse sobre un solo individuo, comunidad o raza, en detrimento de todos los demás. Esto significa que, en un cierto momento evolutivo, la avaricia habrá servido a su propósito y será necesario transcenderla, que es lo que sucede exactamente en el nivel de frecuencia del Don, donde la avaricia se convierte en aspiración. La avaricia, en este sentido, se refiere al deseo de acumular más bienes materiales, mientras que la aspiración tiene que ver con el deseo de alcanzar algo de naturaleza más espiritual.

Cuando se persigue la avaricia hasta sus límites, sin visión trascendente, se convierte en autodestructiva, que es lo que estamos viendo que sucede en nuestro mundo moderno actual. Cuando la avaricia alcanza su cénit, o bien se vuelve destructiva tanto

para el individuo como para el planeta, o bien conduce a los individuos a cambiar su perspectiva. Cuando la gente adquiere bienestar y estabilidad, a menudo vuelven su mirada en busca de sustento hacia espacios de orden más espiritual. Así es como estas dos Claves Genéticas, la 54.ª y su par programado, la 53.ª, operan conjuntamente. Si la sociedad no madura, se vuelve extremadamente dura, como sucede con los negocios de las organizaciones multinacionales que vemos hoy en el mundo. Cuando las organizaciones se desorbitan hasta este punto, es inevitable que arrasen la vida tras de sí, debido al agotamiento de recursos al que condenan al planeta. La ley natural demuestra que una organización que se dedica simplemente a la acumulación de bienes materiales termina por romperse por su propio peso, pero, desafortunadamente, solo lo hace después de haber causado una enorme destrucción.

En perfecto tándem con la 54.ª Sombra funciona la 53.ª Sombra, la Inmadurez, que se asegura de que cualquier organización, grupo o individuo se quede estancado en la frecuencia del autoservicio. La 53.ª Sombra bloquea la energía al realizar un salto cuántico del viejo al nuevo ciclo, en una frecuencia superior. Se llama inmadurez porque, sencillamente, no aprende. Ambas sombras están muy ligadas con asuntos de dinero y con la creación de bienestar. La 54.ª Sombra lleva añadido el imperativo genético de operar a través de los modelos jerárquicos, lo que quiere decir que reúne el bienestar con el hecho de residir en la cresta de la jerarquía. Por lo tanto, la 54.ª Sombra trata de obtener el reconocimiento de los que están en la cima de la jerarquía. En nuestra sociedad actual esto se convierte en una necesidad de símbolos externos de estatus: un nuevo y flamante coche o una enorme casa o el último modelo de cualquier cosa. Una de las características principales de esta Sombra es que persuade de que no basta con *ser* exitoso, sino que también hay que *parecerlo*.

El éxito de la 54.ª Sombra en esencia consiste en la habilidad de acumular cosas y de crear relaciones que impulsen los propios recursos materiales. En el mundo moderno esto tiene que ver con los negocios. En los negocios, el éxito a menudo llega gracias al desarrollo de relaciones fructíferas, ya sea con el negocio en sí mismo, con otros agentes (como los medios de comunicación) o con los clientes. El boca a boca todavía es una de las herramientas más poderosas para asegurar la transformación exitosa de un negocio, y un gran problema generado por la 54.ª Sombra tiene que ver con la frecuencia de su transmisión. La avaricia o desesperación es un campo energético que otros pueden sentir y, por lo tanto, pueden provocar desconfianza y la pérdida de oportunidades que de otro modo hubieran sido fructíferas. Hay una línea muy fina entre la Avaricia y la Aspiración, que es el 54.º Don. La avaricia es una aspiración sin confianza. Ya que todas las frecuencias atraen frecuencias similares, la avaricia no puede confiar en sus propios aliados, ya que están seguros de que son, igual que ellos, servidores de sí mismos.

La 54.ª Sombra no sabe cómo atraer la atención, así que tiene que trepar por la jerarquía, incluso cuando piensa que sabe. La avaricia es una energía que comprometerá su propia integridad en un segundo solo para obtener lo que quiere, y ese es su fallo. Para conseguir reconocimiento, la avaricia tiene que madurar lo suficiente para llegar a convertirse en ambición, la cual carece del sentido de desesperación que caracteriza la avaricia. La ambición puede que sea también servidora de sí misma, pero ha evolucionado lo suficiente como para darse cuenta de las trampas de la pura avaricia. La

avaricia per se puede conducir al éxito material si se mantiene influyendo en la misma dirección. Sin embargo, ese tipo de éxito no puede evolucionar hacia aspectos superiores como la aspiración y, por lo tanto, permanecerá en el círculo de baja frecuencia y acumulación material que, finalmente, se vuelve contraproducente. Todos conocemos la máxima que dice «El dinero no puede comprar la felicidad», que resume el circuito de retroalimentación creado por la excesiva avaricia. Como sucede con todas las Claves Genéticas, la verdadera felicidad se basa en una continua trascendencia.

La ambición genuina tiene permanentemente una urgencia genética intrínseca que transcender. Esta es la razón por la que el bienestar económico de Occidente se está comenzando a transformar naturalmente en una aspiración mucho más espiritual. Sin embargo, la avaricia se basa en el miedo, que atiza el fuego de la necesidad por poseer y acumular posesiones. Debido a esta base de miedo, la avaricia no se puede permitir el lujo de reconocer a nadie que no sea parte de su círculo inmediato de apoyos. Actúa en competencia directa con otros grupos u organizaciones y, si tiene éxito, acapara los recursos de los otros, incluso si ya tiene más que suficiente.

La avaricia es una energía que comprometerá su propia integridad en un segundo solo para obtener lo que quiere, y ese es su fallo

La 54.ª Clave Genética forma parte del anillo codónico conocido como Anillo de la Búsqueda, uno de los que más presión genera dentro del ADN humano. Cada una de las seis Claves Genéticas del grupo guía un aspecto del movimiento humano evolutivo. Es interesante notar que las variaciones de la frecuencia reorientan el flujo energético a través del ADN. Por ejemplo, en las más bajas frecuencias toda esta presión genética se externaliza por la 54.ª Sombra como una urgencia por buscar y acaparar riqueza material. Sin embargo, a una frecuencia más elevada, la misma dinámica se sublima y se interioriza hasta convertirse en la urgencia por buscar significado y propósito. No hay inherentemente nada de malo en buscar el bienestar material, pero es un camino que conduce inevitablemente al desencanto, la soledad y la miseria. Para la mayoría de los que alcanzan el éxito material, actúa como el detonante para buscar algo superior, pero para muchos otros se convierte en una adicción, cuya promesa de realización en el futuro les impide disfrutar de la belleza que los rodea en el momento presente.

NATURALEZA REPRESIVA: DEJADA

La cara represiva de esta Sombra es sencillamente la represión de la ambición. Estas personas pueden comenzar proyectos con ambición y fuerza que a menudo abandonan desilusionadas. La maravillosa energía que guía esta Clave Genética aquí se reduce a pasividad. Esta naturaleza, que está atrapada en el miedo a no ser nunca capaz de conseguir sus objetivos, decide que es mejor no empezar el camino. El resultado suele ser una profunda depresión. La otra cara se refleja en personas que niegan sus necesidades materiales e investigan sus naturalezas espirituales, desatendiendo su naturaleza material y física. Se trata de una Clave Genética extremadamente anclada en lo material que tiene que comenzar su viaje de transformación desde las bases del mundo físico y del propio cuerpo.

NATURALEZA REACTIVA: ÁVIDA

La cara reactiva de esta Clave Genética se manifiesta como la obsesión por acumular bienes materiales. Se trata de personas cuya avaricia se convierte en la expresión de su rabia. Su avaricia se continúa alimentando a sí misma con una insaciable urgencia que no puede escapar de su más bajo nivel de frecuencia. Pueden poseer a las personas de un modo tal que se vuelven completamente ciegas por su necesidad de tener más y de hacer más dinero. Este tipo de seres carecen de algo esencial: el sentimiento de que sus vidas tienen el sentido de beneficiar a otras. La avaricia cierra sus corazones y les hace incapaces de mantener relaciones verdaderas. Esa es la razón por la que suelen ser muy exitosos a nivel material, pero capaces de mirar a la gente solo en términos de propiedad y posesión. Inevitablemente este tipo de naturalezas tratan de controlar a los otros mediante su poder y su rabia, lo que les conduce a no poder realizarse en la vida totalmente.

EL DON DE LA 54.ᴬ CLAVE GENÉTICA: ASPIRACIÓN

LIQUIDEZ MATERIAL Y ESPIRITUAL

Cuando en chino antiguo nombraron estos 64 arquetipos que ahora conocemos como las Claves Genéticas, lo hicieron basándose en nombres de su cultura milenaria. En el caso de la 54.ᵃ Clave Genética le dieron el nombre de «La muchacha que se casa». Para ser más precisos, se refieren a la concubina que se casa con un hombre que ya tiene una mujer. El resultado es un texto que tiene que ver con la necesidad humana de comprender cómo entrar en relación armoniosa con la jerarquía familiar existente. Al nivel más elevado, esta imagen resume el 54.º Siddhi. Te tienes que ganar la confianza de las fuerzas superiores mediante una aspiración constante. Solo después de un esfuerzo sostenido (que es la naturaleza de la 54.ᵃ Clave Genética) se puede dar la erupción espontánea de una consciencia superior y de la natural ascensión.

Cuando la 54.ᵃ Sombra se transforma en una frecuencia superior, surge el Don de la Aspiración. La aspiración se refiere aquí a la energía que anhela algo más allá del mundo de lo material y lleva dentro de sí la semilla de las frecuencias superiores de consciencia. A nivel del Don, la aspiración quiere ver que se trabaja en beneficio de terceras personas. El Don tiene que ver con el modo en que se invierte la energía. Al nivel de la Sombra, cualquier energía acumulada crea más deseo de seguir acumulando, sin ningún otro propósito. En un nivel de frecuencia más elevado, la energía acumulada se recicla y se usa para apoyar a la gente que está en la zona más baja de la estructura jerárquica. Este es el modo en el que se crea un modelo verdaderamente saludable. Las raíces apoyan a las ramas, los pájaros y las flores, y la fruta fertiliza las raíces. El 54.º Don es consciente de que todos los sistemas están interconectados en la naturaleza y que, por lo tanto, no se puede cortar la energía de un área sin sufrir pérdidas en tus propios recursos.

El 54.º Don aspira a una visión de prosperidad superior. Opera todavía con su propia comunidad u organización, pero sabe que el secreto del crecimiento real y la expansión (el 53.ᵉʳ Don) estriban en modelos mutuamente cooperativos entre diferentes grupos u organizaciones. Las aspiraciones te permiten tener una visión mucho más amplia sobre cómo crear prosperidad para todos. Aquí es donde se ve la ambición que va más allá de lo personal, a lo comunitario. Estas personas quieren que toda su comunidad cambie para poder sacar a la jerarquía de sus modelos autodestructivos gracias a que cada vez más gente abandone los patrones de baja frecuencia. Una consecuencia de esta fertilización cruzada con diversas comunidades supone un crecimiento exponencial para todos. Hoy el 54.º Don es más evidente, puesto que más hombres y mujeres de negocios comienzan a pensar en los nuevos términos de negocio holístico. Sin embargo, este nuevo fenómeno está solo comenzando a nacer en el mundo. La gente se da cuenta ahora de que los negocios con perspectiva holística pueden ser incluso más exitosos que los basados en la avaricia.

Este cambio de perspectiva desde el servicio a uno mismo hasta el servicio en pro de la comunidad está provocando el nacimiento de un nuevo paradigma en los negocios. Por primera vez desde la revolución industrial, la gente se pregunta cuál es el verdadero propósito de los negocios. En vez de verse como un propósito en sí mismo, el negocio se ve como un modo de crear un mundo mejor y más sostenible. Gracias al trabajo en red con otros negocios del mismo nivel de frecuencia será posible un enorme cambio de consciencia en nuestro mundo. Cuando los llamados *creativos culturales* comiencen a trabajar y a entrelazar sus energías y recursos, abrirán una perspectiva completamente nueva que podría potenciar la transformación de nuestro planeta totalmente. Cuando un número suficiente de gente con aspiraciones supere su miedo individual y su competitividad, crearán un equilibrio profundo y duradero en la economía global. La urgencia real que hay tras esta aspiración es la búsqueda de una armonía superior, y en el mundo material esto significa mover el dinero de los lugares donde hay más a aquellos en los que no hay suficiente.

El Don de la Aspiración posee otras cualidades fascinantes relacionadas con la transformación de la energía en otras frecuencias más exclusivas. A nivel genético, el 54.º Don tiene que ver con cómo se transfiere y almacena la memoria en el elemento líquido de nuestras células. La propia memoria se ve muy afectada por esta frecuencia. Si la 54.ª Sombra no tiene éxito en su escalada dentro de la jerarquía, solo recuerda el miedo ancestral genético a la extinción. Este miedo se transfiere a través de feromonas por una sutil liberación a nivel físico. Cuanto más exitoso es uno en el nivel de la Sombra, a más gente en el mundo es capaz de atemorizar. En el momento en que comienzas a operar sin miedo o avaricia, tu olor cambia y pierdes la confianza en aquella relación. El 54.º Don también transfiere las frecuencias superiores mediante la presencia física, y con ello consigue que los otros se sientan cómodos inmediatamente. Puedes olfatear la energía de sostén con la misma facilidad que podías olfatear el miedo. Por lo tanto, el 54.º Don tiene su propio circuito de retroalimentación que crea confianza allá donde va.

Dado que el 54.º Don se concierta con una visión comunitaria superior, atrae solo seres que resuenan con esta misma frecuencia sutil. Por lo tanto, es esencial que la per-

sona con este Don encuentre cara a cara a la contraparte al comienzo y que hagan sus negocios en persona. El 54.º Don comprende el dinero y la energía gracias a su resonancia genética con el líquido natural de la memoria. Dondequiera que la energía o el dinero mantengan un estado líquido que les permita fluir entre la gente y las organizaciones, se engendrará prosperidad. Allí donde esté entumecido o donde se haya amasado por mucho tiempo, se impedirá la consiguiente expansión. Las mismas leyes que aplicamos al cuerpo humano también las aplicamos a la sociedad y a la economía.

Cuando la energía del Don de la Aspiración vaya alcanzando las frecuencias más elevadas, también se irá haciendo más espiritual. Por eso, estas personas comprenden

El flujo de la prosperidad es directamente proporcional al flujo de energía vital, a todos los niveles, empezando por el propio cuerpo

también que la energía fluye y se transforma, como nos han enseñado varios sistemas yóguicos y otras disciplinas. Los modelos antiguos, como el feng shui chino, no necesitan estudiarse: se basan instintivamente en el 54.º Don. El flujo de la prosperidad es directamente proporcional al flujo de energía vital, a todos los niveles, empezando por el propio cuerpo, que es el fundamento de cualquier viaje hacia la consciencia superior. El 54.º Don es la plataforma para todos los sistemas alquímicos de transformación, desde los estadios de frecuencia inferiores hasta los más elevados modelos de consciencia, y, por lo tanto, extremadamente poderoso e influyente como Don.

EL SIDDHI DE LA 54.ª CLAVE GENÉTICA: ASCENSIÓN

ALQUIMIA FÍSICA

El 54.º Siddhi está relativamente bien documentado en comparación con la mayoría de los demás. Es uno de los Siddhis que se activa de verdad con la continua influencia de la aspiración. Este es el Siddhi de los buscadores. A través de la investigación de las 64 Claves Genéticas y su ciencia asociada, la hologenética, se ha descubierto que un desproporcionado número de místicos y de sabios iluminados tienen el 54.º Siddhi entre sus Dones Primarios. Quizás el más conocido de ellos es Paramahansa Yogananda, uno de los grandes místicos del siglo XX, que tiene este Siddhi como su Función Vital. El 54.º Siddhi se refiere a la noción de ascensión: la continua transformación alquímica de la materia en esencia espiritual. Aquí la energía básica de la ambición se experimenta a su frecuencia más elevada y se convierte en una influencia constante para seguir ascendiendo en la jerarquía. A esos niveles, sin embargo, no estamos ya hablando de jerarquías materiales o sociales, sino de la escalera evolutiva espiritual por la que asciende la consciencia hasta regresar a su propia fuente.

Una de las alusiones más comunes relacionadas con el 54.º Siddhi se refiere al concepto hindú de la *kundalini*, la conocida *serpiente de poder* que permanece enroscada en la base de nuestra espina dorsal. El objetivo de la mayoría de los sistemas yóguicos consiste en despertar esta energía primigenia, la cual parece elevar y activar cada uno

de los centros superiores o *chakras* conforme va ascendiendo por el cuerpo humano. Muchas personas se han dado cuenta de lo peligroso que es forzar prematuramente el despertar de la kundalini para el sistema nervioso. Algunas de esas personas han sufrido incluso diversos desórdenes psicológicos por las tremendas corrientes de energía que la práctica sostenida del yoga puede liberar. La mayoría de los sistemas yóguicos han amortiguado este peligro durante siglos brindando una guía, paso por paso, para ese tipo de meditaciones y ofreciendo una enorme cantidad de preparación física y de limpiezas desde el comienzo. Con este 54.° Siddhi, tal y como hemos visto en todos los niveles, se necesita un acentuado enraizamiento con el ámbito material.

Lo que resulta muy interesante de este Siddhi no es tanto su manifestación, que está muy bien documentada, como el modo en que ha condicionado espiritualmente a tanta gente. Existe una gran confusión en el mundo sobre los caminos espirituales, especialmente para el mundo occidental, que ahora se ha convertido en un crisol de todas las grandes culturas y tradiciones místicas. Hay un camino particular para cada persona, y cualquier otro camino que no sea el tuyo propio, especialmente en los niveles superiores, te puede conducir a la desilusión e incluso volverse peligroso. Cada individuo que haya alcanzado el estado síddhico o realización se manifestará desde sus Siddhis específicos. Sin embargo, si el sabio se está expresando a través de un Siddhi que no es parte de tu propio maquillaje genético, te vas a sentir confundido fácilmente. Los que han alcanzado la iluminación o estado de realización conocen este conflicto. Es imposible no darse cuenta de ello. Por lo tanto, los grandes sabios, intentan manifestar la pura energía que hay detrás de su estado, más que sus ornamentos.

El 54.° Siddhi, la Ascensión, es un camino muy especial. Tiene que ver con la transformación de las corrientes esenciales del cuerpo en otras de nivel más refinado. Es la esencia tras la mayoría de los caminos tántricos y de los sistemas yóguicos alquímicos. Sin embargo, para trabajar con estos sistemas has de tener la aspiración necesaria. No es algo que se pueda forzar. La aspiración es una energía predeterminada que lleva consigo la semilla del último florecimiento. Ninguna otra energía puede portar la misma semilla. Esto no quiere decir que la gente no pueda alcanzar estados elevados de consciencia a través de tales sistemas, porque sí que puede. Pero solo si tienes la semilla del ese Siddhi a nivel genético ya en ti, podrás llegar a alcanzar el estado final y permanente de florecimiento a través de ese tipo de técnicas.

La verdadera ascensión se activa automáticamente gracias a la baja frecuencia de la aspiración. A un cierto punto de la transformación física, espontánea, el cuerpo se comienza a destruir. En este punto, sobran las técnicas. El proceso de ascensión despega y tú eres irrelevante a la hora de intentar pararlo o interferir en él. Toda la memoria de los fluidos se borra a nivel personal, cultural y genético, ya que tiene que ser erradicada del cuerpo. La energía de la kundalini a menudo se ha emparentado con el elemento fuego. En realidad es más bien una especie de fuego líquido, ya que las moléculas de agua del cuerpo físico se evaporan para crear un proceso de *evaporación* en el que se refina la esencia espiritual. Después de un cierto período de tiempo —a veces transcurre en una intensa agonía física— la quietud comienza a reinar sobre el cuerpo físico y experimentas la pureza de la consciencia sin pensamiento. El proceso de evaporación continúa incluso en ese estado, ya que el cuerpo físico se vuelve cada vez más translúcido.

La ascensión es una increíble secuencia de eventos físicos. Poco o nada tiene que ver con los sistemas modernos que incluyen visualizaciones o meditación imaginativa. En general, al buscador le cuesta muchos años de búsqueda, pues su camino es rastrear y aspirar a los planos superiores. Hay mucha gente condicionada a buscar a través de estos caminos, pero en realidad no pertenecen a ellos. Tampoco es la propia búsqueda la que activa el proceso de ascensión, ya que se trata de la mera manifestación de una necesidad urgente, totalmente misteriosa e intensa, de saber más. Para aquellos que sencillamente no pertenezcan a este camino, se vuelve muy peligroso. Para los que sí pertenecen a él, es un camino espontáneo y libre de esfuerzo. El que aspira, tarde o temprano, asciende. Es tan simple como eso.

55.ª CLAVE GENÉTICA

SIDDHI **LIBERTAD** • DON **LIBERTAD** • SOMBRA **VICTIMIZACIÓN**

EL SUEÑO DE LA LIBÉLULA

PAR PROGRAMADO: 59.ª CLAVE GENÉTICA
ANILLO CODÓNICO: EL ANILLO DEL
        VÓRTICE (49.ª, 55.ª)

FISIOLOGÍA: PLEXO SOLAR
    (GANGLIOS DORSALES)
AMINOÁCIDO: HISTIDINA

PARTE 1. EL GRAN CAMBIO

INTRODUCCIÓN A LA 55.ª CLAVE GENÉTICA

¿Sabes que tienes una secuencia genética única, la cual dictamina el desarrollo evolutivo de tu verdadera naturaleza? El propósito de este libro es, como su título anuncia, desplegar el propósito superior oculto en tu ADN. El ser superior —la parte cósmica de cada uno de nosotros que trasciende nuestro cuerpo mortal— se ha mantenido en secreto y escondido dentro del cuerpo físico durante eones. Y justamente porque está dentro del cuerpo, delante de nuestras narices, la mayoría de la humanidad no ha pensado nunca en mirar ahí, en un lugar tan obvio, en busca de unos sentimientos de paz y plenitud duraderos. Hasta ahora, el viaje interior lo han hecho solo unos cuantos elegidos, aquellos aventureros audaces y corajudos pioneros de los mundos interiores. Debido a esto, nuestra verdadera divinidad parecía que no estaba al alcance del común de los mortales, los cuales estaban demasiado ocupados en los temas básicos de supervivencia y en buscarse la vida en el mundo exterior.

Pero todo este panorama ha comenzado a cambiar. En la singladura por las muy diversas capas de frecuencia que hay en este libro, comenzarás a hacerte una idea de cuán rico, cuán bello y cuán diverso es el viaje del despertar. En los mitos de todas las culturas, encontramos las claves que hablan de un tiempo venidero conocido como el Gran Cambio. La humanidad está sintiendo ese cambio justamente ahora, porque es ahora cuando está sucediendo. En un período evolutivo relativamente corto, el mundo en que vivimos se transformará en otro que la mayoría de nosotros podría considerar pura fantasía. Estás vivo en un momento histórico profundamente romántico: el momento en el que la Bella Durmiente recibe el beso del príncipe y se despierta completamente. Con su despertar, el mundo se transforma. Este Gran Cambio es el tema central

que entreteje cada una de las frases de este libro. Si estás leyendo estas palabras, tu guía interior ha considerado apropiado recordarte este extraordinario evento profético, ya sea para confirmar o para detonar tu proceso personal de despertar.

Por lo tanto, permite que tu ser confirme el camino que te ha traído precisamente a este punto exacto del tiempo en que estás leyendo estas palabras. Nosotros, los humanos, estamos siguiendo diferentes vectores del espacio-tiempo y cada uno de nuestros caminos tiene que converger, llegado el momento, en ese punto único dentro de tu cuerpo. Hay un lugar en tu ADN cuyo único propósito es el de activar tu despertar. La 55.ª Clave Genética describe ese lugar y, además, te permite contemplar y catalizar ese proceso. La 55.ª Clave Genética y su hermana en la transmisión, la 22.ª Clave Genética, encarnan los más poderosos y penetrantes mensajes de este libro. La 55.ª describe la fuerza evolutiva que se mueve desde la materia al espíritu, y la 22.ª describe la fuerza involutiva que transita desde el espíritu a la materia. La suma de estas dos Claves Genéticas captura la quintaesencia del Gran Cambio.

Mientras lees las palabras e ideas de esta Clave Genética, permite que ellas hurguen en las simas más profundas de tu ser. Hay códigos de memoria dormidos dentro de ti, diseñados específicamente para que se activen y se despierten precisamente con esta transmisión. Si permites su penetración, podrás disfrutar y notar los sentimientos, pensamientos e impulsos que remueve en ti. Incluso si sientes resistencia ante esta Clave Genética, deberías permitir y honrar esa misma sensación. El despertar es un proceso con su particular y misterioso reloj interior. Por lo tanto, te invito a que respires profundamente, a que permitas a tu ser un profundo suspiro de vez en cuando; pero sobre todo, por favor, disfruta de tu vuelo hacia este maravilloso mundo donde el romance se convierte en realidad.

¡Bienvenido al corazón de la transmisión de las Claves Genéticas!

LA SOMBRA DE LA 55.ª CLAVE GENÉTICA: VICTIMIZACIÓN

LA RED DE INDRA

La 55.ª Clave Genética y el viaje mítico desde su Sombra hasta su Siddhi es el verdadero núcleo de todo el trabajo con las 64 Claves Genéticas. No hay nota más conmovedora ni sonido más contemporáneo en toda la matriz genética que esta odisea desde el tumultuoso inframundo de la mentalidad victimista hacia el aire puro y limpio de la libertad. Entre todas las Claves Genéticas, esta es la que los humanos anhelamos más, y es el Don que se nos entregará muy pronto a nivel colectivo. La razón que se esconde detrás del ritmo de este trabajo con las 64 Claves Genéticas radica justo aquí, en la 55.ª Sombra. Ha sido el argumento fundamental para la humanidad desde que el desarrollo del neocórtex en la raza humana nos otorgó la capacidad de la consciencia autorreflexiva. Nos referimos al tema de la víctima.

La 55.ª Sombra, la Victimización, y su par programado, la 59.ª Sombra, la Deshonestidad, programan a nivel celular a todos los seres humanos para conseguir una sola

cosa: asegurarse de que cada individuo se convierta en el peor enemigo de sí mismo. Hay una ley universal, conocida coloquialmente como «ley del boomerang», donde la 55.ª Sombra yerra su visión. La esencia de esta ley universal se expresa a través de un famoso axioma bíblico: «Lo que siembras, eso recogerás». Estos clichés atemporales se interpretan, por lo general, como aplicaciones superficiales de la vida, sin intentar adaptarlos a capas más profundas. Por esta razón, aquellos más inocentes y con el corazón más abierto pueden ser sometidos a pruebas terribles que parecen no tener explicación. En una lectura superficial puede parecer que esto de «Lo que siembras, eso recogerás» tiene poco o ningún sentido y que, en general, no es más que la expresión del saber popular de los mayores.

A nivel energético, en realidad, siempre recoges lo que siembras

Debido a esta tendencia a ver solo la superficie o apariencia de las cosas, la conciencia de masa humana se ha olvidado de uno de los secretos más profundos de la vida: a nivel energético, en realidad, siempre recoges lo que siembras. Lo que pasa es que a veces transcurre bastante tiempo antes de evidenciarse en el mundo de la materia.

La más alta expresión del 59.º Siddhi es la cualidad de la Transparencia y, tal y como la Transparencia revela, al final uno no puede esconderse de sí mismo. Por lo tanto, la llave maestra de la 55.ª Sombra y su transcendencia dependen de un solo factor: tu actitud. No se trata de lo que pasa contigo, sino de cómo lo gestionas.

ACTITUD DE PERDEDOR

En realidad solo hay dos dimensiones para el concepto de actitud: o te comportas creyéndote víctima de las circunstancias o adquieres total responsabilidad sobre la situación. Aunque suene sencillo, hay diferentes niveles de complejidad en ello. Como estamos examinando la 55.ª Sombra, miraremos primero qué pasa cuando desempeñas el papel de víctima de las circunstancias. La 55.ª Sombra se localiza en una zona profunda de los ganglios dorsales del plexo solar, y está relacionada con las emociones. A bajos niveles de frecuencia, los humanos miran fuera de sí mismos cuando experimentan, o bien un subida, o bien un caída emocional. Necesitamos encontrar una razón que justifique nuestro estado emocional. Al final del espectro emocional creemos que la verdadera alegría es un efecto, más que una causa. Y gracias a esta creencia profundamente asentada nos pasamos la mayor parte de la vida persiguiendo aquello que creemos que causa el efecto alegría; puede ser la relación perfecta, una buena cantidad de dinero, la fama, el lugar perfecto para vivir o hasta nuestro Dios. En el extremo inferior del espectro emocional, jugamos al juego de la culpa. Culpamos a cualquier cosa, desde la comida que acabamos de ingerir hasta nuestras parejas o gobiernos, por la sencilla razón de que nos sentimos mal.

Esta tendencia humana a mirar afuera en busca de causas que expliquen nuestros humores es una de las adicciones más grandes de nuestro planeta y está basada en la creencia esencial de que somos víctimas de nuestra realidad material. Este dogma central soporta el patrón de baja frecuencia que se robustece a sí mismo una y otra vez. En otras palabras, con esta actitud interna al mando, estamos presos de una red que hemos

tejido nosotros mismos. Lo que atrapamos en ella son nuestros anhelos. Cuando estamos bajos de ánimo, queremos estar en lo alto, y cuando estamos en lo alto, queremos mantenernos allí para siempre. Por ello, los mismos sentimientos que buscamos crean un perpetuo deseo insaciable de plenitud. La adicción es la búsqueda de plenitud, no la plenitud en sí misma. De ahí la vieja historia sobre lo que sucede al encontrar el cielo: si alguna vez lo encuentras, lo odiarás, porque lo que amabas era la esperanza de alcanzar la plenitud, más que el estado en sí mismo.

Aquí es donde encontramos el secreto de la frecuencia: se basa en la actitud inconsciente hacia la vida. Dado que la verdadera actitud permanece inconsciente, no hay técnica capaz de elevar la frecuencia. Todo lo que se necesita para alcanzar la *velocidad genética de escape* —la frecuencia que te catapultará fuera del estado de la Sombra, camino del Don— es comprensión. La comprensión tiene que despertarse al nivel del ser puro —la comprensión de que te has convertido en víctima involuntaria de tus propios patrones de creencias inconscientes—. Cuando despiertes a esta comprensión, comenzarás a trascender inmediatamente el estado de la Sombra. El gran maestro espiritual Gurdjieff lo explicó con sencillez y belleza al decir: «Para escapar de la prisión, uno primero debe comprender que está en una prisión».

FALSA LIBERTAD

Como he mencionado más arriba, hay muchas dimensiones en la Sombra de la Victimización. La red que nos mantiene a baja frecuencia tiene muchas vueltas y revueltas sutiles dentro de sí. Tal y como dice el proverbio, uno de los trucos más grandes del demonio es tener a la gente pendiente de Dios. El aspecto más traidor de la 55.ª Sombra concierne a la espiritualidad y tiene un especial significado en los tiempos que corren. La espiritualidad se ha convertido en un foco de atención de la consciencia victimista, porque puede dar la idea de que uno puede hacer algo para liberarse de sus Sombras y del sufrimiento emocional. Esta noción nos conduce a la más grande de todas las ilusiones: la ilusión de que hay otra realidad espiritual en algún lugar, fuera de nuestra propia esfera de experiencias. Si observamos esta teoría con claridad, lo que vemos es el patrón de anhelo y búsqueda de plenitud de nuevo. Si creas una realidad inalcanzable, ya tienes la trampa perfecta para pasarte toda la vida anhelando esa realidad, sin ni siquiera haberla experimentado.

Los altos niveles de frecuencia no conducen necesariamente a experiencias religiosas

Para la mayoría de personas religiosas o espirituales esta puede ser una verdad dura de digerir. La verdadera iluminación no es lo que nosotros queremos. No es ni siquiera excitante. Es algo completamente ordinario. A pesar de esto, la mayoría de la espiritualidad se fundamenta en la persecución de lo extra-ordinario. Los altos niveles de frecuencia no conducen necesariamente a experiencias religiosas. De hecho, los altos niveles de frecuencia derriban la ilusión que nos mantiene rebuscando una experiencia *religiosa*. En la cultura contemporánea de la Nueva Era, el materialismo espiritual está muy extendido; es decir, las personas ahora tienen una nueva droga de moda que se llama «la búsqueda de la verdad».

Es importante que comprendas que no hay nada de malo en ello. Si te sientes empujado a buscar alguna realidad superior, entonces es porque una fuerza te está conduciendo a ello. Si sigues el proceso hasta su conclusión natural, tu verdadero camino te será revelado al final. Para algunas personas, la búsqueda es un camino directo a la trascendencia, pero para otras simplemente es una distracción que los aleja de su verdadera naturaleza.

La 55.ª Sombra impide al buscador seguir su impulso hasta la conclusión natural. Lo hace a través de la identificación, o bien con la forma de enseñanza, o bien con el maestro, o bien con el propio camino. Por lo tanto, lo que vemos son tres categorías básicas de personas en el camino espiritual: los que están atrapados en la estructura de una enseñanza en particular, los que están enganchados en el poder magnético de un maestro en concreto y aquellos que están aferrados a ser compulsivos turistas espirituales constantemente. Estas tres trampas espirituales son estadios auténticos de cualquier camino, que al final te conducen a la verdadera libertad; pero los tres están disfrazados de libertad verdadera. Esos son los niveles sutiles de la Sombra de la Victimización. Como veremos al examinar el Don y el Siddhi de la Libertad, la auténtica libertad no tiene nada que ver con cómo pasamos el tiempo en el plano material. La verdadera libertad no es un efecto. Es un tipo de espaciosidad interna en constante expansión que surge espontáneamente cuando te das cuenta de que eres la víctima de tus propia creencias básicas.

LA MUERTE DEL DRAMA

Uno de los grandes encantos de la humanidad es la idea del amor romántico. En este contexto no nos estamos solo refiriendo al anhelo de un corazón humano, compañero, sino también a la idea de romance en un contexto amplio. Es la idea de la vida como romance. Lo básico del amor romántico es que nunca se alcance por completo, sino que fluctúe continuamente desde la caída en el mundo de los cataclismos hasta la elevación al nivel de los éxtasis, creando así una maravillosa y rica sinfonía de emoción y drama humanos. Toda representación humana artística, desde las muestras de arte más sublimes hasta los más mundanos culebrones televisivos, expresan esta metáfora: la metáfora de la vida misma. Como consecuencia de la 55.ª Sombra, somos víctimas del drama de la vida. Estamos atrapados en una intrincada red, tejida con hebras de dolor, por un lado, y con hebras de placer por el otro. Realmente, amamos y odiamos la red al mismo tiempo, pero, sobre todo, somos adictos a ella, ya que somos adictos a todo drama de alto nivel.

Tu mayor anhelo está expresándose en el mundo soñado y bajo la red. Bajo la red, puedes vivir fuera de tu sueño; puedes danzar, suspirar, sufrir y, sobre todo, puedes amar. Es más, tu amor dentro de la red está muy limitado; se trata de un amor que nunca escapa de los confines de sus propias ilusiones. Bajo la red, o te enamoras o te dejas de enamorar, pero en todo caso sigues siendo víctima de tus propias proyecciones, expectativas y en especial de tus quejas. La red que soporta la coreografía de la 55.ª Sombra se muestra en el flujo y reflujo de tus patrones respiratorios, que suben y bajan en sus melodías de vida. A veces te quedas anclado en la melancolía y toda tu fuerza vital pa-

rece detenerse, mientras que tu respiración se hace más débil. En otros momentos, te elevas en un repentino tono de aleteo y tu corazón palpita más rápido, mientras que la respiración rellena tu pecho hasta estallar. Esto es lo que creemos que es la libertad. Entre ambos extremos, las melodías permiten que sucedan las cadencias; los cambios de *tempo* abren paso a las frases, notas, trinos, pausas, de cada uno de los posibles sentimientos. Vivimos nuestras vidas sumergidos en estas olas, donde no hay fin para nuestro proceso emocional.

En lo que respecta a la 55.ª Sombra, la mutación que viene catalizará el final de nuestra adicción al drama de la vida y el comienzo del descubrimiento de la verdadera libertad. En el núcleo de la 55.ª Sombra se esconde el anhelo de la consciencia por regresar a su propia unidad, aunque es más común expresarlo con el deseo romántico de encontrar un alma gemela. Existe un hermoso mito hindú, conocido como la Red de Indra, en el que el cosmos se ve como una rejilla infinita con una joya en cada juntura de la red. En cada joya única se refleja perfectamente otra joya. La 55.ª Sombra teje el velo sobre esas joyas, y por lo tanto, la humanidad se mantiene atrapada en esa red, incapaz de experimentar la unidad de todas las cosas. Con el cambio que viene, el despertar será capaz de deslizarse por las hebras de la red emocional que nos han mantenido en estado de victimización durante tanto tiempo. Al hacerlo, podremos atisbar por primera vez el verdadero resplandor de la unidad a nivel colectivo en cada una de las infinitas joyas de Indra.

EL PLEXO SOLAR: EL SEGUNDO CEREBRO

La matriz emocional de la 55.ª Sombra reposa en el dominio de la región corporal llamada plexo solar. Por la enorme cantidad de terminaciones nerviosas que hay en esta zona se conoce también como «segundo cerebro». Opera independientemente del cerebro craneal gracias a su control constante de las funciones vasculares y viscerales del cuerpo. El escarpado voltaje de nuestros estados emocionales, particularmente en sus formas extremas, supera los sutiles procesos cognitivos de la razón —a la cual tenemos en tan alta consideración— que emanan del cerebro craneal. Se sabe relativamente poco de la naturaleza exacta del circuito neuronal del plexo solar o de los mecanismos que lo gobiernan, así como de sus verdaderas capacidades. Lo que sí sabemos es que, a pesar de hacer grandes esfuerzos, nuestras emociones tienen sobre nosotros un poder superior al de nuestras mentes. El mundo que nos rodea continúa dando testimonio de la veracidad de este hecho.

> *Nuestras emociones tienen sobre nosotros un poder superior al de nuestras mentes. El mundo que nos rodea continúa dando testimonio de la veracidad de este hecho*

EL NUEVO DESPERTAR DEL PLEXO SOLAR: EL ENIGMA DE LOS EONES

La mayor parte de la transmisión de la 55.ª Clave Genética se refiere al tiempo futuro de nuestra especie mientras atraviesa el proceso del Gran Cambio, y, como tal, lo

que estás leyendo ahora es bastante profético. Sin embargo, una de las piezas más importantes de este puzle se encuentra en el pasado remoto. Generaciones de mitólogos, folcloristas, arqueólogos, místicos e historiadores han hablado de otra raza de seres humanos que existía antes de nuestra historia moderna. Incluso todos nuestros grandes mitos humanos y cuentos de hadas son información codificada sobre aquella edad de oro perdida, que se terminó o se extinguió en algún tipo de enorme cataclismo, hundimiento o diluvio. Los psicólogos han leído siempre esos mitos como arquetipos psicológicos y deseos metafóricos de regresar a la seguridad del útero materno. Pero ¿y si se trata realmente de memorias contenidas en nuestro ADN ancestral? La 55.ª Clave Genética tiene mucho que decir al respecto.

Aunque muchas culturas antiguas han concebido métodos de asignación que abarcan enormes períodos y ciclos de tiempo, el modelo trinario se mantiene como verdad en los niveles más simples y también en los más míticos. Cada gran obra de arte o historia alegórica porta en su núcleo este arquetipo trinario de flujo temporal que divide toda la narrativa humana, interna y externa, en tríadas. En la propia estructura psíquica humana está entretejida una profunda resonancia con esos patrones fundamentales. Siempre hay algún tipo de caída en desgracia al comienzo, seguida de un viaje de pruebas y descubrimientos que culmina en la victoriosa redención final. Cuando aplicamos este mapa a toda la evolución humana, vemos que el guion de la humanidad se ha representado en tres grandes Eones o vastos períodos de tiempo, marcados por cuatro saltos de consciencia mayores.

LOS TRES EONES Y SUS ESTADOS EVOLUTIVOS

Los Tres Eones y sus cuatro momentos de gran cambio describen el arco evolutivo de nuestra entrada en la consciencia planetaria. Esencialmente, estos tres patrones describen tres estados evolutivos distintos que culminan en un cuarto estado trascendente (la geometría tetraédrica de la consciencia).

LA TEORÍA DE LA INVOLUCIÓN Y LAS SIETE RAZAS RAÍZ

De acuerdo con las Clave Genéticas, la vida es una suerte de juego entre dos fuerzas primarias: la corriente de la evolución y la corriente de la involución. El estilo de pensamiento en que hemos sido entrenados en Occidente se ha enfocado sobre todo en objetivos, es decir, en el mundo externo más que en el interno o realidad subjetiva. Por esta razón tendemos a poner demasiado énfasis en la corriente evolutiva, que se ha convertido en la base del modelo científico moderno de aproximación. Sin embargo, muchas tradiciones místicas y esotéricas de todo el mundo han considerado la vida desde otro aspecto: como un proceso *involutivo* en el cual la consciencia se va encarnando cada vez más profundamente en la forma, trazando así nuestra evolución. Esta visión (conocida con el nombre de Emanacionismo) sostiene que en cada estadio de nuestra evolución personal o planetaria hay un propósito oculto por desarrollarse, el cual se va autorrevelando en diferentes etapas. Tal y como la Divina vida *involuciona*, así mismo el hombre y la vida en la Tierra evolucionan, y mientras nos enfoquemos conscientemente en las frecuencias superiores, seremos capaces de despertar el propósito oculto en nuestras vidas en el plano material.

En el gran modelo de los Tres Eones se encuentra otro patrón basado en siete subestados, conocidos como las Siete Razas Raíz. En esta Teoría de la Involución, cada Raza Raíz representa un estado mayor de nuestro desarrollo planetario. En la tradición esotérica, las Razas Raíz se entienden como razas humanas anteriores de seres humanos, en el sentido literal del término *raza*. En la Síntesis de las Claves Genéticas, las Razas Raíz desvelan las capas sutiles del espíritu vivo de Gaia, nuestra Tierra. En otras palabras, desde la perspectiva involutiva, todos los aspectos de la forma de nuestro planeta y de nuestro universo están imbuidos por otros niveles de consciencia, desde los más densos del mundo mineral hasta los más sutiles, como el gas. Las Razas Raíz más tempranas representan las formas más sutiles de la consciencia Divina, ya que disminuyeron su frecuencia para poder entrar en el mundo físico de la manifestación (Primer Eón). En un momento determinado del guion evolutivo de nuestro planeta, la consciencia entró tan profundamente en el mundo material que se olvidó por completo de sí misma (el Segundo Eón). Aparece entonces el «Recordatorio» y el mítico retorno al paraíso, ya que la consciencia transforma el mundo material y reintegra en sí todas las dimensiones hasta completar el arco épico evolutivo (el Tercer Eón).

Las Siete Razas Raíz y sus correspondencias

Las siete Razas Raíz están directamente relacionadas con los siete planos de la realidad y los siete cuerpos sutiles del aura, lo que nos proporciona un guion y una agenda temporal de los estados involutivos de consciencia. (Para más información, revísese el texto relativo a los Siete Cuerpos Sagrados y sus correspondientes planos en la Clave Genética 22.ª).

La Primer Raza Raíz — Los Polares — Plano Monádico
La Segunda Raza Raíz — Los Hiperboreanos — Plano Átmico
La Tercera Raza Raíz — Los Lemurianos — Plano Búdico
La Cuarta Raza Raíz — Los Atlantes — Plano Causal
La Quinta Raza Raíz — Los Arios — Plano Mental
La Sexta Raza Raíz — Los Trivianos — Plano Astral
La Séptima Raza Raíz — Los Pangeos — Plano Físico

El Primer Eón: preparación del jardín de Gaia

Las dos primeras Razas Raíz, conocidas como Polar e Hiperboreana, representan la cristalización de la propia forma de la Tierra, es decir, suceden en el período de tiempo de formación de nuestro planeta. La Raza Raíz Polar representa la Idea Divina o el Poder Divino antes de encarnar la forma y experimentar la separación. Se corresponden con el Cuerpo Monádico (la fuente original de la Divinidad). La Segunda Raza Raíz, la Hiperboreana, enlaza con el Cuerpo Átmico, que es el cuerpo de luz. Tiene que ver con la coalescencia de nuestro planeta más allá del mundo mineral y de los elementos

solares. Esta fase incluye la formación de la atmósfera terrestre y el refinamiento gradual de sus elementos y gases, hasta que el planeta fue capaz de soportar el desarrollo de la vida. Durante esas primeras fases evolutivas, los elementos constituyentes de toda la vida planetaria estaban llenos de formas sutiles de consciencia. En muchas tradiciones esas formas sutiles se conocen como ángeles, devas o reino de los minerales.

EL SEGUNDO EÓN: EL FLORECIMIENTO Y LA CAÍDA

La Tercera Raza Raíz, conocida como Lemuriana, representa el nacimiento de la vida animada que surgió de las aguas y comenzó a poblar la tierra. Es la fase del Edén, cuando la Esencia Divina manifestaba superabundancia en todos los reinos de la naturaleza. La consciencia lemuriana de nuestro planeta fue, y aún es, un solo ser unificado que existe en el Plano Búdico, conocido como plano del éxtasis. Ese es también el plano de la mayoría de los mundos dévicos: las manifestaciones de consciencia inherentes a todas las formas de vida. Durante la fase lemuriana tuvo lugar la concepción y el nacimiento de los primeros seres humanos.

La cuarta Raza Raíz, los Atlantes, representa a la humanidad antes de la caída en desgracia. Esta raza de seres humanos, también llamada a veces *raza adámica*, no es más que un recuerdo difuso para los seres humanos modernos. Nosotros, los humanos de hoy, nos separamos de nuestra verdadera fuente debido a una serie de cataclismos conocidos míticamente como el tiempo de la Caída. La verdad de esta Caída ha llegado hasta nosotros gracias a historias y mitos de las culturas indígenas, que la han convertido y actualizado hasta formar parte de la cultura moderna y de nuestro sistema de creencias. La Raza Raíz Atlante, así como su cultura y entorno, se han obliterado por completo y la evolución se ha reiniciado en un nuevo comienzo, en una nueva dirección. Sin embargo, la consciencia Atlante existió y todavía existe en el plano causal, que es el plano de los arquetipos, el lenguaje cuántico que existe más allá de la mente lógica. La consciencia Atlante original, a diferencia de la consciencia humana moderna, estaba centrada en el plexo solar y no se experimentaba a sí misma como separada de la fuente de toda la vida, sino que era el corazón y la mente de la propia Gaia.

EL TERCER EÓN: LA QUINTA RAZA Y EL KALI YUGA

En toda gran historia que se precie hay una caída. En la tradición védica, los estados evolutivos se conocen como *Yugas*, y el más oscuro de esos estadios es el llamado *Kali Yuga*, la oscura diosa del Tiempo y del Cambio. Nuestra Raza Raíz actual, la Aria, está avanzando hacia el final del Kali Yuga, la época que viene después de la caída. La consciencia Aria existe en el plano mental, y el más importante instrumento de despertar es nuestro cerebro en evolución constante. Paradójicamente, nuestro mayor don, la capacidad de raciocinio, nos otorga la falsa percepción de que estamos separados los unos de los otros y también de nuestro propio medio ambiente. Sin embargo, el Tercer Eón está relacionado con el largo camino de regreso al hogar. Desde que caímos en desgracia, los seres humanos no hemos hecho más que buscar el camino de retorno. Lo hemos hecho a través de la ciencia, de la religión, pero sobre todo a través del amor.

EL GRAN CAMBIO Y LA SEXTA RAZA

El camino del Gran Cambio está justo delante de nosotros, ahora mismo. Mientras que la Quinta Raza Raíz se prepara para dar paso a la Sexta Raza Raíz, los Trivianos, hasta el tiempo parece que se acelera. La Sexta Raza ha sido objeto de profecías de místicos y sabios desde hace mucho tiempo. Será la que traiga la transformación de nuestro planeta gracias al regreso de la esencia Divina al Plano Astral, el mundo de las emociones y los deseos. Mientras que la Consciencia Divina continúe descendiendo sobre la forma, su verdadera naturaleza se irá revelando. La época que ahora comienza será la de la sublimación del deseo y la sexualidad humana en el espíritu del amor incondicional. La Sexta Raza precipitará gracias a la 55.ª Clave Genética y su mutación brotará dentro del centro del plexo solar, que es el lugar de las emociones humanas. La Raza Triviana marca el inicio de un nuevo despertar para ese centro, lo que permitirá a los seres humanos experimentar una vez más el campo cuántico universal que conecta a todos los seres vivientes. Este nuevo despertar no es un movimiento retrógrado hacia los pasados tiempos dorados, sino una nueva integración de los tres planos inferiores —el físico, el astral y el mental— con sus tres contrapartes superiores —el causal, el búdico y el átmico, respectivamente—.

La Séptima y última Raza Raíz, la Pangea, en realidad no se puede describir con palabras. Representa la integración de todos los reinos de Gaia en una sencilla vibración de pura presencia que se da solo allá donde el espíritu y la materia se vuelven uno, y donde la esencia monádica divina brilla a través del plano físico, permitiéndola ascender. Es el reino de los cielos que ha descendido sobre la tierra.

EL FIN DE LA TRILOGÍA Y EL RETORNO AL EDÉN

La humanidad y toda nuestra consciencia planetaria se encuentran ahora ante el reto más grande jamás afrontado: la fase final de la Trilogía y la eventual resolución del Enigma de los Eones. Se trata de un evento tan raro en el desenvolvimiento de la consciencia, que trae consigo cambios en todos los niveles de la vida. Lo que viene parece tan fantástico que nuestras mentes no pueden ni siquiera imaginar cómo abordar la nueva realidad. Tal y como nos cuentan los cuentos de hadas, la tercera parte es el momento del encantamiento, lo que siempre trae consigo la redención. De hecho, todos nuestros grandes mitos, películas, novelas y dramas culminan con alguna forma de síntesis. Sin esta síntesis, nuestro corazón se siente incompleto. Sucede siempre justo al final, cuando hemos abandonado todo menos la esperanza de la redención que trae consigo la liberación. Llega en un mar de prisas, presentándose como un patrón trinario de prueba y liberación tan familiar que hasta nosotros mismos anhelamos el final feliz. Lo ansiamos tan profundamente porque lo llevamos estampado en nuestra estructura genética, como lo llevan todas las formas de nuestra galaxia. Y porque está en nuestro ADN, nuestro destino final debe ser y no será otro que el de dar testimonio del renacimiento del Edén y vivir pacíficamente en el jardín *por siempre jamás*.

> *Sucede siempre justo al final, cuando hemos abandonado todo menos la esperanza de la redención que trae consigo la liberación*

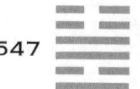

PATRONES REPRESIVOS Y REACTIVOS DE LA 55.ª SOMBRA

NATURALEZA REPRESIVA: QUEJOSA

La 55.ª Sombra, la Victimización, tiene dos formas clásicas de expresión. La naturaleza represiva se manifiesta en forma de queja. Quejarse es una respuesta mental inconsciente mediante la que uno se convierte a sí mismo en víctima central de su propio drama. Cada vez que uno se queja, ya sea en voz alta o para sus adentros, lo que hace es perder su poder. La naturaleza represiva tiende a quejarse internamente, dando un punto de vista pesimista de la vida, mientras que la naturaleza reactiva tiende a encontrar un elemento específico, externo, a quien culpar. Cuando uno se queda atrapado en las frecuencias de la queja, está atrapado en la red del culebrón de la vida: el maya. La queja sirve para fortalecer la ilusión de que la vida es muy dura. En este sentido, además de reforzarse a sí misma, la queja también causa un sufrimiento sostenido en nuestro cuerpo físico. La libertad sucede cuando superamos nuestros patrones más inconscientes y llegamos a tocar el núcleo de nuestro poderío energético.

NATURALEZA REACTIVA: CULPOSA

La otra manera de que te atrape la 55.ª Sombra es la culpa. La naturaleza reactiva externaliza sus quejas en algo o alguien. Cuando culpamos a alguien, lanzamos una flecha de fuego que nos deja sin responsabilidad sobre nuestra situación. También perdemos nuestra verdadera presencia y poder, al colocar esos aspectos en manos de otros seres. Toda culpabilización es una expresión de rabia proyectada hacia fuera y, por lo tanto, impura. La ira pura es una liberación de la energía primigenia del miedo, que puede venir animada por una fuente externa, pero que no es parte de ella. En el momento en que uno culpa a otro, el que culpabiliza se vuelve otra vez víctima de su propio drama. Es imposible culpar a otro por el propio destino y darse al mismo tiempo cuenta de que uno no es más que un actor de la comedia. El mismo hecho de mirar al drama con un poco menos de seriedad libera la energía de la culpa. Desde la cara reactiva, la verdadera liberación sucede cuando las flechas de la culpa se toman al vuelo, a mitad de camino, antes de que toquen su objetivo y hieran.

PARTE 2. EL PROCESO MUTATIVO

EL DON Y EL SIDDHI DE LA 55.ª CLAVE GENÉTICA: LIBERTAD

EL ESPÍRITU DEL TIEMPO VENIDERO

La contemplación del 55.° Don nos lleva inevitablemente a ponderar el futuro de la humanidad y de nuestro planeta. En las próximas páginas veremos tanto lo que está

ocurriendo hoy en la humanidad como lo que va a suceder en el tiempo del Gran Cambio que tenemos por delante. Al leer los códigos de las 64 Claves Genéticas, lo de menor importancia son los detalles relativos al desenvolvimiento del Gran Cambio. Cualquier detalle puede estar basado en conjeturas u opiniones. Sin embargo, es posible entender el espíritu del tiempo venidero gracias a una profunda resonancia con la frecuencia interna que hay detrás de todo este trabajo con las 64 Claves Genéticas. Como descubrirás en las próximas páginas, las ondas de esta mutación afectarán a todos y cada uno de los rincones de nuestro planeta.

El otro factor que se ha de tener en cuenta a propósito del cambio es la velocidad a la que se va a producir. En términos evolutivos, sucederá de la noche a la mañana, aunque a nivel práctico y temporal sucederá gradualmente y de manera casi imperceptible. Estamos hablando de una mutación genética que colonizará lentamente nuestra especie. En otras palabras, la vieja humanidad será literalmente engendrada por la nueva humanidad. Esto significa que muy pronto habrá entre nosotros niños que nazcan con la mutación completa y que se vayan diseminando por la piscina genética. Esos niños serán diferentes a nosotros. No estarán enganchados emocionalmente con nosotros en el nivel de las víctimas, sino que mantendrán una frecuencia elevada que, con el tiempo, transformará a las familias en las que hayan nacido. Hablaremos de este papel más adelante, en esta misma Clave Genética.

LA LIBERACIÓN DEL CÓDIGO DE LA CONSCIENCIA SUPERIOR

Durante siglos se ha escrito, hablado y enseñado mucho sobre la naturaleza de la consciencia superior. Ahora estamos entrando en una era en la cual más gente va a tener acceso directo a una experiencia de verdadera consciencia superior. Lo que ocurra durante este siglo XXI se extenderá a todo el colectivo y catalizará una era que aun hoy no podríamos ni imaginar. Hasta este momento, el proceso de despertar se había comprendido y explicado (excepto en algunos poquísimos casos) como un hecho individual. Y casi siempre la pregunta era: ¿y yo cómo puedo despertar?

Los dos elementos principales de esta pregunta están ya pasados de moda. El primero es la cuestión del *cómo*. El segundo es el concepto individual, *yo*, que se irá quedando obsoleto con los cambios que ya está sintiendo la humanidad. Entramos en el tiempo del *nosotros*. Solamente cuando hayamos absorbido por completo la certeza de que la humanidad es un organismo colectivo, un *nosotros*, solamente entonces, se nos entregará la ironía final: que nosotros nos convertiremos de nuevo en un *Yo colectivo* intensamente místico.

Un enorme cambio dinámico llega para los seres humanos bajo la forma de una mutación celular, genética. El catalizador es la 55.ª Clave Genética, y su aminoácido correspondiente, la histidina. A nivel químico, nuestro propio cuerpo está preparándose para esa mutación mientras lees estas palabras. El proceso está en marcha también a nivel colectivo y ni un solo ser vivo será inmune a él. En su nivel superior, la 55.ª Clave Genética es el código elevado de liberación de la consciencia. Existen implicaciones muy profundas en este proceso y también hay una secuencia específica para desvelarlo. Cuando examinemos más hondamente esta Clave Genética, podremos echar un vistazo

a los cambios que estamos encarando y a cómo pueden afectarnos, en términos generales, tanto a nivel individual como social.

LA DINAMIZACIÓN DEL DESPERTAR

En el *Espectro de Consciencia*, la matriz lingüística que fundamenta las 64 Claves Genéticas, el 55.º Don es un caso único. Cuando sigues la fila de columnas con las palabras que representan las frecuencias de cada Don y Siddhi, verás que la palabra para el 55.º Don, Libertad, es la misma que para el Siddhi. Es la única ocasión en que algo así sucede en el Espectro de Consciencia, lo que constituye un dato de gran importancia. El 55.º Don es un catalizador a través del cual la consciencia humana está introduciendo una nueva capacidad: la habilidad de viajar a través del espacio físico. Este desarrollo cambiará por completo el mundo, tal y como hoy lo conocemos. Una vez que se haya tomado consciencia de ello, como vimos previamente en otros estados de consciencia superiores, la libertad será un estado ordinario para nosotros. Por esta razón, la misma palabra que sirve para el Don vale para el Siddhi. El propio Espectro de Consciencia se rasgará por este punto y, uno por uno, cada uno de los Dones se liberará de su Sombra y emergerá con su potencial superior en forma de Siddhi. Cuando la energía de la Sombra comienza a elevarse hacia el Don, la energía del Siddhi comienza a descender sobre el Don. Así es como la rueda genética de la fortuna va a entrar en una nueva velocidad de giro cuando alcance el eslabón específico de esta rueda dentada. Ese eslabón es el 55.º Don. Desde entonces en adelante, una nueva fuerza ingresará en el mundo, con nuevas leyes y nuevas repercusiones para todos y cada uno de nosotros.

Hasta ahora, en la historia de la humanidad, el despertar de la consciencia estaba ligado solo a la posibilidad individual. Hoy experimentamos el despertar de la consciencia como movimiento, sentimiento y pensamiento colectivo. A no ser que uno alcance un estado de consciencia amplificado o estado síddhico, no podrá acceder a la consciencia fuera de su cuerpo. Sin embargo, a lo largo de la historia, han florecido espontáneamente estados expandidos de consciencia en algunos seres humanos, mostrándonos una prueba de cómo podría ser nuestro futuro. Para el estado de consciencia síddhico, el despertar es un tejido conectivo entre organismos: es el punto de contacto entre la consciencia misma y el mundo de la forma. La forma es la piel, el fruto es el despertar y la semilla es la consciencia. Dicho de modo sencillo, el despertar es la llave que abre la puerta para conectar la Divinidad con el hombre.

La forma es la piel, el fruto es el despertar y la semilla es la consciencia

EL SISTEMA HIDRÁULICO CELESTIAL

Para entender la verdadera naturaleza del despertar de la consciencia que está por llegar, podemos describir un hermoso paralelismo con el ciclo vital de la libélula. Las libélulas pasan mucho tiempo de su vida temprana bajo el agua. Al ser insectos que viven bajo el agua, se llaman ninfas, que, al contrario de lo que muchos piensan, no tienen necesidad de salir a la superficie en busca de aire. Una buena parte de su vida,

las ninfas viven totalmente bajo el agua, donde se mueven como depredadores de éxito y se alimentan de cualquier cosa, desde líquenes hasta pequeños pescaditos. En esta etapa de su vida, la ninfa atraviesa diferentes series de mudas o estadios de madurez en los que cambia su piel, pero sigue siendo ninfa. Los estadios de su vida como insecto pueden durar varios años y durante ese tiempo no tiene ni idea de lo que le espera en el futuro, simplemente experimenta una serie de mutaciones *ocultas*. Un día, súbitamente, un recóndito gen que estaba dormido se dispara y la ninfa hace algo totalmente chocante: encuentra el tallo de una planta cercana y sube por él hasta salir del agua. Por primera vez en su vida toma contacto directo con el aire y con el sol.

Una vez que la ninfa deja la seguridad del medioambiente subacuático, la luz del sol comienza a trabajar en ella, catalizando lo que será su muda final. Justo en ese estadio final ocurre la magia, ya que la criatura avanzada que estaba escondida en el interior de la ninfa rompe la piel externa de la larva. En el transcurso de unas horas, surgen cuatro alas arrugadas y su característico tórax esbelto comienza a desenroscarse. Lo que resulta de gran relevancia metafórica en este estado tiene que ver con el elemento agua. Mientras que la libélula emergente sale del elemento agua y se prepara para renacer en una nueva vida en el elemento aire, el agua que aún contiene en su cuerpo se convierte en la clave que hace posible el proceso de transformación. A través de un proceso hidráulico, el agua que hay en el cuerpo de la ninfa se bombea hasta las alas que están naciendo y hacia el tórax, lo que provoca su primer despliegue y extensión. Dicho de otro modo, la libélula es capaz de asumir su forma aerodinámica gracias al agua proveniente de su forma de vida anterior. Esta agua suscita la mutación de la ninfa en libélula. Una vez que toda el agua se haya consumido y la libélula haya adquirido su nueva forma expandida, levantará el vuelo y comenzará una nueva vida.

El ciclo de vida de la libélula es una metáfora perfecta del despertar del 55.° Don y del Siddhi correspondiente. La energía base de nuestras emociones se convierte en el vehículo para desplegar nuestro propio despertar de la consciencia, y una vez que ese despertar haya sucedido, la vida existirá en los planos superiores para toda la eternidad. Esta metáfora también nos muestra que, como especie, tenemos que bucear profundamente en el campo emocional, en el cual tendremos que atravesar una serie de mutaciones de las que somos inconscientes. Mientras que existamos en el mundo de las emociones, tendremos solo un pequeño pálpito de la vida que nos espera por delante. Cuando la 55.ª Sombra finalmente mute por completo, el despertar colectivo comenzará a darse en serio.

LOS ESTADOS INICIALES DE LA SECUENCIA DEL DESPERTAR

Examinaremos los aspectos temporales y la secuencia del despertar al final de la sección. En este momento, en lo relativo a la metáfora de la libélula, nos encontramos en la fase de subir por el tallo hasta salir del agua en busca de la luz del sol. El estado genético del mundo se encuentra en el punto de dominar por completo su drama, y por ello estamos ante un tiempo tan confuso. Puede que estés teniendo incluso revelaciones y premoniciones de lo que vendrá, mientras que tu cuerpo y tu mente se con-

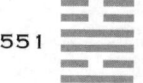

vierten en el campo de batalla de este proceso de mutación. Particularmente susceptibles a este proceso de fluctuaciones libres en sus ritmos naturales, patrones energéticos y emociones serán todos aquellos que porten la 55.ª Clave Genética entre sus Dones Primarios. Se trata de un intenso proceso de integración que puede llevarnos una considerable cantidad de tiempo, pero que se irá haciendo más estable paulatinamente.

Los estadios iniciales del despertar están destinados a ser la parte más volátil del proceso. Durante ese período nuestro sistema emocional se vendrá literalmente abajo. Las claves genéticas más intensamente conectadas con el 55.º Don son dos: la 59.ª con su Don, la Intimidad, y la 39.ª con su Don, el Dinamismo. Ambas participan también activamente en el proceso de despertar. Aquí puedes ver la relación directa que existe entre estos dos estados elevados: Liberación y Libertad. El 39.º Siddhi desencadena el estado final de Libertad. La Liberación implica un proceso dinámico de catarsis, mientras que la Libertad es el resultado de ese proceso. Igualmente poderoso puede considerarse el 59.º Siddhi, la Transparencia, que se despierta simultáneamente con el 55.º Siddhi. El plan oculto en la agenda de este Siddhi, en lo que al despertar se refiere, se puede comparar con el proceso que sufren las alas transparentes de la libélula: nosotros nos veremos forzados también a volvernos transparentes. El 59.º Don, la Intimidad, es el primer paso en esta dirección. Tenemos que permitir que la vida nos abra el corazón a través de nuestras relaciones.

Sabemos que la 55.ª Clave Genética resuena con el romance, que es la razón por la que el despertar de este 55.º Don tiene que ver con la relaciones. Una vez que el despertar haya sucedido, ya no se podrá existir más como un ser separado, como un individuo. La consciencia individual operará de modo colectivo. Los primeros síntomas del fin de la separación se van a notar en las relaciones más íntimas. Y de ahí en adelante, cuanto más trates de ocultarte de los demás, más sufrimiento traerás a tu vida. Cada intención oculta será aireada y destruida. La fijación obsesiva de la mente por la idea de la separación se destruirá. Es el fin de la era del egoísmo. Habrá sin duda muchos que se resistan a esta mutación, como es lógico. Ellos no forman parte de lo que está por venir, y esto ha de respetarse tal y como es. A través de esas personas la vieja energía dejará este mundo. No hay elección en esto: se trata de una selección colectiva del material genético para generar el hombre del futuro.

Una vez que el despertar haya sucedido, ya no se podrá existir más como un ser separado, como un individuo. La consciencia individual operará de modo colectivo

LA EVAPORACIÓN DE LA CONSCIENCIA VICTIMISTA

Como hemos visto, la 55.ª Sombra se basa en la noción de ser víctima y, en particular, de ser víctima de las emociones, ya sean propias o ajenas. Después de que tiene lugar el amanecer del 55.º Don, el concepto de emociones *pertenecientes* a alguien en concreto es simplemente absurdo. Las emociones operan en una frecuencia de onda, y, a nivel colectivo, hay solo una onda que nos conecta a todos a la vez. Que unos sean los que generan la onda y otros los que la reciben no es más que un mecanismo. Como sucedía en la simbología de la libélula, nuestro nuevo despertar nos elevará sobre las

aguas turbias de la conciencia victimista, pero esto no será solo una forma de transcendencia. No nos volveremos menos humanos en el proceso. De hecho, el proceso solo se puede iniciar haciendo una inmersión tan profunda en la herida humana que se transforme en el puro catalizador de nuestra trascendencia.

El proceso de despertar es un proceso que se conoce desde hace mucho tiempo y que se describe cuidadosamente en la ciencia esotérica de la alquimia. En la alquimia tradicional taoísta, hay una fórmula secreta conocida como el *Kan y Li*. *Kan* significa «agua» y *Li* significa «fuego». En su fórmula alquímica, el plexo solar se ve como un caldero y la energía emocional es el agua del caldero. El fuego bajo el caldero es la consciencia de alerta (también conocido como *chi*), y esta consciencia de alerta se dice que *cocina* la energía emocional (conocida como *jing*). El resultado es un proceso de evaporación del cual surge una tercera fuerza trascendente. Los chinos llaman a esta tercera fuerza *Shen*, que significa «espíritu». La alquimia occidental usa arquetipos similares, pero en un contexto cultural diferente. En Occidente se tiende a ver las dos fuerzas como el hombre y la mujer interiores, lo masculino y lo femenino, el *animus* y el *anima*. De la cópula realizada en esta unión mística nace una criatura mágica que a menudo se representa bajo el arquetipo de Mercurio.

En el lenguaje de las 64 Claves Genéticas, la Sombra es un estado de la materia que puede conducir a la trascendencia. Sin un viaje decidido a las profundidades de nuestras Sombras y una liberación de la consciencia desde las raíces no llegaremos nunca a experimentar el júbilo que trae consigo la evaporación de la consciencia victimista que portamos en nosotros. Solamente en aquellos vapores gozosos podremos alzarnos desde las profundidades emocionales y surfear el oleaje colectivo.

EL DESPERTAR DE LOS DONES HUMANOS

Hay dos fases principales en el despertar de la consciencia que dispara el 55.º Don. La primera fase está representada por la elevación de la conciencia de masa más allá del marcador de la consciencia victimista de la Sombra. Cuando ese proceso tenga lugar, veremos que el mundo que conocemos actualmente comenzará a cambiar de forma. Hasta el momento solo un pequeño porcentaje de seres humanos ha conseguido escapar del estado de la Sombra y ha podido, por lo tanto, entregar al mundo sus Dones. Solo muy muy pocos han alcanzado el nivel síddhico de consciencia. Y es así como debe ser. Cada ancho de frecuencia de banda depende de lo que hay por debajo y por encima de él. Es decir, cuantas más personas estén trascendiendo su estado de la Sombra, más oportunidades habrá para que alguien, en el nivel más elevado, dé el salto al nivel síddhico. Puede que se necesiten 100.000 personas viviendo al nivel del Don para que se dé la circunstancia de que un solo ser humano pueda dar el salto hasta las frecuencias síddhicas. Del mismo modo, una persona desde el nivel síddhico facilita que la frecuencia de miles de personas se eleve desde los niveles de la Sombra y alcance la vivencia del Don.

Cuando una persona se libera del estado de la Sombra, se convierte en un canal creativo para la vida misma. Comienza también a cumplir completamente con su verdadero destino. El destino final de la totalidad viene representado por los Siddhis 50.º

y 6.°, Armonía y Paz, respectivamente. Esto significa que cada persona que se lanza a hacer lo que ama en la vida empieza a cocrear estas condiciones en el plano físico. Como proceso, puede que se demore cientos o millones de años hasta llegar a la fase final. Y cuando lo haga, como sucedía con la libélula, nuestro planeta mutará hacia su siguiente fase evolutiva en otro nivel de la realidad, representada por el 28.° Siddhi, la Inmortalidad.

La palabra *Libertad* en realidad no tiene dimensiones. Cuando comenzamos el proceso de transcender nuestras Sombras, tienen lugar los milagros en nuestras vidas. La Libertad es el espíritu del 55.° Don, el verdadero espíritu de la humanidad. Conforme se vaya expandiendo nuestra consciencia, el espíritu de la libertad romperá las barreras que mantienen atrapada nuestra vida. Las *líneas fractales* lo abren todo a tu alrededor, y la energía que permanecía atorada en una cierta dimensión de improviso se precipita y genera circunstancias beneficiosas para ti. Cada aspecto de tu vida está interconectado, de modo que un avance hacia la fuente de tu ser puede tener su repercusión en todas las áreas, algunas de las cuales quizás ni tan siguiera sabías que existían.

Cuando comenzamos el proceso de transcender nuestras Sombras, tienen lugar los milagros en nuestras vidas

EL TRIPLE DESPERTAR DE LA SECUENCIA

En la primera parte de esta Clave Genética observamos el triple patrón inherente a los ritmos universales y lo encuadramos en las fases evolutivas de los Tres Eones y en nuestra fase actual, que justamente porta consigo la secuencia genética para el cierre de Eones. En los últimos veinte años, más o menos, el mundo ha atravesado grandes cambios en su estructura interna. Mientras nos aproximamos a ese increíble portal podemos identificar tres fechas o marcadores que señalan la trayectoria del proceso de despertar de la consciencia planetaria y su fusión. Son giros de tuerca escritos en el marcador vibracional de nuestra evolución. Se trata, por este orden, del año 1987, o de la Convergencia Armónica; de 2012, la Resonancia Melódica, y de 2027, o año de la Sinfonía Rítmica. Estas tres fases, la Armonía, la Melodía y el Ritmo, conforman el tiempo de grabación donde sucederá la total restructuración de la vida vibracional de nuestro planeta.

1987: LA CONVERGENCIA ARMÓNICA

Mucho se ha dicho de la Convergencia Armónica. Se ha representado como el punto donde se dio un salto de consciencia sin precedentes impulsado por una supernova de la vecina galaxia. Así es como el año 1987 testimonia el comienzo de la Era de la Síntesis. Una serie de alineaciones celestes sin precedentes hicieron posible un cambio en la química del cerebro humano que nos permitió percibir la Verdad unificada, la cual se esconde en las grandes enseñanzas de todas las épocas. Es importante entender que estos giros de tuerca no son puros eventos, sino procesos de desarrollo en curso. La Convergencia Armónica está todavía sucediendo hoy a muchos niveles, mientras que esferas humanas que estaban previamente separadas de los afanes humanos se reúnen. Estamos siendo testigos del comienzo de la síntesis de todas las artes y las ciencias humanas, del hemisferio derecho del cerebro con el izquierdo, de lo femenino y lo masculino, de Oriente y Occidente. La armonía es, como decía el gran sabio Heráclito, una armonía oculta que ahora se está haciendo más y más evidente.

2012: LA RESONANCIA MELÓDICA

No hay mucho más que decir sobre la fecha de 2012, una de las más comentadas de los últimos tiempos. Si la colocamos en el contexto de esta secuencia trifásica, usando un lenguaje metafórico, 1987 sería el período de gestación, 2012 el de nacimiento y 2027 el del asentamiento del nuevo orden. El verdadero significado de la melodía está basado en la comprensión del romance. Melodía es ese aspecto de la música que nos quita el aliento y nos empuja a soñar. 2012 marca la alineación de la humanidad como un organismo único a través de la respiración y del despertar de la consciencia del plexo solar. Cualesquiera que fuesen tus sueños más intensos y los deseos que guardases en tu interior, esta fecha hizo que germinarsen, puesto que entonces entramos en resonancia con el corazón de la humanidad gracias al despertar de la consciencia Atlante-Edénica.

2012 también marca la línea divisoria de la evolución humana. Si para ese plazo no estabas en resonancia con el sueño que se está haciendo realidad, tu ADN se va a quedar fuera de la historia, lo que es un hecho perfectamente natural. La mayoría de nuestro actual ADN se tiene que eliminar para que la nueva forma pueda construirse. Por lo tanto, en las próximas generaciones vamos a ver una enorme cantidad de viejos patrones abandonar nuestro mundo. Por un tiempo considerable significará que pareceremos dos realidades separadas que coexisten: los que estan viviendo todavía en el viejo sistema y los que ya están construyendo los nuevos.

2027: LA SINFONÍA RÍTMICA

Muchos y diferentes calendarios místicos ancestrales, de también diversos sistemas y culturas, han predicho el gran cambio que sucederá en el proceso evolutivo de la humanidad y que tendrá su máximo punto de expresión en la época en que vivimos. El Sistema de Diseño Humano, uno de los grandes sistemas que soportan los cimientos de este trabajo sobre las 64 Claves Genéticas, utiliza los 64 códigos del antiguo I Ching, como si de un reloj genético se tratase, para medir el calendario potencial de las próximas mutaciones del ADN humano. Como reloj genético que es, predice que tendrá lugar una enorme mutación genética a través del sistema del plexo solar de la humanidad a partir del año 2027. Como tal, el año 2027 es un año difícil de explicar con palabras. El próximo cambio de consciencia será una explosión de altísimos niveles de frecuencia síddhica, después de lo cual nada volverá a ser ni parecido a lo que ahora conocemos.

En los comienzos del año 2027, nuestro planeta comenzará, poco a poco, a entrar silenciosamente en un estado de asombro. Entre 2012 y 2027, el núcleo fractal del des-

pertar de la humanidad sentará las bases de lo que durante muchas generaciones será el nuevo mundo, remodelando este planeta desde dentro y hacia afuera. Los viejos sistemas se derrumbarán, mientras que el nuevo orden se levantará, indemne, en medio de ellos. Este tiempo marcará la fase de re-creación del Edén, que nunca dejó realmente este planeta, sino que se quedó reducido a una huella energética. Armonía y melodía se sintetizarán así en un divino ritmo universal. Por primera vez la humanidad escuchará y será una solista virtuosa en la gran sinfonía de las esferas. En un determinado momento de nuestro futuro, después del año 2027, nos daremos cuenta de la maravilla que supone simplemente ser. Realmente no hay nada más que hacer que disfrutar del jardín, y es justamente eso lo que todavía no ha hecho nuestra especie.

Entre 2012 y 2027, el núcleo fractal del despertar de la humanidad sentará las bases de lo que durante muchas generaciones será el nuevo mundo, remodelando este planeta desde dentro y hacia afuera

PARTE 3. LAS MANIFESTACIONES

EL MATRIMONIO DE LA PAREJA SAGRADA

Como señalamos más arriba, el cambio que se avecina precipitará el final de la era en que el individualismo del YO dará paso a la colectividad del NOSOTROS. Hay muchos estadios en este proceso, y el primero de ellos se refiere a un notorio cambio de frecuencia en las relaciones de nuestro planeta. El despertar traerá variados fenómenos al mundo, uno de los cuales hemos soñado siempre pero aún no hemos conseguido: la idea del matrimonio sagrado. La institución del matrimonio contemporáneo es un intento de capturar esta idea en el plano físico. Sin embargo, los matrimonios y relaciones, hasta ahora, incluso en los casos más puros y transparentes, no han sido capaces de incorporar totalmente el principio del matrimonio en su máxima potencia: compartir realmente la misma aura.

Para que la idea de pareja sagrada exista en el plano físico primero tendría que darse una fusión de consciencia. Esta es la *unión mística* o *conjunción* de la que hablaban los alquimistas. La iluminación o realización ha sido siempre un estado que florecía en individuos, e, históricamente, el mundo no ha conocido una pareja iluminada, en el sentido real del término. Puede que hayamos sido testigos de ejemplos simbólicos, y por supuesto que ha habido parejas que han experimentado esos estados juntos, durante cortos períodos de tiempo. Sin embargo, el primer estadio en la ruptura de barreras entre formas humanas será la sanación de la separación entre el yin y el yang, entre el hombre y la mujer. La presión ancestral entre sexos es tan fuerte que ha impedido hasta ahora la verdadera unión.

Cuando las primeras parejas experimenten la iluminación a la vez, sabremos que las heridas más profundas de nuestra alma se habrán sanado finalmente (la herida simbólica que representa la división y caída de Adán y Eva y la consiguiente expulsión del paraíso). Estos matrimonios sagrados crearán una increíble energía a su alrededor y serán, de hecho, el núcleo de las nuevas comunidades. Tales experiencias anunciarán el final de la sexualidad tal y como la conocemos hoy, porque la fuerza genética misma se sublimará gradualmente en creatividad y consciencia superiores. Esto significa que, con el tiempo, la población del planeta descenderá de una manera evidente.

El antiguo símbolo para la 55.ª Clave Genética es la copa de la abundancia, el cáliz sagrado. En el nivel de la Sombra, esta copa nunca está llena (una parte de la pareja está siempre empujando y la otra reteniendo; uno necesita y el otro rechaza). Esta situación surge por la tendencia humana a culpar, lo que crea una dinámica constante en las relaciones donde ambas partes se culpan mutuamente.

En las relaciones humanas que están surgiendo, la copa no está ni medio llena ni medio vacía. Solo hay una consciencia de la relación, así que la copa está siempre rebosando. No caeremos más en las trampas del amor, sino que creceremos a través del amor. El gran amor que existe entre el ying y el yang dispersará por fin la ilusión de nuestra separación y liberará la interminable fuente de energía que está en el núcleo de la creación. La nueva consciencia se va a extender gracias al esparcimiento de este tipo de familias y comunidades de matrimonios sagrados.

LA MÚSICA DEL CAMBIO

Muchos científicos han encontrado similitudes entre la estructura del ADN y la música. Partes del ADN y de la secuencia de las proteínas se repiten con cambios menores. Esta repetición imperfecta se ha relacionado a menudo con la estructura de la música, particularmente con la música clásica y la música oriental. La idea de que el cuerpo humano sea musical no es tan rebuscada. Somos un marco delicado de ritmos y melodías: las ondas cerebrales, la circulación sanguínea, el latido del corazón, los ciclos hormonales y los fluidos de nuestras células, todos ellos respiran de acuerdo con un ritmo consistente. A un nivel todavía más subatómico, nuestras moléculas y su estructura atómica vibran también a unas frecuencias muy elevadas y se dibujan como formas universales geométricas. Desde este prisma, el ser humano no es más que una sinfonía de ritmos, tiempos y sonidos interconectados.

El ser humano no es más que una sinfonía de ritmos, tiempos y sonidos interconectados

El 55.° Don está muy vinculado con el sonido y con el modo en el que nuestros cuerpos y emociones responden al sonido. La conexión sin tiempo entre el espectro de las emociones humanas y la música está vinculada con estas Claves Genéticas. Quizás una de las analogías más conmovedoras entre la estructura del ADN y la música se refiere al trío. La estructura del ADN está articulada en tríos hechos con las combinaciones de pares de bases. El trío es la estructura básica de toda la hélice genética. En música, el trío representa algo realmente extraordinario: el puro anhelo de la vida misma. El triplete musical está siempre tratando de resolver algo de otra nota, y por ello tiene el efecto de dejar el corazón humano pendido en el aire. El deseo es exactamente lo que se expresa a través del 55.° Don: el deseo de crear más. Al contrario de lo que sucede en la dualidad, la trinidad no es una línea recta; no descansa, sino que se repite, siempre libre y siempre fresca.

Conforme el gran cambio vaya alcanzando a los seres humanos, el antiguo temor que portamos dentro remitirá hasta que por fin podamos escuchar una nueva clase de música. Vibraremos a una frecuencia superior que químicamente nos elevará, libres de los viejos miedos genéticos. Seremos uno con la música de la vida y experimentaremos el espectro completo de emociones, desde la luz hasta la oscuridad, sin miedo y sin vergüenza. Es una nueva clase de música para los humanos: no hay caminos que seguir ni necesidad de sistemas o estructuras que nos mantengan a salvo. Aquellos viejos caminos están dejando el mundo. El nuevo ser humano ya no tratará de escapar del anhelo de vida que lleva consigo. Nunca más tendremos miedo de nuestra verdadera libertad, porque operaremos desde una consciencia que está más allá de la mente y de sus preocupaciones por el futuro. La libertad, finalmente, no tiene nada que ver con las circunstancias de tu vida; se trata de la libertad de permitir a tu ser disolverse en las olas del océano. Es la libertad que nace de la confianza absoluta en la vida.

POÉTICA GENÉTICA

La más alta expresión del lenguaje humano es la poesía. La verdadera poesía captura la esencia escondida de lo que no se puede decir con palabras. El secreto está en el ritmo, la cadencia y la frecuencia tonal. Para ser un poeta, la imaginación tiene que liberarse de la propia estructura del lenguaje. De la misma manera, la verdadera naturaleza de la humanidad no puede quedar atrapada ni homogeneizarse dentro de un marco lógico. Nuestra verdadera naturaleza es salvaje, y es justamente lo salvaje lo que asusta a la gente. En el momento en que piensas que has llegado a una comprensión de la vida, de nuevo cambia. Los humanos estamos en el proceso de transcender el juego mental que supone querer entender la vida. Los antiguos sabios indios llamaban *maya* al mundo en que habitamos. *Maya* significa «ilusión». Nuestro problema ha sido siempre que hemos tratado de comprender esta ilusión a través de un instrumento, la mente, que está limitado por leyes que impiden la verdadera comprensión. No puedes usar un instrumento de la ilusión para comprender la ilusión: ¡no funciona!

El nuevo despertar humano puede traer consigo el fin de muchas cosas. Una de esas cosas que veremos desaparecer es la pregunta *¿cómo?* Como especie dejaremos de estar obsesionados con la comprensión a nivel intelectual, lo que marcará también la liquidación de los buscadores espirituales. Ya no volveremos a fijar nuestro conocimiento en nuestras estructuras o sistemas, ni tendremos hambre que saciar a ningún nivel. Como el poeta o el músico, entraremos en el misterio mismo. La humanidad se encuentra verdaderamente en los primeros estadios que nos llevarán a trascender nuestra genética. En cuanto comience a despertarse la consciencia pura de nuestro sistema emocional, podremos ver por fin a través del velo que nos ha tenido por tanto tiempo cautivos. Una vez que seamos libres de nuestras mentes, podremos crear verdaderamente poesía en nuestras vidas. Entraremos en una era de gran belleza, una era de transcendencia en la cual la creatividad será la regla y en la que la vida misma se experimentará como una expresión del arte.

La humanidad se encuentra verdaderamente en los primeros estadios que nos llevarán a trascender nuestra genética

EFECTOS POSIBLES Y DESEABLES
DE LA PRÓXIMA MUTACIÓN GENÉTICA

Mientras transitamos hacia la fase siguiente, particularmente en los años posteriores a 2027, hay muchas cosas del mundo que cambiarán. Por la propia naturaleza de la mutación habrá un repentino salto cuántico al que seguirán largos períodos de integración. Cualquier cambio a nivel social implica un tiempo de integración, y algunas de esas fases puede que duren cientos de años.

CAMBIOS FÍSICOS

El secreto del 55.° Don a nivel psicológico se encuentra en un solo elemento: la sal. La sal se conoce desde siempre como un elemento de propiedades purificadoras que tiene la capacidad de disolver las toxinas del cuerpo. Cada célula de tu cuerpo contiene sal y su equilibrio en el cuerpo es la clave más importante para mantenerse saludable. Como aprendimos en la 32.ª Clave Genética, el agua tiene memoria. Cuando tus emociones se vuelven realmente intensas, liberas tus recuerdos a través de la sal de tus lágrimas y/o del sudor. Lo que está comenzando a suceder ahora en la humanidad, y que será cada vez más evidente con el tiempo, es un proceso por el que las antiguas memorias se están liberando químicamente de nuestros cuerpos. La mayor parte de las preocupaciones emocionales se liberarán gradualmente de la memoria genética, tóxica, de la forma humana. A nivel físico ocurrirá a través del sudor, de las lágrimas y de la orina.

De la misma manera que el agua de mar se evapora para dejar tras de sí la sal, así los seres humanos están atravesando un proceso de evaporación y destilación. A nivel químico estamos comenzando a cambiar. Un nuevo entramado de neurocircuitos en el plexo solar está remplazando el viejo cerebro reptiliano, basado en el neurocircuito del miedo. Tal y como testifica el 59.° Siddhi, los seres humanos se irán convirtiendo gradualmente en seres más transparentes gracias a que el cuerpo ya no producirá los antiguos productos químicos que el miedo disparaba. Con el cierre de ciertos procesos químicos asociados al cerebro antiguo, las necesidades del cuerpo cambiarán por completo. Sin las toxinas creadas por el miedo, el cuerpo necesitará mucha menos sal y se volverá mucho menos denso.

DIETA

Cuando la necesidad de sal en nuestra dieta disminuye, nuestro sistema digestivo comienza a cambiar. Después de todo, se trata de una mutación del plexo solar. Mientras nuestro sistema digestivo muta hasta acomodarse a las frecuencias superiores que traspasan nuestro ADN, nuestra dieta también va a modificarse. Es probable que los seres humanos dejen gradualmente de comer carne, y no nos será ya posible tolerar la gran cantidad de sal que lleva la comida procesada moderna. Como nuestros hijos heredarán la mutación a través de su ADN, podrían nacer con una alergia psicológica a la comida salada o a la carne. Todos estos cambios son el resultado de la mutación y se darán en

su justo momento. En el curso del período que transitamos actualmente, los seres humanos necesitan incluso más sal de lo normal para poder purificar a nivel colectivo la toxicidad del pasado. La naturaleza sabe exactamente lo que está haciendo, y deberíamos estar contentos por ello.

La digestión está basada en el reino mineral, en el modo en que el cuerpo usa y disuelve las trazas de los elementos de la comida y del agua. En el futuro, de un modo completamente nuevo, seremos muy eficaces extrayendo y combinando los elementos de la comida. El proceso mecánico para hacerlo podría ser a través de nuestros estados de ánimo. Uno de los efectos más evidentes de la mutación podría ser que no sintamos apetito tan a menudo como nos sucede ahora, con el resultado de comer mucho menos. Además, nuestros cuerpos comenzarán a encontrar otros modos de recibir las frecuencias superiores a través del aire y del sol. Con el tiempo, ya bien avanzado el proceso, cuando estén por jugarse en el tablero cósmico las últimas piezas, el 6.° Siddhi florecerá a nivel colectivo y nuestra piel se volverá totalmente traslúcida, lo que nos permitirá vivir totalmente en la luz y de la luz.

EMOCIONES Y DECISIONES: EL AQUIETAMIENTO DE LA OLA

Uno de los cambios más radicales de la humanidad tendrá que ver con el mismo sistema de las emociones. Actualmente, los seres humanos son víctimas de los caprichos de sus emociones. Sus decisiones están fuera de armonía con su verdadera naturaleza, creando así un campo de energía colectiva caótica. Mientras tiene lugar la mutación, lo que nosotros llamamos ahora emoción va a adoptar un rol completamente diferente. En adelante no se volverá a experimentar como emoción. Será un modo de comunicación. Las personas en las que esta mutación se manifieste no se quedarán atrapadas por el drama emocional de la vida. Por supuesto, sentirán todavía claramente en sus cuerpos cada matiz del entorno emocional, pero su consciencia los mantendrá surfeando la cresta de las olas, en vez de perderse en ellas. El resultado será que sentirán perfecta calma y serán reconocidos gracias a la paz que portará su mirada.

Solamente cuando el silencio haya hecho acto de presencia, y solo entonces, podremos escuchar la armonía oculta de la verdadera naturaleza de la humanidad

Cada persona con esta mutación aportará a su entorno la quietud efectiva de la ola. Cuando más y más gente se despierte a este nivel de consciencia, su presencia colectiva sintonizará con el resto de la humanidad en una dimensión diferente: la dimensión de la claridad y de la quietud infinitas. Este asunto afectará mucho al modo en que los seres humanos toman sus decisiones. Las decisiones dejarán de ser el resultado de los patrones cambiantes de la química emocional y emergerán instantáneamente y con gran claridad cuando la química colectiva se vuelva más calmada a nivel planetario. Tales decisiones dejarán de ser individuales y emergerán directamente del nexo armonioso de la colectividad misma.

El proceso de aquietar la ola emocional conducirá finalmente a una era de paz en el mundo. Como metáfora, este proceso está ligado a lo que sucede en la afinación de una orquesta antes del concierto: cada uno escucha a su alrededor la cacofonía de diferentes

tonos e instrumentos. Este es el estado actual de la humanidad. Cuando llegue la mutación, el director dará un golpecito con su batuta en el atril y cada instrumento entrará en el silencio. Solamente cuando el silencio haya hecho acto de presencia, y solo entonces, podremos escuchar la armonía oculta de la verdadera naturaleza de la humanidad.

EL ENTORNO

Muchas personas se sienten hoy muy preocupadas por el medio ambiente de nuestro planeta y por el gran daño que estamos causando debido a la enorme presión que ejerce la globalización. Después de echar un vistazo a las buenas noticias que vienen del futuro, es importante comprender por qué parece que la humanidad está infligiéndose a sí misma tanto daño. Para comprender una cosa así hay que mirar el cuadro desde una perspectiva más amplia. El planeta es nuestro cuerpo mayor y, tal y como sucede con el cuerpo físico humano, está sufriendo una mutación dentro de sí. Todo en la vida es una delicada red de hebras entretejidas. No es posible que una especie pase por una mutación de este calibre sin afectar a otras.

Nuestra actual generación es una generación de sacrificio. Nuestro cuerpo colectivo está haciendo la purga de toxinas ancestrales. Desde el punto de vista de la dieta, hemos visto que el mundo occidental, en particular, tiene un nivel tan alto de grasa que buena parte de la población es obesa. La grasa es el combustible de la mutación, y esta mutación está arrancando de cuajo las Sombras colectivas de la humanidad. El estrés es otro de los síntomas de la incrementada actividad del plexo solar. La mutación sitúa al vehículo físico bajo un enorme estrés. En cada nivel de la sociedad, la antigua herida humana se expresa a través de los negocios, de los gobiernos y del propio medio ambiente. Este es el verdadero significado del mito de la inundación. La inundación está llegando y separará la consciencia del Don de la consciencia victimista.

El calentamiento global y la polución son expresiones clásicas de la herida humana, vistas en un nivel más amplio. Este tipo de fenómenos representan el último lamento de la consciencia victimista, con la Tierra representando el papel de víctima. Existe un enorme miedo colectivo alrededor del tema de lo que estamos haciendo con nuestro medio ambiente, pero lo curioso es que si la humanidad no estuviera afectada por esta mutación mundial inevitablemente nos destruiríamos. El despertar del 55.° Don se refiere a una mutación genética, física, que está creando una nueva especie. Cuando nuestro espíritu se asiente y el despertar nos permita experimentar la unidad con el otro, también experimentaremos la unidad con todas las criaturas. La nueva consciencia nos conectará especialmente con los animales de manera muy directa, pues su consciencia ya está funcionando como una consciencia colectiva. Aunque ellos porten un material genético diferente, su verdadera naturaleza es la misma del 55.° Don: la Libertad. No solo dejaremos de comer animales, sino que por primera vez experimentaremos que somos uno con ellos. En cada actividad que desarrollemos, la libertad jugará un papel central.

La clave más importante para el futuro será la enorme disminución de la población humana, que sucederá debido al cambio de frecuencia del escenario emocional/sexual. El mundo ruidoso que vemos hoy entrará en el silencio: enormes espacios de la tierra

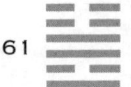

serán pasto de lo salvaje. El sentido de espacio y libertad, que es la esencia de nuestro planeta, regresará. Como hemos visto, la naturaleza de la libertad es salvaje. No tenemos que hacer nada para sanar el planeta. Sencillamente, para cualquier tipo de daño que hagamos, la naturaleza encontrará el modo de restablecer su equilibrio salvajemente. Los animales serán libres de deambular, las plantas y los bosques serán libres de expandirse y florecer, el hombre será libre de disfrutar por el mero hecho de estar vivo. La misma fuerza que ha conducido al hombre a donde está ahora, es decir, la fuerza del miedo, se marchará.

Como dijimos más arriba, es siempre difícil imaginar los detalles de cómo será la vida en un futuro. Lo que sí podemos ver es el espíritu del tiempo venidero. Es más que probable que el hombre continúe aprovechando los increíbles avances tecnológicos que ha creado hasta ahora, y con el incremento de nuestros dones inherentes, estaremos destinados a mejorarlos exponencialmente. El futuro no será un período regresivo, de vuelta atrás, a nuestras raíces primigenias. Será más bien un modo de administración cocreativa de la naturaleza. En esencia, los seres humanos han sido siempre jardineros, y ese es realmente nuestro papel en este planeta: completar la belleza natural sumándonos a él con nuestro propio espíritu.

El verdadero trabajo de la transmutación a nivel planetario lo harán los océanos. Todas las toxinas creadas por el hombre encontrarán su camino hacia el agua del mar y, con el tiempo, serán purificadas por la sal dentro del mundo oceánico. Una vez más, uno puede ver el poder elemental que se encuentra tras este 55.º Don, así como el significado místico que hay tras la era de Acuario: la era del portador de agua.

LA TECNOLOGÍA FUTURA Y LA NUEVA CIENCIA DE LA SÍNTESIS

Cuando contemplamos el potencial de las futuras tecnologías de la humanidad, así como su utilización y efecto en nuestro mundo, deberíamos tener en mente que la próxima mutación afectará muy directamente a nuestra manera de pensar. Dado que nuestra consciencia primaria está transfiriéndose hacia el plexo solar, todas las percepciones futuras y los avances científicos provendrán de esta consciencia y no de nuestra mente lógica. Todo el modelo científico de aproximación cambiará. En vez de comenzar con una duda y ponerse a trabajar para resolverla a través del método científico, comenzaremos con una certeza y usaremos la lógica para confirmar y profundizar en ella. Surgirá así una nueva era en la que la ciencia y la tecnología se fundirán en una ciencia de síntesis. La ciencia trabajará codo con codo con el arte, la música, la mitología y la psicología, y, lo que es de particular importancia, estará basada en la estructura física y la comprensión del cuerpo.

El eje central de todos los sistemas lógicos del futuro que están implicados en esta gran nueva síntesis es la geometría sagrada. La geometría es la organización central del modelo que permite a las mentes humanas correlacionar todos los patrones dentro del universo holográfico. Por ejemplo, ahora mismo se está demostrando en la física avanzada que la geometría de los 64 bits no está solamente presente en la estructura tetraédrica del ADN, sino que está también apuntalando el espacio-tiempo, o sosteniendo las bases de la música. Con la ayuda tecnológica de avanzados ordenadores, podemos generar modelos altamente complejos de nuestro universo usando las leyes de la geometría fractal. Utilizando esta geometría será posible unificar todas las ciencias y artes en solo una, integrada y coherente. Una síntesis como esa solo será posible gracias a la masiva colaboración de expertos de todos los campos, a lo largo y ancho del planeta.

Es una ley universal que nuestro mundo exterior muestra en espejo nuestro desarrollo interno

Con nuestro despertar abriéndose paso en el plexo solar, la nueva física tomará una dirección completamente novedosa y diferente. Nuestra más bondadosa fuente de recursos naturales es el sol, y probablemente se convertirá en la verdadera fuente de energía. Uno de los más grandes sabios de Occidente del siglo pasado, Mikael Aivanhov, predijo el futuro de la humanidad como el de una civilización *solar*. En el holograma del universo, el nuevo despertar de nuestro propio sol interior, del plexo solar, puede tener su reflejo en la tecnología. Es una ley universal que nuestro mundo exterior muestra en espejo nuestro desarrollo interno. Esta cuestión tiene implicaciones todavía mayores para el futuro. Cuando transcendamos la estructura de nuestro propio ADN, nos libraremos de la presión gravitatoria de las frecuencias más bajas. En la ciencia esto se va a reflejar en nuevas tecnologías como el plasma físico, que en breve nos permitirá trascender la gravedad física y curvar el tiempo y el espacio.

La nueva ciencia comenzará a llevar a la humanidad hacia un futuro que, en este momento, se puede ver solo como pura ciencia ficción. Una vez que tengamos tecnologías que superen la fuerza de la gravedad, podremos salir de nuestro sistema solar y comenzar a explorar la galaxia y el universo. Este hecho marcará una fase en la que la Tierra representará un papel dentro del amplio campo de inteligencias superiores a las que ahora mismo somos capaces de acceder. Todos estos desafíos son más cercanos de lo que pensamos. Las bases tecnológicas las estamos sentando durante la primera mitad del siglo en que vivimos.

GOBIERNO, POBREZA Y DINERO

Para imaginar la futura estructura social de la humanidad necesitamos tener una comprensión clara de la naturaleza de los fractales. (Para saber más sobre este tema puedes entrar en la contemplación de los Siddhis 44.°, 45.° y 49.°. Cada uno de ellos se refiere a un nivel diferente de cambio que revolucionará el modo en que los humanos interactuamos a nivel colectivo). Es evidente que la humanidad se convertirá en una realidad vinculada por un solo espíritu dominante, algo bastante parecido al modo en que está hipervinculado todo en el mundo de Internet. La creación de la www (World Wide Web) es el modelo precursor de lo que sucederá a nivel genético. La naturaleza de este espíritu humano es la libertad, lo que significa que la libertad se convertirá en la única y real ocupación humana.

Cuando el espíritu humano se haga libre, otra Clave Genética crucial florecerá colectivamente: el 50.° Don, el Equilibrio. Este Don es uno de los más importantes en lo relativo a la manera en que la humanidad se basará en la colaboración de todos sus miembros. A través del 50.° Don, la humanidad está siendo transportada lentamente

hacia un estado de armonía cósmica. A nivel social, la presencia de este Don en diferentes sociedades y grupos raciales traerá consigo un nuevo tipo de orden. El Don precipitará una disminución gradual de la corrupción y el crimen. Esto significa que entre los países desarrollados y aquellos en vías desarrollo comenzará a haber una relación de asistencia adecuada y que los problemas de pobreza finalmente terminarán.

Nuestra relación con el dinero será, por lo tanto, equivalente a nuestra relación con el miedo

El futuro del dinero se puede ver bastante claro gracias a la comprensión de ciertos Dones y Siddhis, en particular del 45.° Siddhi. El dinero es esencialmente la expresión física de la consciencia victimista. Representa el miedo humano. Nuestra relación con el dinero será, por lo tanto, equivalente a nuestra relación con el miedo. Casi todo el dinero que damos o recibimos porta una *carga* oculta. Solo el dinero que se da o se recibe incondicionalmente no lleva carga añadida. Cuando el dinero se maneje de un modo más puro, se limpiará energéticamente y se pondrá de manifiesto una de las grandes leyes cósmicas: que dar es recibir. El más exitoso de los negocios del futuro se basará en el 45.° Don, la Sinergia. Este tipo de negocios no se fundarán ya en el miedo o en la competición, sino en la transparencia y en una elevada eficacia. La avaricia y el miedo son realmente ineficientes.

Entre los aspectos superiores que pone en juego el 45.° Siddhi está la final desaparición del dinero. Cuando esto por fin suceda obtendremos la señal más clara de que la era de la verdadera libertad se habrá manifestado en nuestro planeta, y ello inspirará una celebración a lo largo y ancho del mundo que tendrá un regusto nuevo y desconocido. Como vimos, la 55.ª Clave Genética forma parte del grupo codónico llamado Anillo del Vórtice. Juntamente con la 49.ª Clave Genética, causará cambios agudos en todos los niveles de nuestra sociedad. Es interesante destacar que este anillo codifica un aminoácido llamado histidina, que se libera durante el orgasmo físico: una fuerza espiral de consciencia que se extiende en ondas por todo el cuerpo de la humanidad, llevándonos hasta niveles de consciencia superiores de éxtasis y unidad.

MUERTE, MEDICINA Y LA SUPERNOVA SÍDDHICA

La libertad es la única y verdadera medicina del futuro. Hay muchos niveles de libertad, pero la libertad final es liberarnos de la idea de separación en la vida. El despertar que está en camino gracias a la 55.ª Clave Genética proclama el fin absoluto del miedo y de la muerte. De hecho, la 55.ª Clave Genética no solo termina con ese miedo, sino que prueba que no existe lo que llamamos muerte. El miedo a la muerte radica en la 28.ª Sombra, que tiene una fuerte conexión con el 55.° Don. Mientras muta la 55.ª Clave Genética, la 28.ª lo hace también, alcanzando al menos el nivel del Don, la Totalidad. El secreto de la salud óptima radica aquí, en el 28.° Don, porque tiene que ver con el libre flujo de fuerzas a través del cuerpo físico. Cuando los humanos trascendamos el viejo miedo, la fuerza de la vida volverá a fluir sin impedimentos a través de nuestros cuerpos. El poder y la vitalidad totales que comporta esta energía traen consigo un enorme potencial de sanación que puede erradicar literalmente todas las enfermedades que golpean a la humanidad.

La verdadera naturaleza de la enfermedad y de la muerte se basan en ese miedo central a la muerte. Al desprendernos de ese miedo, entraremos en una era donde la medicina, tal y como la conocemos hoy, será superflua y desaparecerá. Naturalmente, mientras se purifican las viejas enfermedades, algunas de ellas pueden mutar e incluso esparcirse aún más durante un período de tiempo. Este proceso probablemente durará algunos siglos. La verdadera sanación está conectada con nuestro ADN ancestral, y para que una persona tenga una salud perfecta, su linaje entero ha de estar completamente limpio. Esta limpieza tendrá lugar cuando los Siddhis se hagan presentes y pueblen la Tierra. Cada vez que un Siddhi se manifiesta en algún ser, se envía una onda purificadora hacia atrás en toda su línea genética fractal. Las personas que traen las frecuencias síddhicas al mundo también se llevan con ellas las Sombras colectivas correspondientes de sus linajes ancestrales.

> *La verdadera naturaleza de la enfermedad y de la muerte se basan en ese miedo central a la muerte*

Estamos apostados en la cúspide de una supernova síddhica. El número de aquellos en que los Siddhis van a manifestarse se incrementará en el mundo, mientras que en el plano físico sucederá la gran encarnación. Esta encarnación representa el tercer aspecto de la Santísima Trinidad: el Divino Espíritu Femenino. Sin embargo, no será un encarnación individual: será un espíritu colectivo valiéndose en una constelación específica de seres, cada uno de los cuales ocupa un *fractal central*. (Para más detalles sobre el rol de los *fractales centrales*, léase el 44.° Siddhi) El proceso de encarnación de la Divinidad Femenina puede durar muchas generaciones, pero el resultado final será la purificación de todas las líneas fractales de la humanidad, lo que dará como resultado la aniquilación del *karma* colectivo que se almacenaba en el ADN y la erradicación total de toda forma de enfermedad en el plano físico.

NIÑOS Y EDUCACIÓN

El último tema que abordaremos es, con mucho, el más importante de todos: nuestros niños, los que llevan el futuro en sus manos. La mayoría de los jóvenes que están hoy en el mundo llevan la semilla de la futura mutación en su sangre. Serán sus hijos los que den a luz a la nueva consciencia, que surgirá alrededor de la fecha de 2027. Uno de los aspectos más asombrosos sobre esos niños es el modo claro e inocente en que el proceso de la ola emocional se da en ellos. Nuestra actual generación de niños refleja los cambios químicos que están por venir y su naturaleza emocional es algo único. Se trata de chavales cuyos procesos emocionales y sus manifestaciones físicas deberían verse no a nivel individual, sino en el plano colectivo. Desde luego que estos niños necesitan de las guías naturales que cualquier padre da a un hijo, pero también necesitan un mayor espacio de libertad. La mutación está llegando a nuestro sistema emocional, y mientras se esparce por nuestra química, dará lugar a patrones de comportamiento erráticos y a impredecibles fenómenos emocionales. La llave maestra para que ese proceso se dé con naturalidad es que los padres sepan que no hay nada raro o que esté mal en sus hijos, y que los atiendan con más amor y con extremada paciencia.

Las futuras generaciones que nazcan estarán formadas por niños que portan la mutación y por otros que no la portan. En todo caso, la mutación aparecerá en todo el planeta. No va a ser difícil saber quiénes son los portadores de la nueva consciencia en sus genes, porque no van a mostrar los síntomas emocionales que asociamos a los niños y jóvenes en su proceso de crecimiento. Los padres encontrarán que aparece un nuevo tipo de tranquilidad en sus familias simplemente por tener en casa uno de esos niños. Dependiendo de su perfil hologenético y de sus Dones Primarios, estos niños mostrarán dones increíbles desde su más tierna infancia.

Uno de los grandes cambios que va a llegar con esos niños es la necesidad de una profunda renovación del sistema educativo. Dado que su centro de consciencia más elevado está localizado fuera de sus cerebros, van a mostrarse como seres excepcionalmente brillantes. Una vez que la mente se trasciende, emerge el verdadero genio. Su método para aprender estará más cercano al proceso de ósmosis que al de repetición y su memoria será extraordinaria. Por todo lo señalado hasta ahora podríamos pensar que en la sociedad en que vivimos estos niños serían totalmente vulnerables. Pero en realidad no es así. Por sus dones no van a tener necesidad de un tratamiento especial o de una escolarización diferente. Por el contrario, se adaptarán sin problemas a la vida normal. Dondequiera que vayan, tendrán las experiencias que necesiten para que puedan poner de manifiesto sus dones. Su fortaleza les viene dada por su transparencia. Les mueve una fuerza tan poderosa que está más allá de nuestra actual comprensión. Será imposible que esos niños puedan sentirse alguna vez abandonados o victimizados.

Una vez que la mente se trasciende, emerge el verdadero genio

La presencia de esos niños en nuestras sociedades revelará las limitaciones existentes en el sistema educativo actual. Una de las prácticas del pasado, que sin duda va a volver será la figura del aprendiz, de modo que los niños con talentos específicos podrán ser aprendices de maestros también especiales para aprender de la vida a través de la experiencia en el mundo real, y no detrás de un pupitre. En todos los niveles se va a manifestar el 55.º Don, la Libertad. Para un niño, la libertad tiene que ver con el juego. Gracias al juego el crío aprende de sí mismo y de su mundo. Por eso es más que posible que los chavales del futuro no vayan a la escuela a edad tan temprana, como sucede ahora, sino que se les ofrezca una enorme cantidad de espacios distintos para florecer.

Mientras esos niños crecen, comenzarán a mostrar el primer pulso fuerte de la nueva era en este mundo. Es, por lo tanto, imperativo que estos críos estén integrados por completo en las estructuras sociales existentes en el planeta. La mayoría de ellos se convertirán en maestros, médicos, abogados, gente de negocios y otro tipo de profesionales *típicos*. Dado que pueden sentir a un nivel holístico, serán capaces de introducir reformas sutiles que crearán un efecto de expansión ondulante en todos los niveles de la sociedad. Cualquier cosa que toquen se volverá más eficiente. Serán personas que no portarán ni un gramo de temor en su cuerpo, pero que pueden sentir el miedo en todos los demás. Este nivel de empatía puede convertirlos en maestros en el campo de las relaciones personales. Lenta e imperceptiblemente, esos niños y los hijos de sus hijos transformarán el planeta. Como mencionamos más arriba, la consciencia superior va literalmente a desclasar la consciencia victimista de la humanidad.

CONCLUSIÓN

Todo lo dicho anteriormente es una exploración intuitiva en los códigos arquetípicos contenidos en las 64 Claves Genéticas vistas a través de la 55.ª Clave Genética. Como tal, contiene las frecuencias de nuestro futuro común, más que predicciones específicas. Lo que importa principalmente es la frecuencia que se encuentra más allá del trabajo completo de las Claves Genéticas. Hay personas que resuenan completamente con ellas, mientras que hay otros que no resuenan. Este libro está escrito para aquellos que reverberan con este tipo de frecuencias elevadas. Cada cual porta consigo un barómetro de la Verdad que se manifiesta de modo diferente en cada persona. Si has sentido el aliento de la verdad en estas palabras, entonces eres de los que están preparados para bucear profundamente en sus propias sombras hasta abrazarlas por completo. La libertad tiene un precio: la transparencia. Uno ha de hacerse cargo de cada sentimiento negativo o tendencia interna y asumir una total responsabilidad por ello. Debes retroceder en busca de todos los sutiles ramalazos de culpa y localizar cada uno de los recónditos vestigios de temor en tu ser para abrazarlos sin miedo.

Una vez que seas transparente y veraz, contigo mismo y con los demás, la semilla de la futura consciencia podrá echar raíces en ti. Incluso aunque no esté presente en tu perfil genético como mutación física, puedes resonar mucho con el campo de energía que se avecina. Es más, si tienes el corazón abierto y eres lo suficientemente humilde, esta consciencia se despertará inevitablemente en ti y te usará como plataforma de despegue para entrar en los espacios de libertad y preparar el terreno del verdadero mundo del romanticismo superior que está por llegar.

56.ª CLAVE GENÉTICA

SIDDHI EMBRIAGUEZ • DON ENRIQUECIMIENTO • SOMBRA DISTRACCIÓN

INDULGENCIA DIVINA

PAR PROGRAMADO: 60.ª CLAVE GENÉTICA
ANILLO CODÓNICO: EL ANILLO DE LAS
             PRUEBAS (12.ª, 33.ª, 56.ª)

FISIOLOGÍA: TIROIDES/
      PARATIROIDES
AMINOÁCIDO: NINGUNO
      (CODÓN FINAL)

LA SOMBRA DE LA 56.ª CLAVE GENÉTICA: DISTRACCIÓN

LA MÁSCARA DEL MUNDO

A medida que profundizas en las 64 Claves Genéticas, empezarás a darte cuenta de cómo se entretejen estos códigos en muchas y diferentes dimensiones. Como una imagen hologenética reflejada del cosmos en que vivimos, las 64 Claves Genéticas te permiten viajar a través de infinitos accesos por tu universo interior. Los 21 Anillos codónicos, agrupaciones genéticas universales dentro de tu cuerpo, son uno de los grandes misterios de la estructura de nuestro ADN. Desde el punto de vista químico, los codones sintetizan los 64 triplets en grupos que codifican los 21 ácidos más importantes. En todo caso, y como arquetipos, los Anillos codónicos reflejan la misteriosa simetría que está en juego dentro del universo contemplado como un todo. En esta geometría entretejida, el Anillo de las Pruebas, que incluye las Claves Genéticas 12.ª, 33.ª y 56.ª, establece el espectacular guion de la propia evolución. Estas tres Claves Genéticas no codifican cualquier aminoácido, sino que, por el contrario, se refieren a un paquete de instrucciones específicas conocidas como *codón final*.

Si fueras tras la pista de tu propio ADN, podrías llegar de vez en cuando a estos lugares especiales de las páginas de información codificada que conforman el tejido de su ser. Estas tres Claves Genéticas, juntamente con la 41.ª (conocida como *codón de arranque*), comparten un papel genético vital dentro de ti. En ellas, a pesar de lo que los biólogos puedan pensar o ver, hay más que instrucciones. Como una construcción de bloques de la matriz viviente, el ADN está diseñado para mutar con la finalidad de continuar evolucionando. El propio código genético cambia de forma y adapta sus funciones a lo largo de períodos de tiempo extensos, y las Claves Genéticas también cam-

bian su funcionamiento. La 35.ª Clave Genética es un ejemplo de ello. Se muestra sola en el genoma, del mismo modo que lo hacen los codones finales y de arranque, pero es muy singular, como podrás descubrir si exploras su extraña naturaleza. El hecho es que la 35.ª Clave Genética solía funcionar como un codón final en primitivas fases de nuestra evolución. Sin embargo, ese aspecto del ADN ha mutado en el curso de la evolución hasta nuestros días y, en su frecuencia superior, permite que los humanos tomen atajos a través de su genética, lo que como resultado acarrea fenómenos que generalmente consideramos milagrosos.

El Anillo de las Pruebas también se presta a tales posibilidades y, por lo tanto, no sabemos de lo que son capaces estas Claves Genéticas una vez que se hayan despertado. Sin embargo, en la frecuencia de la Sombra se puede observar exactamente lo que hacen y cómo nos afecta. Al comienzo de las Tres Grandes Pruebas, la 33.ª Sombra, el Olvido, establece el patrón del olvido y te oculta tu verdadera naturaleza universal. Esta prueba es la razón por la que habrás de viajar a través del tiempo y del espacio, experimentando muchas encarnaciones, hasta que recuperes la memoria de tu ser más elevado. La segunda prueba, establecida por la 56.ª Sombra, consiste en mantenerte en la ilusión de tu individualidad, distraído gracias a tus cinco sentidos. Cuanto más recuerdas tu verdadero ser, más te das cuenta de lo amplia que es tu adicción al mundo exterior, y con el tiempo, podrás reconducir hacia tu interior esas energías y romper con esa fuerte adicción. Para terminar, la 12.ª Sombra, la Vanidad, llega al final de tu evolución. Es la última gran prueba que testa la profundidad de tu rendición hasta el último momento. En esta prueba tienes que dejar todo lo que has alcanzado en tus innumerables viajes. Al hacerlo podrás obtener la trascendencia final.

Ahora que hemos aclarado los antecedentes de esta 56.ª Clave Genética, podemos entrar más intensamente en el campo de su transmisión y entender cómo puede llegar a ser de devastadora la Sombra de la Distracción. Comencemos con un ejemplo del poder de la distracción. Aproximadamente, un cincuenta por ciento de la humanidad no ha usado nunca el teléfono. Permite que las implicaciones de esta estadística penetren tu consciencia por unos momentos. Si toda esa gente del mundo está todavía distraída en asuntos relacionados con la supervivencia, ¿qué está haciendo el cincuenta por ciento de personas restante a propósito de ello? La respuesta es: casi nada.

En el mundo moderno parecemos casi desesperados a la hora de distraernos de ser quienes en realidad somos

También están distraídos en las minucias de su propia existencia: préstamos, teléfonos, restaurantes, televisiones, política, ordenadores y cualquier otra cosa que puedas imaginar. La distracción dificulta en gran medida la evolución, pero también nos conduce a una apreciación más plena de nuestra propia miseria. En el mundo moderno parecemos casi desesperados a la hora de distraernos de ser quienes en realidad somos. Al mismo tiempo, ahora tenemos tantas distracciones que estamos paulatinamente cayendo en la cuenta de las dimensiones de nuestra adicción.

Verás, un poco más adelante, cómo la naturaleza reactiva de la 56.ª Sombra está sobreestimulada, y esta es la esencia de la distracción: cuanto más sobreestimulado estás por tus sentidos, menos sientes tu propia incomodidad. La sobreestimulación te mantiene adormecido. La Sombra de la Distracción coloca sobre el mundo una máscara que te impide ver la realidad tal y como es. Dado que abandonamos constantemente nuestro centro y salimos de viaje al exterior a través de nuestros cinco sentidos, nos convertimos en víctimas de nuestra vida material. Al contrario que la mayoría de las 64 Sombras, que te mantienen como víctima de tu propio pensamiento, la 56.ª Sombra se asegura de que seas la víctima del pensamiento de otros, o, en otras palabras, de las condiciones de tu entorno. Sea el gobierno de tu país, la televisión o los medios de comunicación, o simplemente el sistema de creencias de tu religión, tu cultura, tus profesores, padres o compañeros, el mundo constantemente te dice cómo deberías pensar. No es extraño que nos distraigamos fácilmente de nuestros sueños reales y de nuestros ideales mientras los sistemas de creencias de los otros nos lavan el cerebro.

La distracción trabaja en dos sentidos. El modo de distracción más común es la evasión exterior. Es decir, el mundo exterior de los sentidos te distrae de tu mundo interior de sentimientos y de la realidad de los reinos superiores. Así, tendemos a culpar al mundo exterior y a la gente de fuera de lo que nos sucede, en vez de darnos cuenta de que las circunstancias reflejan nuestro estado interior. El archiconocido epitafio de la nueva era que dice «Tú creas tu propia realidad» es solo una verdad a medias. Tú no creas los hechos reales de tu vida, sino que influyes en su desarrollo a través de tu actitud. Cuando culpas a la gente de tu entorno, pones en marcha una frecuencia basada en el patrón de víctima que se reforzará a sí mismo, una y otra vez, a lo largo de tu vida. Por otro lado, si eres capaz de aceptar cualquier cosa que te suceda, te guste o no, es decir, si estableces tu patrón de frecuencia en la Rendición, te puedes mover en la vida con fluidez y belleza, y tu vida lo reflejará.

Otra forma de distracción menos común es la evasión interior. La distracción interior se produce cuando estás tan enfocado hacia adentro que pierdes de vista el mundo exterior: vives en un mundo de fantasía, de creación propia, que no tiene un anclaje real en el mundo material. En este sentido, miras a través de una lente que encaja solo con los criterios de tu fantasía. Ves lo que quieres ver, pero no ves la realidad. Aquí es donde podemos observar el poder del par programado de la 56.ª Clave Genética, la 60.ª Sombra, la Limitación. La 60.ª Clave Genética tiene que ver con la importancia de la estructura y de la forma, lo que algunos consideran que les distrae de su fantasía. El 60.º Don es el Realismo, lo que significa aceptar el momento presente tal y como es, sin revestirlo con proyecciones mentales de ningún tipo. En el momento en que te distraes de lo que está pasando en la realidad, limitas severamente el resultado de los eventos que se estén dando en el momento presente.

Es fácil observar que la Sombra de la Limitación alimenta la necesidad humana de estar distraído. Cuando sientes que estás limitado, significa que tu mente te ha atrapado. En vez de liberarte de esta incomodidad a través de la aceptación, tiendes a alejarte de esa sensación tan deprisa como puedes (ya sea abriendo el frigorífico, encendiendo la televisión o descolgando el teléfono). La máscara del mundo te mantiene comprometido, entretenido y distraído por los dramas que suceden en ti y en tu entorno. Y, quizás, lo más triste de todo, es que la máscara del mundo te mantiene pobre (porque cuando estamos distraídos por algo que nos mantiene en un estado de entumecimiento inerte, estamos verdaderamente empobrecidos).

NATURALEZA REPRESIVA: RETRAÍDA

El modo represivo de la 56.ª Sombra es el retraimiento. Estar retraído significa estar apenas estimulado. Se trata del colapso de nuestro espíritu por adormecimiento o insensibilidad. Es un estado que a menudo asociamos con los adolescentes, los cuales pueden entrar en largos períodos de enfurruñamiento. Muchos adultos que han tenido infancias difíciles también se sienten víctimas de esos espacios *muertos*, lo que con el tiempo se transforma en patrones que quedan entronizados en los sistemas nervioso y endocrino. Así es como el cuerpo físico manifestará un modelo emocional valiéndose de su química. En adultos con la 56.ª Sombra activa, esta cara represiva se manifiesta a menudo como el síndrome de *Lemming;* la persona pierde de vista sus propias aspiraciones y se convierte en esclavo de la tediosa vida mundana. Puedes ver esta Sombra reflejada en los ojos de esa clase de gente: parecen mediocres y carentes de alegría.

NATURALEZA REACTIVA: SOBREESTIMULADA

La cara reactiva de la 56.ª Sombra es la sobreestimulación. Se manifiesta como una constante necesidad de mantenerse en movimiento a todos los niveles del ser. Existe en esta Sombra una particular necesidad de satisfacer la vista y cualquier cosa que la estimule (desde la lectura hasta ver la televisión, pasando por las fantasías de viajar). Esta gente puede abandonar por completo su vida interior. Hacia el exterior pueden parecer perfectamente normales, pero en su interior abrigan todo tipo de fantasías. Por otro lado, estas personas pueden muy bien llevar vidas que estén solo enfocadas en el mundo exterior, negando totalmente su mundo interior. La 56.ª Sombra se refleja en todos los patrones de comportamiento que nos impiden sentir la realidad de quiénes somos y cómo nos sentimos realmente. Nos mantenemos en movimiento, cambiando relaciones o intentando nuevas experiencias. Sencillamente, no sabemos cómo parar.

EL DON DE LA 56.ᴬ CLAVE GENÉTICA: ENRIQUECIMIENTO

VOLVER HACIA ADENTRO

Como en el resto de los dones de las 64 Claves Genéticas, el Enriquecimiento nos empuja fuera de las Sombras y dentro de las frecuencias superiores. La vida se mueve en torno al puro Enriquecimiento. La Distracción está bien, pero solo si nos enriquece. Los que manifiestan el 56.º Don han aprendido la diferencia entre lo que alimenta el espíritu humano y lo que lo mina. Esto significa que ya dejaron de ser víctimas de la distracción y que han aprendido el arte de la autodisciplina. Si estás leyendo esto y crees que no eres víctima de la distracción, hay un test de acidez muy simple: si hay algo en la vida a lo que no puedes decir «no», no importa lo que sea, no hay duda de que sigues siendo víctima de ello. Recuerda: el 56.º Don no se refiere a abstenerse, sino a tener la habilidad de prorratear la vida mientras se abre paso a través de tus cinco sentidos.

El Don del Enriquecimiento no consiste solo en tener fuerza de voluntad. Enriquecimiento es algo diferente de diversión o del entretenimiento. Por ejemplo, sabes que disfrutarías mucho de esa tarta de chocolate, pero puedes decidir que en esa ocasión concreta, el hecho de tomarla no enriquecería tu espíritu. Otro día, la misma tarta puede que sí sea una experiencia que enriquezca tu espíritu. La cuestión es que tú no eres víctima de tus sentidos. El 56.° Don se refiere a saber mantener el delicado equilibrio entre el vicio y la virtud, entre la libertad y la responsabilidad. La gente con este Don no es ni adicta a la abstinencia ni ultraindulgente. Simplemente sabe, por encima de todo, cómo sacar el máximo partido a la vida.

A este 56.° Don le gusta probar las delicias del jardín sin perderse ninguna. Te puede llevar a lugares y a relaciones desagradables. Sin embargo, el 56.° Don tiene un sabor alquímico al hacerlo. La alquimia tiene que ver con saber cómo usar lo que solemos llamar «demonio» como un medio para transcender. El demonio, como bien sabe el 56.° Don, es simplemente una configuración de la energía que vibra a baja frecuencia. La misma energía, a una frecuencia más elevada, tiene el enorme potencial de estar al servicio del Todo.

Por lo tanto, el 56.° Don te meterá en todo tipo de ondas de baja frecuencia, porque sabe cómo transmutar esas energías en alegría e intención. Si tienes esta 56.ª Clave Genética en una posición prominente de tu perfil hologenético, tienes el raro don de ser capaz de mostrar a otros que sus problemas son en realidad oportunidades maravillosas. Hay una gran luminosidad y sentido del humor en esta Clave Genética.

El 56.° Don es conocedor de una gran verdad: el verdadero disfrute está enraizado en el interior de tu Ser, no en nada externo. Conforme comienzas a encarnar esta verdad, tu consciencia se girará naturalmente hacia el interior. La misma energía que podría haberse convertido en distracción en el mundo exterior se dirige hacia el interior para mirar tu propia fuente. Y al hacerlo, causa una transformación interna. Durante un tiempo, el 56.° Don te entrenará en cómo meditar. Puede que no medites formalmente, pero entras en un estado de meditación en el que los deseos sensuales se ven tal y como son: intentos ilusorios de realización.

El verdadero disfrute está enraizado en el interior de tu Ser, no en nada externo

No significa que tengas que convertirte en una especie de mendigo o asceta, sino que vas a romper tu adicción a buscar la realización en el mundo exterior. Mientras esto sucede, la vida vivida a través de tus sentidos se volverá muy refinada. Incluso comenzarás a desarrollar tus sentidos extraordinarios (los atributos más altos de tus cuerpos sutiles, más allá de los mundos físico, emocional y mental).

Una de las características maravillosas de aquellos que portan este Don es que son capaces de enriquecer a otros a través de lo que han aprendido en la vida. La habilidad de disciplinarte cuando es necesario conduce a que otros te reconozcan como un potencial modelo de vida digno de ser imitado. Si tienes la fuerza de amarte, otros se aproximarán a ti. El 56.° Don tiene que ver esencialmente con el equilibrio. Si tienes este Don, entonces puedes nivelar diversión y seriedad. Puedes disfrutar con lo mejor de ambas, pero la diferencia es que sabes exactamente cuándo parar. Es el poder del codón final que hay dentro de cada uno de nosotros. Se comporta como un sello que cierra los lugares por donde perdemos energía. Además, en la antigua China, los cinco sentidos se conocían esotéricamente también como los «cinco ladrones». Habían comprendido que eran espacios por donde nuestra fuerza vital o *chi* salía del cuerpo. Cuando aprendes a *sellar* tu tendencia humana a olvidarte de ti mismo a través de tus sentidos, experimentas una llama interior que crece dentro de ti.

Enriquecimiento significa sorber la vida hasta el tuétano. El 56.° Don es el don del sentimiento, de la sensualidad, de la vivacidad. Significa que tú te maravillas donde otros encuentra monotonía, y que encuentras belleza allá donde otros solo ven fealdad. Tiene que ver con la apreciación y la gratitud; cuanto más agradeces cada momento, más se aviva el momento contigo. El potencial y la genialidad más grande del 56.° Don radica, sobre todo, en la comunicación, pues es capaz de entretener y desviar la atención de los otros. En su banda de más baja frecuencia, esta Clave Genética se puede encontrar en la publicidad y en la espiral de la política, y a una frecuencia superior, se puede hallar en los comediantes, entretenedores o en los oradores motivacionales. A niveles aún más elevados, es el gran arte de contar historias o crear mitos, de compartir experiencias personales que nos han tocado o abierto el propio corazón. A estos niveles superiores este Don del Enriquecimiento es el Don del amor, pues cuanto más enriqueces la vida de otros, más se vierte este Don en tu corazón.

EL SIDDHI DE LA 56.ᴬ CLAVE GENÉTICA: EMBRIAGUEZ

El negocio del entretenimiento divino

El 56.° Siddhi es realmente muy entretenido. Es el arte contrario de la Distracción. Los que han desarrollado este Siddhi se han disciplinado para distraerse solo con lo Divino, solo con lo que es edificante, solo con las más luminosas corrientes y efluvios. Este es el Siddhi de la Embriaguez. La raíz de esta antigua palabra * deriva de la palabra *toxic* o *toxin* («tóxico» o «toxina»), que a su vez, viene de misma raíz que la palabra griega *flecha*. La máxima toxina es el amor y justo de este arquetipo procede el mito de Cupido y sus flechas. La gente que se ha sumergido en este Siddhi ha llevado el Don del Enriquecimiento a su cima: han permitido que el amor les atravesara una y otra vez. La ironía en este nivel de consciencia consiste en que, aunque el enriquecimiento requiere disciplina, ¡la embriaguez no quiere mantener ninguna disciplina! Los Siddhis solo se manifiestan por un gran avance de la consciencia. En cierto sentido, son premios. El premio del Siddhi de la Embriaguez es encontrarse en un estado de permanente Distracción, ¡la Distracción del puro amor!

Desde el punto de vista mítico, el 56.° Siddhi tiene muchos paralelos arquetípicos. Todos nuestros dioses han surgido de las 64 Claves Genéticas. De esta 56.ᵃ Clave Genética proceden todas las grandes deidades hedonistas; Dionisio, Baco y Pan son solo

---

* «Embriaguez» es la traducción elegida en este caso para la palabra inglesa *Intoxication*. De ahí la referencia a la palabra *toxic*. *(N. de la T.)*

algunos pocos ejemplos del panteón griego. El 56.º Siddhi sabe de qué están hechos todos sus deleites, degustaciones y detalles. No se trata, sin embargo, de una gratificación material, ¡sino de la gratificación divina! El 56.º Siddhi quiere que la humanidad experimente la riqueza de la vida, por lo que a menudo crea una síntesis de refinamiento material y espiritual. Para el 56.º Siddhi en toda su pureza, el sibaritismo requiere solamente de un sorbo de vino en el plano material para desencadenar una embriaguez paralela y sincrónica en los planos superiores. Aquellos que manifiestan el 56.º Siddhi no paran de deleitarse con los placeres de la materia, pero lo hacen en dosis homeopáticas. Por esta razón el 56.º Siddhi no se ajusta a ningún modelo corriente de divinidad o espiritualidad. Con el tiempo podrán mostrar a la humanidad que ser Divino no significa abandonar los placeres sensuales. Sencillamente no los necesita en absoluto y, por lo tanto, puede verdaderamente disfrutar de todos los aspectos de la vida.

Ser Divino no significa abandonar los placeres sensuales

El 56.º Siddhi es extremadamente contagioso. Así como son contagiosas las diversas manifestaciones de la Sombra de la Distracción (clavarse delante del ordenador, mirar la televisión, tomar drogas o alcohol...), también los más altos niveles del 56.º Siddhi se vuelven contagiosos y adictivos. Se trata de volverse adicto a las frecuencias superiores del amor. Al contrario de lo que sucedía en la manifestación de las más bajas frecuencias del amor, en las cuales se trataba de cazar con las infames flechas de Cupido en el mundo exterior, el 56.º Siddhi encuentra la fuente de la mismísima toxina, que no es otra cosa que tu propio y superabundante corazón. Embriaguez quiere decir consumirse en el amor por uno mismo. La gente que manifiesta estos estados eufóricos tiene el don de distraer a los demás de sus patrones autodestructivos y elevarlos a más altas frecuencias a través del amor. Como este Siddhi está profundamente enraizado en la Sombra de la Distracción, las personas que lo portan comprenden con su astucia las leyes que gobiernan a los seres humanos. Al haber pasado por el Don del Enriquecimiento, saben de la tendencia humana hacia el exceso. Saben cómo hablarte y cómo infectarte con su amor y con su humor. Ebrios en un nivel superior, estas personas simplemente se deleitan en su propia aura de amor, y por ello se vuelven irresistibles. No tienen otro plan que no sea el de compartir su propia buena suerte con quien quiera recibirla y por la sola razón de que se han cruzado en su camino.

Los 64 Siddhis son una enciclopedia de atributos que la mayoría de la gente catalogaría como «sagrados» o «divinos». El de la 56.ª Clave Genética está muy cercano a lo que conocemos como enloquecimiento o embriaguez. Son personas cuyo florecimiento ha borrado de una manera tan espectacular su sentido de continuidad en la vida que cuesta una enorme cantidad de energía simplemente impedir que rompan a reír a carcajadas. Están en efervescencia con la vida (se burlan de tu espíritu y lo cosquillean) y no se las puede comprender o encerrar en ninguna forma de lógica. Son los Divinos ebrios que ocasionalmente entran en el mundo de la forma tambaleándose. Este tipo de gente nos recuerda que la fuente y la razón de la vida son el amor, la belleza y el disfrute. Es el papel que desempeñan los bufones, y cada uno de nosotros podemos ver nuestra propia locura con ellos y abrazarla en medio de risas y aceptación.

El 56.° Siddhi fluye directamente a través de nuestro corazón. Es el más elevado arte de las risas y entretenimiento. Es uno de los grades Siddhis poéticos. Este 56.° Siddhi nada tiene que ver con la disciplina en el sentido en que la entendemos en el mundo de la forma. Los raros seres que manifiestan este estado son la ley para sí mismos. No puedes comprenderlos con la mente, pero si te sientas con ellos y te deleitas con sus risas, tú mismo podrías acabar embriagado por sus exquisitas frecuencias. Son como un vino que ha madurado hasta la perfección y su único deseo es seguir bebiendo del amor que brota desde el corazón. Un ser humano embriagado por este Siddhi se ha dado cuenta de algo pasmoso sobre la existencia: que no tiene sentido. Todas sus creencias y búsquedas han llegado a término. Los estados que permanecen son la maravilla y el deleite. Para estas personas, la vida no es nada más que puro entretenimiento, ya que no hay nada más que aprender, hacer o lograr. Cuando la Embriaguez irrumpe desde los planos más elevados, todo lo aprendido se convierte en maravilla. Tú continúas absorbiendo las delicias de la vida, pero tu aprendizaje ha llegado a su fin, sencillamente porque el aprendizaje sugiere evolución, y estos Siddhis señalan el fin de la evolución.

Dado que el 56.° Siddhi sigue en la secuencia ancestral al código de la 55.ª Clave Genética, nos da algunas pistas de por dónde irá la experiencia de nuestro despertar a nivel colectivo, tal y como se describe en la 55.ª Clave Genética. En esencia, la humanidad cambia y se dirige hacia el negocio del entretenimiento. Una vez que hemos logrado nuestros objetivos, no hay otro papel para nosotros que no sea el de ser el público al que le entretiene la propia existencia. El verdadero entretenimiento incluye risa, inspiración, maravilla y, por último, embriaguez. La pareja asociada a este Siddhi, es decir, el 60.° Siddhi, la Justicia, comenzará a despertarse aproximadamente al mismo tiempo que el 56.°. Conforme esto vaya sucediendo, el mundo comenzará a corregirse a sí mismo y a nivelar sus desequilibrios. Los códigos que habíamos dado por sentados durante mucho tiempo —nuestra economía, las instituciones y sistemas legislativos y de gobierno, el propio miedo a la muerte que ha construido nuestro mundo moderno— comenzarán a crujir y decaer. Mientras el viejo sistema se derrumba, aquellos que vibren en las frecuencias superiores (cuyo número ha de crecer cada día) liberarán una enorme avalancha de amor y de embriaguez a través del plexo solar colectivo de la humanidad.

En los antiguos textos sagrados judíos, conocidos como el Talmud, se puede leer una mística profecía:

> Y cuando llegue el Tiempo
> el Divino servirá un banquete para los Justos
> con la carne del leviatán,
> y su piel será usada para cubrir la tienda
> donde el banquete tendrá lugar

Esta profecía se refiere al despertar de la Sinarquía en el corazón de la humanidad. Los Justos simbolizan la frecuencia superior del corazón. Aquellos que no se alejen de las toxinas de la consciencia de la Sombra, sino que la transformen internamente, abrirán los secretos de la consciencia superior. A esto se refiere cuando dice: «con la carne de leviatán». La consciencia de Cristo trae incluida las frecuencias inferiores para trans-

mutarlas en luz. El final se describe como una gran fiesta o banquete, en la que la piel del leviatán se emplea a modo de tienda, bajo la cual tiene lugar la celebración. Esta maravillosa y misteriosa metáfora se refiere a la ruptura del maya o ilusión que impide a la humanidad conocer su naturaleza superior. Esta es la «piel», nuestra conciencia mental, que nos mantiene la verdad oculta. Yendo un poco más lejos, podríamos usar esa «piel» con un sentido de celebración. Eso es exactamente lo que hace el 56.º Siddhi. Porque ya no se deja engatusar por los constructos mentales, sino que se embriaga con las maravillas de la mente y sus creaciones.

Si conoces a alguien que tenga este 56.º Siddhi en su perfil hologenético, comprueba cómo funciona viendo esos altos niveles de profundidad oculta tras su comportamiento. Hay un amor oculto en el interior de estas personas, tan increíble que nadie lo podría imaginar. Si tienes este Siddhi en tu perfil hologenético, se supone que tu vida te va a enseñar todo sobre este amor en el mundo y su sufrimiento. Nunca debes avergonzarte de sufrir, porque sufrir es la toxina que utilizamos para intoxicarnos. Mientras permites que las flechas de la vida te atraviesen, una por una, puede que un día llegues a sentirte tan derrotado que comiences a reír. Podrás parar de intentar dirigir tu vida y rendirte. En el momento glorioso en que esto te suceda, toda tu consciencia se moverá de lo horizontal hacia lo vertical. Comenzarás a ver que, a ese nivel, cada pequeña cosa de la vida puede ser enriquecedora. Es todo cuestión de actitud.

> Cuando te atrae hacia sí,
> ¡en qué placer se convierte el sufrimiento!
> Sus llamas son como el agua.
> No tenses tu rostro.
> Estar presente en el alma es su función,
> y también lo es romper tus votos.
> Con las múltiples caras de su arte,
> esos átomos estremecen sus corazones.
>
> RUMI

57.ª CLAVE GENÉTICA

SIDDHI LUCIDEZ • DON INTUICIÓN • SOMBRA INQUIETUD

UN VIENTO AMABLE

PAR PROGRAMADO: 51.ª
ANILLO CODÓNICO: EL ANILLO DE LA MATERIA
(18.ª, 46.ª, 48.ª, 57.ª)

FISIOLOGÍA: GANGLIOS
CRANEALES (VIENTRE)
AMINOÁCIDO: ALANINA

LA SOMBRA DE LA 57.ª CLAVE GENÉTICA: INQUIETUD

LAS BANDAS DE FRECUENCIA DEL MIEDO

Desde el punto de vista de la 57.ª Clave Genética, en la vida absolutamente todo es acústico. Incluso la luz se puede reducir a una firma sonora. Aun así, el espectro de sonido al que los seres humanos somos capaces de acceder en realidad es bastante estrecho. Los mamíferos más sensibles pueden oír sonidos mucho más allá de nuestra limitada capacidad; sabemos, por ejemplo, que los perros pueden oír ultrasonidos y que criaturas como las ballenas y los elefantes pueden oír frecuencias de sonido muy por debajo de nuestro propio espectro. Otras criaturas, como los insectos, interpretan el sonido a través de todo su cuerpo o de sus patas como una vibración pura, que es exactamente lo que define a un sonido. Todo este trabajo de las 64 Claves Genéticas es un intento humano de pintar una imagen de las diferentes frecuencias del universo que habitamos, que nos traspasan y nos circundan. En el nivel más elevado, como veremos, los humanos estamos hechos de capas de ondas sonoras alternantes e inmutables.

Las 64 Sombras son todas ellas estados de consciencia gobernadas por el miedo. Para comprender mejor lo que significa utilizar la palabra *miedo*, nos puede ayudar reducir su significado a un cierto rango de frecuencias. Si los estados basados en el miedo coinciden con un ancho de banda concreto, entonces podremos ver lo fácil que podría ser ajustar nuestra propia frecuencia y elevarnos por encima del ancho de banda del miedo. Suena fácil. Sin embargo, tenemos que recordar una cosa por encima de todo: la humanidad como colectivo vibra en ese ancho de banda del miedo. Por lo tanto, como seres humanos, cada uno de nosotros está bajo una enorme presión para resonar con esas mismas frecuencias. Cada ser humano es como un diapasón acústico. Si estamos

situados cerca de una fuente de salida de audio de gran alcance, comenzaremos a vibrar antes de tiempo en la misma longitud de onda de esa salida. En el planeta Tierra, este proceso está garantizado por nuestro condicionamiento infantil. La fuente de partida del estándar humano que se basa en el miedo se conoce como la 57.ª Sombra, la Inquietud.

El antiguo símbolo del I Ching para este hexagrama 57.º es el viento. Como símbolo, el viento tiene muchas dimensiones. También es símbolo de la ubicuidad del espíritu, porque da vueltas por el mundo, toca a todos y es invisible. Cuando lo observamos desde el nivel de la consciencia de la Sombra, el viento puede ser un elemento brutal, incluso aterrador, que arranca de cuajo y destruye todo allá donde va. Cuando el viento es fuerte transmite a menudo una sensación de malestar. Esta 57.ª Sombra representa un temor muy hondo y ancestral: el temor de lo que podría venir, de no saber lo que trae el viento. Los seres humanos están programados genéticamente para temer el futuro: este temor está cableado en nuestro ADN a través de esta 57.ª Sombra. En la prehistoria más temprana, los seres humanos funcionaban basándose, casi por completo, en su afinación individual con la frecuencia. Si su intuición captaba algo peligroso que traía el viento, sus instintos provocaban inmediatamente que sus cuerpos se movieran de acuerdo con esa intuición, ya fuera corriendo, escondiéndose o tomando en sus manos un arma.

Hoy, el hombre moderno se ha desarrollado en una dirección diferente. Estamos mucho más focalizados en nuestras mentes que en nuestros cuerpos, y la mayoría de las personas toman decisiones valiéndose de la razón y no tanto de la intuición. Este desarrollo ha cambiado la 57.ª Sombra, la Inquietud. La inquietud ha dejado de funcionar como un sistema de alarma temprana que reduce el miedo solo al momento en que es necesario para la supervivencia. Ahora la inquietud se ha trasladado a nuestras mentes, es continua y se manifiesta en forma de ansiedad. Además, como consecuencia de esto, se ha extendido por el campo morfogenético universal, que conecta a todos los seres humanos como uno solo. La mente se ha convertido en algo más fuerte que el instinto y busca poner fin a la inquietud creando seguridad externa. Así es como ha surgido la carrera de locos en la cultura moderna. Cuanto más se centra la humanidad en la mente, más seguridad trata de crear para sí misma y, como consecuencia, más paranoica se vuelve. La seguridad y la protección se han convertido en una obsesión global, a pesar de que se trata de una total ilusión. La vida es tan incierta como lo ha sido siempre, y la inquietud sigue presente incluso en los seres humanos más protegidos y más ricos.

Ninguna forma de pensamiento podría llevarse el miedo por delante, porque el miedo está ahí precisamente debido al pensamiento

La humanidad vive hoy en una fiesta audiovisual del miedo. La frecuencia de la Sombra llega a nuestras mentes como una presión enorme de la que no podemos escapar. Tampoco podemos hacer retroceder el reloj evolutivo. El cerebro ya está desarrollado y nuestra mente tiene una vibración tan poderosa que no hay ninguna manera de detenerlo. Estamos atrapados por una red global de miedo; tanto, que nuestro miedo se ha convertido en colectivo y tememos por el futuro de nuestra especie. El gran símbolo contemporáneo del miedo es el dinero. Aparte de los que han acumulado una enorme riqueza, la mayoría de los seres humanos proyecta sus miedos del futuro en el dinero, y en concreto, en su falta. Curiosamente, los que tienen una gran cantidad de dinero han descubierto que su miedo no desaparece. El miedo simplemente se sitúa en otro lugar diferente de la psique. Todo ese miedo y toda esa ansiedad mantienen a los seres humanos bloqueados en sus mentes, de donde es muy difícil escapar. Ninguna forma de pensamiento podría llevarse el miedo por delante, porque el miedo está ahí precisamente *debido* al pensamiento.

Sin el desarrollo reciente del neocórtex, nuestros primeros ancestros vivieron mucho más momento a momento en una realidad que no podemos imaginar fácilmente hoy. Nuestras mentes no nos permiten tener experiencias de vida en el presente absoluto, aun cuando toda la vida, incluyendo nuestro cuerpo, vive en el presente. La carrera de locos que se da dentro de la mente de cada individuo ha conformado el mundo que hoy vemos a nuestro alrededor. En este contexto, el miedo es una fuerza muy creativa, pero nos impide superar una cierta frecuencia de ancho de banda como especie. Hemos llegado tan lejos como hemos podido dentro de esta banda de relativas bajas frecuencias. Si llegáramos un poco más allá, sin duda entraríamos en la fase de autodestrucción que tanto nos aterroriza. Una cosa es segura: la mente no puede encontrar la salida de la situación actual ni a nivel individual ni a nivel colectivo. Sin embargo, las buenas noticias nos dicen que los seres humanos no están afectados por una enfermedad, sino que esto es solo un simple estadio evolutivo dentro del proceso global.

La 57.ª Sombra, reforzada por su par programado, la 51.ª Sombra, la Agitación, no nos permite sentirnos cómodos en nuestro mundo. Se trata de una de las parejas de Sombras más importantes en lo que respecta a la creación de interferencias y enfermedades en el cuerpo humano. Todas las enfermedades físicas se basan en las frecuencias del miedo. Cuando la humanidad supere el estadio actual, podrá abandonar el miedo, lo que como consecuencia traerá el fin de la enfermedad.

Resulta interesante que la 57.ª Sombra condicione tu vida sobre todo durante la fase de gestación, cuando eres un feto en desarrollo en el vientre de tu madre. La vibración del miedo, en realidad, se transmite en el mismo momento de la concepción. Más adelante, el campo áurico de tus padres la refuerza, especialmente el aura materna. Durante esos nueve meses, la esencia de tu desarrollo se graba a fuego en tu ADN a través de los ciclos que van desde tu nacimiento hasta los 21 años. Entenderás mejor todo esto con el estudio y contemplación de la familia química del Anillo de la Materia, que contiene las Claves Genéticas 18.ª, 46.ª, 48.ª y 57.ª. Como veremos en el nivel del Don, la 57.ª Clave Genética juega un papel vital en la transformación de nuestra especie en otra de frecuencia superior, libre de miedo.

A través de esta Clave Genética podemos ver que la ansiedad creada por la mente humana exacerba todo tipo de miedos. Las Sombras 51.ª y 57.ª nos mantienen en la queja continua sobre el futuro, lo que nos sintoniza con una frecuencia de banda estrecha, que nos atrapa en un bucle mental infinito. Afortunadamente, hay un camino para salir del bucle y dirigirnos hacia un nuevo umbral donde el miedo tenga mucha menos presión sobre nosotros. La humanidad está empezando a evolucionar ahora en esta dirección. Los que escuchen atentamente su intuición van a oír que con el viento llega algo increíblemente nuevo. Sí, uno siempre debería confiar en la escucha de lo que trae el viento.

NATURALEZA REPRESIVA: VACILANTE

La vacilación sucede cuando se reprime la intuición con el poder de la mente. El cuerpo sabe lo que es correcto en cada célula de su cuerpo, pero la mente impone inmediatamente su duda, su ansiedad o su opinión, y, por lo tanto, la verdadera percepción se ve muy disminuida. En este sentido, la verdadera afinación con el poder del ahora se pierde y la claridad —que es prístina y visceral— se reprime en el cuerpo. La claridad espontánea es un estado que existe fuera de la mente y que solo se puede conocer a través de la pureza del ser. La fina vivacidad del conocimiento claro e instantáneo es la piedra angular de la propia salud y del verdadero esplendor interior. La vacilación o indecisión es el signo de la frecuencia de la Sombra. Este tipo de personas tienden a quedarse atrapadas en sus propias preocupaciones, lo que les hace incapaces de sentir la certeza de su claridad espontánea y de su compromiso.

NATURALEZA REACTIVA: IMPETUOSA

La impetuosidad surge como una reacción humana contra el miedo o la inquietud. Su único propósito es tratar de escapar o poner fin al miedo tomando una decisión rápida. Tales decisiones no se toman desde el estado de claridad descrito más arriba, sino que están totalmente fundamentadas en el miedo. Dada la naturaleza de las decisiones impetuosas, solo pueden conducir a crear más tristeza. No solo fracasan en su intención de poner fin al sentimiento de inquietud, sino que también conducen a turbulencias adicionales en su vida. Una decisión tomada reactivamente solo puede conducir en el sentido opuesto de la evolución y, por lo tanto, ir en contra del fluir natural. Esto no significa que este tipo de decisiones sean necesariamente equivocadas. La vida necesita crear turbulencias como parte de su propio proceso de despertar. La llave para escapar del bucle que inevitablemente crean este tipo de decisiones es detectar el propio miedo y experimentarlo totalmente, sin reaccionar a priori. La contemplación es precisamente lo que desmantela el patrón.

EL DON DE LA 17.ᴬ CLAVE GENÉTICA: INTUICIÓN

ENTRAR EN EL CAMPO SINCRÓNICO

Entre todas las 64 Claves Genéticas, pocas tienen una conexión tan profunda con la salud individual humana como la 57.ᵃ, que, como un aspecto fundamental del Anillo de la Materia, gobierna el ciclo de la gestación, lo que como consecuencia asienta el modelo de desarrollo durante tu infancia. Durante este ciclo inicial de la vida tu programación genética sienta sus bases. Tus genes construyen tu cuerpo en la frecuencia del campo energético en el que vibra tu madre. Por lo tanto, cada madre juega un papel crucial en la estructuración biológica, emocional y mental de un niño. La madre es, realmente, cocreadora de la encarnación del niño, y cada pensamiento, sentimiento o im-

pulso que recorren su ser se dirigirá hacia el ADN del feto. Obviamente, este dato coloca en las madres una gran responsabilidad y tiene implicaciones significativas en lo que se refiere a la transformación de nuestra especie por la vía de un profundo respeto por la madre y por la importancia de su papel durante el embarazo.

El feto en desarrollo vive en un mundo de frecuencias. Literalmente nada y se embebe de tonos, colores, sonidos, emociones, pensamientos e intenciones de su entorno. Incluso así, el feto interpreta esas frecuencias a través de las respuestas que la madre tiene respecto de ellas. Por lo tanto, la frecuencia de la madre dicta directamente el destino del futuro ser humano. Los tres trimestres de gestación se relacionan con los tres ciclos de siete años y el posterior desarrollo de la vida de un niño: el primero se relaciona con lo físico, el segundo con lo emocional y el tercero con lo mental. En otras palabras, durante esos primeros nueve meses, los primeros 21 años de tu vida han quedado totalmente planificados. Desde luego, nadie es víctima por completo de la frecuencia de su madre. En cada estadio de los ciclos de desarrollo, se muestran diferentes aspectos con la intención de que se puedan abrazar, purificar y sanar. Incluso así, es importante darse cuenta de la gran ventaja que supondría para el niño que la frecuencia de su madre fuera elevada durante el embarazo.

El 57.º Don, la Intuición, tiene que ver, sobre todo, con los sistemas de tu cuerpo y su interacción armoniosa con el mundo exterior. La baja frecuencia prenatal programada es la que interfiere después con el funcionamiento claro de tu intuición. Aunque todas las enfermedades nos fueron grabadas durante el ciclo de gestación, también se pueden sanar con la elevación directa de la frecuencia de tu ADN, que resetea o reinicia todo tu sistema operativo genético. Cuando abordas los estados de la Sombra como un proceso que te conduce naturalmente a la luz, serás testigo de una profundización sensitiva en tu interior hacia todos y todo lo que te rodea. El Don la Intuición es el sistema natural de orientación de todos los seres humanos.

Si revisas la evolución del despertar humano hasta el momento actual descubrirás una visión vital de la que dependerá nuestra evolución futura. Esta visión se refiere al papel de las polaridades internas, masculina y femenina. Si retrocedemos en nuestra evolución hasta el hombre primitivo, vemos lo profundamente desarrollado que estaba su conocimiento instintivo: la corazonada o intuición. Nuestra supervivencia individual dependía del instinto animal innato que está activo en nuestro cuerpo, por ejemplo, en nuestros cinco sentidos básicos y en el mítico sexto sentido: la habilidad para percibir antes de que lo puedan hacer nuestros cinco sentidos. Todos los seres humanos vivos hoy hemos heredado este sexto sentido interno, aunque hemos perdido la capacidad de confiar en él. Es decir, hemos olvidado que la intuición es nuestra brújula más poderosa.

Al haber desarrollado la intuición, el aspecto femenino de la psique, la humanidad comenzó a desarrollar su lado masculino, la mente. Mientras que la intuición escucha y recibe, la mente explora y conquista. Y esta es la razón por la que la época en la que vivimos resulta tan fascinante. Nosotros, los humanos, tenemos que recordar ahora nuestro pasado y reconectar con el poder de la intuición. Cuando lo hayamos hecho, tendremos que aprender a confiar en ella por encima de nuestras facultades mentales y aún más allá. De esta manera crearemos una psique interna, naturalmente estructurada, que será el espejo de la naturaleza. La intuición es la manera en que la naturaleza habla con y a través de los humanos; es el canal auditivo a través del cual el todo se comunica y se coordina con sus partes. Si los humanos nos podemos sintonizar con esta voz interna sutil, comenzaremos a sentirnos físicamente cómodos. Además, cuando nuestra jerarquía interna se organiza naturalmente a partir de la primacía de esta voz, la genialidad de la mente puede, por fin, entrar en escena y seguir los dictados de la naturaleza misma.

La mente humana es un instrumento verdaderamente extraordinario. También es un instrumento muy peligroso sin la guía interna adecuada. Todos podemos ver lo destructiva que la mente puede llegar a ser cuando se permite campar a sus anchas, sin el sentido de estar conectada con el todo y a su servicio. Cuando la humanidad aprenda una vez más a confiar en su polaridad femenina profunda, y ya lo está comenzando a hacer, la mente, de forma natural, volverá a su propio cauce. Esta revolución está todavía en la fase de desarrollo individual. La intuición emerge del todo, así que conduce naturalmente a la síntesis, y la intuición respaldada por el intelecto es capaz de realizar cosas extraordinarias. El hecho es que, cuanto más confías en tu intuición, tu vida se vuelve más integrada, tus relaciones se abren y se hacen más suaves, y el recorrido de tu destino se va clarificando cada vez más, al tiempo que todo sucede de una manera más fluida, como si todo el universo conspirara a tu favor. Y esto es lo que está ocurriendo exactamente.

El proceso de aprendizaje para volver a confiar en tu intuición no es otra cosa que desmantelar la ilusión de que tú estás separado de la vida. Es un regreso a la sensibilidad amplificada que tenías en el vientre de tu madre. Cuanto más se ensancha esta sensibilidad en tu interior, más fácil resulta la vida. Tu miedo y ansiedad estarán presentes todavía en el comienzo, pero después de algún tiempo la intuición se volverá algo más natural y poderoso dentro de ti, como si una fuerza invisible estuviera invalidando tu antiguo condicionamiento programado. Además, cada vez que confías en tu intuición o tomas una decisión basada en ella, elevas la frecuencia de toda tu aura. Tu sistema operativo de despertar cambia de marcha y tu cuerpo resuena con la vida. Cuanto más profundamente te adentres en esa nueva consciencia, más miedos internos transcenderás. Una de las grandes revelaciones que puedes

Cada vez que confías en tu intuición o tomas una decisión basada en ella, elevas la frecuencia de toda tu aura

tener gracias a este 57.° Don es que el miedo no está dentro de ti. Es un campo de frecuencia en el que puedes vivir, por el que puedes pasar o que puedes superar. Desarrollar el llamado sexto sentido es el primer tramo del proceso de ascensión vibratoria, porque te permite acceder al campo cuántico universal o inconsciente colectivo.

Una vez que tu cuerpo se haga más ligero y vibre a frecuencias superiores, entrarás en un increíble mundo que ha recibido diversos nombres según las tradiciones. Es el mundo de los dioses y las diosas, al que los teosóficos llaman el Plano Causal. En este nivel la mente superior comienza a funcionar, aunque tiene poco en común con la mente tal y como la experimentamos en las más bajas frecuencias. La naturaleza de esta mente superior es la clariaudiencia: la habilidad de captar vibraciones con tu aura e interpretarlas con el cerebro. Todas las grandes revelaciones y el conocimiento espiritual descienden sobre la humanidad desde este plano causal o *campo sincrónico*. Obviamente

una revelación de este calibre sucede en varios anchos de banda dentro del propio nivel del Don, y la pureza del mensaje depende de la frecuencia del aura de quien la recibe. Sin embargo, cuanto más te elevas en el espectro de la frecuencia, más se integra y sintetiza la transmisión. Sin embargo, al final, sin importar las cimas potenciales que el Don ofrece a los seres humanos, este Don de la Intuición muestra uno de los caminos más simples y claros para ir más allá de las sombras de tus miedos.

EL SIDDHI DE LA 57.ª CLAVE GENÉTICA: LUCIDEZ

EL ARTE DE LA SUAVIDAD

En las cimas más altas de la 57.ª Clave Genética, accedes a la capacidad de sintonizar tu clariaudiencia más allá de los límites del tiempo. Este don maravilloso, por lo tanto, permite curvar las líneas del tiempo e intuir el futuro, lo que da como resultado un cambio en la forma de vivir tu vida, permitiéndote una relajación más profunda en tu ser, como nunca antes habías experimentado. Sin embargo, incluso a este altísimo nivel de consciencia, todavía quedan trazas de la frecuencia de la Sombra. Tus habilidades te permiten sentir lo que viene, pero todavía trabajan en el espacio de la dualidad. Al saber que existe el futuro y reconocer su existencia, no puedes funcionar totalmente en el presente. A estos niveles, tu consciencia se ha establecido mayoritariamente en el presente, pero todavía se muestra como una luz parpadeante y no fija en él.

Cuando los antiguos sabios hablan de los poderes especiales o Siddhis como obstáculos potenciales en el camino de la liberación, podrían muy bien estarse refiriendo a los más altos niveles de esta 57.ª Clave Genética. Dado que tu frecuencia se vuelve muy refinada en este nivel, tu intuición lo penetra todo, incluidos los seres humanos. La sensación de pura energía que se siente al ser capaz de percibir el futuro o de leer el aura de una persona puede convertirse en una adicción en quien opera a este nivel. El miedo más sutil se convierte en el miedo a perder todo aquel poder para ser capaz de llegar más lejos. Por supuesto, cuando se levanta el velo y se revela 57.º Siddhi, también pierdes esos poderes, pero no en el sentido en que uno normalmente lo entiende. Lo que se pierde es la sensación de poder en sí misma. Cuando pierdes tu identificación como ser separado, todo el concepto de poder individual se termina.

El 57.º Siddhi es el Siddhi de la Lucidez. Ya que son un par programado, los Siddhis 51.º y 57.º se despiertan a la vez. Por eso solo vemos la realidad completamente clara cuando estamos totalmente despiertos. El único modo de expulsar por completo el miedo de tu ser es eliminar también a ese ser, que es lo que ocurre en la esfera de consciencia síddhica. En la frecuencia de la Sombra, exploramos la idea de que cada ser humano actúa como un tipo de afinador acústico que recoge las frecuencias de una fuente externa junto a la que se ha colocado. De forma similar podemos comprender cómo funciona esto al nivel del Don conforme tu frecuencia se expande hasta alcanzar una visión más amplia e integrada de la realidad. A nivel síddhico, que es el nivel que pone fin a todos los niveles, la fuente de salida y el receptor se eliminan el uno al otro. También

podríamos decir que se armonizan tan perfectamente que se experimenta el silencio. Este estado es el eterno ahora. Captura y expresa la verdad misma de la inmortalidad. No hay miedo porque no hay mañana y, por lo tanto, no hay muerte. Es la Lucidez.

Dijimos ya que el símbolo original para este arquetipo era el viento. En el I Ching se suele traducir como «Viento amable». Esta esencia de la amabilidad es uno de los secretos más grandes de la vida. La consciencia es el fenómeno más sutil, más amable. Es la razón por la que los antiguos sabios frecuentemente lo vincularon al agua o al viento, elementos ambos de tal sutileza y suavidad que pueden penetrarlo todo. La lucidez se refiere a ver esta suavidad en el corazón de cada cosa. En el campo acústico de la vida, todo surge de la suavidad y a la misma suavidad regresa. Cuando vives tu vida en armonía, con esta suavidad, entras en sintonía con lo que los antiguos llamaban Tao: la trascendencia de los opuestos. Además, cuando te abres a esa gentileza, la manifestación de lucidez se revelará a sí misma en tu vida continuamente: a través del sonido del viento que surca las ramas de los árboles o con una nube de humo a la deriva en el océano celeste. La misma suavidad se encuentra en todas partes, ya que es el espíritu de la vida misma. Si lo permites, te transportará inmediatamente al mundo de lo eterno ahora.

Entre los humanos, el arte de la amabilidad es la más grade de todas las artes perdidas. No nos percatamos de que cuanto más suavemente posamos nuestra mano sobre algo, más se abre y más intensamente podemos acceder a ello. Nuestras mentes nos dicen que es lo opuesto. Este es el 57.° Siddhi, que, como todos los Siddhis, contiene el misterio del principio femenino, incluso cuando está más allá de la dualidad misma. Los que realmente comprenden el verdadero significado de la sanación saben que su esencia es la suavidad. Este 57.° Siddhi guarda los secretos de la sanación milagrosa por su capacidad de afinación con las sutilezas del ADN físico. Una amabilidad así abre el corazón y conduce a la trascendencia. A pesar de lo que asume nuestra mente, la gentileza no conoce la debilidad. Sencillamente opera de acuerdo con sus propias leyes y sus propios tiempos. Al operar más allá de la debilidad y de la fortaleza, cala en todo. Lucidez es darse cuenta de que todo está conectado a través de la amabilidad.

Lucidez es darse cuenta de que todo está conectado a través de la amabilidad

Cuando alguien alcanza la iluminación gracias al 57.° Siddhi, este se manifiesta a través de él de un modo extraordinariamente bello: se convierte en el diapasón de la Divina Presencia. Si te sientas en su compañía, la increíble amabilidad de su aura comenzará a elevar tu frecuencia con suma rapidez. En la presencia de un ser así, muchas personas pueden comenzar a experimentar estados síddhicos, manifestaciones auditivas de la consciencia superior. Estar al lado de un ser así por un período prolongado puede llegar a disolver el sentido de separación de un plumazo. Sin embargo, ¡uno necesita estar atento al sentarse delante de una salida de audio de este calibre! Debes acercarte a este tipo de personas con la actitud correcta, que es la de la infinita amabilidad. El 57.° Siddhi nos dice, precisamente, cómo acercarnos a un gran maestro o a un ser despierto. Nos dice cómo aproximarnos a *todos* los aspectos de la vida. Si adoptas esta misma suavidad de espíritu en tu vida, entonces la lucidez se te terminará revelando en sí misma y te darás cuenta de la verdadera naturaleza de tu ser tanto si estableces contacto con un maestro como si no.

58.ᵃ CLAVE GENÉTICA

SIDDHI **DICHA** • DON **VITALIDAD** • SOMBRA **INSATISFACCIÓN**

DEL ESTRÉS A LA DICHA

PAR PROGRAMADO: 52.ᵃ CLAVE GENÉTICA
ANILLO CODÓNICO: EL ANILLO DE LA BÚSQUEDA
(15.ᵃ, 39.ᵃ, 52.ᵃ, 53.ᵃ,
54.ᵃ, 58.ᵃ)

FISIOLOGÍA: PERINEO
AMINOÁCIDO: SERINA

LA SOMBRA DE LA 58.ᵃ CLAVE GENÉTICA: INSATISFACCIÓN

LA INSATISFACCIÓN DIVINA

En el I Ching original chino, inspiración de estas 64 Claves Genéticas, cada símbolo o hexagrama se representa con la combinación de ocho diferentes tipos de fenómenos naturales, como el trueno, el viento, la tierra, el fuego, etc. El 58.° Don está simbolizado por la repetición de la figura del lago. Un lago es un símbolo bello y simple en el que meditar, porque captura rápidamente la esencia misma de la calma. El lago significa calma emocional y también quietud mental. Además, cuando estudias el par programado de la 58.ᵃ Clave Genética, que es la 52.ᵃ, descubres que su manifestación superior y natural es la Quietud. Estos asuntos de la alegría y la quietud están, por lo tanto, íntima y genéticamente unidos. En contraste, la 58.ᵃ Sombra, la Insatisfacción, se presenta bastante indefinida. Es la falta de satisfacción basada en el par programado de su 58.ᵃ Sombra, la 52.ᵃ Sombra, la Tensión. No se refiere directamente a un estado emocional en particular, como la tristeza, el aburrimiento o la frustración, o a un estado mental, como la ansiedad o la preocupación. Sencillamente implica una falta de alegría y un inmenso sentido de inquietud y preocupación.

Siempre que la 52.ᵃ Sombra, la Tensión, emerge en la superficie del tranquilo lago interior, pierdes el estado natural de tu ser. La pregunta que contiene la Sombra 58.ᵃ, por lo tanto, es: ¿cómo sucede? ¿Cómo y por qué los seres humanos perdemos contacto tan fácilmente con nuestro estado natural? La respuesta se encuentra en un solo concepto: el futuro. Mientras lees detenidamente estas 64 Claves Genéticas y las contemplas, te darás cuenta de que hay algunas, como la 10.ᵃ y 20.ᵃ, que están completamente dedicadas a la experiencia de *vivir en el ahora*. Esta sencilla expresión es el principio básico

de casi todos los grandes sistemas y caminos místicos y espirituales. Así que ¿cómo rayos se vive en el momento presente? Una manera de traer algo más de consciencia sobre este enigma es comprender por qué, cómo y cuándo dejas de habitar el momento presente en tu propia vida. En este sentido, la Sombra y el 58.° Don te van a aportar una enorme claridad al respecto.

La mayoría de la gente interesada en la lectura de este libro ya sabrá que el principal culpable entre los seres humanos es la mente. Si estás interesado en la espiritualidad o en el autoconocimiento, probablemente hayas oído esto una y otra vez: la mente es el problema. De esta verdad han nacido innumerables sistemas —meditaciones, prácticas, afirmaciones y modelos— con el único propósito de ayudarte a trascender la mente y encontrar la realización interna. Aunque, desde luego, es cierto que la mente es la raíz del problema, existe un gran peligro al confrontarla directamente, porque se trata de un mecanismo escurridizo. El problema de la mente consiste en que sigue anhelando después de la realización personal, que es el tema central de la 58.ª Sombra. Lo que desea sobre todas las cosas es darte la sensación de que puedes hacer algo para crear el estado de alegría. Por desgracia, en este sentido, todo lo que hagas —cualquier técnica, cualquier sistema, cualquier estrategia— te va a generar una insatisfacción continua.

La 58.ª Sombra comporta una gran presión genética en los seres humanos: la presión de mejorar algo o de ser de utilidad, en algún sentido. La insatisfacción es una frecuencia energética enfocada totalmente en el futuro. Cuando no está agitada, esta Clave Genética manifiesta su estado natural de vitalidad y alegría. Esto es lo que resulta tan paradójico en la 58.ª Sombra. Provoca que te lances en la búsqueda de la alegría fuera de ti, solo para llegar a la conclusión de que no puedes generar el estado de alegría porque ya existe dentro de ti. La 58.ª Sombra crea la ilusión del futuro. Tiene gracia: al estar enfocados en la búsqueda externa de la realización, los seres humanos mejoramos el mundo y le ayudamos a que se vaya sintetizando gradualmente. Es decir, nuestra insatisfacción hace un gran servicio a la totalidad.

Cuando examinamos la Sombra de la Tensión conjuntamente con la Sombra de la Insatisfacción, aprendemos que hay dos códigos programados en los seres humanos a nivel transgenético, lo que quiere decir que se refuerzan mutuamente a través del campo morfogenético colectivo. Cuanto más insatisfechos están los seres humanos en este planeta, más fuerte se hace la frecuencia de la Sombra. Curiosamente, esta es la razón por la que la explosión demográfica nos ha llevado a una gran elevación de nuestra calidad de vida. En el mundo moderno de hoy, la búsqueda de satisfacción personal y de realización es un hecho prácticamente universal. Sorprende saber que la búsqueda de plenitud crea y compone la propia tensión a la que se busca poner fin. Así es como opera precisamente la evolución: nos hace miserables, y en nuestra empresa por acabar con nuestra miseria, sin quererlo, evolucionamos.

La 58.ª Sombra brinda un gran servicio al individuo. Remueve las aguas quietas de nuestro lago interior, de manera que tenemos que buscar algún tipo de paz. En un cierto momento te das cuenta de que el sueño del futuro que estás intentando atrapar no existe en el mundo exterior, así que regresas de nuevo hacia ti mismo. En este estadio muchas personas comienzan una búsqueda espiritual. Se trata de un simple cambio de marcha en el que pasas de intentar mejorar el mundo a intentar mejorarte a ti mismo.

Incluso así, la búsqueda espiritual también es infructuosa, porque está demasiado enfocada en la ilusión del futuro. No obstante, el proceso se puede soslayar. La insatisfacción es la presión, y esta 58.ª Sombra no te dejará descansar hasta que haya agotado su búsqueda interior. La insatisfacción sigue empujando la mente para que haga algo que alivie la presión. Además, en tu búsqueda mística descubres los diversos sistemas, maestros y caminos que te prometen el fin de la presión. Inevitablemente probarás uno o varios de ellos. Muchos no son capaces de trascender este proceso y siguen siendo adictos a la idea de un futuro perfecto y pacífico para el resto de sus vidas.

La Sombra de la Insatisfacción está basada en la falsa promesa de que hay algo que tú puedes hacer para conseguir la felicidad. Incluso si no haces nada como reacción a este hecho, se puede convertir en un hacer sutil por tu parte. Esta Sombra lleva a los seres humanos a darse cuenta de lo desesperanzada que en realidad es su situación. Aunque suene raro, esta Sombra no es en absoluto negativa. Esta Sombra te agota, hasta que finalmente te pone de rodillas. En este sentido, la insatisfacción es verdaderamente divina y contiene el secreto de la gracia. Una vez que comienzas a vislumbrar esta verdad dentro de ti, el futuro que has estado sosteniendo en tu cabeza comienza lentamente a derrumbarse, revelándose por primera vez un maravilloso Don que brota en tu interior: el Don de la Vitalidad.

La Sombra de la Insatisfacción está basada en la falsa promesa de que hay algo que tú puedes hacer para conseguir la felicidad

NATURALEZA REPRESIVA: NINGUNA

La 58.ª Sombra es el único aspecto de nuestro constructo genético que no se puede reprimir. La razón es que significa vitalidad: la fuerza de la vida misma, que está fuera de control. Si los seres humanos pudiéramos reprimirla, causaríamos nuestra propia muerte y, como especie, no seríamos capaces de evolucionar. Afortunadamente, sin embargo, la vida es mucho más fuerte que los seres humanos y no se puede negar. Estamos destinados a encarar nuestra insatisfacción y por eso solo es posible reaccionar a ella.

NATURALEZA REACTIVA: ENTROMETIDA

La fortaleza de la vida es tal que los humanos no podemos hacer más que reaccionar, consciente o inconscientemente. Esta reacción se expresa a sí misma muy a menudo como una interferencia en el flujo natural de tu naturaleza, la cual provoca una incomodidad o insatisfacción todavía mayor. Las mayores dificultades surgen cuando ocasionalmente experimentamos la espontaneidad de nuestra inherente alegría interior. Solo cuando nos damos cuenta de que la insatisfacción es solo la manifestación de una baja frecuencia de nuestra vida que nos fuerza a evolucionar sucede el milagro: paramos por fin de interferir en la vida y experimentamos nuestra verdadera y gozosa naturaleza.

EL DON DE LA 58.ᴬ CLAVE GENÉTICA: VITALIDAD

EL GOZO DE SERVIR

En el momento en que aceptas el conflicto que supone como ser humano estar eternamente enfocado en la búsqueda de realización en el futuro, todo cambia en tu vida. Esta comprensión profunda desata el siguiente proceso, en el cual la fuerza de la vida que hay en ti cambia de marcha y abre una nueva fase. El proceso comienza en serio cuando adviertes la profundidad de tu propio dilema a nivel intelectual. La comprensión pasa después del intelecto a la intuición y, finalmente, a la base central de tu cuerpo: tu ADN. Cuando la aceptación alcanza este punto, en lo más hondo de ti, se produce algo que solo puede describirse como una ruptura atómica. La energía que ha estado buscando una válvula de escape en el mundo exterior a través de la insatisfacción se vuelca sobre sí misma, lo que la fuerza a dirigirse a la estructura atómica del cuerpo. El resultado es una implosión de la fuerza vital interior que cataliza un extraordinario microproceso en nuestra psicología. En resumen, comienzas de nuevo a convertirte en ti mismo.

En el nivel de frecuencia del Don, la misma energía que experimentabas como insatisfacción comienza ahora a convertirse en gozo. Este gozo yace en el interior de todo ser humano y es nada más y nada menos que la vida expresándose a sí misma sin resistencia. En este estadio de tu evolución individual algo extraño comienza a abrirse paso en tu interior: la presión evolutiva de volverte autoconsciente. La vida quiere hacerse consciente de sí misma, liberarse de límites y restricciones. Así comienza el proceso de desidentificación en tu interior. Cuando te vas dando cuenta, a un nivel cada vez más profundo, de que el futuro en realidad no existe, impides que tu energía vital se proyecte en ese futuro. Tu mente se vuelve más pausada, ya que comienza a haber un espacio mayor entre tus pensamientos. Tu relación con el futuro también cambia. Te das cuenta de que ni está en tus manos ni lo ha estado nunca, sino que se trata de una energía mantenida a nivel colectivo de la que tú eres solo un minúsculo aspecto. Esta honda comprensión reduce tu preocupación por lo que te pasa, aunque una parte de ti todavía permanezca fascinada.

En el nivel de frecuencia del Don, la misma energía que experimentabas como insatisfacción comienza ahora a convertirse en gozo

Todos estos cambios en tu actitud interior suceden como consecuencia del cambio de dirección que toma la fuerza vital que te mantiene vivo. El incremento de la vitalidad significa, en realidad, el incremento de la libertad. No importa lo decrépito o viejo que pueda estar tu cuerpo, que comenzarás a sentirte rejuvenecido por el gozo que comienza a brotar en ti. Te encuentras feliz sin ningún motivo real o concreto. Una fuerza de este tipo necesita encontrar una salida en el mundo y la más natural es encontrar un camino de servicio a los demás. Sin embargo, al contrario que en el caso de la 58.ᵃ Sombra, el 58.° Don no intenta ayudar a otros como un modo de acallar su propia insatisfacción y, por lo tanto, interfiriendo con el proceso natural orgánico. Muy al contrario, el Don de la Vitalidad sabe empáticamente cómo trabajar con los procesos de la vida en un

modo libre de interferencias. La Vitalidad reconoce siempre la vitalidad y está especialmente inclinada a ayudar a liberar los bloqueos de la energía vital. De hecho, la mera presencia de este tipo de gente puede catalizar una elevación del flujo de energía en un sistema. Esos principios se pueden aplicar a cualquier campo de emprendimiento: desde la sanación del cuerpo físico a la estructura de un puente, pasando por el incremento de ganancias en un negocio.

La 58.ª Clave Genética es parte de la familia genética conocida como el Anillo de la Búsqueda, un codón complejo que codifica en el aminoácido llamado serina. Cada una de las Claves Genéticas de este grupo crea un tipo de presión diferente en nuestro interior. Esas seis presiones juntas nos llevan a buscar respuestas que puedan terminar con el anhelo interior permanente. Toda búsqueda, por lo tanto, está parcialmente basada en la insatisfacción y nos llevará hacia dentro, tarde o temprano. El acto de volverse hacia dentro libera el inmenso reservorio de vitalidad que está disponible cuando nos relajamos lo suficiente. Cuando te das cuenta de que cualquier búsqueda no es más que la vida buscándose a sí misma, comienzas a dejar de buscar. Cuando la presión en ti decrece, tu energía vital se vuelve más clara y más radiante. Muchas personas que se están despertando de este modo pasan por algún tipo de crisis curativa, ya que la energía de la matriz de los cuerpos sutiles se vuelve a poner en marcha. Puede ser un tiempo de intensa transformación física.

Sobre todo, el 58.º Don es una fuerza imparable que, una vez que entra en acción, no tiene vuelta atrás. Dado que la 58.ª Sombra es incontenible como pocas, cuando la frecuencia de esta Clave Genética alcanza el nivel del Don, las cosas tienden a ocurrir muy rápidamente en tu vida. Tu vida no solo toma una nueva forma, sino que un proceso mucho más vital te supera: el proceso de ir hacia el corazón. Esta es una fase contagiosa en la que aprendes a ir hacia adentro en profunda armonía con tu entorno. A nivel colectivo se trata de un Don muy poderoso, ya que un día llegará a unir a la humanidad para trabajar unida por un propósito superior. En algunos aspectos esto ya está sucediendo por todo el orbe terrestre y la tendencia moderna de la globalización es un ejemplo de ello. El futuro de la evolución humana se encuentra en el ideal de servicio. Un día el servicio será la base de todos los negocios, las economías y los gobiernos, cuando la humanidad se dé cuenta de que eso es lo mejor para todos nosotros. El gozo que buscamos como individuos está ligado íntimamente con el regocijo colectivo, que es precisamente la razón por la que este 58.º Don está encantado de trabajar sin descanso en esa dirección.

EL SIDDHI DE LA 58.ª CLAVE GENÉTICA: DICHA

MÁS ALLÁ DEL FOCO

Cuando tu identificación con el futuro se va debilitando progresivamente en el nivel del Don, te ves abocado a la experimentación cada vez más intensa del momento presente. La clave de tu insatisfacción se ha transformado en vitalidad, la cual revierte directamente en tu cuerpo. Cuando la frecuencia de tu vitalidad alcanza picos cada vez

más altos, en un momento dado logra la cúspide y cataliza un cambio espontáneo en la consciencia individual. Como se describe más arriba, la energía vital excava tan profundamente en tu ser que dispara el proceso conocido como iluminación en tu ADN. Da la impresión de que antes de este evento tu consciencia estuviera pegada a tu ADN como una especie de engrudo, como si la vida estuviese localizada solo dentro de ti. Después, en este punto de inflexión, la consciencia finalmente se permite abandonar su apego al ADN, lo que se experimenta como una especie de muerte.

Los últimos vestigios de la frecuencia de la Sombra nos persiguen hasta la frecuencia del Don, donde se aferran a nosotros como el liquen a las rocas. Sin embargo, el poder concentrado de la frecuencia justo antes de la iluminación tiene el maravilloso efecto de aflojar esas últimas estelas internas induciendo a que *algo* se suelte en lo más profundo de nosotros. De repente la fuerza de la vida deja de estar focalizada en tu interior y dejas de sentir que tengas un centro. Gracias a esta liberación del enfoque, todo regresa a su estado puro, prístino, y tu ser se convierte de nuevo en un puro lago de quietud. Esas aguas no se volverán a remover, porque se trata de las aguas de la consciencia pura, cuya naturaleza está totalmente desenfocada. Cuando llega la consciencia, lo hace como una inundación que purifica todo en menos de un microsegundo. Es uno de los mayores misterios de la existencia.

> *Cuando llega la consciencia, lo hace como una inundación que purifica todo en menos de un microsegundo*

Cuando un ser ha alcanzado la iluminación a través del 58.º Siddhi, se convierte en un ser totalmente desenfocado. Su consciencia personal se extiende hasta el infinito, su mirada se vuelve desenfocada y soñadora, y su corazón está tan rebosante que explota de amor por toda la creación. Aunque la consciencia de un ser así se haya vuelto universalmente desenfocada, su cuerpo se convierte en un intenso foco para el proceso que conocemos como dicha. La dicha es la consecuencia de la iluminación. Físicamente la experiencia de la dicha tiene que ver con una relajación espontánea de algunas sustancias químicas en tu cerebro, que comienzan a producirse continuamente desde ese momento debido a la activación de tu ADN. Estas activaciones te permiten ser testigo sin límites del flujo de oleadas de la vida que brotan constantemente en tu interior.

Las experiencias de este tipo de estados de consciencia amplificados son todavía bastante raros en el mundo que conocemos. Quizás el porcentaje de los que han sufrido ese tipo de transformación en nuestro planeta puede ser una sola persona por generación. Dado que el estado síddhico no se alcanza por la práctica de ninguna actividad en concreto, sino que nace de la gracia y del entendimiento, ese tipo de experiencias a menudo le suceden a personas que no siguen una práctica religiosa o espiritual determinada. Uno de los ejemplos imperecederos de iluminación espontánea a través del 58.º Siddhi es el del conocido sabio Ramana Maharshi, que vivió en India durante el siglo XX. Ramana experimentó a los dieciséis años este fenómeno de muerte espontánea, sin haber tenido conocimiento antes de un fenómeno así. El Siddhi de la Dicha no se puede esconder o contener de ninguna manera, ya que emana desde los poros de tu ser. Hasta en las fotografías de Ramana Maharshi se puede captar algo de su esencia con solo mirarle a los ojos.

Existen muchos puntos de vista de «expertos» en el fenómeno de la iluminación que dicen qué es y cómo sucede. Cada estado síddhico es, esencialmente, la misma experiencia en la que la consciencia se expresa a sí misma sin resistencia, valiéndose de tu estructura genética. Hay una enorme confusión entre los buscadores y también entre sus maestros sobre las muchas posibles manifestaciones de la iluminación. La experiencia de la dicha hasta puede suceder cuando estás todavía en un estado de Sombra, ya que hay drogas capaces de activar esas sustancias químicas durante un período de tiempo limitado. Los estados espirituales amplificados a menudo incluyen períodos de dicha que pueden durar días o meses. Ninguna de esas experiencias se puede comparar con el estado de iluminación en sí mismo. Algunos dicen que la iluminación no tiene nada que ver con experiencias dichosas y que esos estados son, en realidad, trampas que impiden la iluminación. Sin embargo, a través de los 64 Siddhis uno se puede hacer una idea de lo variada que puede llegar a ser la experiencia de la iluminación.

Uno de los problemas más grandes de los buscadores es su identificación con la manifestación de la iluminación y la asunción de que significa esto o se parece a aquello. Las manifestaciones reales son verdaderamente intrascendentes. Que un vehículo esté codificado para sufrir un continuo oleaje de dicha y otro para convertirse en paragón del honor o de la virtud no es el quid de la cuestión. ¡La cuestión consiste en darse cuenta de que no hay cuestión! Da igual lo que uno piense, haga o diga; la experiencia de la iluminación no se puede conseguir con la búsqueda, aunque pueda estar precedida por algún tipo de búsqueda. El estado final no está al alcance de nuestra voluntad. Una y otra vez el buscador irá contra este callejón sin salida. Es el tiempo para contemplar su insatisfacción constante hasta que empiece a relajarse y a encontrar el sentido del humor para mirar en su situación. De esa manera, finalmente llegará a darse cuenta de que el Siddhi está presente dentro de la Sombra, al igual que la flor está presente, en todo momento, dentro de la semilla.

59.ª CLAVE GENÉTICA

SIDDHI TRANSPARENCIA • DON INTIMIDAD • SOMBRA DESHONESTIDAD

UN DRAGÓN EN TU GENOMA

PAR PROGRAMADO: 55.ª CLAVE GENÉTICA
ANILLO CODÓNICO: EL ANILLO DE LA
           UNIÓN (4.ª, 7.ª,
           29.ª, 59.ª)

FISIOLOGÍA: PLEXO SACRO
       (ÓRGANOS SEXUALES)
AMINOÁCIDO: VALINA

LA SOMBRA DE LA 59.ª CLAVE GENÉTICA: DESHONESTIDAD

LA COLADA GENÉTICA

Al mirar en la 59.ª Sombra vemos la esencia de todos los problemas que afianzan las estructuras sociales en nuestro mundo. No hay tema más tópico en todo el genoma humano. Las Claves Genéticas 59.ª y 55.ª, y hasta cierto punto la 49.ª, son espacios en el ADN donde está sucediendo una total transmutación silenciosa en la actualidad. (Los tiempos de este cambio y sus implicaciones de largo alcance se han visto en profundidad en la 55.ª Clave Genética). Una de las mejores formas de mirar en estos arquetipos de tu ADN es considerarlos y comprenderlos por parejas, tanto al nivel de la Sombra, como del Don o del Siddhi. Al hacerlo así vemos que los seres humanos parecen estar programados por un código binario y que cada Sombra tiene una pareja. Dado que la 55.ª Clave Genética está induciendo actualmente un cambio genético en nuestra especie, la 59.ª Clave Genética, que es su par programado, está haciendo lo propio. Mientras la Clave Genética 55.ª está provocando el despertar individual en todo el planeta, la 59.ª se está haciendo totalmente responsable de lanzar la mutación planetaria a nivel genético.

En su nivel esencial, la 59.ª Clave Genética tiene que ver con el sexo y la reproducción. Representa la multiplicación de los seres humanos. Como tal, se trata de una fuerza impersonal que selecciona las parejas potenciales para nosotros. La razón por la que estamos interesados en una persona en particular es compleja, pero, básicamente, ¡podemos estar seguros de que nuestros genes tienen en mente *su* supervivencia! Por lo tanto, la mayoría de las relaciones no son por diseño sencillas. También existen otras razones por las que los seres humanos se sienten atraídos unos por otros, que están basadas en una esfera mucho más espiritual; por ejemplo, las razones kármicas. Sin em-

bargo, desde un punto de vista universal, sean cuales sean las fuerzas que nos atraen hasta concurrir a nivel cósmico, estas tienen que operar a través de nuestra genética y nuestra biología, de manera que todas esas perspectivas diferentes lleguen por fin a unirse.

Tras la 59.ª Sombra se esconde una arraigada desconfianza en los otros y un miedo básico a las relaciones. Esta es la Sombra que hace del mundo un planeta único porque, a pesar del número de personas que nos rodean todo el tiempo, raramente nos comunicamos en profundidad con otros. Cuando exploremos el Don y el Siddhi correspondientes veremos lo que esto significa.

No es corriente en la 59.ª Sombra que el miedo sea individual, pues se localiza en el aura entre las personas. Cuando estás solo, el miedo no está allí, pero tan pronto como otra persona entra en la misma habitación que tú, el miedo de la 59.ª Sombra aparecerá como un trasfondo sutil. Lo más interesante es considerar por qué existe ese miedo, que es el fundamento de la atracción sexual. Para muchas personas esto puede resultar chocante, pero lo cierto es que cuando dejas de tener miedo de algún otro, trasciendes la atracción sexual por esa persona. El miedo aporta la fricción necesaria para que la atracción sea posible. Es la razón por la que la 59.ª Sombra se denomina Deshonestidad. Mientras tengamos oculto algo de nosotros a los ojos de los demás, quedará siempre algo a lo que temer. Esto no quiere decir que sea una deshonestidad consciente, sino que somos genéticamente deshonestos. La revelación extraordinaria que aporta la contemplación de esta 59.ª Sombra muestra que nuestros genes quieren que seamos deshonestos. Esto significa que la vida misma ha estado impidiendo que la humanidad se diera cuenta de su naturaleza superior. Se necesita tiempo para digerir esta última frase. La vida necesita que los seres humanos tengan miedo unos de otros para que puedan realizar su potencial genético en el estadio actual de nuestra evolución.

Para alcanzar del todo la profundidad de esta 59.ª Sombra, se necesita mirar a la evolución humana con una perspectiva más amplia. El miedo que impide a los seres humanos darse cuenta de su ascendencia genética común ha generado el fenómeno de los acervos genéticos tribales aislados en todo nuestro planeta. Si no hubiéramos tenido miedo unos de otros, nos habríamos cruzado inmediatamente dondequiera que migráramos. No habría ningún límite geográfico, político o social: ni países, fronteras o guerras. Pero, y este es un gran pero, tampoco habría ninguna diferenciación genética, ni arte, religión o colorido cultural. En resumen, nos hubiéramos convertido en una sola masa amorfa y probablemente no hubiéramos sobrevivido. Todo en la evolución sirve a un propósito y tiene su propio tiempo. Una fase lleva a la otra. El mundo que conocemos hoy es un producto directo de nuestro miedo genético al otro, con toda su belleza y su horror. Ha llegado el tiempo del siguiente cambio. Con la mutación de la 55.ª Clave Genética en marcha, la 59.ª Sombra será totalmente minada. En muchos sentidos, podría parecer que nuestro miedo al otro se está incrementando, como si se estuviera colocando en un primer plano para que todos lo puedan contemplar.

Cualquier aspecto inherente a la Deshonestidad de esta 59.ª Sombra tiene que salir a la superficie. La 59.ª Clave Genética va más en profundidad que la raza, las creencias o el credo religioso. Va incluso más allá de los lazos de sangre familiares. El mundo actual, con sus tribus, sociedades, naciones diferenciadas y fronteras es la puerta de en-

trada a una transformación completa. Esta transformación no llegará mediante una revolución económica o social. No vendrá a través del amor de los grandes líderes carismáticos. Todas esas cosas podrían ser claves para la transformación del mundo, pero los cimientos están en la 59.ª Sombra. El miedo se irá apartando gradualmente de los seres humanos. Sin nuestro miedo por el otro, el mundo dará un cambio drástico. El mayor de todos será el de la sexualidad humana. Estamos en camino de convertirnos en una especie andrógina en la que los polos sexuales separados se harán uno con el individuo humano.

Como demuestra la 55.ª Sombra, estamos atrapados por nuestra sexualidad y por nuestra naturaleza animal. Estamos atrapados por nuestra incapacidad de gestionar emocionalmente la química colectiva que engendra nuestro miedo. Este miedo dirige nuestros sistemas de gobierno y de educación, además de nuestras relaciones y nuestra vida individual. La 59.ª Sombra está basada en nuestra incapacidad de ser limpios con el otro. Es la fuente de todos los secretos. Lo que tenemos que comprender en este momento es que nuestro mundo está atravesando una transmutación genética y que somos conejillos de indias del laboratorio genético global. Todo el material genético está cambiándose y clasificándose ahora. Todas las trazas de comportamiento basadas en el miedo ancestral se descartarán del genoma humano, desaparecerán sin más. Esto significa que hay personalidades tipo que están dejando el mundo ahora y que ya no volverán. Los antiguos modelos están disfrutando de sus últimos días de gloria en el mundo, y lo podemos ver en la batalla entre la tendencia hacia lo colectivo del futuro y los viejos modos tribales del pasado. Esto no significa que todos los elementos del pasado se pierdan. Solo significa que todos los elementos de nuestro comportamiento basados en el miedo o en aspectos ocultos precipitarán en el funcionamiento superior de nuestro ADN. Uno tiene que ser capaz de leer el mundo entre líneas. No es momento de hablar de lucha de los buenos contra los malos, como los políticos podrían hacernos creer. Ya no se trata de acervos genéticos: se trata de la integridad en el comportamiento.

La limpieza genética que estamos experimentando hoy a nivel global probablemente durará varios siglos. Tiene que hacer su recorrido por el ADN de nuestros linajes. Sin embargo, cuando la población decrezca debido a nuestra sexualidad mutante y a la reducción del miedo a nivel global, el mundo será un lugar más tranquilo y pacífico naturalmente. El llamado *Día del Juicio Final* ya está sucediendo en nuestros genes. Ningún individuo será castigado o premiado. Lo que sucede, simplemente, es que hay un incremento de material genético con una perspectiva holística que está llegando al mundo y una gradual erradicación del material genético que es autodestructivo y aislacionista.

En relación con esto, te podrías muy bien preguntar: «Bien, y ¿qué hago con esta información? ¿Tiene algún sentido que intente aplicar algo de esto si ya está sucediendo como un salto cuántico evolutivo?». Esto nos lleva a una interesante paradoja. ¿Nuestro comportamiento colectivo está influyendo en nuestro cambio de paradigma genético o es el cambio genético el que influye sobre nuestro comportamiento? El activista evolutivo o espiritual optaría por la primera visión, mientras que el científico se decantaría por la segunda opción. Como siempre, ambos lados de la paradoja son ciertos. Uno da lugar al otro. Hay una fuerza espiritual involucionando hacia la forma que está causando la mutación de nuestros genes y hay una fuerza genética evolucionando hacia arriba,

causante de que nuestro comportamiento se esté volviendo más espiritual. La respuesta a la pregunta de qué hacer está en la contemplación de la 59.ª Sombra.

Dado que el mundo está evolucionando naturalmente en una dirección concreta, tu comportamiento bien puede ir en ese mismo sentido o en el opuesto. Si quieres subirte al tren de las corrientes evolutivas harías bien en ajustar tus planes con su programa.

Si vas contra la evolución en un momento como este, encontrarás una fuerza opuesta cuyo poder es insondable

Debes empezar por investigar en tus temores y ser sincero con tus planes ocultos. Una de las principales razones para escribir de este libro es la de animar a más gente a mirar sus demonios internos a los ojos y sacar a la luz esos antiguos temores. Es la hora de poner en marcha la lavandería genética. Donde sea que estés siendo deshonesto —contigo mismo, con tus relaciones o con tu trabajo—, allí tienes que mirar inquebrantable, con los ojos abiertos. Puedes empezar a trabajar con las frecuencias superiores de esta 59.ª Sombra y desbloquear su Don. Una cosa es segura, si vas contra la evolución en un momento como este, encontrarás una fuerza opuesta cuyo poder es insondable. Y es de tal calibre que te acabará destruyendo, de la misma manera que está destruyendo el comportamiento basado en la separación y el egoísmo.

NATURALEZA REPRESIVA: EXCLUIDA

La naturaleza represiva de la 59.ª Sombra consiste en sentirse excluido. Sentirse excluido es un ejemplo clásico del estado víctima, ya que culpa a otros en vez de asumir la responsabilidad de sus propios sentimientos. Estas personas inconscientemente se excluyen por un arraigado temor a perder el control. Cuando abres tus puertas a los demás siempre pierdes el control. En realidad, esas personas logran atraer atención negativa sobre ellas gracias la autoexclusión. Además, cuando uno se excluye puede mantener sus mecanismos de defensa intactos, aunque se sienta mal. La sensación de ser excluido puede llegar a convertirse en un estado adictivo. Te proporciona la ilusión de que tienes bajo control tu propio entorno emocional. Sin embargo, en el momento en que optas por incluirte, toda la ilusión se viene abajo en un instante.

NATURALEZA REACTIVA: INTRUSIVA

La otra cara de la 59.ª Sombra se funda en la ira. El temor de quedar excluido aquí no se reprime, sino que se expresa reactivamente como cólera, lo que se transforma en una intrusión. Estas personas se fuerzan a sí mismas al límite e invaden el aura de otra persona física y emocionalmente. Cuando encuentran rechazo, se indignan y se excluyen. Es la misma estrategia del carácter represivo que intentaba mantener el control del espacio emocional culpabilizando a los demás. La diferencia estriba en que el carácter intrusivo experimenta el rechazo activamente, mientras que la naturaleza represiva lo observa pasivamente. Los intrusivos pueden volverse adictos a las relaciones emocionalmente insanas cuando encuentran una víctima dispuesta a seguirles el juego. Estas personas intentarán dominar en sus relaciones con el fin de evitar el rechazo, lo que

significa que no pueden quedarse con nadie que sea lo suficientemente honesto como para desafiarlos.

EL DON DE LA 59.ª CLAVE GENÉTICA: INTIMIDAD

LA SUBLIMACIÓN Y LA SERPIENTE

La transformación de la 59.ª Sombra en el Don correspondiente de la Intimidad es el tema de muchas antiguas tradiciones y profecías. Dado que la 59.ª Sombra representa el fértil poder desenfrenado de la sexualidad animal, al elevar su frecuencia se desbloquea el poder transcendental del sexo. Durante milenios el género humano ha tenido que resolver sus muchos problemas alrededor de la sexualidad. En particular, se ha convertido en un problema recurrente para las religiones. Todo el mundo sabe que, cuando se reprime la sexualidad, se puede convertir en un poder tan absorbente que, en última instancia, conduzca a distorsiones en la conducta humana connaturalmente malsanas. La pura fuerza genética de la presión causa en esta 59.ª Clave Genética un gran conflicto personal y social para los humanos. Cuando los sabios del antiguo libro chino I Ching nominaron este 59.º hexagrama «La dispersión», sabían exactamente de lo que era capaz esta fuerza. Su único interés real al nivel de la Sombra es autodispersarse con la mayor amplitud y frecuencia posibles.

La 59.ª Sombra ha estado jugando a la devastación con la tentativa humana de mantener la monogamia por largos períodos. De hecho, mujeres y hombres reaccionan de manera muy distinta al miedo inherente a esta Clave Genética. La tradicional reacción masculina consiste en escapar para evitar quedar atrapado por una sola mujer (el miedo a quedarse atrapado en la polaridad de la 55.ª Sombra). La reacción femenina consiste en intentar mantenerse en el campo del aura masculina, porque le promete protección para sus hijos. Las mujeres comprenden intuitivamente la necesidad masculina de dispersar sus genes. En la frecuencia de la Sombra, una mujer reacciona intentando mantener al hombre lo más cerca posible, lo que crea la reacción opuesta en el macho, es decir, la de querer escapar y ser libre. Así es como funciona la vieja batalla de sexos.

Sin embargo, oculta en la 59.ª Sombra hay una presión profunda evolutiva para trascender las frecuencias inferiores y dar nacimiento a la forma superior. Quizás el arquetipo simbólico más hondo de la sexualidad es la figura de la serpiente o del dragón, y dentro de ese símbolo alquímico está escondida la llave del 59.º Don. La energía de la serpiente o el dragón representa la presión evolutiva de autotransformación, lo que se refleja en el cambio de piel de la serpiente. Este poder sexual humano ha sostenido siempre la promesa de los estados de consciencia superiores, y hemos concebido muchas técnicas y sistemas que intentan utilizarlo. Aquí nos encontramos con un éxito variado y limitado, porque aunque la presión evolutiva de transformación esté en nuestro interior, el temporizador de este mecanismo no se puede forzar. La naturaleza florece siempre en algunos individuos primero, lo mismo que ciertas plantas del jardín florecen an-

tes que el resto. Sin embargo, puede ser peligroso forzar nuestro florecimiento sexual antes de que esté listo. Tiene que suceder a su debido tiempo.

Cuando la 55.ª Clave Genética mute el sistema del plexo solar humano, permitirá el fenómeno del funcionamiento superior de nuestra energía sexual. Este será un funcionamiento permanente e inherente desde el nacimiento. Para comprender cómo ocurre este proceso, debemos mirar con más atención a lo que sucede con la energía sexual cuando alcanza la frecuencia del Don y se manifiesta con Intimidad verdadera. Intimidad puede sonar a un tipo de estado suave y tierno, pero la realidad de este Don es algo diferente. La Intimidad presupone la honestidad y la aceptación del estado de la Sombra. Ello significa que el miedo entre los sexos se tiene que reconocer, comprender y permitir que exista. Este *permitir* actúa entonces como la válvula que destapa todo el poder de la fuerza sexual, un poder demoledor que sacude hasta los cimientos de tu ser. Esa es la razón por la que nos asusta tanto: porque es un poder totalmente primal. De lo que no nos damos cuenta, en general, es de que nuestro poder sexual, si lo abrazamos totalmente, nos puede catapultar a un estado superior.

El poder sexual del 59.º Don es muy contradictorio, pues es creativo y destructivo al mismo tiempo. Al nivel del aura humana destruye cualquier patrón de interferencia que pueda separar a las personas. Es decir, es la causa de que tu identidad o *ego* se disuelva. El 59.º Don, como corazón de la sexualidad en nuestro planeta, tiene un recóndito patrón subyacente, no lineal. Cuando la ciencia moderna exploró la teoría del Caos, comenzó a comprender la 59.ª Clave Genética. La propia naturaleza de la energía sexual es libre, orgánica e indomable, pero también sigue patrones universales dentro del caos. La energía sexual es una fuerza espiral, que es la razón por la que todas las criaturas vivientes tienen geometrías espirales similares en su constitución. Esta fuerza crea lo que llamamos geometrías fractales en la naturaleza: sistemas similares entre sí, que están interconectados y al mismo tiempo son únicos. Estos patrones creativos transformacionales y geométricos se encuentran también en las relaciones humanas. El poder de la intimidad humana es el poder de dos auras humanas interactuando para crear una tercera, proceso durante el cual las dos auras originales se subliman. Cuanto más diferentes sean las auras originales, mayor será el poder de trascendencia.

Uno necesita siempre dos polos opuestos para que la consiguiente mutación del sistema del plexo solar humano cree el caldero donde esos dos polos se encuentren. Dentro del caldero, los campos áuricos de las dos partes se fusionan caóticamente, y gracias a un proceso alquímico, la nueva consciencia se despierta en el centro del plexo solar. La verdadera culminación de este proceso no sucede en el área del plexo solar, sino en el corazón. En los sistemas tradicionales esotéricos, tendemos a ver los centros de energía del cuerpo tanto separados como en oposición, y parece que forman parte de un solo sistema. El centro del corazón es, de hecho, la función glandular más elevada del plexo solar. Cuando sucede la apertura del corazón, nace la verdadera intimidad y las dos personas se encuentran en una sola consciencia. Por lo tanto, es importante comprender la verdadera naturaleza del proceso conocido como sublimación de la sexualidad. Se trata de un proceso demoledor en el cual el caos

Cuando sucede la apertura del corazón, nace la verdadera intimidad y las dos personas se encuentran en una sola consciencia

puede experimentarse antes de que se perciba la emergencia de lo superior. Dado que este proceso está sucediendo en la actualidad en todo el acervo genético humano, lo que vemos hoy se puede comprender como un reflejo de esta caótica ruptura del aura del mundo. Solo cuando hayamos alcanzado un punto crítico comenzaremos a ver el nacimiento de la tercera consciencia. Esto se reflejará en el plano material con el nacimiento de un nuevo tipo de ser humano, cuyo único propósito es albergar esa nueva consciencia.

EL SIDDHI DE LA 59.ª CLAVE GENÉTICA: TRANSPARENCIA

EL REGRESO DE QUETZALCÓATL

La última fase del impulso evolutivo latente en la 59.ª Clave Genética probablemente no sucederá en nuestro planeta a nivel colectivo hasta dentro de muchos siglos. Dicho esto, la naturaleza del tiempo cambia tan radicalmente que la misma noción de que las cosas necesitan de mucho tiempo para darse se terminará y dejará de tener un significado real para nosotros. La mutación del plexo solar se equipara esencialmente a la apertura del centro del corazón planetario y, como la mayoría de nosotros sabemos, ¡el tiempo se para cuando estás enamorado! Aparte de esta transformación de la frecuencia de la Sombra en Don, hay otra en la cual las mutaciones genéticas suceden en la química cerebral de las glándulas pineal y pituitaria. Este proceso superior conduce al despertar del 59.º Siddhi, la Transparencia.

La transparencia, tal y como la entendemos hoy, poco tiene que ver con su significado a nivel síddhico. Cuando hablamos hoy de ser transparentes, queremos decir estar abiertos y ser honestos en nuestra comunicación con otros. El Siddhi de la Transparencia en realidad tiene que ver con la dispersión de todos los aspectos del ser de vuelta al océano de la creación. En términos míticos, las Claves Genéticas 59.ª y 55.ª representan las fuerzas del yang y del ying primigenios, respectivamente. El 59.º Don es la semilla o el semen, mientras que el 55.º Don es el huevo. Cuando la frecuencia de esta Clave Genética alcanza el nivel síddhico, ese tipo de símbolos dejan de tener significado, ya que no cumplen ninguna función, una vez superada la dualidad. El semen de la 59.ª Clave Genética se gasta y el huevo ya no se necesita. Lo que queda es un estado que se halla más allá de la descripción y de la evolución. La Transparencia es lo que queda cuando la evolución pierde su significado. A nivel genético, el 59.º Siddhi no puede existir en el cuerpo físico, porque es la fuerza conductora que hay *más allá* de la evolución. El estado de Transparencia no tiene plan o propósito. Simplemente actúa como el conducto para la consciencia. Por lo tanto, el único propósito de la 59.ª Clave Genética es el de romper todas las barreras en aras de la unión. Cuando esto suceda, este aspecto de nuestra genética no volverá a ser necesario.

La 59.ª Clave Genética es la llave maestra del grupo genético codónico llamado Anillo de la Unión. Estas cuatro Claves Genéticas —la 4.ª, la 7.ª, la 29.ª y la 59.ª— han gobernado los patrones de las relaciones humanas (y sus disfunciones) en nuestro

planeta por mucho tiempo. La secuencia que conduce a la Transparencia comienza con el proceso de Perdón, catalizado por la 4.ª Clave Genética. Una vez que te has perdonado a ti mismo, sirviéndote de tus relaciones como espejo, descubrirás la verdadera aura de la Virtud (la 7.ª Clave Genética). Después de que hayas encontrado tu virtud interna, comenzarás a derramarte en los otros, reconociendo la misma fuente Divina en cada persona con la que tropieces. En esta Devoción (la 29.ª Clave Genética) está la verdadera puerta de entrada a la Transparencia. La Devoción te vacía, portándote a un estado purificado, superior, dentro de tu propio ser, donde se han eliminando los conceptos *dentro* y *fuera*. Se trata del nivelador más grande que hay en el ámbito de la vida.

En la naturaleza, el 59.º Don se representa con la proporción áurea, una forma geométrica universal que sostiene toda la creación. Sin embargo, si alguno trata de crear una espiral con la proporción áurea para representar este Siddhi en su totalidad, se topa inmediatamente con un callejón sin salida bien conocido en matemáticas, porque una figura así no tendría ni comienzo ni fin. Esta es la característica del 59.º Siddhi: no puede aparecer en la naturaleza ni se puede comprender matemáticamente. Sencillamente parece que no existe; por lo tanto, es Transparencia. Quizás puedas reparar en la razón por la que la Transparencia, vista a nivel colectivo, comporta la desaparición de la forma del universo. Cuando llegue a suceder esto, como así será, es difícil decir qué forma tomará la humanidad, si es que toma alguna. Si la humanidad tuviera que tomar algún tipo de forma futura, ya no sería una consecuencia de la evolución tal y como entendemos ahora la palabra. Ni tampoco tendría la necesidad de reproducirse a sí misma, ya que su esencia sería eterna.

De hoy en adelante este el 59.º Siddhi es inminente. Algunos seres comenzarán a llegar al mundo manifestando todo el potencial de este Siddhi. De la misma manera que la conciencia de masa manifestará el 59.º Don, la Intimidad, como norma, también unos cuantos comenzarán a manifestar las vibraciones de estas frecuencias tan rarificadas. Serán personas que hayan ido más allá de todos los conceptos de planificación. El plan último es la evolución: la idea de que todavía queda algún brote por crecer. Aunque la forma de nuestro mundo continúe evolucionando, la consciencia de la que surge no podrá ni ha podido nunca evolucionar. Solo la consciencia individual evoluciona, y lo está haciendo muy rápidamente gracias a las transformaciones y mutaciones que llegan con este Don y este Siddhi. Sin embargo, cuando la consciencia individual ha alcanzado su máxima expresión, se convierte en un espejo nítido para la consciencia, que es la Transparencia. Refleja la vida sin ningún comentario adicional. Se trata de un estado que los humanos siempre hemos soñado alcanzar: la capacidad de colocar sobre el mundo una mirada libre de juicio.

Hay una antigua profecía maya que habla del regreso de Quetzalcóatl, un ser simbolizado por la serpiente emplumada. Los antiguos calendarios han conectado desde siempre esta fecha con el año 2012, cuando, según la profecía maya, el tiempo dejaría de existir. Esas profecías es mejor no tomarlas de manera literal, sino considerarlas marcadores alquímicos emergentes del inconsciente colectivo. El viaje de la consciencia por la 59.ª Clave Genética está simbolizado con acierto por la figura de Quetzalcóatl. La serpiente emplumada es similar al símbolo del dragón: representa la armonización de

la naturaleza inferior (de la serpiente) con la naturaleza superior (la del pájaro). De hecho, esta es la nueva época que estamos comenzando a vivir ahora.

La mayoría de los científicos están de acuerdo en que nuestros genes tienen un plan oculto para sobrevivir y que, hagamos lo que hagamos, encontrarán formas para mutar si ven amenazada su supervivencia. Los genes operan por debajo de la consciencia individual. Podríamos incluso decir que Dios está escondido en nuestros genes, pero hasta que no elevemos nuestra frecuencia, no podremos experimentar a Dios. Por lo tanto, tenemos que aprender cómo ser transparentes, tanto con nosotros mismos como en la interacción con los demás. El primer paso consiste en bajar nuestras defensas y mirar directamente en nuestros miedos. Incluso nuestros miedos genéticos más profundos —como el miedo a perder a nuestros seres amados— actúan como barreras sutiles que nos impiden darnos cuenta de que nuestros genes no son exclusivos, sino inclusivos. Cada hombre y cada mujer es nuestro hermano o hermana genética y ni un solo individuo, familia, tribu o nación es una isla. Somos una sola tribu genética que atraviesa un período transformacional enorme de la historia, cuyo resultado final será la realización de nuestra unidad.

Somos una sola tribu genética que atraviesa un período transformacional enorme de la historia, cuyo resultado final será la realización de nuestra unidad

60.ª CLAVE GENÉTICA

SIDDHI JUSTICIA DIVINA • DON REALISMO • SOMBRA LIMITACIÓN

EL CRUJIR DE LA NAVE

PAR PROGRAMADO: 56.ª CLAVE GENÉTICA
ANILLO CODÓNICO: EL ANILLO DE GAIA
(19.ª, 60.ª, 61.ª)

FISIOLOGÍA: COLON
AMINOÁCIDO: ISOLEUCINA

LA SOMBRA DE LA 60.ª CLAVE GENÉTICA: LIMITACIÓN

EL CIRCUITO CERRADO DE CONOCIMIENTO

La 60.ª Sombra representa una de las fuerzas más poderosas, responsable de empujar a la humanidad en sentido contrario a la evolución. Es el poder del retroceso y la limitación, lo que significa un contrapeso de la vida. Cuando uno se rinde constantemente a la frecuencia de su Sombra, esta Clave Genética cataliza la muerte. La 60.ª Sombra destruirá tu capacidad de recibir las facultades que te había otorgado la vida, y lo hará principalmente congelando tu vida en patrones que con el tiempo se harán cada vez más estrictos. En nuestro mundo moderno, la 60.ª Sombra parece estar por todos lados: aparece dondequiera que la imaginación y la innovación son aplastadas por la burocracia, o donde mujeres y hombres parecen haber olvidado qué significa ser humano. La verdad es que si una gran proporción de la población mundial vive aún en la pobreza mientras que una exigua minoría prospera, se debe, en buena parte, a la sombra de la 60.ª Clave Genética.

Hasta este momento de la evolución humana, todos nuestros sueños de un mundo armonioso se han visto frustrados por esta sola fuerza: la Sombra de la Limitación. A veces parece que hay una fuerza empeñada en mantenerlas lejos de su manifestación, no importa lo buenas que sean nuestras intenciones. Pero esta 60.ª Sombra es también un potente código de liberación colectivo para alcanzar la armonía de nivel superior. No forzará el paso, sino que esperará una sola cosa: tiempo. Toda la vida sigue ciclos de tiempo. Esta es la gran revelación que hay detrás del hexagrama original del I Ching. Sus 64 símbolos o hexagramas contienen los códigos secuenciales para el desenvolvimiento del gran plan de la naturaleza. A no ser que puedas escapar de su frecuencia, la

60.ª Sombra te impedirá ver que la vida ha incorporado un mecanismo para autocorregirse. En el nivel de frecuencia de la Sombra, la consecuencia es que desconfiarás del fluir de la vida. A veces el flujo de la evolución parece haberse detenido o bloqueado, y esto se pone de manifiesto como la incapacidad humana para romper con las estructuras y los patrones establecidos.

La 60.ª Sombra y su correspondiente Don tienen que ver con las estructuras. La ley de todas las formas es que ninguna estructura puede durar (todas y cada una de ellas vienen programadas para deteriorarse y finalmente morir). Esta sola afirmación te abre a una intensa visión de tu vida. La 60.ª Sombra se refiere al exceso de confianza de los humanos en las estructuras y a la consecuente muerte de algo realmente importante: la magia. La magia gira en torno a los eventos que no siguen leyes lógicas y secuenciales. La magia es espontánea, altamente mutable, impredecible e incontrolable. Su naturaleza superior está más allá de cualquier significado o comprensión. La 60.ª Sombra es la mayor enemiga de la magia. Su único propósito es controlar el flujo de la vida e impedir que suceda cualquier cosa original. Uno de los lugares donde mejor podemos observar la presencia de la 60.ª Sombra es en el reino de las leyes humanas. Los humanos creamos corpus legislativos que rigen nuestras sociedades y, después, armamos sofisticados sistemas legislativos para implementar esas leyes. El propósito original de nuestras leyes era proteger al inocente y garantizar que se hiciera justicia con quienes las transgredieran. Sin embargo, la propia estructura está a menudo tan empantanada en sus propias limitaciones que deja de operar eficazmente y muy a menudo se vuelve totalmente inoperante.

La 60.ª Sombra es la mayor enemiga de la magia

En el mundo de hoy día, la burocracia es la grandísima limitación que tenemos para poder crear una sociedad universal basada en la paz. De hecho hay tantas leyes, en tantas sociedades, que los humanos terminamos limitados para poder ver o poder funcionar más allá de nuestros pequeños cubículos. Las leyes mismas pueden ser sociales, religiosas, morales o económicas. Eso da igual. El par programado para la Sombra de la 60.ª Clave Genética es la 56.ª Sombra, la Distracción, y es fácil ver cómo este dúo de Claves Genéticas conspira para que el ser humano no pueda ver qué es lo que realmente quiere hacer. Estamos tan enterrados bajo nuestras propias estructuras y nos distraemos tanto con ellas que perdemos de vista nuestras intenciones originales. El mundo económico es una de las grandes estructuras limitativas de nuestro planeta. El dinero es una enorme restricción para la humanidad. Su existencia genera tal cantidad de leyes que amarra y controla nuestras actuaciones. Mientras exista el dinero sobre nuestro planeta, nuestra especie continuará atrapada en la limitación última de lo material. Hasta que el dinero no sea erradicado por completo, no podremos disfrutar de una verdadera libertad material.

Todas las estructuras se disuelven y se derrumban con el tiempo. Esta ley se puede observar a lo largo de la historia en el inevitable declive de cada uno de los grandes imperios que ha habido sobre la Tierra. Es importante entender que es siempre la estructura en sí la que causa el declive. Las estructuras son parte esencial de la vida. Por lo tanto, todas las estructuras son ampliables. El cuerpo, en sí mismo, es una estructura ampliable, como lo es también la Tierra. Hasta que la forma pueda ser trasmutada se necesitarán

las estructuras, pues es la manera en que la consciencia puede continuar penetrando la forma. Esta es la clave que los humanos debemos recordar. La 60.ª Sombra crea un apego y una dependencia excesivos de la forma, en vez de hacer hincapié en el espíritu o idea que la habita. El aspecto más elevado del 60.º Don es la noción universal de la Justicia Divina (el 60.º Siddhi, donde se puede ver qué sucede cuando el hombre intenta capturar este hermoso concepto en una estructura material), cómo se pervierte fácilmente y, cómo con frecuencia se ahoga en la letra pequeña legal.

El otro lado de la Sombra de la Limitación tiene que ver con el pasado. En todo tiempo y en todo lugar donde la gente se queda bloqueada a causa de una mentalidad anticuada, está funcionando la 60.ª Sombra. Es una Sombra que aborrece lo nuevo, lo innovador, lo original. Es la némesis del cambio y de la juventud. Se trata de un arquetipo arraigado en lo profundo del ADN que ha tratado siempre de controlar y suprimir la jovialidad del mundo. Muchas de las estructuras rígidas de los sistemas en nuestra escuela moderna se aseguran de que las mentes de los jóvenes sean estructuradas, homogeneizadas y enlatadas desde una edad temprana. Para los niños, una de las grandes limitaciones consiste en verse forzados a permanecer sentados en el interior de un aula, detrás de un pupitre, a una edad en la que lo que desean sus cuerpos es correr y explorar la vida. Esta imposición temprana de estructura en el desarrollo mental, corporal y emocional de los niños ha creado como consecuencia una cadena de comportamientos reaccionarios de los niños hacia todos los demás niveles de la sociedad. No se puede enjaular la frescura sin que ello se vuelva luego en tu contra.

La religión es uno de los grandes campos en los que se puede ver el verdadero poder de la 60.ª Sombra. Las leyes morales impuestas en nuestras sociedades por los sistemas religiosos son las más antiguas del planeta. Las leyes cósmicas morales existen sin necesidad de sistemas o estructuras que las ejecuten. Cuanto más las hacemos cumplir, más reacción surge en contra de ellas y, como consecuencia, más las tenemos que vigilar. Este es el clásico ciclo de retroalimentación. Es una pesadilla de control y reacción que se perpetúa a sí misma. La 60.ª Sombra insistirá, por ejemplo, en que cada palabra del Corán o de la Biblia se tome al pie de la letra. Adherirse de forma estricta a este tipo de antiguos códigos y leyes es profundamente limitativo y restrictivo para el espíritu humano. No necesitamos que nos digan qué es lo que está bien y qué es lo que está mal. Tenemos los medios para saberlo por nosotros mismos. Cualquier código o sistema que no se pueda cuestionar o adaptar a los nuevos tiempos es una potencia cesante y, por lo tanto, está destinado a desaparecer con el tiempo.

Desde luego, la mayor limitación de todas es la propia capacidad de pensar. Ahí es donde la 60.ª Sombra intenta estrangular la posibilidad de vida al nivel individual. Por nuestro condicionamiento cultural la mente se acostumbra a pensar con determinadas estructuras, y esas estructuras se vuelven herramientas cómodas. Hay una relación química directa entre las Claves Genéticas 60.ª y 61.ª a través de su anillo codónico asociado, el Anillo de Gaia. La Inspiración (el 61.er Don) es lo que sucede cuando tu mente rompe por un momento con sus estructuras habituales. La mayoría de la gente, por ejemplo, no piensa mágicamente. Es decir, no deja la puerta entreabierta para que la Inspiración pueda colarse en cualquier momento. La causa más importante de la muerte de la magia es el circuito cerrado de pensamiento que se da cuando la mente sigue patrones fami-

liares o sistemas de creencias, una y otra vez, sin la capacidad de pensar fuera de esta celda. En última instancia, es por este circuito cerrado de pensamiento por donde entran en el mundo todas las formas autolimitativas.

NATURALEZA REPRESIVA: DESESTRUCTURADA

Cuando se reprime la 60.ª Clave Genética, el resultado es la falta de estructura en la vida de una persona. A nivel celular puede causar incluso problemas físicos o enfermedades, porque estas estructuras sostienen el funcionamiento psicológico del organismo. Las vidas de tales personas nunca parecen ser armoniosas, ya que están desfasadas con respecto a su verdadera naturaleza. Necesitan estructuras fuertes: familia, carrera y sentido de dirección. Sin este tipo de estructuras están a la deriva en el mundo y su potencial parece malgastarse. Da la sensación de que nunca se involucran en nada que dure, de que siempre están cambiando sus circunstancias. Tienen miedo de las estructuras y de los compromisos, y este miedo les impide encontrar los aliados y las circunstancias adecuadas para que sus facultades puedan florecer.

NATURALEZA REACTIVA: RÍGIDA

Cuando la 60.ª Sombra se manifiesta a través de un carácter enojado, se convierte en rigidez y control. Estas personas no pueden permitir que otros cuestionen lo que ellos hacen o dicen. Se comportan como si estuvieran más allá del reproche y, si alguno los contraría, arremeten contra ellos con furia. El carácter reactivo de esta sombra crea una excesiva dependencia de la forma y de la estructura, en detrimento del espíritu o idea original que lo anima. Este tipo de seres asumen que cualquier nueva idea o manera de hacer las cosas es una amenaza para su seguridad y reaccionan en consecuencia. No tienen una comprensión real de las relaciones, ya que no pueden permitir que otros transgredan sus propios códigos de comportamiento u opiniones. A menos que sean capaces de soltar su intención de dominar totalmente la vida, es muy probable que se marchiten y caigan en declive.

EL DON DE LA 60.ª CLAVE GENÉTICA: REALISMO

EL SENTIDO COMÚN DE LA MAGIA

Las personas con el 60.° Don son muy apreciadas en el mundo por una sencilla razón: comprenden las limitaciones del mundo de la forma y, por lo tanto, conocen las leyes para manifestarse en él. Esto es lo que significa Realismo en el marco del 60.° Don: la habilidad de equilibrar jovialidad y sabiduría, idealismo y estructura. Es muy bonito tener una idea que pueda cambiar el mundo, pero sin el realismo del 60.° Don esa idea probablemente no llegará nunca a nada. Otro sinónimo para describir el 60.° Don podría ser el sentido común. El sentido común es inherente a todos los seres

humanos, pero se pierde cada vez que una persona o sociedad se aferra demasiado a marcos y estructuras. A través del sentido común los seres humanos evolucionamos y cooperamos en la creación de un modo eficiente y armonioso. El poder y la capacidad inherentes al Don de esta 60.ª Clave Genética no deberían tomarse nunca a la ligera.

Las personas con el 60.° Don comprenden que, para que algo nuevo eche raíces en el mundo de la materia, se deben seguir unas ciertas reglas. La principal ley de manifestación en el mundo material se funda en la estructura. La innovación sin estructura simplemente no es duradera. La semilla necesita su cáscara dura para protegerse y el río necesita sus riberas para indicarle el camino. El 60.° Don se refiere a crear fuertes bancadas para dirigir y canalizar la energía del cambio en el mundo. Ser realista, en el sentido del 60.° Don, significa comprender que existe en el mundo una enorme cantidad de burocracia que hay que confrontar. La metáfora clásica para el papel que desempeña este Don es la de injertar un joven y vibrante brote en un poderoso y viejo rizoma. En esta metáfora el 60.° Don es el rizoma, que representa la habilidad de trabajar con las leyes que ya existen y las tradiciones del mundo, e introducir cambios *dentro* de ellas en vez de *a pesar de* ellas.

Los portadores del 60.° Don son maestros en crear estructuras, ya sean mentales, emocionales o físicas. Estas estructuras llevan consigo las bases para la generación de nuevas ideas y energía y, como tales, son de menor importancia que la energía que se manifiesta a través de ellas. Esto es lo que sabe el 60.° Don: que la estructura puede cambiar o incluso desaparecer, pero que su espíritu interior seguirá y, si es necesario, encontrará una nueva estructura que la soporte para continuar. El 60.° Don es como la nave espacial que llevó al hombre a la Luna. Una vez que el hombre ha alcanzado la Luna, la nave espacial ya no se necesita más, pero su creación permite que evolucionen otras estructuras más avanzadas. Por llevar aún más lejos este símil, el Don del Realismo tiene que ver con mantener el equilibrio entre la idea de llegar a la Luna y los enormes requerimientos económicos y físicos que son realmente necesarios para convertir esta idea en realidad. Pero la verdadera esencia de esta Clave Genética está en no perder la perspectiva ni de la idea ni de la estructura. Hemos visto ya cómo una excesiva dependencia de la estructura garantiza que la mayoría de las ideas o se estanquen o no lleguen a manifestarse; o peor aún, que terminen lejos de lo que fue su perspectiva original.

Tal y como hemos contemplado, hay una gran capacidad para la magia en esta 60.ª Clave Genética, y algunos encontrarán irónico que este Don se llame Realismo. En verdad, el realismo, en su sentido más auténtico, siempre implica magia. Sabemos gracias a la física cuántica que toda la materia está hecha de campos vibratorios de energía. Por lo tanto, todas las estructuras del mundo de la forma son en realidad una ilusión. Hay portales a través de los cuales puede acontecer algo inesperado. ¡Lo único que se necesita para que la magia suceda es alguna forma de estructura y una mente abierta! Todo esto puede parecer la suma de razonamientos sorprendentemente sencillos, pero lo cierto es que rara vez se halla algo así en el mundo.

¡Lo único que se necesita para que la magia suceda es alguna forma de estructura y una mente abierta!

Habitualmente encontramos gente cargada con el peso de la 60.ª Sombra; es decir, personas que llevan encima construcciones y sistemas realmente impresionantes, pero que

están tan identificados con ellos y tan apegados a sus estructuras que estrangulan la idea original. Los humanos no nos sentimos cómodos con la incertidumbre y no confiamos en la magia, razón por la cual nos aferramos a nuestros sistemas, religiones, leyes y sistemas de creencias.

Una de las estructuras más sutiles es el propio lenguaje. Las personas con el 60.° Don pueden ser, por lo tanto, maestros del lenguaje, siempre que no se queden atrapados en él. La lengua no es el territorio, pero es el medio a través del cual se expresa el cambio. Puedes hablar del cambio para siempre y acabar obsesionado solo con ideas y los pensamientos en torno a él. Pero para que algo nuevo entre realmente en el mundo, el lenguaje se tiene que utilizar de una manera juguetona, como medio para expresar una frecuencia. Es la frecuencia la que sostiene la energía del cambio. El lenguaje es solamente el medio para que la música resuene. Todos sabemos que en la magia popular, los magos nos distraen y llevan a cabo sus trucos mientras miramos para otro lado. Del mismo modo, el 60.° Don puede usar el lenguaje u otras formas como medios para distraer a las personas mientras la verdadera energía se cuela inadvertidamente entre ellos.

Este 60.° Don tiene mucho que ver con la música, ya que es acústico por naturaleza. Todas las nuevas formas que llegan al mundo tienen que entrar a través de esta Clave Genética. La química humana en su nivel más hondo es musical, y los humanos la experimentamos a través de los diferentes estados de ánimo y oscilaciones energéticas. El 60.° Don demanda una gran aceptación de la duda y de los impredecibles ritmos de la vida. Estas personas han comprendido que los períodos naturales suceden cuando parece que nada se mueve. Esos períodos pueden llegar de repente y marcharse de la misma manera. Provocan cambios de humor y arrebatos súbitos. El 60.° Don sabe que hay magia en la oscuridad antes de la aparición y sabe que no hay que intervenir en estos procesos esenciales de la vida. Ser realista significa aceptar las limitaciones naturales de esta forma humana sin ser víctima de ellas.

La 60.ª Clave Genética es parte de una trilogía de Claves Genéticas (juntamente con la 19.ª y la 61.ª) codificadas por un aminoácido llamado isoleucina. Se trata del Anillo de Gaia, uno de los más fascinantes de los 21 anillos codónicos. El Anillo de Gaia impide o permite moverse a la consciencia entre las diferentes formas de vida de nuestro planeta. El Don de la 19.ª Clave Genética, la Sensibilidad, tiene el potencial de abrir una funcionalidad genética superior en los seres humanos que nos permitirá experimentar directamente cómo es vivir dentro de otra criatura. Al nivel de esta sensibilidad, este codón permite a toda la vida presente en la Tierra, ya sea animada o inanimada, experimentar la unidad cuántica. Las Claves Genéticas 60.ª y 61.ª así como sus dones, Realismo e Inspiración, contienen secretos inmensos relativos a este planeta y a nuestro papel dentro de su estructura orgánica. La 60.ª Clave Genética representa la densidad puramente material de la propia forma de Gaia, mientras que la 61.ª Clave Genética apunta a la magia que está alojada abismalmente en el corazón de la tierra. El nombre original para el 61.° hexagrama del I Ching es «La verdad interior», y esta es la belleza del Anillo de Gaia: todo, desde la más minúscula nanopartícula hasta el cosmos, tienen la misma joya brillante de la verdad interior alojada en su núcleo.

Es responsabilidad y privilegio de la humanidad funcionar como el más alto nivel de la consciencia de Gaia. Somos sus ojos y sus oídos. Somos su propia mente. Todo

lo que tiene valor está oculto dentro de una forma: dentro de tu cuerpo, dentro del núcleo ferroso del planeta, dentro de la fábrica vibrante que es tu ser interior. Todo se enraíza hacia dentro. Esta es la razón por la que el género humano tiene que descubrir su espacio interior, por lo que debemos girarnos hacia dentro en busca de inspiración. Todas las respuestas a todos nuestros problemas y retos se atesoran dentro de las criaturas y las estructuras de la naturaleza, y todas aquellas criaturas y estructuras están alojadas, en forma microcósmica, dentro de cada una de las moléculas de nuestro ADN. El sentido común no se opone a la magia. Es de sentido común permanecer con la mente abierta a todo el universo, porque todo tiene en su núcleo la misma asombrosa luz interior.

EL SIDDHI DE LA 60.ª CLAVE GENÉTICA: JUSTICIA DIVINA

EL VEHÍCULO DE LA TIERRA, MERKABA

El 60.º Siddhi es un Siddhi extremadamente extraño. Hay muchas cosas que, sencillamente, son un misterio, y este Siddhi es una de ellas. Lo llamamos Justicia Divina, pero el verdadero significado de este término en el contexto de los Siddhis es bastante diferente del que se le otorga habitualmente. Como ya hemos visto, la 60.ª Clave Genética se refiere a las leyes y limitaciones que gobiernan el mundo de la materia. Al nivel del Don, hay una comprensión intelectual de que esas leyes no son lo que parecen (lo que se refleja en la moderna visión científica de la física cuántica) y de que parece que hay una fuerza operando más allá de las leyes que gobiernan la realidad física. Esta fuerza puede llamarse Dios, Gracia, Magia, Destino o incluso Oportunidad, pero el hecho es que está fuera del control humano.

Cuando un ser humano alcanza este estado síddhico, nos encontramos ante un evento raro, porque al estar todos conectados en el campo de consciencia universal, este acontecimiento tiene repercusiones sobre toda la vida sensible. No importa si la persona en ese estado síddhico ve y está junto a otro ser humano o no, pues su realización genera tal oleaje en el océano de la consciencia humana que las olas de esta alta frecuencia aumentarán la vibración de todos los seres humanos. Dependiendo de la cualidad (sabor) de este Siddhi, es decir, de su código específico, la elevación de la consciencia podría afectar a nuestro universo de muy diversas maneras. Alguien que alcanza, por ejemplo, el Siddhi de la 25.ª Clave Genética, el Amor Universal, activa una enorme apertura en el campo colectivo del corazón, que rodea y conecta a todos los seres y criaturas de nuestro planeta e incluso más allá de él. Un evento tal puede conducir a todo tipo de progresos en el mundo humano de la forma.

Cuando un ser humano alcanza la autorrealización a través del 60.º Siddhi, sucede algo muy extraordinario (y a la Sombra de la consciencia, algo muy aterrador). Las leyes fundamentales que gobiernan la existencia física se destraban y, en algunos casos, se desmiembran todas a la vez. A nivel genético colectivo, este tipo de evento se conoce como «mutación del marco de lectura». Cuando ocurre una cosa así, el marco de lectura

de todo el ADN humano cambia hasta el punto de que varía por completo la forma en que se traduce el código genético. A nivel macrocósmico este evento no ha sucedido muy a menudo en la historia de la humanidad y, por esta razón, el 60.º Siddhi es todavía un misterio. La verdadera Justicia, realizada a nivel divino, es un fenómeno que los seres humanos no podemos entender fácilmente. Sin embargo, el advenimiento de la Justicia Divina se representa en la psique colectiva y se refleja a través de la 60.ª Clave Genética y de su contraparte química en el ADN. Casi todas las culturas tienen mitos o religiones que describen un día futuro en el que Dios descenderá sobre la Tierra y pronunciará su juicio sobre todos los seres vivos. Este mito, encarnado, por ejemplo, en la noción cristiana de Juicio Final, es una aburrida interpretación del poder del 60.º Siddhi, que es lo que entendemos por Justicia Divina.

Dado que los humanos pensamos en términos de moralidad, generalmente observamos la justicia desde la perspectiva del castigo y el premio. Con demasiada frecuencia la observamos en términos de retribución. Hasta nuestros más sofisticados sistemas espirituales y científicos piensan en la vida en términos de causa y efecto, o karma. Todo esto se debe a las limitaciones que supone estar apresados dentro de una realidad dual. Sin embargo, el verdadero concepto de Justicia no está en absoluto limitado por leyes. Sería mejor describirlo como un proceso *no causal*. Cuando algo es no causal significa que no sucede por ninguna razón que podamos ver o entender. En una realidad no causal, las causas no conducen a los efectos y, por lo tanto, no puede existir la justicia tal y como la entendemos en este mundo. Si uno matara a otro en un mundo no causal, no sería nunca castigado. No habría un concepto como la dualidad; por lo tanto, no podría existir ese ser separado dispuesto a cometer ese crimen. Entonces ¿cómo imaginar una realidad así? La respuesta es que no podemos.

El 60.º Siddhi realmente sí representa el Juicio Final. Es el final de todas nuestras ilusiones sobre lo correcto y lo equivocado, lo bueno y lo malo, lo justo y lo injusto. El 60.º Siddhi destroza todas las leyes de nuestra realidad, empezando por la ley del tiempo. Dondequiera que veamos la secuencia del tiempo, el 60.º Siddhi lo experimentará continuamente como un sempiterno presente. No hay ningún horizonte de eventos o sentido de linealidad, lo que significa que quien manifiesta este Siddhi viaja a través del tiempo. La segunda ley que rompe el 60.º Siddhi es la ley que mantiene unida la forma misma y que conocemos como gravedad. En otras palabras, estas personas son capaces de viajar no solo a través del tiempo, sino también a través del espacio.

Este Siddhi destroza la ley de la gravedad, que mantiene unidos los átomos y que sostiene el orden de nuestro cosmos

Este Siddhi destroza la ley de la gravedad, que mantiene unidos los átomos y que sostiene el orden de nuestro cosmos. Nuestra mitología popular contiene muchas historias de testigos oculares que han visto gente volando o seres de otros planetas llegar a la Tierra. Algunas de esos eventos se pueden explicar como manifestaciones de este Siddhi. Muchas de las grandes escuelas esotéricas —entre ellas la tibetana, la taoísta y la egipcia— han detallado historias de maestros que alcanzaron el «cuerpo de luz» o el «cuerpo del arcoíris». Son ejemplos en los cuales las leyes que gobiernan el mundo de la forma han quebrado, lo cual se manifiesta a través de una mutación del vehículo físico, del cuerpo.

En India existe un mítico yogui del Himalaya llamado Babaji. Muchos mitos giran alrededor de este hombre, del que se dice que se materializa en una forma que aparece y desaparece, de tanto en tanto, a lo largo de los siglos. Otras culturas tienen leyendas similares e historias que encienden la imaginación popular, pero que a la luz de la consciencia general se consideran puras supersticiones. Hay una enorme cantidad de magia oculta en el 60.º Siddhi. Es magia verdadera porque es no causal. No se puede aprender, enseñar o imitar. Cada vez que un ser alcanza la iluminación a través del 60.º Siddhi, la magia llega vertiéndose a través de este ser y se convierte en un fenómeno, en un símbolo de la descomposición de las leyes de la forma.

A nivel colectivo, el 60.º Siddhi será uno de los últimos Siddhis en despuntar. Esta es la razón por la que siempre lo hemos interpretado como el Juicio Final. Cuando el 60.º Siddhi comience a propagarse en múltiples seres humanos, será el final del mundo tal y como lo conocemos. Todas las cosas se revelarán entonces en su verdadero sentido. Las leyes que sostienen la Tierra se resquebrajarán y nuestro planeta comenzará a transmutar. El 60.º Siddhi se conoce como *merkaba* en varias escuelas esotéricas, o también como «carro de luz». El verdadero merkaba colectivo es la propia Tierra, el espíritu de Gaia. Cuando la Tierra desaparezca, lo hará rápidamente, y todas las células que hayan adquirido la consciencia que hoy conocemos por Gaia se trasladarán a otra realidad. Solo entonces sabremos lo que significa Justicia Divina, y, de cualquier manera, no tendrá ningún significado a nivel individual. No tenemos ni idea de cómo será este evento o cómo se sentirá, pero aquellos que tienen el 60.º Siddhi son los que portan la llave de esta mágica ocurrencia final. Y lo que debemos recordar es que, desde el punto de vista del 60.º Siddhi, esto ya ha sucedido. Cada ser humano sabe que ese es nuestro futuro, ya que reposa secretamente codificado en lo más hondo de las limitaciones de nuestro ADN material. En todo caso, algunas leyes Divinas ocultan aquellos aspectos más elevados de nuestra propia naturaleza. Tenemos que evolucionar para ser capaces de verlos por fin, y, para ello, las dos grandes leyes que tenemos que superar son la gravedad y el tiempo.

Estas dos leyes no son absolutas, sino relativas al nivel de consciencia. La hélice binaria de nuestro ADN está compuesta a nivel microcósmico por estas dos leyes. El ADN sostiene la memoria y esta actúa como la vida, desarrollando la estructura local para la vida sensible. La evolución demanda tiempo y la localización demanda espacio. Cuando la consciencia va más allá de estas dos leyes, ambas pueden observarse no como falsas, sino como simples improntas de baja frecuencia de las leyes Divinas superiores. Más allá de nuestra forma humana, existen otras realidades y dimensiones. El cosmos está lleno de abundantes formas de vida interdimensionales. En formas más avanzadas de vida el espejo de ADN deja de ser una estructura binaria y pasa a ser una hélice triple. La triple hélice une a todos los seres más allá del espacio y del tiempo, y libera a la consciencia para viajar sin trabas a través del cosmos. Sin embargo, no puede sostener una forma de vida basada en el carbono; necesita una estructura o un vehículo mucho más sutil: la geometría subyacente del propio universo.

61.ª CLAVE GENÉTICA

SIDDHI SANTIDAD • DON INSPIRACIÓN • SOMBRA PSICOSIS

EL SANCTASANCTÓRUM

PAR PROGRAMADO: 62.ª CLAVE GENÉTICA

ANILLO CODÓNICO: EL ANILLO DE GAIA
(19.ª, 60.ª, 61.ª)

FISIOLOGÍA: GLÁNDULA
PINEAL

AMINOÁCIDO: ISOLEUCINA

LA SOMBRA DE LA 19.ª CLAVE GENÉTICA: PSICOSIS

LA PRESIÓN DE POR QUÉ

En un diccionario estándar, la definición de *psicosis* podría decir: «Cualquier tipo de defección o enajenación mental». La psicosis, que generalmente es considerada como una afección mental basada en un problema químico, se asocia con el pensamiento desorganizado y las creencias ilusorias. Quizás su clave distintiva es que el individuo está tan afectado que a menudo no es consciente de su aflicción. Hay grados de psicosis que van desde manifestaciones suaves a manifestaciones agudas. Los psicóticos reconocidos son los que sufren las formas más agudas, seres humanos que son incapaces de funcionar en sociedad sin poner en peligro a otros o a ellos mismos. Sin embargo, lo que la 61.ª Sombra nos mostrará es que la psicosis, que incluye la pérdida de contacto con la realidad, es el escenario consciente de fondo para la mayoría de los seres humanos, incluidos aquellos que pretenden comprender la naturaleza de la propia enfermedad. Aun a riesgo de conmocionar a la comunidad psicológica, diría que la psicosis es el estado ordinario de la conciencia de masa de la humanidad en nuestro mundo actual.

La psicosis es el estado ordinario de la conciencia de masa de la humanidad en nuestro mundo actual

En la 61.ª Sombra, la verdadera naturaleza de la mente se presenta borrosa. La verdadera naturaleza de la mente se describe —en la medida en que se puede describir teniendo en cuenta la limitación de las palabras— en el 61.er Siddhi, la Santidad, donde se percibe como vacío o quizás, para expresarlo con más precisión, como espacio infinito. Sin embargo, la mente, tal y como la conocemos hoy, está enferma, y lo está por una sola razón: porque se busca a sí misma. A través de la ajustada puerta de la 61.ª Clave Genética

penetra la gran pregunta en el mundo de los humanos, la pregunta de *por qué*. Esta pregunta, *¿por qué?*, es, de hecho, una aberración causada por las limitaciones de nuestro nivel de consciencia actual. También esta cuestión ha forzado la dirección que ha tomado la humanidad durante siglos, en particular en los tiempos más recientes. Hay una tremenda presión en el cerebro humano por encontrar una respuesta a su pregunta, que continua brotando desde los más profundos accesos a nuestro inconsciente.

Tanto el hemisferio izquierdo como el derecho del cerebro forcejean para dar respuesta a esta pregunta, pero ambos están destinados a fallar sin remedio. El hemisferio derecho busca acabar con la presión a través de la religión, mientras que el izquierdo busca lo mismo a través de la ciencia. La clave para explicar nuestro fracaso a la hora de aligerar la presión se encuentra en su par programado, la 62.ª Sombra, el Intelecto. La presión de la 61.ª Sombra se fundamenta, a nivel neurológico y químico, en el intelecto humano, que es quien convierte primeramente la presión en una pregunta. Esta pareja de Claves Genéticas, la 61.ª y la 62.ª, es un par muy místico.

Hasta que no suceda el último salto cuántico evolutivo, el salto cuántico que impulsa la 55.ª Clave Genética, permaneceremos en estado de psicosis. Nuestras mentes continuamente nos conducirán, consciente o inconscientemente, hacia la búsqueda de respuestas a la pregunta o a tratar de encontrar el modo de liberarnos de la presión que hay tras la pregunta. El arco de la evolución humana en los tiempos modernos se ha alimentado de esta cuestión, por lo que es fácil descubrir a qué noble propósito sirve. Y aun así, provoca un conflicto profundo que nos impide experimentar la realidad tal y como es. Como sucede con los estados psicóticos, nosotros no somos conscientes de nuestra propia psicosis. Incluso esa gente sensitiva que se da cuenta y puede ver una inevitable diapositiva humana en autodestrucción está presa del mismo conflicto. El conflicto es que tú no puedes arreglar la psicosis desde la psicosis. Las antiguas civilizaciones llamaban a este manto perceptivo arrojado sobre el mundo el *maya*, la gran ilusión.

El conflicto es que tú no puedes arreglar la psicosis desde la psicosis

El tema de la verdadera naturaleza de la realidad tiene solo que ver con la frecuencia, de la misma manera que todo el trabajo de las 64 Claves Genéticas tiene que ver con la frecuencia. Solo cuando la frecuencia que atraviesa tu código genético alcance el nivel suficiente podrás comenzar a percibir la realidad, o en palabras del famoso William Blake:

Si las puertas de la percepción se desempolvaran, todo parecería lo que es: infinito.

Esta frase demuestra el cambio de percepción que se produce entre las Claves Genéticas 61.ª y 62.ª al nivel de frecuencia del Don. En los niveles superiores, la realidad se experimenta en todo su infinito esplendor. Sin embargo, en el nivel de frecuencia de la conciencia de masa de hoy, la 61.ª Sombra prevalece y la humanidad se reduce a ser una simple víctima de la presión de esta Sombra. No haremos nada ni creeremos en nada o en nadie que prometa aligerarnos de esta Sombra. Esta es la razón por la que la religión, que nos promete alivio de la presión mental, es uno de los más grandes negocios en nuestro planeta.

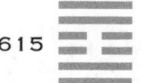

El problema de la religión no se origina, por lo general, en sus fundadores. Normalmente se trata de seres especiales que han alcanzado las frecuencias superiores en el pasado y que hablan directamente desde esa realidad síddhica. Pero la 61.ª Sombra tiene una sola gran falla: la adoración. Cuando adoras a otro, te sitúas por debajo de él y, por lo tanto, en una posición de víctima. Además, garantizas que tu frecuencia mantenga ese bajo nivel y, por ello, terminarás seriamente deteriorado. Lo que se necesita comprender es dónde está la diferencia entre adoración y devoción. La devoción contiene la semilla de la disolución individual, mientras que la adoración requiere una dualidad básica entre tú y tu Dios. El único modo de aligerar la presión de la 61.ª Sombra es dar un paso hacia el centro de la propia presión, en vez de estar constantemente evitándola. Pero la presión de la 61.ª Sombra es verdaderamente aterradora para el intelecto humano, ya que ha creado un intrincado constructo mental alrededor de sí mismo al que llama realidad. Saltar al centro de la presión pura de la 61.ª Sombra aniquilará el intelecto por completo, y es bastante posible que induzca un estado agudo de psicosis en el que te verás sometido a una crisis o desafío espiritual y/o mental. Para que este delicado proceso de destrucción suceda de forma segura, la persona tiene que pasar por un período orgánico preparatorio en el que la percepción del intelecto humano y su falsa realidad se vaya aflojando progresivamente. Este es exactamente el proceso al que nos referiremos en el 61.er Don, la Inspiración.

La presión de la 61.ª Sombra también alimenta la mente científica. Por lo tanto, la mente científica también está configurada para fracasar con el fin de proporcionar un escape de la presión, porque la pregunta *por qué* es una pregunta retórica, sin respuesta. La lógica es un sistema de circuito cerrado de pensamiento (un concepto que se puede entender con la 63.ª Clave Genética). Dado que la lógica conduce siempre a un callejón sin salida, sencillamente no puede aportar una respuesta a la pregunta. La ciencia tampoco puede contestar verdaderamente la pregunta *cómo*, porque *cómo* no es más que una derivación de *por qué*. Ni el pensamiento científico más avanzado en física cuántica puede encontrar respuestas en el dominio de la lógica y, por lo tanto, la lógica tiene que falsear sus propias leyes inventando dimensiones que no se pueden ver o probar. Hoy estamos siendo testigos de los últimos y desesperados lances del intelecto mientras intenta comprender una cuestión que no se puede comprender intelectualmente. Por último, como veremos, la pregunta solo tiene respuesta cuando se ha hecho una con la consciencia, que es el punto en el que, paradójicamente, se disuelve.

NATURALEZA REPRESIVA: DESENCANTADA

El desencanto ocurre cuando uno se sale de la presión de la 61.ª Sombra. La represión de la pregunta sobre el verdadero origen de uno mismo conduce directamente al comportamiento imitativo y conformista. El desencantamiento es una forma interna de abandono que suele tener su base en el condicionamiento de nuestra infancia. Nos escondemos de nuestra propia pregunta porque nos aterroriza. La pregunta interna nos asusta, porque si la seguimos, tendremos que romper con todo lo que nos resulta cómodo. Tendremos que emprender una búsqueda personal que nos sacará del statu quo; es más, la pregunta interna es una senda peligrosa por la que solo uno mismo puede

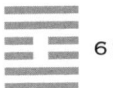

transitar. Con la refracción de la naturaleza represiva, la gente sigue la ruta tradicional, ya sea en la educación, en la religión o en la ciencia. Sin embargo, en lo más profundo de ellos mismos, la pregunta permanece y el desencanto se convierte en su verdadero estado interior. No importa todo lo que ambicionen, cuánto ganen o el éxito tengan, lo cierto es que en su foro interno permanecen insatisfechos y sin paz.

NATURALEZA REACTIVA: FANÁTICA

La naturaleza humana reactiva se vuelve obsesiva con la pregunta que llega por la 61.ᵃ Sombra. En vez de pasarle el guante al 61.ᵉʳ Don, estas personas se convierten en estatuas de hielo y se quedan atrapadas en una sola respuesta a su pregunta interna. Tales personas encuentran un lugar seguro y cómodo en la estructura, líder, credo o dirección a la que se hayan adherido. Lo que hacen es colocar una respuesta intelectual sobre la pregunta y construir su realidad alrededor de ella. Al mantener con rigidez su respuesta, también tienen que vérselas con el dilema psicótico de haber encontrado «la única y verdadera respuesta a la gran pregunta de la existencia». Se convierten en fanáticos de sus descubrimientos y, a menudo, se vuelven algo así como misioneros que los propagan por el mundo. Bajo la superficie de cada naturaleza reactiva hay un pozo de inseguridad que burbujea en la superficie en forma de ira. Esta ira los protege de tener que lidiar con la verdadera cuestión de su interior.

EL DON DE LA 61.ᴬ CLAVE GENÉTICA: INSPIRACIÓN

DIOS ES PRESIÓN

La Inspiración es lo que sucede cuando paras de adorar a Dios y comienzas a convertirte en Dios. El 61.ᵉʳ Don, la Inspiración, puede parecer un atributo bastante común, pero la realidad de este Don está muy lejos de ser cómodo. La inspiración se refiere a un proceso que es muy diferente de la comprensión general de este término. La palabra inspiración deriva del indoeuropeo, concretamente de la palabra que se utiliza para el aliento y que se relaciona con el término latino *spiritus*, que también significa «aliento». El proceso de inspiración es una liberación gradual de tu hálito interior, gracias a la fabricación de tu realidad y su proyección en el mundo. A pesar de sus maravillosas manifestaciones creativas en el mundo, la inspiración incluye un fuerte desmantelamiento de las realidades interiores que hemos construido con nuestras mentes.

La inspiración comienza cuando te sitúas directamente en la línea de fuego de la cuestión que permanece en el interior de cada ser humano. El antiguo 61.ᵉʳ hexagrama chino correspondiente se llamaba «La verdad interior» y su símbolo pictográfico representa lo que está escondido dentro de nosotros. El camino de la inspiración a menudo comienza en forma de cuestión externa, mientras estás buscando respuestas en el mundo exterior a través de sistemas, maestros o disciplinas. Al comienzo, la inspiración llega en forma de flashes en los que percibes fugaz y condensadamente la naturaleza de la

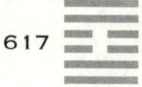

realidad. A veces la verdad interior se revela durante largos períodos. Experiencias tan rompedoras y poderosas a menudo alteran el destino de una persona. Lo que distingue la inspiración de otras experiencias elevadas es que, después de la inspiración, permaneces alterado de forma constante. Un efímero flash de verdadera inspiración puede cambiar el modo de operar de tu consciencia. Gracia a la inspiración estás preparado para una experiencia aún más grande, que ni siquiera puedes imaginar.

El camino a través del 61.er Don es necesariamente un camino muy creativo, ya que la verdadera inspiración destruye cualquier aspecto de tu engaño interior y, por lo tanto, libera una gran fuente de energía que estaba atrapada en tu cuerpo y en tu vida. Dicha energía busca naturalmente un enlace con la creatividad. La creatividad es el único Don y el más importante para sacar a la humanidad de su estado de psicosis masivo. Puede desbloquear las fuerzas latentes de inspiración dentro de ti, empujándote a dejar el estado de victimización. La inspiración y la creatividad, sin embargo, mantienen sus retos. El más importante para los seres humanos es la paciencia. La inspiración no se puede ni forzar ni predecir: llega cuando llega y se queda lo que se queda. Entre estados inspiradores podrías acabar deprimido o desalentado. Sin embargo, a una cierta frecuencia, alcanzas un nivel estable, y a ese nivel la propia Inspiración te da energía suficiente como para sostener el estado superior. Una vez más, la clave está en alguna forma de proceso creativo.

La creatividad es el único Don y el más importante para sacar a la humanidad de su estado de psicosis masivo

Por su propia naturaleza, el Don de la Inspiración es espiritual, porque sirve para desalojar la bodega de tus constructos mentales, abriendo y expandiendo tu capacidad para amar. Juntamente con el 61.er Don, el 62.º Don, la Precisión, permite expresarse a la experiencia sin palabras de la inspiración en un lenguaje que otros puedan comprender. El Don de la Precisión tiende a articular el misterio de la vida con gran inteligencia, belleza y economía. Uno de los distintivos del 61.er Don en acción es la originalidad de su expresión y el flujo interminable de su actividad en el mundo. En el interior de una persona que atraviesa un proceso de este tipo ocurre algo extraordinario: la realidad los sostiene y, al mismo tiempo, saben que se está escapando. Muchas personas no son capaces de soltar durante estos estados y aferrarse a las formas que ya han comenzado a crear en el mundo. Los que pueden liberarse continuamente de las definiciones de su realidad pueden comenzar a entrar en una esfera más exclusiva. Entran en una corriente de consciencia en la que la inspiración comienza a aniquilar su mente inferior. En ese punto, podría parecer que un ser superior está, de alguna manera, tomando el control de su vida. Puede que no lo sepas, pero te estás aproximando a la puerta que guarda el mayor secreto de la humanidad: la puerta de lo Divino.

Una de las mayores afirmaciones que se han hecho nunca en lo que se refiere a la naturaleza de la divinidad es el axioma místico «Dios es presión». Esta revelación describe el proceso por el que la verdad interior oculta en los seres humanos se desvela. ¡Tú eres una máquina de presión! En lo profundo de tu cuerpo, la presión del misterio de tu ser late en el corazón de cada simple molécula de ADN vivo. En su correspondiente anillo codónico, el Anillo de Gaia, la 61.ª Clave Genética representa un misterio escondido en cada unidad de materia del universo. Este misterio es el misterio de la consciencia

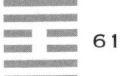

de Cristo, esa quintaesencia de luz interior que mantiene todas las cosas unidas. El proceso evolutivo creativo revela gradualmente esa luz interior. Gracias al Anillo de Gaia podemos observar cómo nuestro ecosistema —la diversidad viviente, que respira del planeta azul verdoso y todas sus formas de vida— está destinado a descubrir su propia verdad interior como una sola entidad. Este anillo codónico muestra la evolución como una fuerza que se desvela desde nuestro interior; para descifrar sus secretos tenemos que mirar hacia dentro.

EL SIDDHI DE LA 61.ᴬ CLAVE GENÉTICA: SANTIDAD

ENTRAR EN LO DESCONOCIDO

Al llegar al 61.ᵉʳ Siddhi, nos aproximamos al gran misterio: el misterio de la vida misma. La inspiración que brota de lo superior y que alcanza el 61.ᵉʳ Don es una corriente de chispas provenientes de la gran transformación que sucede en cada ser humano que se acerca a la puerta interna. Como hemos visto, las manifestaciones de la inspiración son irrelevantes para el verdaderamente inspirado. Estas manifestaciones no son más que el millón de colores de la experiencia en sí misma y, como tales, son maravillosas para los testigos externos del proceso. Tarde o temprano, sin embargo, la inspiración llega a su fin. El proceso se agota en sí mismo y expulsa todas las identidades míticas contenidas en tu ADN. Conforme penetras en el campo del 61.ᵉʳ Siddhi, un enorme y significativo silencio desciende y toda tu actividad mental cesa abruptamente. Aquí es donde reside la verdad interna. En las tradiciones míticas de Occidente ese lugar se conoce con varios nombres: el Arca de la Alianza, el castillo del Grial, el Sanctasanctórum, el Palacio Celestial. En Oriente se describe generalmente como un estado de iluminación, nirvana o samadhi, entre otros nombres.

Conforme penetras en el campo del 61.ᵉʳ Siddhi, un enorme y significativo silencio desciende y toda tu actividad mental cesa abruptamente

Pero el 61.ᵉʳ Siddhi no es ni un lugar ni un estado, sino la experiencia interior de santidad: de ser uno con lo Divino. En este Siddhi, la verdadera realidad aparece ante nuestros ojos. La presión que crea la psicosis masiva de la humanidad no se encamina ya hacia cerebro humano, que lo *rechaza* y redirige hacia el plexo solar (que aloja un sistema mucho más avanzado de consciencia). Una vez que la presión de la consciencia abandona el cerebro, la cuestión de *por qué* cesa por fin, y con ella todas las demás preguntas de *cómo* y *quién* también desaparecen. Sin embargo, la presión tiene que dirigirse a otro lugar, y eso es justo lo que hace. Por medio del centro del plexo solar viaja a todas partes. Gracias a las constantes vibraciones de las frecuencias de onda que emergen del plexo solar, la consciencia supera el cuerpo y alcanza cada esquina remota del universo. De pronto, te sientes a la vez completamente vacío y totalmente lleno.

La experiencia de Santidad es, paradójicamente, una experiencia sin *experimentador*, y es uno de los misterios más grandes de la evolución. Una vez que ha comenzado, no

tiene fin y hay que diferenciarla de otras experiencias místicas o estados visionarios elevados. Tales estados suceden en los picos más altos del 61.er Don. Un ser humano en el que se haya revelado el 61.er Siddhi no es más que un vehículo que manifiesta la pura consciencia universal. Este estado de Santidad es la naturaleza subyacente de la realidad; por lo tanto, hasta que no llegues a descansar en él, estarás siempre dormido. Para aquellos que estamos fuera de ese estado de realización, una persona así nos parece un dios. Ellos se mecen al ritmo de la divinidad y destilan la extraña esencia sobrenatural a la que los seres humanos se refieren como *santidad*. Emiten una frecuencia de una disponibilidad tal y, al mismo tiempo, de tanto poder, que los encontramos irresistibles o terroríficos, según el caso. Ellos son lo que nosotros, en nuestra psicosis, deificamos y adoramos. Lo hacemos en nuestro detrimento, porque la única razón por la que una presencia de ese calibre está entre nosotros es para demostrarnos la divinidad interior de cada ser humano.

Para que uno de nosotros alcance la realización de su divinidad inherente, todo lo que necesita hacer es contemplar a otro que ya haya alcanzado esta verdad interior. Un ser con el 61.er Siddhi activo no distingue ya entre tú y él o ella. Gracias a que ese estado de consciencia siempre ha existido y siempre existirá en cada aspecto del universo, una persona así no puede ayudarte en ningún sentido. Son, simplemente, espejos de tu propia divinidad inherente. Por eso, estar en la presencia del 61.er Siddhi no garantiza nada y, en algunos aspectos, incluso puede traer más confusión. Lo que realmente tiene que darse es la comprensión interior, profunda, de que estás dormido, entendimiento que facilitan enormemente este tipo de espejos. Sin embargo, permanecer delante de ese prototipo conduce frecuentemente a la adoración del espejo, lo que te impide tu propia realización. Esta es la razón por la que los budistas, por ejemplo, dicen que si encuentras a Buda en tu camino debes matarlo.

El 61.er Siddhi tiene que ver con vivir tu vida sin respuestas, simplemente convirtiéndote en el misterio que eres. Solo cuando todas las respuestas desaparezcan, la verdad interior despuntará. Si hay un Siddhi que niega todas las palabras, descripciones y respuestas, este es el 61.er. La vida es un misterio. La iluminación es un misterio. La verdad interior es un misterio. No importa lo que hagas para intentar resolver el misterio: nunca te vas a acercar a la solución. No hay ninguna actitud que puedas adoptar en respuesta a ese misterio, ya que todo este tipo de cosas no son más que sutiles intentos de resolver la pregunta. Simplemente se trata de darse cuenta de que no sabes absolutamente nada, y esta profunda revelación solo puede suceder a su debido tiempo y a su manera.

En la actual fase evolutiva de la humanidad, el 61.er Siddhi solo puede provocar enfurecimiento. Es mucho mejor que nos olvidemos totalmente de él y pongamos nuestra atención en el nivel del Don, en el que nuestra mente, por lo menos, tiene algo que hacer y algo hacia lo que dirigirse. Una vez que hayas limpiado tu psicosis mental, es solo cuestión de tiempo que el Siddhi también llegue. Los vehículos que encarnamos en la actualidad están muy limitados en lo que se refiere al sistema operativo de consciencia, lo que favorece el desarrollo de la mente. Por lo tanto, debemos respetar la fase evolutiva que estamos atravesando y disfrutar de la tarea que tenemos por delante. El 61.er Siddhi es una cuestión de suerte en este estadio. Si se muta el vehículo en el que estás montado, entonces ¡has tenido suerte!

Sin embargo, en el futuro las cosas serán diferentes, pues el 61.ᵉʳ Siddhi se hará más corriente en los próximos siglos, ya que la humanidad está en el proceso de dar un salto cuántico. Los niños que comiencen a llegar a este planeta portarán este Siddhi de la Santidad en sus huesos y lo irradiarán por cada uno de sus poros para compartirlo en el mundo. Serán la viva encarnación del misterio de la vida: el potencial de la vida hecho carne. Con ellos volverá el equilibrio al mundo, hasta el punto de que veremos el final de la búsqueda turbulenta de la mente por alcanzar la respuesta final. Porque al final de todo, la respuesta *somos* nosotros mismos.

62.ª CLAVE GENÉTICA

EL LENGUAJE DE LA LUZ

PAR PROGRAMADO: 61.ª CLAVE GENÉTICA
ANILLO CODÓNICO: EL ANILLO DEL NO
RETORNO (31.ª, 62.ª)

FISIOLOGÍA: GARGANTA/
TIROIDES
AMINOÁCIDO: TIROSINA

LA SOMBRA DE LA 62.ª CLAVE GENÉTICA: INTELECTO

LA ESTUPIDEZ DE SER LISTO

En la secuencia original de las 64 Claves Genéticas, tal y como se presentan en el I Ching, hay una interesante geometría que conecta el comienzo con el fin. Como ya habrás asimilado, los primeros y los últimos pares de Claves Genéticas —1.ª y 2.ª ; 63.ª y 64.ª— actúan como un sujetalibros cósmico de todo el proceso evolutivo e involutivo en la creación. La primera pareja se puede ver como el prólogo, y el par final como el epílogo del gran drama codificado entre sus demarcaciones. Cuando lo vemos de este modo, la verdadera secuencia del drama evolutivo comienza con la 3.ª Clave Genética, la Inocencia, y termina con la 61.ª Clave Genética, la Santidad, que también se conocía en los tiempos del I Ching original como «La verdad interior». La 61.ª Clave Genética, el par programado de la 62.ª, parece ser el final de una gran sinfonía orquestada. Sin embargo, la 62.ª Clave Genética tiene un sabor totalmente diferente. Mientras que las Claves Genéticas representan por sí mismas el libro de la vida, la 62.ª Clave Genética se queda sola, al final, como si se tratase del índice o glosario de todas las precedentes.

La 62.ª Clave Genética contiene información codificada en capas sobre el significado y el propósito del cosmos. Al atravesar su puerta interna, esta Clave Genética nos revela lo que son las propias Claves Genéticas y el propósito al cual sirven. Son el lenguaje vivo de la luz que está en los orígenes del universo. La matriz de 64 bits es el principio estructural central que vive detrás de todas las artes, las ciencias y los fenómenos naturales. Todos los lenguajes y vocabularios humanos han surgido de este alfabeto primario de consciencia. En su nivel más profundo, la 62.ª Clave Genética nos muestra el lenguaje holográfico de la creación. Una vez que hayas aprendido este len-

guaje interior, lo verás repetido de modo fractal, una y otra vez, en cada cosa que roce tu consciencia. Es un lenguaje preciso e infinitamente complejo; además, es elegante a la par que sencillo, pues lo conforman solo las seis permutaciones posibles de cada una de las 64 Claves Genéticas.

La mayoría de las personas se sorprenderán al ver la palabra *intelecto* representada en una de las 64 Sombras. El lenguaje de las Claves Genéticas sostiene la verdad a todos los niveles de frecuencia, y al contrario que otros códigos humanos, no se trata de un lenguaje que se pueda aprender o dominar solamente por la vía del intelecto. Para dominar el lenguaje de la creación tenemos que personificarlo por completo en todos y cada uno de los niveles, no solo en el intelectual. Sin embargo, en el mundo moderno, el intelecto es aplaudido y admirado como si se tratase de un don, en vez de como algo que ¡en realidad podría estar obstaculizando la evolución humana! Por lo tanto, es importante aclarar la terminología. *Intelecto* se suele confundir con los términos *inteligencia* y *comprensión*. En el contexto de las Claves Genéticas, *intelecto* se aplica a la capacidad de pensar de la mente humana, la cual basa todas sus suposiciones en sus dos objetivos principales: la generación de hechos y la habilidad de manipular estos mismos hechos a través del lenguaje.

El intelecto es la habilidad de manipular el conocimiento, pero el conocimiento es bastante diferente de la comprensión. Comprensión, en este contexto, no se refiere simplemente a las actividades de la mente, sino a la experiencia global del ser. Puedes ser un zoquete intelectualmente hablando y aun así comprender muchas verdades profundas en el centro de tu ser. De la misma manera, la inteligencia no tiene nada que ver con el intelecto. De hecho, estos dos atributos, a menudo (aunque no siempre), son diametralmente opuestos uno del otro. Hablando en términos generales, cuanto más intelectual eres, menos inteligencia utilizas. En el contexto del lenguaje de la Claves Genéticas, la inteligencia es algo que sucede sin utilizar la mente, aunque la inteligencia podría también utilizar la mente como herramienta para transmitirse a sí misma.

El mundo moderno que habitamos está patas arriba. Nuestras mismas escuelas están diseñadas para hacernos más intelectuales y menos inteligentes. Cuando somos niños ya somos inteligentes. Una inteligencia asombrosa, vibrante y natural, que se ve en la manera en que mueves tus extremidades, en el brillo de tus ojos y en la libertad con la que te expresas tú mismo. Es el reservorio de tu futura genialidad. Pero esa genialidad se ve restringida con gran eficacia desde el momento en que entras en la escuela. Cuanta más información pones en tu cabeza, más sedado te sientes. En la mayoría de los casos, cuanto más progresas en el sistema escolar moderno, más capas y capas de homogeneización te van metiendo en vena. Incluso se te obliga a competir ¡para recordarlas todas! Es un sistema muy eficiente en lo que se refiere a la profundidad con que reprime la inteligencia humana, pero el telón de fondo es hacernos a todos iguales. Dado que todos hemos aprendido la misma información y que nos han enseñado del mismo modo, nuestras mentes se programan neurológicamente para operar de formas muy parecidas.

Como cualquier otra Sombra humana, la 62.ᵃ, el Intelecto, no es inherentemente negativa. El intelecto es una cualidad maravillosa si se usa correctamente, esto es, al servicio de la inteligencia innata. Pero cuando el intelecto toma el control del planeta,

como sucede en la actualidad, entonces la inteligencia no se puede ver, a no ser en algunas pocas personas que hayan elevado esta Clave Genética a una frecuencia superior. La inteligencia es cosa del corazón, mientras que el intelecto es el territorio de la mente, para resumir el quid de la cuestión. La 62.ª Sombra está obsesionada con los datos, y los datos nacen del lenguaje y de los nombres. Sin un nombre no puedes crear un dato. Los nombres y el lenguaje, a su vez, crean el software de la mente humana. Sin este software la mente sería silencio. En un mundo donde los datos se consideran un tesoro, la mente es la reina. Nuestro mundo se divide entre la 62.ª Sombra, el Intelecto, y su par programado, la 61.ª Sombra, la Psicosis. Sobre la relación de estos dos temas y sobre el modo en que percibimos la mente humana se podrían escribir varios volúmenes.

> *La inteligencia es cosa del corazón, mientras que el intelecto es el territorio de la mente*

La pareja formada por la 61.ª y 62.ª Claves Genéticas refleja la ruptura fundamental en el interior de la propia humanidad. En virtud de la 62.ª Sombra el hombre intenta resolver los misterios de la vida valiéndose de su intelecto, es decir, de la ciencia. Por su parte, con la 61.ª Sombra trata de resolver los misterios sin hacer uso de la mente; es decir, con la religión. Estos dos polos, que en sus extremos se convierten en intelectualidad científica y fanatismo religioso, son subprogramas genéticos que mantienen a la humanidad operando a baja frecuencia. Los individuos que llevan la impronta específica de estas Sombras están atrapados en la encrucijada de esos dos temas subyacentes humanos. Se pueden pasar la vida defendiendo uno de estos puntos de vista mientras reprimen el otro aspecto oculto de su naturaleza. Si domina la 62.ª Sombra, la naturaleza femenina estará reprimida, y si la 61.ª es la dominante, la reprimida será la naturaleza masculina. Esta represión de tu polaridad masculina o femenina interna es la mayor causa de enfermedades en nuestro planeta, tanto a nivel individual como colectivo.

La 62.ª Sombra representa, en verdad, el abuso *a través* del lenguaje. No somos nosotros los que abusamos del lenguaje, sino el lenguaje el que abusa de nosotros. El lenguaje *se basa* en la frecuencia, y al nivel de las bajas frecuencias, toma totalmente el control de tu realidad. La capacidad intelectual humana de leer, escribir y hablar es, al mismo tiempo, nuestra mayor bendición y nuestro mayor infortunio. Los problemas surgen cuando identificamos nuestras vidas con nuestros pensamientos, lo que, como hemos ya visto, viene programado desde nuestra infancia. Hasta que no seamos capaces de saltar fuera de este marco mental, estaremos controlados por el lenguaje, en vez de mostrarnos libres de controlarlo a él. Todos los datos son relativos, como demuestra la moderna mecánica cuántica de un modo tan hermoso, y esto coloca todo el marco conceptual del lenguaje y del intelecto dentro de la trituradora.

El hecho de que la ciencia esté en el camino de descuartizar los mismos fundamentos del intelecto nos habla claro acerca de los tiempos tan extraordinarios que estamos viviendo. Sin embargo, el intelecto no está diseñado para renunciar a sí mismo. Luchará, refutará cualquier teoría que lo saque de su propio territorio factual. Solo cuando la humanidad eleve su frecuencia hasta la del corazón será capaz de utilizar el intelecto para resolver su gran paradoja. O dicho de otro modo, el único modo de probar que Dios existe es *convertirse* en Dios. El conocimiento se convertirá entonces en saber, el intelecto deberá rendirse a la inteligencia y, como un hombre de verdadero entendimiento dijo una vez, «Lo primero será lo último y lo último lo primero». Lo que en verdad significa que el corazón guiará la mente, y no al contrario.

NATURALEZA REPRESIVA: OBSESIVA

Cuando la 62.ª Sombra se cierra, se convierte en obsesión. En esta 62.ª Clave Genética todo tiene que ver con enfocarse en las cosas pequeñas. Cuando el miedo se manifiesta a través de esta Sombra, usa los detalles como una manera de evitar sentir su propio sufrimiento. Son personas que se sienten perdidas en los temas mundanos, que viven una vida de detalles infinitos con poca o ninguna salida para su fuerza vital creativa. En el extremo final del espectro encontramos enfermos mentales, obsesionados con los aspectos más irrelevantes, que es su modo de escabullirse de la vida. Este tipo de personas se mantienen prisioneras de sus mentes más que de los propios detalles. Sin embargo, para la mayoría de la humanidad esta sombra sirve para reprimir el brillo natural del individuo, manteniéndolo encerrado en una mentalidad monótona donde los datos son, al mismo tiempo, la muleta y el enemigo.

NATURALEZA REACTIVA: PEDANTE

Estas son personas que usan su intelecto para atacar todo lo que hay afuera, en un intento de defender su propia y profunda inseguridad. Están completamente atrapadas por su intelecto, que cuestiona todo sin parar, y en particular se deleita al encontrar detalles oscuros y datos para rebatir o debilitar a otros. El intelecto de estas personas está generalmente muy desarrollado y, en algunos casos, han ganado reconocimiento por ello. Sin embargo, se trata de personas que también son totalmente incapaces de desenchufar sus mentes. Se centran en los demás para no mirar en ellos mismos. El origen de este complejo es un sentimiento de rabia, que la mente mantiene como una botella tapada hasta que algo o alguien promueve el disparo del corcho, lo que sucede con relativa frecuencia.

EL DON DE LA 62.ᴬ CLAVE GENÉTICA: PRECISIÓN

EL ESCALÓN MÁS GRANDE

El 62.º Don, la Precisión, está mucho más allá de la esfera del intelecto, que, como hemos visto, se basa en el mero conocimiento. Cuando empiezas a despertar gracias a las frecuencias superiores de esta Clave Genética, comienzas a cuestionar el mundo que te rodea (que es lo que hace la naturaleza represiva) o dejas de cuestionarte todo (naturaleza reactiva). El despertar es mágico, por su habilidad de traer aparejado un equilibrio natural de tu ser. Es decir, si estás atrapado en los modelos comportamentales obsesivos por la naturaleza *represiva* de la 62.ª Sombra, tus habilidades mentales de re-

pente revivirán, como si uno hubiera limpiado los cristales de tu percepción. Comienzas a cuestionar tu propio comportamiento obsesivo, lo que por fin te lleva a transformar completamente tu actitud y, muy habitualmente, también tu estilo de vida.

Cuando se trata de la Sombra *reactiva* de la 62.ª Clave Genética, tu despertar puede llevarte a un proceso natural que te volverá más humilde, al darte cuenta de que estás provocando tu propia miseria por enfocarte en detalles externos, diminutos e irrelevantes, y excluyendo tu propio dolor. Cuando inicias el camino de mirar en tu verdadera naturaleza y asumes la responsabilidad total de tu comportamiento, pasas por un proceso suavizante, ya que tu lado natural femenino vuelve a la palestra.

En ambos casos estamos contemplando el renacimiento del Don de la Precisión. La precisión es lo que sucede cuando la inteligencia natural alcanza un equilibrio entre el corazón y la mente, pero con una salvedad: que el corazón, el principio femenino, es quien toma el control sobre la vida. El principio masculino, el intelecto, habrá de ponerse al servicio del principio femenino, que es la esfera de la intuición, de la escucha y del recibir, y no la del pensamiento, que es la expresión y la transmisión.

Conforme el Don de la Precisión va creciendo en fortaleza, parece que el mundo gradualmente revivirá de nuevo. La inteligencia reconoce a la inteligencia, y con la mente apartada a un lado, la esencia invisible que conecta a todos los seres se vuelve a sentir otra vez. Por ejemplo, cuando miras un árbol a través de la 62.ª Sombra, registras solo los datos que tú has aprendido del árbol. Registras su nombre, su familia y otras palabras que están conectadas con ello: ramas, ramitas, hojas, etc.; pero en realidad no estás viendo el verdadero árbol. El árbol es inteligente y, para conocerlo de verdad, tienes que usar tu inteligencia propia, natural. Esto significa que no solo lo miras con tus ojos y con tu mente, sino que lo tomas con todo tu ser: sientes su vivacidad, su aura misteriosa; lo respiras en ti mismo. La precisión es consecuencia del nacimiento de la inteligencia. No se trata solo de ser preciso y exacto a un nivel intelectual; se trata de un modo de ver completamente nuevo.

La precisión es inspiradora y original (el Don 61.º es la Inspiración), y esa inspiración no depende del vocabulario. Cuando el Don de la Precisión describe algo, organiza los datos de modo inspirativo y emocionante, no lo hace de manera aburrida y seca. Cuando este Don se apodera de una persona, esta comienza a comunicarse con una economía y exactitud tales que casi todo lo que dice es bello, conmovedor y sin aristas. Este tipo de gente desarrolla enseguida capacidades de comunicador, conferenciante, escritor, actor o científico. Este Don está diseñado para alcanzar la celebridad: cuando el corazón marca el camino y usa la lógica para describir lo que ve y lo que siente, los demás no pueden hacer otra cosa que escucharle.

La 62.ª Clave Genética está genéticamente emparejada con la 31.ª, con la que forma el codón conocido como Anillo del No Retorno. Este nombre místico describe el proceso evolutivo que tiene lugar cuando la consciencia superior alcanza el centro energético de la garganta en los seres humanos, pues allí es donde sucede la mayor de las iniciaciones humanas. Una vez que los flujos de corriente involutivos comienzan a servirse de tu voz para transmitir sus verdades, se inicia un proceso de desapego respecto de tu identidad. La 62.ª Clave Genética permite el acceso al lenguaje universal de la luz, que está más allá de todas las formas. Cuando el tono de tu frecuencia lo permite, las palabras que pronuncias y sus emanaciones cambian y comienzan a servir a un propósito superior. Este propósito es doble: en primer lugar te transforma *a ti*, porque permite vibrar efectivamente en la frecuencia de tu corazón y transmitir tu amor a través del lenguaje. En segundo lugar, trae al mundo más luz y expande la transmisión de tu despertar a otros muchos.

Hay una magia bien penetrante en el lenguaje. Es la razón por la que el origen de la palabra *encantamiento* se relaciona con la idea de recitar o cantar unas palabras que tienen un poder sobre otros. Cada palabra tiene un espíritu propio: un código de luz que le presta una fuerza independiente en el interior del cosmos. En el momento en que una palabra o grupo de palabras se pronuncian en voz alta, la vibración se irradia por todo el universo en un viaje sin retorno. Al nivel del 62.º Don, el uso de las palabras se vuelve mucho más preciso, porque reconoces esta gran verdad. La 31.ª Clave Genética describe ese proceso gradual de convertirse en un canal más puro para la Verdad misma. En esencia, la luz se está mostrando a través de ti, de tus palabras. Cuando tu lenguaje se hace más puro, expones tu corazón a los demás y al mundo entero, lo que significa dar un gran paso: el salto desde la devoción a la encarnación. En este punto tendrás que encarar el miedo a la humillación a la que te expones al ceder la voz a tu corazón. Las palabras que se dicen desde el corazón son profundamente sanadoras, pero al mismo tiempo pueden atraer todo tipo de proyecciones de la frecuencia de la Sombra. Esta es la razón por la que no hay retorno una vez que has comenzado a decir tu verdad: habrás comenzado a despegarte para siempre de las bajas esferas de frecuencia.

El 62.º Don representa el verdadero poder que hay detrás de las propias Claves Genéticas. Al comienzo te proporcionan un lenguaje interior que te permite iniciar la intensa transformación por la consciencia de la Sombra. En un determinado momento, sin embargo, sientes la llamada interior de ese lenguaje como la invitación a penetrar el mundo con tu propia voz. Puede que te asustes al encontrarte hablando con otros, sirviéndote de frecuencias y tonos más elevados, pero este es el comienzo de una iniciación superior. Una vez que comiences, irás tomando un impulso interior hasta que te sientas llevado de la mano por tu ser superior. Ya no usarás más palabras en que los otros se protejan de sí mismos, sino que dirás tu verdad tal y como brote desde tu profundo espacio interior, claramente y sin proyecciones. Lo cierto es que cuanto más exclusiva se vuelva tu frecuencia, de menos palabras dispondrás, así que tu lenguaje se transformará en belleza y simplicidad. Las 64 palabras que describen los Siddhis se incrustarán en tu interior como el puro lenguaje de la creación. Se trata de términos que, sentidos profundamente y pronunciados con el corazón, logran transmitir un gran *shakti* o poder transformativo.

Lo cierto es que cuanto más exclusiva se vuelva tu frecuencia, de menos palabras dispondrás, así que tu lenguaje se transformará en belleza y simplicidad

EL SIDDHI DE LA 62.ᵃ CLAVE GENÉTICA: IMPECABILIDAD

Cosmometría: el lenguaje de la perfección

El estado síddhico de la 62.ᵃ Clave Genética no se puede comprender intelectualmente. Cuando se despierte el 62.° Siddhi desaparecerá de tu vida normal todo sentido de continuidad. En el verdadero estado síddhico queda borrada cualquier traza de tu condición genética previa. La iluminación no es solo un evento espiritual y místico, sino también químico, en el que la bioquímica de tu cuerpo sufre profundas alteraciones. Cuando desapareces en el estado síddhico, y eso es justo lo que sucede, lo que queda es la pura consciencia operando a través de un vehículo genético específico. En general, nos referimos a este evento como la muerte del ego. Una vez que la consciencia cesa de autoidentificarse con lo existente, el comportamiento del vehículo humano queda fuera del ámbito de control del intelecto. *Ser impecable* consiste justamente en comportarse de esta manera.

La palabra *impecable* a menudo se malinterpreta cuando se utiliza en referencia a un verdadero maestro. El error más común que cometemos es creer que alguien que manifiesta un estado síddhico se tendría que comportar de algún modo *sagrado*. Hay una suposición generalizada sobre los llamados estados divinos de consciencia que dice ¡que vienen con un código de conducta santificado incluido! Si comprendes la verdadera naturaleza del Siddhi de Impecabilidad, repararás en lo risible y absurdo de esta noción. Ser impecable significa, literalmente, *estar exento del pecado*, lo que suena a un cierto nivel de pureza y virtud. Sin embargo, se tiene que comprender muy bien este punto: el que ha desaparecido en el estado síddhico verdaderamente ha desaparecido. En realidad no hay nadie en casa. La pura consciencia juega con este ser, de manera que lo que dice o hace está más allá del reproche. Si un hombre cometiera un asesinato en estado síddhico, lo que es realmente imposible, estaría más allá del reproche. Desde luego, nuestra sociedad lo castigaría y la humanidad lo juzgaría por su acción como si de un demonio o de un error se tratase, pero esto no desmerece el hecho de que es irreprochable, porque no existe ningún *él*. ¡Estaríamos simplemente castigando un cuerpo vacío! Este es el significado del término *impecabilidad*.

Como vimos en el 62.° Don, la comunicación en los niveles más refinados se vuelve muy precisa, especialmente gracias al lenguaje. El 62.° Siddhi se refiere al uso del lenguaje a un nivel fuera de nuestro alcance. Cada palabra tiene su frecuencia, y la vibración, el orden y la sintaxis de la dicción generan una cierta aura. Al nivel síddhico, las palabras no provienen ya de la mente. No son pensamientos que se convierten en palabras. Emergen directamente del puro y desnudo vacío.

Si repasas todo lo dicho por los grandes maestros, con frecuencia encontrarás que expusieron factores contradictorios sobre lo que es el estado síddhico. Por ejemplo, uno puede decir que la iluminación solo se puede encontrar tras una intensa búsqueda, mientras que otros te dirán que no puedes hacer nada para alcanzar ese estado. Parece que hubiera muchas discrepancias entre lo que dicen unos y otros sabios. La razón es que cada uno filtra su vivencia a través de su experiencia, su lengua y su cultura. Sin embargo, cuando uno manifiesta el 62.º Siddhi, crea una exacta ciencia lingüística de la iluminación. Con frecuencia se nota la proximidad entre la Sombra y el Siddhi. Por lo tanto, este tipo de personas utilizarán el intelecto para que se derrote a sí mismo con la pura lógica. También usarán el lenguaje para demostrar la propia inutilidad de este, ya que el lenguaje y el pensamiento son los que apuntalan la propia ilusión del estado humano.

El 62.º Siddhi puede parecer muy intelectual, y de hecho apelará en particular a los hombres, que están mentalmente más polarizados que las mujeres. Ejemplo de ello son los sabios, como Sócrates, cuya argumentación lógica no se puede superar, porque la consciencia está usando el lado izquierdo del cerebro con impecable precisión. En esos casos, el propio lenguaje se puede usar como fórmula para provocar la rendición en otro. Se trata de personas adeptas al uso del lenguaje de formas diversas y extraordinarias que resaltan la gran ilusión en la que opera la mente humana. Pero no solo eso: el 62.º Siddhi confiere el entendimiento de que cada célula del universo es una palabra Divina. Esta honda Verdad le permite a este tipo de seres convertirse en maestros del lenguaje divino. Dado que el lenguaje divino es verdaderamente simple, un verdadero maestro puede responder a cualquier cosa y a cualquier persona, en cualquier momento, con una precisión absoluta.

La ciencia subyacente a toda la creación es la geometría sagrada. Las verdades eternas contenidas en la geometría sagrada reúnen todas las ciencias humanas, las artes y los enfoques para la comprensión a través de los hemisferios izquierdo y derecho. Hay una *Cosmometría* tras la vida que coreografía todas las acciones. Cuanto más te acercas al completo despertar, más armoniosamente fluye tu vida con esta Cosmometría. Cuando por fin emerges en el océano de la consciencia, alcanzas una unidad total con la Divina Cosmometría. Todo lo que piensas, dices o haces no lo hace nadie, lo crea el Todo. Por lo tanto, se hace con impecabilidad. La verdadera diferencia entre el Siddhi y la Sombra estriba en la ausencia total de miedo, lo que significa la total ausencia de autoidentificación.

Todo lo que piensas, dices o haces no lo hace nadie, lo crea el Todo. Por lo tanto, se hace con impecabilidad

La Divina Cosmometría es el lenguaje de la perfección, la manifestación de la impecabilidad, en la cual todos tus movimientos e inspiraciones cristalizan en una emanación de la luz pura. Todo tu ser esta construido solo por líneas de fuerza vivas, inteligentes, que se mueven y fluyen sin resistencia. De repente en tu ser ya no hay nada fuera de lugar. No hay ninguna necesidad, orden del día o incomodidad. Todo es exactamente como debería ser, tanto en ti como en los demás. La encarnación de esta verdad conduce a la paz más absoluta. Has cruzado la gran fisura de la garganta y no podrás regresar jamás a la ilusión de la separación. Has entrado en el mismísimo lenguaje de la luz para percibir el Verbo en todas las palabras: lo insondable, lo inefable, lo mudo. Es la impecable belleza de ser.

63.ª CLAVE GENÉTICA

SIDDHI **VERDAD** • DON **CUESTIONAMIENTO** • SOMBRA **DUDA**

ALCANZAR LA FUENTE

PAR PROGRAMADO: 64.ª CLAVE GENÉTICA

ANILLO CODÓNICO: EL ANILLO DE LA

DIVINIDAD (22.ª, 36.ª,

37.ª, 63.ª)

FISIOLOGÍA: GLÁNDULA

PINEAL

AMINOÁCIDO: PROLINA

LA SOMBRA DE LA 63.ª CLAVE GENÉTICA: DUDA

EL PARADÓJICO PODER DE LA DUDA

Al llegar a la 63.ª Clave Genética, en realidad has alcanzado el final de los 64 arquetipos genéticos. En la historia mística de la evolución, los arquetipos 63.º y 64.º marcan el epílogo, el texto cósmico que nos da un cierto sentido de completitud. Esta completitud, sin embargo, no es sinónimo de cierre. El I Ching y las Claves Genéticas forman una infinita banda de Moebius que se propaga sin fin en arcos cada vez más expansivos. El I Ching original, tal y como ha sido transcrito, es una secuencia que comienza con el número 1 y termina con el 64. Sin embargo, hay muchas secuencias: tantas como combinaciones numerológicas. Tu propia secuencia evolutiva es totalmente única para ti y no se va a repetir en ningún otro ser. Esta es la gran paradoja de las Claves Genéticas: se trata de una enciclopedia digital de consciencia a la que solo se puede acceder y que solo se puede activar por un método totalmente análogo y casual.

La secuencia tradicional se sostiene sobre dos polaridades: al comienzo, la 1.ª y la 2.ª Claves Genéticas, y los arquetipos 63.ª y 64.ª, al final. Estos cuatro arquetipos tienen gran importancia, tanto a nivel genético como matemático. La latente configuración matemática del I Ching ha sido ampliamente discutida por las grandes mentes lógicas. El famoso filósofo y matemático del siglo XVII, Gottfried von Leibniz, encontró la confirmación en el I Ching para la invención de las matemáticas binarias, la base de toda la arquitectura moderna computacional. Es el código esencial de los 64 arquetipos genéticos que se encuentra en la raíz de nuestro ADN y en todos los programas de computación, un indicador de cuán profundos y reales son estos 64 códigos de consciencia. La polaridad que forman las Claves Genéticas 63.ª y 64.ª contiene

paradojas que igual pueden resultar maravillosas que frustrantes para la mente humana.

La relación entre los Dones de las Claves Genéticas 63.ª y 64.ª es la correspondencia entre la lógica y la imaginación, o dicho de otro modo, entre tu hemisferio cerebral izquierdo y tu hemisferio cerebral derecho. Como veremos, ambos están tan interconectados que no se pueden separar. De Einstein procede esta célebre afirmación: «La imaginación es más importante que el conocimiento». De hecho, las leyes de la lógica dependen completamente de una premisa ilógica: la noción de infinito. El infinito es una imposibilidad desde el punto de vista lógico, de tal modo que el cerebro humano se ha diseñado para conceptualizar esa paradoja. En la baja vibración de la Sombra, estas dos Claves Genéticas, la 63.ª y la 64.ª, provocan dos estados conocidos, respectivamente, como duda y confusión. La duda nace al perder el contacto con tu capacidad imaginativa, mientras que la confusión aparece en escena cuando te apoyas con demasiada insistencia en la lógica. Si damos la vuelta a estos dos conceptos, podríamos afirmar fácilmente que la duda es el fundamento de la lógica, mientras que la confusión es terreno fértil para la imaginación.

La Sombra de la Duda de la 63.ª Clave Genética representa una gran interrogante dentro del cableado del cerebro humano. El cerebro lógico humano se ha diseñado para ver las cosas en términos de mecánicas repetitivas, y esa habilidad ha sido un ingrediente clave en la evolución humana. Al desarrollarse la función cognitiva de nuestros cerebros, los primeros humanos comenzaron a descubrir esquemas cada vez más efectivos que aseguraban su supervivencia. Hoy hemos alcanzado una eficiencia tal en el uso de nuestras herramientas que incluso podemos leer los patrones lógicos cableados en nuestro ADN. La duda puede, por lo tanto, ser un impulso positivo en los futuros senderos de la evolución. Sin embargo, ¡el problema de la duda es que no desaparece! La duda se asienta en las profundidades de los circuitos neurológicos de cada cerebro humano, donde causa una enorme presión inconsciente. Si la observamos, nos daremos cuenta de que no es más que la palabra con la que los humanos solemos nombrar a esa constante presión mental. Aunque la presión se comporte de modo diferente en cada humano, lo común en todos los casos es que nos induce a intentar poner fin a esa presión. Los humanos no podemos aceptar fácilmente esta sensación interminable de inestabilidad en las profundidades de nuestra mente. Para la mayoría, la necesidad de certezas mentales termina con la adquisición de una serie de creencias o valores que colocamos como barrera para evitar entrar de lleno en la duda interior en que vive nuestra mente.

La duda es el comienzo y el fin del viaje humano. Soporta sobre sí las frecuencias del Don del Cuestionamiento, el cual nos conduce al descubrimiento del Siddhi de la Verdad, la respuesta final a todas las dudas. Sin embargo, la ruta para atravesar el Don del Cuestionamiento quizás no te lleve en la dirección que podrías esperar. La resolución final de la lógica está fuera del dominio de la lógica. En este sentido, la Verdad llega como una iluminación desde el 64.º Siddhi y no como una respuesta. Nuestro acertijo no es más que una cuestión del circuito evolucionario: nuestros cerebros han evolucionado para intentar encontrar una solución de alivio a la presión interna. Pero, en algún aspecto, la naturaleza nos ha estafado, porque no hay respuesta para nuestra duda. Al mismo tiempo, nuestros intentos por terminar con la ansiedad mental han forzado al

cerebro a evolucionar incluso más allá. Así es como la ansiedad se pone al servicio de la evolución.

El otro aspecto importante de la duda es que, aunque sea impersonal, los humanos la personalizamos. Si la duda sirve genuinamente como cuestionamiento, entonces se transforma en un hecho creativo; pero si se torna personal o se internaliza, puede resultar decididamente destructiva. Si no usas tu mente de un modo creativo, la presión va a convertirse en una proyección sobre otra persona o cosa allá afuera, o se va a enfocar hacia dentro, convirtiéndose en la duda sobre uno mismo. La falta de confianza en uno mismo socava la confianza del individuo en su inherente capacidad creativa. La duda pertenece al colectivo. Los individuos necesitan entender la falta de confianza en sí mismos como una baja frecuencia perteneciente al campo del condicionamiento colectivo que presiona a todos los seres humanos a evolucionar hacia niveles de vida superiores, de servicio a la totalidad. Cuando estás inmerso en la duda agónica por inseguridad, tienes que capear el temporal. Lo mejor que puedes hacer con la falta de confianza es compartirla con otros. Al hacerlo, podrás abrazarla y permitir que te abandone. Lo peor que puedes hacer durante un período de falta de confianza es forzar o adelantar una acción.

Si el individuo sucumbe a la presión de la Duda, la dirección que va a tomar es la de la Sombra de esta Clave Genética, que consiste en reprimir la duda con el dogma y la opinión. Al ser la Sombra de esta 63.ª Clave Genética la base del pensamiento científico, se puede utilizar para construir realidades con una falsa lógica que den a la mente respuestas precisas sobre un determinado aspecto de la duda. Cuando la mente lógica se acostumbra a no dudar, también deja de evolucionar. Sin la duda, la mente lógica es inherentemente poco saludable, porque corta el circuito de su propia naturaleza, que es la de mantenerse haciendo preguntas. Como se dijo más arriba, cuando la lógica se mueve periféricamente hacia el otro extremo de lo que puede ser conocido, se encuentra con una paradoja. Podemos ver esta realidad en la esfera de las matemáticas, la filosofía o la física cuántica. La lógica humana no está diseñada para tener la certeza de nada, ¡excepto de la paradoja! La paradoja sucede en la frecuencia de la Sombra y, por lo tanto, tendrá que ser lógicamente falsa.

La lógica humana no está diseñada para tener la certeza de nada, ¡excepto de la paradoja!

La belleza de la lógica estriba en que es per se una gran paradoja: busca acabar con la duda, pero no se puede satisfacer con una única respuesta. ¡La única respuesta satisfactoria es la que desafía a la lógica! En la frecuencia de la Sombra, todas las mentes humanas quieren certeza, y si no la pueden encontrar, la fabrican. De este miedo humano a la inseguridad han surgido todos los dogmas y sistemas rígidos. Cualquier persona o cosa que pretenda acabar con tu incertidumbre sirviéndose de significados externos te está vendiendo algo falso. Este tipo de gente o de sistemas son, en realidad, un peligro potencial para ti. La duda no es el enemigo. Tu miedo a dudar merece ser reconocido y abrazado, porque cuanto más profundamente puedas abrazar la incertidumbre, más cerca estarás de la trascendencia.

NATURALEZA REPRESIVA: INSEGURA

Cuando se reprime la duda, nos ahogamos por falta de confianza en nosotros mismos. La falta de confianza se funda en la comparación, y nos dejará de molestar en cuando comencemos a mirarla como un simple condicionamiento mental. La falta de confianza en uno mismo se vuelve destructiva solo cuando nos identificamos con ella y nos creemos su propaganda. Si la dejamos a sus anchas, la inseguridad se destruirá a sí misma. Si creemos cn nuestras dudas totalmente, dudaremos hasta de nuestra propia falta de confianza. He aquí el poder paradójico de la duda percibida como una fuerza evolutiva. Sin embargo, para la mayoría de la gente, la duda en uno mismo se convierte en un proceso inacabado. Sucumbimos a nuestro miedo y lo arreglamos a una cierta frecuencia. Cuando esto sucede, la falta de confianza se convierte en ansiedad y nos devora. Esa ansiedad nos crea problemas constantemente y tiene variados efectos sobre nuestra salud y nuestro bienestar. Llega incluso a afectar al ámbito de nuestros sueños y no nos permite dormir adecuadamente. A no ser que nuestra consciencia se desidentifique de esos patrones mentales, entraremos en un mundo terrible en el que nada de lo que hagamos o digamos será nunca lo suficientemente bueno.

NATURALEZA REACTIVA: SOSPECHOSA

Cuando la 63.ª Sombra se expresa de modo reactivo, se proyecta sobre el mundo y se convierte en la sospecha. Este tipo de manifestación de la duda está basada en la falta de confianza, pero se transforma en rabia y se proyecta sobre otros. La forma más común de sospecha la volcamos sobre los seres más cercanos. Bajo el dominio de esta sombra proyectamos nuestras dudas sobre nuestros compañeros, esposos, jefes o sobre nuestros hijos. Cada vez que convertimos en personales las dudas que pasan por nuestra cabeza, nos embarcamos en una ola de destrucción que se retroalimenta a sí misma. Los demás responden a nuestras sospechas o bien de modo vehemente o bien defensivo, lo que alimenta aún más la duda sobre ellos. Así es como aparece la lógica para probar que nuestras dudas sobre otros son ciertas. Es el clásico y típico sistema de retroalimentación en muchas relaciones, que se podría evitar fácilmente si los individuos dejaran de querer apropiarse de las dudas o si las proyectaran sobre la sociedad de un modo creativo, es decir, exploratorio.

EL DON DE LA 63.ᴬ CLAVE GENÉTICA: CUESTIONAMIENTO

LA ESCALERA DEL AUTOCUESTIONAMIENTO

La energía de la duda, conducida adecuadamente, se convierte en el Don del Cuestionamiento. Cuestionar significa permanecer abierto sin encontrar una respuesta definitiva a la vida. Todo puro cuestionamiento es de gran servicio a la humanidad. Inevitablemente desbloquea muchos de los secretos de la naturaleza gracias a un minucioso

examen del más mínimo detalle de la vida. El propósito real de la duda consiste en servir al bien supremo de manera impersonal. Si uno tiene una arraigada tendencia genética a dudar o a preguntar, está determinado por su diseño a mejorar la calidad de la vida y de sus relaciones canalizando la duda más allá de su vida personal, hacia el servicio a algo mayor. El 63.ᵉʳ Don tiene que ver con la ascenso a través de niveles y estadios. La lógica opera continuamente en este sentido. La presión continua de la duda alimenta el espíritu de la cuestión, lo que nos guía hacia niveles de compresión cada vez más profundos. Sin embargo, cuanto más hondamente penetras en algo, más complejo se vuelve. Así que lo tienes que tomar sorbo a sorbo, ya se trate de una teoría científica o de una construcción de ingeniería, sabiendo que es de vital importancia aprender del propio proceso.

Conforme vayas subiendo por la escalera de las frecuencias, la naturaleza de tu cuestionamiento cambiará. Puedes comenzar a preguntarte por algún aspecto del mundo que te rodea. Puede ser alguna cosa que quieras comprender de verdad o puede ser algo que desees cambiar o mejorar en el mundo. No hay una regla de oro para los cuestionamientos del 63.ᵉʳ Don: si cuestionas una cosa intensamente, llegarás a la revelación de que estás ligado, como observador, a ese «algo». Este descubrimiento anuncia el comienzo del fin de la aproximación lógica, ya que significa la muerte de tu capacidad para valorar la vida objetivamente. A niveles de frecuencia superiores, comienzas a entrar en los dominios holísticos de la síntesis, en los cuales todos los fenómenos están afectándose los unos a los otros. Este nuevo mundo cuántico te empuja, por lo tanto, hacia un territorio de subjetividad aún mayor: el de tu ser interior. En un determinado momento, el Don del Cuestionamiento incluso podría abandonarte para siempre.

La 63.ª Clave Genética es una de las cuatro (36.ª, 37.ª, 22.ª y 63.ª) que constituyen el grupo genético de nuestro ADN conocido como Anillo de la Divinidad. Por su conexión con la más importante de todas las Claves Genéticas, la 22.ª, este anillo codónico tiene mucho más que ver con la trasformación de la consciencia humana que con el sufrimiento. La 63.ª Clave Genética desempeña un papel central en este asunto, porque es tu Divina duda la que te conduce hasta el camino espiritual. Cuanto más profundamente sientas la incomodidad de no recordar tu verdadera naturaleza, más se evidenciará y profundizará el cuestionamiento de tu propia naturaleza. Cuando descubres la duda dentro de ti, te haces más consciente de que la duda también está presente en otros seres humanos, lo que te lleva hacia una gran verdad: todos los seres humanos son iguales ante este sufrimiento (37.º Don, la Igualdad). La duda nos hace humanos (36.º Don, la Humanidad), lo que nos confiere una cierta Gracia (el 22.º Don) en relación con cómo nos tratamos los unos a los otros.

Cuando comienzas a cuestionarte tu propia naturaleza y tu propósito seria y profundamente, entras en el camino espiritual más significativo de todos los tiempos, conocido en Oriente como el camino del yoga. El yoga es, básicamente, un camino progresivo para refinar tu esencia física y espiritual, hasta un nivel tal que alcanzas la liberación o realización espiritual. Es el sistema de internalizar tu fuerza vital hasta alcanzar frecuencias cada vez más elevadas. Muchos sistemas de yoga diferentes se han desarrollado y adaptado a las también diferentes culturas en todo el mundo. Algunos hacen incapié en el cuerpo físico, otros alientan el camino de la meditación o de la ora-

ción y otros basan su existencia en la idea de servicio. Lo común a todos estos sistemas de yoga es la progresión secuencial del proceso, en virtud de la cual, partiendo de una frecuencia de baja vibración, puedes alcanzar un nivel superior. El Don del Cuestionamiento es justo el que te apremia para comprender todos los estadios del camino.

Incluso en estos elevados estadios de consciencia, la duda primigenia que te ha acompañado obstinadamente desde el comienzo permanecerá: se trata de la duda sobre tu propia existencia. En nuestro interior queremos saber quién y qué somos realmente. Para la mayoría de la gente que funciona en las frecuencias más bajas, esta cuestión existe solamente como un germen. Sin embargo, cuanto más elevado sea tu estado de consciencia, más poseído estarás por este interrogante que colma todo tu interior. El cuestionamiento, por lo tanto, te lleva a nuevos niveles de consciencia y realización, durante alguno de los cuales podrías experimentar extraños fenómenos internos. Sin embargo, durante todo ese tiempo estarás todavía operando en el nivel del 63.ᵉʳ Don, pues te da la sensación de que estás yendo hacia algún lugar o evolucionando desde un estadio a otro. Incluso en este nivel de frecuencias, aún estás operando con las bases del cuestionamiento lógico, del pensamiento. Pero —y es el gran *pero* de toda la creación— toda la lógica, por su propia naturaleza, debe anularse a sí misma en algún momento. Todos los caminos del yoga conducen en una sola dirección: a su propia némesis, hacia el tantra o camino de la rendición.

Cuanto más elevado sea tu estado de consciencia, más poseído estarás por este interrogante que colma todo tu interior

El par programado que forman las Claves Genéticas 63.ª y 64.ª representa los caminos del yoga y del tantra, respectivamente. Mientras que el tantra es un camino basado en la aceptación de lo que es, el yoga es el camino de la duda, porque aprovecha el gran espíritu humano del cuestionamiento. En el camino del yoga, la técnica es algo central. Desde el comienzo se asume que hay una fisura en los seres humanos y que la única tarea del yoga consiste en cerrarla. Eso es lo que significa la palabra *yoga*: unir o subyugar. Todos los grandes sistemas que permiten a los seres humanos alcanzar progresivamente estadios más elevados de consciencia han nacido del yoga. Debido a que la mente humana está más cómoda con los conceptos de la progresión lógica-temporal, este tipo de caminos han atraído a los buscadores y cuestionadores hacia la Verdad, el más misterioso y paradójico de todos los Siddhis.

EL SIDDHI DE LA 63.ᴬ CLAVE GENÉTICA: VERDAD

LA VERDAD ESTÁ EN CADA PASO DEL CAMINO

El Don del Cuestionamiento, simbolizado por el camino del yoga, tiene una gran sorpresa preparada para sus amantes. En el libro original del I Ching chino, estos dos hexagramas se corresponden con el 63.° y 64.°, y tienen dos nombres reveladores. El 63.° se llama «Después de la terminación», mientras que el 64.° recibe el nombre «Antes de la terminación». Podría pensarse que estos nombres están equivocados, ya que el

hexagrama 63.° va antes del 64.° en la secuencia original. Sin embargo, todos podemos descubrir al final del I Ching su paradoja, su poesía, y también probar un bocado de perplejidad. Estamos entrando en el territorio de la Verdad con uve mayúscula. Sin importar cuán elevada sea la consciencia de una persona o cuán avanzada esté en su disciplina yóguica, hasta que no alcance este espacio síddhico no se dará cuenta de la paradoja final que es la Verdad. El único camino para alcanzar tal estado supone colocarse en una posición interna de rendición. Después de todos los esfuerzos y empeños por encontrar la Verdad, tendrás que llegar a ser uno con tu propia duda.

Esta es la sorpresa de este 63.ᵉʳ Siddhi: que la duda es Verdad. Esta es una profunda rendición para tu espíritu cuestionador. Es el final del estado de fracaso y abatimiento. Si a la lógica se le permite campar a sus anchas, siempre se cancelará y se conquistará a sí misma. En este sentido, todo el yoga tiene que terminar necesariamente en tantra, lo que no niega en absoluto el valor del espíritu del cuestionamiento que empuja al buscador hacia la Verdad. Todos los caminos masculinos han de terminar finalmente en el océano de lo femenino. Cuanto más se sigue la lógica, más misterioso y poético se vuelve el camino, hasta que alcanza el punto muerto donde dicha lógica ya no puede ir más allá. La lógica, y su pareja humana, la duda, están diseñadas para destruirse a sí mismas, llevándote a ti a observar con ellas. Cuando se confía en la duda a un nivel tan profundo, el que duda desaparece dentro de la duda misma, dejando paso solo a la Verdad. Sin embargo, no hay un proceso secuencial para hacerlo: la Verdad está allí donde se encuentra la duda. Se trata simplemente de esperar a que la Verdad te encuentre, como la perla surge dentro de la ostra. No es necesario renunciar a ella, simplemente esperar que ella te reconozca. Si sigues una secuencia, un camino lineal que termina en ese reconocimiento o iluminación, el camino mismo no estará relacionado con la iluminación, aunque lo parezca.

La Verdad se reconoce de muchas maneras. Con la otra cara de este Siddhi, el 64.°, la Iluminación, se llega a la misma conclusión por un camino totalmente diferente: a través de la poética del azar. Si disfrutas del camino lógico de la progresión, entonces este es tu camino. En muchos aspectos parece la ruta más segura para los seres humanos, ya que te da la sensación de que te puedes preparar para la Verdad. Son pocos los llamados a seguir el camino de la mano izquierda, o del hemisferio derecho, donde no hay mapas o planos que seguir, sino el caos de la vida misma. El camino del yoga hacia la Verdad es un hermoso jardín iluminado en comparación con las junglas salvajes del 64.° Siddhi. La 63.ª Sombra, la Duda, es un camino donde te puedes quedar exhausto fácilmente. Como el Buda, tienes que estudiar, disciplinarte, escalar y ejercitarte para llegar a la cumbre, solo para darte cuenta de que las preguntas ya estaban allí, incluso antes de que comenzaras.

El Siddhi de la Verdad está en todos lados. No hay nada que no sea Verdad. Lo que te sucede en cada momento, lo que sientes en cada momento, ya sea un delirio o algo incómodo, no es otra cosa que la Verdad. La Verdad es todo lo que hay.

En el nivel de la Sombra no hay más que Verdad, y lo mismo ocurre al nivel del Don. La Verdad es cada paso del camino

En el nivel de la Sombra no hay más que Verdad, y lo mismo ocurre al nivel del Don. La Verdad es cada paso del camino. El libro de las 64 Claves Genéticas es un viaje yóguico por cada una de las 64 Claves Genéticas, arquetípicas, de la consciencia humana que incluyen presente, pasado y futuro. Es una exploración guiada por la duda, por la necesidad de cuestionar cada faceta de la existencia.

En cada rincón y fisura de tu ADN está grabada la misma divisa: la precipitación del ser humano por entender su propia naturaleza. Además, desde el punto de vista de la Verdad, este libro es un fracaso. No puede ser nada más que un fracaso. Todos los intentos por comprender están abocados al fracaso. Si lees todos y cada uno de los 64 Siddhis podrás ver el hilo conductor de este fracaso. Cada Siddhi encapsula la misma paradoja, enfocada desde un ángulo lingüístico ligeramente diferente. No hay respuestas a la duda. Solo existen los patrones e ilusiones del que mira en ellos. En cada estado y en cada palabra hay Verdad.

Darse cuenta de que todo es Verdad se representa en el I Ching con el nombre «Después de la terminación» y trae como consecuencia una total relajación de tu ser. La pregunta está más allá de la conclusión, porque el que cuestiona ha sido eliminado por la propia pregunta. El que dudaba ha entrado tanto en la cuestión, tan profundamente, que la pregunta ha engullido su consciencia. Todos los caminos de la Verdad son, por lo tanto, una fabricación; todas las técnicas, solo una distracción, y todos los sistemas y conceptos son en el fondo inútiles. Estas son palabras que podrían entristecer al buscador, aquel que aún permanece identificado con su búsqueda; pero hasta esto es Verdad. No existe lo que algunos llaman Verdad distorsionada o Verdad oculta. La Verdad está simplemente aquí y ahora, en cada momento, en cada estado de tu vida. Es eterna, imperecedera, pura, incorruptible y tan simple como hermosa.

La Verdad, en su expresión humana, es el más precioso y hermoso de todos los Siddhis, por la enorme e ingente relajación que trae consigo. Es como descansar bajo un árbol en un templado atardecer, después de una caminata que duró todo el día. Miras al sol que se pone sobre el océano, o al viento que mece las hojas a tus pies, o al manantial que brota suavemente sobre las rocas surcadas por el tiempo. Con la Verdad, el viaje interior —el intento de seguir la duda hasta su mismo origen, en las montañas y moradas más altas— ha llegado a su fin.

Cada vez que descansas y dejas de atender a las preocupaciones, estás rozando los límites de recordar la Verdad. Cuando sonríes o tomas una profunda respiración, estás llegando a la Verdad. Cuando tu rostro pierde sus rasgos duros y se dulcifica, entonces estás recordando la Verdad. La Verdad es tu estado natural, tu mondo estado, sin complejidades ni quejas. Es un espacio a la deriva, una inmersión total en tu Ser. Como podrás observar por el verdadero final de este libro, que está escrito en tus genes, no hay necesidad de buscar significados ni de preocuparse por la posibilidad de una respuesta. En una sencilla frase, la Verdad es el eterno momento del universo.

64.ª CLAVE GENÉTICA

SIDDHI ILUMINACIÓN • DON IMAGINACIÓN • SOMBRA CONFUSIÓN

LA AURORA

PAR PROGRAMADO: 63.ª CLAVE GENÉTICA

ANILLO CODÓNICO: EL ANILLO DE LA
               ALQUIMIA (6.ª, 40.ª,
               47.ª, 64.ª)

FISIOLOGÍA: GLÁNDULA
           PINEAL

AMINOÁCIDO: GLICINA

LA SOMBRA DE LA 64.ª CLAVE GENÉTICA: CONFUSIÓN

EL CAOS DE LOS ELEMENTOS

Con la 64.ª Clave Genética llegamos a tocar uno de los grandes misterios de la existencia: el misterio de la luz interior. Cuando esta luz se oscurece en el interior de un ser humano, el resultado es la Confusión, la Sombra de la 64.ª Clave Genética. La Confusión es el nivel de frecuencia de la Sombra que más afecta a la humanidad. Se extiende por nuestro mundo como una manta inmensa, ensombreciendo, debilitando y proyectando a la conciencia de masa fuera de la verdadera naturaleza de la realidad. Como la última de las 64 Claves Genéticas en la lista secuencial, la 64.ª Clave Genética nos ofrece algunas advertencias finales. Al fin y al cabo, es la Sombra de la Confusión. Como hemos visto repetidamente a lo largo de las 64 Claves Genéticas, las Sombras no son inherentemente malas; no son el demonio. En realidad, son la materia prima para el acceso a otros niveles de consciencia superiores; como la nuez del carbón, puede esconder un diamante de enorme belleza. Conforme la confusión revela su naturaleza oculta y comienza su coalescencia hasta manifestarse como una sustancia etérica organizada, se va convirtiendo en la maravilla de la imaginería humana. Finalmente, cuando la imaginación se trasciende a sí misma en las más altas frecuencias, la luz interior que está en el corazón de la creación explota dentro de tu ser manifestándose como iluminación espiritual. Este es el viaje de cada ser humano.

La confusión per se es un estado perfectamente natural. Los antiguos alquimistas se referían a este estado como la *massa confusa*, el caos de los elementos, enlazándolo con el primer giro que precedió al nacimiento del universo. La confusión es un estado sin orden ni estructura; es un estado vibrante de potencialidad pura. Solo cuando las mentes humanas intentan interpretarlo se convierte en un hecho desconcertante. Si puedes mirar en este estado primal de consciencia, prescindiendo de la participación interpretativa de tu mente, en ningún momento podrás ver la verdadera naturaleza del ser manifestándose como la Iluminación, el 64.º Siddhi.

Cada una de las 64 Sombras nace de una tendencia de la mente humana a identificarse con lo que ve. Esta tendencia crea, a su vez, una onda de biorretroalimentación entre las dos polaridades de cada estado de la Sombra; en este caso, una onda entre la Sombra de la Confusión y su par programado, la 63.ª Sombra, la Duda, que funciona como se explica a continuación.

En cada momento, tu pensamiento refleja cómo se está sintiendo el cuerpo internamente. Si tu frecuencia general es baja, percibes un tipo de escenario complicado activándose en tus cuerpos físico, mental y emocional. Esta complejidad está generada por la frecuencia global en que todos vivimos; en otras palabras, cada ser humano siente el sufrimiento del mundo entero a través del campo de frecuencia que nos conecta. Cuanto más escuches a tu cuerpo, tanto más te afinarás con esta sensación colectiva de dificultad arraigada en el miedo. La mayoría de la gente desarrolla patrones para escapar a las sensaciones del enorme desierto humano de dolor desde una temprana edad, y la mente es la primera línea de defensa. Como somos adictos al pensamiento, podemos evitar totalmente sentirlo.

El sufrimiento de cada ser humano tiene sus raíces completamente ancladas en el pasado. Viene impreso en el ADN ancestral y nos ha sido entregado por transferencia desde que éramos niños, al copiar las estrategias que tenían nuestros padres y parientes cercanos. La urgencia básica por escapar de este dolor puede mantenerte alejado de la posibilidad de encarar lo que tú eres en realidad, y este hecho, arraigado en el núcleo de tus células, generará otra de las grandes sombras humanas: la falta de confianza. Los seres humanos dudamos de nosotros mismos, porque, en primer lugar, no somos nosotros mismos. Por el contrario, habitamos en los mundos de la confusión, y cuanto más intentan nuestras mentes tomar las riendas de esta confusión, más alimentamos nuestra propia falta de confianza. Así funciona la onda de retroalimentación. Teniendo en cuenta la baja frecuencia general del planeta, la mente no puede escapar de sí misma y se queda en lo opuesto: alimentando más y más sus propias ilusiones. Esas ilusiones se representan después en el curso de eventos que solemos llamar «nuestra vida». Esta es la razón por la que no vivimos totalmente nuestro verdadero potencial, o dicho en palabras de Thoreau, «llevamos vidas bastante desesperadas».

En el momento en que la mente cesa de pensar, la confusión termina, lo que demuestra la farsa que es

Si tomas como ejemplo un ser humano cualquiera y rascas en la superficie de su consciencia, encontrarás rápidamente capas y capas de dolor reprimido. La mente vive en un estado de confusión permanente, intentando hacer desaparecer todo. Pero la confusión es una calle sin salida, una falsedad fabricada por la mente. En el momento en que la mente cesa de pensar, la confusión termina, lo que demuestra la farsa que es. Como veremos un poco más adelante, al nivel de frecuencia síddhica, el estado al que nos referimos como confusión es, en realidad, el estado de despertar más sagrado que existe.

Para volver a nuestra discusión sobre esta Clave Genética, diremos que se trata solo de la luz. Las 64 Claves Genéticas se ocupan de la luz, en realidad. Esta luz, que es la naturaleza humana de la consciencia inherente a todas las formas, permanece oculta hasta que la evolución permite que se revele. Este es el proceso de la alquimia, la ciencia de todas las ciencias. La 64.ª Clave Genética es un aspecto integral del Anillo de la Alquimia, que incluye otras tres Claves Genéticas alquímicas: la 6.ª Clave Genética, que crea confusión en las relaciones; la 47.ª Clave Genética, que te encierra en una batalla con tu propia mente, y la 40.ª Clave Genética, que te conduce a una insondable sensación de aislamiento. Cuando estás confundido, también te sientes aislado. La luz que se mueve a través de la 64.ª Clave Genética quiere, más que cualquier otra cosa, entusiasmar y prender tu mente con la mecha de la inspiración, pero no quiere en absoluto confundirte. Sin embargo, todo depende de tu actitud, la cual es la prueba de fuego para saber dónde está tu nivel general de frecuencia. Por lo tanto, cuando te sientas bajo, es mejor transmutar tu pensamiento en otro de frecuencia superior. Si te ves incapaz de hacerlo, tendrás que dejar que la fase termine y permitir que evolucione de acuerdo con sus propios plazos. Si eres paciente y no reactivo, la luz te iluminará hasta el final.

NATURALEZA REPRESIVA: IMITATIVA

Te cuesta una enorme cantidad de energía reprimir el dolor humano que has heredado. Para reprimir esa cantidad de dolor en realidad necesitas un enorme apoyo de los otros, aunque parezca irónico. Este apoyo se produce en forma de statu quo, es decir, de los millones de seres que también se esconden de la verdad de cómo se sienten en el mundo y que entierran sus vidas entre actividades y pensamientos. La mitad del mundo reprime su confusión mediante la imitación: hacen lo que hicieron sus padres o repiten lo mismo que sus profesores o compañeros. La imitación es el máximo enemigo de la imaginación, una masiva red de seguridad completamente ilusoria creada por el colectivo para evitar sentir la situación del mundo tal cual es. Las naturalezas represivas combaten su miedo a través de la imitación de algún otro. Algunos de ellos hasta consiguen parecer originales y geniales mientras lo hacen.

NATURALEZA REACTIVA: CONFUNDIDA

Hay personas incapaces de reprimir sus sentimientos. Varios tipos psicológicos no están diseñados para enfrentar el alto voltaje de dolor contenido bajo la superficie, al menos no por mucho tiempo. En esas personas, la semilla del dolor humano contenida en su ADN se expresa a través de su existencia. Se trata de vidas siempre muy confusas a las que les resulta imposible entrar en algún tipo de relación sin ser abusivos. Mientras que la naturaleza represiva se convertía en una víctima del statu quo, la naturaleza reactiva es víctima de la rabia que siente contra el mismo statu quo. Las vidas de estas personas se guían por el intento inconsciente de tomar la revancha a la vida misma, reaccionando contra el statu quo, a menudo agresiva e impredeciblemente. En esta dinámica de movimiento entre lo reactivo y lo represivo, se puede observar cómo nacen los patrones que conforman el abuso y el abusador.

EL DON DE LA 64.ᴬ CLAVE GENÉTICA: IMAGINACIÓN

EL ARTE DE VIVIR

La más profunda agonía, sentida y expresada por la raza humana, nace y termina en la pareja genética formada por las Claves 64.ª y 63.ª. A pesar de la realidad de dolor en la que hemos nacido al encarnar en forma humana, también hay buenas noticias. La solución es muy simple. El sufrimiento que sentimos, aunque muy real en el contexto de la psicología, se vuelve una ilusión cuando llegamos a la mente, poseedora de la clave para su liberación. Como vimos en el nivel de frecuencia de la Sombra, la mente, cuando enfrenta el dolor subyacente de tu vida, automáticamente se colapsa por confusión. Si te sacaran de tu vida cotidiana durante una semana y te ubicaran en un lugar solitario, en los confines del mundo, sentirías todo el inmenso dolor que acumula tu cuerpo. Sin nada que hacer y sin nada en que distraer tu consciencia, el dolor se elevaría hasta la superficie rápidamente. Es muy interesante percatarse de que uno de los objetivos de la meditación es permitir que este dolor se eleve a la superficie de tu consciencia para que allí pueda ser transmutado

Todo lo que necesitas es tomar la decisión de permitirte sentir el dolor, y el milagro de la transformación comienza. Una vez que reconoces que no tiene sentido intentar deshacerse del dolor, por fin empiezas a ver el círculo vicioso en que estabas preso. Tu mente continuamente evita que confrontes el dolor, hasta que tu ser más profundo decide afrontar quién eres tú en verdad, y esa es la primera vez en que tu consciencia testimonia los juegos de la mente. Con esta contemplación, comienza el derrumbe gradual de la larga dominación de la mente sobre tu ser. Cuanto más observes tu mente intentando comprender y/o impedir la confusión, tanto más permites que la transformación ocurra en tu interior. El pensamiento absorbe una enorme cantidad de tu energía. Algo tiene que alimentar todas esas neuronas, así que en el momento en que pones tu mente a dieta de ese alimento —es decir, de la creencia de que puede ayudarte—, toda la energía que hasta entonces se dedicaba a alimentar la maquinaria mental comienza a liberarse gradualmente para ti. En algunos raros casos, la energía puede liberarse de forma repentina, dando lugar al fenómeno de iluminación súbita.

Toda la energía natural de la vida tiene una programación intrínseca: crecer y evolucionar. Esta es la naturaleza de la vida. Entonces, cuando liberas la energía cuántica que estaba latente en ti, ella comienza a elevarse de frecuencia. Y mientras se eleva, la fuerza evolutiva almacenada en tu mente comienza a usarse creativamente. Así es como la verdadera creatividad surge y la imaginación humana se despliega. La imaginación es la expresión de la fuerza de la vida sin impedimentos, a través de tu genética. Este es el nivel de frecuencia del Don de la 64.ª Clave Genética. La imaginación surge de la confusión, pero solo si abrazas las confusión, sin intención de cambiarla. La imaginación permite que la alquimia suceda dentro de ti. Al comienzo, puedes pintar, escribir, cantar sobre ello, o sencillamente contar la historia de tu dolor, tal y como lo sientas. No importa qué forma tome tu dolor, lo que importa es que se exprese y se acepte. De hecho, en

la frecuencia del Don, el dolor puede ser más que una simple expresión: puede convertirse en un arte.

Si permites que tu dolor o el dolor del mundo se expresen a través de un proceso artístico, verás la alquimia en acción. Tu arte seguirá la secuencia natural de los arquetipos. Comenzarás descendiendo simbólicamente al inframundo para dar voz y forma a los demonios y frecuencias de miedo que allí habitan. Conforme vayas permitiendo que tu frecuencia se eleve un poco más, los demonios revelarán su verdadera naturaleza. La luz emergerá desde su interior, de modo que el sapo se transformará en príncipe, o la rana en princesa. Todo verdadero arte es alquimia. El proceso artístico que no libera la luz interior no es más que el arte pro-

Si permites que tu dolor o el dolor del mundo se expresen a través de un proceso artístico, verás la alquimia en acción

ducido por la consciencia de la Sombra buscando abrirse camino a través de la imaginación. Mientras te mantengas en el ámbito del coraje y la honestidad, tu expresión continuará evolucionando de forma natural hacia frecuencias superiores. Es posible que al final todos acabemos pintando ángeles.

El otro gran potencial de la imaginación es que anuncia la muerte de la imitación. Imaginar significa ir donde nadie estuvo antes: romper con los límites mentales, intelectuales y culturales, y permitir a tu mente volar gracias a las alas de tu corazón. La imaginación es abstracta, ilógica y libre. Crea puentes espacio-temporales entre los mundos, moviéndose de un modo tan cambiante que prescinde de analizarse a sí misma en base a lógicas o razones. Imaginar es saltar, brincar y dar gritos de alegría con total deleite, fuera de toda lógica y modelo. Es la fuente de todo arte.

Aquellos que son ejemplo del Don de la Imaginación comprenden la luz y las propiedades de la luz. La luz crea imágenes posibles y las imágenes son el combustible de la imaginación, como la misma etimología de la palabra nos sugiere. Imaginar, por lo tanto, es ver y concebir figuras, color, forma y movimiento. Es el puente entre la visión interior y el ojo exterior. Permite que la vida se convierta en una obra en curso, es decir, en una verdadera obra de arte.

EL SIDDHI DE LA 64.ᴬ CLAVE GENÉTICA: ILUMINACIÓN

POÉTICA ILUMINADA

La 64.ª Clave Genética contiene el Siddhi de la Iluminación. Es la Imaginación sin el *yo*. Cuando el *yo* se rinde a la necesidad de existir, la magia brilla a través de él. La fuerza evolutiva oblitera la identificación con la forma, y la Iluminación fluye por tu ser. Cuando te aproximas a un estado síddhico, a menudo puedes experimentar destellos de ese estado antes de que explote completamente en tu interior. Hay muchas maneras diferentes de vivir esa experiencia espiritual y religiosa. Diferentes maestros hablan de estados heterogéneos. Algunos abogan por una disciplina específica para alcanzarlo, mientras que otros sostienen que solo puede obtenerse si te deshaces de toda disciplina.

Lo cierto es que todas las palabras que provienen de un estado síddhico hablan de la misma Verdad. Simplemente llegan a través de uno de los 64 enfoques genéticos. Por lo tanto, si te identificas con las palabras de un maestro en particular, muy probablemente irás a la deriva. Solo tienes una posibilidad entre 64 de encontrar a aquel que hable exactamente la lengua que combina perfectamente con tu propio potencial natural de iluminación.

Quizás el mejor consejo para quien haya conectado con una persona que manifiesta del estado síddhico tiene que ver con la diferencia que hay entre oír y escuchar a esa persona. En este contexto no nos referimos a una escucha mental. La mente escucha para poder poner fin a la confusión, algo así como lo que sucede cuando uno te está hablando pero no puedes oírle porque tú mismo está hablando a la vez. Pero cuando sueltas el apego al significado que tienen las palabras, comienzas verdaderamente a oír lo que en verdad se dice en ese espacio ilusorio entre ambos. Los Siddhis se pueden transferir solo en el silencio. El silencio entre las palabras es el portador de la transmisión. Si un maestro lo es realmente, el modelo de su discurso calmará la mente de sus oyentes, induciendo un tipo de trance en el que la Verdad se transfiera de uno al otro.

Durante siglos, los Maestros han usado la confusión como herramienta para frenar los circuitos de la mente y transferir la verdad sin palabras. Quizás uno de los mejores ejemplos es la aproximación zen, que da a la mente una paradoja irresoluble, un *koan*, para meditar en ella. Esos koan confunden de tal modo a la mente que puede llegar a pararse y recuperar así algo de su energía. En ese descanso sucede un salto de consciencia conocido con el nombre de *satori*. Si tienes la 64.ª Clave Genética en un lugar prominente de tu perfil hologenético, puede que experimentes estos saltos de consciencia repentinos. La confusión a veces es directa, como la aproximación zen que hemos citado, y otras veces es indirecta. La transmisión indirecta de la Verdad utiliza la paradoja o la poesía para pacificar la mente. Si sabes cómo escuchar la poesía, entonces estarás siempre cerca de la Verdad. La poesía es una metáfora para lo innombrable; danza en los arsenales del silencio, tentándote a entrar.

El 64.° Siddhi, la Iluminación, y su par programado, el 63.ᵉʳ Siddhi, la Verdad, representan las dos alas del tantra y del yoga, caminos opuestos que se dirigen hacia una misma y única realidad. Ambas son las frecuencias superiores del arte y de las ciencias, respectivamente. Mientras que el yoga es el camino de la disciplina, enfocado en alcanzar progresivamente la Verdad más elevada, el tantra es el camino de la rendición, que brota en repentinos saltos de consciencia. Aquellos que manifiestan el 64.° Siddhi son los que enseñan de modo espontáneo. Son los que emplean cualquier cosa que les apetece para ilustrar lo que significa ser uno con la Verdad. No hay lógica o patrón para esta gente y sus enseñanzas. Incluso pueden utilizar la lógica como instrumento y después contradecirlo por completo con su comportamiento o con sus palabras. El camino tántrico es el camino más fácil para los malentendidos, pues no puede seguirse con la mente, solo con el corazón. Se necesita un cierto grado de locura para seguir este camino sin mapas. Es el camino de la mente poética, amante de la libertad, de la espontaneidad, de la paradoja. Amante del momento.

Cuando la Iluminación inunda tu ser, también toma posesión de tu mente. En este sentido, estar iluminado significa pensar los pensamientos de Dios. Esos pensamientos

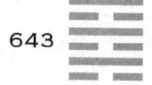

están más allá de nuestro concepto de pensamiento. En este nivel, el cuerpo mental cede el paso al cuerpo causal (véase la 22.ª Clave Genética), lo que permite el despertar, al hacerse uno con el pensamiento divino. Se trata de un pensamiento carente de sentido para la mente, que se graba a fuego en tu propio ADN. A un nivel Divino, tu cuerpo causal (llamado también *alma)* se convierte en tu vehículo físico. Este gran misterio es la razón por la que las tradiciones iniciáticas dicen que, tras la iluminación, ya no puedes volver a encarnarte en el mundo de la forma. Puede que te encarnes como un cuerpo sutil más elevado, pero no como una forma de vida basada en el carbono.

> *Estar iluminado significa pensar los pensamientos de Dios*

Una vez que la frecuencia de la luz interior ilumine la forma física, dicha forma comenzará a ascender. Puede que ascienda físicamente o que no lo haga, dependiendo de sus constituyentes genéticos. La ascensión física depende directamente de la Voluntad Divina (el 40.º Siddhi), y, como tal, viene siempre predestinada. Solo algunos vehículos evolutivos humanos están equipados para tal propósito. Este es el significado de la Transfiguración, el 47.º Siddhi: el cuerpo causal arrastra consigo el cuerpo físico. Solamente los códigos superiores del Anillo de la Alquimia pueden catalizar esos raros eventos. El 64.º Siddhi te provee también de una *aureola:* el halo que rodea la cabeza del iluminado. Esta imagen, prevalente en el arte religioso de tantas culturas, es un reflejo directo de cómo se ha manifestado a lo largo de la historia el Siddhi de la Iluminación.

El Siddhi de la Iluminación es la expresión directa de la Mente Divina. Los pensamientos divinos —tal es su poder— se manifiestan instantáneamente en el mundo de la forma; por esta razón, en un estado síddhico de Iluminación se experimenta en directo la creación divina. Si hay alguna identificación con esos pensamientos, indudablemente la consciencia se verá a sí misma como un Dios o un Mesías creando sin fin el mundo a través de los pensamientos. Sin embargo, el estado de iluminación más elevado niega cualquier forma de identificación. Los pensamientos divinos no se pueden comprender. Son solo conductores de frecuencias diferentes, suavemente mezclados en bellas ideas, poemas, palabras o imágenes. No tiene nada que ver con el cuerpo o la mente que los genera; su única razón es la inspiración ajena. Un Siddhi como este no tiene sentido, incluso si es el único que tiene perfecto sentido. Estar iluminado por el 64.º Siddhi significa permanecer vacío y, al mismo tiempo, experimentarse constantemente henchido por el arcoíris de colores del aura interior, ser un caballete para la imaginación del propio universo.

El viento sobre el agua
entona una canción
de palabras olvidadas.

GLOSARIO
DE FORTALECIMIENTO PERSONAL

El siguiente glosario está diseñado como una herramienta contemplativa que también pueda servir como referencia a la hora de comprender la terminología de las Claves Genéticas. Cada palabra contiene una fuerza, como la contiene también su descripción, de manera que mientras contemplas estas palabras y sus significados profundos, así como su relevancia en tu vida, con el tiempo te ayudarán a elevar tu propia frecuencia. El glosario también opera de manera holográfica: un término aparece dentro de otro. Cuantas más palabras puedas contemplar, más profundamente calará su sabiduría dentro de ti y más clara se tornará tu visión general. Con el tiempo, las propias palabras y sus significados se integrarán en ti como un campo de memorias de frecuencia superior que trascenderá el propio lenguaje.

Absorción. Estado de consciencia en el cual tu aura comienza a alimentarse de su propia luz y, por lo tanto, perpetúa una frecuencia superior muy estable en todo tu ser. Cuando entras en el estado de Absorción, tu ADN comienza a empujar al sistema endocrino para que secrete ciertas hormonas rarificadas de una manera continua. Esas hormonas están asociadas al funcionamiento cerebral superior e incluyen estados de iluminación espiritual y transcendencia. A este nivel no es posible ya regresar a las frecuencias inferiores excepto por breves períodos de tiempo. La Absorción, consecuencia natural de la Contemplación, nos conduce hacia la Encarnación y sucede cuando comienzas, por primera vez, a habitar tu cuerpo búdico tras la Cuarta Iniciación.

ADN. Ácido desoxirribonucleico. Programa de software multidimensional de la consciencia humana. El ADN es una sustancia muy sensitiva que se encuentra en cada célula del cuerpo.

Dependiendo de la actitud que tengas en cada momento, tu ADN será el arquitecto (a través del sistema endocrino) de la realidad física, emocional y mental. Al elevar la frecuencia energética que anima el ADN, este desvelará las funciones de la programación superior que estaban ya dentro de ti, en estado latente. Esas funciones dan lugar a la expresión natural de tu genialidad innata. En los más refinados niveles de frecuencia, el ADN sintetiza hormonas que permiten a la consciencia física trascender el mismo ADN, cuya culminación sería la encarnación de tu Divinidad interna.

Anillo codónico. Familia química de tu cuerpo formada por uno o más codones. Hay un total de 21 Anillos codónicos, cada uno de ellos relacionado con un aminoácido específico o codón final. Los Anillos codónicos son familias químicas transgénicas que operan en todo el acervo genético, agrupando naturalmente a ciertas personas en parejas, grupos o sociedades. Los Anillos codónicos son la maquinaria biológica que hay tras lo que los antiguos llamaban *karma*. La manera en la que se entrelazan forma el campo geométrico unificado que sostiene a la humanidad, y como el ADN humano muta para poder soportar las frecuencias superiores que están llegando con el Gran Cambio, los 21 Anillos codónicos llevarán a la humanidad a la realización biológica de su verdadera naturaleza y unidad.

Aminoácido. Constituyente químico usado por el cuerpo para crear las proteínas. Hay 20 aminoácidos mayores. En tu interior está el poder de influir sobre las varias combinaciones de aminoácidos de tu cuerpo para construir un cuerpo radiante de salud y catalizar las bases químicas de los estados superiores.

Arquetipo. Idea comprimida que contiene muchas dimensiones y significados, imaginería y sentimientos. Los arquetipos resuenan fuertemente con los temas subyacentes universales del inconsciente humano, sin importar la raza, la genética o el condicionamiento. De acuerdo con las Claves Genéticas, hay exactamente 64 arquetipos universales. Cuando contemplas y te identificas continuamente con un arquetipo en concreto, este tiene la capacidad de transformar tu estado de consciencia de baja frecuencia en uno de frecuencia superior.

Aura / Campo áurico. La verdadera multidimensionalidad del cuerpo en todos los seres humanos, el aura, es un amplio espectro electromagnético que emana desde el cuerpo físico y que está enraizado en él. Tu aura actúa como un prisma refractario de diferentes anchos de banda de la luz. Es la expresión electromagnética de tu estado químico en un momento dado. Esto también significa que puedes cambiar tu química fisiológica por medio del aura. Gracias a la meditación o a la concentración sobre tu aura, puedes refinar su frecuencia e impactar en el bienestar de los cuerpos físico, mental y emocional, mejorándolos. Cuando la frecuencia total de tu aura se eleva, su poder magnético se expande también, e incluso comienza a trasformar el entorno y a aquellos que le rodean. Tu aura siempre refleja la verdad absoluta de tu estado interior; registra cada pensamiento, sentimiento, presión o patrón oculto como una emanación sutil. Trabajando con las 64 Claves Genéticas, estarás purificando efectivamente las muchas capas densas de tu aura, volviéndote más radiante, más sensitivo y más compasivo hacia todos los seres.

Banda de frecuencia. En la Síntesis de las Claves Genéticas, la tasa vibratoria de tu aura se refleja en tres *bandas* de frecuencia llamadas Sombra, Don y Siddhi. Aunque, de hecho, hay muchas capas o anchos de banda, este enunciado ternario facilita la compresión de las Claves Genéticas, así como su contemplación y también su encarnación. Las tres bandas de frecuencia se presentan con precisión en el Espectro de la Consciencia, el mapa lingüístico de 64 Claves Genéticas y sus bandas de frecuencia.

Bardo. Estado intermedio entre encarnaciones. En un determinado momento anterior a tu muerte física entras en la secuencia del bardo. En ella, las capas sutiles de tu aura comienzan un proceso de desenganche de los tres cuerpos inferiores (físico, astral, mental). Esta secuencia conduce a la muerte física, pero también continúa después de la muerte. En los estadios del bardo posteriores a la muerte, nuestros cuerpos sutiles pasan por una serie de destilaciones alquímicas en las que la frecuencia material de nivel inferior que habíamos recolectado en nuestra encarnación se separa de la frecuencia superior de la esencia. La continuidad de los ciclos del Bardo y sus secuencias interconectan nuestras muchas vidas, hasta que trascendemos la evolución humana en la sexta iniciación.

Bhakti. Emanaciones de fluidos sutiles generadas por el corazón cuando se entrega con devoción al bien supremo. El bhakti se genera a través del aura, mientras el resplandor interior sigue creciendo. Bhakti es la esencia refinada de los tres cuerpos inferiores (físico, astral y mental). A través de una vida de devoción y servicio, inundas la propia aura y el mundo de bhakti. El bhakti siempre se eleva, y su contraparte, el shakti, siempre disminuye. Mientras que el bhakti es la quintaesencia evolutiva de todo lo que es bueno en los seres humanos, el shakti es la quintaesencia involutiva de lo Divino. Cuanto más abres tu corazón y le permites que hable y que guíe tu vida, más bhakti generarás y más shakti (Gracia divina) lloverá sobre ti.

Camino Dorado, El. Secuencia genética maestra que se activa por la constante elevación de la frecuencia desde el nivel de la Sombra al del Don. Es la suma de la Secuencia de Activación, la Secuencia de Venus y la Secuencia de la Perla, que describen el despliegue natural de la consciencia individual humana conforme madura más allá de los patrones de victimismo de la frecuencia de la Sombra. Todos los seres humanos, tarde o temprano, tienen que recorrer el Camino Dorado, ya que simboliza el paso del «alma» individual por la primera de las cuatro Iniciaciones. Conforme los tres cuerpos inferiores (físico, astral y mental) se van purificando y entrando en resonancia armónica, experimentarás la apertura del corazón y la liberación de tu genialidad creativa en el mundo. El Camino Dorado sienta las bases para vivir la vida de las altas frecuencias.

Clave Genética. Cada uno de los 64 atributos de consciencia. Cada Clave Genética es un portal multidimensional del ser interior, cuyo único propósito es activar tu propósito superior y, por fin, permitirte abrazar tu Divinidad. Un modo en el que se activa tu propósito superior es por medio de la contemplación continuada de las Claves Genéticas y sus bandas de frecuencia.

Código genético. Código maestro de toda la vida orgánica conocida. El código genético contiene el hardware programado para la vida física, mental y emocional. Tu código genético incluye capas de programación que se pueden activar con tu actitud: pensamientos, sentimientos, palabras y acciones. Las señales de las bajas frecuencias (basadas en un miedo inconsciente) activan el viejo hardware de tu cerebro reptiliano, donde las señales de alta frecuencia, como la creatividad y el amor, reactivan el hardware genético que te permitirá experimentar y finalmente encarnar la consciencia superior.

Codón. Sección del ADN formada por tres pares de bases, que codifica un aminoácido específico. En total hay 64 codones en el ADN humano. Las 64 Claves Genéticas te permiten comunicar directamente con los 64 codones en el ADN de cada una de las células de tu cuerpo gracias a la ley de la resonancia. A través de la contemplación, la absorción y la encarnación de las Claves Genéticas aumentarás la frecuencia vibratoria de los 64 codones y, por lo tanto, desvelarás los secretos de su naturaleza superior.

Concentración. Uno de los tres caminos básicos que nos conducen a los estados superiores de Absorción y Encarnación. La Concentración es el camino de la izquierda, representado por la ciencia del yoga. Utiliza la fuerza de voluntad y el enfoque forzado para producir una serie de transformaciones que eleven gradualmente la frecuencia de la consciencia individual.

Consciencia. Consciencia es todo lo que existe. Como fuente y como creadora de la realidad, es indivisible, omnisciente, omnipresente y omnipotente. La consciencia no implica necesariamente conocimiento ni lo requiere siempre. Es el terreno de todo lo que es y de todo lo que no es.

Consciencia individual. Aspecto de la consciencia, común a todas las formas de vida. En el ser humano la consciencia se puede dividir en tres capas, aunque la realidad es que son todas consciencias individuales: consciencia física, consciencia emocional y consciencia mental. En los niveles de frecuencia inferiores, la consciencia humana se reduce al cuerpo humano: la consciencia física se basa en la supervivencia y el miedo, la consciencia emocional permanece enraizada en el deseo y el drama, y la consciencia mental se ancla en la comparación y el juicio. Cuando elevas la frecuencia de todo tu ser, tu consciencia comienza a volverse más refinada y se traslada desde el ambiente local al ambiente cósmico. La consciencia física se convierte en amor universal, y la consciencia mental en silencio y sabiduría.

Contemplación. Uno de los tres caminos primarios que conducen a los estados superiores de Absorción y Encarnación. La Contemplación es el camino central, representado por el Tao. Utiliza elementos tanto de la Concentración (esfuerzo) como de la Meditación (no esfuerzo) para provocar la elevación de la frecuencia. La contemplación tiene lugar en los tres planos inferiores humanos; hay contemplación física, emocional y mental. Con el tiempo, la contemplación transforma el cuerpo físico, el astral y el mental en sus respectivos cuerpos de frecuencia superior: el causal, búdico y átmico, respectivamente. La Contemplación prolongada de estas 64 Claves Genéticas es uno de los modos más rápidos y sencillos de activar las frecuencias superiores, que viven en tu ADN en estado latente.

Corpus Christi. Uno de los viajes que conforman la Síntesis de las Claves Genéticas y la ciencia completa del «cuerpo arcoíris», la verdadera naturaleza subyacente en todos los seres humanos. El Corpus Christi es una síntesis de transmisiones, enseñanzas y técnicas que respalda las 64 Claves Genéticas. Representa la Escuela de Misterio superior de las enseñanzas de las Claves Genéticas, que incluye las enseñanzas de los Siete Sellos, los Siete Cuerpos Sagrados y las Nueve Iniciaciones. La inmersión profunda en las enseñanzas del Corpus Christi te ayuda a tomar tierra y encarnar las frecuencias de luz superiores en tu vida diaria. Son enseñanzas y técnicas que te permiten incorporar la transmisión de las Claves Genéticas, capa por capa, en los cuerpos sutiles que conforman tu aura. Significa literalmente «el cuerpo del Cristo» y te prepara para trabajar con las frecuencias evolutivas superiores gracias a una progresiva purificación de las muchas dimensiones de tu ser interior, comenzando por tu cuerpo físico.

Cosmometría. Ciencia visual de la geometría sagrada subyacente a toda la creación. Gracias a la comprensión de las bases de la Cosmometría, tu cuerpo mental (tu mente) se puede rendir a un cierto tipo de perfección en todos los fenómenos. A través de la aceptación de las leyes de la Cosmometría, tu cuerpo astral y tus emociones pueden llegar con el tiempo a ser puras y amorosas. Por medio de la encarnación de los principios de la Cosmometría, tu cuerpo físico puede tornarse radiante y relajado mientras entra en armonía vibracional con todo el cosmos.

Cuerpo astral. Segunda capa sutil y mayor de tu aura, que se corresponde con el plano astral. De todos los cuerpos sutiles, el cuerpo astral tiene una vibración cercana al cuerpo físico y a su contraparte etérica, lo que significa que tu vida emocional tiene el efecto más poderoso y directo sobre tu salud física y tu vitalidad. El cuerpo astral se desarrolla gradualmente durante el segundo septenio de tu vida, el que va de los 7 a los 14 años, tiempo durante el cual se asientan todos tus patrones emocionales mayores. Cuando contemplas el campo de la consciencia de la Sombra y cómo afecta y gobierna tu personalidad, estás bajando a tu cuerpo astral y reimprimiendo tus patrones emocionales básicos de frecuencia superior. Ello traerá una transformación mayor en todas tus relaciones conforme te vuelvas menos reactivo y más maduro emocionalmente.

Cuerpo átmico. Sexta capa sutil mayor de tu aura, que se corresponde con el plano átmico y con la consciencia crística. Tu cuerpo átmico, que se manifiesta a través de los 64 Siddhis, es tan vasto que desafía la comprensión. Para entrar totalmente es ese cuerpo, la identificación con los cuerpos inferiores —físico, emocional (astral) y mental— se tiene que haber cancelado por completo. Cuando esto suceda, tu ciclo de encarnaciones habrá llegado a su fin. El cuerpo átmico crea una presión creciente en tu naturaleza inferior, mientras la luz se va filtrando gradualmente en los planos inferiores hasta iluminar los tres cuerpos, dando como resultado un fenómeno magnífico conocido como el despertar del cuerpo arcoíris. Con el tiempo, conduce a una completa reestructuración de tu vida, que va sucediendo mientras la luz interior del plano átmico despierta en tu interior, hasta culminar con la total encarnación de tu divinidad.

Cuerpo búdico. Quinta capa mayor y sutil de tu aura, que se corresponde con el plano búdico. El cuerpo búdico será solo accesible una vez que tu corazón se haya abierto por completo. Todas las experiencias místicas superiores o revelaciones llegan a través de tu corazón y por lo tanto están basadas en el cuerpo búdico. Una vez que tu consciencia está anclada por completo en el plano búdico, el cuerpo causal se disolverá y su reencarnación, en el sentido clásico en que la comprendemos, no volverá a ser posible. El cuerpo búdico también responde al estado místico de Absorción (la Cuarta y Quinta Iniciaciones), que es lo que ocurre cuando la consciencia se estabiliza en las frecuencias superiores. Representa la tercera esfera femenina de la Trinidad divina, la de la acción divina y compasiva.

Cuerpo causal. Cuarta capa sutil mayor de tu aura, que se corresponde con el plano causal. El cuerpo causal se suele también llamar *alma*, ya que representa ese aspecto de nuestra consciencia que se encarna una y otra vez en el mundo de la forma. El Cuerpo Causal almacena todas las buenas intenciones que has ido acumulando a lo largo de tus vidas, como un sello de la memoria escrita en la luz. Tras la muerte, los tres cuerpos inferiores (físico, astral y mental) se desintegran, y solo lo que es puro y está refinado se alza y queda retenido en el cuerpo causal. Cuando el cuerpo causal desarrolla más lucidez a través del proceso de reencarnación, los cuerpos superiores la pueden utilizar como un modo de dirigir los tres cuerpos inferiores hacia las frecuencias superiores. En este sentido, el cuerpo casual es el gran puente entre los planos inferiores y superiores.

Cuerpo etérico. A veces conocido también como el «doble etérico», el cuerpo etérico es la contraparte de tu cuerpo físico, que se extiende más allá de este, hasta el aura. Al ser el campo sutil más cercano al físico, el cuerpo etérico se ha entendido bastante bien en muchas culturas, en particular por sus relaciones con la salud física. Sistemas como la acupuntura o la medicina energética trabajan directamente en el cuerpo etérico, que consiste en una vasta red de caminos sutiles, meridianos o *nadis* que configuran la rejilla fundamental del aura. Las enfermedades y molestias en el cuerpo físico se manifiestan, primero, como bloqueos en esos caminos energéticos. Sin embargo, la raíz de todas las enfermedades humanas no está en el cuerpo etérico, sino que se encuentra aún más profunda,

en el cuerpo astral o mental. Cuando purificas los cuerpos astral y mental, el etérico se ve afectado directamente y los bloqueos del flujo de *chi* o *prana* se limpian. Esto libera una enorme cantidad de energía sanadora y de vitalidad en el cuerpo físico, el cual, con el tiempo, se vuelve más ligero, saludable y radiante. En las enseñanzas conocidas como Corpus Christi, el cuerpo etérico se ve como una parte integral del cuerpo físico, más que como un cuerpo sutil separado.

Cuerpo logoico. Es el misterioso octavo cuerpo del Corpus Christi. El cuerpo logoico representa el cuerpo que está conectado con el concepto del más allá. En las enseñanzas místicas del Corpus Christi, el estado final de la consciencia se representa en el Séptimo Cuerpo, llamado monádico. El octavo cuerpo, el logoico, es la manifestación paradójica del propio vacío. Después de que todas las corrientes de la evolución y la involución hayan representado sus dramas cósmicos, el cosmos tal y como lo conocemos dejará de existir. El cuerpo logoico representa la eterna pausa cósmica conocida por los antiguos sabios védicos como «Noche de Brahma».

Cuerpo mental. El cuerpo mental existe a una frecuencia superior que las emociones y es la construcción de tu vida pensante. El cuerpo mental está muy influido por el cuerpo mental colectivo de la humanidad, lo que tiende a rebajar nuestros pensamientos al nivel de los deseos incumplidos del cuerpo astral. Cuando tu pensamiento se redirige hacia los impulsos superiores, el cuerpo mental gradualmente se va desenredado del cuerpo astral y adquiere un poder mayor. El cuerpo mental puede ser también utilizado por la consciencia inferior para reprimir los impulsos naturales del cuerpo astral, lo que puede conducir a problemas de salud a todos los niveles. Una baja frecuencia, con la ayuda de un paradigma mental limitado, asienta los patrones de baja frecuencia emocional en el cuerpo astral, mientras que un paradigma de frecuencia superior mental crea claridad emocional y libertad.

Cuerpo monádico. Séptima capa sutil mayor de tu aura, que se corresponde con el plano monádico. El cuerpo monádico no se puede decir que sea un cuerpo, sino que representa el punto de origen de las corrientes de la Involución o de la Voluntad Divina. Cuando la consciencia humana ha alcanzado ya su potencial más elevado en el sexto cuerpo átmico, se dice que ha descendido el cuerpo arcoíris. Este nombre se refiere al cuerpo monádico, que a menudo ha estado simbolizado por un florecimiento o un arcoíris, ya que se trata de una expresión de unidad y completitud. Para que el monádico se exprese a través de la consciencia humana, los tres cuerpos inferiores —físico, astral y mental— tienen que ser absorbidos por sus tres contrapartes de frecuencia superior, es decir, el causal, el búdico y el átmico. Cuando esto sucede, todas las capas y niveles se disuelven, todos los poderes y Siddhis se trascienden, se rinden, y te conviertes, una vez más, en un verdadero y «ordinario» ser humano.

Don (frecuencia). Ancho de banda relativo a la genialidad humana y a la apertura del corazón. Cuando tu consciencia individual ahonda más en las frecuencias de la Sombra, desbloquea la energía latente que contiene tu ADN. Esta energía se libera en forma de luz a través de tus cuerpos físico, astral y mental. Físicamente puede provocar cambios en la química de tu cuerpo e incrementar la vitalidad. Emocionalmente, puede conducir a la elevación de tus sentimientos, a la alegría y a una sensación de optimismo duradera. Mentalmente, puede conducirte a una visión interior de gran creatividad. La frecuencia del Don es un proceso de revelación gradual que culmina con la revelación de tu verdadero ser superior (el Siddhi). Hay muchos estados en el ancho de banda del Don, y representa el campo cuántico donde las fuerzas de la involución y la evolución se reúnen. Uno de los signos distintivos de la frecuencia del Don es su capacidad para asumir una total responsabilidad por los propios pensamientos, sentimientos, palabras y acciones. En este nivel de frecuencia, uno deja de identificarse ya como la víctima de los estímulos externos que percibe.

Dones primarios. Calculados sobre la base de la hora, fecha y lugar de tu nacimiento, los Dones primarios son una serie de cuatro Claves Genéticas que están claramente relacionadas con la totalidad de tu propósito en la vida. Se conocen con el nombre de Función Vital, Evolución, Resplandor y Propósito, y representan el territorio viviente de tu genialidad, impreso en tu ADN desde el momento de la concepción. Gracias al entendimiento y la aceptación del aspecto de la Sombra de las Claves Genéticas correspondientes a estos Dones primarios, activarás sus frecuencias superiores y catalizarás la mutación que sucederá en tu ADN. Este proceso se conoce como Secuencia de Activación. Con una contemplación constante de las frecuencias superiores de tus cuatro Dones primarios serás testigo de una transformación total de tu vida, mientras abres la puerta al verdadero genio que portas dentro de ti.

Encarnación. Culminación natural del proceso de Concentración, Meditación o Contemplación. Después de que alcanzas el estado de Absorción (la Iniciaciones Cuarta y Quinta) darás un gran salto cuántico hacia la total Encarnación (la Sexta Iniciación). La Encarnación tiene que ver con lo que muchas tradiciones conocen como iluminación o realización. Incluye la total encarnación de los tres cuerpos superiores en los correspondientes planos inferiores. El proceso de encarnación comienza desde el momento en que naces en un cuerpo humano, que es donde prosigue la trayectoria de tu evolución. Cuanto más evoluciones, más encarnado estarás.

Epigenética. Rama de la genética dedicada al estudio de cómo y por qué los signos ambientales pueden mutar la expresión genética del cuerpo. Las revelaciones que emergen de la epigenética ya están cambiando lo que la corriente general de pensamiento de la ciencia piensa sobre la evolución. Mientras que el viejo paradigma del pensamiento decía que nuestros genes estaban predispuestos y gobernaban todos los aspectos de nuestro comportamiento, la epigenética nos muestra cómo nuestra interacción con el ambiente puede crear cambios duraderos en nuestro ADN, algunos de los cuales quedarán impresos para las generaciones posteriores. La mayor importancia de la epigenética estriba en su capacidad de demostrar cómo está de interrelacionada la vida y, por lo tanto, construye una comprensión mayor del universo, interdependiente y holográfica. A través de la epigenética podemos ver el verdadero poder de la actitud humana y su efecto electromagnético en nuestro ADN. Diferentes frecuencias de actitud activan diferentes expresiones genéticas, incluso aunque la secuencia de aquellos genes permanezca idéntica. La gran visión que nos ofrece la epigenética está solo comenzando a atisbarse ahora en el mundo científico: la eterna verdad de que la consciencia crea la realidad.

Evolución. Ímpetu o deseo «superior», innato, que está en todas las formas materiales. La corriente evolutiva es responsable de la gradual elevación vibratoria de toda la materia, incluso de la materia que no tiene conocimiento. Cuando las formas evolucionan, gradualmente asumen consciencia individual, y con el tiempo, trascienden su sensación de separación y vuelven a su esencia sin forma. Hay muchas esferas de evolución, todas ellas interconectadas entre sí, y la evolución humana no es más que una de ellas. La evolución representa esa fuerza en la materia que siempre empuja hacia arriba, hacia el espíritu, mientras que la involución, la fuerza opuesta y contrapuesta, es la esencia del espíritu que desciende con la intención de incorporarse a la forma.

Fractal. Manifestación holográfica de la luz cuando entra en el mundo material e ilumina su verdadera naturaleza. Un fractal es un patrón natural que se repite infinitamente y que se mantiene en todo el universo, a cualquier escala. Por ejemplo, el patrón microscópico de la membrana celular del cuerpo humano es similar a los que se observan en los paisajes de la Tierra cuando se miran desde el espacio. De la misma manera, las leyes geométricas que gobiernan las nebulosas galácticas tienen su réplica en una fruta, y lo puedes ver cuando se cortan por la mitad. Cuanto más te adentras con profundidad, más cuenta te das de la naturaleza fractal de la realidad, y te vuelves más amoroso al encarnar más esa verdad. Cada acto de tu vida genera un patrón de onda fractal que afecta a todas las criaturas del universo. Gracias a un proceso de continua retroalimentación evolutiva, puedes refinar tu vida hasta tal punto que llegues a estar en total resonancia con cada aspecto fractal del universo.

Frecuencia. Tipo de medida de naturaleza vibratoria de las energías radiantes, como pueden ser el sonido, la luz o la consciencia. La premisa central de la Síntesis de las Claves Genéticas es que puedes alterar la frecuencia de luz que atraviesa tu ADN y, por lo tanto, acelerar o decelerar la fuerza misma de la evolución. A través de la contemplación profunda de las 64 Claves Genéticas y sus enseñanzas, puedes elevar la frecuencia de tu ADN y con ella cambiar la frecuencia vibratoria de tu aura, llegando a alcanzar estados de armonía con el campo universal cada vez mayores.

Genialidad. Inteligencia innata de todos los seres humanos. La verdadera genialidad (lo opuesto del genio intelectual) es una creatividad única, espontánea, no estudiada, que se basa en el amor incondicional. La genialidad es la manifestación natural de la vida humana cuando se le permite expandirse sin forzar. La genialidad es la marca de la frecuencia del Don, donde el haberse perdonado a uno mismo conduce a una progresiva apertura de tu corazón, lo que da como resultado una explosión de energía creativa en todo tu ser. Cuanto más se eleve la frecuencia de tu ADN, mayor será la presión para que utilices tu genialidad al servicio de la totalidad. El mundo que hoy conocemos se irá transformando a medida que la gente vaya aunando su genialidad.

Genoma. Matriz genética completa de cualquier organismo viviente. Hecho de ADN, el genoma contiene el conjunto completo de instrucciones hereditarias para la construcción y mantenimiento de tu vida. A nivel cuántico, todos los genomas están holográficamente relacionados e interconectados, lo que significa que cuando una especie, o incluso un solo individuo, muta su genoma, entonces todas las demás especies y personas se ven sutilmente afectadas. Todos los genomas están diseñados como sistemas abiertos que pueden mutar su propia programación de acuerdo con las señales del medio ambiente. Tu genoma es el repositorio físico de tus sanskaras, las huellas de tu karma en esta vida. Cuando sales de ese karma, tu genoma muta, hasta que un día transciendes tu ADN por completo y alcanzas el estado de encarnación total de la Sexta Iniciación.

Gran Cambio, El. Fase evolutiva en la que todos los sistemas del universo darán un salto cuántico hacia una dimensión superior. El Gran Cambio es un período de tiempo específico en el cual la consciencia individual humana evolucionará desde la experiencia de un ser humano centrado en sí mismo hacia un ser colectivo. Para que tenga lugar ese cambio se está dando una mutación genética en toda la especie humana, en todo el mundo. Este evento sin precedentes está arraigando en la humanidad entre 1987 y 2027, y sus repercusiones seguirán desplegándose y transformando nuestra especie por cientos de años más. El resultado del Gran Cambio será la aparición gradual de un nuevo tipo de ser humano, el *Homo sanctus*, el humano sagrado. Dado que todos los sistemas y especies del universo están interconectados holográficamente, el Gran Cambio no es un hecho local que se dé solo en nuestro sistema solar, sino que es parte de la onda expansiva que está atravesando la inmensidad espacio-temporal.

Hexagrama. Símbolo pictográfico binario que crea la base del I Ching. Los 64 hexagramas del I Ching son análogos a las 64 Claves Genéticas. Cada hexagrama está construido sobre seis líneas, partidas (yin) o enteras (yang). Las Claves Genéticas ofrecen una interpretación moderna de los 64 hexagramas, ya que se relacionan con nuestra estructura genética central y con la estructura subyacente del propio universo. Cada hexagrama o Clave Genética es el portal de una enciclopedia de conocimiento y de visión sobre ti mismo y el lugar que ocupas en el universo. A través de una contemplación constante de los hexagramas, de su estructura e interdependencia, podrás elevar tu frecuencia con la luz que atraviesa tu ADN y experimentar la vida desde un nuevo nivel de consciencia.

Holográfica. Naturaleza subyacente del universo. La base de la visión holográfica es la comprensión de que todo es un espejo de todo lo demás, y que todo está dinámicamente interrelacionado y moviéndose a través del tiempo y del espacio en concierto perfecto. Cuando finalmente llegas a experimentar tu verdadera naturaleza como una encarnación, te paras en el centro del holograma de la existencia y cada célula individual de tu cuerpo resuena con esta verdad holográfica fundamental.

Homo sanctus. Literalmente, «humano sagrado». *Homo sanctus* es el nuevo humano que está apareciendo en el mundo, catalizado por el gran cambio, y que será el nuevo vehículo genético humano. Aunque este nuevo humano puede que tenga el mismo genoma del modelo existente, resuena desde el nacimiento con una frecuencia superior debido a las mutaciones sutiles que están sucediendo, sobre todo, en el plexo solar. Estas mutaciones permiten la activación de códigos superiores de frecuencia en tu ADN, lo que esencialmente convierte al vehículo en inmune a las frecuencias de la Sombra y nos guía en la trasformación de aquel sufrimiento en creatividad y libertad.

Iniciación. Cuando la consciencia viaja a través de la historia de la humanidad, sigue una estructura evolutiva prefijada. Esta estructura se conoce con el nombre de los Nueve Portales de Iniciación planetaria (como se señala en la 22.ª Clave Genética). Cuando viajamos dentro y fuera de nuestro recorrido encarnativo, nos movemos gradualmente con esta escalera de consciencia. En ciertos puntos de nuestro trayecto atravesamos diferentes «iniciaciones»: períodos de intensidad en los que experimentamos una enorme transmutación. La verdadera iniciación no consiste en algo predecible o en un ritual. Es parte natural de la vida misma mientras evoluciona. No requiere una particular filiación religiosa o espiritual, o una enseñanza. La verdadera Iniciación es un extraño proceso que se ejecuta por sí solo. Las grandes Iniciaciones son aumentos en la frecuencia de tus cuerpos sutiles y, cuando los atravesamos, a menudo suponen retos imponentes que hay que integrar en nuestras vidas. No solo los individuos atraviesan Iniciaciones, sino que la misma humanidad también tiene que avanzar por esta misma escalera de consciencia.

Involución. Modo en que la Gracia —la Divina esencia que está más allá de toda comprensión— se encarna progresivamente en la forma.

La Involución es la contraparte de la Evolución, esa corriente que nos da la impresión de estar progresando y evolucionando de acuerdo con nuestra perspectiva. Desde el punto de vista de la involución, todo está predestinado y no puede haber libre albedrío, ya que todos los eventos simplemente se están manifestando de acuerdo con una organización superior. Cuando la evolución evoca la aspiración hacia algo superior, la involución invoca la inspiración como algo superior que ya está dentro de nosotros, esperando ser descubierto.

Karma. El karma hace referencia al sector específico del sufrimiento que te dedicas a transformar durante tu vida. Los agentes del karma son sus *sanskaras*, las manifestaciones específicas del karma, tal y como se lleva a cabo en tu vida. Desde el punto de vista de la síntesis de las Claves Genéticas, el karma se entiende de manera diferente a la tradicional. Por ejemplo, el karma no puede ser personal, sino que constituye siempre un fenómeno colectivo. Esto quiere decir que todos los actos son representados por el todo, con el propósito del todo. El karma no conlleva premio o castigo después de tu encarnación. Sin embargo, en el estado del bardo, después de la muerte, tenemos que vérnoslas con nuestro karma de una forma tan fuerte que no se puede describir. Por lo tanto, nos interesa adoptar responsabilidad total por nuestras acciones durante el tiempo que estemos encarnados. El karma se determina por el nivel de frecuencia que se manifiesta en nuestros cuerpos sutiles y por el estadio que hemos alcanzado conforme vamos atravesando las Nueve Iniciaciones (descritas en la 22.ª Clave Genética).

Línea fractal. Cuando nuestro universo actual se concibió, en el momento del Big Bang, la semilla cristalina de nuestra evolución quedó perfilada en incontables fragmentos o esquirlas fractales. Estos aspectos fractales del todo irradiaron como precisos modelos geométricos llamados líneas fractales. Todas las líneas fractales se remontan a una de las tres líneas primarias fractales, sembrando así la trinidad en todos los aspectos del universo holográfico. Cuando te mueves en armonía profunda con tu verdadera naturaleza, te alineas con todos los seres de tu línea semilla fractal, lo que cataliza gran sincronicidad y gracia en tu vida.

Maya. Velo ilusorio formado por la mente humana que impide que la consciencia se dé cuenta de su naturaleza eterna. Todas las formas existen en capas y capas de envoltorios. Nuestra percepción está también sujeta a las limitaciones de nuestra frecuencia de banda. Cuando sintonizamos la consciencia individual con las frecuencias superiores, esta atraviesa esas capas de envoltorio del Maya.

Meditación. Uno de los tres caminos primarios conducentes a los estados superiores de Absorción y Encarnación. La meditación es el camino de la derecha, representado por la ciencia del tantra. La verdadera esencia del camino de la meditación consiste simplemente en mirar, ser testigo y permitir. A través de la meditación, uno gradualmente llega a darse cuenta de que su verdadera naturaleza reside en la consciencia de no elegir. Esta gran revelación puede llegar como un amable despliegue que elevará la frecuencia de tu consciencia individual con el tiempo, o como un estallido repentino que te permita experimentar de forma permanente tu Ser Divino, o puede que llegue de ambas formas.

Mutación. Evento impredecible que rompe la continuidad de cualquier secuencia lineal, a cualquier nivel, en el universo. En terminología genética, las mutaciones son «errores» que se producen durante el replicado de las células. La mutación es la madre de la diferenciación, ya que crea cortes sin fin en el impulso evolutivo, lo que conduce a un nuevo proceso, jamás visto. En nuestra vida cotidiana, las mutaciones ocurren también todo el tiempo. Suceden allí donde hay una ruptura con los patrones establecidos o con los ritmos de tu vida. Nuestro miedo a la mutación alimenta el campo de frecuencia de la Sombra. Por ejemplo, cuando atraviesas un período de mutación, sientes una profunda incertidumbre sobre ti mismo y tu vida. Si este sentimiento lo reprimes o reaccionas ante él desde el miedo, perturbarás el proceso de buena fortuna que acompaña siempre a una mutación. Cuando aprendas a rendirte al proceso natural, mutante, de tu vida, abrirás la puerta a los poderosos dones creativos que hay dentro de ti y te situarás frente a tu verdadero destino de la mano de la sincronicidad.

Pares programados. Dos Claves Genéticas que están ligadas holográficamente a través de su oposición, es decir, que son exactamente espejos opuestos. Hay 32 parejas programadas en la matriz genética y cada una de ellas crea un círculo de biorretroalimentación que refuerza los temas asociados a esas Claves Genéticas a cualquier nivel de frecuencia dado. En la frecuencia de la Sombra, los pares programados crean patrones físicos, mentales y emocionales complejos que se refuerzan mutuamente. Cuando la consciencia penetra en esos patrones y los transforma, liberan ondas de energía creativa en la frecuencia del Don, lo que como consecuencia produce un mutuo reforzamiento conducente a una continua elevación de la frecuencia evolutiva de una persona. En la frecuencia del Siddhi, las parejas programadas ya no se oponen la una a la otra, sino que se manifiestan como pura consciencia, lo que crea un armónico tan puro que elimina su diferenciación.

Perfil hologenético. Matriz genética, universal, cuyo propósito central es mostrar las relaciones entre el individuo y el todo. Tu perfil hologenético es un mapa personalizado de varias secuencias genéticas que decodificarán o despertarán diferentes aspectos de tu genialidad. Al unificar los cálculos astrológicos con la comprensión arquetípica de tu genética, el perfil hologenético es la huella original que te dice quién eres, cómo funcionas y, sobre todo, para qué estás aquí. Cuando contemplas tu propio perfil y sus diversos senderos, secuencias y geometrías, activas y despiertas las facultades resonantes con el campo viviente de tu aura. Al tratarse de la herramienta de trabajo central de la Síntesis de las Claves Genéticas, tu perfil hologenético te permite e invita a integrar progresivamente y cada vez más el poder de la contemplación en tu vida. Por su naturaleza «hologenética», allá donde sitúes tu consciencia en tu perfil, allí mismo activarás simultáneamente todos los demás senderos. Esto significa que todas las secuencias y senderos de tu perfil sirven a un mismo propósito: elevar la frecuencia de toda tu aura y activar el propósito superior de tu ADN.

Plano astral. Segundo de los sietes planos mayores de la realidad sobre los que funcionan todos los seres humanos. El plano astral es un campo electromagnético sutil generado por todas las bajas frecuencias de los deseos y las emociones humanas. En el plano astral de la realidad, cada uno de tus sentimientos o deseos tiene una existencia independiente y se puede comprender como una entidad con su propia frecuencia vibratoria. Gracias a la ley de la afinidad, atraes hacia tu aura las entidades astrales que coinciden con la frecuencia de tus deseos y sentimientos. Cuando purificas tu naturaleza emocional gradualmente, se vuelve imposible para las entidades astrales influir en tu vida y en tus sentimientos. En ese momento comienzas a funcionar en la octava superior del plano astral, conocida como el plano búdico.

Plano átmico. Sexto de los siete planos mayores de la realidad sobre los cuales funciona toda la humanidad. El plano átmico es la octava superior del plano mental y es el plano de tu verdadero «ser superior». En el plano átmico de la realidad todo el cosmos se experimenta como una mente viviente, cuyo impulso primario es el amor. Cuando cruzas el umbral de este plano (la Sexta Iniciación), todo tu pensamiento independiente cesa de inmediato y se ve reemplazado por la pura luz. Para contactar con tu ser superior en el plano átmico todo lo que tienes que hacer es enfocarte de una manera consistente e intencionada en esa luz interior.

Plano búdico. Quinto de los siete planos mayores de la realidad sobre los cuales funcionan todos los seres humanos. El plano búdico es la octava superior de frecuencia del plano astral y es el plano de la devoción y el éxtasis. En muchas tradiciones antiguas, este plano de la realidad se conoce como la órbita de los dioses y las diosas. Cuando te identificas con una entidad divina, estás directamente comprometido con el plano búdico. Aquí la propia identidad individual se mezcla con el cuerpo colectivo de la humanidad, y todo el dolor y la angustia de los planos inferiores se transforma en un amor acompasado. Cuando purificas el ADN de sus memorias ancestrales y patrones de la Sombra, paulatinamente llegas a conocer una nueva vida en el plano búdico.

Plano causal. Cuarto de los planos mayores de la realidad sobre la que funcionan todos los seres humanos. El plano causal es la octava superior de tu cuerpo físico y representa el plano de los arquetipos puros, donde el pensamiento y la emoción se hacen uno. El plano causal es el territorio de la síntesis y toda la genialidad humana surge de ese plano, de manera que se pueda ver la naturaleza holográfica del cosmos. Aunque el plano causal está más allá del lenguaje, su energía y su naturaleza se pueden comunicar a través del lenguaje como una frecuencia. Las 64 Claves Genéticas son, per se, una transmisión del plano causal. El plano causal también crea un puente que enlaza la evolución humana con las evoluciones superiores que hay más allá de la humanidad, y al hacerlo guarda los misterios de la muerte. Elevar tu frecuencia más allá del plano causal significa trascender la muerte.

Plano mental. Tercero de los siete planos mayores de la realidad sobre la que funcionamos los seres humanos. El plano mental es el plano de frecuencia creado y dominado por la energía del pensamiento. En el plano mental, todos los pensamientos e ideas tienen una vida independiente que los seres humanos, o bien repelen, o bien acogen, atraídos por ella. El plano mental está constituido por diferentes estratos de energías mentales que resuenan a diferentes frecuencias. El paradigma de baja frecuencia mental se crea, por ejemplo, con patrones de pensamiento que son autolimitantes, y que generan división y separación. Un paradigma de este tipo activa caminos neuronales basados en el miedo y en la supervivencia. Una frecuencia mental superior se caracteriza por una apertura mental que alienta la visión interior y que avanza hacia el plano causal superior. Este tipo de pensamiento es unificador, positivo y ve dónde están interconectadas las cosas, en vez de dónde están las amenazas. Cuando entras en un modo de pensamiento superior basado en cómo puedes servir mejor a los otros y a la to-

talidad, todo tipo de visiones y dones comienzan a descender a tu mente. Hasta que un día tu consciencia individual trasciende las frecuencias del pensamiento para siempre y te elevas por encima del plano mental, donde podrás experimentar la verdadera lucidez.

Plexo solar. Área del cuerpo que está por debajo del diafragma y que llega hasta el perineo, incluyéndolo. En la comprensión del Corpus Christi, la ciencia del cuerpo del arcoíris, el plexo solar es el laboratorio alquímico donde la consciencia crística superior se está gestando. Está sucediendo una gran mutación en esta área por todo el acervo genético, que en su momento dará lugar al nacimiento de un nuevo ser humano en el mundo, el *Homo sanctus*. A través del complejo de ganglios del plexo solar nuestras memorias individuales, raciales y colectivas (sanskaras) se están transformando. Las mutaciones genéticas de nuestros vientres cambiarán totalmente nuestra psicología. Los seres humanos están evolucionando gradualmente en el modo de atraer y digerir las corrientes de frecuencia superior en sus cuerpos. Esto, con el tiempo, nos permitirá vivir con un modelo de alimentación más sutil. Por lo tanto, lo más probable es que los seres humanos del futuro comerán menos alimentos densos. Dejarán de comer carne y puede que incluso dejen de comer vegetales. Con el cambio de dieta, nuestro plexo solar también desarrollará su nueva función: ser el equipamiento para recibir la consciencia superior. A través del abdomen llegará un día en que los seres humanos realizarán la unidad con toda la creación.

Plano monádico. Plano del primer aspecto de la Santísima Trinidad, la de la Voluntad Divina. El plano monádico es el horizonte donde las corrientes gemelas de la evolución y la involución se darán cita espontáneamente. Representado simbólicamente por el eje de la rueda de la vida y de la ley, el plano monádico es el principio organizador central alrededor del cual se construye toda vida. De naturaleza infinitesimal, el plano monádico existe hasta en las partículas más pequeñas imaginables y las impregna con su consciencia. En la metáfora mítica del Corpus Christi, el plano monádico es la intersección de la trinidad inferior con la superior y, como tal, no se puede comprender como un plano en sí mismo. Es la trascendencia de todos los niveles de separación y la culminación de la evolución humana.

Sanskaras. Memorias biogenéticas que nos han llegado desde todos los linajes ancestrales. Tus sanskaras son las «oportunas heridas» que has heredado durante tu encarnación. Tales memorias son mucho más que simples memorias almacenadas en la mente; se trata de cargas de energía cinética que dan lugar a patrones de comportamiento, creencias y actitudes en general. Los sanskaras no son en absoluto algo personal ni el resultado de nuestras acciones en vidas pasadas. Por el contrario, determinan temas específicos de los grandes desafíos que tendrás que afrontar durante tu vida. Una vez que te das cuenta de que esos patrones no los provocas conscientemente, sino que son tus grandes oportunidades para la transformación y la evolución, los retos de tu vida se vuelven mucho más fáciles de afrontar. La Secuencia de Venus aporta un modo sistemático de seguimiento y transformación de los sanskaras específicos que portamos en nuestra vida.

Secuencia de Activación. La Secuencia de Activación es la primera secuencia de tu perfil hologenético. La Secuencia de Activación describe una serie de tres saltos de consciencia que se despliegan en tu vida cuando activas el propósito superior de tu ADN. Reciben el nombre de Desafío, Logro y Eje de Estabilidad, y se calculan por la posición del Sol en el momento de tu nacimiento. La Secuencia de Activación apunta a cuatro Claves Genéticas específicas (conocidas como los Cuatro Dones Primarios) que forman el campo vibratorio de tu genialidad. Como su propio nombre sugiere, la Secuencia de Activación es un desencadenante que cataliza un período intenso de transformación en tu vida.

Secuencia de la Perla. Tercera y última de las secuencias que componen el Camino Dorado, la Secuencia de la Perla es la secuencia genética primaria para abrir nuestra consciencia mental y empujarla a operar en un plano superior. Construida sobre las posiciones de Marte, Júpiter y el Sol en el momento de tu nacimiento, la Secuencia de la Perla es un recorrido contemplativo que utiliza las Claves Genéticas, cuyo propósito es abrir tu mente a una visión del universo trascendente. Esa visión permite ver la simplicidad inherente de la vida y orientar las propias energías y recursos mirando en esa misma dirección. Tu Secuencia de la Perla está hecha sobre cuatro Claves Genéticas específicas que tienen una relevancia directa sobre tu capacidad de ser eficaz y próspero en la vida. Cada una de estas Claves Genéticas te muestra un patrón de la Sombra que te impide vivir una vida próspera y liberadora. Cuando tu consciencia entre en esos patrones y desbloquee sus Dones ocultos, descubrirás tu fuente de genialidad y creatividad intacta. El otro gran secreto de la Secuencia de la Perla es el poder de la filantropía como visión del mundo. La Perla nos permite encontrar a nuestros aliados más próximos y trabajar juntamente con ellos en el servicio de nuestra comunidad, enfocados en un propósito más elevado.

Secuencia de Venus. Secuencia genética primaria para liberar los hondos patrones emocionales de tu vida. Al ser el eje central del Camino Dorado, la Secuencia de Venus es un viaje interior contemplativo por las dinámicas de los patrones emocionales específicos de tu herida, heredados a través del ADN ancestral. Construida basándose en las posiciones de la Tierra, la Luna, Marte y Venus en el momento de tu nacimiento, la Secuencia de Venus organiza un camino natural de seis Claves Genéticas, las cuales gobiernan todos los patrones emocionales en tu vida. Cuando tu consciencia comienza a comprender y observar los aspectos de la Sombra de esas seis Claves Genéticas, especialmente en tus relaciones, comenzarás a transformar tus patrones de baja frecuencia en la frecuencia superior del Don. En este sentido, tu cuerpo astral (tu naturaleza emocional) atravesará un proceso de transmutación conducente a la apertura permanente del corazón. Durante la fase evolutiva que estamos atravesando ahora, el Gran Cambio, la Secuencia de Venus tiene una relevancia particular, ya que su propósito intrínseco es abrir un nuevo centro de consciencia en el plexo solar.

Seis Líneas, Las. Referidas a la estructura del hexagrama del I Ching, las seis líneas nos describen más matices de cada una de las 64 Claves Genéticas. Si vemos cada Clave Genética como una imagen arquetípica prediseñada, entonces cada línea sería como el color de esa imagen. Una vez que se puede ver el color, revive toda la imagen. El conocimiento de las seis líneas y sus fundamentos es una habilidad esencial que hay que dominar, ya que permite interpretar los numerosos elementos del perfil hologenético de una manera simple y accesible. Hay muchos muchos niveles de fundamento para cada una de las seis líneas, que son divertidas cuando se aprenden y clarificadoras cuando se aplican. Cuanto más profundamente se pueda sentir la resonancia de las seis líneas dentro del propio ser, más fácil resultará la compresión de las propias secuencias y también el compartir con los demás cómo repercuten en ti.

Shakti. La «lluvia divina» que acompaña la manifestación espontánea de la Gracia. Shakti es una sutil emanación fluídica de las frecuencias más exquisitas que puedas imaginar. Parte de los cuerpos sutiles superiores, como el átmico y el búdico, hasta alcanzar sus equivalentes en los planos inferiores. Cuando se ha vivido una vida de servicio y rendición, o si sucede que uno se convierte en un receptor de la Gracia, entonces se derramará shakti a través de los vehículos sutiles, lo que te permitirá experimentar estados superiores de absorción y encarnación.

Siete Sellos, Los. Describen el modelo específico de despertar humano cuando las corrientes superiores de la Involución y la Gracia se aproximan con el paso del tiempo a nuestra especie. Se resumen, de manera alegórica, en las Revelaciones de San Juan, y su apertura paulatina se debe comprender como un código secuencial del despertar que está directamente conectado con el ADN de todos los seres humanos. Conforme cada uno de los Siete Sellos se vaya «abriendo» misteriosamente, todos los aspectos de la herida humana, tanto individuales como colectivos, se sanarán. Las enseñanzas de los Siete Sellos se encuentran en la transmisión de la 22.ª Clave Genética, cuyo aspecto superior es la Gracia. En las enseñanzas de la Secuencia de Venus, aprendes esa ciencia concreta y el patrón de sufrimiento subyacente. Cuando tu consciencia se adentre más en esos patrones de la Sombra, puede que te vuelvas más consciente del funcionamiento de los Siete Sellos, ya que afectan a tu propia consciencia individual. A niveles todavía más profundos, te puedes dar cuenta de cómo se están abriendo ya los Siete Sellos en el cuerpo de la humanidad. Esos atisbos provocarán en tu interior un gran brote de compasión y de paz.

Siddhi (frecuencia). Frecuencia de banda relativa a la encarnación total y a la realización espiritual. Los mismos conceptos de frecuencia y nivel paradójicamente se disuelven cuando la Verdad se realiza en forma de Siddhi. La palabra *siddhi* viene del sánscrito y significa «don divino». El estado síddhico solo aflorará cuando todos los vestigios de la Sombra, especialmente a nivel colectivo, se hayan transformado en luz. Cuando entres en el estado de Absorción, esa transformación alquímica comenzará a acelerarse hasta que, por fin, todo se vuelva silencio y entremos en el estado de Encarnación de la sexta Iniciación. Existen 64 Siddhis y cada uno de ellos se refiere a una expresión diferente de la realización divina. Aunque la realización es la misma en todos los casos, la expresión será diferente y, a veces, hasta puede parecer contradictoria. Los Siddhis de los que hablamos en la Síntesis de las Claves Genéticas no deben confundirse con el modo en que se comprendían en ciertas tradiciones místicas antiguas. Los 64 Siddhis no son obstáculos en el camino de la realización, sino que son su propia expresión y cumplimiento.

Sinarquía. Principio universal a través del cual la inteligencia colectiva se sintoniza de forma natural con la perfecta armonía de todo lo que es. La Sinarquía es la naturaleza subyacente de la humanidad que solo se puede conocer una vez que se ha dejado atrás la frecuencia de la Sombra. Cuando aparezca la nueva consciencia en todo nuestro planeta, la humanidad autoorganizará su genialidad creativa y manifestará su verdadero propósito, oculto en el ADN, que es el dar paso al nuevo Edén. Mientras que la consciencia de la Sombra se manifiesta en el plano material a través del principio de la jerarquía, y la consciencia del Don lo hace a través del principio de la heterarquía, la consciencia síddhica se manifiesta a través del principio de la Sinarquía.

Síntesis. Principio universal a través del cual la inteligencia colectiva ve y comprende la naturaleza holográfica de la realidad. Cuando la humanidad comience a comprender el mundo que nos rodea como un patrón fractal perfectamente entretejido, donde nosotros somos los ojos de ese patrón, entraremos en la Era de la Síntesis. Para saber qué significa síntesis, primero tienes que liberar la genialidad latente de tu ADN. La propia manifestación de esa genialidad significa poder ver más allá de cualquier disciplina aisladamente. Desde el nivel de la genialidad, uno puede ver y conocer directamente la interconexión de todos los patrones y disciplinas. Cuando la humanidad comience a comportarse más como una Sinarquía, comenzaremos a manifestar externamente la verdad de la síntesis.

Sintropía. Principio universal a través del cual la inteligencia colectiva se transforma a sí misma físicamente hasta convertirse en una Sinarquía. La ley de la sintropía sostiene que toda la energía del universo está intrínsecamente ordenada, incluso la más caótica. La esencia de la ley de la sintropía está contenida en la frase «Da y recibirás». En un mundo sintrópico todo está intrincado con todo lo demás y cada cosa es responsable de cualquier otra cosa. En términos humanos, la encarnación colectiva de la sintropía significaría el final del egoísmo. Cuando das en beneficio de la totalidad, activas las corrientes de la Gracia y te mueves en sincronicidad con el todo. Cuando la genialidad humana se despierte, organizaremos nuestros sistemas vivientes para ser espejos de la naturaleza y de la ley de la sintropía. Un mundo basado en esta ley nos podría parecer hoy bastante extraño. Nos enseñará qué significa emplear la energía libre en cualquier lugar y en cualquier momento, lo que provocará finalmente la erradicación del dinero de nuestro mundo. El dinero es el gran símbolo colectivo del dar condicionado.

Sincronicidad. Principio universal de la buena suerte, que se activa allá donde tú piensas, actúas o hablas desde las frecuencias superiores , es decir, desde el lugar del dar incondicionalmente. La sincronicidad es una ley universal a todos los niveles de frecuencia. Cuando comprendes la perfección del cosmos en cada momento, entonces solo te queda rendirte y confiar en la vida. La sincronicidad se resume en la frase «Nada sucede por casualidad». Cada cosa que sucede en tu vida es una invitación a evolucionar y liberar el don superior escondido en ti. Cuando tu funcionamiento al nivel más alto te permita ver la verdad de la Sinarquía, la Síntesis y la Sintropía, verás que las tres leyes son una sola y que están ligadas entre sí por la sincronicidad.

Síntesis de las Claves Genéticas. Transmisión de las Claves Genéticas puesta de manifiesto como un nuevo cuerpo de enseñanzas para el mundo. La Síntesis de las Claves Genéticas es un sumario holográfico de muchos grandes linajes, líneas y caminos de enseñanzas espirituales de la humanidad. La Síntesis de las Claves Genéticas es uno de los sistemas holísticos más comprensibles y accesibles para explorar, entender e integrar los muchos cambios que están teniendo lugar actualmente sobre la faz de nuestro planeta.

Sombra (frecuencia). Banda de frecuencia relativa a todo el sufrimiento humano. El ancho de banda de la Sombra emerge de un esquema antiguo que persiste en el cerebro humano. Este esquema se basa en la supervivencia y está directamente conectado con el miedo. La presencia inconsciente del miedo en tu sistema continúa a alimentando la creencia de que estás separado del mundo que te rodea. Esta creencia tan profundamente asentada propaga la mentalidad «victimista», ya que al creer que estamos separados, nos sentimos vulnerables y a merced de las fuerzas externas. Cuando vivimos en el ancho de banda de la frecuencia de la Sombra, vegetamos en la cultura de la culpa y la vergüenza. Culpamos a esas fuerzas y personas que creemos ajenas a nosotros y nos avergonzamos cuando pensamos que solo nosotros somos responsables de nuestras vidas. Una vez que comenzamos a entender que la frecuencia de la Sombra controla a la mayoría de la gente del mundo, incluyéndonos a nosotros mismos, nos damos cuenta de lo sencillo que puede ser salir de su trampa. Simplemente con un cambio de actitud, liberas las corrientes creativas escondidas en las frecuencias de la Sombra y tu vida adquiere un propósito superior. Tu propio sufrimiento se convierte en la fuente de salvación. Por lo tanto, ahí comienza el proceso de alejamiento de aquellos patrones internos y característicos que te mantenían en la creencia de ser una víctima, y un proceso de acercamiento a la genialidad inherente y al amor, que es tu verdadera naturaleza.

Transmisión. Campo superior de consciencia cuyo único propósito es penetrar y despertar aquellos aspectos de sí misma que todavía siguen siendo inconscientes de su realidad superior. La mayoría de las transmisiones asumen la forma de una enseñanza o un conjunto de enseñanzas que entran en el mundo exactamente cuando el mundo está listo para recibirlos. Todas las transmisiones siguen líneas fractales naturales para extenderse a través de la humanidad, llevando consigo una consciencia de orden superior. Incluso aunque las transmisiones puedan tomar la forma de palabras o de prácticas, su verdadera naturaleza se encuentra envuelta en el misterio. La transmisión de las Claves Genéticas es parte de una ola del despertar de la consciencia que se genera al sentir el Gran Cambio en el mundo.

Transmutación. Proceso dinámico y permanente de cambio que sucede como consecuencia de la rendición y la aceptación de la mutación. En la frecuencia de la Sombra, la mutación es algo que se teme muchísimo, ya que siempre cambia un patrón establecido, un ritmo o una rutina. A no ser que las mutaciones (períodos de agitación natural) se abracen y se acepten totalmente, la trasmutación no podrá ocurrir. La transmutación implica un cambio completo de un estado o plano a otro. Después de la transmutación nada volverá a ser como antes. La transmutación sucede solo al nivel de frecuencia del Don, cuando los patrones de victimismo más profundos se han transformado gracias a la consciencia. Los períodos de mutación intensa de tu vida son siempre una gran oportunidad para la transmutación. Siempre que tu actitud sea la de un corazón abierto que acepta, abraza y asume la responsabilidad de su propio estado, la transmutación sucederá en tu vida. Con la transmutación llega mayor claridad, libertad y creatividad. Es el proceso a través del cual tu genialidad emerge en el mundo.

Trinidad. Naturaleza subyacente de todas las formas manifiestas. Cuando la forma emerge desde el estado unitario de la no-forma, espontáneamente pasa del uno al tres. Para la mente humana y nuestra actual percepción, parecería que todo lo que nos rodea es de naturaleza binaria. Debido a las limitaciones de nuestra conciencia actual, la trinidad que está en el centro de la creación no es fácilmente perceptible. La trinidad es el reflejo de lo infinito, mientras que lo binario es el reflejo de lo finito. Conforme elevas la frecuencia de tu ADN y comienzas a ver con los ojos de una perspectiva de tipo superior, uno de los primeros patrones que reconoces es el de la trinidad. El patrón de la trinidad, al ser el bloque constructivo fundamental del universo holográfico, permite que la vida se mantenga en el proceso de trascendencia y evolución. Se asegura de que nada pueda ser consistente ni fijo nunca, aunque pueda parecer que lo es. Cuando comiences a sintonizar la mente y el corazón con la naturaleza secreta de la trinidad, comenzarás a relajarte más y más profundamente en la Verdad de la perfección inherente y autoorganizada del universo.

BIBLIOGRAFÍA

INTRODUCCIÓN

p. 31:

«En la mente del principiante hay infinitas posibilidades. En la del experto, pocas».

SUZUKI, Shunriyu (2006). *Zen Mind, Beginner's Mind. Shambhala.* (La traducción del inglés al español es nuestra).

1.ª CLAVE GENÉTICA

p. 48:

«La medida del desorden o de la no disponibilidad de energía dentro de un sistema cerrado. Más entropía significa menos energía disponible para hacer el trabajo».

http://www.pbs. org/faithandreason/physgloss/entropy—body.html. (La traducción es nuestra).

16.ª CLAVE GENÉTICA

p. 179:

Cita de Elie Wiesel, superviviente del Holocausto. *US News & World Report*, 27 de octubre de 1986

34.ª CLAVE GENÉTICA

p. 364:

La más suave de todas las cosas
se conduce como un caballo al galope
a través de las cosas más duras.

Como el agua, como el agua penetra la roca.
Así penetra lo invisible.

Por eso sé que es sabio
actuar sin hacer nada.
¡Qué pocos, poquísimos, lo entienden!

KWOK, Man-Ho; PALMER, Martin; RAMSAY, Jay (2003). *The Illustrated Tao Te Ching.* Vega. (La traducción es nuestra).

36.ª CLAVE GENÉTICA

p. 379:
Las bienaventuranzas.

Mateo: 5. *The Bible. New International Version.* (La traducción es nuestra).

40.ª CLAVE GENÉTICA

p. 412:
«El individuo que siente su soledad, y solo él, está sujeto a las profundas leyes cósmicas. Si una persona sale al amanecer o mira hacia fuera en la noche llena de acontecimientos, si es capaz de sentir todo lo que sucede allá fuera, entonces todo lo circunstancial se aleja de él, como si se tratara de alguien que está ya muerto, a pesar de que esté justo en el centro de la vida».

RILKE, Rainer Maria; BURNHAM, Joan M., traductor (2000). *Letters to a Young Poet.* New World Library. (La traducción es nuestra).

53.ª CLAVE GENÉTICA

p. 526:
Como no hay ningún yo, no hay transmigración del yo;
pero hay acciones y existe el efecto continuo de las acciones.
Hay renacimiento del karma; hay reencarnación.
Este renacimiento, esta reencarnación, esta reaparición de las estructuras
es continua y depende de la ley de causa y efecto.

The Gospel of Buddha. Recopilación procedente de discos antiguos de Paul Carus (1894). Publicado en la Web. Mountain Man Graphics, Australia. (La traducción es nuestra).

56.ª CLAVE GENÉTICA

p. 574:
Y cuando llegue el Tiempo
el Divino servirá un banquete para los Justos
con la carne del leviatán,
y su piel será usada para cubrir la tienda
donde el banquete tendrá lugar

The Talmud. Baba Bathra, 74b. (La traducción es nuestra).

p.: 575

> Cuando te atrae hacia sí
> ¡en qué placer se convierte el sufrimiento!
> Sus llamas son como el agua,
> No tenses tu rostro.
> Estar presente en el alma es su función,
> y también romper tus votos.
> Con las múltiples caras de su arte,
> estos átomos estremecen corazones.

Rumi, Jelaluddin; Helminski, Kabir Edmund, traductor (2005). *The Rumi Collection*. Shambhala. (La traducción al español es nuestra).

64 CLAVES GENÉTICAS
ESPECTRO DE CONSCIENCIA

	SIDDHI	DON	SOMBRA		SIDDHI	DON	SOMBRA
1	Belleza	Frescura	Entropía	33	Revelación	Conciencia plena	Olvido
2	Unidad	Orientación	Dislocación	34	Majestuosidad	Fortaleza	Fuerza
3	Inocencia	Innovación	Caos	35	Infinito	Aventura	Ansiedad
4	Perdón	Entendimiento	Intolerancia	36	Compasión	Humanidad	Turbulencia
5	Atemporalidad	Paciencia	Impaciencia	37	Ternura	Igualdad	Debilidad
6	Paz	Diplomacia	Conflicto	38	Honor	Perseverancia	Lucha
7	Virtud	Guía	División	39	Liberación	Dinamismo	Provocación
8	Exquisitez	Estilo	Mediocridad	40	Voluntad Divina	Determinación	Agotamiento
9	Invencibilidad	Tesón	Inercia	41	Emanación	Premonición	Fantasía
10	Ser	Naturalidad	Obsesión	42	Celebración	Desprendimiento	Expectativa
11	Luz	Idealismo	Oscuridad	43	Epifanía	Revelación	Sordera
12	Pureza	Criterio	Vanidad	44	Sinarquía	Cooperación	Interferencia
13	Empatía	Discernimiento	Disonancia	45	Comunión	Sinergia	Dominación
14	Bondad	Competencia	Transigencia	46	Éxtasis	Deleite	Seriedad
15	Florescencia	Magnetismo	Monotonía	47	Transfiguración	Transmutación	Opresión
16	Maestría	Versatilidad	Indiferencia	48	Sabiduría	Talento	Inadecuación
17	Omnisciencia	Clarividencia	Opinión	49	Renacimiento	Revolución	Reacción
18	Perfección	Integridad	Juicio	50	Armonía	Equilibrio	Corrupción
19	Sacrificio	Sensibilidad	Codependencia	51	Despertar	Iniciativa	Agitación
20	Presencia	Aplomo	Superficialidad	52	Quietud	Contención	Tensión
21	Valor	Autoridad	Control	53	Superabundancia	Expansión	Inmadurez
22	Gracia	Misericordia	Desprecio	54	Ascensión	Aspiración	Avaricia
23	Quintaesencia	Simplicidad	Complejidad	55	Libertad	Libertad	Victimización
24	Silencio	Invención	Adicción	56	Embriaguez	Enriquecimiento	Distracción
25	Amor Universal	Aceptación	Constricción	57	Lucidez	Intuición	Inquietud
26	Invisibilidad	Ingenio	Soberbia	58	Dicha	Vitalidad	Insatisfacción
27	Abnegación	Altruismo	Egoísmo	59	Transparencia	Intimidad	Deshonestidad
28	Inmortalidad	Totalidad	Sin propósito	60	Justicia Divina	Realismo	Limitación
29	Devoción	Compromiso	Tibieza	61	Santidad	Inspiración	Psicosis
30	Rapto	Ligereza	Deseo	62	Impecabilidad	Precisión	Intelecto
31	Humildad	Liderazgo	Arrogancia	63	Verdad	Cuestionamiento	Duda
32	Veneración	Preservación	Fracaso	64	Iluminación	Imaginación	Confusión

Abraza tus Sombras, libera tus Dones, encarna los Siddhis

Gaia Ediciones

DISEÑO HUMANO
El revolucionario sistema de autoconocimiento
El mapa definitivo para comprender la naturaleza única de tu ser

El Diseño Humano es un sistema de autoconocimiento absolutamente innovador, un mapa extremadamente práctico y preciso que permite descubrir las claves personales y genéticas por las que estamos diseñados como individuos y comprender nuestro modo único de interactuar con el mundo.

EL ÚNICO LIBRO AUTORIZADO POR SU FUNDADOR

Diseño Humano es una recopilación del conocimiento esencial de Ra Uru Hu y la única publicación autorizada por el fundador de este sistema. Ra colaboró activamente en la edición original, aportando continuas revisiones y una definitiva aprobación final.

Los estudiantes avanzados y los profesionales del Diseño Humano encontrarán en sus páginas una completa y precisa guía de referencia, mientras que los recién llegados dispondrán de una introducción amena y accesible a este sistema.

Gaia Ediciones

TÚ ERES EL UNIVERSO

Una nueva alianza entre ciencia y espiritualidad, un nuevo futuro de posibilidades infinitas

DEEPAK CHOPRA Y MENAS KAFATOS

Tú eres el universo traza una impactante nueva historia sobre cómo llegaron a existir el tiempo, el espacio, la materia y la energía, mientras guía al lector hasta ese ámbito en el que cada uno de nosotros dispone de la capacidad de transformar su existencia personal.

EL SALTO

El mapa del despertar espiritual

STEVE TAYLOR - PRÓLOGO DE ECKHART TOLLE

¿Qué es estar iluminado o despierto a nivel espiritual?

El Salto describe las diversas formas y niveles de la iluminación, y revela que este es un estado mucho más común de lo que generalmente se cree.

EL LENGUAJE DEL ALMA

El arte de escuchar la vida y alinearse con ella

JOSEP SOLER

En *El lenguaje del alma* descubrirás que la respuesta es definitivamente SÍ: sí, la Vida es sabia; sí, todo lo que ocurre en la vida y en el cuerpo tiene sentido; y sí, hay alguien que siempre está ahí para nosotros, y ese alguien es nuestra alma.

Gaia Ediciones

LA LIBERACIÓN DEL ALMA
El viaje más allá de ti

Nueva traducción y edición revisada de la obra «Alma en libertad»

MICHAEL A. SINGER

Michael Singer pone a nuestro alcance la esencia de las grandes enseñanzas espirituales de todas las épocas. Cada capítulo de *La liberación del alma* es una instructiva meditación sobre las ataduras de la condición humana y de cómo se pueden desatar delicadamente todos y cada uno de sus nudos para que el alma pueda volar en libertad.

CURACIÓN CUÁNTICA

Las fronteras de la medicina mente-cuerpo

DEEPAK CHOPRA

He aquí una obra que aborda la curación cuántica de una manera nueva y extraordinaria, un libro sazonado del misterio, el asombro y la esperanza de numerosas personas que se han curado de modo aparentemente milagroso de cáncer y otras graves enfermedades.
Curación cuántica muestra que el cuerpo humano está controlado por una fina y sutil "red de inteligencia" cuyas raíces se asientan en la realidad cuántica, una realidad profunda que modifica incluso los patrones básicos que rigen nuestra fisiología.

MORIR PARA SER YO

Mi viaje a través del cáncer y la muerte hasta el despertar y la verdadera curación

ANITA MOORJANI

BESTSELLER DEL *NEW YORK TIMES*

A lo largo de más de cuatro años, el avance implacable de un cáncer llevó a Anita Moorjani a las puertas de la muerte y hasta lo más profundo de su morada.
La minuciosa descripción de todo el proceso que hace la autora ha convertido esta obra en un relato esclarecedor de lo que nos aguarda tras la muerte y el despertar final. Uno de los testimonios espirituales más lúcidos y poderosos de nuestro tiempo.

Para más información
sobre otros títulos de
GAIA EDICIONES

visita
www.alfaomega.es
Email: *alfaomega@alfaomega.es*
Tel.: 91 614 53 46